Die verfassungsrechtlichen Grundlagen der Verwaltungskompetenzen im Atomgesetz

- Eine Untersuchung der Art. 85 Abs. 1 und 3 GG

sowie der Art. 87 c und Art. 87 Abs. 3 S. 1 GG -

Zugleich:

Dissertation, Rechtswissenschaftliche Fakultät,

Westfälische Wilhelms-Universität, Münster 2002

Tanja Grapperhaus

Die verfassungsrechtlichen Grundlagen der Verwaltungskompetenzen im Atomgesetz

Eine Untersuchung der Art. 85 Abs. 1 und 3 GG sowie der Art. 87c und Art. 87 Abs. 3 S. 1 GG

2., unveränderte Auflage

Herbert Utz Verlag · München

Münchner Juristische Beiträge

Herausgegeben von

Prof. Dr. Thomas Küffner
küffner maunz langer zugmaier, München

Band 28

Zugl.: Diss., 2002

Bibliografische Information der Deutschen Nationalbibliothek:
Die Deutsche Nationalbibliothek verzeichnet diese Publikation in der Deutschen Nationalbibliografie; detaillierte bibliografische Daten sind im Internet über http://dnb.d-nb.de abrufbar.

frühere Ausgabe: ISBN 978-3-8316-0179-0

ISBN 978-3-8316-8238-6

Printed in EU
Herbert Utz Verlag GmbH, München
www.utzverlag.de

Vorwort

Diese Arbeit habe ich der Rechtswissenschaftlichen Fakultät der Westfälischen Wilhelms-Universität Münster im Wintersemester 2001-2002 als Dissertation vorgelegt. Literatur und Rechtsprechung sind bis zum Stand Oktober 2001 eingearbeitet.

Mein Dank gilt dem Betreuer dieser Arbeit, Herrn Prof. Dr. Bodo Pieroth, der mir größtmögliche Freiräume bei der Aufarbeitung der Thematik eröffnet hat und als kritischer Begleiter zur Seite stand sowie Herrn Prof. Dr. Dirk Ehlers für die sehr zeitnahe Zweitbegutachtung.

Bei meinen Freundinnen und Freunden möchte ich mich für das Verständnis und den Zuspruch bedanken, die mir während der Entstehungszeit der Arbeit zuteil geworden sind.

Schließlich bedanke ich mich bei der Friedrich-Ebert-Stiftung, die diese Arbeit durch ein Promotions-Stipendium gefördert hat.

Ich widme diese Arbeit meinen Eltern, die mich während meiner gesamten Ausbildung nach Kräften unterstützt haben.

Hamburg, im Juli 2002 Tanja Grapperhaus

Inhaltsverzeichnis

I. Einleitung

Der Gestaltung der einfachgesetzlichen Verwaltungskompetenzen ist durch die verfassungsrechtlichen Grundlagen ein zwingender Rahmen[1] gesetzt: Zum einen werden Vorgaben für die Verteilung der Kompetenzen zwischen Bund und Ländern und den Einsatz der verschiedenen Verwaltungstypen gemacht,[2] zum anderen sind die Grenzen der Einwirkungsmöglichkeiten des Bundes auf die Ausführungstätigkeit der Länder festgelegt. Letzteres betrifft neben der Einflussnahme durch Gesetz auch die auf andere Weise. Das Verfassungsrecht strukturiert und begrenzt durch diese Vorgaben politische Entscheidungsprozesse. Daran erinnerten vor rund zehn Jahren die Entscheidungen des Bundesverfassungsgerichts zum „Schnellen Brüter"[3] und zum „Schacht Konrad".[4]

In den beiden zugrunde liegenden atomrechtlichen Genehmigungsverfahren hatte der Bund Weisungen gemäß Art. 85 Abs. 3 GG erteilt.[5] Durch diese wurden die im Rahmen der Auftragsverwaltung zuständigen Länder zur Befolgung des energiepolitischen Konzepts des Bundes gezwungen.[6] Heute besteht die gleiche Ausgangssituation wie damals - nur mit umgekehrten parteipolitischen Vorzeichen: Die Bundesregierung hat den „Atomausstieg" beschlossen, einige Länder dagegen wollen an der Stromgewinnung durch Atomenergie festhalten. Inwieweit der Bund seine Vorstellungen durchsetzen können wird, hängt nicht nur von den geplanten Änderungen des Atomgesetzes[7] ab,[8] sondern insbesondere auch davon, ob er die Ausführung des Atomgesetzes in seinem Sinne sicherstellen kann. Dies gilt natürlich umgekehrt auch für die Länder. Diese können ihre eigenen Konzepte in der Verwaltung nur so weit durchsetzten, wie ihnen ein „bundesfreier"

---

[1] BVerfGE 63, 1 (39 ff.).

[2] Diese sind teils fakultativ, teils zwingend. Fakultativ sind z.B. Art. 87 Abs. 1 S. 2 GG; Art. 87 c GG, Art. 87 d Abs. 2 GG; zwingend sind z.B. Art. 87 Abs. 1 S. 1 GG, Art. 87 Abs. 2 GG, Art. 87 a Abs. 1 S. 1 GG, Art. 87 d Abs. 1 GG.

[3] BVerfGE 81, 310 ff.

[4] BVerfGE 84, 25 ff.

[5] Dies war nach dem Auseinanderbrechen des energiepolitischen Konsenses zwischen Bund und Ländern notwendig geworden, *Hantke*, DVBl. 1990, 823 (824), *Nobbe*, atw 1990, 339 (342) Ab circa Mitte der 80er Jahre wurde die Verwaltung nicht mehr einvernehmlich durchgeführt.

[6] Einige Bundesländer wollten bereits damals – entgegen der Bundeslinie - den Ausstieg aus der Gewinnung von Strom durch Kernenergie vorantreiben, dazu *Ossenbühl*, Reformüberlegungen, S. 49.

[7] Gesetz über die friedliche Nutzung der Kernenergie und des Schutzes gegen ihre Gefahren (Atomgesetz) in der Fassung der Bekanntmachung vom 15. Juli 1985, zuletzt geänd ert durch Art. 1 des Gesetzes zur Änderung des Atomgesetzes v. 6.4.1998 (BGBl. I S. 694) und Art. 1 zur Änderung Atomrechtlicher Vorschriften für die Umsetzung von EURATOM-Richtlinien zum Strahlenschutz vom 3.5.2000 (BGBl. I S. 636).

[8] Hier wird es vor allem um die Änderung der materiellen Verwaltungsregelungen gehen. Diese sind aber nicht Gegenstand der Untersuchung.

Entscheidungsspielraum verbleibt. Beides hängt wiederum unmittelbar von den verfassungsrechtlichen Vorgaben ab.[9]

Die verfassungsrechtlichen Vorgaben sind im Atomgesetz in der Weise umgesetzt, dass sowohl unterschiedliche Verwaltungszuständigkeiten als auch unterschiedliche Verwaltungstypen vorgesehen sind. Es werden die landeseigene Verwaltung (Art. 84 GG), ganz überwiegend aber die Auftragsverwaltung[10] (Art. 85 GG) und die bundeseigene Verwaltung (Art. 86, 87 GG) eingesetzt.[11] Über die Untersuchung der Kompetenzgrundlagen der einzelnen Verwaltungstypen hinaus, ist daher auch die ihres „Zusammenspiels" beim Einsatz innerhalb einer Verwaltungsmaterie möglich.

Bei der Untersuchung der einzelnen Verwaltungstypen ist gerade für die Auftragsverwaltung die Frage zu klären, in welchem Maße der Bund mit Hilfe von untergesetzlichen Einwirkungsbefugnissen auf die Länder Einfluss nehmen kann. Wie die eingangs genannten Entscheidungen des Bundesverfassungsgerichts und deren Diskussion in der Literatur zeigen, werden vor allem Inhalt und Grenzen der stärksten Einwirkungsbefugnis, der Weisungskompetenz des Art. 85 Abs. 3 GG, unterschiedlich beurteilt. Darüber hinaus herrschen Unklarheiten in Bezug auf die Kompetenz zur Einwirkung auf die Auftragsverwaltung durch gesetzliche Zuständigkeits- und Verfahrensregelungen. Am Erlass solcher Gesetze hat der Bund zur Durchsetzung bestimmter Organisationsstrukturen ein Interesse. Ob Art. 85 Abs. 1 GG die Kompetenz des Bundes zur gesetzlichen Regelung von Zuständigkeit und Verfahren der Landesbehörden schafft und welchen Voraussetzungen diese unterliegt, ist umstritten.[12] Diese Streitfrage ist sowohl für das Verhältnis von Bund und Ländern in der Verwaltung als auch für das Verhältnis von Gesetzgebung und Verwaltung, also unter dem Aspekt der Gewaltenteilung,[13] relevant.

Die Untersuchung des „Zusammenspiels" ist in Bezug auf die Kompetenzgrundlagen für den Einsatz der Auftragsverwaltung und den der bundeseigenen Verwaltung durch Bundesoberbehörden im Rahmen des Kernenergiewesens interessant. Der Einsatz von Bundesoberbehörden gemäß Art. 87 Abs. 3 S. 1 GG ist das effektivste Mittel des Bundes zur Steuerung der Verwaltung. Jedoch ist fraglich, ob ihm dieses Mittel im Kernenergiewesen überhaupt zur Verfügung steht, da der dort einschlägige Art. 87 c GG nur eine Kompetenzgrundlage für die Auftragsverwaltung enthält und auch nur diese als Verwaltungstyp vorsieht. Außerdem ist unklar, ob und inwieweit Art. 87 Abs. 3 S. 1 GG einen eigenständigen

---

[9] Auf die Bedeutung der verfassungsrechtlichen Vorgaben für das besondere Umweltrecht wies bereits *Schulte,* VerwArchiv 81 (1990) 415 ff. hin .

[10] Der weitverbreitete Begriff der „Bundesauftragsverwaltung" wird aufgrund seiner Missverständlichkeit hier nicht verwendet. Denn bei der Auftragsverwaltung handelt es sich um Landesverwaltung, also gerade nicht um „Bundes"verwaltung, vgl. Jarass / Piero th - *Pieroth*, Art. 85 Rn. 2; Maunz / Dürig – *Lerche*, Art. 85 Rn. 16; *v. Münch*, Rn. 876.

[11] Dies entspricht der üblichen Praxis, z.B. in der Luftverkehrs -, Verteidigungs-, Steuer- und Fernstraßenverwaltung. Dabei werden teilweise nur die bundeseigene Verwalt ung und die Auftragsverwaltung eingesetzt, z.B. im LuftVG und teilweise alle drei Verwa ltungstypen, wie im FStrG und in der Steuerverwaltung.

[12] Dies ist in verschiedenerlei Hinsicht problematisch, vgl. dazu vor Kap. 1 III 1.

[13] Maunz / Dürig - *Lerche*, Art. 83 Rn. 30; dazu auch Jarass / Pieroth - *Pieroth*, Art. 83 Rn. 2.

Kompetenztitel enthält, der dem Bund das Tätigwerden im Bereich der Verwaltung erlaubt.[14]

Diese verfassungsrechtlichen Probleme bestehen (mit Ausnahme der Schwierigkeiten im Verhältnis von Art. 87 c GG zu Art. 87 Abs. 1 GG) prinzipiell, also unabhängig von der jeweiligen Verwaltungsmaterie.[15] Sie wirken sich aber bei der Ausführung des Atomgesetzes besonders deutlich aus. Wegen der Meinungsverschiedenheiten zwischen Bund und Ländern und der Tatsache, dass wichtige Verwaltungsbereiche in Form der Bundesauftragsverwaltung ausgeführt werden, liegt in den umstrittenen gesetzlichen und untergesetzlichen Einwirkungsbefugnissen des Bundes (Art. 85 Abs. 1 und Abs. 3 GG) erhebliches Konfliktpotenzial. Auch wegen des umfangreichen Einsatzes von Bundesoberbehörden und der Tatsache, dass bereits die Anwendbarkeit des Art. 87 Abs. 3 S. 1 GG umstritten ist, sind die Fragen bezüglich dieser Norm besonders drängend.

Trotz dieser speziellen Auswirkungen bei der Ausführung des Atomgesetzes bleibt für die Untersuchung die grundsätzliche verfassungsrechtliche Bedeutung der aufgeworfenen Fragen entscheidend. Ziel ist nicht die Lösung atomgesetzlicher (Verwaltungs-)Probleme. Es soll ein Beitrag zur Aufklärung der Verfassungsstruktur des Bund-Länder-Verhältnisses im Bereich der Verwaltungskompetenzen und der Herleitung organisations- bzw. verfahrensrechtlicher Gesetzgebungskompetenzen des Bundes geleistet werden.

II. Die Verwaltungskompetenzen im Atomgesetz

Die Ausführung des Atomgesetzes[16] ist vertikal aufgespalten. Die unterschiedlichen Aufgaben werden teils in Form der Bundesauftragsverwaltung, teils in der der Landesverwaltung und teils durch Bundesoberbehörden im Rahmen der bundeseigenen Verwaltung ausgeführt.[17] Die Bundes- und Landesbehörden werden dabei nebeneinander, und grundsätzlich unabhängig voneinander,[18] tätig.[19]

---

[14] Die Fragen die in Bezug auf Art. 87 Abs. 3 S. 1 GG bestehen, sind vielfältig. Vgl. dazu vor Kap. 1, III 2.

[15] Die Auftragsverwaltung ist außerdem für die Fernstraßenverwaltung gemäß Art. 90 A bs. 2 GG, für die Verwaltung von Geldleistungsgesetzen, bei denen der Bund mindestens die Hälfte der Ausgaben trägt gemäß Art. 104 a Abs. 3 S. 2 GG sowie für Teile der Steuerverwaltung gemäß Art. 108 Abs. 3 S. 1 GG vorgeschrieben und kommt außerdem gemäß A rt. 87 d Abs. 2 GG für die ist Luftverkehrsverwaltung, gemäß Art. 87 b Abs. 2 S. 1 für Teile der Bundeswehrverwaltung und gemäß Art. 120 a Abs. 1 S. 1 GG für den Lastenausgleich in Betracht. Weiterhin sehen auch Art. 89 Abs. 2 und Art. 108 Abs. 1 S. 4 und Abs. 2 und 4 (a.F.) GG die Möglichkeit zum Einsatz der Auftragsverwaltung vor. Eine Übersicht gibt *Blümel* - HBStR IV, § 101 Rn. 48.

[16] In der Folge AtG.

[17] Bonner Kommentar - *Zieger / Bischof*, Art. 87 c Rn. 34.

[18] *Niermann*, S. 71.

[19] *Niermann*, S. 71.

1. Der Regelfall: Die Auftragsverwaltung

§ 24 Abs. 1 S. 1 AtG ordnet die Ausführung umfangreicher Aufgaben „im Auftrage“ des Bundes an, und zwar sämtlicher Verwaltungsaufgaben des zweiten Abschnitts des AtG und der nach §§ 10, 11, 12 AtG erlassenen Rechtsverordnungen. Umfasst sind zentrale Verwaltungsgegenstände des AtG,[20] z.B.: die Genehmigung kerntechnischer Anlagen sowie deren Überwachung, die Genehmigung der Bearbeitung, Verarbeitung und Verwendung von Kernbrennstoffen auch außerhalb genehmigungspflichtiger Anlagen sowie die Durchführung von Planfeststellungsverfahren für die direkte Endlagerung in den Anlagen. Die Auftragsverwaltung gemäß Art. 87 c, 85 GG ist also strukturprägend und kann wegen der Weite ihres Einsatzbereichs als Regelfall betrachtet werden.[21] Bei ihr handelt es sich um einen besonderen Typ der Landesverwaltung.[22] Die Länder führen die Bundesgesetze durch eigene Behörden aus, unterliegen aber, verglichen mit der landeseigenen Verwaltung, verstärkten Einwirkungsmöglichkeiten des Bundes.[23]

2. Die bundeseigene Verwaltung

Neben diesem Regelfall der Auftragsverwaltung gibt es eine abschließende Aufzählung von Verwaltungsgegenständen, die in Form der bundeseigenen Verwaltung gemäß Art. 86, 87 GG ausgeführt werden.[24] Dies geschieht ganz überwiegend durch Bundesoberbehörden im Sinne des Art. 87 Abs. 3 S. 1 GG. Deren Einsatz für wichtige und umfangreiche Gegenstände sehen insbesondere die § 22 und § 23 AtG vor:[25] Im Bereich des § 22 AtG[26] wird das Bundesausfuhramt tätig und im Bereich des § 23 AtG[27] das Bundesamt für Strahlenschutz. In den letzten Jahren sind darüber hinaus dem Bundesverwaltungsamt gemäß § 23 a und dem Luftfahrt-Bundesamt gemäß § 23 b AtG Kompetenzen übertragen worden.[28] Außerdem

---

[20] Bonner Kommentar - *Zieger / Bischof*, Art. 87 c Rn. 42; *Haederich*, AtG, § 24 Rn. 1.

[21] Vgl. Bonner Kommentar - *Zieger / Bischof*, Art. 87 c Rn. 42; *Haederich*, AtG, § 24 Rn. 2. Dies war zumindest das ursprüngliche Konzept. Das Bild hat sich allerdings aufgrund der im mer größeren Anzahl von Kompetenzen, die im Laufe der Zeit den Bundesoberbehörden übertragen worden sind, geändert.

[22] BVerfGE 63, 1 (42); Sachs – *Dittmann*, Art. 85 Rn. 1.

[23] Alternativkommentar - *Bull*, Art. 85 Rn. 4; *v. Mangoldt / Klein*, Art. 85 Anm. II 2 f.; Maunz / Dürig - *Lerche*, Art. 85 Rn. 6; *Maunz / Zippelius*, § 38 VI; *Vogel* - HBVR, § 22 Rn. 50.

[24] Vgl. *Kloepfer*, § 15 Rn. 82.

[25] Bonner Kommentar - *Zieger / Bischof*, Art. 87 c Rn. 35.

[26] Die betrifft vor allem alle Entscheidungen im Zusammenhang mit der Gen ehmigung der Ein- und Ausfuhr von Kernbrennstoffen.

[27] Dieser enthält einen umfangreichen Katalog, der sich z.B. auf die Verwahrung von Kernbrennstoffen, die Errichtung und den Betrieb von Endlagern und die Beförderung von Kernbrennstoffen erstreckt.

[28] Die beiden letzteren wurden eingefügt durch Gesetz vom 6.4.1998 (BGBl. I S. 694) und Gesetz vom 3.5.2000 (BGBl. I S. 636).

überwacht das Eisenbahn-Bundesamt, eine weitere Bundesoberbehörde,[29] gemäß § 24 Abs. 1 S. 2 AtG die Beförderung radioaktiver Stoffe mit der Eisenbahn.[30]

Bemerkenswert ist, dass die anfänglich fast ausschließlich auf Gegenstände mit überregionaler Bedeutung beschränkten Kompetenzen der Bundesoberbehörden[31] seit der Schaffung des AtG auf Kosten der verwaltungsmäßigen Wahrnehmung durch die Länder erheblich erweitert worden sind.[32] Dies belegen vor allem das Anwachsen des Katalogs des § 23 AtG und das Einfügen von §§ 23 a und b AtG.

Weitere Bundeskompetenzen bestehen für den Dienstbereich der Bundeswehr. Gemäß § 24 Abs. 3 AtG entscheiden der Bundesminister für Verteidigung oder von ihm bezeichnete Stellen über die in den ersten beiden Absätzen genannten Gegenstände.[33] Die Verwaltungskompetenzen des Bundesministers für Verteidigung stützen sich allein auf Art. 87 a (Streitkräfte) und Art. 87 b (Bundeswehrverwaltung) GG.[34] Aus diesen Sonderregelungen für den Dienstbereich der Bundeswehr können keine Erkenntnisse für die übrige zivile Verwaltung des AtG gewonnen werden. Folglich werden sie nicht in die Untersuchung miteinbezogen.

3. Die landeseigene Verwaltung

Das AtG beinhaltet jedoch auch Verwaltungsgegenstände, die weder der Auftragsverwaltung noch der Bundesverwaltung zugewiesen sind, die sich also weder aus dem zweiten Abschnitt des AtG ergeben[35] noch von der abschließenden Aufzählung der Gegenstände, auf die sich letztere erstreckt, erfasst sind. Für diese gilt der verfassungsmäßige Regelfall der landeseigenen Verwaltung gemäß Art. 83, 84 GG.[36] Dieser ist bei der Ausführung des AtG allerdings tatsächlich die Ausnahme, denn § 35 AtG enthält den einzig erkennbaren Anwendungsfall der landeseigenen Verwaltung.[37] Dieser Paragraf sieht ein Verteilungsverfahren für den Fall vor, dass die Mittel, die zur Deckung von Schadensersatzverpflichtungen in einem Schadensfall zur Verfügung stehen, nicht ausreichen. Nur zur Durchführung dieses Verfahrens würden Landesbehörden in Form der landeseigenen Verwaltung tätig. Dieser Fall tritt allerdings erst dann ein, wenn nicht nur ein Schadensfall aufgetreten ist, sondern

---

[29] Die Einrichtung erfolgte durch § 2 Abs. 1 des Gesetzes über die Eisenbahnverkehrsverwaltung vom 27.12. 1993, BGBl. I, S. 2378, 2494.

[30] Dabei bestehen gewisse Einschränkungen hinsichtlich der Beförderung durch nicht bundeseigene Bahnen, vgl. § 24 Abs. 1 S. 2 AtG. Die Kompetenz erstreckt auch auf die Genehmigungsentscheidung soweit sie nicht von § 23 AtG umfasst ist, vgl. § 24 Abs. 1 S. 3 A tG.

[31] Außerdem noch für solche Gegenstände, bei denen der Bund internationale Verpflichtungen einzuhalten hatte, *Haederich*, AtG, § 23 Rn. 1.

[32] Zuletzt wurden Nr. 7 und 8 und Abs. 3 mit der Ermächtigung der Zuständigkeitszuweisung durch Rechtsverordnung durch Gesetz vom 3.5.2000 (BGBl. I S. 636) angefügt.

[33] *Haederich*, AtG, § 24 Rn. 9.

[34] Bonner Kommentar - *Zieger / Bischof*, Art. 87 c Rn. 40; *Haederich*, AtG, § 24 Rn. 9.

[35] Oder aus den dazu ergangenen Rechtsverordnungen, vgl. § 24 Abs. 1 S. 1 AtG.

[36] Bonner Kommentar - *Zieger / Bischof*, Art. 87 c Rn. 43, 34.

[37] *Haederich*, AtG, § 35 Rn. 1; Bonner Kommentar - *Zieger / Bischof*, Art. 87 c Rn. 34.

zusätzlich auch die Haftungsdeckung nicht ausreicht. Die landeseigene Verwaltung hat bei der Ausführung des AtG also so gut wie keine praktische Bedeutung.

Auch die interessanten verfassungsrechtlichen Fragen stellen sich nicht im Bereich der landeseigenen Verwaltung. Die in der Einleitung angedeuteten Streitigkeiten über die gesetzlichen und untergesetzlichen Einwirkungsbefugnisse des Bundes betreffen Art. 85 Abs. 1 GG und Art. 85 Abs. 3 GG, also die Auftragsverwaltung.[38]

Die Einbeziehung der landeseigenen Verwaltung in die Untersuchung erscheint daher weder aus verwaltungspraktischer noch aus verfassungsrechtlicher Sicht geboten. Es erfolgt aus diesem Grund eine Schwerpunksetzung bei der Auftragsverwaltung und der bundeseigenen Verwaltung. Die landeseigene Verwaltung wird lediglich in Bezug auf Art. 84 Abs. 1 GG mit einbezogen. Denn die Frage, ob diese Norm die Funktion eines Kompetenztitels für die Bundesgesetzgebung zum Erlass von Zuständigkeits- und Verfahrensregelungen hat, entspricht der bei Art. 85 Abs. 1 GG.[39]

III. Der Gang der Untersuchung

Die Verwaltungsstruktur des AtG bestimmt den Gang der Untersuchung. Sie wird sich also auf die Auftragsverwaltung gemäß Art. 85 GG, die Bundesverwaltung durch Bundesoberbehörden gemäß Art. 87 Abs. 3 S. 1 GG und deren Zusammenspiel konzentrieren.

1. Probleme im Bereich der Auftragsverwaltung

Den ersten Schwerpunkt der Untersuchung bilden die dogmatischen Probleme im Bereich der Auftragsverwaltung.

Im ersten Kapitel wird untersucht, wo die Gesetzgebungskompetenz des Bundes zur Regelung von Verwaltungsverfahren und Zuständigkeit der Landesbehörden verankert ist und welchen Voraussetzungen diese unterliegt. Die Existenz einer solchen Bundeskompetenz ist nach einer Entscheidung des Bundesverfassungsgerichts im wesentlichen unstreitig, nicht aber ihr Ursprung.[40] Als Kompetenztitel hierfür wird Art. 85 Abs. 1 GG diskutiert, er ist daher auf diese Funktion hin zu untersuchen. Dies kann allerdings nur unter Einbeziehung des Art. 74 Abs. 1 Nr. 11 a GG geschehen, denn zu dieser Norm besteht ein enger Zusammenhang. Dort ist für den Gegenstand

---

[38] Vor Kap. 1 I Einl.

[39] Art. 84 Abs. 1 und Art. 85 Abs. 1 GG sind Parallelnormen, *Erichsen / Biermann*, Jura 1998, 494 (495); *Neuser*, S. 150; i.E. auch Jarass / Pieroth - *Pieroth*, Art. 85 Rn. 3.

[40] BVerfGE 26, 338 (385); Zuständigkeitsregelungen für die Auftragsverwaltung werden bspw. durch § 24 Abs. 2 S. 1 AtG und §§ 7, 8, 20, 22 Abs. 4 FStrG getroffen, vgl. zu letzteren Kodal / Krämer - *Kodal*, Kap. 2 Anm. 29.1.

des Kernenergiewesens immerhin die Gesetzgebungskompetenz für die „Bundesgesetze" geregelt, an die Art. 85 Abs. 1 GG anknüpft.[41]/[42]

Sollte sich herausstellen, dass Art. 85 Abs. 1 GG einen Kompetenztitel für die Bundesgesetzgebung enthält, wäre im Übrigen die Frage zu klären, ob auch die Kompetenz zur Regelung des Verwaltungsverfahrens hiervon umfasst ist.[43] Diese zweite Frage stellt sich vor allem, weil das Verfahren dort im Unterschied zu Art. 84 Abs. 1 GG nicht ausdrücklich erwähnt ist, der Bund aber durch Regelungen des AtG trotzdem auf das Verwaltungsverfahren der Landesbehörden einwirkt.[44] Weiterhin ist umstritten, ob der Erlass gesetzlicher Verfahrensregelungen der Zustimmung des Bundesrats bedarf.[45]

Anschließend erfolgt im zweiten Kapitel die Untersuchung der untergesetzlichen Einwirkungsbefugnisse des Bundes und vor allem der Kompetenz aus Art. 85 Abs. 3 S. 1 GG; Inhalt und Schranken der Weisungskompetenz des Bundes in der Auftragsverwaltung sind zu klären. Zum einen ist fraglich, ob dem Bund auch die Kompetenz zum Erlass allgemeiner Weisungen zusteht,[46] zum anderen, ob der Verhältnismäßigkeitsgrundsatz als Weisungsschranke in Betracht kommt bzw. welchen Schranken die Kompetenz überhaupt unterworfen ist.[47]/[48]

---

[41] Vgl. zu den Einzelheiten des Verhältnisses von Art. 74 Abs. 1 Nr. 11 a GG zum Untersuchungsgegenstand, Kap. 1 A. Die gleiche Fragestellung ergibt sich, wie erwähnt, für Art. 84 Abs. 1 GG und die landeseigene Verwaltung.

[42] Beispiele für weitere Bundesgesetze mit Regelungen dieser Art im Bereich der landeseigenen oder Auftragsverwaltung: Gesetz zur Änderung von Vorschriften des Reichsjugendwohlfahrtgesetzes v. 28.8.1953, BGBl. 1953 I S. 1034 (Jugendwohlfahrtsgesetz) z.B. § 8 Abs. 1, Abs. 2, § 9, § 9a; Wehrpflichtgesetz v. 21.7.1956, BGBl. 1956 I S. 651, z.B. §§ 14, 15 Abs. 1, 3, 4; Gesetz über Maßnahmen des zivilen Luftschutzes, BT-Drs. II 1953 Bd. 39 Nr. 1978, z.B. §§ 3, 4; Finanzverwaltungsgesetz v. 6.9.1950, BGBl. 1950 I S. 448, § 2; Bundesleistungsgesetz v. 19.10.1956, BGBl. 1956 I S. 815, §§ 36 – 48.

[43] Vgl. zum Diskussionsstand Kap. 1 B III 1 c.

[44] §§ 7 Abs. 4, 7 Abs. 6 S. 3, 11 Abs. 2, 13 Abs. 1, 17 Abs. 1 AtG, dazu *Haun*, S. 23 Fn. 51. Dies trifft ebenfalls für andere Materien zu, die in Form der Auftragsverwaltung ausgeführt werden.. Verfahrensregelungen enthalten z.B.: § 2 Abs. 6 FStrG für die Widmung oder Abstufung einer Straße, § 5 Abs. 4 S. 4 FStrG für eine abweichende Festsetzung von Ortsdurchfahrten, für die Planfeststellung in § 10 Luftverkehrsgesetz, § 31 Abs. 3, Abs. 4 LuftVG für die Einbeziehung von Bundesoberbehörden in das Verfahren; ehemals für das Planfeststellungsverfahren im FStrG. Die Regelung des Verwaltungsverfahrens vor den Landesbehörden ist allgemein ein Mittel, durch das dem Bund konkret die Möglichkeit gegeben wird, Einfluss auf die Verwaltungsentscheidungen der Landesbehörden zu nehmen, und wird daher auch zukünftig weiterhin relevant sein.

[45] Beispielhaft zu dieser Problematik in der Bundesfernstraßenverwaltung: *Wolst*, S. 27; *Zech*, DVBl. 1987, 1091 (1091); zum Diskussionsstand vgl. Kap. 1 B IV 1. Dort wirkte sich dieser Streit in der Gesetzgebungspraxis immer wieder aus.

[46] Vgl. zum Diskussionsstand Kap. 2 C II 1 b.

[47] Vgl. zum Diskussionsstand Kap. 2 C III 1 a aa.

[48] Die Bedeutung dieser Problempunkte für das AtG und für atomrechtliche Genehmigungsverfahren haben jedenfalls die genannten Entscheidungen des Bundesverfassungsgerichts, BVerfGE 81, 310 ff. - Kalkar und BVerfGE 84, 25 ff. - Schacht Konrad, und ihre spätere Diskussion gezeigt.

2. Probleme im Bereich der Verwaltung durch Bundesoberbehörden

Gegenstand des dritten Kapitels ist die bundeseigene Verwaltung. Es ist die Frage zu beantworten, ob Art. 87 Abs. 3 S. 1 GG die konkrete Form des Einsatzes der Bundesoberbehörden bei der Ausführung des AtG deckt.

Ein erster Schwerpunkt liegt bei der Untersuchung des Zusammenwirkens von Art. 87 c und Art. 87 Abs. 3 S. 1 GG. Es muss zunächst geklärt werden, ob Art. 87 Abs. 3 S. 1 GG überhaupt im Regelungsbereich des Art. 87 c GG als möglicher Kompetenztitel zur Verfügung steht.[49] Wenn Art. 87 Abs. 3 S. 1 GG nicht zur Verfügung stehen sollte, wäre die Tätigkeit des Bundesamtes für Strahlenschutz und der weiteren Bundesämter bei der Ausführung des AtG verfassungsrechtlich „höchst bedenklich".[50]

Im Anschluss daran sind die umstrittenen Funktionen von Art. 87 Abs. 3 S. 1 GG als selbständiger Kompetenztitel für die Bundesgesetzgebung und für die Einrichtung einer Bundesverwaltung für bestimmte Verwaltungsgegenstände zu untersuchen.[51] Auch die Möglichkeit zur Übertragung zusätzlicher Kompetenzen an bestehende Bundesoberbehörden ist fraglich.[52] Sollte sich zeigen, dass Art. 87 Abs. 3 S. 1 GG einen Kompetenztitel für die Bundesverwaltung enthält, sind auch die Voraussetzungen der Kompetenzausübung näher zu bestimmen. Denn es ist unklar, was genau „Angelegenheiten" sind, „für die dem Bund die Gesetzgebung zusteht".[53]

Das Ergebnis dieser Überlegungen wird zeigen, ob der Bund auch zukünftig auf Art. 87 Abs. 3 S. 1 GG zurückgreifen kann, wenn er, wie in den letzten zwanzig Jahren häufig geschehen,[54] weitere Kompetenzen an bestehende Bundesoberbehörden übertragen will.

---

[49] Teilweise wird angenommen, es handele sich bei Art. 87 c GG für den Bereich der Kernenergie - verwaltung um eine abschließende und damit verdrängende Regelung, andere lehnen dies ab. Darüber hinaus wird auch eine vermi ttelnde Ansicht vertreten, vgl. zum Diskussionsstand Kap. 3 A I 1.

[50] Vgl. Sachs - *Windthorst*, Art. 87 c Rn. 31; Dreier - *Hermes*, Art. 87 c Rn. 17; Maunz / Dürig – *Maunz*, Erstbearb. Art. 87 c Rn. 8.

[51] Vgl. zu den Diskussionsständen Kap. 3 B I und C I 1.

[52] Vgl. zum Diskussionsstand Kap. 3 C II 2 a.

[53] Vgl. Art. 87 Abs. 3 S. 1 GG.

[54] *Blümel* - HBStR IV, § 101 Rn. 109; so auch *Vogel* - HBVR, § 22 Rn. 97; *Hartkopf*, DÖV 1979, 349 (352). Jüngst wurden neue Kompetenzen an das Bundesverwaltungs - und Luftfahrt-Bundesamt; überwiesen. Dies erfolgte durch § 23 a und § 23 b AtG im Jahre 1999 und 2000, BGBl. I, S. 694 und BGBl. I S. 636.

1. KAPITEL: DIE GESETZGEBUNGSKOMPETENZEN DES BUNDES FÜR ZUSTÄNDIGKEIT UND VERFAHREN IM BEREICH DER AUFTRAGSVERWALTUNG DES ATG

Für die Aufgaben des AtG, die im Wege der Auftragsverwaltung ausgeführt werden, und vor allem für § 24 Abs. 2 S. 1 AtG,[55] ist zu klären, wo die Gesetzgebungskompetenzen des Bundes zum Erlass gesetzlicher Regelungen über die Verwaltungszuständigkeit der Länder verankert sind. Dies gilt in gleicher Weise für Regelungen über das Verwaltungsverfahren der Länder.[56] Derartige Regelungen liegen an der Schnittstelle zwischen der Gesetzgebung und der Verwaltung, da der Bund, wie z.B. mit § 24 Abs. 2 S. 1 AtG, durch Bundesgesetz in die Verwaltungsorganisation der Länder eingreift[57] und damit mittelbar die Verwaltungsentscheidungen beeinflusst. Derartige Regelungen bedeuten einen erheblichen Eingriff in die Organisationshoheit der Länder und erfordern daher eine Regelung durch Gesetz. Gesetzliche Regelungen sind dem Bund aber nur möglich, wenn er durch einen Kompetenztitel abweichend von Art. 70 Abs. 1 GG zur Gesetzgebung ermächtigt ist.[58] Das wiederum müsste ein Kompetenztitel sein, der den Bund gerade zum Erlass gesetzlicher Verwaltungsorganisationsregelungen, also Zuständigkeits- und Verfahrensregelungen, gegenüber den Ländern in der Auftragsverwaltung befugt.[59]

A. Die Gesetzgebungskompetenz des Bundes aus Art. 74 Abs. 1 Nr. 11 a GG

Die Gesetzgebungskompetenzen des Bundes ergeben sich typischerweise aus den Art. 71 - 75 GG, daneben aber auch aus anderen Verfassungsvorschriften.[60] Aus den erstgenannten Katalogen[61] kommt Art. 74 Abs. 1 Nr. 11 a GG als Kompetenztitel für den Erlass des § 24 Abs. 2 S. 1 AtG in Betracht. Der Bund wird hierdurch nahezu umfassend zur Gesetzgebung im Bereich des Kernenergiewesens befugt.[62] Auf Grundlage dieser Norm hat der Bund 1959 die Ursprungsfassung des Gesetzes „über

[55] Dieser bestimmt die Zuständigkeit der obersten Landesbehörden für die Genehmigungen nach den §§ 7 (Anlagengenehmigungen), 7a (Vorbescheide Teile von Anlagengenehmigungen) und 9 (Bearbeitung, Verarbeitung und sonstige Verwendung von Kernbrennstoffen außerhalb genehmigungspflichtiger Anlagen) sowie deren Rücknahme und Widerruf, die Planfeststellung nach § 9 b (für die direkte Endlagerung in den Anlagen) und die Aufhebung des Planfeststellungsbeschlusses.
[56] Vgl. §§ 7 Abs. 4, 13 Abs. 1, 17 Abs. 1 AtG; §§ 7 Abs. 6 S. 3 und 11 Abs. 2 AtG als Ermächtigungsvorschriften; vgl. dazu auch *Haun*, S. 23 Fn. 51.
[57] Dazu für Art. 84 Abs. 1 Jarass / Pieroth - *Pieroth*, Art. 84 Rn. 1 f.
[58] *Ipsen*, Rn. 510. Der Bund hat die Gesetzgebungskompetenz eben nur, wo das Grundgesetz sie ihm verleiht, BVerfGE 12, 205 (228).
[59] Denn nur diese und nicht die materiellen Verwaltungsregelungen sind, wie einführend erläutert, Gegenstand der Untersuchung, vgl. vor. Kap. 1, I. Einleitung.
[60] Sachs - *Degenhart*, Art. 70 Rn. 1.
[61] Dort sind die Materien aufgeführt, für die der Bund die Gesetzgebungskompetenz inne hat Jarass / Pieroth - *Pieroth*, Art. 74 Rn. 1; v. Münch – *Kunig*, Art. 74 Rn. 1.
[62] *Borgmann*, § 13 A I, S. 247; Alternativkommentar - *Bothe*, Art. 74 Rn. 26;.

die friedliche Verwendung der Kernenergie und den Schutz gegen ihre Gefahren" (AtG) erlassen.[63]

Der Kompetenztitel betrifft jedoch unmittelbar nur die - hier eigentlich nicht relevante - materielle Gesetzgebungskompetenz des Bundes. Er enthält, wie die übrigen Kompetenztitel der Art. 71 - 75 GG mit wenigen Ausnahmen,[64] nur die Befugnis Sachregelungen über eine Materie zu treffen. Er kann daher nicht als Kompetenzgrundlage für § 24 Abs. 2 S. 1 AtG dienen, da dieser eine Zuständigkeitsregelung trifft. Art. 74 Abs. 1 Nr. 11 a GG ist trotzdem Ausgangspunkt der Überlegungen, da ein entscheidender Zusammenhang zum Gegenstand der Untersuchung besteht. Dieser ergibt sich zum einen aus einer Verknüpfung zwischen gesetzlichen Zuständigkeits- und Verfahrensregelungskompetenzen und materiellen Gesetzgebungskompetenzen. Art. 85 Abs. 1 GG zeigt diese Verknüpfung dadurch, dass die dort genannte Kompetenz akzessorisch zur Ausübung der Sachgesetzgebungskompetenz, hier also des Art. 74 Abs. 1 Nr. 11 a GG, ist.[65] Zum anderen wird teilweise vertreten, die Kompetenz zur Regelung von Verfahren und Zuständigkeit durch Gesetz bestehe ohnehin nur als Annex zur materiellen Gesetzgebungskompetenz.[66] Hinzu kommt, dass Art. 74 Abs. 1 Nr. 11 a GG eine Voraussetzung der später darzustellenden Kompetenzen aus Art. 87 c GG und Art. 87 Abs. 3 S. 1 GG ist.[67] Daher ist der Inhalt der Norm hier relevant.

Der Kompetenztitel enthält die grundsätzliche Anerkennung der Nutzung der Kernenergie zu friedlichen Zwecken als verfassungsgemäß.[68] Kernenergie beschreibt die innere Energie der Atomkerne,[69] insbesondere die, die bei Kernreaktionen oder anderen Kernumwandlungen frei wird.

Nutzung der Kernenergie bedeutet jede Art der Verwendung, vom Einsatz in der Forschung bis zum gewerblichen Verkehr.[70] Soweit die Nutzung zu friedlichen Zwecken erfolgt,[71] ist ohne Bedeutung, wer die Kernenergie zu welchen Zwecken nutzt.[72] Umfasst ist jede gesellschaftliche Auswirkung des technisch-physikalischen

---

[63] v. Mangoldt / Klein / Starck – *Oeter*, Art. 74 Abs. 1 Nr. 11 a, Rn. 115; Alternativkommentar - *Bothe*, Art. 74 Rn. 26; Bonner Kommentar - *Zieger / Bischof*, Art. 87 c Rn. 32; Sachs – *Windthorst*, Art. 87 c Rn. 16.

[64] Dazu Kap. 1 B II b dd (2).

[65] *v. Hausen / v. der Heide*, DÖV 1958, 753 (755); Jarass / Pieroth - *Pieroth*, Art. 84 Rn. 1; Maunz / Dürig - *Lerche*, Art. 83 Rn. 18, 38.

[66] Vgl. Kap. 1 B II 1 b a. Damit ist auch die Darstellung der Kompetenz erforderlich. Zum Verhältnis von Annex und geschriebenen Kompetenztiteln allgemein, *Ehlers*, Jura 2000, 323 (325).

[67] Dazu Kap. 3.

[68] Jarass / Pieroth - *Pieroth*, Art. 74 Rn. 28; Sachs – *Windthorst*, Art. 87 c Rn. 5; *Rengeling* – HBStR IV, § 100 Rn. 180; Bonner Kommentar - *Bischof*, Art. 74 Nr. 11 a Rn. 9 ff.; Sachs - *Degenhart*, Art. 74 Rn. 44.

[69] Alternativkommentar - *Bothe*, Art. 74 Rn. 26; v. Mangoldt / Klein - *Pestalozza*, Art. 74 Rn. 732.

[70] v. Mangoldt / Klein - *Pestalozza*, Art. 74 Rn. 741.

[71] *Rengeling* – HBStR IV, § 100 Rn. 180; Sachs – *Windthorst*, Art. 87 c Rn. 12.

[72] v. Mangoldt / Klein - *Pestalozza*, Art. 74 Rn. 741.

Phänomens der Freisetzung von Energie durch Spaltung, Vereinigung oder sonstige Umwandlung von Atomkernen.[73]

Zudem werden bundesgesetzliche Regelungen über Anlagen zur Erzeugung oder Spaltung von Kernbrennstoffen, deren Aufbereitung sowie zur Erzeugung ionisierender Strahlen ermöglicht.[74] Der Kompetenztitel erstreckt sich auch auf die Vorbeugung gegenüber allen denkbaren Gefahren der Kernenergie. Der Gefahrbegriff ist weit zu verstehen,[75] so dass das gesamte Strahlenschutzrecht inbegriffen ist.[76] Abrundend sind Regelungen über die Unschädlichmachung[77] von radioaktiven Stoffen[78] umfasst.

Dem Bund sind gesetzliche Regelungen über diese Gegenstände jedoch nur möglich, wenn sie gemäß Art. 72 Abs. 2 GG erforderlich sind, denn bei Art. 74 Abs. 1 Nr. 11 a GG handelt sich um einen Kompetenztitel für die konkurrierende Gesetzgebung.[79] Ohne die Problematik abschließend behandeln zu wollen, sei darauf verwiesen, dass die überregionale Bedeutung der Anlagen im Kernenergiewesen die Notwendigkeit der Angleichung der rechtlichen Betriebsvoraussetzung zur Folge haben soll.[80] Die übergreifenden Gefahren im Allgemeinen, wie auch die grenzüberschreitende Bedeutung einzelner Bereiche, nämlich z.B. des Transports, der Entsorgung bzw. Endlagerung im Besonderen, sprechen ebenfalls für die Erforderlichkeit bundeseinheitlicher gesetzlicher Regelungen.

B. Art. 85 Abs. 1 GG als Kompetenztitel für bundesgesetzliche Regelungen über Zuständigkeit und Verfahren

Nachdem die Art. 71 - 75 GG als Kompetenzgrundlage nicht unmittelbar in Betracht kommen, ist zu klären, ob die Art. 83 ff. GG eine solche Bundesgesetzgebungskompetenz beinhalten.

---

[73] v. Münch - *Kunig*, Art. 74 Rn. 57; *Rengeling* – HBStR IV, § 100 Rn. 180; v. Mangoldt / Klein / Starck – *Oeter*, Art. 74 Abs. 1 Nr. 11 a, Rn. 117; Alternativkommentar - *Bothe*, Art. 74 Rn. 26; Sachs - *Sachs*, Art. 74 Rn. 45; strittig ist, ob dies auch die Festlegung von Standorten für Kernkraftwerke mit umfasst, siehe dazu v. Münch - *Kunig*, Art. 74 Rn. 59; Jarass / Pieroth - *Pieroth*, Art. 74 Rn. 28.
[74] v. Münch - *Kunig*, Art. 74 Rn. 59; *Rengeling* – HBStR IV, § 100 Rn. 181; Sachs - *Sachs*, Art. 74 Rn. 45.
[75] v. Mangoldt / Klein - *Pestalozza*, Art. 74 Rn.772.
[76] Jarass / Pieroth - *Pieroth*, Art. 74 Rn. 28; Sachs - *Degenhart*, Art. 74 Rn. 45.
[77] Zum Inhalt des Unschädlichmachens: v. Mangoldt / Klein - *Pestalozza*, Art. 74 Rn. 781; v. Mangoldt / Klein / Starck – *Oeter*, Art. 74 Abs. 1 Nr. 11 a, Rn. 120; *Rengeling* – HBStR IV, § 100 Rn. 183.
[78] Vgl. dazu v. Mangoldt / Klein - *Pestalozza*, Art. 74 Rn. 777 f.
[79] Bereits für die geltende Fassung des AtG wird teilweise bezweifelt, dass die Länder den ihnen übertragenen Aufgaben gerecht werden können. Insbesondere die personellen Ressourcen und die fachliche Qualifikation der Landesbehörden wird in Frage gestellt *Kimminich*, Atomrecht, S. 110.
[80] *Borgmann*, § 13 A II. 2; S. 252.

Art. 87 c GG sieht die Auftragsverwaltung als möglichen Verwaltungstyp[81] für das Kernenergiewesen[82] vor, regelt diesen jedoch nicht abschließend. Vielmehr setzt er das ursprüngliche Modell des Art. 85 GG voraus.[83] Art. 85 GG ist also auch innerhalb des Kernenergiewesens für die Ausgestaltung der Auftragsverwaltung maßgeblich. Damit könnte Art. 85 Abs. 1 GG einen einschlägigen Kompetenztitel für die Bundesgesetzgebung und insbesondere als Grundlage für § 24 Abs. 2 S. 1 AtG enthalten. Er regelt nämlich, dass die Einrichtung der Behörden nur soweit Sache der Länder bleibt, wie „Bundesgesetze mit Zustimmung des Bundesrates" nicht etwas anderes bestimmen.

I. Regelungen über die Einrichtung von Behörden gemäß Art. 85 Abs. 1 GG

Gegenstand des Art. 85 Abs. 1 GG ist die „Einrichtung der Behörden". Behörden sind alle Stellen, die hoheitliche Aufgaben wahrnehmen,[84] also auch die Landesatombehörden.

Der Begriff der „Einrichtung" ist weit auszulegen und umfasst sowohl die Neuschaffung der Behörde als auch deren Ausstattung mit Mitteln und Personal.[85] Genauso ist die Regelung der Zuständigkeiten, also die Zuweisung von Aufgaben und Befugnissen,[86] umfasst, soweit es sich nicht nur um eine rein quantitative Vermehrung bestehender Aufgaben handelt.[87] Inhaltlich erstreckt sich Art. 85 Abs. 1 GG also auf die Regelung des § 24 Abs. 2 S. 1 AtG, der die Zuständigkeit der obersten Landesbehörden anordnet.

II. Art. 84 Abs. 1 und Art. 85 Abs. 1 GG als eigenständige Kompetenztitel für die Bundesgesetzgebung

1. Problemstellung

Umstritten ist, ob aus Art. 85 Abs. 1 GG - dies gilt ebenso für Art. 84 Abs. 1 - überhaupt eigenständige Gesetzgebungskompetenzen des Bundes für Regelungen über Zuständigkeit und Verfahren abgeleitet werden können. Diese Frage bedarf nicht nur im Hinblick § 24 Abs. 2 S. 1 AtG, sondern ganz allgemein einer Klärung. Denn die

---

[81] Die Regelung ist fakultativ, Jarass / Pieroth - *Pieroth*, Art. 85 Rn. 1, Art. 87 c Rn. 1; Sachs - *Windthorst*, Art. 87 Rn. 3.
[82] Nämlich aller Gesetze, die auf Grund des Art. 74 Abs. 1 Nr. 11 a GG e rgehen.
[83] *Köttgen*, JöR 11 (1962) 173 (239).
[84] Jarass / Pieroth - *Pieroth*, Art. 84 Rn. 3; BVerfGE 10, 20 (49) gibt eine detaillierte Definition.
[85] v. Münch - *Broß*, Art. 85 Rn. 4; Sachs – *Dittmann*, Art. 84 Rn. 7; Maunz / Dürig – *Lerche*, Art. 84 Rn. 25 f.
[86] Diese Differenzierung ist in Art. 30 GG angelegt.
[87] Jarass / Pieroth - *Pieroth*, Art. 85 Rn. 3, Sachs – *Dittmann*, Art. 84 Rn. 7; *Blümel* – HBStR IV, § 101 Rn. 30, v. Münch – *Broß*, Art. 84 Rn. 11; Dreier – *Hermes*, Art. 84 Rn. 25.

Frage ist, obwohl die Unklarheit in den Anfangsjahren der Republik als sehr hemmend empfunden wurde,[88] von den Gerichten unentschieden gelassen worden.[89]

a) Bedeutung der Problematik

aa) Schnittstelle zwischen Exekutive und Legislative

Die Herleitung der Gesetzgebungskompetenzen für organisationsrechtliche Regelungen ist problematisch, weil diese Regelungen einen Grenzbereich von Gesetzgebung und Verwaltung betreffen. Einerseits tangieren sie die Sachmaterie der Verwaltung inhaltlich, andererseits handelt es sich um gesetzliche Bestimmungen. Dies spiegelt die Stellung von Art. 85 Abs. 1 GG im Abschnitt über die Verwaltung dar, obwohl die Norm zumindest auch Regelungen über die Gesetzgebung trifft.

Die Untersuchung der Kompetenzfunktion von Art. 85 Abs. 1 und Art. 84 Abs. 1 GG ist jedoch wichtig, weil eine Gesetzgebungskompetenz des Bundes für organisationsrechtliche Regelungen aus den Art. 83 ff. GG eine vorrangige Spezialregelung wäre.[90] Diese ausdrücklichen Regelungen würden ungeschriebenen Kompetenzen vorgehen.[91] Dies würde bedeuten, dass sich die gesetzlichen Regelungskompetenzen im Bereich der Verwaltung ausschließlich auf den VIII. Abschnitt des Grundgesetzes stützen lassen würden, daher kein Rückgriff auf die materiellen Gesetzgebungskompetenzen der Art. 70 ff. GG bzw. deren Annexe notwendig oder auch nur zulässig wäre.

Um den Ursprung der organisationsrechtlichen Gesetzgebungskompetenzen festzulegen, muss geklärt werden, ob ihr Erlass gesetzgeberische oder verwaltende Tätigkeit, d. h. der Legislative oder der Exekutive zuzuordnen ist.[92]

bb) Bundesstaatliche Aspekte

Art. 84 Abs. 1 und Art. 85 Abs. 1 GG berühren auch bundesstaatliche Aspekte. Art. 85 Abs. 1 GG bestätigt zum einen die Organisationsgewalt der Länder im Rahmen der Auftragsverwaltung.[93] Die Einrichtung der Behörden „bleibt" danach in der Regel Sache der Länder. Zum anderen erwähnt Art. 85 Abs. 1 GG jedoch den Vorbehalt einer gesetzlichen Regelung durch den Bund.[94] Art. 85 Abs. 1 GG geht also davon aus, dass der Bund - auf welcher Grundlage auch immer - die Möglichkeit besitzt,

---

88 *v. Hausen / v. der Heide*, DÖV 1958, 753 (753).

89 Z.B. BVerfGE 26, 338 (369, 385), vgl. auch BVerfGE 77, 388 (299), BVerwGE 69, 1 (2).

90 Maunz / Dürig - *Lerche*, Art. 83 Rn. 36; Jarass / Pieroth - *Pieroth*, Art. 83 Rn. 2.

91 Maunz / Dürig - *Lerche*, Art. 83 Rn. 33.

92 So zutreffend, *Neuser*, S. 111, bzw. S. 114.

93 Jarass / Pieroth - *Pieroth* Art. 85 Rn. 1; *Blümel* – HBStR IV, § 101 Rn. 53, wobei es sich hier allerdings nicht um eine konstitutive Regelung, sondern um eine reine Bestätigung der Organisationshoheit handelt.

94 *Beermann*, S. 78; Sachs - *Dittmann*, Art. 84 Rn. 5 für Art. 84 Abs. 1 ebenso *Blümel* – HBStR IV, § 101 Rn. 24.

ausnahmsweise die Zuständigkeiten, also wichtige Rahmenbedingungen für die Verwaltungstätigkeit der Landesbehörden, festzulegen.[95] Hier ist daher ein Konkurrenzverhältnis von Bund und Ländern hinsichtlich der Organisationsgewalt angelegt.

Auch Art. 84 Abs. 1 GG sieht ausnahmsweise die Möglichkeit einer bundesgesetzlichen Regelung von Zuständigkeit und Verfahren vor und bindet eine solche an die Zustimmung des Bundesrats. Der Artikel wird teilweise als zentrale Norm des „kooperativen Föderalismus" bewertet.[96] Die Einschätzung beruht vor allem darauf, dass der Umfang der Mitwirkung des Bundesrats an der Gesetzgebung ein zentrales Problem der deutschen Bundesstaatlichkeit ist[97] und Art. 84 Abs. 1 GG bundesgesetzliche Regelungen von der Zustimmung des Bundesrats abhängig macht. Der Zustimmungsvorbehalt soll den Einfluss der Länder auf die Bildung des (gesetzgeberischen) Bundeswillens sicherstellen.[98] Trotz dieser und anderer Sicherungen hat der Bund seine gesetzgeberische Kompetenzen weitgehend ausgeschöpft und dadurch den sog. Trend zur „Unitarisierung des Bundesstaats"[99] ausgelöst. Der Bundesrat hat in diesem Prozess als Gegengewicht und föderatives Verfassungsorgan an Bedeutung gewonnen.[100] Dies lässt sich durch Zahlenbeispiele belegen: In der elften Wahlperiode waren von 366 verkündeten Gesetzen 202[101] und auch in anderen Wahlperioden teilweise mehr als 50 % der Gesetze zustimmungsbedürftig.[102] Bei rund drei Fünfteln löste Art. 84 Abs. 1 GG diese Folge aus[103] und wird deshalb als „großes Einfallstor" für Zustimmungsgesetze bezeichnet.[104] Die Ausnahme des Art. 84 Abs. 1 GG ist somit in der Realität zur Regel geworden.[105]

Bedeutsam ist außerdem, dass gesetzliche Verwaltungsorganisationsregelungen eine Ausdehnung der Gesetzgebung in den Bereich der Verwaltung verursachen.[106] Diese Ausdehnung, als Ausdruck der generellen Dominanz der gesetzgebenden Gewalt, wird teilweise als von Anfang an bestehender (und sich im Laufe der Zeit noch verschlimmernder) Strukturfehler beurteilt.[107] Die Verwaltung ist jedenfalls spätestens durch die Ausdehnung der Gesetzesvorbehalte im hohen Maße von

---

[95] Wobei gerade zu klären ist, ob hier die Kompetenz begründet wird oder nicht.
[96] Vgl. *Schultze-Fielitz*, DVBl. 1982, 328 ff., jedenfalls ist sie für diesen wichtig, *Sauter*, FS Klein, S. 561; Schmidt-Bleibtreu / Klein - *Schmidt-Bleibtreu*, Art. 84 Rn. 2; *Ossenbühl*, AöR 99 (1974) 369 (370).
[97] *Hesse*, Grundzüge, Rn. 245; *Sauter*, FS Klein, S. 561.
[98] Vgl. Sachs – *Dittmann*, Art. 84 Rn. 15; *Hesse*, Grundzüge, Rn. 245; *Ossenbühl*, AöR 99 (1974) 369 (370).
[99] *Hesse*, Unitarischer Bundesstaat, S. 14; *Hesse*, Grundzüge, Rn. 245.
[100] *Hesse*, Grundzüge, Rn. 245; *Ossenbühl*, AöR 99 (1974) 369 (370).
[101] Vgl. *Sauter*, FS Klein, S. 561.
[102] Vgl. *Ossenbühl*, AöR 99 (1974) 369 (371).
[103] *Sauter*, FS Klein, S. 564; *Schultze-Fielitz*, DVBl. 1982, 328 (330); dazu auch *v. Münch*, Rn. 875.
[104] *Ossenbühl*, AöR 99 (1974) 369 (371); Dreier – *Hermes*, Art. 84 Rn. 49; Schmidt-Bleibtreu / Klein - *Schmidt-Bleibtreu*, Art. 84 Rn. 2; vgl. auch *Friesenhahn*, FS Bundesrat S. 251 ff.
[105] *Hesse*, Unitarischer Bundesstaat, S. 17; in diesem Sinne auch Schmidt -Bleibtreu / Klein - *Schmidt-Bleibtreu*, Art. 84 Rn. 2; i. E. auch Dreier – *Hermes*, Art. 84 Rn. 49.
[106] *Hesse*, Unitarischer Bundesstaat, S. 18;
[107] *Herzog*, BayVBl. 1991, 513 (514).

gesetzlichen Regelungen abhängig gemacht worden.[108] Die Gesetzgebung wiederum ist durch ein Primat des Bundes gekennzeichnet,[109] so dass die Ausdehnung der Gesetzgebung einer Stärkung des Bundes gleichkommt. Also führt die Ausdehnung gesetzlicher Organisationsregelungen zu einer Einschränkung der Länderkompetenzen und somit mittelbar zu einer Beschneidung der verfassungsmäßig vorgesehenen Vorrangstellung der Länder in der Verwaltung.[110]

Inwieweit sich diese Entwicklung fortsetzt, hängt maßgeblich von den Grenzen der Gesetzgebungskompetenzen des Bundes ab. Deren Grenzen wiederum hängen von ihren Grundlage ab:[111] Annexe zu Kompetenztiteln für die materielle Gesetzgebung sind nur punktuell. Sie reichen nur soweit, wie zur sachgemäßen Durchführung erforderlich.[112] Eine Überschreitung dieser Grenze hätte einen unzulässigen Eingriff in die Verwaltungshoheit der Länder zur Folge.[113] Eine selbständige Kompetenz aus Art. 85 Abs. 1 bzw. aus Art. 84 Abs. 1 GG wäre auf den ersten Blick weniger engen Grenzen unterworfen.[114] Doch bleibt zu zeigen, ob auf den zweiten Blick nicht gerade die Annahme von Annexkompetenzen die Schutzfunktion des geschriebenen Gefüges aushebelt.

cc) Folgeprobleme des Art. 85 Abs. 1 GG

Die Beurteilung der Kompetenzfunktion des Art. 85 Abs. 1 GG ist gleichzeitig eine Vorentscheidung für die weiteren Streitigkeiten in Bezug auf diese Norm. Für die Lokalisierung der dort nicht erwähnten Verfahrensregelungskompetenz des Bundes ist entscheidend, ob diese dort „mitgeschrieben" sein kann oder ob (mangels Kompetenzfunktion der Norm an sich) eine Ableitung aus einer vollkommen anderen Kompetenzgrundlage, nämlich einer Annexkompetenz notwendig ist.[115] Von der Lokalisierung der Verfahrensregelungskompetenz hängt dann wieder ab, ob sie der Zustimmung des Bundesrates unterliegt. Eine Annexkompetenz spräche gegen die Zustimmungsbedürftigkeit solcher Regelungen, die in Art. 85 Abs. 1 GG nicht

---

[108] *Herzog*, BayVBl. 1991, 513 (514).
[109] *Hesse*, Unitarischer Bundesstaat, S. 15; *Maurer*, Staatsrecht, § 18 Rn. 9; *Ehlers*, Jura 2000, 323 (324); *Herzog*, BayVBl. 1991, 513 (514).
[110] Dazu auch *Hesse*, Unitarischer Bundesstaat, S. 17 f.; *Hesse*, Grundzüge, Rn. 245; *v. Münch*, Rn. 867, zur Vorrangstellung auch *Maurer*, Staatsrecht, § 18 Rn. 16. Diese Einschätzung bestätigt z.B. § 7 Abs. 4 S. 2 AtG. Dort wird „eine Perfektionierung der ministeriellen Weisungsrechte" durch eine entsprechende bundesrechtliche Ausgestaltung des Verwaltungsverfahrens vor den Länderbehörden erreicht, *Köttgen*, JöR 11 (1962) 173 (239). Sehr deutlich ist dies auch in der Auftragsverwaltung im FStrG (§ 2 Abs. 6, § 5 Abs. 4 S. 4).
[111] *Neuser*, S. 116; *Lepa*, DVBl. 1974, 399 (404).
[112] BVerfGE 22, 180 (210); *Ehlers*, Jura 2000, 323 (325); *Neuser*, S. 116. Dies stellt gerade ein Problem der Annexkonstruktion dar, vgl. Kap. 1 B II 2 c bb.
[113] BVerfGE 22, 180 (210); *Finkelnburg / Lässig*, VwVfG, Einleitung, Rn. 39.
[114] *Neuser*, S. 116; vgl. dazu aber Kap. 1 B II 2 b dd (2) und c cc.
[115] Dazu Kap. 1 B III.

erwähnt und daher auch dem dortigen Zustimmungsvorbehalt nicht unmittelbar unterstellt sind.[116]

Diesen Verknüpfungen Rechnung tragend, ist die Darstellung der Frage, ob aus Art. 84 Abs. 1 und Art. 85 Abs. 1 GG Gesetzgebungskompetenzen abzuleiten sind, umfassend und die der Folgeprobleme dementsprechend kürzer.

b) Diskussionsstand

Seit den Urteilen des Bundesverfassungs- und des Bundesverwaltungsgerichts,[117] die die Frage nach der Kompetenzfunktion unbeantwortet ließen, ist sie in den Hintergrund gerückt. Das Bundesverfassungsgericht stellte außer Frage, dass dem Bund in der Auftragsverwaltung die Kompetenz zur Regelung des Verwaltungsverfahrens und der Behördenzuständigkeit zusteht, vermied aber sich auf eine Kompetenzgrundlage festzulegen.[118] Auch in der Entscheidung über bundesgesetzliche Aufgabenzuweisungen an Kommunalbehörden stellte es lediglich fest, dass eine solche Regelung nur als Annex im Rahmen des Notwendigen zur Gewährleistung eines wirksamen Vollzugs erlaubt sei.[119] Nicht der Ursprung der Kompetenz, sondern nur deren Ausweitung auf das Gebiet der dem Bund grundsätzlich entzogenen Kommunalverwaltung wurde dort behandelt.[120]

In der wissenschaftlichen Bearbeitung finden sich vor allem im älteren Schrifttum eindeutige Stellungnahmen zu dieser Problematik mit entsprechenden Begründungen.[121] Die Streitfrage nach dem Ursprung der Kompetenzen wurde in der Vergangenheit kontrovers diskutiert. Sowohl für die Ansicht, dass Art. 84 Abs. 1 und Art. 85 Abs. 1 GG eigenständige Kompetenztitel für die Bundesgesetzgebung beinhalten,[122] als auch für die Ansicht, dass lediglich eine Herleitung als Annex zu

---

[116] Vgl. Kap. 1 B IV.

[117] BVerfGE 77, 288 (298 f.); BVerfGE 75, 108 (150); BVerfGE 68, 274 (319); BVerfGE 3, 12 (15); BVerfGE 8, 274 (294); BVerfGE 3, 122 (130); BVerfGE 22, 180 (210 f.);); BVerfGE 27, 338 (383); BVerfGE 26, 338 (382, 384 f.); BVerfGE 76,1 (76); siehe auch BVerwGE 69, 1 (2); BVerwGE 22, 281 (281.f)

[118] Auch BVerwGE 69,1 (2) stellte nur ausdrücklich fest, dass für die gesetzliche Regelung des Baugenehmigungsverfahrens eine Kompetenz des Bundes bestehe, leitet diese aber ohne Festlegung aus Art. 74 Nr. 18, 84 Abs. 1 GG ab.

[119] BVerfGE 77, 288 (299); BVerfGE 22, 180 (210); dazu auch *Greifeld*, JA 1982, 40 ff.

[120] Siehe BVerfGE 77, 288 (299); BVerfGE 22, 180 (210).

[121] Über den Streitstand bis zum Jahre 1974 gibt *Neuser* einen umfassenden Überblick, S. 110 ff.

[122] *v. Hausen / v. der Heide*, DÖV 1958, 753 (755); *Köttgen*, AöR 90 (1965) 204 (233); JöR 11 (1962) 173 (228); *ders.*, JöR 3 (1954) 67 (91); anders aber noch DÖV 1952, 422 (422); *Nawiasky*, Grundgedanken, S.43, 45; *Held*, AöR 80 (1955/56) 50 (54); *Schmitt-Lermann*, JZ 1964, 402 (408); *Wolst*, S. 28, 116; *Haun*, S. 105; *Rohwer-Kahlmann*, AöR 79 (1953/54) 208 (221); *Koehler*, DÖV 1960, 612 (612); *Ule*, DVBl. 1976, 421 (423); *Ule / Laubinger*, Verwaltungsverfahrensrecht, S. 2; *Beermann* S. 90; *Kratzer*, AöR 77 (1951/52) 266 (268); aus der neueren Literatur: Maunz / Dürig – *Lerche*, Art. 83 Rn. 37; Jarass / Pieroth - *Pieroth*, Art. 83 Rn. 2; *Schmalz*, Rn. 514; *Ipsen*, Rn. 580; *Antoni*, AöR 113 (1988) 329 (356, 419); *Kirchhof*, DÖV 1983, 798 (799); *Ronellenfitsch*, Genehmigungsverfahren, S. 290; *Erichsen / Biermann*, Jura 1998, 494 (495); unklar: v. Münch - *Broß*,

Kompetenztiteln für die materielle Bundesgesetzgebung möglich ist,[123] finden sich zahlreiche Anhänger.[124]

Im neueren Schrifttum stehen demgegenüber bei der Behandlung der Art. 84 Abs. 1 und Art. 85 Abs. 1 GG die Reichweite des Zustimmungserfordernisses und damit der Inhalt der Begriffe „Verwaltungsverfahren“ oder „Behördeneinrichtung“ im Mittelpunkt.[125] Soweit sich die Gerichte in der letzten Zeit mit Fragen des AtG auseinander setzten, fand dies eher unter dem Aspekt der Rechtmäßigkeit von Teilgenehmigungen, der Bestimmtheit von Genehmigungstatbeständen[126] und des Inhalts der Weisungskompetenz[127] statt, als unter dem des dargestellten Streitpunktes.

c) Die Ablehnung weitergehender Differenzierungen

Vereinzelt wurden neben diesen beiden Auffassungen weiter differenzierende Ansätze vertreten. Die Bundeskompetenz zur Regelung des Verwaltungsverfahrens soll sich nach einer Ansicht als Annex zu den Art. 70 ff. GG ergeben, während Art. 84 Abs. 1 und Art. 85 Abs. 1 GG für die Behördenorganisation konstitutiv seien.[128] Nach einer anderen Ansicht sollte in der Weise unterschieden werden, dass die Kompetenzen zur Bildung von Behörden und für das Verwaltungsverfahren als

---

Art. 84 Rn. 4; für die konstitutive Wirkung jedenfalls des Art. 84 Abs. 1 GG: *Greifeld*, JA 1982, 40 (41); *Lichtenstern*, S. 72; für die Rechtsprechung: nach BVerwGE 95, 189 (191) begründet Art. 85 Abs. 1 GG ergänzend eine Gesetzgebungskompetenz des Bundes, allerdings besteht eine unverständliche Bezugnahme auf BVerfGE 26, 338 (385), wo diese Problematik gerade offen gelassen wird.

[123] Maunz / Dürig - *Maunz*, Erstbearb., Art. 84 Rn. 14 Fn. 2, Art. 85 Rn. 16; *Klein*, AöR 88 (1963) 377 (401); *Schäfer*, DÖV 1960, 641 (646); *Obermayer*, Einleitung Rn. 34; *Friesenhahn*, FS Bundesrat, S. 264; *Kuckuk*, DÖV 1978, 354 (355); *Kirschenmann*, JuS 1977, 565 (567, 572); *v. Mangoldt / Klein*, Art. 84 Anm. II 9 c; Vorbem. zu Art. 83 ff. Anm. II 9 a bb; Bonner Kommentar – *Bartlsperger*, Art. 90 Rn. 82; *Bettermann*, VVDStRL 17 (1959) 118 (156), der allerdings für Art. 108 Abs. 3 S. 2 GG konstitutive Wirkung annimmt; *Hohrmann*, S. 82; *Lepa*, DVBl. 1974, 399 (404); aus der neueren Literatur: Alternativkommentar - *Bull*, Art. 85 Rn. 10; *Stern* II, § 41 V 5; *Vogel* - HBVR, § 22 Rn. 61, 88, 96; Dreier – *Hermes*, Art. 84 Rn. 21; Sachs - *Dittmann*, Art. 84 Rn. 5; *Badura*, Anm. G 48; Seifert / Hömig – *Hömig*, Art. 85 Rn. 2; Dreier - *Stettner*, Art. 70 Rn. 66 bleibt unklar, da er die Regelung „als spezielle Vorschriften“ wertet, aber nur insofern, als sie die Notwendigkeit der Zustimmung vorsehen; *Wolff / Bachof* I, § 78 I C (4. Aufl.) sehen jedenfalls die Regelungskompetenz hinsichtlich der Behördenorganisation in einem Annex zu Art. 70 ff. GG verankert.

[124] Unklar dagegen *Hesse*, Unitarischer Bundesstaat, S. 17; auch in Grundzüge, Rn. 245; Schmidt - Bleibtreu / Klein - *Schmidt-Bleibtreu*, Art. 83 Rn. 1; Art. 84 Rn. 1, 3; *Maurer*, Staatsrecht, § 18 Rn. 16.

[125] *Sauter*, FS Klein, S. 561 ff., unklar, ob Titelfunktion S. 564; *Maunz*, BayVBl. 1987, 748 (748) aus Anlass der Entscheidung zur Künstlersozialversicherung, *ders.*, BayVBl. 1982, 353 (354); *Schultze-Fielitz*, DVBl. 1982, 328 ff.; BVerfGE 75, 108 (150 ff.); *Jaxt*, NJW 1986, 2228 ff.; *Fuhrmann*, ZG 11 (1996) 352 (354); *Ossenbühl*, AöR 99 (1974) 387 ff.; *ders.* FS Jahrreiß, S. 161 ff.

[126] Nachweise bei *Wagner / Nobbe*, NJW 1978, 1028 (1028).

[127] BVerfGE 84, 35 ff. - Schacht Konrad; BVerfGE 81, 310 ff. – Kalkar.

[128] *Haas*, AöR 80 (1955/56) 81 (87); siehe auch *Beermann*, S. 100.

Annexe zu den Art. 70 ff. GG abzuleiten seien, Art. 84 Abs. 1 bzw. Art. 85 Abs. 1 GG aber Kompetenzgrundlage für die Einrichtung von Behörden wären.[129]

Gegen solche weitergehenden Differenzierungen spricht jedoch zunächst, dass auch die Kompetenz zur Regelung des Verfahrens Teil des Organisationsrechts, jedenfalls im weiteren Sinne, ist.[130] Die Einrichtung von Behörden als Organisationsrecht im engeren Sinne und die Regelung des Verwaltungsverfahrens dienen gleichermaßen der effektiven Gestaltung der Ausführung der materiellen Verwaltungsregelungen.[131] Beiden Regelungsgegenständen der Art. 84 Abs. 1 bzw. Art. 85 Abs. 1 GG ist weiterhin gemein, dass sie in den Art. 70 ff. GG keine explizite Regelung erfahren.[132] Letztlich muss die Einschätzung des Bundesverfassungsgerichts geteilt werden, wonach sich jedenfalls aus Art. 84 Abs. 1 GG keine klare Unterscheidung zwischen Organisation und Verfahren ableiten lässt.[133] Eine getrennte Beurteilung von Organisationsrecht im engeren und im weiteren Sinne - also der Behördeneinrichtung und des Verwaltungsverfahrens - erscheint daher sachlich nicht geboten.[134] Daher erfolgt die Untersuchung, ob aus Art. 84 Abs. 1 und Art. 85 Abs. 1 GG selbständige Gesetzgebungskompetenzen abzuleiten sind, (mit den dargestellten Einschränkungen) einheitlich.

2. Interpretation der Norm

Ob Art. 84 Abs. 1 und Art. 85 Abs. 1 GG Kompetenztitel für bundesgesetzliche Organisationsregelungen enthalten, diese Kompetenz also der Verwaltung zuzuordnen ist, oder ob die Kompetenz Teil der Gesetzgebung ist und sich daher als Annex zu den materiellen Gesetzgebungskompetenz der Art. 70 ff. GG ergibt, kann nur die Interpretation der Verfassung zeigen. Für die Interpretation von Verfassungsnormen, vor allem zur Konkretisierung des Normprogramms, können die herkömmlichen Auslegungsregeln herangezogen werden.[135]

---

129 *Hohrmann*, S. 82.
130 *Neuser*, S. 161.
131 Vgl. zur Zielsetzung, Kap. 1 B II 2 f cc (1).
132 Art. 74 Abs. 1 Nr. 1 GG hat lediglich das gerichtliche Verfahren zum Gegenstand und kann daher nicht auf das allgemeine Verwaltungsverfahren erstreckt werden. Vgl. dazu Kap. 1 B II 2 b dd 2.
133 BVerfGE 4, 387 (397); *Köttgen*, AöR 90 (1965) 204 (234);.
134 So auch *Neuser*, S. 161.
135 *Hesse*, Grundzüge, Rn. 53, 68; Keine Besonderhe iten ergeben sich zunächst daraus, dass das Bundesverfassungsgericht mehrfach betont hat, Art. 84 Abs. 1 GG sei, wie alle komp etenzverteilenden Normen, „strikt auszulegen", BVerfGE 75, 108 (150); BVerfGE 68, 274 (319).

a) Grammatische Interpretation

Die grammatische Interpretation ist die Eingangsstufe der Interpretationsarbeit.[136] Sie gibt mit dem Wortsinn grundsätzlich die äußerste Grenze der Auslegung vor.[137]

Der Wortlaut von Art. 84 Abs. 1 2. HS GG für die Landesverwaltung: „so regeln sie [die Länder] die Einrichtung der Behörden und das Verwaltungsverfahren, soweit nicht Bundesgesetze mit Zustimmung des Bundesrats etwas anderes bestimmen", entspricht weitestgehend dem Wortlaut des Art. 85 Abs. 1 2. HS GG: Im Rahmen der Auftragsverwaltung „bleibt die Einrichtung der Behörden Angelegenheit der Länder, soweit nicht Bundesgesetze mit Zustimmung des Bundesrats etwas anderes bestimmen". Die unterschiedliche Wortwahl „so regeln" und „so bleibt [...] Angelegenheit" macht für die Einstufung als Kompetenztitel für die (Bundes-) Gesetzgebung keinen Unterschied,[138] da diese Passage die Regelungstätigkeit der Länder betrifft. Die Formulierungen weisen lediglich deklaratorisch auf die Organisationshoheit der Länder hin, wonach die Einrichtung der (Landes-)Behörden und die Gestaltung des Verwaltungsverfahrens prinzipiell und im Regelfall Sache der Länder ist.[139] Es handelt sich daher um Parallelnormen.[140]

„Soweit Bundesgesetze [...] etwas anderes bestimmen" impliziert die Regelungsmöglichkeit des Bundes. Es kommt jedoch weder eindeutig zum Ausdruck, dass die Kompetenz zur Regelung an dieser Stelle geschaffen werden soll, noch schließt die Formulierung dies aus. Eine Ableitung als Annex zur Sachkompetenz wird aber dadurch in Frage gestellt, dass hier ausdrücklich das „Verwaltungsverfahren" genannt ist,[141] während diese Materie in den Art. 70 ff. GG keine ausdrückliche Regelung erfährt.[142] Paralleles gilt für die in Art. 84 Abs. 1 und Art. 85 Abs. 1 GG ausdrücklich genannte „Einrichtung der Behörden". Angesichts des Wortlauts ist daher fraglich, ob für eine Annexkonstruktion Bedürfnis besteht, oder auch überhaupt nur Raum bleibt.[143]

---

[136] Vor allem zur Grenzfunktion, *Hesse*, Grundzüge, Rn. 60; Ihr Erkenntniswert wird für Verfassungsnormen teilweise bezweifelt *Ossenbühl*, AöR 99 (1974) 372 (395).

[137] *Hesse*, Grundzüge, Rn. 77; Sachs - *Sachs*, Einführung Rn. 40.

[138] *Antoni*, AöR 113 (1988) 329 (419).

[139] *Hesse*, Unitarischer Bundesstaat, S. 17; *Ule*, Verwaltungsverfahrensrecht, S. 2; Maunz / Dürig – *Maunz*, Erstbearb., Art. 84 Rn. 14 f., Art. 85 Rn. 11.

[140] *Erichsen / Biermann*, Jura 1998, 494 (495); *Neuser*, S. 150; i. E. auch Jarass / Pieroth - *Pieroth*, Art. 85 Rn. 3.

[141] *Neuser*, S. 140.

[142] *Finkelnburg / Lässig*, VwVfG, Einleitung, Rn. 30; *Ule*, Verwaltungsverfahrensrecht, S.2, Insbesondere kann es nicht unter den Begriff des gerichtlichen Verfahrens (Art. 74 Abs. 1 Nr. 1 GG) subsumiert werden, *v. Mangoldt / Klein*, Art. 74 Anm. VII 2 b; *Bettermann*, VVDStRL 17 (1959) 118 (119 f.).

[143] Maunz / Dürig - *Lerche*, Art. 84 Rn. 14.

b) Systematische Interpretation

Der systematischen Interpretation kommt angesichts der vorangestellten grundsätzlichen Erwägungen besondere Bedeutung zu.[144] Sie muss wegen der Schnittstellenproblematik die gesamte Regelungstechnik des Grundgesetzes im Bereich von Gesetzgebung und Verwaltung mit einbeziehen.

aa) Das Verhältnis von Gesetzgebung und Verwaltung nach dem Grundgesetz

(1) Die Gewaltenteilung

Es wird vertreten, die Kompetenz durch Organisationsregelungen auf die Verwaltung einzuwirken, müsse dem Bund im Bereich seiner materiellen Gesetzgebungskompetenzen ohne weiteres zustehen.[145] Dies könnte für eine Annexkompetenz sprechen, erscheint jedoch im Hinblick auf den Gewaltenteilungsgrundsatz problematisch. Der Grundsatz des Art. 20 Abs. 2 S. 2 GG ist „tragendes Organisationsprinzip des Grundgesetzes“[146] und verbietet, einer der Gewalten ein nicht vorgesehenes Übergewicht über eine andere Gewalt einzuräumen.[147] Dadurch wird einerseits die Trennung und gegenseitige Machtbegrenzung der Gewalten erreicht, andererseits aber auch eine positive Zuordnung und ein funktionsspezifisches Zusammenwirken.[148] Dies beachtet die dargestellte Auffassung nicht hinreichend, denn Organisationsregelungen berühren gegenständlich, auch soweit sie die Form eines Gesetzes haben, den Bereich der Verwaltung. Ein unmittelbarer Rückschluss von einer materiellen Gesetzgebungskompetenz auf eine Kompetenz im Bereich der Verwaltung ist nicht möglich. Dieser würde gerade eine Ausdehnung der Gesetzgebung in den Bereich der Verwaltung voraussetzen, was mit dem Gewaltenteilungsprinzip unvereinbar wäre.[149]

Art. 84 Abs. 1 GG und Art. 85 Abs. 1 GG betonen diese Grundentscheidung der Verfassung zur Aufteilung der Kompetenzen zwischen Gesetzgebung und Verwaltung. Denn sie schaffen Spezialregelungen - zumindest über die Gesetzgebung für den Bereich der Verwaltungsorganisation. Sie unterstreichen daher die Grundentscheidung, die „eine wichtige Ausformung des bundesstaatlichen Prinzips und zugleich ein Element zusätzlicher funktionaler Gewaltenteilung“ darstellt. Diese Grundentscheidung „verteilt politische Macht und setzt ihrer Ausübung einen verfassungsrechtlichen Rahmen, der diese Machtverteilung aufrechterhalten und ein

---

[144] Siehe Kap. 1 A II 1 a aa und 2.

[145] So Seifert / Hömig - *Hömig*, Art. 84 Anm. 2.

[146] BVerfGE 3, 224 (247); BVerfGE 67, 100 (130).

[147] *Wagner / Nobbe*, NJW 1978, 1028 (1029); zu dieser Problematik im Bund-Länder-Verhältnis, *Hesse*, Unitarischer Bundesstaat, S. 18; zur Mäßigung der Staatsgewalt durch die Gewaltenteilung, BVerfGE 3, 224 (247); BVerfGE 67, 100 (130).

[148] *Hesse*, Unitarischer Bundesstaat, S. 28; *Wolff / Bachof / Stober*, VerwR I, § 20 Rn. 9,16; *Brohm*, NVwZ 1988, 794 (797).

[149] Siehe dazu oben Kap. 1 B I 1 a aa und bb, auch für die bundesstaatliche Problematik.

Zusammenwirken der verschiedenen Kräfte sowie einen Ausgleich widerstreitender Belange ermöglichen soll."[150] Dieser grundsätzlichen Bedeutung der Kompetenzunterscheidung und -aufteilung wird eine Annexkompetenz dagegen nicht gerecht, denn sie würde alle gesetzlichen Organisationsregelungen auf nicht anderes stützen als eine ungeschriebene Ausdehnung der einen Gewalt in den Bereich der anderen. Dies spricht dafür, Art. 84 Abs. 1 und Art. 85 Abs. 1 G nicht nur als Regelungen über die Gesetzgebung, sondern als eigenständige Kompetenztitel anzusehen.

(2) Die Regelungstechnik

(a) Die Unterscheidung zwischen VII. und VIII. Abschnitt des Grundgesetzes

Die Regelungen über die Gesetzgebung und über die Verwaltung sind unterschiedlichen Abschnitten des Grundgesetzes zugewiesen, was auf eine gewollte Grenzziehung hindeutet.

Innerhalb der beiden Abschnitte findet sich eine vergleichbare Regelungstechnik in Bezug auf Art. 30 GG, der Grundnorm des bundesstaatlichen Kompetenzgefüges. Art. 30 GG wird für die Bereiche der Gesetzgebung und damit für den VII. Abschnitt durch Art. 70 Abs. 1 GG und für den der Verwaltung (VIII. Abschnitt) durch Art. 83 GG als leges speciales verdrängt.[151] Das bedeutet, dass Art. 83 und Art. 70 GG beide jedenfalls die Funktion von bereichsspezifischen Konkretisierungen des Art. 30 GG haben.[152] Sie stehen also gleichgewichtig nebeneinander. Diese eigenständigen Konkretisierungen des Grundsatzes aus Art. 30 GG sprechen dafür, dass das Grundgesetz die Abschnitte VII. und VIII. als voneinander getrennte Regelungseinheiten vorsieht.[153]

Dies bestätigen inhaltliche Unterschiede zwischen dem Abschnitt über „Die Ausführung der Bundesgesetze und die Bundesverwaltung" und dem über „Die Gesetzgebung des Bundes". Der VII. Abschnitt legt trotz Art. 70 Abs. 1 GG ein Übergewicht des Bundes in der Gesetzgebung fest.[154] Dies beruht auf den ständig gewachsenen und mittlerweile gegenständlich sehr umfassenden Katalogen der Art. 71 - 75 GG. Im Ergebnis werden also ganz überwiegend Bundeskompetenzen geregelt. Dagegen sehen vor allem Art. 84, 85 GG Landeskompetenzen bei der Ausführung der

---

[150] BVerfGE 55, 274 (318); BVerfGE 37, 303 (379 ff.); ähnlich bereits BVerfGE 3, 224 (247); vgl. auch BVerfGE 67, 100 (130); *Maunz*, BayVBl. 1982, 353 (354); Maunz / Dürig - *Lerche*, Art. 83 Rn. 5; *Klein*, AöR 88 (1963) 377 (399).
[151] Maunz/ Dürig - *Maunz*, Art. 30 Rn. 8, Sachs - *Erbguth*, Art. 30 Rn. 6 f.; v. Münch -*Broß*, Art. 83 Rn. 1; *Kirschenmann*, JuS 1977, 565 (567); Jarass / Pieroth - *Pieroth*, Art. 30 Rn. 3; Art. 83 Rn. 1.
[152] Jedenfalls i. E. auch *Vogel* - HBVR, § 22 Rn. 79; v. Münch - *Broß*, Art. 83 Rn. 2; *Ipsen*, Rn. 572; Jarass / Pieroth - *Pieroth*, Art. 83 Rn. 1, Sachs – *Dittmann*, Art. 83 Rn. 1.
[153] Mit diesem Ergebnis auch BVerfGE 14, 197 (213); *Rump*, Errichtung, S. 65; *Hohrmann*, S. 102.
[154] *Hesse*, Unitarischer Bundesstaat, S. 14; *Herzog*, BayVBl. 1991, 513 (514).

Gesetze und in der Verwaltung vor.[155] Sie konkretisieren die in Art. 83 GG angelegte Länderdomäne. Anders als im Bereich der Gesetzgebung ist diese Länderdomäne durch die nachfolgenden Bestimmungen über die Bundesverwaltung nicht zur faktischen Ausnahme reduziert worden.[156]

Außerdem beschränkt sich der VIII. Abschnitt nicht, wie die Überschrift glauben machen könnte, auf Ausführungsbestimmungen für die Kompetenzen des VII. Abschnitts. Die „Ausführung der Gesetze" und die „Verwaltung" sind nicht gleichbedeutend. Die „Verwaltung" im Sinne der Art. 83 ff. GG erstreckt sich auch auf die gesetzesfreie Verwaltung[157] und damit auf einen von der Gesetzgebung vollständig unabhängigen Bereich.[158] Dort findet sich also auch keine Bezugnahme auf den VII. Abschnitt. Dies alles unterstreicht die Trennung der Abschnitte und spricht gegen einen Rückschluss von den materiellen Gesetzgebungskompetenzen des VII. Abschnitts auf die Kompetenz zum Erlass organisatorischer Regelungen im Bereich der Verwaltung, also des VIII. Abschnitts.

(b) Die Begrenztheit der Verknüpfung der beiden Abschnitte

In begrenztem Umfang bestehen dennoch Verknüpfungen zwischen den Abschnitten, sie stehen nicht beziehungslos nebeneinander. Der VIII. Abschnitt knüpft an die Zuständigkeitsverteilung des VII. Abschnitts an.[159] Dies zeigt sich daran, dass die Verwaltungskompetenzen des Bundes grundsätzlich nicht weiter reichen als seine Gesetzgebungskompetenzen.[160] Der Bund soll maximal die Verwaltung für die Materien übernehmen dürfen, für die er eine Sachkompetenz zur Gesetzgebung inne hat. Anderenfalls liegt kein Sachgrund für einen Eingriff in die Verwaltungshoheit der Länder vor.[161] Diesen Grundsatz bringt, wie später noch zu zeigen ist, auch Art. 87 Abs. 3 S. 1 GG zum Ausdruck,[162] zu dessen Voraussetzungen gerade die materielle Gesetzgebungskompetenz des Bundes gehört. Der Grundsatz betrifft allerdings

---

[155] BVerfGE 55, 274 (318).

[156] Jarass / Pieroth - *Pieroth*, Art. 83 Rn. 1; Sachs – *Dittmann*, Art. 83 Rn. 23; Maunz / Dürig - *Lerche*, Art. 83 Rn. 4.

[157] BVerfGE 12, 205 (247); *Kuckuk*, DÖV 1978, 354 (354); Schmidt-Bleibtreu / Klein - *Schmidt-Bleibtreu*, Vorbem. Art. 83 Rn. 1.

[158] Dort bestehen eigene Entscheidungsfreiheiten und Initiativmöglichkeiten der Verwaltung, *Hesse*, Grundzüge, Rn. 537; *Böckenförde*, Organisationsgewalt, S. 86 ff.

[159] *Neuser*, S. 155.

[160] BVerfGE 102, 167 (174); BVerfGE 78, 374 (386); BVerfGE 15, 1 (16); BVerfGE 12, 205 (229); Jarass / Pieroth - *Pieroth*, Art. 83 Rn. 2; *v. Arnim* - HBStR IV, § 103 Rn. 58; Von diesem Grundsatz sind Ausnahmen für den Bereich gesetzlicher Organisations - und Verfahrensregelungen zu den Gegenständen der Bundesverwaltungen anerkannt, siehe dazu Jarass / Pieroth - *Pieroth*, Art. 83 Rn. 3; *v. Arnim* - HBdStR VI, § 103 Rn. 58, Maunz / Dürig - *Lerche*, Art. 83 Rn. 30.

[161] Insbesondere gilt dies für Eingriffe in deren Organisationshoheit. Zum Sachgrund für Verwaltungsregelungen des Bundes, vgl. BVerfGE 22, 180 (210).

[162] Kap. 3 B II 2 a.

lediglich den materiellen Rahmen, in dem die Bundesverwaltung eingerichtet werden darf und hat daher nur begrenzte Aussagekraft.[163]

Eine Abhängigkeit der Verwaltung von der Gesetzgebung kommt auch in der Überschrift des VIII. Abschnitts „Die Ausführung der Bundesgesetze" zum Ausdruck. Doch die Verwaltung ist hiermit, wie gesagt, nicht identisch, da diese auch die gesetzesfreie Verwaltung meint. Beide Verknüpfungen sind also nur beschränkt.

(c) Die Strukturierung des VIII. Abschnitts durch die Grundsatznorm des Art. 83 GG

Art. 83 GG hat, wie eben dargestellt,[164] die Bedeutung einer Konkretisierung des Art. 30 GG und einer mit Art. 70 Abs. 1 GG vergleichbaren Festlegung der Residualkompetenz zu Gunsten der Länder. Es handelt sich bei Art. 83 GG also um eine Grundsatznorm.[165] Deren Existenz spricht gegen eine Annexkompetenz, denn der „systematische" Rückgriff auf den VII. Abschnitt würde diese entwerten. Es könnte kaum noch von einer Grundsatzentscheidung hinsichtlich der Verwaltungszuständigkeit und Verwaltungshoheit der Länder gesprochen werden,[166] wenn die Verwaltungshoheit dem Zugriff des Annexgesetzgebers unterworfen wäre. Die Lokalisierung der Gesetzgebungskompetenzen des Bundes für organisationsrechtliche Regelungen betrifft also auch die ausdrückliche Grundentscheidung der Verfassung in Art. 83 GG.[167] Deren Funktion spricht dafür, im Anwendungsbereich dieser Norm, der Verwaltung, keinen Rückgriff auf die Gesetzgebungskompetenzen der Art. 70 ff. GG zuzulassen.

(3) Zusammenfassung

Die Systematik des Grundgesetzes geht damit von einer klaren Trennung der Gesetzgebung (VII. Abschnitt) und der Ausführung der Gesetze bzw. Verwaltung (VIII. Abschnitt) aus.[168] Dies spricht dagegen, Kompetenzen, die letzteren Abschnitt betreffen, als Annex aus dem vorangehenden Abschnitt herzuleiten.

Die systematische Gliederung des Grundgesetzes lässt sogar den Umkehrschluss zu, dass die Gesetzgebungskompetenzen des VII. Abschnitts „im verwaltungs-

---

[163] Insgesamt zweifelt an der Aussagekraft dieses Grundsatzes für das Verhältnis von Gesetzgebung und Verwaltung bzw. der beiden Grundgesetzabschnitte Maunz / Dürig - *Lerche*, Art. 83 Rn. 30; kritisch dazu auch *Klein*, AöR 88 (1963) 377 (380).
[164] Kap. 1 B II 2 b aa (2) (a).
[165] So stellvertretend für viele Sachs – *Dittmann*, Art. 83 Rn. 1, Jarass / Pieroth - *Pieroth*, Art. 83 Rn. 1 f.
[166] So aber *Hesse*, Grundzüge, Rn. 245.
[167] Maunz / Dürig - *Lerche*, Art. 84 Rn. 14.
[168] So auch ausdrücklich *Klein*, AöR 88 (1963) 377 (399); *Neuser*, S. 155.

rechtlichen Raum“ grundsätzlich auf das materielle Recht beschränkt sind.[169] Der Bund scheint danach auf spezielle Regelungskompetenzen aus dem VIII. Abschnitt verwiesen, will er das Verfahren oder die Zuständigkeit regeln. Dies spricht dafür, die Art. 83 ff. GG im Verhältnis zu den Art. 70 ff. GG als leges speciales anzusehen.[170] Damit würden in den Art. 83 ff. GG getroffene Regelungen selbständig bestehen und eigenständige Kompetenzgrundlagen, auch für gesetzliche Regelungen über die Verwaltung, schaffen können.

bb) Das Bund-Länder-Verhältnis

Die bundesgesetzliche Einwirkung auf den Vollzug der Bundesgesetze durch die Länder zeigt sich, wie dargestellt,[171] auch als föderales Problem.

(1) Bundesstaatlichkeit durch Gewaltenteilung

Das Bund-Länder-Verhältnis ist von einer inkongruenten Kompetenzverteilung zwischen Bund und Ländern in Rechtsprechung, Gesetzgebung und Verwaltung gekennzeichnet.[172] Dem Bund steht also für Materien, für die ihm die Gesetzgebung zugewiesen ist, nicht auch gleichzeitig die Verwaltung oder Rechtsprechung zu.[173] Dies bedeutet, dass es innerhalb einer Materie zu ein Verzahnung der Aufgaben- und Gewaltenverteilung zwischen Bund und Ländern kommt. Trotz oder gerade durch diese Verzahnung sichert das Grundgesetz sowohl die Eigenstaatlichkeit der Länder als auch die Impermeabilität der Wirkungskreise von Bund und Ländern insgesamt.[174] Wesentliches Kernstück der Verfassung ist damit gerade die Abgrenzung der Staatlichkeitssphären von Zentralstaat und Gliedstaaten durch Kompetenzverteilung.[175] Da diese Kompetenzverteilung für die Absicherung der Bundesstaatlichkeit so wichtig ist, erscheint es unwahrscheinlich, dass sie Lücken für den Bereich gesetzlicher Organisationsvorschriften aufweist, die einen Rückgriff auf Annexkompetenzen erfordern. Der Bedeutung gerecht würde dagegen eine positive Zuordnung der Kompetenzen. Dies spricht für eine Verankerung der diesbzgl. Gesetzgebungskompetenz in Art. 84 Abs. 1 und Art. 85 Abs. 1 GG. Zudem würde dies eine Aufweichung der Kompetenzverteilung verhindern, da eine Ausweitung der Kompetenzen des Bundes aus einem Bereich, nämlich der Gesetzgebung und eine Erstreckung in einen anderen, den Ländern vorbehaltenen Bereich, nämlich der Verwaltung, vermieden würde.

---

[169] Maunz / Dürig – *Lerche*, Art. 83 Rn. 36; *Köttgen*, AöR 90 (1965) 204 (233).
[170] v. Münch - *Broß*, Art. 83 Rn. 2; Jarass / Pieroth - *Pieroth*, Art. 83 Rn. 2; Maunz / Dürig - *Lerche*, Art. 83 Rn. 36.
[171] Siehe oben Kap. 1 B II 1 a bb.
[172] *Hesse*, Grundzüge, Rn. 231; *Oldiges*, DÖV 1989, 873 (877); Sachs – *Dittmann*, Art. 83 Rn. 2.
[173] Sachs – *Dittmann*, Art. 83 Rn. 2.
[174] *Oldiges*, DÖV 1989, 873 (877).
[175] *Hesse*, Grundzüge, Rn. 231; *Oldiges*, DÖV 1989, 873 (877).

(2) Die Länderstaatlichkeit und die Organisationshoheit

Soweit bei der Verwaltungsorganisation das bundesstaatliche Kompetenzgefüge zu Gunsten des Bundes verschoben wird, schränkt dies die im Landesvollzug zum Ausdruck kommende Landesstaatsgewalt ein.[176] Diese zeigt sich im Landesvollzug durch die Geschlossenheit des Verwaltungskörpers und die Organisationshoheit der Länder. Daher bedürfen Bundesregelungen über Landesbehörden und -verfahren „eines spezifischen Sachgrundes".[177] Der Bund kann sich nicht so verhalten, als gäbe es keine grundsätzliche Organisationsgewalt der Länder in der Verwaltung.[178] Der Sachgrund, der dem Bund im Rahmen der Art. 84 Abs. 1 und Art. 85 Abs. 1 GG einen Einbruch in die Organisationshoheit gestattet, ist die Gewährleistung eines wirksamen Vollzugs der Bundesgesetze.[179] Dem Schutz der Organisationshoheit der Länder würde durch eine Verankerung der Gesetzgebungskompetenzen in Art. 84 Abs. 1 bzw. Art. 85 Abs. 1 GG am Besten Rechnung getragen. Betrachtet man diese Normen als Spezialermächtigungen des Bundes für den Erlass gesetzlicher Organisationsregelungen, sind seine Eingriffsmöglichkeiten abschließend genannt und eine Heranziehung anderer Kompetenzen ausgeschlossen.

(3) Der Ausnahmecharakter bundesgesetzlicher Organisationsregelungen

Vor dem Hintergrund der Länderstaatlichkeit und Länderhoheit in der Verwaltung werden Art. 84 Abs. 1 und Art. 85 Abs. 1 GG als Ausnahmeregelungen bewertet, die folglich eng auszulegen seien.[180] Obwohl dieser Schluss methodisch fraglich - weil zirkulär - ist, ist dem zumindest insofern zuzustimmen, als dass die Regelungstechnik des VIII. Abschnitts tatsächlich für ein Regel-Ausnahme-Verhältnis spricht.

Der erste Absatz beinhaltet zwei Regelungen: Wie auch an anderen Stellen in der Verfassung, in denen die Regelungsbefugnis des Bundes mit „das Nähere zu regeln"[181] umschrieben ist, oder ein „soweit nicht" die Länderkompetenz einschränkt,[182] wird

---

[176] *Hesse*, Unitarischer Bundesstaat, S. 18; *Oldiges*, DÖV 1989, 873 (880).

[177] *Maunz*, BayVBl. 1987, 748 (748) mit Bezug auf Maunz / Dürig - *Lerche*, Art. 84 Rn. 6.

[178] Maunz / Dürig - *Lerche*, Art. 84 Rn. 6.

[179] BVerfGE 22, 180 (210); vgl. auch Maunz / Dürig – *Lerche*, Art. 84 Rn. 16; Der Bund darf demnach nicht übermäßig in die Organisationsgewalt der Länder eingreifen, sondern nur soweit der wirksame Vollzug dies erfordert; Jarass / Pieroth - *Pieroth*, Art. 84 Rn. 2; dagegen Sachs – *Dittmann*, Art. 84 Rn. 6.

[180] *Kirchhof*, DÖV 1983, 798 (799); *Rohwer-Kahlmann*, AöR 79 (1953/54) 208 (221); v. Münch - *Broß*, Art. 84 Rn. 6; diese Einordnung ist, wie sich aus *Maunz*, BayVBl. 1987, 748 (749) ergibt, allerdings nicht zweifelsfrei; vgl. Maunz / Dürig - *Maunz*, Erstbearb., Art. 84 Rn. 15; *Sauter*, FS Klein, S. 563; *Kirschenmann*, JuS 1977, 565 (569); *Hohrmann*, S. 78; hier ist allerdings meist unklar, ob die Regelungstechnik des Absatzes oder die Systematik des Abschnitts gemeint ist; dagegen *v. Mangoldt / Klein*, Vorbem. Art. 83 Anm. II 9 a aa.

[181] Art. 4 Abs. 2 S. 2, Art. 21 Abs. 3, Art. 38 Abs. 3, Art. 95 Abs. 3 S. 2, Art. 134 Abs. 4 GG.

[182] Für Art. 72 I GG v. Münch - *Broß*; Art. 72 Rn. 7; Jarass / Pieroth - *Pieroth*, Art. 72 Rn. 5

zum einen die Landesgesetzgebung ausgeschlossen.[183] Zum anderen wird durch das „soweit nicht“ ein Regel-Ausnahme-Verhältnis geschaffen.[184] Die Regelung durch den Bund ist nur die Ausnahme zur Landesregelung.[185] Dies ergibt die Systematik eindeutig.

Darüber hinaus zeigt auch das Verhältnis von Art. 83 GG zu Art. 84 und Art. 85 GG ein Regel-Ausnahme-Verhältnis. Art. 83 GG ist eine Generalklausel, die die Landesverwaltung als landeseigene Verwaltung zur Regel erklärt. Art. 84 und Art. 85 GG dagegen enthalten Detailregelungen für die Lenkung durch den Bund und bleiben insofern fragmentarisch. Diese allgemeine Systematik unterstreicht die als Regelfall vorgesehene[186] Organisationshoheit der Länder.[187] Dies wird im Detail, wie gerade dargestellt, durch den konkreten Wortlaut der ersten Absätze bestätigt.[188]

Die verfassungssystematische Ausnahme der Art. 84 Abs. 1 und Art. 85 Abs. 1 GG ist damit die Regelung der Behördenorganisation durch Bundesgesetz.[189] Dieses Gefüge würde durch eine diesbezügliche Gesetzgebungskompetenz als Annex zur materiellen Gesetzgebung entwertet und in Frage gestellt,[190] da die Organisationshoheit der Länder pauschal dem Zugriff des Annexgesetzgebers preisgegeben würde.[191]

cc) Art. 84 Abs. 1 und Art. 85 Abs. 1 GG als Teile der Organisationsgewalt

Art. 84 Abs. 1 und Art. 85 Abs. 1 GG beinhalten Regelungen organisatorischen Inhalts. Daher wird für ihre Einordnung immer wieder das Institut der Organisationsgewalt bemüht.[192] Teilweise wird vertreten, die hier geregelten Akte, insbesondere die Einrichtung der Behörden, seien als Akte der Organisationsgewalt keinesfalls der Gesetzgebung zuzuordnen.[193] Nach anderer Ansicht sollen die Akte der Organisationsgewalt außerhalb der drei Gewalten stehen und deswegen insbesondere

---

183 *Hesse*, Grundzüge, Rn. 243; ausdrücklich dafür, dass Art. 84 Abs. 1 GG wie Art. 72 Abs. 1 GG zu verstehen ist *v. Mangoldt / Klein*, Vorbem. Art. 83 Anm. II 9 a aa.

184 *v. Mangoldt / Klein*, Art. 84 Anm. II 9 a aa, *Bettermann*, VVDStRL 17 (1959) 118 (163); *Neuser*, S. 150.

185 *Hesse*, Grundzüge, Rn. 245; *v. Mangoldt / Klein*, Art. 84 Anm. 9 a.

186 *Kirchhof*, DÖV 1983, 798 (799, 801); *Sauter*, FS Klein, S. 563; *Fuhrmann*, ZG 11 (1996) 352 (354); *Kirschenmann*, JuS 1977, 565 (569).

187 *Kirchhof*, DÖV 1983, 798 (803).

188 *Sauter*, FS Klein, S. 563; *Maunz*, BayVBl. 1987, 748 (749); *Fuhrmann*, ZG 11 (1996) 352 (354).

189 *Kirchhof*, DÖV 1983, 798 (801); *Maunz*, BayVBl. 1982, 353 (353).

190 So auch *Neuser*, S. 150 f.

191 Art. 84 Abs. 1 und Art. 85 Abs. 1 GG würden die Annexkompetenzen lediglich modifizieren, so *Finkelnburg / Lässig*, VwVfG, Einl. Rn. 30, *v. Mangoldt / Klein*, Art. 84 Anm. 2 II 9 c.

192 Dazu *Rasch*, VerwArchiv 50 (1959) 1 (38); *Hohrmann*, S. 81; dies ist vor allem die Befugnis zu Schaffung, Veränderung, Zusammenordnung, Bestimmung der Aufgaben und (evtl.) der inneren Gliederung und Geschäftsregelung öffentlicher Funktionsträger bzw. Handlungseinheiten, vgl. *Böckenförde*, Organisationsgewalt, S. 38; Jarass / Pieroth - *Pieroth*, Art. 84 Rn. 1, Art. 85 Rn. 1.

193 So z.B. *Scheuner*, FS Peters, S. 806.

nicht Teil der Exekutive sein.[194] Fraglich ist also, welche Folgen sich daraus ergeben, dass Art. 84 Abs. 1 und Art. 85 Abs. 1 GG die Organisationsgewalt betreffen.

(1) Die Determination der Organisationsgewalt durch die Verfassung

Historisch, d.h. unter den Vorläuferverfassungen, war die Diskussion um die Einordnung der Organisationsgewalt durch den Rechtssatzbegriff bestimmt.[195] Dieser Rechtssatzbegriff bzw. die Diskussion darüber war allein verfassungstheoretischer Natur und von der konkreten Verfassung abgelöst. Er verlagerte also die Lösung eines „eminent verfassungsrechtlichen bzw. verfassungssystematischen Problems“ auf einen außerverfassungsrechtlichen und damit „sachlich inadäquaten“ Bereich.[196] Denn im Verfassungsstaat ist die Organisationsgewalt durch die Verfassung bestimmt und steht nicht über ihr.[197] Sie ist damit von den Verfassungsstrukturen und den spezifischen verfassungsrechtlichen Organisationsregelungen abhängig.[198] Das Grundgesetz hat mit Art. 20 Abs. 2 GG die gesetzgebende, vollziehende und rechtsprechende Gewalt unmittelbar und eigenständig konstituiert.[199] Die verfassungsrechtliche Zuordnung einer Kompetenz ist also ausschlaggebend, da die Verfassung eine gewaltengliedernde ist.[200] Die funktionell-organisatorische Gliederung der Gewalten soll der optimalen Wahrnehmung der Staatsaufgaben dienen und ist durch demokratische Kooperation gekennzeichnet.[201]

Nach der ersten Auffassung soll die Organisationsgewalt gerade nicht der Gesetzgebung zuzuordnen sein, sie könnte daher Teil der Verwaltung sein. Die Verwaltung ist aus sich selbst, d.h.: originär, und nicht erst kraft gesetzlicher Delegation öffentliche Gewalt und eigenständige staatliche Funktion, die durch Gesetz bind- und bestimmbar und durch den Gesetzesvorbehalt beschränkbar ist.[202] Daraus ergeben sich drei Folgerungen für die systematische Stellung der Verwaltung, die für die Einordnung der Organisationsgewalt vorbestimmend sind: Sie ist erstens zur zentralen und eigentlich handelnden staatlichen Funktion geworden. Zweitens kommt der Verwaltung aus sich heraus die Befugnis zum Regeln und Anordnen (als materielle

---

[194] Stellvertretend vgl. *Rasch*, VerwArchiv 50 (1959) 1 (38).
[195] *Böckenförde*, Organisationsgewalt, S. 61.
[196] *Böckenförde*, Organisationsgewalt, S. 69.
[197] *Rudolf*– Erichsen, Allg. VerwR, § 52 Rn. 3; *Böckenförde*, Organisationsgewalt, S. 35.
[198] *Wolff / Bachof / Stober*, VerwR I, § 18 Rn. 1 a; *Maurer*, § 21 Rn. 59; *Böckenförde*, Organisationsgewalt, S. 35, 57.
[199] BVerfGE 9, 268 (280); BVerfGE 22, 106 (111); *Hesse*, Grundzüge, Rn. 476; *Böckenförde*, Organisationsgewalt, S. 59.
[200] *Böckenförde*, Organisationsgewalt, S. 59.
[201] *Böckenförde*, Organisationsgewalt, S. 80, im Gegensatz dazu bestand unter der RV noch ein konstitutioneller Dualismus zwischen der demokratischen Gesetzgebung und der monarch ischen Verwaltung.
[202] BVerfGE 68, 1 (68); *Wolff / Bachof / Stober*, VerwR I, § 18 Rn. 17; *Hesse*, Grundzüge, Rn. 537, 538; *Böckenförde*, Organisationsgewalt, S. 81.

Verordnungsgewalt) zu und drittens kann sie von der Legislative aufgrund des Vorrangs der Gesetze beschränkt werden.[203]

(2) Die Organisationsgewalt als Teil der Verwaltung

Der Bereich der Verwaltung wird durch den Gesetzesvorbehalt auf der einen und ihren Eigenbereich auf der anderen Seite näher bestimmt.[204] Um Teil der Verwaltung zu sein, müsste die Organisationsgewalt innerhalb dieses Bereichs liegen. Dies ist der Fall, da ein sachlich-funktionaler Zusammenhang zwischen Verwaltung und Organisationsgewalt besteht.[205] Die Verwaltung ist - im Gegensatz zur Gesetzgebung[206] - ihrem Typ nach die „konkret-handelnde, verwirklichende und zweckhaft-gestaltende Funktion im Staatsleben".[207] Die Ausübung der Organisationsgewalt schafft die Vorbedingungen für die planmäßige und zweckentsprechende Erledigung der konkreten Sachaufgaben. Durch die Bestimmung der Funktionseinheiten und -träger wird sie selbst Teil der gestaltenden Aufgabe der Verwaltung.[208] Die Organisationsgewalt ist damit ein „notwendiges Element der konkret-handelnden und gestaltenden Funktion" der Verwaltung.[209] Es besteht eine so große Sach- und Funktionsnähe der Organisationsgewalt zur Verwaltung, dass man hier von der Verankerung „in der Natur der Sache" sprechen kann.[210] Die Organisationsgewalt unterfällt damit keinesfalls dem Funktionsvorbehalt der Gesetzgebung.[211] Vielmehr ist sie prinzipiell dem Eigenbereich der vollziehenden Gewalt zuzuordnen.[212]

Trotzdem kann die Organisationsgewalt durch Gesetz gebunden, beschränkt und bestimmt werden, denn für sie gelten die Schranken der Verwaltung, die eben der Gesetzesvorbehalt und das Zugriffsrecht der Legislative sind.[213] Wegen des Gesetzesvorbehalts kann die Ausweitung von Eingriffs- oder Gebotsrechten nicht durch Organisationsakt erfolgen.[214] Die Festsetzung der äußeren Organisation, wie die von Verfahren und Zuständigkeit, bedarf ebenfalls einer Regelung durch Gesetz.[215] Wesentlich ist jedoch, dass es auch unter dem Einfluss von Gesetzesvorbehalten bei der Zugehörigkeit der Organisationsgewalt zur Verwaltung bleibt, so dass keine

---

[203] *Böckenförde*, Organisationsgewalt, S. 81 f.; ebenso *Hesse*, Grundzüge, Rn. 530.
[204] *Wolff / Bachof / Stober*, VerwR I, § 18 Rn. 17, *Maurer*, § 21 Rn. 85; *Böckenförde*, Organisationsgewalt, S. 83.
[205] *Böckenförde*, Organisationsgewalt, S. 86.
[206] *Wolff / Bachof / Stober*, VerwR I, § 20 Rn. 23; *Böckenförde*, Organisationsgewalt, S. 86; *Hesse*, Grundzüge, Rn. 530.
[207] *Böckenförde*, Organisationsgewalt, S. 86, ganz ähnlich *Hesse*, Grundzüge, Rn. 530.
[208] Bzw. der „Sozialgestaltung", so *Böckenförde*, Organisationsgewalt, S. 87.
[209] *Böckenförde*, Organisationsgewalt, S. 86; *Rohwer-Kahlmann*, AöR 79 (1953/54) 208 (221).
[210] *Böckenförde*, Organisationsgewalt, S. 87; *Kirschenmann*, JuS 1977, 566 (569).
[211] *Böckenförde*, Organisationsgewalt, S. 88.
[212] *Böckenförde*, Organisationsgewalt, S. 86.
[213] *Böckenförde*, Organisationsgewalt, S. 89.
[214] *Böckenförde*, Organisationsgewalt, S. 92 f.
[215] *Böckenförde*, Organisationsgewalt, S. 94.

Umdeutung in eine Vermutung für die prinzipielle Zuständigkeit der Gesetzgebung erfolgen darf.[216] Die „Einrichtung“ einer Behörde oder Körperschaft hört selbst dann, wenn sie wie bei Art. 84 Abs. 1 und Art. 85 Abs. 1 GG in die Form eines Gesetzes gegossen ist, nicht auf, ein Akt der Organisationsgewalt[217] und damit der Verwaltung zu sein. Maßgeblich ist die inhaltliche Bestimmung.[218] Zuständigkeits- und Verfahrensregelungen sind also den Verwaltungskompetenzen immanent und müssen dort begründet sein.[219]

(3) Zusammenfassung

Die Organisationsgewalt ist Teil der Verwaltung. Art. 84 Abs. 1 und Art. 85 Abs. 1 GG beinhalten daher grundsätzlich eigenständige Kompetenzen der Verwaltung, die allein wegen des Eingriffs in die Organisationshoheit der Länder an die Gesetzesform gebunden sind. Es handelt sich also primär um Regelungen aus dem Bereich der Verwaltungskompetenzen.

dd) Der konkrete systematische Zusammenhang der Normen

(1) Die Lokalisierung der Regelungen im VIII. Abschnitt

Die systematische Stellung von Art. 84 Abs. 1 und Art. 85 Abs. 1 GG im VIII. Abschnitt, der mit „Ausführung der Bundesgesetze und die Bundesverwaltung“ betitelt ist, spricht gegen die Funktion dieser Normen als Kompetenztitel für die Bundesgesetzgebung.[220] Andere Vorschriften aus diesem Abschnitt, wie z.B. Art. 87 Abs. 1 und Abs. 3 GG[221] und Art. 88 GG enthalten allerdings anerkanntermaßen Kompetenztitel für die Bundesgesetzgebung. Die Funktion der Art. 84 Abs. 1 und Art. 85 Abs. 1 GG als Kompetenztitel wäre also kein Einzelphänomen,[222] und ist daher durch ihre systematische Stellung nicht ausgeschlossen.[223]

Art. 84 Abs. 1 und Art. 85 Abs. 1 GG stehen im Funktionszusammenhang mit den übrigen Absätzen der Vorschriften. Art. 84 Abs. 2 GG enthält für den Erlass allgemeiner Verwaltungsvorschriften einen selbständigen Kompetenztitel.[224] Auch

---

216 *Böckenförde*, Organisationsgewalt, S. 101.
217 *Scheuner*, FS Peter, S. 806.
218 *Wolff / Bachof / Stober*, VerwR I, § 20 Rn. 16.
219 *Neuser*, S. 114.
220 *Klein*, AöR 88 (1963) 377 (406); *Antoni*, AöR 113 (1988) 327 (355).
221 Jarass / Pieroth - *Pieroth*, Art. 86 Rn. 1; für Art. 87 Abs. 3 S. 1 GG BVerfGE 14, 197 (210), Hamann / Lenz – *Hamann,* Art. 87 Anm. B 7; *Neuser*, S. 139.
222 *v. Mangoldt / Klein*, Art. 85 Anm. III 3 b; Maunz / Dürig - *Lerche*, Art. 83 Rn. 11; *Antoni*, AöR 113 (1988) 327 (355).
223 *Antoni*, AöR 113 (1988) 327 (355).
224 Schmidt-Bleibtreu / Klein - *Schmidt-Bleibtreu*, Art. 84 Rn. 11; Sachs - *Dittmann*, Art. 84 Rn. 18, 20, 23; Jarass / Pieroth - *Pieroth*, Art. 84 Rn. 7.

Art. 84 Abs. 3 und 4 GG konstituieren originär die Befugnisse der Bundesaufsicht.[225] Letztlich bildet auch Absatz 5 eine selbständige Grundlage für die Einzelweisungskompetenz.[226] Dies gilt in gleicher Weise für die Kompetenzen des Art. 85 GG.[227] Die anderen Absätze der Art. 84 und Art. 85 GG enthalten also eigenständige Kompetenztitel, die dem Bund Regelungsmöglichkeiten gegenüber den Ländern eröffnen.[228] Diese sind eigenständig, obwohl sie teilweise zustimmungsbedürftig, an formalisierte Verfahren gebunden sind oder in Gesetzesform ergehen müssen.[229] Daher sind die Akzessorietät von Art. 84 Abs. 1 und Art. 85 GG Abs. 1 GG zu materiellrechtlichen Regelungen und die Bindung an die Zustimmung des Bundesrats keine Argumente gegen eine eigenständige Kompetenzfunktion der Absätze. Im Gegenteil, der unmittelbare Normzusammenhang spricht dafür, dass diese beiden Absätze eigenständige Kompetenzen beinhalten.

Dafür spricht auch, dass 84 und Art. 85 GG ein ausdifferenziertes System der Einflussnahmemöglichkeiten des Bundes beinhaltet. Dies ist nur sinnvoll, wenn es abschließend ist und keinen Rückgriff auf allgemeinere Bundeskompetenzen erlaubt.

Ein Rückgriff ist auch nicht deswegen ausnahmsweise zulässig, weil es sich bei Art. 84 Abs. 1 und Art. 85 Abs. 1 GG um Organisations- bzw. Verfahrensvorschriften handelt. Die Annahme, dass Organisations-, Verfahrens- und Kompetenzvorschriften des Grundgesetzes materielle Gehalte aufweisen können, ist nicht unumstritten.[230] Doch ist bei restriktiver Auffassung dessen, was man als materielles Verfassungsgut ansieht, eine kategoriale Trennung zwischen (formellen) Kompetenzbestimmungen und materiellen Verfassungsbestimmungen nicht überzeugend.[231] Einwände, die in diese Richtung gehen, greifen daher nicht.

(2) Ausdrückliche Organisationsregelung versus Nichtnennung in den Art. 70 ff. GG

An vielen Stellen im Grundgesetz wird durch den (auch in Art. 84 Abs. 1 und Art. 85 Abs. 1 GG verwendeten) Verweis auf ein „Bundesgesetz" oder auf ein „Gesetz mit Zustimmung des Bundesrats" eine Gesetzgebungskompetenz des Bundes begründet.[232]

---

[225] Sachs - *Dittmann*, Art. 84 Rn. 26.

[226] Schmidt-Bleibtreu / Klein - *Schmidt-Bleibtreu*, Art. 84 Rn. 11 f.; Sachs - *Dittmann*, Art. 84 Rn. 18, 23; Jarass / Pieroth - *Pieroth*, Art. 84 Rn. 7.

[227] Jarass / Pieroth - *Pieroth*, Art. 85 Rn. 1; Sachs - *Dittmann*, Art. 85 Rn. 5; Schmidt-Bleibtreu / Klein - *Schmidt-Bleibtreu*, Art. 85 Rn. 2, 6, 8.

[228] Zu den Einwirkungsrechten allgemein Sachs - *Dittmann*, Art. 84 Rn. 1.

[229] Die Zustimmung des Bundesrats verlangen Art. 84 und Art. 85 Abs. 2 GG, ein formalisiertes Verfahren sieht Art. 84 Abs. 4 GG vor und die Gesetzesform Art. 84 Abs. 5 GG.

[230] BVerfGE 69, 1 (59 ff.) - Sondervotum zur Doppelfunktion von Kompetenzvorschriften.

[231] Nach BVerfGE 69, 1 (60) – Sondervotum, gilt dies jedenfalls für bundesstaatliche Kompetenzvorschriften soweit keine Grundrechtbeschränkung hieraus abgeleitet werden soll; auch hat dies BVerfGE 55, 274 (321) für Verfahrensnormen unter dem Stichwort „Doppelgesichtigkeit" anerkannt; dazu auch *Wagner*, NJW 1987, 411 (416).

[232] Jarass / Pieroth - *Pieroth*, Art. 30 Rn. 4; *Rengeling*- HBStR IV, § 100 Rn. 168.

Außerdem fehlt es sowohl Art. 84 Abs. 1 als auch Art. 85 Abs. 1 GG an einer erkennbaren Bezugnahme auf andere Gesetzgebungskompetenzen des Bundes. Es ist also kein Hinweis auf eine Begründung der Kompetenz an anderer Stelle ersichtlich.[233] Die Art. 71 - 75 ff. GG sehen mit der Ausnahme von Art. 74 Abs. 1 Nr. 1 GG für das gerichtliche Verfahren keine Kompetenz des Bundes für die Behördeneinrichtung oder das Verfahren vor. Dies könnte für eine selbständige Konstituierung der Kompetenz durch Art. 84 Abs. 1 und Art. 85 Abs. 1 GG sprechen. Teilweise wird aber argumentiert, dass Fehlen ausdrücklicher Bundesgesetzgebungskompetenzen für diese beiden Gegenstände spreche dafür, dass diese von Art. 70 ff. GG (als Annex) zwangläufig mitumfasst seien. Die materiellen Kompetenzen müssten sich gleichsam in den Zuständigkeits- und Verfahrensbereich erstrecken, da es weder möglich noch sinnvoll sei, die Regelung einer Sachmaterie vorzunehmen, ohne auch diesbzgl. Regelungen treffen zu können.[234] Gegen eine solche Sichtweise spricht jedoch, dass für notwendig erachtet wurde, die Kompetenz zur Regelung des gerichtlichen Verfahrens ausdrücklich zu normieren, vgl. Art. 74 Abs. 1 Nr. 1 GG.[235] Demnach wurde nicht davon ausgegangen, dass sich die materiellen Kompetenzen grundsätzlich in den Verfahrensbereich erstrecken.

Dem wird entgegengehalten, bei Art. 74 Abs. 1 Nr. 1 GG und der Erwähnung der „Justizverwaltung“ handele es sich um das bloße Aufgreifen einer Tradition. Gesetzliche Regelungen über den Aufbau der Justizbehörden seien bereits 1850 in der preußischen Verfassung vorgesehen gewesen und entsprächen daher einer Tradition im gewaltenteilenden Rechtsstaat.[236] Die Befolgung dieser Tradition würde gegen eine bewusste Aussparung weiterer Gesetzgebungskompetenzen im Organisationsbereich sprechen. Allerdings handelt es sich beim „gerichtlichen Verfahren“, nicht um den Gegenstand der „Justizverwaltung“. Nur die „Gerichtsverfassung“ kann unter diesen Begriff subsumiert werden. Für das „gerichtliche Verfahren“ besteht also keine Tradition, die weitergeführt hätte werden können. Die ausdrückliche Nennung der Gesetzgebungskompetenz des Bundes für die Gerichtsverfassung und das Verfahrensrecht ist also statt dessen ein besonderer Hinweis auf die föderative Wertung der Verwaltungshoheit.[237] Das Fehlen weiterer Kompetenztitel für die Verwaltungsorganisation in den Art. 70 ff. GG ist daher als beredetes Schweigen zu bewerten, was gegen eine Annexkompetenz spricht.

(3) Das Verhältnis zu den Parallelnormen Art. 108 Abs. 2 S. 2 und Abs. 5 S. 2 GG

Zusätzlich können Struktur und Funktion von Art. 108 Abs. 2 S. 2 und Abs. 5 S. 2 GG herangezogen werden. Diese sehen die Möglichkeit einer bundesgesetzlichen Regelung von Behördenaufbau und Beamtenausbildung sowie für das Verfahren im

[233] *Neuser*, S. 150.
[234] *Stern* II, § 41 V 5.
[235] Maunz / Dürig - *Lerche*, Art. 85 Rn. 27.
[236] *Forsthoff*, § 23 2 a, S. 433.
[237] *Köttgen*, AöR 90 (1965) 204 (233); Dieser spricht von „unve rklausulierter Zuständigkeit“.

Rahmen der von den Ländern auszuführenden Steuerverwaltung vor. Die Normen sind entstehungsgeschichtlich als Parallelnormen zu den Art. 84 Abs. 1 und Art. 85 Abs. 1 GG anzusehen,[238] was für eine parallele Regelungsstruktur spricht. Vielfach wird angenommen, Art. 108 Abs. 2 S. 2 GG beinhalte einen selbständigen Kompetenztitel für die Bundesgesetzgebung,[239] obwohl dies teilweise im gleichen Zug für Art. 84 Abs. 1 und Art. 85 Abs. 1 GG in Frage gestellt wird.[240]

Die selbständige Kompetenzfunktion des Art. 108 Abs. 2 S. 2 GG wird damit begründet, dass dort auch die Regelungsmöglichkeit vorgesehen ist, durch Bundesgesetz auf den Aufbau der Landesbehörden und die Ausbildung der Beamten bei der Landesausführung von Landessteuergesetzen einzuwirken.[241] Diese Kompetenz kann aus einem Annex zu den Art. 70 ff. GG, also den Sachgesetzgebungskompetenzen des Bundes, nicht abgeleitet werden,[242] da dort nur Kompetenzen zum Erlass von Bundesgesetzen zugewiesen werden. Folglich muss die Kompetenz zum Erlass organisatorischer Regelungen bezüglich der Ausführung von Landessteuergesetzen in Art. 108 Abs. 2 S. 2 GG selbst verankert sein.[243] Konstitutiv für die Funktion als Kompetenztitel soll also die fehlende Regelungsmöglichkeit des Inhalts durch die Art. 70 ff. GG sein. Dies würde bedeuten, dass Art. 84 Abs. 1 und Art. 85 Abs. 1 GG, die die Ausführung der Bundesgesetze betreffen, keine eigenständigen Gesetzgebungskompetenzen beinhalten, denn diese hätten in den Art. 70 ff. GG mitgeregelt werden können.

Einer solchen Argumentation ist jedoch entgegenzuhalten, dass die Existenz von Art. 74 Abs. 1 Nr. 1 GG, der eine spezielle Kompetenzgrundlage für die Bundesgesetzgebung über das Gerichtsverfahren und die Gerichtsverfassung schafft, für eine bewusste Auslassung von Zuständigkeit und Verfahren in den Art. 70 ff. GG spricht.[244] Die Regelungsmöglichkeit kann als Argument daher nicht überzeugen.

(4) Das Verhältnis zu Art. 90 Abs. 2 GG

Teilweise wird angenommen, am Zusammenwirken von Art. 85 Abs. 1 und Art. 90 Abs. 2 GG zeige sich die kompetenzbegründende Funktion von Art. 85 Abs. 1 GG. Innerhalb der Auftragsverwaltung für die Fernstraßen soll sich aus dem Wortlaut von Art. 85 Abs. 1 GG i.V.m. Art. 90 Abs. 2 GG ein Bereich der Auftragsverwaltung ergeben, der weiter reicht, als die in Art. 74 Abs. 1 Nr. 22 GG festgelegte materielle Bundesgesetzgebungskompetenz.[245] Wenn dies aber der Fall sei und daraus eine

---

[238] *Haas*, AöR 80 (1955/56) 81 (87).
[239] Jarass / Pieroth - *Pieroth*, Art 108 Rn. 5, 9; Sachs - *Siekmann*, Art. 108 Rn. 26; Maunz / Dürig - *Maunz*, Art. 108 Rn. 2; *Bettermann*, VVDStRL 17 (1959) 118 (157); wohl auch *Müller / Zeitler*, DStZ-A 1975, 467 (467).
[240] *Bettermann* VVDStRL 17 (1959) 118 (157); Sachs - *Dittmann*, Art. 84 Rn. 5.
[241] Maunz / Dürig - *Maunz*, Art. 108 Rn. 2.
[242] *Bettermann*, VVDStRL 17, 118 (157).
[243] *Bettermann*, VVDStRL 17, 118 (157).
[244] Wie schon dargestellt, ist dies ein beredetes Schweigen, Kap. 1 B II 2 b dd (2).
[245] *Haun*, S. 105; mit dem entgegengesetzten Ergebnis jetzt BVerfGE 102, 167 (174).

weitergehende Bundesgesetzgebungskompetenz folge, müsse Art. 85 Abs. 1 GG kompetenzbegründend sein.[246] Fraglich ist aber schon, ob diese Abweichung im Wortlaut der Regelungen über die materielle und organisatorischen Gesetzgebung bewusst angelegt ist. Jedenfalls ist letztere grundsätzlich akzessorisch zur ersteren und von dieser – auch hinsichtlich ihrer Reichweite[247] – abhängig.[248] Die Abweichung verdeutlich jedoch, dass sich die Verfassungsregelungen für die Gesetzgebungskompetenzen über organisatorische Fragen nicht auf einen Verweis auf die materiellen Gesetzgebungskompetenzen beschränken. Es werden getrennte Regelungen geschaffen, die Unterschiede hinsichtlich Voraussetzungen und Reichweite aufweisen können.

ee) Zusammenfassung

Zum einen spricht der konkreten Normzusammenhang der Art. 84 Abs. 1 und Art. 85 Abs. 1 GG für eine selbständige Konstituierung der organisatorischen Gesetzgebungskompetenzen durch diese selbst. Zum anderen enthalten das systematische Verhältnis von Gesetzgebung und Verwaltung und das Bund-Länder-Verhältnis Hinweise auf eine strickte Trennung zwischen materieller und organisatorischer Gesetzgebungskompetenz. Letztere gehört zum Bereich der Verwaltung. Demzufolge spricht die systematische Auslegung dafür, die Art. 83 ff. GG im Verhältnis zu den Art. 70 ff. GG als leges speciales anzusehen.[249] Zur Herleitung von Kompetenzen für Regelungen, die die Verwaltung, nämlich die Behördeneinrichtung und das Verfahren betreffen, kann daher kein Rückgriff auf die allgemeinen Zuständigkeiten des VII. Abschnitts erfolgen.[250] Insofern ist der Einschätzung zuzustimmen, dass man durch die Ableitung der Kompetenzen als Annex zu den Art. 70 ff. GG eine ausdrückliche Entscheidung des Grundgesetzes übersähe und so das allgemeine Verhältnis zwischen positiver Kompetenzentscheidung und Annexkompetenz ohne Not in sein Gegenteil verkehren würde.[251]

---

[246] *Haun*, S. 105.

[247] Das Bundesverfassungsgericht erläutert in BVerfGE 102, 167 (174) gerade, dass die Verwaltungskompetenz des Bundes im Rahmen von Art. 90 Abs. 2 GG durch die Gesetzgebungskompetenz aus Art. 74 Abs. 1 Nr. 22 GG beschränkt ist.

[248] Vgl. Kap. 1 B II 2 b bb(2).

[249] So eben auch v. Münch - *Broß*, Art. 83 Rn. 2; Jarass / Pieroth - *Pieroth*, Art. 83 Rn. 2; Maunz / Dürig - *Lerche*, Art. 83 Rn. 36.

[250] Vgl. Maunz / Dürig - *Lerche*, Art. 83 Rn. 33; *Klein*, AöR 88 (1963) 377 (399).

[251] Maunz / Dürig - *Lerche*, Art. 83 Rn. 33.

c) Die systematischen Probleme einer Annexkonstruktion

Die Herleitung der Gesetzgebungskompetenz des Bundes für Zuständigkeits- und Verfahrensregelungen gegenüber den Landesbehörden als Annex zu den Art. 70 ff. GG ist unter weiteren Gesichtspunkten problematisch.

aa) Die Ausgestaltung einer Annexgesetzgebungskompetenz

Zunächst ist fraglich, welche Art von Gesetzgebungskompetenz die Annexkompetenz sein soll.[252] Auch bei Materien, für die dem Bund die ausschließliche (materielle) Gesetzgebung zusteht, würde seine Annexkompetenz für Verfahrens- und Zuständigkeitsregelungen ausweislich der Art. 84 und Art. 85 Abs. 1 GG zu einer konkurrierenden Gesetzgebungskompetenz werden.[253] Denn dort ist der Regelfall der Länderkompetenz für diese Fragen noch einmal bestätigt. Soweit und solange der Bund nicht regelt, bleiben die Länder dazu befugt. Dies erscheint nicht nachvollziehbar. Wenn in materieller Hinsicht eine ausschließliche Regelungskompetenz des Bundes besteht, müsste dies für den daraus abhängig folgenden organisatorischen Bereich genauso sein.

Ähnliche Ungereimtheiten entstehen bei Materien, für die dem Bund nur die Rahmengesetzgebungskompetenz zusteht. Auch bei diesen müsste dem Bund die Regelungskompetenz für Verfahren und Zuständigkeit zustehen, wenn die Länder sie ausführen.[254] Denn die Zustimmungsvorbehalte der Art. 84 und Art. 85 Abs. 1 GG beziehen sich auf alle Formen der Bundesgesetzgebung[255] und damit auch auf die Rahmengesetzgebungskompetenz. Dies wäre sinnlos, wenn der Bund nicht auch Verfahrens- und Zuständigkeitsregelungen für diese Materien treffen könnte. Aus einer Annexkompetenz zu einer Rahmengesetzgebungskompetenz kann aber kaum eine Regelungskompetenz des Bundes für Zuständigkeits- und Verfahrensfragen konstruiert werden.[256] Diese Fragen betreffen Details und können daher nur mit großen Mühen so ausgestaltet werden, dass sie ausfüllungsfähig und -bedürftig sind.[257]

---

[252] Die Arten der Gesetzgebungskompetenzen heißen auch „Kompetenztypen", vgl. Sachs – *Degenhart*, Art. 70 Rn. 9.

[253] Dies ist jedenfalls das faktische Ergebnis, obwohl die Kompetenz eine ausschließliche des Bundes ist. Zur Problematik *Ronellenfitsch*, Genehmigungsverfahren, S. 290 Fn. 14; aber auch z.B. Dreier – *Hermes*, Art. 84 Rn. 22;

[254] BVerfGE 21, 319 (326); Alternativkommentar – *Bull,* Art. 84 Rn. 11. Sachs - *Dittmann,* Art. 84 Rn. 5; vgl. dazu *Kuckuk,* DÖV 1978, 354 ff.

[255] *Bettermann*, VVDStRL 17 (1959) 118 (156); *Schäfer*, DÖV 1960, 646 ff.

[256] Vgl. Maunz / Dürig - *Lerche*, Art. 83 Rn. 37.

[257] Sachs- *Dittmann,* Art. 84 Rn. 5 dagegen weist nur auf das Problem hin, dass Rahmengesetze meist ohne landesrechtliche Ergänzung gar nicht vollzugsfähig sind.

bb) Die Reichweite einer Annexkompetenz

Problematisch ist auch die Reichweite einer solche Annexkompetenz. Einerseits ist der Rückgriff auf ungeschriebene Kompetenzen nur im absolut unerlässlichen Maße zulässig,[258] außerdem muss ein derart enger Zusammenhang zum ausdrücklich zugewiesen Bereich bestehen, dass dessen funktionsgerechte Wahrnehmung nicht ohne die Einbeziehung der als Annex betroffenen Materie denkbar ist.[259] Andererseits erscheint nicht nachvollziehbar, dass dem Bund immer nur eine punktuelle Regelung von Organisationsfragen möglich sein soll.[260] Sollte dementsprechend - trotz der engen Voraussetzungen ungeschriebener Kompetenzen - eine umfassendere Annexkompetenz zum Erlass von Organisationsregelungen möglich sein, geriete diese jedoch in Konflikt mit der Schutzfunktion der Zustimmungsvorbehalte der Art. 84 Abs. 1 und Art. 85 Abs. 1 GG. Der Bund könnte andere organisatorische Regelungen treffen, die nicht die Behördeneinrichtung oder das Verwaltungsverfahren zum Gegenstand haben, da ihm die Gesetzgebungs-kompetenz unabhängig von diesen Normen zustünde. Das heißt, es wären weitergehende Eingriffe in die Organisationshoheit möglich, ohne überhaupt der Zustimmung des Bundesrats zu unterliegen.[261] Eine solche Absenkung des Schutzniveaus wäre unzulässig,[262] so dass das Problem der Reichweite der Annexkompetenzen erheblich ist.

cc) Die Funktion von Art. 84 Abs. 1 und Art. 85 Abs. 1 GG im Rahmen einer Annexkompetenz

Fraglich bleibt auch, welche Funktion die positivierten Regelungen der Art. 84 Abs. 1 und Art. 85 Abs. 1 GG im Rahmen einer Annexkonstruktion haben sollen. Teilweise wird das Zustimmungserfordernis als einziger konstitutiver Inhalt bewertet.[263] Andere sehen einen weitergehenden Inhalt in einer Korrektur oder Einschränkung der an sich schon als Annex bestehenden Kompetenz.[264] Dies anzunehmen, fällt jedoch schwer. Eine verfassungspositive Einschränkung einer ungeschriebenen Kompetenz erscheint konstruktiv sehr unwahrscheinlich. Das Gleiche gilt für den Zustimmungsvorbehalt, der ebenfalls eine ungeschriebene Kompetenz betreffen soll. Noch unwahrscheinlicher ist lediglich, dass beide Regelungen insgesamt nur deklaratorische Bedeutung haben sollen.[265] Einer solchen Einschätzung widerspricht der differenzierte Inhalt der Regelungen. Außerdem würde dem

---

[258] Maunz / Dürig - *Lerche*, Art. 83 Rn. 34; *Ehlers*, Jura 2000, 323 (324).
[259] *Ehlers*, Jura, 2000, 323 (325).
[260] Maunz / Dürig - *Lerche*, Art. 84 Rn. 17.
[261] *Antoni*, AöR 113 (1988) 327 (356).
[262] BVerfGE 100, 249 (259).
[263] Maunz / Dürig – *Maunz*, Erstbearb., Art. 85 Rn. 16; Dreier – *Hermes*, Art. 84 Rn. 21; *Kirschenmann*, JuS 1977, 565 (572); *Bettermann*, VVDStRL 17 (1959) 118 (157); *Schäfer*, DÖV 1960, 641 (646); *Haas*, AöR 80 (1955/56) 81 (89) zum Regelungsgehalt von Zustimmungsvorbehalten.
[264] Maunz / Dürig - *Lerche*, Art. 83 Rn. 37 so z.B. bei *Finkelnburg / Lässig*, VwVfG, Einleitung, Rn. 30; *Obermayer*, Einleitung Rn. 38; *v. Mangoldt / Klein*, Art. 84 Anm. II 9c, *Hohrmann*, S. 81.
[265] Wolff /Bachof, VerwR II, § 78 I; *v. Mangoldt / Klein*, Vorbem. Art. 83 Anm. II 9 a aa.

Verfassungsgeber mangelnder Regelungswillen unterstellt, für den es keinen Hinweis gibt. Im Gegenteil, wegen des Grundsatzes der Normativität der Verfassung und der Struktur des Grundgesetzes als Grundordnung, die mit wenigen Normen auf hohem Abstraktionsniveau arbeitet, kann grundsätzlich nicht angenommen werden, dass (diesen) Normen nur deklaratorische Bedeutung zukommt. Eine sinnentleerende Auslegung muss daher vermieden werden.

dd) Die Vermengung von Akzessorietät der Verwaltung und Annexität

Bereits früh wurde in die Diskussion über gesetzliche Organisationsvorschriften neben dem Begriff der Annexität der der Akzessorietät eingeführt.[266] Später wurde dann zur Begründung der Annexkonstruktion vertreten, aus der Annexität organisationsrechtlichen Vorschriften müsse die Akzessorietät derselben, wie auch der Verwaltungskompetenzen überhaupt folgen.[267] Dem kann aber nicht zugestimmt werden, da diese Argumentation auf der Gleichsetzung von Verwaltungskompetenz und gesetzlicher Verwaltungsregelungskompetenz[268] beruht. Aus dem unbestrittenen Bestehen der bundesgesetzlichen Regelungskompetenz lässt sich weder auf einen Ursprung der Kompetenz aus dem VII. noch aus dem VIII. Abschnitt des Grundgesetzes schließen. Die vorgenommene Unterscheidung von Verwaltungs- und Gesetzgebungskompetenzen,[269] gewährleistet lediglich die einzig sinnvolle Interpretation des VIII. Abschnitts. Dennoch sind nach Struktur und Sinngehalt von Art. 84 Abs. 1 und Art. 85 Abs. 1 GG Regelungen über die Behördeneinrichtung oder das Verwaltungsverfahren durch den Bundesgesetzgeber nur dann zulässig, wenn zuvor ein Gesetz mit materiellen Regelungen geschaffen wurde.[270] Die in Art. 84 Abs. 1 und Art 85 Abs. 1 GG vorgesehenen Regelungsmöglichkeiten sind zur Ausübung der Sachregelungskompetenz akzessorisch.[271] Diese Akzessorietät ist eine von verschiedenen einschränkenden Voraussetzungen für den Erlass gesetzlicher Zuständigkeits- und Verfahrensregelungen durch den Bund.[272] Sie lässt jedoch keine Rückschlüsse auf den Ursprung der Regelungskompetenz, nämlich auf eine mögliche Annexität oder Selbständigkeit zu. Damit ist in der dargestellten Argumentation die teilweise ausdrücklich bemängelte „Verwirrung" von Annexität und Akzessorietät angelegt.[273]

---

[266] *Bettermann*, VVDStRL 17 (1959) 118 (158).
[267] *Kuckuk*, DÖV 1978, 354 (355).
[268] Vgl. dazu *Kuckuk*, DÖV 1978, 354 (355) oben und am Ende.
[269] *Kuckuk*, DÖV 1978, 354 (355), siehe zur Kompetenztrennung oben Kap. 1 B II 2 b aa.
[270] Jarass / Pieroth - *Pieroth*, Art. 84 Rn. 1; Maunz / Dürig - *Lerche*, Art. 84 Rn. 19; *v. Hausen / v. der Heide*, DÖV 1958, 753 (755); *Köttgen*, JöR 3 (1954) 67 (91).
[271] *v. Hausen / v. der Heide*, DÖV 1958, 753 (755); Jarass / Pieroth - *Pieroth*, Art. 84 Rn. 1; Maunz / Dürig - *Lerche*, Art. 83 Rn. 18, 38.
[272] Maunz / Dürig - *Lerche*, Art. 83 Rn. 38; Jarass / Pieroth - *Pieroth*, Art. 84 Rn. 1.
[273] Maunz / Dürig - *Lerche*, Art. 83 Rn. 38.

ee) Keine Verbindung der Ansätze

Abschließend sei auf systematische Bedenken gegen eine Auffassung hingewiesen, die zwar davon ausgeht, es handele sich um Annexkompetenzen,[274] im Übrigen aber meint, durch das Grundgesetz sei eine Kodifizierung der unter den Vorläuferverfassungen verwendeten Annexanschauung vorgenommen worden, so dass es eines Rückgriffs auf die Annexkompetenz nicht mehr bedürfe.[275] Geht man davon aus, die vormaligen Annexkompetenzen seien nun im Abschnitt über die Verwaltung niedergelegt,[276] kann es sich bei den organisationsrechtlichen Vorschriften nicht mehr um Annexe handeln. Es ist nicht möglich die Kompetenz gleichzeitig als Annex und als im Grundgesetz kodifiziert zu verstehen.[277]

d) Historische Interpretation

Die historische Interpretation beschäftigt sich mit der Verfassungsrechtslage unter den Vorläuferverfassungen und will klären, ob der Verfassungsgeber 1949 an die Modelle der Weimarer Reichsverfassung[278] oder der Reichsverfassung von 1871[279] anknüpfen oder aber ein neues Konzept für die Regelung der Verwaltungszuständigkeiten und des -verfahrens schaffen wollte.[280]

aa) Die Reichsverfassung von 1871

Der Ansatz, wonach die materielle Kompetenz die Regelung von Zuständigkeit und Verfahren als Annex umfasst, beruht auf einer rechtsgeschichtlich entstandenen Auffassung[281] und zwar im Wesentlichen auf den Gedanken *Triepels* zur Reichsverfassung von 1871.[282] Damit könnte für die Annexkonstruktion davon auszugehen sein, dass Art. 84 Abs. 1 und Art. 85 Abs. 1 GG eine Verfassungstradition fortsetzen, nach der sich die Kompetenz zur Regelung des Verwaltungsverfahrens unmittelbar aus der betreffenden Sachkompetenz ergab.[283] Es bleibt also aufzuzeigen, ob die Schaffung des Grundgesetzes einen Bruch oder die Fortsetzung dieser Tradition bedeutet.

---

[274] *Kuckuk*, DÖV 1978, 354 (355).
[275] *Kuckuk*, DÖV 1978, 354 (355).
[276] *Kuckuk*, DÖV 1978, 354 (355).
[277] Maunz / Dürig - *Lerche*, Art. 83 Rn. 37 über Kuckuk.
[278] Weiterhin WRV.
[279] Weiterhin RV.
[280] *Neuser*, S. 144; *Hohrmann* S. 79 dafür, dass jedenfalls nicht etwas gänzlich anderes geschaffen werden sollte.
[281] *Kuckuk*, DÖV 1978, 354 (355).
[282] Maunz / Dürig - *Lerche*, Art. 84 Rn. 14; nämlich *Triepel*, Kompetenzen, S. 297 ff.
[283] So *Wolst*, S. 27 f.; *Antoni*, AöR 113 (1988) 327 (355) für die WRV.

(1) Die Existenz reichsgesetzlicher Regelungen von Zuständigkeits- und Verfahrensfragen

Unter der RV gab es reichsgesetzliche Regelungen, die die Zuständigkeit und das Verfahren der Länder beeinflussten. Art. 4 RV[284] legte den Grundsatz der Ausführung der Reichsgesetze durch die Länder fest,[285] sah jedoch nur die landeseigene Verwaltung vor, da eine Reichsauftragsverwaltung in der RV nicht vorgesehen war. Für diese kann also nur die Verfassungsrechtslage in Bezug auf die landeseigene Verwaltung untersucht werden.

Eine Einwirkung des Reichs auf die landeseigene Verwaltung durch gesetzliche Organisationsregelungen erfolgte in sehr unterschiedlichem Maße.[286] Die Praxis der reichsgesetzlichen Regelungen variierte von Gesetzen, die keine formellen Regelungen trafen,[287] über solche, die nur Rahmenbedingungen festlegten,[288] bis zu solchen, die die formelle Seite bis ins Detail regelten.[289]/[290] Verfahrensregelungen fanden sich z.B. in der Gewerbeordnung, der Reichsversicherungsordnung und der Reichsabgabenordnung.[291]

Es bestand keine Impermeabilität der Landesverwaltung gegenüber der Reichsgesetzgebung.[292] Die Organisationsgewalt der Länder stand damit immer unter dem Vorbehalt einer reichsgesetzlichen Regelung.[293] Fraglich ist, worauf diese Reichskompetenz beruhte.

(2) Vorläufernormen von Art. 84 Abs. 1 und Art. 85 Abs. 1 GG

Art. 4 RV selbst begrenzte die Autonomie der Länder bei der Ausführung der Reichsgesetze.[294] Die Regelung berechtigte das Reich zur Überwachung und

---

[284] "Der Beaufsichtigung Seitens des Reichs und der Gesetzgebung desselben unterliegen die nachstehenden Angelegenheiten:...".

[285] *Meyer / Anschütz*, Staatsrecht, § 80 I a.E.; *Huber*, Bd. 3, § 66 I 1, S. 961, *Menger*, Rn. 294; *Frotscher / Pieroth*, Rn. 390.

[286] Jeserich - *Mußgnug*, Bd. 3, S. 191, Fn. 22-27.

[287] Z.B. das Reichs- und Staatsangehörigkeitsgesetz vom 1.6.1870 (RGBl S. 355), das Passgesetz vom 12.10. 1867.

[288] Z.B. §§ 21, 29 Abs. 2, 33, 35 Abs. 5, 61, 55a der Gewerbeordnung vom 21.6.1869 (RGBl S. 245).

[289] Z.B. das Militärgesetz vom 2.5.1864 (RGBl. S. 45).

[290] Dazu Jeserich - *Mußgnug*, Bd. 3, S. 191.

[291] *Schmitt-Lermann*, JZ 1964, 402 (403).

[292] Wohl aber gegenüber der Reichsexekutive, *Laband*, Staatsrecht II, § 66 II 5; *v. Seydel*, RV, Art. 4 Anm. II; Jeserich - *Mußgnug*, Bd. 3, S. 190, S. 188.

[293] *Laband*, Staatsrecht II, § 66 II 4 b.

[294] Denn diese bestand zumindest grundsätzlich, so *Laband*, Staatsrecht II, § 66; *Huber*, Bd. 3, § 66 I 3, S. 964, denn das Reich besaß eben nur die Kompetenzen, die ihm ausdrücklich übertragen waren und die Ausführung der Reichsgesetze eben den Ländern oblag, vgl. *Arndt*, RV, Art. 4 Anm. 1; a.A.: *Meyer / Anschütz*, Staatsrecht, § 80 I.

Beaufsichtigung der Länder bei der Ausführung der aufgeführten Materien.[295] Die Reichsaufsicht sollte die korrekte Vollziehung der Reichsgesetze durch die Länder gewährleisten und diente als Korrektiv zur Ausführung durch die Länder als eigene Angelegenheit.[296] Lediglich von dieser Funktion her ist Art. 4 RV mit den Art. 84 Abs. 1 und Art. 85 Abs. 1 GG vergleichbar. Eine Möglichkeit, durch reichsgesetzliche Regelung in die Verwaltungstätigkeit der Länder einzugreifen, war nicht vorgesehen.[297]

Weitere Einwirkungsbefugnisse auf die Verwaltung der Länder sah Art. 7 RV vor. Hier war die Organisationsgewalt des Bundesrats festgelegt, die mit der des Kaisers konkurrierte.[298] Letzterem stand gemäß Art. 7 Nr. 1 i. V. m. Art. 17 S. 1 und Art. 19 RV die Reichsaufsicht zu. Er konnte gemäß Art. 17 S. 1 RV die Ausführung überwachen und ggf. eine Ermahnung oder Mängelrüge erlassen.[299] Für weitere Schritte war dann der Bundesrat gemäß Art 7 Nr. 3 RV zur Beschlussfassung einzubeziehen. Danach konnte gemäß Art. 19 RV im Wege der Reichsexekution vorgegangen werden.[300]

Der Bundesrat hingegen konnte gemäß Art. 7 Nr. 2 RV selbständig „über die zur Ausführung der Reichsgesetze erforderlichen allgemeinen Verwaltungsvorschriften und Einrichtungen [...] sofern nicht durch Reichsgesetz etwas anderes bestimmt“ war, beschließen. Diese betrafen jedoch nur reines Innenrecht.[301] Die Kompetenz „Ausführungsgesetze“ zu erlassen, war hier trotz des gleichlautenden Regelungsvorbehalts, nicht verankert.[302] Eine gleichartige Regelung im Sinne einer unmittelbaren Vorläufernorm von Art. 84 Abs. 1 oder Art. 85 Abs. 1 GG ist daher in der RV nicht erkennbar.

(3) Triepels Ansatz und die zeitgenössische Literatur

Triepel leitete aus den materiellen Gesetzgebungskompetenzen des Reichs auch die Befugnis ab, die Organisation der Verwaltung in den Gliedstaaten hinsichtlich der zur Ausführung erforderlichen Maßnahmen, der Zuständigkeitsregelung, der Kooperationen und der Kontrolle sowie der Errichtung von Behörden durch Gesetz zu regeln.[303] Ein Kompetenztitel des Reichs soll seine „Zuständigkeit“ in der fraglichen Angelegenheit „von allen ihren Seiten“ umfasst haben.[304] Er ging daher davon aus, dass dem Reich mit der Zuweisung einer (Gesetzgebungs-)Kompetenz „jedes

---

295 *Laband*, Staatsrecht II, § 59 III 4 b, *v. Seydel*, RV, Art. 4 Anm. II; *Meyer / Anschütz*, Staatsrecht, § 80 I; *Frotscher / Pieroth*, Rn. 387; *Klein*, AöR 88 (1963) 377 (382).
296 *v. Seydel*, RV, Art. 4 Anm. II; Jeserich - *Mußgnug*, Bd. 3, S. 206.
297 Diese ist zumindest dem Wortlaut nicht zur entnehmen.
298 *Köttgen*, VVDStRL 16 (1958) 161 (165); *Rasch*, VerwArchiv 50 (1959) 1 (39) über *Laband*.
299 *Arndt*, RV, Art. 4 Anm. 1, *v. Seydel*, RV, Art. 4 Anm. II; Jeserich - *Mußgnug*, Bd. 3, S. 199.
300 Jeserich - *Mußgnug*, Bd. 3, S. 199 f.
301 *Laband*, Staatsrecht II, § 66 II 1.
302 *Laband*, Staatsrecht II, § 66 II. 2; a. A. wohl *Arndt*, RV, Art. 7.
303 *Triepel*, Die Kompetenzen, S. 297, 298; *Laband*, Staatsrecht II, § 66 II 4 b.
304 *Triepel*, Die Kompetenzen, S. 285 und S. 294.

notwendige und nützliche Mittel" zu ihrer vollständigen und wirksamen Ausschöpfung zur Verfügung stand.[305]

Für eine „Angelegenheit" konnten daher neben materiellen auch Zuständigkeits- und Verfahrensregelungen getroffen werden.[306] *Triepel* begründete dies damit, dass die „Lebensfunktionen des Staates sehr verschlungen und verwickelt" seien, so dass eine klare Trennung unmöglich sei, bzw. die Festlegung einer Kompetenzgrenze einer „Chinesischen Mauer" gleich käme.[307] Da die Trennung unmöglich sei, müsse die übergreifende Kompetenz auch von der Verfassung erlaubt sein.[308] Bestimmte geschriebene Kompetenzen sollten daher andere ungeschriebene Kompetenzen als „implied powers" mit einräumen. Dies galt nicht nur für die Gesetzgebung, sondern beispielsweise auch für die Kompetenzen des Kaisers aus Art. 18 RV[309] und die Reichsexekution nach Art. 19 RV,[310] war also ein umfassendes Prinzip.

Diese Folgerung wurde lediglich durch bestimmte ausdrückliche Verfassungsregelungen eingeschränkt. Aus Art. 4 RV leitete *Triepel* ab, dass sich die materiellen Gesetzgebungskompetenzen des Reichs nicht auf alle formellen Kompetenzen erstreckten.[311] Die materielle Gesetzgebungskompetenz soll allerdings sehr wohl die Kompetenz beinhaltet haben, „Bestimmungen darüber zu treffen, wie und von wem das erlassene Gesetz gehandhabt werden soll."[312] Das Reich, das grundsätzlich keine eigenen Behörden mit der Ausführung seiner Gesetze betrauen dürfe, müsse wenigstens in der Lage sein, die Ausführung durch die Landesbehörden zu steuern.[313] Diese Handhabung entsprach der Auffassung der zeitgenössischen Staatsrechtslehre. Dass diese Kompetenz sich aus den Kompetenztiteln für die Reichsgesetzgebung ergab, soll sich von selbst verstanden haben.[314] Ein Kompetenztitel für die materielle Gesetzgebung enthielt danach die Kompetenz zum Erlass organisatorischer Regelungen über die Verwaltungstätigkeit.[315] Es bleibt damit aufzuzeigen, inwieweit sich dieser Ansatz aus den Besonderheiten der RV ergibt und welche Gemeinsamkeiten und Unterschiede zum Grundgesetz bestehen.

---

305 *Triepel*, Die Kompetenzen, S. 289.
306 *Triepel*, Die Kompetenzen, S. 285.
307 *Triepel*, Die Kompetenzen, S. 294; ebenso *Laband*, Staatsrecht I, § 11 I.
308 *Triepel*, Die Kompetenzen, S. 295; bzw. die Länder überall der „Macht" des Reichs unterworfen seien, so *Laband*, Staatsrecht I, § 11 I.
309 *Triepel*, Die Kompetenzen, S. 287.
310 *Triepel*, Die Kompetenzen, S. 287.
311 *Triepel*, Die Kompetenzen, S. 290.
312 *Triepel*, Die Kompetenzen, S. 290.
313 *Triepel*, Die Kompetenzen, S. 297.
314 Jeserich - *Mußgnug*, Bd. 3, S. 190, dies lasse auch die Ausführung von *Laband,* Staatsrecht II, § 59 II 3 schließen.
315 *Meyer / Anschütz*, Staatsrecht, § 80 I a. E. Fn. 11; ebenfalls umfassend *Arndt*, RV, Einl. § 3; Jeserich - *Mußgnug*, Bd. 3, S. 190.

(4) Die Verfassungsvorgaben für reichsgesetzliche Regelungen

(a) Die Staatsstruktur, insbesondere das Reich-Länder-Verhältnis

Das Deutsche Reich erhielt durch die RV die Ausprägung als konstitutionelle Monarchie.[316] Es war zugleich Bund von 25 Gliedstaaten und Staat der Deutschen Nation.[317] Auch wenn die Souveränität nur beim Reich lag,[318] waren die Gliedstaaten unter der RV als „Staaten"[319] und damit als politische Einheiten mit originären Kompetenzen anerkannt.[320] Die Staatsaufgaben waren daher zwischen Reich und Gliedstaaten aufgeteilt.[321] Vor allem dieses Verhältnis zwischen Reich und Gliedstaaten und von den Gliedstaaten untereinander regelte die Verfassung, da sie im Übrigen voraussetzte, dass die Regelung des Verhältnisses vom Staat zum Bürger Sache der Länder war.[322] Dennoch räumte sie letztlich die Abgrenzung von Reichs- und Länderkompetenzen (vor allem auf dem Gebiet der Gesetzgebung) dem Reich aufgrund seiner Kompetenz-Kompetenz ein.[323]

Soweit jedoch eine ausschließliche Kompetenz der Länder vorgesehen war,[324] konnte das Reich nur nach einer Verfassungsänderung in diesem Bereich tätig werden.[325] Für diese war eine einfache Mehrheit ausreichend. Sie wurde nur als solche festgestellt, eine Änderung des Verfassungstextes erfolgte dagegen nicht.[326] Allerdings konnten bereits 14 Gegenstimmen im Bundesrat eine Verfassungsänderung verhindern, so dass sie sich faktisch als nicht unproblematisch erwies.[327] Dennoch führten verfassungsändernde Reichsgesetze zu einer Beschneidung der Kompetenzen der Gliedstaaten und hatten eine Zentralisierungstendenz zur Folge.[328]

(b) Die Gewaltenteilung

Die Verfassung sah ein System einander begrenzender Vorbehalte, Zustimmungs- und Zugriffsrechte von Exekutive und Legislative vor.[329] Dabei waren Legislative und

---

316 Jeserich - *Frotscher*, 3. Bd., S. 408.
317 *Huber*, Bd. 3, § 55 III 1, S. 791.
318 *Huber*, Bd. 3, § 55 III 3, S. 794 ff., der dort *Laband* widerlegt.
319 *Arndt*, RV, Einl. § 33, *Huber*, Bd. 3, § 55 V, S. 802 f.
320 *v. Seydel*, RV, Art. 4 Anm. II; *Huber*, Bd. 3, § 55 III 3, S. 797.
321 *Meyer / Anschütz*, Staatsrecht, § 80; *Huber*, Bd. 3, § 55 III 3, S. 794.
322 *Menger*, Rn. 289.
323 *Laband*, Staatsrecht II, § 59 I; *Stern* V, § 128 III 3; *Huber*, Bd. 3 § 63 I 1, S. 909.
324 Die RV unterschied bereits nach ausschließlichen und konkurrierenden Reichsgesetzgebungskompetenzen, sowie ausschließlichen Landeskompetenzen, *Huber*, Bd. 3, § 63 I 2, S. 910; *Stern* V, § 128 III 3 a.
325 *Menger*, Rn. 304.
326 *Menger*, Rn. 304.
327 *Huber*, Bd. 3, § 63 I 2, S. 911.
328 *Menger*, Rn. 291, 309.
329 *Böckenförde*, Organisationsgewalt, S. 56.

Exekutive als „pouvoirs“ ausgeformt, die kompetenzmäßg begrenzt waren und den Macht- und Einflussbereich der politischen Kräfte von König und Volk markierten.[330] Sie wurden nicht auseinander abgeleitet, waren ohne gegenseitige Verantwortlichkeit voneinander autonom und hatten einen organisatorisch-kompetenziellen Charakter.[331] Es handelte sich somit um eigenständige Gewalt- bzw. „Machtbefugnisse“.[332] Die Legislative war dabei das demokratische Element,[333] die im Gegensatz zur monarchischen Exekutive stand.[334] Damit bedeutete die Ausweitung der legislativen Kompetenzen eine Ausweitung des demokratischen Elements.[335]

Im Vergleich dazu haben sich unter dem Grundgesetz die Gewalten von „pouvoirs“ in „fonctions“, also Funktionen umgewandelt, da alle Gewalt vom Volk ausgeht, so dass dies allein „pouvoir“ ist. Die Gewalten sind damit heute als selbständige Zuständigkeitskomplexe ausgestaltete Funktionen anzusehen.[336]

(c) Die Ausformung der Gesetzgebungskompetenzen

Art. 4 RV beinhaltete recht umfangreiche Gegenstände, für die das Reich sowohl die Kompetenz zur Gesetzgebung als auch zur Beaufsichtigung inne hatte.[337] Daneben waren in weitem Umfang ungeschriebene Kompetenzen des Reichs anerkannt.[338] Dazu wurden auch Zuständigkeitsregelungen für Reichsbehörden gerechnet, die man aus der Natur der Sache hergeleitete.[339] Bei der Gesetzgebung wirkten Bundesrat und Reichstag zusammen.[340] Soweit aber das Reich nicht tätig wurde, die Materie nicht der ausschließlichen Kompetenz des Reichs unterfiel oder von der Verfassung von der Landesgesetzgebung ausgenommen war, konnten die Länder gesetzlich regelnd tätig werden.[341]

Damals unterfiel ein Akt der Gesetzgebung, wenn er „nach seinem Wesen“ ein Gesetz war.[342] Was dem Wesen nach ein Gesetz bzw. eine Rechtsnorm sein sollte, war seinerzeit stark umstritten.[343] Institutionelle Normen über die Staatsorganisation, die Errichtung und den Aufbau, Aufgabenzuweisungen usw. von Behörden wurden überwiegend nicht als Gesetze im materiellen Sinne bewertet.[344] Die Verfassung selbst

---

[330] *Böckenförde*, Organisationsgewalt, S. 78.
[331] *Böckenförde*, Organisationsgewalt, S. 78.
[332] *Böckenförde*, Organisationsgewalt, S. 78 Fn. 2.
[333] *Böckenförde*, Organisationsgewalt, S. 56.
[334] Jeserich - *Frotscher*, 3. Bd., S. 409.
[335] *Haenel*, Staatsrecht I, S 125; *Böckenförde*, Organisationsgewalt, S. 79.
[336] *Böckenförde*, Organisationsgewalt, S. 79.
[337] *Meyer / Anschütz*, Staatsrecht, § 80 I; *Frotscher / Pieroth*, Rn. 387.
[338] *Frotscher / Pieroth*, Rn. 388.
[339] *Laband*, Staatsrecht II, § 59 I 3a.
[340] *Huber*, Bd.3, § 63 II, S. 912.
[341] *Laband*, Staatsrecht II, § 59 I 3; *Arndt*, RV, Einl. § 3.
[342] *Huber*,Bd. 3, § 63 II, S. 912.
[343] *Böckenförde*, Gesetz, S. 221 ff.; *Huber*, Bd. 3, § 63 II, 1. a, b, S. 913 f.
[344] *Huber*, Bd. 3, § 63 II 1 c, S. 915.

war somit mit ihrem überwiegend organisatorischen Vorschriften kein Gesetz in diesem Sinne.[345]

Dieser enge und theoretische Rechtssatzbegriff führte einerseits dazu, dass man die Verwaltung nur mit der Gesetzesausführung und dem Handeln innerhalb des allgemeinen Rechts als Funktionsinhalt betraut sah. Andererseits eröffnete der Rechtssatzbegriff der Verwaltung eine eigene Anordnungs- und Regelungsgewalt, also einen eigenständigen Funktionsbereich.[346] Formelle Gesetze hatten den „Nachteil", die Exekutive an die Mitbestimmung der Legislativorgane zu binden.[347] Nur besonders wichtige Regierungsakte wurden daher an die Gesetzesform gebunden.[348] Dies galt grundsätzlich nicht für die Errichtung von Behörden oder das Verwaltungsverfahren. Insofern erscheint das Fehlen einer den Art. 84 Abs. 1 oder Art. 85 Abs. 1 entsprechenden Vorläufernorm durchaus konsequent.

(d) Die Ausformung der Verwaltungskompetenzen

Eine Abweichung vom Grundsatz der Landesverwaltung gemäß Art. 4 RV war nur durch verfassungsänderndes Gesetz möglich.[349] Das heißt, das Reich konnte sich nur auf diesem Wege für Materien, für die ihm die Gesetzgebungskompetenz zustand, „Verwaltungsbefugnisse oder die Funktionen der Justiz bei[...]legen".[350] Die Reichsverwaltung war dagegen von der Verfassung nur als Ausnahme vorgesehen, insofern positiv festgelegt und eng umgrenzt (z.B. Art. 53 und Art. 56 RV).[351] Verwaltung und Justiz waren nach dem Konzept der RV den Ländern vorbehalten.[352] Auch wenn sich das Reich für bestimmte Bereiche durch verfassungsändernde Gesetze weitere Verwaltungskompetenzen schuf,[353] blieb die Reichsverwaltung doch im Verhältnis zur Ausführung durch die Länder die Ausnahme.[354] Die Verwaltungstätigkeit stellte damit trotz Unitarisierungstendenzen einen Kernbereich bzw. die Domäne der Landesstaatlichkeit dar.[355] Über diese hatte das Reich gemäß

---

345 *Huber*, Bd. 3, § 63 II 1 c, S. 916.
346 *Böckenförde*, Organisationsgewalt, S. 82 f.
347 *Huber*, Bd. 3, § 63 II 2, S. 917.
348 *Huber*, Bd. 3, § 63 II 2, S. 917.
349 *Haenel*, Staatsrecht I, S. 233 ff., S. 328; Maunz / Dürig - *Lerche* Art. 85 Rn. 20; *Huber*, Bd. 3, § 66 I 1, S. 961
350 *Meyer / Anschütz*, Staatsrecht, § 80 I a.E.
351 Jeserich - *Frotscher*, 3. Bd., S. 408; Jeserich - *Mußgnug*, Bd. 3, S. 187; *Huber*, Bd. 3, § 66 I 1, S. 961.
352 *Meyer / Anschütz*, Staatsrecht, § 80 I a.E.; *Haenel*, Staatsrecht I, § 54 II; *Huber*, Bd. 3, § 66 I 1 S. 961, *Menger*, Rn. 294; *Frotscher / Pieroth*, Rn. 390; Jeserich - *Mußgnug*, Bd. 3, S. 187.
353 *Frotscher / Pieroth*, Rn. 390; *Huber*, Bd.3, § 66 I 1 S. 961; Jeserich - *Mußgnug*, Bd. 3, S. 187; Neben dem Verfahren der Verfassungsänderung, errichtete das Reich reichseigene Verwaltung mit Hilfe der kaiserlichen Organisationsgewalt, bei der dann nur die erforderlichen finanziellen Mittel von der Legislative bewilligt wurden. Letztlich war aber auch hier ein Gesetz erforderlich *Huber*, Bd. 3, § 66 I 1 S. 962.
354 Jeserich - *Mußgnug*, Bd. 3, S. 188.
355 *Frotscher / Pieroth*, Rn. 390; Jeserich - *Mußgnug*, Bd. 3, S. 188; *Huber*, Bd. 3, § 55 III 3, S. 796; *Huber*, Bd. 3, § 66 I 2, S. 964; Jeserich - *Frotscher*, 3. Bd., S. 408 in Anlehnung an *Huber*, a.a.O.

Art. 4 RV eben nur ein Beaufsichtigungsrecht.[356] Darüber hinaus gab es aber nur wenige die Verwaltung betreffende Regelungen und kein ausdifferenziertes Verwaltungsgefüge wie unter dem Grundgesetz.

(e) Die Regelung des Gesetzesvollzugs
(aa) Die Länderseite in der Verwaltung

Die Länder waren bei der Ausführung der Gesetze verpflichtet zu gewährleisten, dass ihre Verwaltungsbehörden und Gerichte den Aufgaben gewachsen waren.[357] Die Festlegung der dazu zuständigen Behörden und des Verfahrens erfolgte grundsätzlich durch die Länder „in eigener Machtvollkommenheit", bzw. im Rahmen ihrer administrativen Ordnungs- und Leitungsgewalt.[358] Auch die gesetzliche Normierung dieser „Organisationsfragen" war den Ländern überlassen.[359]

(bb) Die Organisationsgewalt und deren gesetzliche Bindung

Allgemein wurde die Organisationsgewalt der Exekutive zugewiesen.[360] Organisationsakte wurden, wie oben gezeigt,[361] nicht der materiellen Rechtsetzung zugeordnet, so dass ein Gesetz hierzu nicht erforderlich war.[362] Also stand die Organisationsgewalt dem Monarchen zu,[363] der lediglich bei ihrer Ausübung an die Verfassung gebunden war.[364]

Um eine Begrenzung der Macht- und Verfügungsbefugnisse der Exekutive zu erreichen, versuchte man diese Regelungen in Gesetzesform zu kleiden.[365] Ziel war es, so die monarchische Exekutive an die Mitwirkung der demokratischen Legislative zu binden, sowie eine dauerhafte Organisation im Sinne einer „Regierung nach Gesetz" zu erreichen.[366] Dies führte dazu, dass immerhin einige Bereiche der

---

356 *Laband*, Staatsrecht II, § 66.
357 Jeserich - *Mußgnug*, Bd. 3, S. 199.
358 *Laband*, Staatsrecht II, § 66 II 4; Jeserich - *Mußgnug*, Bd. 3, S. 189: ebenfalls die Personalhoheit.
359 *Laband*, Staatsrecht II, § 59.
360 Jeserich - *Frotscher*, 3. Bd., S. 409; mit der damals herrschende Lehre; *Böckenförde*, Organisationsgewalt, S. 86; *Huber*, Bd. 3, § 63 II 2, S. 918; *Rasch*, VerwArchiv 50 (1959) 1 (38); *Richter*, Organisationsgewalt, S. 14; a. A.: Mangels einer eindeutige n Verfassungsregelung wurde aber auch die Ansicht vertreten, organisationsrechtliche Regelungen dürften nur „im Wege der Gesetzgebung beschritten" werden *Rasch*, VerwArchiv 50 (1959), 1 (39) über von Roenne.
361 Kap. 1 B II 2 d aa (4) (c)
362 *Huber*, Bd. 3, § 66 I 2, S. 963.
363 Jeserich - *Frotscher*, 3. Bd., S. 409; mit der damals herrschende Lehre.
364 Jeserich - *Frotscher*, 3. Bd., S. 409; *Böckenförde*, Organisationsgewalt, S. 57; *Haenel*, Staatsrecht I, § 56.
365 Der fakultative Gesetzesvorbehalt war unter der RV also ein politisches Mittel, *Böckenförde*, Organisationsgewalt, S. 99.
366 *Böckenförde*, Organisationsgewalt, S. 99; Jeserich - *Frotscher*, 3. Bd., S. 409.

Behördenorganisation durch Gesetz geregelt wurden.[367] Als Beispiel für die auf diese Weise vorangetriebene Entwicklung „des sich selbst entfaltenden Verfassungsstaates" sei das preußische Gesetz über die Organisation der allgemeinen Landesverwaltung vom 26.7.1880 genannt.[368] Die (reichs-)gesetzliche Regelung der Landesverwaltung unter der RV ist also einerseits unter dem Aspekt der Steuerung der Verwaltungstätigkeit und andererseits unter dem der „demokratisierenden" Wirkung gesetzlicher Regelungen zu sehen. Im Hinblick auf letztere zeigt sich eine im Vergleich zum Grundgesetz völlig andere Funktion der Zuweisung der Organisationsgewalt als Hausmacht der Exekutive.[369] Diese „alte Rolle" der Organisationsgewalt, genau wie die Ausweitung der gesetzlichen Regelung derselben, sind mit dem Untergang des Verfassungssystems „gegenstandslos" geworden.[370]

Was die Steuerungsmöglichkeiten des Reichs gegenüber dem Verwaltungsvollzug der Länder angeht, erscheinen auf den ersten Blick die Änderungen im Vergleich zum Grundgesetz weniger gravierend: Die Länder führten die Reichsgesetze als eigene Angelegenheiten aus.[371] Ihre Eigenstaatlichkeit gewährte den Ländern also eine gewisse „Autonomie".[372] Es soll sogar bei der Kompetenzverteilung im Rahmen der Verwaltung eine „verneinende Ausschließlichkeit" in dem Sinne bestanden haben, dass das Reich von jeglicher, nicht ausdrücklich vorgesehener Mitwirkung ausgeschlossen war,[373] danach also ein geschützter „status negativus" bestand.[374] Dieser reichte in der Verwaltung soweit, wie nicht der Bundesrat auf Grundlage von Art. 7 Nr. 1 RV Verwaltungsvorschriften erließ[375] oder das Reich durch Gesetz einwirkte.[376] Das heißt, es bestand eine grundsätzliche Impermeabilität der Länderverwaltung gegenüber der Exekutive des Reichs.[377] Eine Einflussnahme durch Verwaltungsvorschriften und Gesetze war aber, wie heute, sehr wohl möglich. Über die Grundlagen oder Ausformung solcher Gesetze traf die RV aber keine Bestimmungen, da Regelungen organisatorischer Art nicht dem Rechtssatzbegriff unterfielen und der Erlass von Zuständigkeits- oder Verfahrensregelungen gegenüber den Ländern nicht zwingend in Form eines Gesetzes notwendig war. Damit ergibt sich auf den zweiten Blick ein wesentlicher Unterschied, der das Fehlen von Verfassungsregelungen über solche Gesetzgebungskompetenzen erklärt. Die Ableitung aus den materiellen Reichsgesetzgebungskompetenzen erscheint insofern konsequent.

---

367 Jeserich - *Frotscher*, 3. Bd., S. 410.
368 Jeserich - *Frotscher*, 3. Bd., S. 410.
369 *Böckenförde*, Organisationsgewalt, S. 56.
370 *Böckenförde*, Organisationsgewalt, S. 56.
371 *Laband*, Staatsrecht II, § 66 II 4.
372 *Laband*, Staatsrecht II, § 66.
373 *Haenel*, Staatsrecht I, § 54 II, damit vertritt er eine *Triepel* entgegengesetzte Ansicht, vgl. *Triepel*, Kompetenzen, S. 282 ff.
374 Dazu auch *Jellinek*, System, S. 298; zu den Grundlagen der Statuslehre dort, S. 81 ff., im bundesstaatlichen Verhältnis, S. 295 ff.
375 *Menger*, Rn. 293; vgl. Kap. 1 B II 2 d (2).
376 Jeserich - *Mußgnug*, Bd. 3, S. 187.
377 Jeserich - *Mußgnug*, Bd. 3, S. 189.

(5) Zusammenfassung

Die RV weist keine Vorläufernormen von Art. 84 Abs. 1 oder Art. 85 Abs. 1 GG auf. Unter der RV ergab sich die Reichskompetenz zur gesetzlichen Gestaltung der Landesverwaltung hinsichtlich Zuständigkeit und Verfahren aus den materiellen Gesetzgebungskompetenzen, da positive Verfassungsregelungen über diese nicht getroffen waren. Es handelte sich um mitgeschriebene Kompetenzen.

Allerdings entsprach *Triepel*s Ansatz, der die Landesverwaltung nahezu unbeschränkten Zugriffsrechten des Reichs unterstellte, nicht der Verfassungslage. Eine über die normierten oder jedenfalls implizierten Kompetenzen des Reichs hinausgehende Teilnahme an der Verwaltung erforderte der grundsätzlich föderal geprägten Struktur entsprechend eine Verfassungsänderung oder verletzte andernfalls die Länder im „status negativus“.

bb) Die Weimarer Reichsverfassung

Teilweise wird im Rahmen einer historischen Interpretation schlicht auf die Anlehnung der Gesetzgebungskompetenzen des Grundgesetzes an die der WRV verwiesen.[378] Dieser allgemeine Hinweis kann jedoch nicht ausreichen, da bei näherer Betrachtung deutlich wird, dass sich sowohl Vertreter der Ansicht, es handele sich um eine Annexkompetenz[379] als auch der, dass Art. 84 Abs. 1 und Art. 85 Abs. 1 eigenständige Kompetenztitel enthalten,[380] bei ihrer Argumentation auf die WRV und vor allem auf Art. 14 WRV[381] stützen. Es bleibt daher zu untersuchen, ob dem Reich unter der WRV die Möglichkeit einer gesetzlichen Einflussnahme auf die Landesverwaltung zustand und gegebenenfalls deren Ursprung.

(1) Die Existenz einer reichsgesetzlichen Regelungskompetenz

Zunächst ist zu klären, ob unter der WRV das Reich überhaupt in der Lage war, durch Gesetz auf Verwaltungsorganisation und -verfahren der Länder bei der Ausführung der Gesetze einzuwirken.

---

378 *Neuser*, S. 144

379 *Schäfer*, DÖV 1960, 641 (646); *Wolst*, S. 28; *Beermann*, S. 106, *Köttgen*, DÖV 1952, 422 (422 f.).

380 Für eine eigenständige Kompetenz: *v. Hausen*, DÖV 1960, 1 (4); *Haas*, AöR 80 (1955/1956) 6 (85).

381 „Die Reichsgesetze werden durch die Landesbehörd en ausgeführt, soweit nicht die Reichsgesetze etwas anderes bestimmen.“.

(a) Diskussionsstand

Nach einer Auffassung hat „selbst die unitarisch gestaltete Weimarer Reichsverfassung“ keine dem Art. 84 Abs. 1 GG entsprechende Vorschrift enthalten.[382] Art. 14 WRV sah nämlich ausdrücklich nur den Vorbehalt der Schaffung reichseigener Verwaltung durch einfaches Gesetz vor.[383] Die Möglichkeit zur Schaffung gesetzlicher Regelungen über Verfahren oder Organisation der Landesverwaltung war hingegen nicht erwähnt. Diesem Wortlaut entsprechend wird angenommen, Art. 14 WRV habe ausschließlich die Kompetenz begründet, die Verwaltung für einen bestimmten Bereich insgesamt dem Reich zuzuweisen. Die Organisationshoheit der Länder soll dagegen vor gesetzlichen Regelungen durch das Reich geschützt gewesen sein.[384]

Andere sind der Auffassung, die WRV habe durch Art. 14 WRV unmittelbar die Möglichkeit begründet, auf die Verwaltung der Länder durch reichsgesetzliche Organisations- und Verfahrensregelungen Einfluss zu nehmen.[385] Diese Möglichkeit sei ein wesensgleiches Minus zur Übernahme der Materie in die reichseigene Verwaltung und daher an dieser Stelle argumentum a maiore ad minus mitgeregelt gewesen.[386]

(b) Die Regelungswirklichkeit unter der WRV

Nach damaliger Einschätzung wies die Regelungswirklichkeit nur „wenige Reichsgesetze [...], die keine Bestimmungen über die Landesverwaltung“ trafen, auf.[387] Beispiele für die als „relativ geringe Einwirkung“[388] bewertete reichsgesetzliche Regelung des Verwaltungsverfahrens der Landesbehörden sind § 20 GewO, § 29 FürspflV[389] und § 2 Abs. 2 VErG.[390] Für die als wesentlich stärkeren Eingriff eingestuften reichsgesetzlichen Regelungen über den Aufbau der Landesbehörden[391] gibt es ebenfalls zahlreiche Beispiele, wie die Strandämter nach § 1 StrandO, die Fürsorgeverbände nach § 1 FürspflV, die Landlieferungsverbände des § 12 RSiedlG, die Bezirkswohnungskommissare nach VOG vom 9.12.1919 und die Gesundheitsbehörden nach RG vom 18.2.1927.[392] Auch der Entwurf des Arbeitsschutzgesetzes von 1929 enthielt Vorschriften über die Struktur der von den

---

382 *Böckenförde*, FS Schäfer, Fn. 68, auch Maunz / Dürig - *Lerche* Art. 85 Rn. 21.
383 *Neuser*, S. 145.
384 *Böckenförde*, FS Schäfer, Fn. 68; Maunz / Dürig - *Lerche* Art. 85 Rn. 21; *Hohrmann*, S. 80.
385 Jeserich - *Mußgnug*, Bd. 4, S. 337; *Neuser*, S. 145, *Held*, AöR 80 (1955/56) 50 (54); insofern parallel zur Rechtslage unter der RV, so Jeserich - *Mußgnug*, Bd. 4, S. 336.
386 *Held*, AöR 80 (1955/56) 50 (54).
387 Anschütz / Thoma - *Lassar*, HBdStR I, § 28 I.
388 Anschütz / Thoma - *Lassar*, HBdStR I, § 28 I.
389 Dazu auch Jeserich - *Mußgnug* Bd. 4, S. 337: Auch die Fürsorgepflichtverordnung vom 5. 7. 1931, die als Notverordnung durch den Reichspräsidenten erging, regelte Verfahrensaspekte.
390 Anschütz / Thoma - *Lassar*, HBdStR I, § 28 I.
391 Allgemeiner Art oder auch im Detail, so Anschütz / Thoma - *Lassar*, HBdStR I, § 28 I.
392 Diese sollten zur Bekämpfung von Geschlechtskrankheiten tätig werden.

Ländern einzurichtenden Behörden.[393] Das Reich regelte durch Gesetz teilweise sogar die Organisation von Mittel- und Unterinstanzen.[394]/[395]

Auch nach einer anderen Stellungnahme erstreckten sich die Kompetenzen des Reichs auf die gesetzliche Regelung der „Ordnung der für diese hierbei [bei der Ausführung] erforderlichen Behörden und ihrer Tätigkeit".[396] Nur für Materien, für die lediglich eine Rahmengesetzgebungskompetenz bestand, sollten keine solchen „Detailregelungen" für die Verwaltungstätigkeit getroffen werden dürfen. Dort sollte die Landesgesetzgebung Vorrang haben.[397] Im Übrigen bestand eine Regelungskompetenz des Reichs,[398] so dass die Organisationshoheit der Länder unter dem Vorbehalt reichsgesetzlicher Regelung stand.[399] Die Ableitung dieser Regelungskompetenz des Reichs war und ist allerdings unklar.[400]

(c) Zusammenfassung

Das Reich konnte also unter der WRV Zuständigkeiten und Verfahren bei der Ausführung der Reichsgesetze durch die Länder durch Gesetz regeln.[401] Die aus der Eigenstaatlichkeit der Länder resultierende Organisationshoheit[402] stand also unter einem reichgesetzlichen Regelungsvorbehalt.

Die Einflussnahme des Reichs auf diesem und auf anderem Weg erreichte nach kritischer Einschätzung teilweise ein solches Ausmaß, dass der Bestand der Länder als staatliche Gemeinwesen bedroht war.[403] Das erforderliche Maß politischer Selbstbestimmung und eigener Hoheitsbetätigung sei kaum noch gewährleistet

---

[393] Jeserich - *Mußgnug*, Bd. 4, S. 337.
[394] Anschütz / Thoma - *Lassar*, HBdStR I, § 28 I.
[395] Von den vorhandenen Regelungsmöglichkeiten soll aber nur im eingeschränktem Umfang Gebrauch gemacht worden sein, so Jeserich - *Mußgnug*, Bd. 4, S. 337. Die Verwaltungszweige seien, ggf. unmittelbar zu reichseigener Verwaltung gemacht worden. Dieser Einschätzung ist zumindest im Hinblick auf angeführten Gegenstände zuzustimmen. Denn diese betreffen keine zentralen Materien der Verwaltungstätigkeit.
[396] *Poetzsch-Heffter*, WRV, Vorbem. Art. 6-12, Anm. 7; wiederum aber auch ausdrücklich Anschütz / Thoma - *Lassar*, HBdStR I, § II 27 VII.
[397] *Poetzsch-Heffter*, WRV, Vorbem. Art. 6-12 Anm. 5,7.
[398] *Poetzsch-Heffter*, WRV, Vorbem. Art. 6-12, Anm. 7.
[399] Anschütz / Thoma - *Lassar*, HBdStR I, § II 27 VII; *Poetzsch-Heffter*, WRV, Vorbem. Art. 6-12, Anm. 7.
[400] Jeserich - *Mußgnug*, Bd. 4, S. 337 geht davon aus, dass diese unmittelbar aus Art. 14 WRV abgeleitet wurde. Dies klingt auch bei Anschütz / Thoma - *Lassar*, HBdStR I, § II 27 V an. Anders wohl aber *Poetzsch-Heffter*, WRV, Vorbem. Art. 6-12 Anm. 5,7: mit einer Ableitung aus den Kompetenztiteln für die materielle Gesetzgebung. Insgesamt bliebt die Einschä tzung aber unklar, nämlich Anschütz / Thoma - *Lassar*, HBdStR I, § 28 II wiederum für eine Komp etenz kraft Zusammenhangs.
[401] So auch *Held*, AöR 80 (1955/56) 50 (54).
[402] *Hatschek*, § 4 IV, S. 52; Jeserich - *Mußgnug*, Bd. 4, S. 336.
[403] Das hatte zur Folge, dass das verfassungsmäßige Ausmaß überschritten war, so *Feine*, IX. Kap., III, S. 418.

gewesen.[404] Es bleibt nun aufzuzeigen, welchen Ursprung die Regelungskompetenz des Reichs hatte. Dabei wird sich zeigen, inwieweit Parallelen oder Unterschiede zum Grundgesetz bestehen.

(2) Vorläufernormen von Art. 84 Abs. 1 und Art. 85 Abs. 1 GG

Eindeutig Schlüsse wären möglich, ließen sich Vorschriften der WRV als Vorläufernormen der Art. 84 Abs. 1 und Art. 85 Abs. 1 GG bestimmen.

(a) Keine verfassungsunmittelbare Auftragsverwaltung

Zunächst ist festzuhalten, dass auch die WRV keinen Verwaltungstyp der Reichsauftragsverwaltung vorsah.[405] Soweit in der Reichswasserstraßenverwaltung[406] oder in der Vermögensverwaltung[407] eine Verwaltung durch die Länder „im Auftrage" des Reichs stattfand, war diese nicht durch die Verfassung vorgegeben oder ausdifferenziert. Insofern können nur Parallelen und Unterschiede hinsichtlich der landeseigenen Verwaltung, also im Vergleich zu Art. 84 Abs. 1 GG, untersucht werden.

(b) Kompetenztitel aus dem Bereich der materiellen Gesetzgebung

Die Gesetzgebung stand dem Reich nur im Rahmen ausdrücklich zugewiesener Kompetenzen zu, darüber hinaus war sie Sache der Länder.[408] Wie heute wurde teilweise von einer Kompetenzvermutung zu Gunsten der Länder ausgegangen.[409] Bei der Verteilung der Gesetzgebungskompetenzen griff die WRV das schon unter der RV erprobte, der Paulskirchen Verfassung entstammende Prinzip der Verteilung nach ausschließlichen und konkurrierenden Reichskompetenzen auf.[410] Allerdings waren die Sachgebiete, die Art. 6-11 WRV der Kompetenz des Reichs unterstellte, umfangreicher als unter der RV.[411]

---

[404] *Feine*, IX. Kap., III, S. 420.

[405] So auch *Schäfer*, DÖV 1960, 641 (641); Sie war außerdem als materielle Reichsverwaltung ausgestaltet, Maunz / Dürig - *Lerche*, Art. 85 Rn. 20; *Dittmann*, Bundesverwaltung, S. 55; dazu ausführlicher Kap. 2 C II 2 c bb (1) (a).

[406] Gesetz vom 29.7.1921, RGBl. I, S. 961 als Staatsvertrag aufgrund des Art. 97 WRV.

[407] § 20 RAO i. d. F. v. 13.12.1919, RGBl. S. 1993; siehe auch § 22 RAO für die Steuerverwaltung.

[408] *Anschütz*, WRV, Art. 6 Anm. 1; *Frotscher / Pieroth*, Rn. 485.

[409] *Hatschek*, § 4 III 2, S. 49; *Anschütz*, WRV, Art. 12 Anm. 1; *Giese*, Kap. 2 I 1 c, S. 27; a. A. Anschütz / Thoma - *Lassar*, HBdStR I, § II 27 V; die Aufzählung der Reichskompetenzen und die Fassung des Art. 14 WRV sollten dies begründen.

[410] *Apelt*, S. 146; *Poetzsch-Heffter*, WRV, Vorbem. Art. 6-12 Anm. 1; *Huber*, Bd. 6, § 29 II 1, S. 409.

[411] Jeserich - *Mußgnug*, Bd. 3, S. 187; *Apelt*, S. 146; *Huber*, Bd. 6, § 29 II 1, S. 409.

Art. 6 WRV normierte die ausschließlichen Gesetzgebungskompetenzen des Reichs. Diese enthielten keine organisatorischen Materien. Ganz allgemein und umfassend wurden, wie sich deutlich an den Bezeichnungen ablesen lässt, materielle Regelungsbereiche z.B. Nr. 2 das Kolonialwesen, Nr. 4 die Wehrverfassung und Nr. 5 das Münzwesen aufgeführt. Die Befugnis für die konkurrierende Gesetzgebung folgte aus Art. 7 WRV. Dort waren auch zwei im weiteren Sinne organisatorische Bereiche erwähnt, nämlich nach Nr. 3 „das gerichtliche Verfahren einschließlich des Strafvollzugs sowie die Amtshilfe zwischen den Behörden" und nach Nr. 10 „die Einrichtung beruflicher Vertretungen für das Reichsgebiet". Dabei kam Gerichtsverfahren und seiner Regelung eine Sonderstellung zu, denn Art. 103 WRV wies den Ländern die ordentliche Gerichtsbarkeit zu.[412] Art. 8 WRV, als weiterer Fall der konkurrierenden Gesetzgebung,[413] ordnete allgemein die Steuern und Abgaben der Reichsgesetzgebung zu. Art. 9 WRV, als Fall der Bedarfsgesetzgebung des Reichs,[414] traf eine umfassende Zuweisung hinsichtlich der Wohlfahrtspflege und des Schutzes der öffentlichen Ordnung und Sicherheit. Der Katalog der Gesetzgebungskompetenzen des Reichs sparte demnach den Bereich organisatorischer bzw. formeller Regelungen weitestgehend aus.

(c) Kompetenztitel aus dem Bereich der Verwaltung

Art. 14 WRV[415] traf positiv ebenfalls keine Regelungen über reichsgesetzliche Einwirkungsmöglichkeiten auf Zuständigkeiten und Verfahren in der Landesverwaltung. Die Landesverwaltung selbst, nicht aber Verwaltungsverfahren oder Organisation, wurden dem Vorbehalt abweichender reichsgesetzlicher Regelung unterstellt. Das „soweit nicht" könnte allerdings eine Regelungskompetenz des Reichs implizieren. Weitere Kompetenztitel, die als Vorläufernormen in Betracht kämen, sind nicht ersichtlich.[416]

Die Aufklärung des Ursprungs der reichsgesetzlichen Regelungskompetenz kann sich daher nur aus dem weiteren Zusammenhang des Reich-Länder-Verhältnisses sowie der Gesetzgebungs- und Verwaltungsstruktur der WRV ergeben.

---

412 *Anschütz*, WRV, Art. 14 Anm. 3.
413 *Anschütz*, WRV, Art. 8 Anm. 1.
414 *Anschütz*, WRV, Art. 9 Anm. 1.
415 „Die Reichsgesetze werden durch die Landesbehörden ausgeführt, soweit nicht die Reichsgesetze etwas anderes bestimmen.".
416 So auch *Wolst*, S. 27.

(3) Verfassungsvorgaben für reichsgesetzliche Regelungen

(a) Die Staatsstruktur, insbesondere das Reich-Länder-Verhältnis

Bezeichnend für das Reich-Länder-Verhältnis unter der WRV ist, dass keine Klarheit darüber herrscht(e), ob es sich noch um einen Bundesstaat oder schon um einen dezentralisierten Einheitsstaat handelte.[417] Die Einstufung als „unitarischer Bundesstaat" macht die Unsicherheit in der Bewertung deutlich.[418] Für die gesamte Entwicklung der Staatsform der WRV lässt sich als gemeinsamer Rahmen lediglich die Beibehaltung des bundesstaatlichen Systems als Ordnungs- aber nicht etwa als Wesensprinzip festhalten.[419] Dies zeigt sich zum Beispiel am Fehlen einer tatsächlichen „bündischen Grundlage".[420] Diese war zwar in der Präambel genannt, stellte sich aber als Fiktion heraus.[421]

Wie unter der RV kam auch nach der RV nur dem Reich die Souveränität zu.[422] Von der herrschenden Meinung war jedoch auch die Staatlichkeit der Länder anerkannt.[423] Die Hoheitsgewalt der Länder war daher ursprünglich und nicht vom Reich abgeleitet.[424] Sie äußerte sich in der Ausübung der Landesgesetzgebung, -verwaltung und -rechtsprechung.[425]

Allerdings traf die WRV keine erschöpfende und klare Abgrenzung der Kompetenzen von Bund und Ländern, sondern überließ diese der politischen Entwicklung.[426] Dies hatte zur Folge, dass die Kompetenzen der Länder durch einfaches oder verfassungsänderndes Gesetz beschränkt werden konnten, solange die Staatlichkeit der Länder gewahrt blieb.[427] Folglich wurde das Unterwerfungsverhältnis zum Reich als „potentiell rechtlich unbeschränkt" bewertet. Nur der Berechtigungsstatus in seiner negativen Ausprägung schützte die Länder vor widerrechtlichen Eingriffen durch das Reich.[428] Mit dieser Schmälerung der Kompetenzen der Länder und den erweiterten Zugriffsrechten des Reichs, ging jedoch eine stärkere Absicherung ihrer Stellung einher: Zum einen war die

---

[417] *Huber*, Bd. 6, § 5 II 1, S. 59; zur Diskussion vgl. auch *Anschütz*, WRV, Art. 5.

[418] Jeserich - *Frotscher*, Bd. 4, S. 113; *Huber*, Bd. 6, § 5 II 1, S. 59; dazu auch *Stern* V, § 129 IV 4 a, c.

[419] *Huber*, Bd. 6, § 5 II 1, S. 61.

[420] *Huber*, Bd. 6, § 5 II 1, S. 60 in Anlehnung an Carl Schmitt.

[421] *Huber*, Bd. 6, § 5 II 1, S. 59.

[422] *Anschütz*, WRV, Art. 1 Anm. 5; *Huber*, Bd. 6, § 6 I 1, S. 67: Dies sei schon in dem Namen der Einzelstaaten „Länder" zum Ausdruck gekommen.

[423] *Feine*, IX. Kap., III, S. 420; *Anschütz*, WRV, Art. 1 Anm. 3-5; Anschütz / Thoma - *Anschütz*, HBdStR I, 2.Teil, § 26 I; *Hatschek* § 4 I, S. 29; *Huber*, Bd. 6, § 6 I 2, S. 68 m. w. N., dagegen *Poetzsch-Heffter*, WRV, 1. Hauptteil, 1. Abschn. I 4 f., *Giese*, 1. Kap. B 1 3 b; S. 24; *Nawiasky*, Reichsverfassung, S. 47; *Stern* V, § 129 IV 4 a β.

[424] *Anschütz*, WRV, Art. 5; *Feine*, IX. Kap., III, S. 416; *Huber*, Bd. 6, § 6 IV 4, S. 78.

[425] *Giese*, Kap. 2, A III 3, S. 35; *Feine*, IX. Kap., III, S. 416; *Huber*, Bd. 6, § 6 IV 4, S. 78.

[426] Anschütz / Thoma - *Lassar*, HBdStR I, § II 27 I; *Stern* V, § 129 IV 4 b.

[427] *Apelt*, S. 148; Anschütz / Thoma - *Anschütz*, HBdStR I, § 26 I 1; *Hatschek*, § 4 I 1 d, S. 30; *Huber*, Bd. 6, § 6 IV 5, S. 79.

[428] Also der status negativus, Anschütz / Thoma - *Anschütz*, HBdStR I, § 26 I 2.

Verfassungsänderung an eine 2/3 Mehrheit gebunden,[429] zum anderen wurde durch die Schaffung des Reichsstaatsgerichtshofs eine Rechtsschutzmöglichkeit bei Übergriffen des Reichs eröffnet.[430] Dennoch zeigte sich eine Entwicklung weg vom föderativen, hin zum unitarischen Bundesstaat in allen Bereichen der gliedstaatlichen und zentralstaatlichen Gewalt,[431] also auch im Verwaltungssektor.[432] Eindrucksvoll bringt dies die Beschreibung zum Ausdruck, wonach „auf weiten Gebieten das System der rechtlichen Scheidung der Bundes- und Gliedstaatensphären gegenüber dem System der gegenseitigen Durchdringung" zurückgetreten sei.[433] Der Kompetenzbereich der Länder wurde also wesentlich zu Gunsten des Reichs eingeschränkt.[434]/[435] Diese Entwicklung war in der Verfassung angelegt, da diese selbst bereits ein im Vergleich zur RV verstärktes Maß an unitarischer Gestaltung aufwies.[436]

(b) Demokratie und Gewaltenteilung

Die Weimarer Reichsverfassung war vom Prinzip der Selbstbestimmung des Volkes geprägt und sah dessen möglichst weitgehende Teilhabe an politischen Entscheidungen vor.[437] Sowohl plebiszitäre, als auch parlamentarische Züge waren insgesamt zu einer parlamentarische Präsidialdemokratie ausgeformt.[438] Zentrales Verfassungsorgan war der Reichstag. Dazu war der ebenfalls unmittelbar demokratisch legitimierte Reichspräsident als wichtiges stabilisierendes Element vorgesehen.[439] Die gegenseitige Verschränkung der Kompetenzen von Reichstag und -präsident hat jedoch nur in der Theorie ihre moderierende Wirkung entfaltet.[440]

Obwohl in der Verfassung nicht ausdrücklich festgehalten, war die WRV auch durch den Grundsatz der Gewaltenteilung mit der Unterscheidung und Trennung von Legislative, Exekutive und Judikative gekennzeichnet.[441] Der Gesamtzusammenhang

---

[429] *Menger*, Rn. 345; *Hatschek* § 4 II 1, S. 41.
[430] *Huber*, Bd. 6, § 5 II 1, S. 62.
[431] Jeserich - *Frotscher*, Bd. 4, S. 113.
[432] *Nawiasky*, Reichsverfassung, S. 44; Jeserich - *Frotscher*, Bd. 4, S. 112; *Feine*, IX. Kap., III, S. 416, die Unitarisierungstendenz verstärkte sich im Krieg und setzte sich danach weiter fort.
[433] *Nawiasky*, Reichsverfassung, S. 44.
[434] *Nawiasky*, Reichsverfassung, S. 44.
[435] Jeserich - *Frotscher*, Bd. 4, S. 130 ff.: Es gab zwar auf verschiedenen Gebieten Reformbestrebungen, die nicht nur den Dualismus von Reich und Preußen, sondern eben auch die Kompetenzabgrenzung zwischen Reich und Ländern betrafen. Sowohl Unitaristen, wie Föderalisten sahen Art. 14 WRV für den Bereich der Verwaltung als sachlich unbefriedigende Lösung. Vor allem aus Sicht föderalistischer Kräfte wurden hier die Landeszuständigkeiten unzureichend abgesichert, was sogar die Eigenstaatlichkeit der Länder bedrohte. Durch diese Bestrebungen wurden die Zentralisierung jedoch nicht abgeschwächt.
[436] Anschütz / Thoma - *Lassar*, HBdStR I, § II 27 I.
[437] Jeserich - *Dellbrück*, Bd. 4, S. 140.
[438] Jeserich - *Dellbrück*, Bd. 4, S. 140.
[439] Jeserich - *Dellbrück*, Bd. 4, S. 140.
[440] Jeserich - *Dellbrück*, Bd. 4, S. 140.
[441] *Huber*, Bd. 6, § 7 III 1, S. 88.

der Verfassungsnormen sollte das Gleichgewicht und die wechselseitige Begrenzung und Bindung der Funktionen verankern.[442]

(c) Die Ausformung der Gesetzgebungskompetenzen

Ein Kompetenztitel zur Gesetzgebung[443] sollte das Reich umfassend ermächtigen, „das ihm anvertraute Kompetenzthema so allseitig zu bearbeiten, wie es den Grundsätzen einer zweckmäßigen Gesetzgebung“ entspräche.[444] Eine „erschöpfende Bearbeitung“ einer Materie inklusive „Konsequenz und Analogie“ wurde ermöglicht,[445] so dass das Reich durch Gesetz das einheitlich regeln konnte, was nach einem vorhandenen Bedürfnis einheitlich zu regeln war.[446]

Die Kompetenztitel, die zunächst, wie dargestellt,[447] nur materielle Gegenstände betrafen, wurden also sehr umfassend verstanden. Doch darüber hinaus sah man sogar die Kompetenz zur Regelung von „Hilfstätigkeiten“ von der Zuweisung einer Sachregelungskompetenz als mitumfasst an.[448] Bei diesen wurde nicht zwischen Zuständigkeiten materieller oder organisationsrechtlicher Art unterschieden.[449] Eine Unterscheidung erfolgte lediglich danach, ob allgemeine Regelungen oder Detailregelungen getroffen wurden. Detailregelungen waren z.B. auch Regelungen über die Ausführungsmodalitäten eines Gesetzes. Die Rahmengesetzgebung, die nur allgemeine, ausfüllungsbedürftige Regelungen zuließ,[450] hat damit - in diesem Sinne „natürlich“ - die Kompetenz zur Regelung des Vollzugs als Detailregelung nicht umfasst.

Warum die WRV keine bzw. beinahe keine Gesetzgebungskompetenzen für den formellen Bereich enthielt, zeigt also die Interpretation der materiellen Kompetenzen. Es wurde keine Trennung zwischen materiellen und formellen Regelungskompetenzen

---

[442] *Huber*, Bd. 6, § 7 III 1, S. 88.

[443] Dies wurde unter dem Gesichtspunkt des sachlichen Zusammenhangs, hier Konnexität genannt, behandelt.

[444] Anschütz / Thoma - *Lassar*, HBdStR I, § II 27 V.

[445] Diese Folgerung wurde aus als unsystematisch bewerteten Gesetzgebungskompetenztiteln und den daraus folgenden Überschneidungen und Lücken gezogen, so Anschütz / Thoma - *Lassar*, HBdStR I, § II 27 V.

[446] Das Bedürfnis nach einer einheitlichen Regelung wurde allerdings noch nicht einmal als Voraussetzung der Gesetzgebung im eigentlichen Sinne bewertet, sondern sollte nur Grenze für den vernünftigen Gesetzgeber sein, so *Poetzsch-Heffter*, WRV, Vorbem. Art. 6-12 Anm. 4.

[447] Kap. 1 B II 2 d bb (2).

[448] Und zwar kraft Zusammenhangs bei der Beurteilung der Grundsatzgesetzgebungskompetenz gemäß Art. 10 und 11 WRV, so Anschütz / Thoma - *Lassar*, HBdStR I, 2.Teil, § II 27 V. Er verweist allerdings ebenfalls in salvatorischer Manier aber auf Art. 14 WRV.

[449] Vgl. Anschütz / Thoma - *Lassar*, HBdStR I, § II 27 V.

[450] Anschütz / Thoma - *Lassar*, HBdStR I, § II 27 I; *Anschütz*, WRV, Art. 10, 11 Anm. 1.

vorgenommen. Mit Ausnahme des Gerichtsverfahrens[451] umfasste die Zuweisung einer Sachkompetenz auch letztere.

(d) Die Ausformung der Verwaltungskompetenzen

Art. 14 WRV normierte zum einen den Grundsatz der Ausführung der Reichsgesetze durch die Länder.[452] Zum anderen war dort der Vorbehalt der Abweichung durch einfaches Reichsgesetz festgelegt.[453] Anders als noch unter der RV, war also für die Übertragung von Verwaltungskompetenzen auf das Reich keine Verfassungsänderung mehr erforderlich.[454]

(aa) Das Verhältnis von Reichsverwaltung und Landesverwaltung

In der Praxis wurde auf Grundlage des Vorbehalts des Art. 14 WRV die reichseigene Verwaltung erheblich ausgeweitet, obwohl bereits die Verfassung wesentlich größere Bereiche der Reichsverwaltung vorbehielt.[455] Diese nannte die Reichsverwaltungskompetenzen zwar ausdrücklich,[456] jedoch ohne Linienführung und durchdachte Systematik.[457] Die Verwaltungskompetenzen des Reich waren über die gesamte Verfassung verstreut. Die Ausdifferenzierung der Verwaltung und Verwaltungstypen erfolgte daher im Wesentlichen erst durch den Reichsgesetzgeber.[458] Dessen Gesetzgebung wurde dadurch erleichtert, dass, anders als unter der RV, der Reichsrat nur noch gemäß Art. 74 WRV ein Einspruchsrecht hatte.[459]

Die Ausweitung der Verwaltung bedeutete für das Reich „eines der wirksamsten Mittel, seinen staatspolitischen Einfluss zu erweitern".[460] Trotzdem blieb die Landesverwaltung als Fundament der staatlichen Verwaltungsorganisation erhalten.[461]

---

[451] Die ordentliche Gerichtsbarkeit, war gemäß Art. 103 WRV Ländersache. Zur Sonderstellung des Gerichtsverfahren vgl. *Anschütz*, WRV, Art. 14 Anm. 3.
[452] *Anschütz*, WRV, Art. 6 Anm. 6; *Frotscher / Pieroth*, Rn. 485; *Neuser*, S. 145, *Held*, AöR 80 (1955/56) 50 (54); *Apelt*, S. 148; Maunz / Dürig - *Lerche* Art. 85 Rn. 23.
[453] Maunz / Dürig - *Lerche* Art. 85 Rn. 20.
[454] *Anschütz*, WRV, Art. 14 Rn. 1; Jeserich - *Frotscher*, Bd. 4, S. 114; *Stern* V, § 129 IV a b β.
[455] Maunz / Dürig - *Lerche* Art. 85 Rn. 19; *Feine*, IX. Kap. III, S. 417.
[456] *Anschütz*, WRV, Art. 6 Anm. 6 für die Auslieferungsentscheidung aus Art. 78 WRV; Jeserich - *Frotscher*, Bd. 4, S. 113.
[457] *Nawiasky*, Reichsverfassung, S. 104.
[458] Maunz / Dürig - *Lerche*, Art. 85 Rn. 20.
[459] Jeserich - *Frotscher*, Bd. 4, S. 114.
[460] *Sembritzki*, S. 2.
[461] Jeserich - *Frotscher*, Bd. 4, S. 123; ähnlich auch *Sembritzki*, S. 2.

(bb) Die Einwirkungsbefugnisse des Reichs auf die Landesverwaltung

Bei der Ausführung der Reichsgesetze gemäß Art. 14 WRV handelte es sich um eigenständige Verwaltungskompetenzen der Länder.[462] Auf diese konnte das Reich durch allgemeine Anweisungen gemäß Art. 15 Abs. 2 S. 1 WRV einwirken. Anweisungen waren für die Landesbehörden unmittelbar bindend,[463] aber nur gegenüber der Landesregierung zu erlassen.[464] Durch diese konnten sowohl die „Reichs- wie die Landesorganisation" bei der Ausführung der Reichsgesetze bestimmt werden.[465] Weiterhin stand dem Reich gemäß Art. 77 WRV das Recht zu, mit Zustimmung des Reichsrates „allgemeine Verwaltungsvorschriften" zu erlassen, die ebenfalls die Ausführung der Reichsgesetze durch die Länder regeln konnten.[466]

Diese Einwirkungskompetenzen konnte das Reich mittels gesetzlicher Regelung erweitern. Und zwar verschaffte sich das Reich auf diese Weise, entgegen der ursprünglichen Fassung des Art. 15 Abs. 2 S. 1 WRV, auch eine Anordnungskompetenz gegenüber untergeordneten Landesbehörden.[467] Die Einwirkungsmöglichkeiten auf die Landesverwaltung gingen also über die verfassungspositiven Einwirkungsbefugnisse hinaus.[468]

(cc) Die Organisationsgewalt

Lediglich die Organisation der Landesverwaltung wurde neben der Landesverfassung als ausschließliche Domäne der Landesgesetzgebung bewertet.[469] Die Kompetenz zur Organisation der Landesverwaltung betraf allerdings nur die Einteilung des Lands in Provinzen, Regierungsbezirke und Kreise als Träger staatlicher Kompetenzen, also nur die grundsätzliche Gliederungen der Verwaltungseinheiten.[470] Nur hinsichtlich dieser bestand eine ausschließliche Kompetenz der Länder, auf die sich kein Reichsvorbehalt erstreckt. Im Übrigen stand aber trotz des Vorbehalts, prinzipiell den Länder die Kompetenz zu, ihre

---

[462] *Huber*, Bd. 6, § 6 IV 4, S. 78.
[463] *Böckenförde*, FS Schäfer, Fn. 68; Maunz / Dürig - *Lerche* Art. 85 Rn. 21: diese entsprechen den allgemeinen Verwaltungsvorschriften der Art. 84 Abs . 2 und Art. 85 Abs. 2 GG.
[464] *Anschütz*, WRV, Art. 15, Anm. 3.
[465] *Giese*, Kap. 2, A II1, S. 31; *Anschütz*, WRV, Art. 15, Anm. 4.
[466] Maunz / Dürig - *Lerche* Art. 85 Rn. 21; *Stern* V, § 129 IV 5 d; Jeserich - *Mußgnug*, Bd. 4, S. 337;
[467] *Anschütz*, WRV, Art. 15, Anm. 3.
[468] Anschütz / Thoma - *Lassar*, HBdStR, 2. Teil, § 28 I: Diese Einflussnahme durch reichsgesetzliche Regelungen ging soweit, dass sie teilweise als Zwischenform zwischen reichseigener Verwaltung und der Landesverwaltung eingestuft wurde.
[469] Anschütz / Thoma - *Lassar*, HBdStR, 2.Teil, § II 27 VI.
[470] Dies ist z.B. dem Gesetz über die allgemeine Landesverwaltung vom 30.7.1883 zu entnehmen, das während der WRV fortgalt. Vgl. Anschütz / Thoma - *Bühler*, HBdStR, 5. Teil, § 59 II.

Verwaltungsbehörden selbst zu organisieren,[471] wovon auch die Regelung des Verwaltungsverfahrens umfasst war.[472]

Der Erlass von Regelungen über den Bestand und die Kompetenzabgrenzung von Behörden und damit über die „eigentlichsten“ Fragen der Organisationsgewalt,[473] wurden von der wohl überwiegenden Ansicht als Kompetenz der Verwaltung betrachtet.[474] Andere ordneten Regelungen über die Organisation der Gesetzgebung zu,[475] da sie auch das Staat-Bürger-Verhältnis beträfen.[476] Soweit allerdings nur Einzelheiten der Organisation geregelt wurden, die „ihrem Wesen nach Verwaltung“ seien, bestand auch nach dieser Ansicht kein Bedürfnis nach einer gesetzlichen Regelung.[477] Letztlich wurde in der Diskussion, wie schon unter der RV,[478] der Rechtssatzbegriff zum entscheidenden Kriterium.[479] Wiederum fand die Einordnung einer Maßnahme lediglich anhand ihrer Form statt,[480] d.h. dass organisatorische Regelungen in der Form eines Gesetzes der Gesetzgebung zugewiesen wurden. Zudem wurde die Zuweisung der Kompetenz zur Gesetzgebung unter der WRV von einigen immer noch als Mittel zur Verstärkung des Einflusses der Volksvertretung, im Sinne eines „Mehr an Demokratie“ bewertetet.[481] Dies weist darauf hin, dass unter der WRV teilweise die geänderte Verfassungssituation, nämlich die nun - im Gegensatz zur RV - auch demokratisch legitimierte Verwaltung, noch nicht verinnerlicht war. Dies ändert jedoch nichts daran, dass unter der WRV eine Ableitung der normativen Regelungskompetenzen für diesen Gegenstand aus dem Bereich der materiellen Gesetzgebungskompetenzen vorgenommen wurde.

Gegen die Ableitung einer eigenständigen Gesetzgebungskompetenz aus dem Bereich der Verwaltung spricht außerdem die unzureichende Ausgestaltung der Verwaltung durch die Verfassung selbst. Die Verwaltung war in der WRV durch die Funktion als Hilfstätigkeit zur Gesetzgebung charakterisiert. Es handelte sich zumindest nach ihrer verfassungsunmittelbaren Ausprägung nicht um eine zu den Gesetzgebungskompetenzen gleichgewichtige Kompetenz.

---

[471] *Apelt*, S. 162.
[472] *Richter*, Organisationsgewalt, S. 4 ff.
[473] *Richter*, Organisationsgewalt, S. 5.
[474] So *Rasch*, VerwArchiv 50 (1959) 1 (39); *Richter*, Organisationsgewalt, S. 7 vor allem mit Ber ufung auf Anschütz: Sie sei durch Übergangsgesetz vom Kaiser auf den Reichspräsidenten und / oder die Reichsregierung übergegangen.
[475] *Rasch*, VerwArchiv 50 (1959) 1 (39) über *Richter*.
[476] *Richter*, Organisationsgewalt, S. 12.
[477] *Richter*, Organisationsgewalt, S. 15 und S. 17, ganz ähnlich auch *Laband*, Staatsrecht II, § 64 II.
[478] Vgl. Kap. 1 B II 2 d aa (4) (c).
[479] *Böckenförde*, Organisationsgewalt, S. 61.
[480] *Richter*, Organisationsgewalt, S. 8 unter Verweis auf Anschütz; kritisch dazu auch *Böckenförde*, Organisationsgewalt, S. 65 ff.: der Inhalt ist entscheidend.
[481] *Richter*, Organisationsgewalt, S. 16.

(4) Die Funktion des Art. 14 WRV

Die Schutzwirkung des Art. 14 WRV war darauf beschränkt, die Landesbehörden „innerhalb ihrer örtlichen Zuständigkeit für den Erlass von Verwaltungsvorschriften und für die Vornahme von Verwaltungsverfügungen und Verwaltungshandlungen, insbesondere in der mittleren und untersten Instanz“, für kompetent zu erklären. Dafür bestand jedoch insgesamt der Vorbehalt für eine reichsgesetzliche Regelung.[482] Im Grunde waren die Länder daher darauf verwiesen (durch alle vom Reich für erforderlich befundenen Rechts- und Verwaltungsvorschriften beschränkt) lediglich örtlich verwaltend tätig zu werden.[483] Doch war nach damaliger Auffassung selbst Art. 14 WRV nicht abschließend hinsichtlich der Einwirkungsmöglichkeiten auf die Landesverwaltung.[484] So war es möglich, die Ausführung auf reichsunmittelbare Selbstverwaltungsträger zu übertragen oder Landesbehörden der Reichsleitung in „Auftragsangelegenheiten“ zu unterstellen.[485] Allerdings sollte gemäß Art. 14 WRV die Einrichtung unmittelbarer Reichsverwaltung die Ausnahme bleiben und die Ausführung von Landesgesetzen durch Reichsbehörden in jedem Fall unzulässig sein.[486]

Hiernach wurde also Art. 14 WRV nicht selbst als Kompetenztitel für die Reichsgesetzgebung eingestuft, sondern als Vorschrift, die den Inhalt und die Reichweite der sich aus den materiellen Gesetzgebungskompetenztitel ergebenden Befugnisse beschränkte. Beispielhaft wurde dazu geäußert: „Die durch Art. 8 WRV begründete Gesetzgebungskompetenz schließt auch, gemäß Art. 14, das Recht in sich (durch einfaches, nicht verfassungsänderndes Gesetz), die Verwaltung der Reichsabgaben auf das Reich zu übertragen“.[487] „Die Regel des Art. 14 WRV [...] findet auf alle Reichsgesetze Anwendung, gleichviel auf welcher Zuständigkeitsnorm sie beruhen.“[488] Wenn ausgeführt wird, dass organisationsrechtliche Bestimmungen „allerdings heute schon aufgrund des Art. 14 RV zulässig sein“ würden,[489] ergibt sich aus dem Zusammenhang ebenfalls, dass Art. 14 WRV nur als Regelung über die materielle Gesetzgebungskompetenz verstanden wird.

---

482 *Poetzsch-Heffter*, WRV, Art. 14 Anm. 1; so auch *Giese*, Kap. 2, A II1, S. 32.
483 *Giese*, Kap. 2, A II 1, S. 32.
484 *Anschütz*, WRV, Art. 14 Anm. 4; Jeserich - *Mußgnug*, Bd. 4, S. 339; *Poetzsch-Heffter*, WRV, Art. 14 Anm. 3 d; a. A. *Gebhard*, WRV, Art. 14 Anm. 5.
485 *Anschütz*, WRV, Art. 14 Anm. 4; Anschütz / Thoma - *Lassar*, HBdStR I, 2. Teil, § 27 V; *Gebhard*, WRV, Art. 14 Anm. 5b, aber auch Anm. 5 c.
486 *Poetzsch-Heffter*, WRV, Vorbem. Art. 6-12, Anm. 7.
487 *Anschütz*, WRV, Art. 8, Anm. 2.
488 *Anschütz*, WRV, Art. 14 Anm. 2.
489 Anschütz / Thoma - *Lassar*, HBStR I, 2. Teil, § 27 V.

(5) Zusammenfassung

Wenn vertreten wird, die Struktur der Verwaltungskompetenzen unter der WRV habe sich im Verhältnis zur RV wenig geändert,[490] ist dies nur in Bezug auf deren positive Regelungen durch die Verfassung richtig. Während aber unter der RV die Kompetenzstruktur noch durch den Machtkampf zwischen monarchischer Exekutive und der diese durch Gesetz beschränkenden Legislative vorgegeben war,[491] lag diese Struktur der WRV nicht mehr zu Grunde. Das Fehlen dieser mäßigenden Machtbalance haben die Kompetenzregelungen der WRV nicht ausreichend berücksichtigt. Die Verwaltungskompetenzen krankten insgesamt an einer unzureichenden Ausdifferenzierung durch die Verfassung. Soweit die endgültige Ausformung dem Gesetzgeber überlassen wurde, konnte dabei auf umfassend verstandene Kompetenztitel für die materielle Gesetzgebung zurückgegriffen werden, die sich auch auf die normative Regelung von Zuständigkeits- und Verfahrensfragen, also auf das Organisationsrecht erstreckten.

Hiervon unterscheidet sich das Grundgesetz grundlegend. Nicht nur der einfachgesetzliche Übertragungsvorbehalt zu Gunsten des Zentralstaats wurde abgeschafft,[492] sondern insgesamt eine möglichst abschließende Ausdifferenzierung der Kompetenzen, insbesondere im Bereich der Verwaltung vorgenommen.[493] Dies betrifft insbesondere die Trennung von materiellen und organisationsrechtlichen Gesetzgebungskompetenzen. Die Selbständigkeit der Verwaltung ist im Grundgesetz wesentlich stärker geschützt als unter der Verfassung von 1919.[494] Es wurde mit Art. 84 Abs. 1 und Art. 85 Abs. 1 GG also keine Verfassungstradition fortgesetzt, die für eine Annexkompetenz sprechen könnte.

e) Genetische Interpretation

aa) Die Vorarbeiten

Die Vorarbeiten zum Grundgesetz befassten sich, soweit die Ausführung der Gesetze Gegenstand war, mit den Einwirkungsbefugnissen des Bundes auf die Ausführungstätigkeit der Länder. Der bayerische Entwurf des Grundgesetzes sah bereits in Art. 70 Abs. 1 S. 2 die Kompetenz des Bundes zum Erlass von Ausführungs- und Verwaltungsverordnungen sowie von Weisungen vor, die gemäß Art. 70 Abs. 2 der Zustimmung des Bundesrats bedurften.[495]

[490] Jesserich - *Mußgnug*, Bd. 6, S. 330.
[491] *Böckenförde*, Organisationsgewalt, S. 56.
[492] Maunz / Dürig - *Lerche*, Art. 83 Rn. 7.
[493] Maunz / Dürig - *Lerche*, Art. 83 Rn. 7.
[494] BVerfGE 26, 338 (398);
[495] Der Parlamentarische Rat, Bd. 2, Bayerischer Entwurf; S. 1 ff.

bb) Die Entwicklung auf Herrenchiemsee

Nach dem Bericht des Unterausschusses II enthielt der Herrenchiemseer Entwurf in Art. 19 Abs. 1 HCHE für die „Ausführung der Bundesgesetze“ eine Bundeskompetenz zum Erlass von Rechtsverordnungen und allgemeinen Verwaltungsverordnungen.[496] In seiner Stellungnahme führt der Ausschuss aus, dass Bundesregelungen über den Vollzug der Bundesgesetze nur durch besondere Vorschriften im Grundgesetz oder aufgrund solcher erfolgen können sollten. Dies betraf nach der Überschrift ausdrücklich auch die Kompetenz für die Behördeneinrichtung.[497]

Dies entsprach Art. 20 HCHE, der ausdrücklich die Landesverwaltung von Bundesgesetzen mit eigenen Verwaltungseinrichtungen und -verfahren sowie eigener Verwaltungsgerichtsbarkeit vorsah.[498] Gemäß Art. 11 HCHE stand den Ländern zudem explizit die Gesetzgebungskompetenz zur Regelung des Vollzugs zu. In der Begründung des Entwurfs wurde sogar erläutert, dem Bund solle es zum Schutz der Länder prinzipiell nicht möglich sein, das Verwaltungsverfahren vorzugeben und auf diese Weise auf die Verwaltungsorganisation der Länder einzuwirken.[499] Die Gesetzesausführung „ist grundsätzlich Sache der Länder und zwar ihrer landeseigenen Verwaltung“.[500] Allerdings waren gleichzeitig (gemäß Art. 97 und später Art. 114 HCHE) Bundesdurchführungsverordnungen vorgesehen.[501] Von bundesgesetzlicher Einflussnahme war dagegen zunächst keine Rede.[502]

Die Auftragsverwaltung enthielt ebenfalls zum Schutz der Organisationshoheit der Länder keine Einwirkungsbefugnisse der Bundesverwaltung. Die Einwirkung durch Bundesgesetz auf die Behördenorganisation wurde allerdings vorausgesetzt bzw. anerkannt.[503] Art. 97 und Art. 113 HCHE unterstellten dementsprechend die Länderkompetenz für die Behördenorganisation in der Auftragsverwaltung dem Vorbehalt einschlägiger Bundesgesetze.[504]

---

496 Innerhalb des Kompetenzkataloges für die Bundesgesetzgebung in Art. 14 und 15 HCHE fanden sich dagegen bis auf das „gerichtliche Verfahren“ keine organisatorischen Vorschriften.
497 Der Parlamentarische Rat, Bd. 2, Bericht des Unterausschusses II, S. 257.
498 Der Parlamentarische Rat, Bd. 2, Bericht des Unterausschusses II, S. 259.
499 Der Parlamentarische Rat, Bd. 2, Bericht des Unterausschusses II, S. 260.
500 Der Parlamentarische Rat, Bd. 2, Bericht des Unterausschusses III, S. 32 9.
501 Der Parlamentarische Rat, Bd. 3, 5. Sitzung des Ausschusses für Zuständigkeitsabgrenzungen, S. 258; Die Durchführungsverordnungen konnten selbst wiederum durch Gesetz beschränkt werden.
502 Der Parlamentarische Rat, Bd. 2, Bericht des Unterausschusses I I, S.243; Der Parlamentarische Rat, Bd. 2, Bericht des Unterausschusses II, S. 263.
503 Der Parlamentarische Rat, Bd. 2, Bericht des Unterausschusses III, S. 307; auch Bd. 3, 7. Sitzung des Ausschusses für Zuständigkeitsabgrenzung, S. 320.
504 Der Parlamentarische Rat, Bd. 2, Bericht des Unterausschusses II, S. 246; Der Parlamentarische Rat, Bd. 2, Bericht über den Verfassungskonvent, S. 307 zur Erläuterung des Art. 113.

(1) Die Vorgaben für bundesgesetzliche Regelungen über die Verwaltung

Die Strukturierung der Verwaltung und diesbzgl. Regelungen wurde von den Mitgliedern des Parlamentarischen Rats als schwierige Aufgabe eingestuft. Dies illustriert eine Äußerung, wonach „Die Frage der Verwaltung, [...] sich als ein sehr schwieriges, fast könnte man sagen unabsehbares Gebiet in ihrer Verflechtung von Bundesrecht, früherem Reichsrecht, Landesrecht und Gemeinderecht sowie der überall bestehenden Verwaltungsordnung erwiesen" habe.[505] Dennoch herrschte Einigkeit und Klarheit darüber, dass die Stellung der Länder in der Verwaltung gegenüber der WRV gestärkt werden sollte. Zentralisierungstendenzen sollten vor allem vor dem Hintergrund der jüngsten Vergangenheit verhindert werden.[506] Weiteres Ziel war es, die Verwaltung als Teil der Staatsgewalt zu stärken. Sie sollte sich nicht länger in der Ausführung der Gesetze erschöpfen, sondern eine eigengewichtige und grundlegende Funktion bekleiden.[507] Weiterhin wurde die Zielsetzung verfolgt (anders als unter der WRV) im Verhältnis von Bund und Ländern den „Grundsatz sauberer organisatorischer Trennung" zu verwirklichen.[508] Der Verfassungsgeber wollte sich also nicht an das als unzulänglich erkannte Alte anlehnen, sondern etwas Neues schaffen.[509]

Der abschließende Berichts über den Herrenchiemseer Konvent verdeutlicht, dass für bundesgesetzliche Regelungen über die Auftrags- und Landesverwaltung eine Beeinflussung durch Vorgaben aus drei verschiedenen Regelungsbereichen stattfand. So war zunächst das in Art. 27-44 HCHE festgelegte Bund-Länder-Verhältnis maßgeblich. Weiter waren die Vorschriften über die Ausführung der Bundesgesetze und die Bundesverwaltung in Art. 112-120 HCHE zu berücksichtigen und letztlich die Gesetzgebungsvorschriften der Art. 101-111 HCHE. Die Einflüsse dieser unterschiedlichen Bereiche und Regelungskomplexe sind daher zu berücksichtigen.

(2) Die Beschränkung der materiellen Gesetzgebungskompetenzen des Bundes

Für die Kompetenztitel des Bundes zur Gesetzgebung wurde eine enge Auslegung verlangt. Auf diesem Wege sollte eine möglichst klare Kompetenzabgrenzung erreicht werden.[510] Eine zusätzliche Begrenzung der Gesetzgebungskompetenzen aufgrund

---

505 Der Parlamentarische Rat, Bd. 2, Plenarsitzung vom 23. August 1948, S. 482, Spitta.

506 Der Parlamentarische Rat, Bd. 2, Plenarsitzung vom 23. August 1948, S.482; *Neuser*, S. 144.

507 Der Parlamentarische Rat, Bd. 2, Plenarsitzung vom 23. August 1948, S. 483.

508 Der Parlamentarische Rat, Bd. 2, Plenarsitzung vom 23. August 1948, S. 483.

509 *Köttgen*, VVDStRL 16 (1958) 154 (166); *Böckenförde*, Organisationsgewalt, S. 86, und etwas völlig Neues geschaffen haben, so auch *Antoni*, AöR 113 (1988) 329 (355); keinesfalls sollte die einstmalige Regelung des Art. 14 WRV übernommen werden, so aber *Neuser*, S. 144, *Hohrmann*, S. 79.

510 Der Parlamentarische Rat, Bd. 2, Bericht über den Verfassungskonvent, S. 605 ff.

anderer Regelungen des Grundgesetzes wurde ebenfalls für möglich erachtet.[511] In diesem Zusammenhang wurde insbesondere auf Art. 42 HCHE verwiesen. Für die landeseigene Verwaltung war dort die Ausführung der Bundesgesetze als eigene Angelegenheit mit landeseigener Regelungskompetenz für Behördenorganisation, Verwaltungsverfahren und Verwaltungs-gerichtsverfahren vorgesehen.[512] Dies schloss eine aus den materiellen Kompetenztiteln abgeleitete Gesetzgebungskompetenz des Bundes für die genannten Gegenstände aus. Bundesgesetze für die Materie Verwaltung sollten nach damaliger Auffassung ausschließlich auf Grundlage der im Bereich der Verwaltung angesiedelten Vorschriften ergehen können.[513]

Auch der darstellende Teil des Entwurfs von Herrenchiemsee stellte klar, dass nicht nur die Ausführung der Gesetze selbst, sondern auch die Regelungen über die Zuständigkeiten der Behörden nur aus den besonderen Vorschriften über die Ausführung der Gesetze (also heute des VIII. Abschnitts) abgeleitet werden durften.[514] Insoweit zeigt die Entstehungsgeschichte hier eindeutig die Absicht, Kompetenzen zur Regelung von Verwaltungzuständigkeit und -verfahren im Bereich der Verwaltungskompetenzen zu verankern. Eine Annexkompetenz war ausdrücklich nicht gewollt.

cc) Der Parlamentarischen Rat

(1) Die Entstehung des Regelungsvorbehalts für die landeseigene Verwaltung

Für die Entstehung der Art. 84 Abs. 1 und Art. 85 Abs. 1 GG war die 20. Sitzung des Ausschusses für Zuständigkeitsabgrenzungen entscheidend. Erst in dieser wurde Art. 42 HCHE in den Abschnitt über die Ausführung der Gesetze übertragen. Der Grundsatz der Ausführung der Bundesgesetze als Länderangelegenheit sowie die dort ebenfalls vorgesehene landesgesetzliche Regelungskompetenz für die Organisation der Behörden, des allgemeinen Verwaltungsverfahrens und des Verwaltungsgerichtsverfahrens war damit erst ab diesem Zeitpunkt Bestandteil des Abschnitts über die Verwaltungskompetenzen.[515]

In diesem Zusammenhang wurde diskutiert, ob es dem Bund durch die ihm durch Art. 113, 114 HCHE eingeräumte Möglichkeit, „Ausführungsbestimmungen" zu erlassen, ermöglicht worden war, spezielle Regelungen über das Gerichtsverfahren vor den Landesgerichten zu erlassen, wie es z.B. für die Arbeitsgerichtsbarkeit als wünschenswert betrachtet wurde.[516] In der Diskussion wurde die besondere Bedeutung und „der Schwerpunkt" der Aussage „Die Ausführung ist eigene Angelegenheit der

[511] Der Parlamentarische Rat, Bd. 2, Bericht des Unterausschusses II, S. 266.
[512] Der Parlamentarische Rat, Bd. 2, Bericht des Unterausschusses II, S. 281 zur Er läuterung des Art. 114 HCHE.
[513] Der Parlamentarische Rat, Bd. 2, Bericht des Unterausschusses II, S. 267.
[514] Der Parlamentarische Rat, Bd. 2, Bericht über den Verfassungskonvent, S. 528.
[515] Der Parlamentarische Rat, Bd. 3, 20. Sitzung des Ausschusses für Zust ändigkeitsabgrenzungen, S. 718.
[516] Der Parlamentarische Rat, Bd. 3, 20. Sitzung des Ausschusses für Zuständigkeitsabgrenzungen, S. 718 f.

Länder“ betont.[517] Dieser Bedeutung des Art. 42 HCHE entsprechend, kam man zu dem Ergebnis, dass ausdrücklich abweichende Regelungen durch des Grundgesetz notwendig seien, um dem Bund eine solche gesetzliche Regelungsmöglichkeit zu schaffen.[518] Eine Ableitung aus den materiellen Gesetzgebungskompetenzen wurde ausdrücklich, als durch Art. 42 HCHE ausgeschlossen, abgelehnt.[519] Aus den materiellen Gesetzgebungskompetenzen des Bundes sollte wegen der allgemeinen Vorrangstellung der Länder bei der Ausführung der Gesetze, wie sie in Art. 42 HCHE festgelegt war, keine Gesetzgebungskompetenzen für die Regelung des verwaltungsgerichtlichen Verfahrens abzuleiten sein. Art. 42 HCHE beschränkte den Bund also auf ausdrückliche Kompetenzzuweisungen aus dem Bereich der Verwaltung für Regelungen über die Landesverwaltung. Diese Sichtweise hatte zur Konsequenz, dass eine spezielle Regelungskompetenz des Bundes für Vorschriften über das verwaltungsgerichtliche Verfahren geschaffen werden musste. Auf Vorschlag von *Laforet* wurde darauf „soweit Bundesgesetze nichts anderes bestimmen“ eingefügt.[520] Mit dieser Ergänzung wollte der Ausschuss für das verwaltungsgerichtliche Verfahren und parallel für das Verwaltungsverfahren und die Behördenorganisation[521] die gesetzliche Regelungskompetenz des Bundes neu schaffen.[522]

Die Fassung des Art. 111 a Satz 2 HCHE über die Landesverwaltung lautete nach Ersetzung des Begriffs der „Organisation“ und dem Einfügen des Art. 42 HCHE als Satz 1:[523] „Sie [die Länder] regeln, soweit Bundesgesetze nichts anderes bestimmen, die Einrichtung der Behörden, das allgemeine Verwaltungsverfahren und das Verwaltungsgerichtsverfahren.“[524]

(2) Die Entstehung des Regelungsvorbehalts für die Auftragsverwaltung

Im Rahmen der Befassung mit der Auftragsverwaltung (Art. 113 HCHE) wurde mit Blick auf die Regelung der Behördenorganisation festgestellt: “wir [...] begründen damit also auch eine Zuständigkeit des Bundesgesetzgebers, diese Organisation zu regeln“.[525] Auch hier wurde also (trotz der missglückten Formulierung) erkannt, dass

---

[517] Der Parlamentarische Rat, Bd. 3, 20. Sitzung des Ausschusses für Zuständigkeitsabgrenzungen, S. 718 Laforet und Strauß.

[518] So ausdrücklich Strauß, Laforet, Reif und Hoch in Der Parlamentarische Rat, Bd. 3, 20. Sitzung des Ausschusse für Zuständigkeitsabgrenzungen, S. 720.

[519] Strauß, Hoch in Der Parlamentarische Rat, Bd. 3, 20. Sitzung des Ausschusses für Zuständigkeitsabgrenzungen, S. 719.

[520] Der Parlamentarische Rat, Bd. 3, 20. Sitzung des Ausschusses für Zuständigkeitsabgrenzungen, S. 721.

[521] *Neuser*, S. 140, Fn. 98.

[522] So ausdrücklich Laforet in Der Parlamentarische Rat, Bd. 3, 20. Sitzung des Ausschusses für Zuständigkeitsabgrenzungen, S. 721.

[523] Was eindeutig keine inhaltliche Änderung bewirken sollte: *Antoni*, AöR 113 (1988) 329 (352).

[524] Der Parlamentarische Rat, Bd. 3, 20. Sitzung des Ausschusses für Zuständigkeitsabgrenzungen, S. 722.

[525] Strauß, Der Parlamentarische Rat, Bd. 3, 20. Sitzung des Ausschusses für Zuständigkeitsabgrenzungen, S. 729.

eine ausdrückliche Zuweisung erst die Kompetenz zum Erlass bundesgesetzlicher Regelungen schaffen musste. Weniger Klarheit hatte man für die Auftragsverwaltung in vorherigen Sitzungen gehabt.[526]

dd) Zusammenfassung

Die Entstehungsgeschichte zeigt den Willen des Verfassungsgebers, durch Art. 84 Abs. 1 und Art. 85 Abs. 1 GG selbst Gesetzgebungskompetenzen des Bundes für den Bereich der Verwaltungsorganisation zu begründen.[527] Einen Rückgriff auf die materiellen Gesetzgebungskompetenzen wollte er für Regelungen über die Verwaltung hingegen ausschließen.

f) Teleologische Interpretation

aa) Sinn und Zweck von Kompetenzregelungen

Die Ableitung der Kompetenz für Verfahrens- und Zuständigkeitsregelungen aus dem Bereich der Gesetzgebung führt zu einer Überschneidung; zwar nicht im Sinne einer Doppelzuständigkeit,[528] aber zu einer Vermischung der Gesetzgebungs- und Verwaltungskompetenzen, also zu einer Überschneidung von Funktionsbereichen. Gesetzgebungskompetenzen würden in den Bereich dessen, was Verwaltung ist, ausgedehnt. Kompetenzregelungen wollen aber Arbeitsteilung im Staat organisieren.[529] Diese wiederum ist nur effektiv, wenn eine klare Abgrenzung erreicht wird, die zu einer Ergänzung und nicht zu einer Überschneidung führt.[530] Damit widersprechen Überschneidungen bereits dem Sinn von Kompetenzregelungen im Allgemeinen.[531] Außerdem ist zu berücksichtigen, dass das Grundgesetz eine abschließende Regelung der Verwaltungskompetenzen von Bund und Ländern schaffen will,[532] so dass die Auslegung hier im Besonderen Überschneidungen vermeiden muss. Dies spricht ebenfalls dafür, dass das Grundgesetz mit der Regelung von Voraussetzungen und Grenzen einer Kompetenz (die grundsätzlich eigenständig und abschließend sind)[533], diese auch schafft. Letztlich fordert auch der Gedanke der

[526] Der Parlamentarische Rat, Bd. 3, 5. Sitzung des Ausschusses über Zuständigkeitsabgrenzungen, S. 263, wo Laforet von einer Organisationsbefugnis aus dem materiellen Gesetz ausging; wobei sich allerdings Unsicherheiten hinsichtlich der Einstufung der Auftragsverwaltung als Landesverwaltung nachweisen lassen.
[527] Im Ergebnis so auch Maunz / Dürig - *Lerche*, Art. 83 Rn. 30, 33; Art. 111 a HCHE räumte dem Bund nicht nur konstitutiv die Kompetenz zur Regelung der Verwaltungsgerichtsbarkeit ein, sondern auch die für das Verwaltungsverfahren und Behördenorganisation, *Neuser*, S. 140, Fn. 98.
[528] Diese wäre, sobald sie zu einer gleichzeitigen Zuständigkeit von Bund und Ländern führt, verfassungswidrig, Jarass / Pieroth - *Pieroth*, Art. 30 Rn. 7; Sachs – *Erbguth*, Art. 30 Rn. 17.
[529] *Hesse*, Grundzüge, Rn. 71; *Brohm*, DÖV 1983, 525 (528).
[530] *Brohm*, DÖV 1983, 525 (525).
[531] Sachs – *Erbguth*, Art. 30 Rn. 15; *Brohm*, DÖV 1983, 525 (525).
[532] *Pietzcker*, S. 59;
[533] Maunz / Dürig - *Lerche*, Art. 83 Rn. 36.

Einheit der Verfassung,[534] eine Auslegung, die eine optimale Entfaltung der kollidierenden Kompetenzen ermöglicht,[535] was wiederum deren Abgrenzbarkeit und eindeutig Zuweisung zu einem Funktionsbereich voraussetzt. Beides stellt eine Konstruktion von übergreifenden Annexkompetenzen in Frage.

bb) Sinn und Zweck des Art. 83 GG

Auch der Sinn und Zweck des Art. 83 GG erscheint gefährdet. Diese Grund- oder Auffangregel[536] erklärt die Landesverwaltung zum Regelfall und sorgt auf diesem Wege für eine lückenlose Kompetenzaufteilung. Dabei steht den Ländern die Ausführung der Bundesgesetze als eigene Angelegenheit zu.[537] Daraus ergibt sich bereits, dass Verwaltungsverfahrens- und Organisationsrecht Sache der Länder sind.[538] Zum einen bedeutet daher - jedenfalls im Bereich der landeseigenen Verwaltung - die Heranziehung von Annexkompetenzen auch eine Umgehung dieser Entscheidung des Art. 83 GG. Zum anderen stellt man die Funktion als Grund- oder Auffangregel in Frage, wenn man eine Umgehung dieser Norm durch ungeschriebene Annexe zulässt. Denn Art. 83 GG stellt, wie in der systematischen Auslegung belegt,[539] eine für den Bereich der Verwaltung vorrangige und abschließende Regelung dar. Darum will nicht einleuchten, warum im Bereich der „Primär- und Subsidiärkompetenz" der Länder in der Verwaltung auf die Art. 70 ff. GG zurückgegriffen können werden sollte.[540]

cc) Sinn und Zweck von Art. 84 Abs. 1 und Art. 85 Abs. 1 GG

(1) Die Absicherung der föderalen Gliederung und der Effektivität des Gesetzesvollzugs

Auf der einen Seite ist „die dem bundesstaatlichen Prinzip entsprechende Kompetenzverteilung des Art. 84 Abs. 1 GG" „eine Grundentscheidung der Verfassung."[541] Ein Eingriff in die grundsätzlich den Ländern zugewiesene Organisations- und Verfahrenshoheit ist dem Bund nur mit Zustimmung des Bundesrats möglich. Dieses Zustimmungserfordernis soll also die Grundentscheidung der Verfassung zu Gunsten des föderalistischen Staatsaufbaus absichern und verhindern, dass „Systemverschiebungen" im bundesstaatlichen Gefüge im Wege der

[534] Sowohl der Staat als auch seine Ordnung muss als Einheit verstanden werden, BVerfGE 19, 206 (220); *Hesse*, Grundzüge, Rn. 71; vgl. dazu für den Verwaltungsbereich *Brohm*, DÖV 1983, 525 (528).
[535] BVerfGE 35, 202 (221); BVerfGE 19, 206 (222); *Hesse*, Grundzüge, Rn. 71 ff.; *Brohm*, DÖV 1983, 525 (528); *Tschentscher*, S. 85.
[536] *Brohm*, DÖV 1983, 525 (525).
[537] Jarass / Pieroth - *Pieroth*, Art. 83 Rn. 1; Sachs – *Dittmann*, Art. 83 Rn. 6.
[538] Sachs – *Dittmann*, Art. 83 Rn. 6; *Haas*, DVBl. 1957, 368 (373).
[539] Kap. 1 B II 2 b aa.
[540] *Haas*, DVBl. 1957, 368 (373).
[541] BVerfGE 68, 274 (321).

einfachen Gesetzgebung herbeigeführt werden.[542] Auf der anderen Seite dient der Regelungsvorbehalt dem Bund zur „Gewährleistung eines wirksamen Vollzugs der Bundesgesetze.“[543] Er soll, soweit für die Einheitlichkeit des Vollzugs erforderlich, Zuständigkeits- und Verfahrensregelungen treffen können.[544] Beiden Zielsetzungen wird die Verankerung der Gesetzgebungskompetenz des Bundes in Art. 84 und Art. 85 Abs. 1 GG besser gerecht. Die Verankerung an dieser Stelle führt zu einer klaren Bestimmung der Voraussetzungen und Grenzen der Kompetenz und verbietet den Rückgriff auf die materiellen Gesetzgebungskompetenzen. Dies dient der föderativen Absicherung. Gleichzeitig kommt eine positive Bestimmung der Effektivität der Verwaltungssteuerung durch den Bund zu Gute.[545] Sie schließt Zweifel über Voraussetzungen und Grenzen der Regelungskompetenz des Bundes im Bereich der Länderdomäne Verwaltung (Art. 83 GG) aus.[546] Gerade diese Effektivität könnten Art. 84 Abs. 1 und Art. 85 Abs. 1 GG nicht in gleicher Weise gewährleisten, wenn man sie als bloße Regelungen über die Gesetzgebungskompetenz des Bundes sähe.[547] Denn gerade das Zusammenwirken von ungeschriebener Annexkompetenz und positiver Einschränkung ist nicht erklärbar[548]/[549] und eine Annexkompetenz wäre außerdem auf die Regelung des unbedingt Erforderlichen beschränkt.[550]

(2) Die Verantwortung des Gesetzgebers

Die demokratische Verantwortlichkeit des Gesetzgebers soll ebenfalls Begründung für die Regelungen der Art. 84 Abs. 1 und Art. 85 Abs. 1 GG sein.[551] Der Gesetzgeber, der die materielle Regelung schafft, soll danach auch über die Ausführung bestimmen können, damit ihn die Verantwortlichkeit für die Auswirkungen des Gesetzes zu Recht

---

[542] BVerfGE 37, 363 (380), BVerfGE 55, 274 (319); *Sauter*, FS Klein, S. 563; *Maunz*, BayVBl. 1987, 748 (748); *Ossenbühl*, AöR 99 (1974), 369 (421 f.) über Hesse.

[543] BVerfGE 22, 180 (210); *v. Hausen / v. der Heide*, DÖV 1958, 753 (753); *Fuhrmann*, ZG 11 (1996) 352 (354).

[544] *Hesse*, Unitarischer Bundesstaat, S. 23.

[545] Maunz / Dürig - *Lerche*, Art. 83 Rn. 36.

[546] Das Ziel der Effektivität sorgt gerade dafür, dass die in Art. 84 und Art. 85 Abs. 1 GG verankerten Kompetenzen akzessorisch zum Bestehen einer materiell-rechtlichen Regelung sind und nur im Rahmen der materiellen Ziele bestehen. Die Bindung der Organisationsbefugnisse an die Sachregelung ist „tragendes Aufbauprinzip des Bundesstaates nach dem Grundgesetz“, *Neuser*, S. 141; i. E. so auch Maunz / Dürig - *Lerche* Art. 84 Rn. 19; Jarass / Pieroth - *Pieroth*, Art. 84 Rn. 2. Insofern bestätigt sich hier wiederum Grundsatz, wonach die (Bundes-)Gesetzgebungskompetenz äußerte Grenze der (Bundes-)Verwaltungskompetenzen ist, vgl. BVerfGE 12, 205 (229); BVerfGE 15, 1 (16); BVerfGE 78, 374 (386); BVerfGE 102, 167 (174).

[547] Maunz / Dürig - *Lerche*, Art. 83 Rn. 36.

[548] Vgl. Kap. 1 B II 2 c cc.

[549] Ähnlich effektiv wäre lediglich die Annahme, dass der Bund dort, wo er schon materielle Gesetze erlassen darf, erst Recht und ohne besondere Ermächtigung die Organisation und das Verwaltungsverfahren regeln kann, so *v. Mangoldt / Klein*, Vorbem. Art. 83 II 9 bb; *Kirschenmann*, JuS 1977, 565 (572); *Kuckuk* DÖV 1978, 354 (355). Diese Annahme ist jedoch bereits durch die Existenz des differenzierten Regelungsgefüges für die Verwaltung, also die Systematik, widerlegt.

[550] Kap. 1 B II 2 c.

[551] *v. Hausen / v. der Heide*, DÖV 1958, 753 (756).

treffen. Dies würde für eine Annexkompetenz sprechen. Diese Argumentation kann allerdings für das Grundgesetz keine Geltung beanspruchen. Die Verwaltung ist im gleichen Maß wie die Gesetzgebung unmittelbar demokratisch legitimiert und verantwortlich.

Zudem soll der Aspekt der Gleichheit der Staatsbürger vor dem Gesetz zu berücksichtigen sein.[552] Insbesondere dort, wo es zu Eingriffen in die Rechtssphäre des Bürgers komme, müsse der Bundesgesetzgeber Rechtsanwendungsgleichheit schaffen können.[553] Die Regelungskompetenz des Bundes an sich steht jedoch nicht in Frage. Insofern führt dieser Aspekt nicht weiter.

dd) Zusammenfassung

Nicht nur der Sinn und Zweck von Kompetenzregelungen im Allgemeinen, sondern auch der von Art. 84 Abs. 1 und Art. 85 Abs. 1 GG im Besonderen spricht für eine Verankerung der Gesetzgebungskompetenz in diesen Normen. Sowohl ein effektiver Vollzug der Bundesgesetze als auch eine zusätzliche Absicherung der Bundesstaatlichkeit können so am Besten verwirklicht werden.

g) Verfassungspolitische Erwägungen

Nach Ende des Zweiten Weltkriegs bestand eine „Uneinheitlichkeit des noch in der Entwicklung befindlichen Organisations- und Verfahrensrechts der Länder".[554] Art. 84 Abs. 1 und Art. 85 Abs. 1 sollten dem Bund daher eine Vereinheitlichung zur Schaffung und Wahrung der Rechts- und Wirtschaftseinheit, also der Einheitlichkeit der Lebensverhältnisse, ermöglichen.[555] Auch später noch hat das Bundesverfassungsgericht die Sicherung überregional einheitlicher Lebensverhältnisse als Kriterium für die Zuordnung von Verwaltungskompetenzen benutzt.[556] Soll dem Bund aber ein Gestaltungsspielraum eingeräumt werden, ist der Verweis auf eine Annexkompetenz nicht ausreichend. Damit spricht auch diese Erwägung für die Verankerung der Kompetenz in Art. 84 bzw. Art. 85 GG.

---

[552] *v. Hausen / v. der Heide*, DÖV 1958, 753 (756).
[553] *v. Hausen / v. der Heide*, DÖV 1958, 753 (756), ähnliche Überlegungen seien ebenfalls für die Handhabung von Leistungsgesetzen anzustellen.
[554] *v. Hausen / v. der Heide*, DÖV 1958, 753 (756).
[555] So *v. Hausen / v. der Heide*, DÖV 1958, 753 (756).
[556] BVerfGE 41, 291 (312); *v. Arnim* - HBStR IV, § 103 Rn. 57.

3. Ergebnis

Die unterschiedliche Gewichtung und Verteilung von Gesetzgebungs- und Verwaltungskompetenzen ist Teil der föderativen Machtbalance und Machtausgleichung zwischen Zentralstaat und Gliedstaaten.[557] Daher kann die Ableitung der Zuständigkeits- und Verfahrensregelungskompetenz des Bundes für die Verwaltung aus einem Annex zu den materiellen Gesetzgebungskompetenzen nicht überzeugen.

Die Systematik zeigt, dass Verwaltungs- und Gesetzgebungskompetenzen „eigengewichtig" und selbständig nebeneinander stehen.[558] Die sich gegenseitig begrenzende Wirkung[559] ändert nichts daran, dass das Grundgesetz zwischen den Kompetenzen streng trennt.[560] Die Art. 83 ff. GG sind daher im Verhältnis zu den Art. 70 ff. GG leges speciales.[561] Daraus folgt, dass aufgrund der ausdrücklichen Regelungen der Art. 84 Abs. 1 und Art. 85 Abs. 1 GG weder ein Rückgriff auf die Kompetenzen des VII. Abschnitts erforderlich noch zulässig ist.

Für die Annexkonstruktion sprechen auch keine historischen Argumente. Soweit auf *Triepel* und damit auf die Verfassung von 1871 Bezug genommen wird, wird übersehen, dass sich die damalige Verfassung in wesentlichen Punkten vom Grundgesetz unterscheidet. Erstens hatte die Gesetzgebung früher die Funktion, die monarchischen Kompetenzen zu begrenzen und einer demokratischen Kontrolle zu unterwerfen. Zweitens mangelte es der Verfassung an ausdifferenzierten Verwaltungsregelungen.[562] Dass sich damals die Vollzugsregelungskompetenzen aus der materiellen Gesetzgebungskompetenz ergaben, kann daher keine Bedeutung für die Verfassungsinterpretation unter dem Grundgesetz haben. Ähnliche Vorbehalte bestehen auch gegen eine Heranziehung historischer Argumente aus der Verfassungslage unter der WRV. Ferner zeigt die Entstehungsgeschichte eindeutig, dass die ausdrücklichen Regelungen der Art. 84 und 85 Abs. 1 GG als Kompetenztitel für die Bundesgesetzgebung konzipiert waren.

Art. 84 Abs. 1 und 85 Abs. 1 GG stellen daher selbständige Kompetenztitel für die Bundesgesetzgebung dar. Damit kann aus Art. 85 Abs. 1 GG die Gesetzgebungskompetenz der Bundes für die Einrichtung von Behörden, also auch für die Zuständigkeitsregelung des § 24 Abs. 2 S. 1 AtG abgeleitet werden.

---

557 Sachs - *Dittmann*, Art. 83 Rn. 2; *Finkelnburg / Lässig*, VwVfG, Einleitung, Rn. 28.
558 Maunz / Dürig - *Lerche*, Art. 83 Rn. 30.
559 Maunz / Dürig - *Lerche*, Art. 83 Rn. 33.
560 *Finkelnburg / Lässig*, VwVfG, Einleitung, Rn. 28.
561 Maunz / Dürig - *Lerche*, Art. 83 Rn. 36; v. Münch - *Broß*, Art. 83 Rn. 2; Jarass / Pieroth - *Pieroth*, Art. 83 Rn. 2.
562 Maunz / Dürig - *Lerche*, Art. 83 Rn. 36.

III. Art. 85 Abs. 1 GG als Kompetenztitel für bundesgesetzliche Verfahrensregelungen

Zu klären bleibt, ob sich die Gesetzgebungskompetenz des Bundes bzw. der Regelungsvorbehalt des Art. 85 Abs. 1 GG für die Auftragsverwaltung auch auf das nicht ausdrücklich erwähnte Verwaltungsverfahren erstreckt.

1. Problemstellung

Nach dem Wortlaut des Art. 84 Abs. 1 GG ist das „Verwaltungsverfahren" von der „Einrichtung" der Behörden abzugrenzen und zu unterscheiden. Art. 85 Abs. 1 GG nennt nur die „Einrichtung" der Behörden. Hinsichtlich des Verwaltungsverfahrens ist keine explizite Regelung getroffen, also könnte es hier allenfalls „mitgeregelt" sein. Dazu hat das Bundesverfassungsgericht bisher nicht abschließend Stellung genommen, sondern lediglich ausgeführt, dass „es [...] nicht ersichtlich [sei], warum die Kompetenz des Bundes für die Regelung des Verwaltungsverfahrens bei der ihm näherstehenden Auftragsverwaltung weniger weit gehen sollte als bei der Ausführung von Bundesgesetzen in landeseigener Verwaltung".[563] Der Ursprung der Kompetenz, die Frage also, ob Art. 85 Abs. 1 GG diese beinhaltet und dem Bund selbst die Möglichkeit eröffnet, Einfluss auf die Verwaltungsentscheidungen der Landesbehörden zu nehmen,[564] blieb offen.

Diese Unklarheit über die Kompetenzgrundlage besteht für zahlreiche gesetzliche Verfahrensregelungen des Bundes: Im AtG nimmt der Bund an verschiedenen Stellen Einfluss auf die Gestaltung des Verwaltungsverfahrens der Landesbehörden.[565] So enthält § 7 Abs. 4 AtG Vorschriften über die Beteiligung anderer Behörden am Genehmigungsverfahren. Von der Ermächtigung des § 7 Abs. 6 S. 3 AtG zur Regelung des Genehmigungsverfahrens durch Rechtsverordnung[566] wurde bei Erlass der Atomrechtlichen Verfahrensordnung Gebrauch gemacht.[567] Dort wird allerdings das Verwaltungsverfahren nicht abschließend geregelt. Ergänzend bleiben die Vorschriften der jeweiligen Landesverwaltungsverfahrensgesetze anzuwenden.[568] § 11 Abs. 2 AtG sieht eine Ermächtigung zum Erlass von Rechtsverordnungen über Verfahrensfragen vor und auch § 13 Abs. 1 AtG und § 17 Abs. 1 AtG beinhalten weitere

[563] BVerfGE 26, 338 (385), BVerfGE 37, 363 (385)
[564] Kodal / Krämer - *Kodal*, Kap. 2 Anm. 31.1.
[565] Dazu *Haun*, S. 23 Fn. 51.
[566] *Lange*, Weisungsrecht, S. 56.
[567] *Lange*, Weisungsrecht, S. 56.
[568] *Lange*, Weisungsrecht, S. 57; mittelbar auch *Haederich*, AtG, Vorbem. § 3 Rn. 8.

bundesgesetzliche Verfahrensregelungen. Dies belegt jedenfalls die praktische Relevanz der Frage im Rahmen des AtG.[569]

Im Hinblick auf die Prüfungsabfolge innerhalb des Art. 85 Abs. 1 GG bedeutet die Lokalisierung der Kompetenz eine weitere Vorentscheidung für die Frage nach der Zustimmungsbedürftigkeit von verfahrensregelnden Bundesgesetzen in der Auftragsverwaltung. Nur soweit man die Kompetenz als in Art. 85 Abs. 1 GG enthalten ansieht, unterliegt sie unmittelbar dem Zustimmungsvorbehalt, woraus zwangsläufig deren Zustimmungsbedürftigkeit folgen würde.

a) Der Inhalt von Verfahrensvorschriften

Eine Norm regelt das Verwaltungsverfahren, soweit sie den Verwaltungsablauf bezüglich Form oder Art und Weise bestimmt.[570] Dies sind alle Bestimmungen, die die Willensbildung, die Art der Prüfung und Vorbereitung der Entscheidung, deren Zustandekommen oder verwaltungsinterne Mitwirkungsvorgänge festlegen.[571] Bestätigt wird dies durch den Rückgriff auf die einfachgesetzliche Regelung des § 9 VwVfG, der zumindest zur Gewinnung von Auslegungshinweisen zulässig ist.[572] Die genaue inhaltliche Reichweite der Art. 84 Abs. 1 und Art. 85 Abs. 1 GG und besonders die Konturen des Verfahrensbegriffs sind jedoch nicht vollkommen geklärt, sondern waren ein Schwerpunkt der jüngeren wissenschaftlichen Auseinandersetzung.[573] Insofern ist eine abschließende Definition an dieser Stelle nicht möglich.

[569] Auch andere Gesetze, die zumindest teilweise in Form der Auftragsverwaltung ausgeführt werden, enthalten verfahrensregelnde Normen. Z.B. sieht § 31 Abs. 3, Abs. 4 Luftverkehrsgesetz die Einbeziehung von Bundesoberbehörden vor. § 2 Abs. 6 FStrG trifft für das Verfahren der Widmung oder Abstufung von Straßen Regelungen und § 5 Abs. 4 S. 4 FStrG für abweichende Festsetzungen von Ortsdurchfahrten, vgl. Kodal / Krämer - *Kodal*, Kap. 2 Anm. 31.1. Für das Planfeststellungsverfahren in § 10 Luftverkehrsgesetz (dazu *Hofmann / Grabherr*, LuftFG, Einl. II 1.f.) bestehen ebenfalls bundesgesetzliche Regelungen. Früher existierte auch für das Planfeststellungsverfahren im FStrG eine bundesgesetzliche Regelung, Kodal / Krämer - *Kodal*, Kap. 2 Anm. 30.12. Das Interesse des Bundes, auf das Verwaltungsverfahren der Landesbehörden einzuwirken, ist damit in der Praxis ohne weiteres nachweisbar.

[570] BVerfGE 55, 274 (319); BVerfGE 37, 363 (385); Sachs – *Dittmann*, Art. 84 Rn. 9; *Badura*, Anm. G 48.

[571] Jarass / Pieroth - *Pieroth*, Art. 84 Rn. 4; Sachs – *Dittmann*, Art. 84 Rn. 9.

[572] BVerfGE 55, 274 (321); *Antoni*, AöR 113 (1988) 329 (373); vgl. dazu auch Maunz / Dürig – *Lerche*, Art. 84 Rn. 33 ff.

[573] Siehe dazu bspw. *Erichsen / Biermann*, Jura 1998, 494 (495 f.); *Sauter*, FS Klein, S. 566; *Klein*, FS BVerfG II, S. 290; *Schultze-Fielitz*, DVBl. 1982, 328 ff.; *Maunz*, BayVBl. 1987, 748 (749); *ders.*, BayVBl. 1982, 353 (353); *Kirchhof*, DÖV 1983, 798 (799); *Friesenhahn*, FS Bundesrat, S. 265; dabei wurde auch die Reichweite im kommunalen Bereich problematisiert: *Greifeld*, JA 1982, 40 ff.; *Fuhrmann*, ZG 11 (1996) 352 (354); vgl. aber auch BVerfGE 75, 108 (150 ff.);.

b) Der Begriff der Regelung

Neben dem gegenständlichen Bezug auf das Verwaltungsverfahren ist auch das Vorliegen einer Regelung, d.h. einer verbindlichen Festsetzung erforderlich.[574] Welche Voraussetzungen eine Norm hierfür erfüllen muss, ist ebenfalls umstritten. Eine bloße Berührung der Länderinteressen, wie bei der Normierung von Auskunftsrechten und -pflichten, wird teilweise als nicht ausreichend angesehen.[575] Entscheidend dürfte allerdings sein, ob sich die Norm in der Wiederholung anderer Vorschriften erschöpft. Maßstab für das Vorliegen einer Regelung kann daher nur Art. 35 Abs. 1 GG sein,[576] der die Pflicht zur Amtshilfe normiert. Soweit sich eine Norm in der bloßen Wiederholung oder Konkretisierung der Amtshilfevorschrift erschöpft,[577] enthält sie keine selbständige Regelung.

c) Diskussionsstand über den Ursprung der Verfahrensregelungskompetenz

Teilweise wird auch hier vertreten, dass die Bundeskompetenz für die Verfahrensregelung durch Gesetz nur als Annex zur materiell-rechtlichen Sachkompetenz des Bundes aus den Art. 70 ff. GG bestehe.[578] Art. 85 Abs. 1 GG enthalte dagegen keine selbständige Gesetzgebungskompetenz.[579]

---

[574] BVerfGE 55, 272 (319); Dreier - *Hermes*, Art. 84 Rn. 51; Sachs - *Dittmann*, Art. 84 Rn. 10; *Antoni*, AöR 113 (1988) 329 (388).

[575] Jarass / Pieroth - *Pieroth*, Art. 84 Rn. 6; Sachs - *Dittmann*, Art. 84 Rn. 10; v. Münch – *Broß*, Art. 84 Rn. 18; Dreier - *Hermes*, Art. 84 Rn. 51; der Bundesrat sah bei Vorschriften über das Zusammenwirken von Behörden stets eine Regelung gegeben, vgl. BGBl. I 1973, S. 702 zu § 3 a .

[576] *Antoni*, AöR 113 (1988) 329 (395).

[577] *Antoni*, AöR 113 (1988) 329 (395), wie z.B. die Bundesregierung für Benachrichtigungspflichten BGBl. I 1973, S. 701 annimmt; v. Münch - *Broß*, Art. 84 Rn. 18; Jarass / Pieroth - *Pieroth*, Art. 84 Rn. 6 für Auskunftserfordernisse.

[578] Bonner Kommentar - *Bartlsperger*, Art. 90 Rn. 82; *Kirschenmann*, JuS 1977, 565(572); Alternativkommentar - *Bull*, Art. 85 Rn. 10; *Köttgen*, DÖV 1952, 442 (423); Maunz / Dürig - *Maunz*, Erstbearb. Art. 85 Rn. 16; *Klein*, AöR 88 (1955/56) 377 (401); *Badura*, Anm. G 48; *Friesenhahn*, FS Bundesrat, S. 264; *Vogel* - HBVR, § 22 Rn. 61, 88, 96; Dreier - *Hermes*, Art. 85 Rn. 27; Krämer, Kap. 2 Anm. 30.1; *Lange*, Weisungsrecht, S. 56; wohl auch, allerdings unklar Dreier - *Stettner*, Art. 70 Rn. 66. Nur eine unwesentliche Abweichung stellt die teilweise vertretene Ansich t dar, die Verfahrensregelungskompetenz sei eine ungeschriebene Bundeskompetenz im Bereich der Verwaltungsorganisation, so Maunz/ Dürig - *Lerche*, Art. 85 Rn. 28; *Antoni*, AöR 113 (1988) 329 (419); *Zech*, DVBl. 1987, 1089 (1091). Dies gilt auch für eine Kompe tenz aus „der Natur des Sache", so *Ule / Laubinger*, Verwaltungsverfahrensrecht, S. 1. Diesen letzteren beiden Ansätzen ist mit der Auffassung, es handele sich um einen Annexkompetenz gemein, dass die Kompetenz als in den materiellen Gesetzgebungskompetenzen „mitgeschrieben" angesehen wird, nur auf diese Weise sind nämlich ungeschriebenen Kompetenzen überhaupt zu begründen, so *Ehlers*, Jura 2000, 323 (323 ff.). Daher kann im Wesentlichen eine gemeinsame Ause inandersetzung mit diesen Ansätzen erfolgen.

[579] *Badura*, Anm. G 48.

Nach anderer Auffassung ergibt sich unmittelbar aus Art. 85 Abs. 1 GG die Kompetenz bundesgesetzliche Verfahrensregelungen zu erlassen. Sie soll in der Vorschrift mitgeregelt sein.[580]

Wohl nur in der Vergangenheit wurde angenommen, die fehlende Erwähnung des Verfahrens in Art. 85 Abs. 1 GG eröffne der Bundesregierung statt des Bundesgesetzgebers die Kompetenz zur Regelung durch Verwaltungsvorschrift,[581] so dass eine gesetzliche Regelung nicht notwendig sei. Eine solche Auffassung widerspricht dem allgemeinen rechtsstaatlichen Gesetzesvorbehalt.

2. Interpretation der Norm

Nachdem das Verwaltungsverfahren in Art. 85 Abs. 1 GG keine explizite Regelung erfahren hat, müsste sich die Verankerung der Kompetenz in dieser Norm ausreichend begründen lassen. Dabei bestehen jedoch, wie gerade dargestellt,[582] keine prinzipiellen Bedenken gegen die Funktion des Art. 85 Abs. 1 GG als Kompetenztitel für die Bundesgesetzgebung. Gegen die Heranziehung von Annexkompetenzen aus dem Bereich der materiellen Gesetzgebungskompetenzen sprechen dagegen verschiedene grundlegende Erwägungen. Art. 85 Abs. 1 GG eröffnet eine eigenständige Gesetzgebungskompetenz - jedenfalls im Hinblick auf die Einrichtung der Behörden. Es kann hier damit nur um die Besonderheit gehen, dass das Verwaltungsverfahren nicht in Art. 85 Abs. 1 GG genannt ist.

a) Grammatische Interpretation

Am Wortlaut des Art. 85 Abs. 1 GG fällt zunächst auf, dass das Verwaltungsverfahren dort im Gegensatz zu Art. 84 Abs. 1 GG nicht genannt ist. Dies spricht dagegen, dass an dieser Stelle eine bundesgesetzliche Regelungskompetenz für das Verwaltungsverfahren in der Auftragsverwaltung verankert ist, also für ein ungeschriebene (Annex-)Kompetenz.[583]

Im Übrigen ergibt sich, wie oben ausgeführt,[584] aus den unterschiedlichen Formulierungen „so bleibt“ und „so regeln“ kein sachlicher Unterschied.[585] Beide Formulierungen stellen die Kompetenz der Länder zum Erlass von Organisationsregelungen im weitesten Sinne, noch einmal klar.[586] Diese Kompetenz ergibt sich aus der Verfahrens- und Organisationshoheit der Länder ohnehin. Die fehlende Nennung des Verfahrens legt die Folgerung nahe, dass es hierbei bleibt, eine

---

[580] Jarass / Pieroth - *Pieroth*, Art. 85 Rn. 3; *Ipsen*, Rn. 598; *Antoni*, AöR 113 (1988) 329 (356); *Wolst*, S. 28; *Ule*, DVBl. 1976, 421 (423); *Maurer*, Staatsrecht, § 18 Rn. 16; wohl auch *v. Münch*, Rn. 880.
[581] Bonner Kommentar- *Herrfahrdt*, Art. 85 Anm. II 2, *Obermayer*, VwVfG, Einl. Rn. 40.
[582] Kap. 1 B II.
[583] In diesem Sine Maunz / Dürig - *Maunz*, Erstbearb., Art. 85 Rn. 16.
[584] Kap. 1 B II 2 a.
[585] *Stern* II, § 41.
[586] Maunz / Dürig – *Maunz,* Erstbearb., Art. 85 Rn. 14; *Erichsen / Biermann*, Jura 1998, 494 (495).

bundesgesetzliche Regelungskompetenz für das Verwaltungsverfahren also nicht geschaffen wird.

b) Systematische Interpretation

aa) Keine grundsätzliche Regelungskompetenz des Bundes

Teilweise wird das Fehlen einer Regelung über das Verfahren mit dem Wesen der Auftragsverwaltung begründet: Die Auftragsverwaltung habe eine größere Nähe zur Bundesverwaltung und die Landeshoheit werde durch Verfahrensregelungen nicht intensiv beschränkt.[587] Insofern sei die Nennung des Verfahrens in Art. 85 Abs. 1 GG nicht notwendig, weil sie dem Bund ohnehin (aufgrund seiner materiellen Gesetzgebungskompetenz) zustehe.[588] Da aber die Tatsache, dass die Auftragsverwaltung Landesverwaltung ist,[589] die prinzipielle Organisations- und Verfahrenshoheit der Länder zur Folge hat,[590] kann dem Bund hier nicht ohne weiteres die Verfahrensregelungskompetenz zustehen. Außerdem steht Art. 70 Abs. 1 GG einer solchen Sichtweise entgegen. Die Erforderlichkeit eines speziellen Kompetenztitels für die Bundesgesetzgebung gilt auch für den Bereich der Verfahrensgesetzgebung, denn dieser ist von Art. 70 Abs. 1 GG nicht ausgenommen.

bb) Der Erst-Recht-Schluss für die Auftragsverwaltung

Zur Begründung, dass die Verfahrensregelungskompetenz eine ungeschriebene sei,[591] wird unter anderem auf die Argumentation des Bundesverfassungsgerichts verwiesen.[592] Nach dieser folgt bereits aus dem systematischen Zusammenhang mit Art. 84 Abs. 1 GG, dass dem Bund die Kompetenz zur Verfahrensgestaltung im Rahmen der Auftragsverwaltung „erst recht" zustehen muss.[593] In dieser Entscheidung, wie auch schon zuvor, wurde aber vermieden, eine Entscheidung über die Grundlage der Kompetenz zu fällen.[594] Das Bundesverfassungsgericht lässt die Herleitung der Kompetenz gerade offen, schließt also auch keine mögliche

---

[587] *Friesenhahn*, FS Bundesrat, S. 264.

[588] Teilweise wird sogar angenommen, im Bereich der Auftragsverwaltung stehe nur dem Bund die Regelung des Verwaltungsverfahrens zu, während sie den Ländern grundsätzlich entzogen sei, *Ronellenfitsch*, Genehmigungsverfahren, S. 291.

[589] BVerfGE 81, 310 (331); Jarass / Pieroth – *Pieroth*, Art. 85 Rn. 1; *Dieners*, DÖV 1991, 923 ff.

[590] Dies ist für Art. 84 Abs. 1 GG nicht fragwürdig, dazu Jarass / Pieroth - *Pieroth*, Art. 84 Rn. 1 f.; Sachs - *Dittmann*, Art. 84 Rn. 3 und muss hier ebenso sein: Maunz / Dürig - *Lerche*, Art. 85 Rn. 26; Maunz / Dürig – *Maunz,* Erstbearb., Art. 85 Rn. 14.

[591] Maunz / Dürig - *Lerche*, Art. 85 Rn. 27.

[592] Maunz / Dürig - *Lerche*, Art. 85 Rn. 27, aber auch Sachs - *Windthorst*, Art. 85 Rn. 10; Jarass / Pieroth - *Pieroth*, Art. 85 Rn. 3; *Ipsen*, Rn. 598; *v. Hausen*, DÖV 1960, 1 (5).

[593] BVerfGE 26, 338 (385) noch einmal: Es sei „nicht ersichtlich, warum bei der dem Bund näherstehenden Auftragsverwaltung [die Kompetenz des Bundes] weniger weit gehen sollte, als bei der Ausführung von Bundesgesetzen in landeseigener Verwaltung.".

[594] BVerfGE 26, 338 (369); BVerfGE 27, 338 (383 f.).

Verankerung in Art. 85 Abs. 1 GG aus. Es wird lediglich ausgeführt, die Kompetenz bestehe innerhalb der Auftragsverwaltung „erst recht". Eine Bezugnahme auf diese Entscheidung des Bundesverfassungsgerichts, die eine bestimmte Herleitung stützen soll, läuft insoweit ins Leere.

Ein anderes Ergebnis ergibt sich allerdings, wenn man die bereits zu Art. 84 Abs. 1 GG gewonnenen Erkenntnisse heranzieht. Die Norm beinhaltet einen Kompetenztitel für die Bundesgesetzgebung, sowohl hinsichtlich der Behördeneinrichtung als auch hinsichtlich des Verwaltungsverfahrens in der landeseigenen Verwaltung.[595] Grundsätzlich reichen die Einwirkungsbefugnisse des Bundes in der landeseigenen Verwaltung nicht so weit, wie in der Auftragsverwaltung.[596] Denn der Unterschied zwischen landeseigener Verwaltung und der Auftragsverwaltung dokumentiert sich gerade im Umfang des Bundeseinflusses.[597] Dies belegt vor allem der Unterschied zwischen Art. 84 Abs. 5 und Art. 85 Abs. 3 GG hinsichtlich der Weisungskompetenz.[598] Wenn aber bereits Art. 84 Abs. 1 GG die Kompetenz zur bundesgesetzlichen Regelung des Verfahrens konstitutiv begründet, dann liegt dies für Art. 85 Abs. 1 GG in der durch stärkere Einflussnahmemöglichkeiten des Bundes geprägten Auftragsverwaltung „erst recht" nahe. Zumal sich die Regelungsstrukturen von Art. 85 Abs. 1 und Art. 84 Abs. 1 GG entsprechen.[599] Insofern erscheint die fehlende Nennung des Verwaltungsverfahrens in Art. 85 Abs. 1 GG „systemwidrig."

Sollte die weitere Auslegung zeigen, dass die „Systemwidrigkeit" auf einem Redaktionsversehen beruht, würde dies gegen eine Annexkompetenz sprechen. Der Rückgriff auf ungeschriebene Kompetenzen ist nur in engen Grenzen möglich;[600] jedenfalls aber dort unzulässig, wo Spezialregelungen bestehen.[601] Falls das Verwaltungsverfahren hier als mitgeregelt anzusehen ist, wäre der Rückgriff auf die Annexkompetenzen also ausgeschlossen.

---

[595] Kap. 1 B II 2 mit dem Ergebnis unter 3;
[596] BVerfGE 81, 310 (331 ff.); Sachs – *Dittmann,* Art. 85 Rn. 18.
[597] *Bushart*, ZRP 1988, 210 (211);
[598] Erstere ist nur eine Einzelweisungskompetenz für besondere Fälle, die durch Gesetz vorgesehen werden muss. Letztere besteht als reguläres Mittel. Vgl. BVerfGE 81, 310 (331); Dreier – *Hermes*, Art. 85 Rn. 18; *Dieners*, DÖV 1991, 923 ff.; insgesamt dazu Kap. 2 C II 2 b (2).
[599] *Erichsen / Biermann*, Jura 1998, 494 (499); *Bushart*, ZRP 1988, 210 (211).
[600] Maunz / Dürig - *Lerche*, Art. 83 Rn. 34; *Ehlers*, Jura 2000, 323 (324).
[601] *Antoni*, AöR 113 (1988) 329 (356); Maunz / Dürig - *Lerche*, Art. 83 Rn. 34. Der Gesetzgeber ist an die Vollzugskompetenzregelungen des Grundgesetzes hinsichtlich Vorau ssetzungen und Schranken gebunden, Maunz / Dürig - *Lerche*, Art. 83 Rn. 37.

c) Historische Interpretation

Art. 85 Abs. 1 GG soll eine Tradition der WRV fortsetzen, nach der sich die Kompetenz zur Regelung des Verwaltungsverfahrens unmittelbar aus der betreffenden Sachkompetenz ergab.[602]

Diese Tradition lässt sich jedoch nicht auf eine Parallelität von Art. 85 Abs. 1 GG und Art. 14 WRV stützen:[603] Art. 14 WRV wies den Ländern die Ausführung der Reichsgesetze zu und entspricht insoweit Art. 83 GG. Die einzige Ähnlichkeit zu Art. 85 Abs. 1 GG liegt darin, dass Art. 14 WRV die reichsgesetzliche Einwirkung auf die Organisation der Landesverwaltung nicht verbot, obwohl er eine Regelung über die Reichsgesetzgebung traf.[604]

Im Übrigen wurden unter der WRV tatsächlich die Kompetenzen für die Verwaltungsorganisation im weiteren Sinne aus den materiellen Gesetzgebungskompetenzen abgeleitet.[605] Jedoch unterscheidet sich die Struktur der WRV wesentlich von der des Grundgesetzes. Zwei Unterschiede sind hier entscheidend: Erstens fehlte es der WRV an einer vergleichbaren verfassungsrechtlichen Ausdifferenzierung der Verwaltung. Diese wurde gerade dem Gesetzgeber überlassen.[606] Zweitens sah die Verfassung überhaupt keinen Verwaltungstyp der Auftragsverwaltung vor.[607] Zudem zeigte die genetischen Interpretation von Art. 84 Abs. 1 und Art. 85 Abs. 1 GG bereits, dass für das Grundgesetz ein vollkommen neues Konzept für die Verwaltungskompetenzen und diesbzgl. gesetzliche Regelungen entworfen wurde.[608] Folglich kann nicht von der Fortsetzung einer Tradition gesprochen werden.

d) Genetische Interpretation

Als Folge der „Systemwidrigkeit“ der fehlenden Nennung des Verwaltungsverfahrens in Art. 85 Abs. 1 GG, ist die genetische Interpretation von besonderer Bedeutung. Hier lässt sich zeigen, ob die Abweichung von Art. 84 Abs. 1 GG dem Willen des Verfassungsgebers entspricht oder ein Redaktionsversehen ist.

---

[602] *Wolst*, S. 27 f.; *Antoni*, AöR 113 (1988) 327 (355).

[603] Art. 14 WRV ist nicht der Vorläufer von Art. 85 Abs. 1 GG, Maunz / Dürig - *Lerche*, Art. 85 Rn. 21.

[604] Kap. 1 B II 2 d bb (3) (dd).

[605] Siehe oben Kap. 1 B II 2 (4).

[606] Maunz / Dürig - *Lerche*, Art. 85 Rn. 20; siehe dazu auch Kap. 1 B II 2 d.

[607] Maunz / Dürig - *Lerche*, Art. 85 Rn. 20; soweit die Länder in der Wasserstraßenverwaltung auf Anweisung des Reichs tätig wurden, handelte es sich um materielle Reichsverwaltung, bei der die Landesbehörden wie reichseigene Behörden gestellt waren, *Dittmann*, Bundesverwaltung, S. 55; Maunz / Dürig - *Lerche*, Art. 85 Rn. 21; dazu ausführlicher Kap. 2 C II 2 c bb (1) (a).

[608] Kap. 1 B II 2 c bb (1).

aa) Die Vorarbeiten

Der Verwaltungstyp der Auftragsverwaltung war weder im bayerischen Verfassungsentwurf[609] noch im Vorschlag von Kollmas[610] enthalten. Es war lediglich die Ausführung der Bundesgesetze in Form der landeseigenen Verwaltung vorgesehen. Bei dieser sollten hinsichtlich der „Einzelheiten in der Vollzugsgesetzgebung und für den Vollzug der Gesetze selbst [....] den Länder unter Berücksichtigung der bestehenden Unterschiedlichkeiten genügend Spielraum [...] belassen"[611] werden. Die Landesgesetzgebungskompetenz hierfür wurde vorausgesetzt. Sie war und ist Ausdruck der Organisationshoheit der Länder.

bb) Die Entwicklung auf Herrenchiemsee

Erst während der Befassung des Unterausschusses II mit der Finanzverwaltung finden sich Hinweise auf die Auftragsverwaltung bzw. auf die sog. „Verwaltung nach Weisung".[612] Zeitgleich behandelte der Unterausschuss III das Thema Verwaltung. Hier wurde erstmals eine differenzierte Regelung für die Auftragsverwaltung getroffen, die im Wesentlichen dem späteren Art. 113 HCHE entsprach. Diese war zunächst in Art. 97 HCHE und damit noch vor der landeseigenen Verwaltung in Art. 98 HCHE angesiedelt.[613] Eine Koordinierung der Beratungsergebnisse der beiden Unterausschüsse fand erst am 22. August 1948 statt.[614]

Danach sah der Herrenchiemseer Entwurf vor, dass in der Auftragsverwaltung den Ländern die Organisation der Behörden nur vorbehaltlich bundesgesetzlicher Regelungen zustehen sollte. Auf eine Regelungskompetenz für das Verwaltungsverfahren fehlte jeder Hinweis.[615] Damit unterschied sich die Auftragsverwaltung von der Landesverwaltung. Für letztere war die landesgesetzliche Regelungskompetenz für die Organisation, das allgemeine Verwaltungsverfahren und das Verwaltungsgerichtsverfahren vorgesehen.[616] Auf diese sollte der Bund zunächst keine gesetzlichen Einwirkungsmöglichkeiten haben.[617]

---

[609] Der Parlamentarische Rat, Bd. 2, Bay. Verfassungsentwurf, S. 36 f.

[610] Dieser lag den Beratungen des Unterausschusses II zugrunde, Der Parlamentarische Rat, Bd. 2, S. 237.

[611] Der Parlamentarische Rat, Bd. 2, Bay. Entwurf im Unterausschuss II, S. 235, 237.

[612] Der Parlamentarische Rat, Bd. 2, Bericht des Unterausschusses II, S. 268.

[613] Der Parlamentarische Rat, Bd. 2, Bericht des Unterausschusses III, S. 329.

[614] Der Parlamentarische Rat, Bd. 2, Plenarsit zung, S. 459.

[615] Der Parlamentarische Rat, Bd. 2, Bericht über den Verfassungskonvent, S. 563.

[616] Der Parlamentarische Rat, Bd. 2, Bericht über den Verfassungskonvent, S. 562.

[617] So noch in Der Parlamentarische Rat, Bd. 3, 5. Sitzung des Ausschusses für Zuständigkeitsabgrenzungen, S. 242.

cc) Die Entwicklung im Parlamentarischen Rat

(1) Diskussionsschwerpunkte: Landesverwaltung und Art. 42 HCHE

Im weiteren Verlauf des Entstehungsprozesses stand die Diskussion um die Landesverwaltung im Vordergrund. Diese wurde entscheidend von Art. 42 HCHE beeinflusst. Dort war eben nicht nur die Ausführung der Bundesgesetze als eigene Angelegenheit, sondern auch die landeseigene Regelung von Behördenorganisation, Verwaltungsverfahren und Verwaltungsgerichtsverfahren vorgesehen.[618] Art. 42 HCHE wurde, wie gezeigt,[619] erst später überhaupt in den Zusammenhang mit den Regelungen über die Verwaltung und damit auch mit Art. 113 HCHE, der Auftragsverwaltung, übertragen.[620] Dies ist einer der Gründe, warum die Diskussion über die bundesgesetzliche Regelungskompetenz von Verwaltungsverfahren, Behördenorganisation und Verwaltungsgerichtsorganisation nur im Hinblick auf die Landesverwaltung geführt wurde.[621] Diese Diskussion führte letztlich zur Einfügung des „soweit nicht", also des Regelungsvorbehalts für den Bund in den späteren Art. 84 Abs. 1 GG.[622]

Zu diesem Zeitpunkt hatte Art. 113 HCHE und damit die Auftragsverwaltung schon die Fassung: „Soweit die Ausführung der Bundesgesetze durch die Länder nach Weisung des Bundes erfolgt, bedürfen die Durchführungsverordnungen der Bundesregierung der Zustimmung des Bundesrats. Die Organisation der Behörden bleibt im Rahmen der einschlägigen Gesetze Sache der Länder."[623] Diese Fassung sah nämlich bereits der Entwurf von Herrenchiemsee vor.[624] Die Auftragsverwaltung war daher insgesamt weit weniger als die Landesverwaltung von der Grundsatzregelung des Art. 42 HCHE beeinflusst.

Jedoch ist auch hier darauf hinzuweisen, dass generell von einer Beschränkung der materiellen Gesetzgebungskompetenzen des Bundes durch Art. 42 HCHE ausgegangen wurde.[625] Daher scheidet auch im Rahmen der Auftragsverwaltung nach dem Konzept der Verfassungsgeber ein Rückgriff auf (Annex-)Kompetenzen aus den Art. 70 ff. GG für Regelungen, die die Verwaltung betreffen, aus.

---

[618] Der Parlamentarische Rat, Bd. 2, Bericht über den Verfassungskonvent, S. 587.
[619] Siehe dazu auch Kap. 1 B II 2 e cc (2).
[620] Der Parlamentarische Rat, Bd. 3, 20. Sitzung des Ausschusses für Zuständigkeitsabgrenzungen, S. 718.
[621] Der Parlamentarische Rat, Bd. 3, 20. Sitzung des Ausschusses für Zuständigkeitsabgrenzungen, S. 720 f.
[622] Siehe oben Kap. 1 B II 2 e cc.
[623] Der Parlamentarische Rat, Bd. 3, 5. Sitzung des Ausschusses für Zuständigkeitsabgrenzungen, S. 243.
[624] Der Parlamentarische Rat, Bd. 2, Bericht über den Verfassungskonvent, S. 605.
[625] Siehe dazu Kap. 1 B II 2 e bb (2).

(2) Die Ausgestaltung der Verwaltung „nach Weisung"

(a) Weitergehende Einwirkungsbefugnisse des Bundes

Die bundesgesetzlichen Einwirkungsmöglichkeiten sollten bei der Auftragsverwaltung, die zunächst noch Verwaltung der Länder „nach Weisung" hieß, weiter gehen als bei der landeseigenen Verwaltung. Art. 42 HCHE wurde vor allem auf die landeseigene Verwaltung bezogen. Die Länder sollten im Rahmen des Art. 113 HCHE eben nicht frei, sondern den Weisungen und einschlägigen Bundesgesetzen unterworfen sein.[626] In Organisationsfragen sollte die Länder Freiheit unter dem Vorbehalt einer Regelung durch den Bund stehen.[627]

(b) Der Regelungsvorbehalt zu Gunsten des Bundes

In der Diskussion um die Auftragsverwaltung standen nicht die Auseinandersetzung mit den Auswirkungen des Art. 42 HCHE oder die Gemeinsamkeiten und Unterschiede zur landeseigenen Verwaltung im Mittelpunkt. Vielmehr wurden verschiedene Einzelprobleme behandelt. So war die Rechtsnatur von Ausführungsvorschriften genauso Gegenstand wie die Inhaberschaft der Organisationsgewalt und die Zustimmungsbedürftigkeit von Organisationsvorschriften im Allgemeinen.[628] Diese verdrängten teilweise die Frage, ob auch in der Auftragsverwaltung ein Gesetzesvorbehalt für organisatorische Regelungen durch den Bund erforderlich war.[629] Letztlich kam man aber trotz der Befassung mit diesen unterschiedlichen Diskussionspunkten zu dem Ergebnis, dass auch in der Auftragsverwaltung eine ausdrückliche Vorschrift die bundesgesetzliche Kompetenz für das „Recht der Organisation der Behörden" erst konstituieren musste.[630] Im Protokoll wurde daher ausdrücklich festgehalten, dass mit der Formulierung „Die Organisation der Behörden bleibt im Rahmen der Bundesgesetze Sache der Länder",

---

[626] Der Parlamentarische Rat, Bd. 3, 5. Sitzung des Ausschusses für Zuständigkeitsabgrenzungen, S. 263.

[627] Der Parlamentarische Rat, Bd. 3, 5. Sitzung des Ausschusses für Zuständigkeitsabgrenzungen, S. 729.

[628] Der Parlamentarische Rat, Bd. 3, 14. Sitzung des Ausschusses für Zuständigkeitsabgrenzungen, S. 572 ff.; auch Der Parlamentarische Rat, Bd. 3, 16. Sitzung des Ausschusses für Zuständigkeitsabgrenzungen, S. 617 ff., insbes. auch S. 622.

[629] Der Parlamentarische Rat, Bd. 3, 14. Sitzung des Ausschusses für Zuständigkeitsabgrenzungen, S. 571, beschäftigte sich ebenfalls nur mit dem Verordnungsrecht und teilweise mit der notwendigen Bindung der Organisationsgewalt durch Gesetz.

[630] Anders noch Laforet in Der Parlamentarische Rat, Bd. 3, 5. Sitzung des Ausschusses über Zuständigkeitsabgrenzungen, S. 263, der von einer Organisationsbefugnis aus dem materiellen Gesetz ausging.

die Regelungskompetenz des Bundesgesetzgebers begründet werden sollte.[631] Fraglich bleibt damit nur, wie weit das „Recht der Organisation der Behörden" reichen sollte.

(c) Die Reichweite des „Rechts der Organisation der Behörden"

Im Parlamentarischen Rat herrschte Unklarheit über die Reichweite des Begriffs der Organisationsgewalt,[632] bzw. des Begriffs des „Rechts der Organisation der Behörden", wie er zunächst in Art. 113 HCHE verwendet wurde. Dies gilt sowohl für den Parlamentarischen Rat als Plenum als auch für den Unterausschuss. Die Abgrenzung zwischen Regelungen über die Behördenorganisation und das Verwaltungsverfahren wurde als äußert schwierig bzw. geradezu unmöglich erachtet.[633] So verwundert auch die folgende Äußerung nicht: „Die Regelung des Verwaltungsverfahrens schließt auch die Regelung der Zuständigkeit in sich" ein.[634] Sie zeigt, dass man davon ausging, dass das „Recht der Organisation der Behörden" wie es in Art. 113 HCHE für die Auftragsverwaltung vorgesehen war, bundesgesetzliche Regelungen über die Behördenzuständigkeit und das Verwaltungsverfahren umfasste.[635]

Man ging also von einem sehr weiten Verständnis der „Organisation" aus, das sich auch auf das Verwaltungsverfahren erstreckte. Es ist also nicht richtig, dass der Parlamentarische Rat zu einem späten Zeitpunkt erkannte, dass die Regelung des Verwaltungsverfahrens eines Gesetzes bedurfte und nicht dem Begriff der Organisationsgewalt unterfiel.[636] Diese Erkenntnis wurde gerade mangels Differenzierung zwischen Organisation und Verfahren nicht gemacht. Insofern erfolgte auch keine Erweiterung der zustimmungsbedürftigen Vorschriften über die Organisationsgewalt, bei der man, anders als bei Art. 84 Abs. 1 GG, die Einfügung des Verfahrens bei Art. 85 und Art. 86 GG vergessen haben soll.[637] Die ausdrückliche Einbeziehung des Verwaltungsverfahrens in die Vorläufernorm des Art. 84 Abs. 1 GG ist, wie dargestellt, allein auf das Einfügen des Art. 42 HCHE zurückzuführen.[638] Die spätere Ersetzung des Begriffs „Organisation" durch „Einrichtung" sollte auf die Weite der Regelungsbefugnis keine Auswirkungen haben.[639]

---

[631] Der Parlamentarische Rat, Bd. 3, 5. Sitz ung des Ausschusses für Zuständigkeitsabgrenzungen, S. 263; Hoch, 20. Sitzung des Ausschusses für Zuständigkeitsabgrenzungen, S. 733.
[632] *Wolst*, S. 28.
[633] Bonner Kommentar - *Bartlsperger*, Art. 90 Rn. 84.
[634] Strauß in Der Parlamentarische Rat, Bd. 3, 5. Sitzung des Ausschusses für Zuständigkeits-abgrenzungen, S. 255.
[635] Der Parlamentarische Rat, Bd. 3, 20. Sitzung des Ausschusses für Zuständigkeitsabgrenzungen, S. 733.
[636] *Wolst*, S. 28; *Haas,* AöR 80 (1955/56) 81 (86 f.).
[637] So aber *Haas*, AöR 80 (1955/56) 81 (87); *Nawiasky*, Grundgedanken, S. 49.
[638] Kap. 1 B II 2 e cc (1).
[639] Der Parlamentarische Rat, Bd. 3, 20. Sitzung des Ausschusses für Zuständigkeitsabgrenzungen, S. 735.

Das erst nachträgliche Zusammenfügen der Artikel über die landeseigene Verwaltung und die Auftragsverwaltung trug also wesentlich dazu bei, dass keine Angleichung an den schon bestehenden „richtigen" Wortlaut des Art. 84 Abs. 1 GG vorgenommen wurde. Eine Befassung mit der inhaltlichen Reichweite des Art. 113 HCHE fand nämlich nicht mehr statt. Beim Einfügen des Zustimmungserfordernisses, der letzten wesentlichen Veränderung der Art. 112 und Art. 113 HCHE, war die „Behördeneinrichtung" nicht mehr Gegenstand. Allein der Zustimmungsvorbehalt selbst wurde behandelt.[640]

Durch Art. 85 Abs. 1 GG sollte demnach dem Bund - genauso wie durch Art. 84 Abs. 1 GG - die Kompetenz zur Regelung der „Organisationstätigkeit im weitesten Sinne" zugewiesen werden.[641] Also wurde und wird auch die Regelungskompetenz für das Verwaltungsverfahren hier konstitutiv begründet. Soweit man richtigerweise zwischen Behördeneinrichtung und Verfahren differenziert, ist die Nichterwähnung lediglich als Redaktionsversehen zu werten.[642]

Mit dem späten Zusammenfügen, ohne abschließende redaktionelle Überarbeitung, sind übrigens auch die unterschiedlichen Formulierungen von Art. 84 Abs. 1 und Art. 85 Abs. 1 GG hinsichtlich des „so regeln" bzw. „so bleibt" zu erklären. Beide Artikel hatten ursprünglich unterschiedliche Urheber und standen in verschiedenen Regelungszusammenhängen. Da sich aber keine Hinweise auf verschiedene Regelungsinhalte finden, kann dem Formulierungsunterschied keine Bedeutung zugemessen werden.[643]

dd) Zusammenfassung

Auf die Entstehung des Art. 85 Abs. 1 GG wirkte sich also in besonderer Weise aus, dass anfangs die Normen über die Auftragsverwaltung und die landeseigene Verwaltung nicht im Zusammenhang standen und in unterschiedlichen Gremien beraten wurden. Die Regelungskompetenz für das Verwaltungsverfahren wurde als durch die „Organisation" der Behörden mitumfasst betrachtet, was nach heutigem Begriffsverständnis einem Redaktionsversehen gleichkommt.

Ein solches liegt auch deswegen nahe, weil sich in der Gesamtschau ein sehr untergeordneter Stellenwert der Auftragsverwaltung in den Beratungen ergibt. Zunächst war nur die Verwaltung der Bundeswasserstraßen und später die Fernstraßenverwaltung als Auftragsverwaltung vorgesehen. Im Mittelpunkt der Kompetenzabgrenzung von Bund und Ländern standen ohnehin die materiellen

---

[640] Der Parlamentarische Rat, Bd. 11, Interfraktionelle Besprechung, 3.5.1949, S. 242 f.
[641] *Vogel* - HBVR, § 22 Rn. 96.
[642] Im Ergebnis so auch Jarass / Pieroth - *Pieroth*, Art. 85 Rn. 3; Sachs - *Dittmann*, Art. 85 Rn. 10, Bonner Kommentar - *Bartlsperger* Art. 90 Rn. 84; *Erichsen / Biermann*, Jura 1998, 494 (499); *Nawiasky*, Grundgedanken, S. 44; *Antoni*, 113 (1988) 329 (356); *Haas*, AöR 80 (1955/56) 31 (87); ausdrücklich gegen das Vorliegen eines Redaktionsversehens *Friesenhahn*, FS Bundesrat, S. 264.
[643] *Stern* II, § 41.

Gesetzgebungskompetenzen und die Finanzverwaltung. Allenfalls die untergesetzlichen Einwirkungsbefugnisse auf die landeseigene Verwaltung waren von größerem Interesse. Das Verwaltungsverfahren ist danach in Art. 85 Abs. 1 GG mitgeschrieben.

e) Teleologische Interpretation

Es gibt keinen Hinweis darauf, dass mit den bundesgesetzlichen Regelungsvorbehalten in Art. 85 Abs. 1 und Art. 84 Abs. 1 GG unterschiedliche Zwecke verfolgt wurden. Danach hat der Regelungsvorbehalt in Art. 85 Abs. 1 GG ebenfalls den Sinn, die effektive Ausführung der Bundesgesetze zu sichern.[644] Dies wird in Art. 84 Abs. 1 GG sowohl durch die Schaffung einer Regelungskompetenz für die Behördeneinrichtung als auch für das Verwaltungsverfahren - und zwar in der Norm selbst - erreicht.[645] Dabei ist das Verfahrensrecht zwar einerseits von der Ausgestaltung des materiellen Rechts abhängig,[646] andererseits aber eben auch Mittel zur Durchsetzung desselben.[647] Also entspräche es dem Zweck der Sicherung der effektiven Ausführung, also der Durchsetzung der materiellen Regelungen der Bundesgesetze, wenn Art. 85 Abs. 1 GG auch die Kompetenz zur Regelung des Verwaltungsverfahrens enthielte. Dafür spricht auch die Prägung der Auftragsverwaltung durch verstärkte Einwirkungsmöglichkeiten des Bundes, so dass auch von daher im „Erst-Recht-Schluss" die Verfahrensregelungskompetenz des Bundes angenommen werden muss.

3. Ergebnis

Die fehlende Nennung des Verwaltungsverfahrens beruht auf einem Redaktionsversehen. Das Verwaltungsverfahren ist als in Art. 85 Abs. 1 GG mitgeschrieben hineinzulesen.[648] Also begründet diese Norm eine ausschließliche Gesetzgebungskompetenz des Bundes für die Regelung des Verwaltungsverfahrens.[649] Dies entspricht dem Interpretationsgrundsatz, wonach das Grundgesetz seinem Geist und seinem Gesamtzusammenhang entsprechend auszulegen ist.[650] Nach dem Geist und Gesamtzusammenhang, wie vor allem durch die systematische und genetische Interpretation dargelegt, soll Art. 85 Abs. 1 GG selbst den Bund zur Schaffung gesetzlicher Organisationsregelungen im weitesten Sinne ermächtigen.[651]

---

644 *Fuhrmann*, ZG 11 (1996) 352 (355); Für Art. 84 Abs. 1 GG bestätigen dies bspw. BVerfGE 22, 180 (210); *v. Hausen / v. der Heide*, DÖV 1958, 753 (753).
645 *Hesse*, Unitarischer Bundesstaat, S. 23.
646 *Ossenbühl*, FS Jahrreiß, S. 169.
647 *Ossenbühl*, FS Jahrreiß, S. 169.
648 So auch Jarass / Pieroth - *Jarass*, Art. 85 Rn. 3; Schmidt-Bleibtreu / Klein – Schmidt-Bleibtreu, Art. 85 Rn. 5; v. Münch -*Broß*, Art. 85 Rn. 8.
649 Die faktisch einer konkurrierenden gleichkommt, Jarass / Pieroth – *Pieroth,* Art. 84 Rn. 2.
650 BVerfGE 19, 206 (220).
651 Wie hier auch *Haas*, AöR 80 (1955/56) 81 (87).

IV. Die Zustimmungsbedürftigkeit verfahrensregelnder Gesetze nach Art. 85 Abs. 1 GG

Damit bleibt noch eine letzte Frage im Zusammenhang mit Art. 85 Abs. 1 GG offen: Es ist zu klären, ob der Bundesgesetzgeber zur Schaffung von Verfahrensregelungen für die Auftragsverwaltung der Länder die Zustimmung des Bundesrats benötigt oder nicht. Für Art. 84 Abs. 1 GG ergibt sich dies unmittelbar aus dem Normtext, während es für Art. 85 Abs. 1 GG mangels Nennung des Verwaltungsverfahrens umstritten ist.

1. Problemstellung

Wie oben dargestellt,[652] enthält das AtG verschiedene Verfahrensregelungen, mit denen der Bund auf die Verwaltungstätigkeit der Länder einwirkt.[653] Auch andere Bundesgesetze treffen Verfahrensregelungen für Aufgaben, die in der Form der Auftragsverwaltung ausgeführt werden, so z.B. das Luftverkehrsgesetz.[654] Insbesondere aber in der Fernstraßenverwaltung zeigte sich in der Vergangenheit die Zustimmungsproblematik,[655] deren Relevanz auch die übrigen Materien angesichts unterschiedlicher Mehrheiten in Bundestag und Bundesrat auf der Hand liegt.[656]

Es wird vertreten, aus der fehlenden Normierung des Verwaltungsverfahrens in Art. 85 Abs. 1 GG folge, dass Verfahrensregelungen zustimmungsfrei ergehen könnten.[657] Das dort vorgesehene Zustimmungserfordernis erstrecke sich lediglich auf die Behördeneinrichtung. Nach anderer Ansicht sind Gesetze, die das Verwaltungsverfahren der Länder betreffen, gemäß Art. 85 Abs. 1 GG auch ohne eine ausdrückliche Erwähnung zustimmungsbedürftig.[658]

---

[652] Siehe Kap. 1 B III.

[653] §§ 7 Abs. 4, 13 Abs. 1, 17 Abs. 1 AtG; §§ 7 Abs. 6 S. 3 und 11 Abs. 2 AtG als Ermächtigungsvorschriften; vgl. dazu auch *Haun*, S. 23 Fn. 51.

[654] §§ 10, 31 Abs. 3, Abs. 4 LuftVG; für weitere Beispiele vgl. Kap. 1 B III.

[655] Siehe *Wolst*, S. 27; *Zech*, DVBl. 1987, 1091 (1091); Kodal / Krämer - *Kodal*, Kap. 2 Anm. 29.1; Dort treffen vor allem §§ 2 Abs. 6, 5 Abs. 4 S. 4 FStrG Verfahrensregelungen für die Täti gkeit der Landesbehörden.

[656] Dazu auch Kodal / Krämer - *Kodal*, Kap. 2 Anm. 29.1.

[657] *Steinberg*, Bundesaufsicht, S. 19; Maunz / Dürig – *Maunz*, Art. 85 Rn. 16; *Kirschenmann*, JuS 1977, 565 (572); *Antoni*, AöR 113 (1988) 329 (367, 419); *Badura*, Anm. G 48; *Lichtenstern*, S. 73; *Hesse*, Grundzüge, Rn. 50; Maunz / Dürig - *Lerche*, Art. 85 Rn. 28; v. Münch - *Broß*, Art. 85 Rn. 8; Alternativkommentar - *Bull*, Art. 85 Rn. 10; *Blümel* -HBStR IV, § 101 Rn. 54; *v. Mangoldt / Klein* Art. 85 Anm. III 3 b; Schmidt-Bleibtreu / Klein - *Schmidt-Bleibtreu*, Art. 85 Rn. 5; *Bettermann*, VVDStRL 17 (1959) 118 (160); *Vogel* - HBVR, § 22 Rn. 96; *Schäfer*, DÖV 1960, 641 (646); wohl auch *Ule*, DVBl. 1976, 421 (423); Kodal / Krämer - *Kodal*, Kap. 2 Anm. 30.1; Dreier – *Hermes*, Art. 85 Rn. 29; Seifer / Hömig – *Hömig*, Art. 85 Rn. 2.

[658] *Koehler*, DÖV 1960, 612, (613) ; Sachs - *Dittmann*, Art. 85 Rn. 10; Jarass / Pieroth - *Pieroth*, Art. 85 Rn. 3; Bonner Kommentar - *Bartlsperger*, Art. 90 Rn. 84; *Ipsen*, Rn. 598; *Nawiasky*, Grundgedanken S. 44, *Haas*, AöR 80 (1950/51) 87, jüngst: *Erichsen / Biermann*, Jura 1998, 494 (499); Sachs - *Dittmann*, Art. 85 Rn. 10; Dreier - *Stettner*, Art. 70 Rn. 66.

2. Interpretation der Norm

Wesentliche Vorentscheidungen sind bereits dadurch gefallen, dass Art. 85 Abs. 1 GG einen Kompetenztitel für die Bundesgesetzgebung enthält, der sich auch auf die das Verfahren erstreckt.[659] Wenn also die Vertreter der ersten Ansicht ganz überwiegend davon ausgehen, die Kompetenz zur Verfahrensregelung lasse sich nicht aus Art. 85 Abs. 1 GG ableiten,[660] ist dies abzulehnen und kann nicht zur Begründung herangezogen werden. Geht man richtigerweise davon aus, dass Art. 85 Abs. 1 GG selbständig die Kompetenz zur Verfahrensregelung schafft, da diese als mitgeregelt hineinzulesen ist, erscheint die Annahme, dass diese Verfahrensregelungen trotzdem nicht zustimmungsbedürftig sein sollen, in besonderer Weise rechtfertigungsbedürftig.

a) Grammatische Interpretation

Gegen die Zustimmungsbedürftigkeit könnte der Wortlaut des Art. 85 Abs. 1 GG sprechen. Mangels Nennung des Verwaltungsverfahrens ist ein Zustimmungsbedürfnis nicht unmittelbar zu entnehmen.[661] Stellt die Nichterwähnung, wie oben dargestellt,[662] aber ein Redaktionsversehen dar, kann der Wortlaut naturgemäß keine Anhaltspunkte liefern und ist nicht aussagefähig.

Zusätzlich entkräftet die Entstehungsgeschichte jenes Argument gegen die Zustimmungsbedürftigkeit, wonach sich aus dem Wortlaut des Art. 84 Abs. 1 GG ergebe, dass die Verfassung zwischen der Einrichtung der Behörden und dem Verwaltungsverfahren bewusst differenziert. Gerade eine bewusste Differenzierung ist durch diese widerlegt. Darüber hinaus müssten Behördeneinrichtung und Verwaltungsverfahren inhaltlich unterscheidbar sein. Eine unterschiedliche Behandlung wäre nämlich nur dort zu rechtfertigen, wo eine sinnvolle Abgrenzung möglich ist. Jede andere Behandlung ist dem Vorwurf der Willkür ausgesetzt. Diesem Abgrenzungsproblem kann man auch nicht dadurch entgehen, dass man in Zweifelsfällen von einer Zustimmungsbedürftigkeit ausgeht.[663] Eine nachvollziehbare Abgrenzung zwischen der Behördeneinrichtung und der Verwaltungsverfahren zu finden, ist aber „geradezu unmöglich".[664] Die Übergänge zwischen beiden Kategorien sind fließend.[665] Das Zustimmungserfordernis des Art. 85 Abs. 1 GG auf die Behördeneinrichtung zu beschränken, ist auch deshalb problematisch, weil es zu einer

---

[659] Kap. 1 B II 3 und III 3

[660] Alternativkommentar - *Bull*, Art. 85 Rn. 10; Maunz / Dürig - *Lerche*, Art. 85 Rn. 28; *Kirschenmann*, JuS 1977, 565 (572).

[661] v. Münch - *Broß*, Art. 85 Rn. 8; Alternativkommentar - *Bull*, Art. 85 Rn. 10; Maunz / Dürig - *Lerche*, Art. 85 Rn. 28.

[662] Kap. 1 B II 3 d cc.

[663] *Blümel* -HBStR IV, § 101 Rn. 54; Dreier – *Hermes*, Art. 85 Rn. 29.

[664] Bonner Kommentar - *Bartlsperger*, Art. 90 Rn. 84; *Wolst*, S. 28; Dreier – *Hermes*, Art. 85 Rn. 29; *Erichsen / Biermann*, Jura 1998, 494 (499); *Müller / Zeitler*, DStZ-A 1975, 467 (468).

[665] *Erichsen / Biermann*, Jura 1998, 494 (499).

unterschiedlichen Handhabung von inhaltlich kaum trennbaren Begriffen führen würde.

b) Systematische Interpretation

aa) Die abschließende Aufzählung der Zustimmungsvorbehalte

Die abschließende Aufzählung der Zustimmungsvorbehalte bringt zum Ausdruck, dass eine Zustimmungsbedürftigkeit nur dort besteht, wo die Interessen der Länder nach der Wertung des Verfassungsgebers in besonders starkem Maße berührt sind.[666] Dementsprechend dürfen diese, durch die explizite Nennung bewusst eng gehaltenen Fälle, nicht durch ein „vages allgemeines föderalistischen Kontrollprinzip" ersetzt werden.[667] Allerdings können Gesetze ausnahmsweise auch dann zustimmungsbedürftig sein, wenn die Verfassung ohne ausdrückliche Festschreibung des Vorbehalts „dahin zu interpretieren" ist.[668]

Die Auftragsverwaltung ist Landesverwaltung.[669] Das heißt, auch in der Auftragsverwaltung sind die Verwaltungskörper der Länder prinzipiell geschlossen und die Länder selbst Inhaber der Organisations- und Verfahrenshoheit,[670] was unter anderem in Art. 85 Abs. 1 GG („so bleibt") zum Ausdruck kommt.[671] Die Länder schaffen daher grundsätzlich eigene Regelungen über das Verwaltungsverfahren. Wird von diesem Grundsatz abgewichen, bedeutet dies nicht nur eine kompetenzielle Beschränkung, sondern eine unmittelbare Beeinflussung des Entscheidungsfindungsprozesses der Landesbehörden. Durch die bundesgesetzliche Festlegung des Verfahrens werden also die Länderinteressen erheblich berührt. Wenn hierzu noch Art. 83 GG, also der allgemeine Vorrang der Länder in der Verwaltung, mitberücksichtigt wird, ist es nicht abwegig, den Gesamtzusammenhang der Verfassungsnormen hier dahingehend zu interpretieren, dass die Zustimmung des Bundesrats erforderlich ist.

---

666 v. Münch - *Bryde*, Art. 77 Rn. 20; *Friesenhahn*, FS Bundesrat, S. 255; Dies sei die allgemeine Konzeption, so BVerfGE 1, 76 (79); *Ossenbühl*, AöR 99 (1974) 369, (376);

667 *Friesenhahn*, FS Bundesrat, S. 255. Zustimmungsvorbehalte bestehen nicht bereits dort, wo die Interessen der Länder nur berührt sind, BVerfGE 55, 274 (319); *Maunz*, BayVBl. 1987, 748 (748).

668 BVerfGE 26, 338 (399); *Friesenhahn*, FS Bundesrat, S. 253; allerdings ist dies die durch Auslegung zu ermittelnde Ausnahme, *Lepa*, DVBl. 1974, 399 (401); Gerade für Normen, die den Gesamtzusammenhang zustimmungsbedürftiger Regelungen berühren, wie z.B. Art. 84 Abs. 1, Art. 85 Abs. 1 und Abs. 2 GG, soll dies der Fall sein, *Friesenhahn*, FS Bundesrat, S. 256.

669 Jarass / Pieroth - *Pieroth*, Art. 85 Rn. 2.

670 Maunz / Dürig - *Lerche*, Art. 85 Rn. 5.

671 Die Norm selbst setzt die Organisationshoheit voraus, *Fuhrmann*, ZG 11 (1996) 352 (355).

bb) Die Systematik der Zustimmungsvorbehalte

Bei dem Versuch, die Zielsetzung und Systematik der einzelnen Zustimmungsvorbehalte durch eine Kategorisierung zu verdeutlichen, lassen sich Art. 84 Abs. 1 und Art. 85 Abs. 1 GG zunächst in die Kategorie „Abgrenzung von Bundesverwaltung und Einflussnahme auf die Landesverwaltung" einordnen.[672] Dies trifft auch für die bundesgesetzliche Regelungskompetenz für das Verwaltungsverfahren aus Art. 85 Abs. 1 GG zu. Auch hier handelt es sich um einen Fall der Einflussnahme auf die Landesverwaltung.

Für Art. 84 Abs. 1 GG wird genauso wie für Art. 108 Abs. 5 S. 2 GG eine Eingruppierung in den Unterfall „Verfahren vor den Landesbehörden" vorgenommen.[673] In diesen Unterfall ist auch die Regelungskompetenz des Bundes für das Verfahren in der Auftragsverwaltung einzuordnen. Nach der Systematik der Zustimmungsvorbehalte, ergibt sich also auch für Verfahrensregelungen des Art. 85 Abs. 1 GG die Erforderlichkeit der Bundesratszustimmung. Es erschiene geradezu systemwidrig einen Fall der „Einflussnahme auf die Landesverwaltung", der zugleich das „Verfahren vor den Landesbehörden" regelt, nicht hier einzuordnen.[674]

cc) Das systematisches Verhältnis zu Art. 84 Abs. 1 GG

Dem widerspricht auch nicht, dass Art. 85 GG dem Bund insgesamt umfangreichere Einwirkungsmöglichkeiten auf die Verwaltungstätigkeit der Länder als Art. 84 GG einräumt. Doch wird vertreten, der Unterschied zu Art. 84 Abs. 1 GG, also die Tatsache, dass die Auftragsverwaltung dem Bund „näher steht",[675] zeige sich darin, dass keine Zustimmung des Bundesrats - die ja die Länderinteressen wahren soll - erforderlich sei.[676] Dagegen spricht, dass in der Auftragsverwaltung der Steuern durch Art. 108 Abs. 5 S. 2 GG der Erlass bundesgesetzlicher Regelungen über das Verfahren an die Zustimmung des Bundesrats gebunden ist. Der Zustimmungsvorbehalt für das Verwaltungsverfahren ist demnach nicht als Unterscheidungsmerkmal zwischen Auftragsverwaltung und landeseigener Verwaltung konzipiert. Auch dies spricht daher für die parallele Systematik von Art. 84 Abs. 1 und Art. 85 Abs. 1 GG in Bezug auf den Zustimmungsvorbehalt.

---

[672] *Friesenhahn*, FS Bundesrat, S. 263.
[673] *Friesenhahn*, FS Bundesrat, S. 263.
[674] A. A. aber *Friesenhahn*, FS Bundesrat, S. 264.
[675] BVerfGE 26, 338 (385).
[676] Maunz / Dürig - *Lerche*, Art. 85 Rn. 28; *Ule*, DVBl. 1976, 421 (423).

dd) Das systematische Verhältnis zu Art. 85 Abs. 2 GG

Besondere Bedeutung hat wegen der Normnähe das systematische Verhältnis von Art. 85 Abs. 1 zu Art. 85 Abs. 2 GG. Letzterer knüpft den Erlass allgemeiner Verwaltungsvorschriften an die Zustimmung des Bundesrats. Also sind in der Auftragsverwaltung auch innerorganisatorische Regelungen der Bundesexekutive,[677] also reines Innenrecht, das nicht den Rang und Bindungswirkung gesetzlicher Regelungen hat und nur „Detailregelungen" hinsichtlich der Rechtsanwendung treffen kann, durch einen Zustimmungsvorbehalt föderal rückgebunden.[678] Daher erschiene es disproportional und nicht nachvollziehbar, wenn man den Erlass von Gesetzen, die das Verwaltungsverfahren der Landesbehörden regeln, ohne ein Zustimmungserfordernis zuließe.[679]

ee) Zusammenfassung

Die systematische Interpretation spricht danach für die Zustimmungsbedürftigkeit verfahrensregelnder Bundesgesetze auf Grundlage des Art. 85 Abs. 1 GG. Darüber hinaus erschiene das gegenteilige Ergebnis als inkonsequent.[680] Wenn die Kompetenz zum Erlass von Verfahrensregelungen dort mitgeregelt und hineinzulesen ist, muss sich der für den ausdrücklich normierten Teil - die Behördeneinrichtung - geltende Zustimmungsvorbehalt auch hierauf erstrecken.

c) Historische Interpretation

Bei der historische Interpretation ist zu berücksichtigen, dass es unter der WRV keine verfassungsunmittelbare Auftragsverwaltung gab. Soweit in der Reichswasserstraßenverwaltung eine „Auftragsverwaltung" bestand, handelte es sich um materielle Reichsverwaltung.[681]

In der Landesverwaltung stand dem Reich, wie ausgeführt,[682] aufgrund der materiellen Kompetenztitel für die Gesetzgebung, die Möglichkeit zum Erlass von Organisationsregelungen im weitesten Sinne, also auch von Verfahrensregelungen, zu. Es gab keine Ausdifferenzierung der Verwaltungskompetenzen und diesbzgl.

---

[677] *Friesenhahn*, FS Bundesrat, S. 265.

[678] Jarass / Pieroth - *Pieroth*, Art. 85 Rn.; Bonner Kommentar - *Bartlsperger*, Art. 90 Rn. 84; *Antoni*, AöR 113 (1988) 329 (356).

[679] So im Ergebnis auch Jarass / Pieroth - *Pieroth*, Art. 85 Rn. 3; Dreier - *Hermes*, Art. 85 Rn. 29; Bonner Kommentar - *Bartlsperger*, Art. 90 Rn. 84.

[680] *Ronellenfitsch*, Genehmigungsverfahren, S. 290.

[681] *Dittmann*, Bundesverwaltung, S. 55; Maunz / Dürig - *Lerche*, Art. 85 Rn. 21.

[682] Kap. 1 B II 2 d bb.

Regelungsbefugnisse durch die Verfassung, die diese Möglichkeit ausgeschlossen hätten. Der Reichsgesetzgeber hatte bei der Ausgestaltung im Wesentlichen freie Hand, da dem Reichsrat gemäß Art. 74 WRV lediglich ein Einspruchsrecht zustand.[683] Gesonderte Zustimmungserfordernisse waren in der Verfassung nicht vorgesehen. Selbst die Übertragung ganzer Verwaltungsmaterien auf das Reich konnte nach Art. 14 WRV durch einfaches Gesetz erfolgen.[684] Lediglich für eine Verfassungsänderung war eine 2/3 Mehrheit notwendig.[685] Diese Struktur unterscheidet sich so grundlegend von der des Grundgesetzes, dass das damalige Fehlen eines Zustimmungsvorbehalts für die Auslegung des Grundgesetzes keine Bedeutung haben kann.

d) Genetische Interpretation

aa) Die Struktur der Zustimmungsvorbehalte

Es wird kritisiert, dass die Regelungen des Grundgesetzes hinsichtlich der Zustimmungsbedürftigkeit von Gesetzen „wenig durchdacht und folgerichtig" seien.[686] Wie ausgeführt, lassen sich in den Beratungen tatsächlich für den Bereich der Verwaltung, sowohl hinsichtlich von Zuständigkeits- als auch Verfahrensregelungen, zahlreiche Unklarheiten und Unsicherheiten nachweisen.[687] Trotz ihrer in der Praxis überaus häufig die Zustimmungsbedürftigkeit auslösenden Wirkung,[688] erscheint die Konzeption der Zustimmungsvorbehalte der Art. 84 Abs. 1 und Art. 85 Abs. 1 GG jedoch folgerichtig: Will der Bund die Einzelheiten des Vollzugs mit unmittelbaren Auswirkungen auf die Länderhoheit regeln, muss er die Mitbestimmung in Kauf nehmen. Dies erfordert die Absicherung der Stellung der Länder auf dem Gebiet der Verwaltung. Dabei entspricht die Zustimmungsbedürftigkeit der Verwaltungsregelungen nicht nur diesem generellen Gesichtspunkt, sondern auch der konkreten Systematik der Zustimmungsvorbehalte.[689]

bb) Die Besonderheiten der Entstehungsgeschichte des Art. 85 Abs. 1 GG

Für die Auftragsverwaltung sah Art. 113 HCHE bereits seit dem Entwurf von Herrenchiemsee vor: „Die Organisation der Behörden bleibt im Rahmen der einschlägigen Gesetze Sache der Länder." [690] Das Recht zur „Organisation der Behörden", das im weitesten Sinne verstanden wurde,[691] sollte den Ländern von

---

683 Jeserich - *Frotscher*, Bd. 4, S. 114.
684 *Anschütz*, WRV, Art. 14 Rn. 1; Jeserich - *Frotscher*, Bd. 4, S. 114.
685 *Menger*, Rn. 345; *Hatschek* § 4 II 1, S. 41.
686 *Friesenhahn*, FS Bundesrat, S. 257.
687 Diese verursachten das Redaktionsvers ehen; dazu oben Kap. 1 B III 4 d cc.
688 Nachweise bei *Sauter*, FS Klein, S. 564; *Schultze-Fielitz*, DVBl. 1982, 328 (330).
689 Kap. 1 B IV 2 b bb.
690 Der Parlamentarische Rat, Bd. 2, Be richt über den Verfassungskonvent, S. 605.
691 Kap. 1 B III 3 d bb und cc.

vornherein nur vorbehaltlich einer Regelung durch den Bund zustehen.[692] An diesem Konzept wurde im Verlauf der Verhandlungen nur noch wenig geändert, da in den Beratungen, wie dargestellt,[693] die landeseigene Verwaltung eindeutig im Vordergrund stand. Im Wesentlichen beschränkten sich die Änderungen darauf, die „Organisation" durch die „Einrichtung" zu ersetzen.

Der Zustimmungsvorbehalt wurde erst relativ spät eingefügt, nämlich als man sich über die Stellung des Bundesrats in der Verfassung geeinigt hatte.[694] Eine inhaltliche Befassung fand darüber hinaus nicht statt.[695] Da man aber ein sehr umfassendes Verständnis von der „Organisation" hatte, wurde das Verfahren als mitgeregelt angesehen. Der Zustimmungsvorbehalt sollte sich daher hierauf erstrecken.

Dafür spricht ebenfalls, dass man bei der Beratung der bundesgesetzlichen Regelungen, die der Zustimmung des Bundesrats unterliegen sollten, all diese erfasst sehen wollte, „durch die Bestimmungen über die Errichtung der Behörden und das Verwaltungsverfahren in den Länder erlassen werden."[696] Dies trifft auch auf Verfahrensregelungen in der Auftragsverwaltung zu.

cc) Zusammenfassung

Nach der genetischen Interpretation sollte sich der Zustimmungsvorbehalt in der Auftragsverwaltung auf bundesgesetzliche Regelungen über die „Organisation" im weitesten Sinne, also auch auf Verfahrensregelungen erstrecken.

e) Teleologische Interpretation

aa) Absicherung der Gewaltenteilung vor „Systemverschiebungen"

Das in Art. 84 Abs. 1 GG normierte Zustimmungserfordernis soll die Grundentscheidung der Verfassung zu Gunsten des gewaltenteilenden und föderalistischen Staatsaufbaus absichern und verhindern, dass „Systemverschiebungen" im bundesstaatlichen Gefüge auf dem Wege der einfachen Gesetzgebung herbeigeführt werden.[697] Dieser Sinn und Zweck des

[692] Der Parlamentarische Rat, Bd. 3, 5. Sitzung des Ausschusses für Zuständigkeitsabgrenzungen, S. 729.
[693] Kap. 1 B IV 2 d cc (1).
[694] Der Parlamentarische Rat, Bd. 11, Sitzung des Fünfera usschusses am 2. 2. 1949, S. 91.
[695] Siehe dazu: Der Parlamentarische Rat, Bd. 11, Interfraktionelle Besprechung, 3.5.1949, S. 242 f.
[696] Der Parlamentarische Rat, Bd. 11, Unterausschuss Bundesrat, S. 166.
[697] BVerfGE 37, 363 (380), BVerfGE 55, 274 (319); BR - Drs. 594/1/73 vom 17. 10. 1973, S. 2; *Badura*, Anm. G 48; *Sauter*, FS Klein, S. 563; *Meunz*, BayVBl. 1987, 748 (748); *Ossenbühl*, AöR 99 (1974), 369 (421 f.) über Hesse.

Zustimmungsvorbehalts wird bei Art. 85 Abs. 1 GG teilweise für nicht einschlägig gehalten.[698]

Art. 85 Abs. 1 GG regelt die Kompetenz des Bundes zur Einwirkung durch Gesetz auf die Organisations- und Verfahrenshoheit der Länder bei der (Auftrags-) Verwaltung.[699] Die Regelung ist also sowohl in Bezug auf das Verhältnis von Gesetzgebung und Verwaltung als auch von Bund und Ländern relevant. Die Funktion des Bundesrats bzw. der Sinn und Zweck eines Zustimmungsvorbehalts liegt aber darin, eine zusätzliche Teilung und Balancierung der Gewalten herbeizuführen,[700] da der Gewaltenteilungsgedanke ebenfalls ein Aspekt des Föderalismus ist.[701] Das bedeutet, dass dieser Sinn und Zweck nicht nur für Art. 84 Abs. 1 GG, sondern auch für Art. 85 Abs. 1 GG einschlägig ist.[702]

bb) Kompensation zu Gunsten der Länder

Dem Zustimmungserfordernissen der Art. 84 Abs. 1 und Art. 85 Abs. 1 GG soll eine Kompensationsfunktion zu Gunsten der Länder für den Eingriff des Bundes in ihre Organisationshoheit zukommen.[703] Andere halten dies für ein lediglich verfassungspolitisches Argument.[704]

Soweit der Bund Verfahrens- und Zuständigkeitsregelungen schafft, erfährt dadurch, wie dargelegt,[705] die Länderhoheit in der Verwaltung eine wesentliche Einschränkung.[706] Damit gilt bei Art. 85 Abs. 1 GG dasselbe wie bei Art. 84 Abs. 1 GG: „wenn der Bund - um den einheitlichen Vollzug seiner Gesetze zu gewährleisten - die Organisation und das Verfahren regelt, greift er in eine Materie über, die den Ländern vorbehalten ist."[707] Dies gilt insbesondere dann, wenn man die Konkretisierung des noch unvollständigen Bundeswillens durch die Regelung des Verwaltungsverfahrens als ersten Schritt des Vollzugs eines Gesetzes sieht, der

---

698 Maunz / Dürig - *Lerche*, Art. 85 Rn. 28; *Badura*, Anm. G 48.

699 Wobei jedenfalls die Organisationsgewalt eigentlicher Teil der Verwaltung sind, vgl. Kap. 1 B II 1 b cc. Für das Verwaltungsverfahren, das Teil des Organisationsrechts im weiteren Sinne ist, kann grundsätzlich nichts anderes gelten. Beide sind jedenfalls auch in der Auftragsverwaltung den Ländern vorbehalten.

700 *Hesse*, Grundzüge, Rn. 231 f.; *Ossenbühl*, AöR 99 (1974) 369 (421 f.).

701 Dies ist zumindest ein Aspekt, auch wenn die vertikale Gewaltenteilung die horizontale Gewaltenteilung nicht ersetzten kann, *Ossenbühl*, AöR 99 (1974), 369 (422).

702 Insofern ist keine Differenzierung zwischen der landeseigenen Verwaltung und der Auftragsverwaltung angelegt; Maunz / Dürig – *Maunz*, Erstbearb. Art. 85 Rn. 14. In diesem Sinne für das Verfahren auch *Erichsen / Biermann*, Jura 1998, 494 (495); *Ipsen*, Rn. 598.

703 BVerfGE 55, 274 (319); *Hesse*, Unitarischer Bundesstaat, S. 23; *Erichsen / Biermann*, Jura 1998, 494 (495); Sachs - *Dittmann*, Art. 84 Rn. 10; *Maunz*, BayVBl. 1982, 353 (354); *Antoni*, AöR 113 (1988) 329 (353 f.), *Lepa*, DVBl. 1974, 399 (405); auch der Bundesrat selbst: BR-Drs. 594/1/73, S. 2.

704 *Ossenbühl*, AöR 99 (1974) 372 (395).

705 Vgl. Kap. 1 B IV 2 b aa.

706 *Ipsen*, Rn. 598.

707 BR-Drs. 594/1/73 vom 17.10.1973, S. 2; *Ossenbühl*, AöR 99 (1974) 372 (376).

eigentlich Ländersache ist.[708] Zustimmungsvorbehalte sorgen dafür, dass „im gleichen Maße [...], wie er [der Bund] auf den Landesbereich Einfluss gewinnt, [...] dem Bundesrat, also dem Organ, durch das die Länder bei der Willensbildung des Bundes teilnehmen, Mitwirkungsrechte“ zuwachsen. Dies bedeutet einen verstärkten Einfluss der Länder auch auf den materiell-rechtlichen Teil der Gesetze[709] und damit auf die gesamtstaatliche Willensbildung überhaupt.[710] Dies ist nichts anderes als eine Kompensation und die Gewährleistung einer verstärkten föderativen Kontrolle[711] und dieser bedürfen auch bundesgesetzliche Verfahrensregelungen in der Auftragsverwaltung.[712]

cc) Zusammenfassung

Auch die teleologische Interpretation spricht sowohl aus gewaltenteilender als auch aus föderaler Sicht für die Zustimmungsbedürftigkeit verfahrensregelnder Bundesgesetze in der Auftragsverwaltung.

3. Ergebnis

Vor allem aus Systematik und Entstehungsgeschichte folgt, dass im Rahmen der Auftragsverwaltung verfahrensregelnde Bundesgesetze nur mit Zustimmung des Bundesrats ergehen können. Der Zustimmungsvorbehalt des Art. 85 Abs. 1 GG erstreckt sich auch auf das nicht genannte Verwaltungsverfahren.

Dem entspricht auch die Praxis, da in der Regel die Zustimmung des Bundesrats einholt wird. So sind z.B. sämtliche Verfahrensvorschriften für das Bundesfernstraßengesetz mit Bundesratszustimmung ergangen.[713]

---

[708] *Ossenbühl*, Reformüberlegungen, S. 51 für allgemein e Verwaltungsvorschriften.
[709] BVerfGE 55, 274 (319); BR-Drs. 594/1/73 vom 17. 10. 1973, S. 2; *Maunz*, BayVBl. 1982, 353 (354).
[710] *Hesse*, Unitarischer Bundesstaat, S. 23.
[711] *Maunz*, BayVBl. 1982, 353 (354); *Erichsen / Biermann*, Jura 1998, 494 (495); Sachs - *Dittmann*, Art. 84 Rn. 10; *Antoni*, AöR 113 (1988) 329 (353 f.); *Lepa*, DVBl. 1974, 399 (405).
[712] *Erichsen / Biermann*, Jura 1998, 494 (495); *Ipsen*, Rn. 598.
[713] Nachweise bei *Zech*, DVBl. 1987, 1091 (1092).

KAPITEL 2: DIE UNTERGESETZLICHEN EINWIRKUNGSBEFUGNISSE DES BUNDES IN DER AUFTRAGSVERWALTUNG

Art. 85 GG räumt dem Bund umfangreiche untergesetzliche Einwirkungsbefugnisse ein. Diese ermöglichen ihm eine weitgehende Steuerung der Verwaltungstätigkeit der Länder in der Auftragsverwaltung,[714] also im AtG bei der Ausführung aller Aufgaben des Zweiten Abschnitts und der hierzu ergangenen Rechtsverordnungen.[715] Die Weisungskompetenz des Art. 85 Abs. 3 GG ist die stärkste und außerdem umstrittenste Form der Einflussnahme und steht daher im Mittelpunkt des Kapitels. Die übrigen Einwirkungsbefugnisse werden nur im Überblick dargestellt.

A. Die Kompetenz des Bundes zum Erlass allgemeiner Verwaltungsvorschriften gemäß Art. 85 Abs. 2 S. 1 GG

Art. 85 Abs. 2 S. 1 GG weist dem Bund die Kompetenz zum Erlass allgemeiner Verwaltungsvorschriften zu.

I. Träger der Kompetenz

Diese Kompetenz steht der Bundesregierung zu. Ihre Ausübung setzt eine Entscheidung des Kollegiums[716] und gemäß Art. 85 Abs. 2 S. 1 GG die Zustimmung des Bundesrats voraus.

II. Inhalt der Kompetenz

Allgemeine Verwaltungsvorschriften im Sinne des Art. 85 Abs. 2 S. 1 GG sind solche Regelungen, die für eine unbestimmte Vielheit von Sachverhalten eine verbindliche Aussagen treffen, ohne auf eine unmittelbare Außenwirkung gerichtet zu sein.[717] Sie binden also nur die Verwaltung intern.[718] Der Bund kann mit ihrer Hilfe den Gesetzesvollzug in seinem Sinne näher bestimmen,[719] indem er Regelungen über

[714] Sachs – *Dittmann*, Art. 85 Rn. 12, Art. 84 Rn. 18.
[715] Vgl. § 24 Abs. 1 S. 1 AtG.
[716] BVerfGE 100, 249 (259 ff.); bis zu dieser Entscheidung wurde allerdings überwiegend die Befugnis des einzelnen Ministers angenommen; zur Diskussion vgl. *Dux*, S. 90 f.; außerdem Jarass / Pieroth - *Pieroth*, Art. 84 Rn. 9; Sachs - *Dittmann*, Art. 84 Rn. 19.
[717] Maunz / Dürig - *Lerche*, Art. 84 Rn. 96; Sachs – *Dittmann*, Art. 84 Rn. 20; Jarass / Pieroth - *Pieroth*, Art. 84 Rn. 8; *Zech*, DVBl. 1987, 1091 (1092).
[718] Sachs - *Dittmann*, Art. 84 Rn. 20; Bonner Kommentar - *Zieger / Bischof*, Art. 87 c Rn. 78.
[719] Bonner Kommentar - *Zieger / Bischof*, Art. 87 c Rn. 76; *Zillmer*, DÖV 1995, 48 (50).

materielle oder Organisations- und Verfahrensfragen schafft.[720] Typischerweise regelt er durch allgemeine Verwaltungsvorschriften die Gesetzesauslegung und die Ermessensausübung.[721] Es ergibt sich damit schwerpunktmäßig eine präventive Wirkung.[722]

III. Bedeutung der Kompetenz

Über die Bedeutung der Kompetenz zum Erlass allgemeiner Verwaltungsvorschriften im Kernenergiewesen gehen die Ansichten auseinander.[723] Teilweise wird behauptet, von ihr sei sehr umfangreich Gebrauch gemacht worden,[724] teilweise, sie sei kaum eingesetzt worden.[725] Jedenfalls spielten im Kernenergiewesen Beratergremien, wie die Reaktorsicherheits- oder Strahlenschutzkommission eine wichtige Rolle.[726] Solange zwischen Bund und Ländern ein energiepolitischer Konsens bestand, wurden außerdem informelle Übereinkünfte[727] bevorzugt und nicht der Weg über den Erlass von Verwaltungsvorschriften beschritten.[728]

B. Die Kompetenzen des Bundes zur Einwirkung auf Personalentscheidungen gemäß Art. 85 Abs. 2 S. 2, S. 3 GG

Anders als in der landeseigenen Verwaltung kann der Bund in der Auftragsverwaltung auf Personalentscheidungen der Länder Einfluss nehmen.

I. Träger der Kompetenzen

Sowohl die Regelung der einheitlichen Ausbildung der Beamten und Angestellten gemäß Art. 85 Abs. 2 S. 2 GG (durch allgemeine Verwaltungsvorschrift) als auch die

---

[720] Jarass / Pieroth - *Pieroth*, Art. 84 Rn. 8.
[721] *Borgmann*, S. 187.
[722] Jarass / Pieroth - *Pieroth*, Art. 84 Rn. 7; *Borgmann*, S. 187.
[723] In der Luftverkehrsverwaltung gibt es keine allgemeinen Verwaltungsvorschriften, Giemulla - *Giemulla*, LuftVG § 31 Rn. 30; *Hofmann / Grabherr*, LuftVG, Einl. A II 1 f. Für die Auftragsverwaltung der Bundesfernstraßen waren jedenfalls bis 1969 nur 2 ergangen, Bonner Kommentar - *Bartlsperger*, Art. 90 Rn. 89.
[724] Bonner Kommentar - *Zieger / Bischof*, Art. 87 c Rn. 105 ff.
[725] *Borgmann*, S. 188; *Fischerhof*, AtG, vor § 22 Rn. 5; *Haederich*, AtG, vor § 3 Rn. 6; *Kloepfer*, § 15 Rn. 10; *Winter*, AtG, Einf. 4.7.5 zum Stand bis 1978; Bonner Kommentar - *Zieger / Bischof*, Art. 87 c Rn. 84: im Kernenergiewesen bis 1989 nur einmal, allerdings sind mit § 10 Strahlenschutzvorsorgeverordnung umfangreiche Ermächtigungen vorgenommen worden.
[726] Deren Entscheidungen sollen die allgemeinen Verwaltungsvorschriften teilweise ersetzt haben, *Borgmann*, S. 188;
[727] Bonner Kommentar - *Zieger / Bischof*, Art. 87 c Rn. 92 mit umfangreichen Nachweisen; zu den sog. Richtlinien, *Winters*, AtG, Einf. 4.7.5.
[728] Bonner Kommentar - *Zieger / Bischof*, Art. 87 c Rn. 88.

Erklärung des Einvernehmens über die Bestellung des Leiters einer Mittelbehörde gemäß Art. 85 Abs. 2 S. 3 GG setzt eine Entscheidung der Bundesregierung als Kollegium voraus.[729]

II. Inhalt der Kompetenzen

Die Kompetenz zur Regelung der einheitlichen Ausbildung bezieht sich nur auf Beamte und Angestellte, die im Bereich der Auftragsverwaltung tätig werden, nicht dagegen auf Arbeiter.[730] Soweit die Regelung allein auf eine interne Bindungswirkung zielt, genügt der Erlass in Form einer allgemeinen Verwaltungsvorschrift.[731]

Das Einvernehmenserfordernis setzt eine ausdrücklichen Beschluss voraus, bloßes Benehmen genügt nicht.[732] Allerdings besteht dieses Erfordernis nur bei solchen Mittelbehörden, die ausschließlich mit der Auftragsverwaltung betraut sind[733] und nur, wenn das Land personelle Veränderungen beschließt.

C. Die Weisungskompetenz des Bundes gemäß Art. 85 Abs. 3 GG i. V. m. Art. 87 c GG

Die umfassende Weisungskompetenz des Bundes ist prägendes Merkmal der Auftragsverwaltung.[734] Sie besteht gemäß Art. 85 Abs. 3 i. V. m. Art. 87 c GG allerdings nur für solche Gegenstände, die durch Gesetz konkret der Auftragsverwaltung unterworfen sind.[735] Daher erfasst die Kompetenz nicht die Ausführung des AtG insgesamt, sondern nur die solcher Normen, für die die Auftragsverwaltung vorgesehen ist.[736] Gemäß § 24 Abs. 1 S. 1 AtG sind dies die Aufgaben des zweiten Abschnitts des Gesetzes,[737] die, wie dargestellt,[738] wichtige Gegenstände abdecken.

---

[729] Sachs - *Dittmann*, Art. 85 Rn. 13, 17. Sie erfordern aber nicht die Zustimmung des Bundesrats, Jarass / Pieroth - *Pieroth,* Art. 85 Rn. 4.

[730] Jarass / Pieroth - *Pieroth*, Art. 85 Rn. 4; Dreier - *Hermes*, Art. 85 Rn. 32; Sachs - *Dittmann*, Art. 85 Rn. 14; *Borgmann*, S. 187.

[731] Ist auch ausnahmsweise Außenwirkung bezweckt, ist eine Rechtsverordnung erforderlich, Jarass / Pieroth - *Pieroth*, Art. 85 Rn. 4; Sachs - *Dittmann*, Art. 85 Rn. 14.

[732] Sachs - *Dittmann*, Art. 85 Rn. 14.

[733] Jarass / Pieroth - *Pieroth*, Art. 85 Rn. 5; Dreier - *Hermes*, Art. 85 Rn. 85 Rn. 35 m.w.N.

[734] *Blümel* - HBStR IV, § 101 Rn. 59, 63; Bonner Kommentar - *Zieger / Bischof*, Art. 87 c Rn. 160; *v. Münch*, Rn. 878.

[735] Bonner Kommentar *Zieger / Bischof*, Art. 87 c Rn. 165.

[736] Die Begrenzung der Weisungskompetenz durch die Reichweite der Au ftragsverwaltung im Bereich der Verwaltung der Fernstraßen (Art. 90 Abs. 2 GG) war Gegenstand der Entscheidung BVerfGE 102, 167 ff. vgl. vor allem 173 f.

[737] Und der dazu ergehenden Rechtsverordnungen, *Haederich* AtG, § 24 Rn. 1; Sachs - *Windthorst*, Art. 87 c Rn. 4.

[738] Einl. II 1.

I. Träger der Kompetenz

Art. 85 Abs. 3 S. 1 GG ordnet die Weisungskompetenz funktionell den obersten Bundesbehörden zu. Deren besonderes Kennzeichen, das sie von anderen Bundesexekutivorganen unterscheidet, ist also das Attribut „oberste".[739] Folglich ist die hierarchische Spitzenstellung entscheidend,[740] so dass oberste Bundesbehörden nur solche Behörden sind, die keiner anderen Bundesbehörde nachgeordnet sind.[741] Dies sind die jeweils zuständigen Fachministerien.[742] Bundesoberbehörden, wie z.B. das Bundesamt für Strahlenschutz oder das Bundesausfuhramt, sind dagegen aufgrund ihrer Weisungsgebundenheit gegenüber dem Bundesminister nicht zum Erlass von Weisungen im Sinne des Art. 85 Abs. 3 S. 1 GG berechtigt.[743] In dieser Hinsicht wäre ein „Zusammenspiel" zwischen der Auftragsverwaltung und der Bundesverwaltung durch Bundesoberbehörden verfassungswidrig.

II. Inhalt der Weisungskompetenz, insbesondere: Die Befugnis zum Erlass allgemeiner Weisungen ?

Unter einer Weisung versteht man eine rechtsverbindliche Aussage für einen konkreten Sachverhalt ohne Außenwirkung.[744] Die Aussage ist also für den Empfänger, d. h. im Regelfall gemäß Art. 85 Abs. 3 S. 2 GG, für die oberste Landesbehörde bindend.[745] Sie ist als Befehl die stärkste Form der Einflussnahme des Bundes.[746] Trotzdem stellt der Weisungserlass in der Auftragsverwaltung ein reguläres Mittel zur Beilegung von Meinungsverschiedenheiten zwischen Bund und Ländern dar.[747] Damit dienen Weisungen der Gewährleistung eines bundeseinheitlichen Vollzugs bzw. der Durchsetzung von Einzelentscheidungen.[748] Sie können sich auf die gesamte Vollzugstätigkeit[749] und gemäß Art. 85 Abs. 4 GG nicht nur auf

---

739 *Tschentscher*, S. 78.
740 *Tschentscher*, S. 78.
741 Maunz / Dürig - *Lerche*, Art. 85 Rn. 59; Seifert / Hömig – - *Hömig*, Art. 85 Rn. 10; *v. Mangoldt / Klein*, Art. 85 Anm. IV 2 d dd.
742 *Maurer*, Staatsrecht, § 18 Rn. 16.
743 v. Münch - *Broß*, Art. 85 Rn. 16; *Tschentscher*, S. 81.
744 Jarass/ Pieroth - *Pieroth*, Art. 84 Rn. 10; Maunz / Dürig - *Lerche*, Art. 85 Rn. 51; *Zech*, DVBl. 1987, 1091 (1093).
745 v. Münch - *Broß*, Art. 85 Rn. 15; Bonner Kommentar - *Zieger / Bischof*, Art. 87 c Rn. 113; *Blümel*, AöR 93 (1968) 200 (216); *Steinberg*, AöR 110 (1985) 419 (431, 433).
746 BVerwGE 42, 279 (284); Bonner Kommentar - *Zieger / Bischof*, Art. 87 c Rn. 113.
747 Jarass / Pieroth - *Pieroth*, Art. 85 Rn. 6; Dreier - *Hermes*, Art. 85 Rn. 37; *Gornig*, JZ 1992, 307 (309).
748 Bonner Kommentar - *Zieger / Bischof*, Art. 87 c Rn. 113; *Steinberg*, AöR 110 (1985) 419 (430); *Schulte*, VerwArchiv 81 (1990) 415 (428); vor allem letzteres betonend, Dreier - *Hermes*, Art. 85 Rn. 37.
749 BVerfGE 102, 167 (172); BVerfGE 81, 31 (335 f.); BVerfGE 84, 25 (31); Jarass Pieroth - *Pieroth*, Art. 85 Rn. 6; *Blümel* - HBStR IV, § 101 Rn. 62.

Rechtmäßigkeitsfragen, sondern auch auf die Zweckmäßigkeit der Ausführung erstrecken.[750]

1. Problemstellung

Die Entscheidungen des Bundesverfassungsgerichts zum Schnellen Brüter[751] und zum Schacht Konrad[752] klärten einige Fragen, die in Bezug auf die Weisungskompetenz des Bundes umstritten waren.[753] Andere Fragen blieben offen oder wurden sogar erst durch die Entscheidungen zum Gegenstand der Diskussion.[754] Ungeklärt blieb insbesondere, ob die Weisungskompetenz des Bundes gemäß Art. 85 Abs. 3 S. 1 GG nur die Kompetenz zur Erteilung von Einzelweisungen umfasst oder auch die Kompetenz zum Erlass allgemeiner Weisungen.

a) Bedeutung der Problematik

aa) Der Verfassungszusammenhang mit Art. 85 Abs. 2 S. 1 GG: systematische und bundesstaatliche Aspekte

Die Relevanz des Problems zeigt der Vergleich mit Art. 85 Abs. 2 S. 1 GG. Dort ist der Erlass allgemeiner Verwaltungsvorschriften nicht nur an eine Entscheidung der Bundesregierung als Kollegium geknüpft, sondern auch an die Zustimmung des Bundesrats gebunden. Sie unterliegt also strengen Voraussetzungen. Würde die Weisungskompetenz aus Art. 85 Abs. 3 S. 1 GG allgemeine Weisungen umfassen, stünde einem einzelnen Bundesminister ein allgemeines untergesetzliches Steuerungsinstrument ohne Beteiligung des Bundesrats zu. Dies wäre nicht nur im Hinblick auf die engen Voraussetzungen des Art. 85 Abs. 2 S. 1 GG, sondern auch deshalb problematisch, weil eine allgemeine Weisungskompetenz insgesamt die Eigenständigkeit der Länder in der Auftragsverwaltung einschränken würde, also auch das Bund-Länder-Verhältnis betroffen wäre. Es geht also sowohl um das Verhältnis zweier Kompetenzregelungen der Verfassung als auch um das grundsätzliche Problem der Kompetenzabgrenzung zwischen Bund und Ländern.[755]

---

[750] *Blümel* - HBStR IV, § 101 Rn. 63.
[751] BVerfGE 81, 310 ff.
[752] BVerfGE 84, 25 ff.
[753] Die Entscheidung BVerfGE 102, 167 ff. zur B 75 verdeutlichte nur die Grenzen der Auftragsverwaltung in der Fernstraßenverwaltung, nahm aber im Übrigen auf die Entscheidungen zum „Schnellen Brüter“ und „Schacht Konrad“ Bezug.
[754] Dazu bspw. *Borgmann*, S. 189, 192; *Dieners*, DÖV 1991, 923 ff.; *Nobbe*, atw 1990, 339 ff.; *Bethge / Rozek*, Jura 1995, 213 (214 ff.); *Lange*, NVwZ 1990, 929 f.; *Hartung*, JA 1991, 138 f.; *Schulte*, VerwArch 81 (1990) 426 ff.; jeweils mit weiteren Nachweisen.
[755] Dazu *Oeter*, Bundesstaatsrecht, S. 447 ff.

bb) Die Weisungskompetenz im Kernenergiewesen: verwaltungspraktische und kompetenzielle Aspekte

Die genannten Entscheidungen des Bundesverfassungsgerichts sind ein Beleg dafür, dass sich die praktische Bedeutung der Weisungskompetenz generell nach Wegfall des energiepolitischen Konsenses ab Mitte der 80er verändert hat.[756] Hinzu kommt, dass die obersten Landesbehörden (§ 24 Abs. 2 S. 1 AtG) bei der Ausführung des AtG nach § 7 Abs. 4 S. 2 AtG verpflichtet sind, bei Meinungsverschiedenheiten zwischen der (Landes-)Genehmigungsbehörde und einer beteiligten Bundesbehörde die Weisung des zuständigen Bundesministers einzuholen.[757] Außerdem werden Weisungen bei der Ausführung des AtG schon lange dazu eingesetzt, um sicherheitstechnische Auflagen durchzusetzen.[758]

Aus der Existenz vielfältiger untergesetzlicher, nicht in der Form allgemeiner Verwaltungsvorschriften erlassener Regelungen folgt im Kernenergiewesen aber eine besondere praktische Bedeutung der Frage nach der Verfassungsmäßigkeit allgemeiner Weisungen.[759] Zum Beispiel zeigte sich ihre Bedeutung bei der Neufassung der „Entsorgungsgrundsätze für Kernkraftwerke",[760] die nach einem „Beschluss" der Regierungschefs von Bund und Ländern erfolgte.[761] Ihre rechtliche Einordnung war und ist höchst umstritten.[762]

Letztlich wirkt sich bei der Ausführung des AtG infolge des Meinungsverschiedenheiten zwischen Bund und Ländern verstärkt aus, dass dem Bund im Kernenergiewesen grundsätzlich nur die materielle Gesetzgebung zusteht (Art. 74 Abs. 1 Nr. 11 a GG), die Verwaltung gemäß Art. 87 c, 85 GG und Art. 83 GG aber Sache der Länder ist.[763] Der Bund kann daher auf die Verwaltung der Länder nur an

---

[756] Für Bsp. von Weisungsfällen vgl. *Borgmann*, S. 188 f.; mit dieser Einschätzung auch Dreier - *Hermes*, Art. 85 Rn. 36. Davor wurde grundsätzlich ein einvernehmliches Vorgehen bevorzugt, so *Winters*, AtG; Einf. 4.7.1. über die Praxis bis zum Jahre 1978; *Pera*, NVwZ 1989, 1120 (1120); *Blümel* - HBStR IV, § 101 Rn. 59 meint dagegen aufgrund von Angaben des Bundesinnenministeriums, sie sei auch früher regelmäßig eingesetzt worden. Dies gilt jedenfalls für die Bundesfernstraßenverwaltung, m. w. N. *ders.* Fn. 328 f. Es wird jedoch angenommen, ihre Bedeutung werde Zukunft noch weiter zunehmen, da ein einvernehmliches Verwalten nicht mehr möglich sei und Meinungsverschiedenheiten letztendlich vor dem Bundesverfassungsgericht ausgetragen werden (sollen), vgl. BVerfGE 49, 24 (49); Jarass / Pieroth - *Pieroth*, Art. 84 Rn. 10; *Blümel*, a.a.O.

[757] *Borgmann*, S. 188; *Steinberg*, AöR 110 (1985) 419 (430); Bonner Kommentar - *Zieger / Bischof*, Art. 87 c Rn. 116.

[758] *Fischerhof*, atw 1978, 566 (568), dazu auch *Steinberg*, AöR 110 (1985) 419 (430).

[759] *Ossenbühl*, Reformüberlegungen, S. 49 f. mit wichtigen Beispielen; *Oeter*, Bundesstaatsrecht, S. 446 ist sogar der Auffassung, der Diskussion über die Weisungskompetenz komme nur noch im Atomrecht praktische Bedeutung zu.

[760] BAnz Nr. 58 vom 22.3.1980, S. 2.

[761] Sie traten am 29.2.1980 in Kraft und wurden vom Bundesminister des Inneren am 19.3.1980 bekannt gemacht.

[762] Siehe dazu *Blümel* - HBStR IV, § 101 Rn. 60: die Voraussetzungen für ein Einordnung als allgemeine Verwaltungsvorschrift waren nicht erfüllt; *Lange*, Weisungsrecht, S. 76.

[763] Hinzu kommt die Verwaltung des Bundes durch seine Bundesoberbehörden gemäß Art. 87 Abs. 3 S. 1 GG, die allerdings in Art. 87 c GG gerade nicht vorgesehen ist, dazu Kap. 3 A.

den vorgesehenen Kontaktstellen einwirken, wie sie sich eben z.B. aus Art. 85 Abs. 1 und Abs. 3 GG ergeben. Der Inhalt der Weisungskompetenz ist daher auch unter dem Aspekt der Kompetenzverteilung interessant.[764]

cc) Die Weisungskompetenz in anderen Bereichen der Auftragsverwaltung

Auch andere Verwaltungsmaterien zeigen die Relevanz des Problems. In der Auftragsverwaltung der Fernstraßen führte die Weisungskompetenz bereits in den 60er Jahren zu Rechtsstreitigkeiten[765] und auch zur neuesten Entscheidung des Bundesverfassungsgerichts über die Weisungskompetenz.[766] Für diese Verwaltungsmaterie soll ein besonderes Bedürfnis nach allgemeinen Weisungen bestehen, da das Verfahren nach Art. 85 Abs. 2 S. 1 GG zur Regelung technischer Sachfragen nicht praktikabel sei.[767]

In der Auftragsverwaltung im Steuerrecht (Art. 108 Abs. 3 GG) führte die Unsicherheit über die Verfassungsmäßigkeit allgemeiner Weisungen[768] dazu, dass der zuständige Bundesminister die administrative Steuerung der Verwaltungstätigkeit an einer Bund-Länder-Vereinbarung aus dem Jahr 1970 ausrichtet. Er ist dabei nicht „ungebunden“, sondern übt die Befugnisse mit Zustimmung zumindest der Mehrheit der Länder, in Form von Schreiben aus, die in den Ländern transformiert werden.[769]

Bei der Frage nach der Verfassungsmäßigkeit allgemeiner Weisungen wirken sich also nicht nur unterschiedliche Antworten, sondern bereits die Streitigkeit an sich aus.

b) Diskussionsstand

Vor allem in der neueren Literatur wird vertreten, dass sich die Weisungskompetenz aus Art. 85 Abs. 3 S. GG auf die Kompetenz zum Erlass von Einzelweisungen beschränkt.[770] Demgegenüber versteht ein anderer - überwiegend

---

[764] So auch *Ossenbühl*, Reformüberlegungen, S. 49.

[765] Mit Nachweisen *Kersten*, BayVBl. 1968, 189 ff.; dort ist in § 18 Abs. 1 S. 1 FStrG eb enfalls ein gesetzlicher Weisungsei nholungsvorbehalt geregelt.

[766] BVerfGE 102, 167 ff.

[767] *Blümel* - HBStR IV, § 101 Rn. 60; aber auch bei *Zech*, DVBl. 1987, 1091 (1093).

[768] Sie ist zwischen Bund und Ländern nach wie vor streitig, dazu *Orlopp*, FS Klein, S. 597 ff.; *Oeter*, ThürVBl. 1997, 28 (29); *Oeter*, Bundesstaatsrecht, S. 448 f.

[769] *Orlopp*, FS Klein, S. 597; *Oeter*, ThürVBl. 1997, 28 (30); *Müller / Zeitler*, DStZ-A 1975, 467 (474); dazu insgesamt auch *Oeter*, Bundesstaatsrecht, S. 447 f.

[770] *Lukes*, BB 1986, 1305 (1307); *Lange*, Weisungsrecht, S. 75; *Maunz / Zippelius*, § 38 VI; *Vogel* - HBVR, § 22 Rn. 96; Maunz / Dürig - *Lerche*, Art. 85 Rn. 50; *ders.*, BayVBl. 1987, 321 (322); Jarass / Pieroth - *Pieroth*, Art. 85 Rn. 6; Dreier - *Hermes*, Art. 85 Rn. 43; Sachs - *Siekmann*, Art. 108 Rn. 24; Alternativkommentar - *Bull*, Art. 85 Rn. 15; *Müller*- Zeitler, DStZ-A 1975, 467 (471 ff.); *Ossenbühl*, Verwaltungsvorschriften, S. 373; *ders.* Reformüberlegungen, S. 54; *Schultze*, NuR 1986, 161 (165); *Hantke*, DVBl. 1990, 823 (827); *Steinberg*, Bundesaufsicht, S. 19; *ders.*, AöR 110 (1985) 419 (422, 428) Fn. 37; *ders.*, in *Schneider*, DVBl. 1991, 933 (934); *Pera*, NVwZ 1989, 1120 (1121); *Wagner*,

älterer - Teil des Schrifttums die Weisungskompetenz umfassender und meint, der Bund könne auf diese Vorschrift gestützt auch allgemeine Weisungen erlassen.[771] Neben diesen Extrempositionen geht schließlich eine vermittelnde Meinung davon aus, der Bund sei zwar regelmäßig auf Einzelweisungen beschränkt, ausnahmsweise könne aber eine Kompetenz zum Erlass allgemeiner Weisungen bestehen.[772]

2. Interpretation der Norm

a) Grammatische Interpretation

Durch Art. 85 Abs. 3 S. 1 GG werden die Landesbehörden „den Weisungen" der zuständigen obersten Bundesbehörden unterstellt. Es findet sich kein Hinweis auf den genauen Inhalt der Kompetenz. Der Begriff der „Weisung" in Art. 85 Abs. 3 S. 1 GG ist also nicht eindeutig.[773]

aa) Der Begriff der „Weisung"

Im allgemeinen Sprachgebrauch versteht man unter einer „Weisung" eine Regelung, die den Angewiesenen zu einem näher erläuterten Verhalten verpflichtet.[774]

DVBl. 1987, 917 (918, 919); *Wolst*, S. 110; *Borgmann*, S. 200; *Kersten*, BayVBl. 1968, 189 (191, 193); *Winters*, AtG, Einführung, Anm. 4.7.5. Fn. 215; Maunz / Dürig - *Maunz*, Erstbearb., Art. 85 Rn. 27; Bonner Kommentar - *Bartlsperger*, Art. 90 Rn. 88, 92; *Oeter*, ThürVBl. 1997, 28 (30); *Depenbrock*, DÖV 1970, 235 f.; *Degenhart*, Kernenergierecht, S. 203; Bonner Kommentar – *Seer*, Art. 108 Rn.172 f.; *Bonsels*, S. 106 ff.; *Haun*, S. 94; *Jarass*, Reformüberlegungen, S. 395; *Dux*, S. 88 Fn. 20; *Stern* II, § 41 VI 5; *Oeter*, Bundesstaatsrecht, S. 450; auch schon *Kratzer*, AöR 1977 (1951/52) 266 (269).

[771] BGHZ 16, 95 (97) allerdings nur als obiter dictum; Sachs - *Dittmann*, Art. 85 Rn. 20; v. Münch - *Broß* Art. 85 Rn. 15; *Blümel* - HBStR IV, § 101 Rn. 60; *ders.*, AöR 93(1968) 200 (241, 215); *Badura*, Anm. G 43; *ders.* in *Schneider*, DVBl. 1991, 933 (934); Seifert / Hömig - *Hömig*, Art. 85 Rn. 5; *Schäfer*, DÖV 1960, 641 (648); Schmidt-Bleibtreu / Klein - *Schmidt-Bleibtreu*, Art. 85 Rn. 8, Schmidt-Bleibtreu / Klein – *Brockmann*, Art. 108 Rn. 14; *Hartung*, JA 1991, 137 (138); *Zech*, DVBl. 1987, 1091 (1092) Fn. 44; Kodal / Krämer – *Kodal*, Kap. 2 Rn. 30.42.; *Marschall / Schroeter / Kastner*, FStrG, § 22 Anm. 3.1; *Fischerhof*, AtG. Vorbem. § 22 Rn. 5, 6; *Maurer*, Staatsrecht, § 18 Rn. 16; *Schäfer*, AöR 78 (1952/53) 1 (29); Die Bundesregierung im der Begründung der Regierungsvorlage zum FinanzreformG 1969, BT-Drs. V/2861 Tz. 164 ff. vor allem mit Schwerpunkt auf ein effektives Weisungsrecht; *Ossenbühl*, Reformüberlegungen, S. 56; *ders.*, 9. Atomrechts-Symposium, S. 61; *Oeter*, ThürVBl. 1997, 28 (29); *v. Mangoldt / Klein*, Art. 84 IV 2 b bb; unklar aber aus praktischen Erwägungen wohl dafür Bonner Kommentar - *Zieger / Bischof*, Art. 87 c Rn. 127; *Lorz*, JA 1992, 29 (30), geht allerdings irrig davon aus BVerfGE 81, 310 würde dies so entscheiden; *Schmidt-Preuß*, NJW 1995, 985 (987), geht allerdings wohl gemäß Fn. 24 von einer konkret generellen Frage aus, die eigentlich eine Einzelweisung darstellt.

[772] *Schmidt-Preuß*, NJW 1995, 985 (987); *Ost / Pelzer*, atw 1979, 22 (23); v. Münch - *Broß*, Art. 85 Rn. 15.

[773] *v. Mangoldt / Klein*, Art. 85 Anm. IV 2 b.

[774] *Ibler*, DVBl. 1989, 76 (80).

Im juristischen Sprachgebrauch bedeutet „Weisung" eine (innerdienstliche)[775] Anordnung in der Rechtsform einer Verfügung oder ministeriellen Erlasses, die mit bindendem, befehlendem Inhalt nachgeordneten Behörden oder Bediensteten im Rahmen des hierarchischen Aufbaus der Verwaltungsorganisation zu einem bestimmten, in der Weisung näher geregelten Tun oder Unterlassen verpflichtet.[776] Anhaltspunkte über eine Einzelfallbezogenheit lassen sich nicht gewinnen.

bb) Der Begriff der „Einzelweisung"

(1) Die Begriffsverwendung im Grundgesetz

(a) Die Begrifflichkeiten des Art. 84 Abs. 5 S. 1 GG

Der Streit über die allgemeine Weisungskompetenz hat sich maßgeblich an dem unterschiedlichen Wortlaut von Art. 84 Abs. 5 S. 1 GG und Art. 85 Abs. 3 S. 1 GG entwickelt.[777] Art. 84 Abs. 5 S. 1 GG konstituiert die Befugnis, unter bestimmten Voraussetzungen „Einzelweisungen" zu erteilen. Art. 85 Abs. 3 S. 1 GG unterstellt die Landesbehörden „den Weisungen" der zuständigen obersten Bundesbehörden. Aus diesem Wortlautunterschied wird die Verfassungsmäßigkeit allgemeiner Weisungen gefolgert.[778]

Der Formulierungsunterschied im Vergleich zu Art. 84 Abs. 5 S. 1 GG, der die Einzelweisungskompetenz nur „für besondere Fälle" vorsieht, könnte aber auch eine andere Ursache haben. Nach der uneingeschränkten Formulierung des Art. 85 Abs. 3 S. 1 GG besteht die Weisungskompetenz im Rahmen der Auftragsverwaltung nicht nur für besondere Fälle, sondern allgemein im Sinne eines regulären Lenkungsmittels.[779] Dies muss nicht notwendig mit einer Kompetenz zum Erlass allgemeiner Weisungen einhergehen und ist damit nicht zu verwechseln.

(b) Die Begrifflichkeiten der Art. 119 S. 2 und S. 3 und Art. 128 GG

Der Begriff „Weisung" ist ebenfalls in Art. 119 GG und Art. 128 GG enthalten. Teilweise wird aus der Verwendung des Begriffs an diesen Stellen abgeleitet, dass das

---

[775] Zu der aus dem Begriff „Weisung" abzuleitenden behördeninternen Zielrichtung, *Kersten*, BayVBl. 1968, 189 (190).

[776] Bonner Kommentar - *Zieger / Bischof*, Art. 87 c Rn. 113.

[777] *Zech*, DVBl. 1987, 1091 (1092); *Blümel* - HBStR IV, § 101 Rn. 60; *Depenbrock*, DÖV 1970, 235 (235); dazu auch Dreier - *Hermes*, Art. 85 Rn. 43.

[778] Kodal / Krämer - *Kodal*, Kap. 2 Rn. 30.42; Seifert / Hömig – - *Hömig*, Art. 85 Rn. 7; *Blümel* - HBStR IV, § 101 Rn. 60; *Orlopp*, FS Klein, S. 598; Soweit aus dem verbalen Gegensatz der gegenteilige Schluss, nämlich die Beschränkung des Art. 85 Abs. 3 S. 1 GG auf Einzelweisungen gezogen wird, ist dies nicht nachvollziehbar, so aber v. Münch - *Broß*, Art. 85 Rn. 17; missverständlich insoweit auch *Lukes*, BB 1986, 1305 (1307).

[779] BVerfGE 81, 310 (332).

Grundgesetz zwischen „Weisung“ und „Einzelweisung“ nicht unterscheide, die Begriffe vielmehr synonym verwende.[780]

Zumindest inkonsequent zeigt sich Art. 128 GG. Dieser verweist ganz allgemein auf „Weisungsrechte“ im Sinne des Art. 84 Abs. 5 S. 1 GG,[781] womit nur die dort vorgesehenen „Einzelweisungen“ gemeint sein können.[782] Allenfalls könnte man hier den Begriff „Weisungsrecht“ als Oberbegriff verstehen, der sowohl „Weisungen“ wie auch „Einzelweisungen“ i. S. d. Art. 84 Abs. 5 S. 1 GG umfasst.[783] Einer solchen Interpretation steht aber die alleinige und unmittelbare Bezugnahme auf die in Art. 84 Abs. 5 S. 1 GG vorgesehene Einzelweisungskompetenz entgegen. Außerdem lässt sich die Interpretation als Oberbegriff nicht auf die Verwendung in anderen Vorschriften des Grundgesetzes stützten.

Auch in Art. 119 S. 2 und S. 3 GG werden die Begriffe „Einzelweisung“ und „Weisung“ ohne erkennbaren Unterschied verwendet.[784] Art. 119 S. 2 GG eröffnet die Möglichkeit, die Bundesregierung zum Erlass von „Einzelweisungen“ in Angelegenheiten der Flüchtlinge und Vertriebenen zu ermächtigen. Art. 119 S. 3 GG bestimmt, dass diese in Art. 119 S. 2 GG genannten „Weisungen“ im Regelfall an die obersten Landesbehörden zu richten sind.

Da die übrige Verwendung der Begriffe nicht stringent ist,[785] erscheint zweifelhaft, ob das Grundgesetz in Art. 85 Abs. 3 und Art. 84 Abs. 5 S. 1 GG tatsächlich bewusst zwischen den Begriffen „Weisung“ und „Einzelweisung“ differenziert.

(2) Weitergehende Begriffsbestimmung der „Einzel“weisung

Fraglich ist aber, was überhaupt unter einer „Einzel“weisung zu verstehen ist; wie also überhaupt die Abgrenzung zur allgemeinen Weisung vorzunehmen ist. Für die unterschiedlichen Ansätze seien hier einige Beispiele genannt: Nach einer Ansicht ist jede „auf einen konkreten Einzelfall bezogene, aktionslenkende Anordnung“ eine Einzelweisung i. S. d. Art. 85 Abs. 3 S. 1 GG.[786] Teilweise werden nur generell-abstrakte Regelungen als nicht erfasst angesehen; es genüge eine Anknüpfung an einen konkreten Sachverhalt.[787] In ganz ähnlicher Weise lassen andere die Anknüpfung an einen „bereits existierenden Konfliktfall“ genügen.[788]

---

[780] Maunz / Dürig - *Maunz*, Erstbearb, Art. 85 Rn. 28; *Depenbrock*, DÖV 1970, 235 (235); a.A. *v. Mangoldt / Klein*, Art. 85 Anm. IV 2 b bb; *Wolst*, S. 109.
[781] *Depenbrock*, DÖV 1970, 235 (235).
[782] Maunz / Dürig - *Maunz*, Erstbearb, Art. 85 Rn. 28.
[783] So auch Maunz / Dürig - *Maunz*, Erstbearb., Art. 85 Rn. 28.
[784] *Depenbrock*, DÖV 1970, 235 (235); Maunz / Dürig - *Maunz*, Erstbearb., Art. 85 Rn. 28.
[785] So auch für Art. 119 GG *Pera*, NVwZ 1989, 1120 (1121).
[786] Bonner Kommentar - *Bartlsperger*, Art. 90 Rn. 92, die Einzelfallbezogenheit macht also eine „besondere Verwaltungsvorschrift“ zu einer Weisung.
[787] *Wolst*, S. 110.
[788] *Borgmann*, S. 200.

(a) „Einzel"weisung trotz mehrer Adressaten

Problematisch ist also, ob für das Vorliegen einer Einzelweisung der Adressatenkreis maßgeblich ist.[789] Einige halten nur individuell-konkrete Regelungen für Einzelweisungen,[790] die Mehrzahl der Stimmen lehnt diese Beschränkung auf nur einen Adressaten aber ab.[791] Letztere begründen ihre Auffassung mit einer Parallele zum Verhältnis von Verwaltungsakt in Form der Allgemeinverfügung und der Rechtsverordnung. Genau wie dort soll es nur darauf ankommen, dass konkret feststehende Sachverhalte geregelt werden, der Kreis der Betroffenen müsse dagegen noch nicht feststehen.[792] In Bezug auf den Verwaltungsakt gemäß § 35 S. 1 und S. 2 VwVfG wird allerdings gerade über die Einordnung von Regelungen, die einen bestimmten Sachverhalt betreffen, deren Adressatenkreis aber nicht feststeht,[793] insofern „konkret-generell" sind, diskutiert. Es ist umstritten, ob allein die Konkretheit der Regelung,[794] also der feststehende Sachverhalt oder auch die Individualität des Adressatenkreises[795] maßgeblich sein soll. Die Bezugnahme auf die Abgrenzung zwischen Allgemeinverfügung und Rechtsverordnung führt also nicht weiter.

Weniger Unklarheiten bestehen in Bezug auf die Begriffsverwendung in Art. 84 Abs. 5 S. 1 GG. Während man dort früher unter den Begriff der Einzelweisung lediglich individuell-konkrete Regelungen erfasste,[796] ist nach neuerer Auffassung nur noch das Kriterium der „Konkretheit" des Sachverhalts entscheidend.[797] Dafür spricht, dass man ohne die Einbeziehung des Adressatenkreises größere Konturenklarheit gewinnt und einige Abgrenzungsprobleme, vor allem im Bereich von Mischakten, vermeidet.[798] Zusätzlich legt der Wortsinn selbst nahe, die Begriffe „allgemein" für Verwaltungsvorschriften[799] und „einzel" für Weisungen nur auf die Konkretheit des

[789] Dieser Streit ist alt und war für die Frage nach der „Allgemeinheit" von Verwaltungsvorschriften bereits unter der WRV ungeklärt, lediglich unter der RV war klar, dass die Allgemeinheit eine Einbeziehung aller Einzelstaaten bedeutete, dazu *Dux*, S. 89.

[790] *Haun*, S. 89, es bleibt allerdings unklar, ob tatsächlich die Beschränkung auf nur einen Adressaten verlangt wird.

[791] *Lange*, Weisungsrecht, S. 76; Kodal / Krämer – *Kodal*, Kap. 2 Rn. 30.42.3; Maunz / Dürig - *Lerche*, Art. 85 Rn. 50 f.; Alternativkommentar - *Bull*, Art. 85 Rn. 15; für allgemeine Verwaltungsvorschriften ebenfalls Sachs - *Dittmann*, Art. 84 Rn. 20; Jarass / Pieroth - *Pieroth*, Art. 84 Rn. 8; *Zech*, DVBl 1987, 1091 (1093). Es soll vielmehr allein auf den Sachverhalt ankommen, so *Schultze*, NuR 1986, 161 (165); *Ibler*, DVBl. 1989, 76 (80); *Zech*, DVBl. 1987, 1091 (1093); *Ost / Pelzer*, atw 1979, 22 (23).

[792] *Depenbrock*, DÖV 1970, 235 (236).

[793] *Maurer*, § 9 Rn. 17.

[794] *Wolff / Bachof / Stober*, VerwR I, § 45 Rn. 76; *Maurer*, § 9 Rn. 18.

[795] *Obermayer*, VwVfG § 35 Rn. 152; Erichsen – Erichsen, Allg. VerwR, § 12 Rn. 45.

[796] Maunz / Dürig - *Maunz*, Erstbearb., Art. 84 Rn. 37; *Depenbrock*, DÖV 1970, 235 (235).

[797] Sachs - *Dittmann*, Art. 84 Rn. 24; Jarass / Pieroth - *Pieroth*, Art 84 Rn. 10; Maunz / Dürig - *Lerche*, Art. 84 Rn. 117,106; wohl auch Schmidt-Bleibtreu / Klein - *Schmidt-Bleibtreu*, Art. 84 Rn. 12, der aber neben der Regelung des konkreten Einzelfalls nur „konkrete Befehle - innerdienstliche Anweisungen nicht genereller Art -" hier verankert sieht.

[798] Maunz / Dürig - *Lerche*, Art. 84 Rn. 106.

[799] Maunz / Dürig - *Lerche*, Art. 84 Rn. 106.

Falls, nicht dagegen auf den Adressatenkreis zu beziehen. Dies spricht dafür, dass auch „Einzel"weisungen im Sinne des Art. 85 Abs. 3 S. 1 GG ohne Festlegung auf einen einzigen Adressaten möglich sind.

(b) „Einzel"weisung bei Regelung mehrerer feststehender Einzelfälle

Fraglich ist ebenfalls, ob nur die Regelung eines einzigen konkreten Falls[800] oder mehrerer konkreter Fälle[801], also mehrerer Einzelprobleme, vom Einzelweisungsbegriff umfasst ist. Soweit die Einzelfälle feststehen und damit mehrere konkrete Sachverhalte geregelt werden, ist nicht ersichtlich, warum diese abweichend behandelt werden sollten. Die Unterscheidbarkeit zur generellen Regelung bleibt nämlich gewährleistet.

Teilweise wird angenommen, es reiche aus, wenn das Bezugsobjekt lediglich bestimmbar sei.[802] Dem ist nicht zuzustimmen. Denn nur das Feststehen des Sachverhalts sorgt für das Vorliegen der „Einzel"weisung. Die Bestimmbarkeit würde dies über den Wortsinn hinaus aufweichen[803] und damit die Abgrenzung unmöglich machen.

(3) Begriffliche Abgrenzung zur „allgemeinen" Weisung

Der Bestimmung des Inhalts der Weisungskompetenz dient auch der Vergleich zu Art. 85 Abs. 2 S. 1 GG. Dort ist die Kompetenz zum Erlass „allgemeiner" Verwaltungsvorschriften verankert. Mit dem Formulierungsunterschied zu Art. 85 Abs. 3 S. 1 GG, also dem Fehlen des Zusatzes „allgemein" wird teilweise die Beschränkung auf Einzelweisungen begründet.[804] Soweit man diese Beschränkung ablehnt, zeigt sich hier jedenfalls die Unschärfe des Begriffs der „allgemeinen" Weisung.[805] „Die einzelnen Autoren [gehen] offenkundig von unterschiedlichen Vorstellungen darüber aus [...], was unter `allgemeinen Weisungen´ verstanden

[800] *Borgmann*, S. 200; Maunz / Dürig - *Lerche*, Art. 85 Rn. 50; Sachs - *Dittmann*, Art. 85 Rn. 20 unterscheidet die Regelung mehrer konkreter Fälle deutlich vom Einzelweisungsbegriff.

[801] *Depenbrock*, DÖV 1970, 235 (236); *Lange*, Weisungsrecht, S. 76; Sachs - *Dittmann*, Art 85 Rn. 20; *Blümel*, AöR 93 (1968) 200 (214) über Sieder.

[802] *Stern* II, § 41 VI 5 aχ, der davon ausgeht, es bestehe im Schrifttum kein Zweifel daran, dass Weisungen zwar auf konkrete Situationen, Fälle oder Entscheidungen bezogen sein müssten, nur die Frage, ob diese speziell im Sinne von Art. 84 Abs. 5 S. 1 GG sein müssten, sei umstritten. Dies entspricht allerdings nicht dem tatsächlichen Diskussionsstand, so auch Maunz / Dürig - *Lerche*, Art. 85 Rn. 50, Fn. 66.

[803] So auch *Lange*, der ausdrücklich nur die Regelung bestimmter Einzelfälle einbezieht, Weisungsrecht, S. 76.

[804] *Kersten*, BayVBl. 1968, 189 (193); v. Münch - *Broß*, Art. 85 Rn. 17; im Umkehrschluss auch *Dux*, S. 88.

[805] *Ossenbühl*, Reformüberlegungen, S. 56.

werden soll".[806] Dies verwundert nicht, da auch der Inhalt der Kompetenz zum Erlass „allgemeiner" Verwaltungsvorschriften unterschiedlich beurteilt wird, sich jedenfalls aber gewandelt hat.[807] Traditionell wurden unter allgemeinen Verwaltungsvorschriften nur gleichzeitig generelle, also auf eine unbestimmte Zahl von Fällen und abstrakte, also auf eine unbestimmte Zahl von Personen bezogene Regelungen erfasst.[808] Aktuell ist allein entscheidend geworden, dass eine Regelung über eine abstrakte Vielheit von Sachverhalten getroffen wird. Dagegen ist nicht mehr erforderlich, dass sie einen unbestimmten Adressatenkreis bzw. mehr als ein Bundesland betrifft.[809] Eine allgemeine Weisung liegt daher jedenfalls dann vor, wenn kein konkret feststehender Sachverhalt geregelt wird.

cc) Zusammenfassung

Die grammatische Interpretation zeigt zweierlei: Es besteht erstens ein Wortlautunterschied zwischen Art. 84 Abs. 5 S. 1 und Art. 85 Abs. 3 S. 1 GG, der ein Hinweis darauf sein könnte, dass letztere Norm nicht nur zum Erlass von Einzelweisungen befugt. Zweitens weisen die Begriffe „Weisung" bzw. „Einzelweisung" und ihrer Verwendung im Grundgesetz so erhebliche Ungenauigkeiten auf, dass „die verwandten Termini nicht auf die Goldwaage gelegt werden können."[810] Aus dem Formulierungsunterschied sind daher keine endgültigen Folgerungen möglich.[811]

b) Systematische Interpretation

Der Inhalt der Weisungskompetenz aus Art. 85 Abs. 3 S. 1 GG muss sich also aus der Ausgestaltung der Auftragsverwaltung im systematischen Zusammenhang ergeben.

---

806 *Ossenbühl*, Reformüberlegungen, S. 52; vgl. dazu die Definitionen z.B. bei Sachs - *Dittmann*, Art. 85 Rn. 20; Kodal / Krämer – *Kodal*, Kap. 2, Rn. 30.41; Bonner Kommentar - *Bartlsperger*, Art. 90 Rn. 88; Seifert / Hömig - *Hömig*, Art. 85 Rn. 5.

807 Dazu *Jarass*, Reformüberlegungen, S. 374.

808 Grundlegend dazu Maunz / Dürig - *Maunz*, Erstbearb., Art. 84 Rn. 32. Dieser weist zum ersten Mal auf eine Parallele von Weisungsrecht und allgemeiner Verwaltungsvorschriften zu Rechtssatz und Verwaltungsakt hin. Die „Gegeneinanderstellung" von Verwaltungsvorschriften und Einzelwe isungen, wie sie in Art. 84 Abs. 5 S. 1 GG niedergelegt ist, sei jedoch noch wese ntlich ausgeprägter als bei Art. 20 GG, der Ausnahmen in Form von Einze lpersonen- und Einzelfallgesetzen zulasse; vgl. auch Maunz / Dürig - *Lerche*, Art. 84 Rn. 106 und zur Allgemei nheit *Dux*, S. 88.

809 Jarass / Pieroth - *Pieroth*, Art 84 Rn. 8; Sachs - *Dittmann*, Art. 84 Rn. 20; Maunz / Dürig - *Lerche*, Art. 84 Rn. 106, a.A. Alternativkommentar - *Bull*, Art. 84 Rn. 37. Dies spricht also ebenfalls dafür, dass das Kriterium des Adressatenkreises für die Abgrenzung des Weisungsbegriffs zu vernachlässigen ist, dazu gerade erst, Kap. 2 C II 2 a bb (2) (b).

810 *Wolst*, S. 109.

811 So auch *Ossenbühl*, Reformüberlegungen, S. 53.

aa) Die Weisungskompetenz in der Auftragsverwaltung

Die auch auf die Zweckmäßigkeit bezogene Weisungskompetenz ist prägendes Merkmal der Auftragsverwaltung.[812] Sie erstreckt sich auf die gesamte Vollzugstätigkeit[813] und eröffnet dem Bund die Möglichkeit, durch ihre Ausübung die Sachkompetenz an sich zu ziehen, während den Ländern unentziehbar nur die Wahrnehmungskompetenz verbleibt.[814] Die Weisungskompetenz ist damit gegenständlich umfassend, gleichwohl nicht schrankenlos. Dies setzt nicht notwendig voraus, dass es sich um eine Kompetenz zum Erlass allgemeiner Weisungen handelt.

bb) Unmittelbarer systematischer Zusammenhang

Wie bereits angedeutet, ergeben sich innerhalb der Systematik des Art. 85 GG bei Annahme einer allgemeinen Weisungskompetenz wesentliche Schwierigkeiten im Verhältnis von Art. 85 Abs. 3 S. 1 zu Art. 85 Abs. 2 S. 1 GG. Dieses Verhältnis muss im Folgenden daher im Mittelpunkt stehen.

(1) Das Verhältnis von Art. 85 Abs. 2 S. 1 und Art. 85 Abs. 3 S. 1 GG

Es stellt sich die Frage nach dem inhaltlichen Unterschied (allgemeiner) Weisungen und allgemeiner Verwaltungsvorschriften und damit nach ihrer Abgrenzbarkeit.[815]

(a) Unterschiede der Kompetenztitel
(aa) Unterschiede hinsichtlich Zuständigkeit und Verfahren

Die Kompetenz zum Erlass allgemeiner Verwaltungsvorschriften steht ausschließlich der Bundesregierung als Kollegialorgan zu,[816] während Weisungen dem

---

[812] *Blümel* - HBStR IV, § 101 Rn. 59.
[813] BVerfGE 102, 167 (172); BVerfGE 81, 310 (335 f.); v. Münch - *Broß*, Art. 85 Rn. 18; Jarass / Pieroth - *Pieroth*, Art. 85 Rn. 6.
[814] BVerfGE 81, 310 (330 ff.), v. Münch - *Broß*, Art. 85 Rn. 18.
[815] Jarass / Pieroth - *Pieroth*, Art. 85 Rn. 6; Maunz / Dürig - *Lerche*, Art. 85 Rn. 50; *Schultze*, NuR 1986, 161 (165); *Pera*, NVwZ 1989, 1120 (1121); *v. Mangoldt / Klein*, Art. 85 Anm. IV 2 b aa; *Zech*, DVBl. 1987, 1091 (1093).
[816] BVerfGE 100, 249 (259); die Modifizierung des Ressortprinzips in Art. 85 Abs. 2 GG dient dem Schutz der Landesverwaltung, so Maunz / Dürig - *Lerche*, Art. 84 Rn. 88; zur Änderung der diesbzgl. Rechtsprechung vgl. Kap. 2 A II.

jeweiligen Fachminister möglich sind.[817] Art. 85 Abs. 2 S. 1 und Abs. 3 S. 1 GG schaffen also unterschiedliche Zuständigkeiten.[818]

Die Kompetenzen sind darüber hinaus an unterschiedliche Verfahrensvoraussetzungen geknüpft: Art. 85 Abs. 2 S. 1 GG setzt nicht nur einen Kabinettsbeschluss voraus, sondern erfordert zwingend die Zustimmung des Bundesrats,[819] während die Ausübung der Weisungskompetenz ohne diese erfolgen kann.

(bb) Unterschiede hinsichtlich Bindungswirkung und Verantwortlichkeit

Beide Regelungen entfalten lediglich „Innenwirkung" gegenüber den Landesbehörden. Dies soll denselben rechtlichen Charakter der Regelungen ausmachen.[820] Allerdings richten sich Weisungen und allgemeine Verwaltungsvorschriften an unterschiedliche (behördeninterne) Adressatenkreise.[821] Während Verwaltungsvorschriften jede nachgeordnete Behörde miteinbeziehen können,[822] sind Weisungen gemäß Art. 85 Abs. 3 S. 2 GG grundsätzlich an die obersten Landesbehörden zu richten.[823] Diese verschiedenen Adressatenkreise geben den Einwirkungsbefugnissen eine unterschiedliche Bedeutung.[824]

Durch die Regelungen wird zudem gegenüber den Adressaten eine unterschiedliche Bindungswirkung erzeugt. Zum einen haben allgemeine Verwaltungsvorschriften gegenüber Weisungen Vorrang.[825] Zum anderen werden nachgeordnete Behörden nur durch die allgemeine Verwaltungsvorschrift unmittelbar gebunden. Die Bindung dieser Behörden wird bei Weisungen nur mittelbar erreicht, nämlich dadurch, dass die Weisung an die oberste Landesbehörde gerichtet und durch diese auch durchgesetzt wird (Art. 85 Abs. 3 S. 3 GG).

Weiterhin ergeben sich Unterschiede hinsichtlich der parlamentarischen Verantwortung: eine Weisung enthebt den Landesminister der parlamentarischen

[817] Vgl. Kap. 2 C I.
[818] *Wolst*, S. 108.
[819] Jarass / Pieroth - *Pieroth*, Art. 84 Rn. 9; Maunz / Dürig - *Lerche*, Art. 85 Rn. 50.
[820] *v. Mangoldt / Klein*, Art. 85 Anm. IV 2 b cc.
[821] *v. Mangoldt / Klein*, Art. 85 Anm. IV 2 b aa.
[822] Maunz / Dürig - *Maunz*, Erstbearb., Art. 85 Rn. 23.
[823] Die Bestimmung der „obersten Landesbehörden" obliegt dabei dem Landesrecht, Maunz / Dürig - *Maunz*, Erstbearb., Art. 85 Rn. 34.
[824] Welche Rolle die Veränderung des Adressatenkreises spielt, zeigte die Änderung des Art. 108 Abs. 4 S. 2 (a.F.) GG. Diese alte Regelung, die ein Weisungsrecht auch gegenüber den Landesmittel - und Unterbehörden vorsah, war eine „erhebliche Erweiterung", im Verhältnis zur nach der Änderung anwendbaren Regelung des Art. 85 Abs. 3 S. 1 GG, Art. 108 Abs. 3 S. 2 (n.F.), so *Schäfer*, AöR 78 (1952/53) 1 (30).
[825] *Schäfer*, DÖV 1960, 641 (648); Bonner Kommentar - *Zieger / Bischof*, Art. 87 c Rn. 128; *v. Mangoldt / Klein*, Art. 85 Anm. IV 2 b aa.

Verantwortlichkeit gegenüber dem Landtag.[826] Dies ist bei der Verwaltung nach Maßgabe einer allgemeinen Verwaltungsvorschrift nicht der Fall.

(cc) Zusammenfassung

Insgesamt weisen die beiden Einwirkungsbefugnisse des Bundes also erhebliche Unterschiede auf.[827] Da es sich um „grundlegend verschiedene Rechtserzeugungsregeln" handelt,[828] bzw. es ihnen an einer „substantiellen Identität" mangelt, muss es zwischen diesen beiden Kompetenzen denknotwendig einen inhaltlichen Unterschied geben.[829] Sollten sich nachvollziehbare inhaltliche Unterscheidungskriterien zwischen allgemeinen Weisungen und allgemeinen Verwaltungsvorschriften nicht aufzeigen lassen, spräche dies gegen die Zulässigkeit allgemeiner Weisungen.[830]

(b) Die inhaltliche Unterscheidbarkeit allgemeiner Weisungen und allgemeiner Verwaltungsvorschriften

Kurz zusammengefasst ist für allgemeine Verwaltungsvorschriften charakteristisch, dass sie die Ausfüllung von Bundesgesetzen mit Blick auf deren einheitliche Ausführung leisten.[831] Maßgeblich ist neben der fehlenden Zielrichtung auf unmittelbare Außenwirkung[832] vor allem die abstrakte Vielheit der verbindlich geregelten Sachverhalte.[833] Die Kompetenz ist umfassend. Es können alle Fragen des Vollzugs geregelt werden, die keinem Gesetzesvorbehalt unterfallen.[834] Dies entspricht der Erstreckung der Weisungen auf die gesamte Verwaltungstätigkeit,[835] so dass sich hier kein inhaltlicher Unterschied ergibt. Möglicherweise bestehen aber andere.

---

826 *Schäfer*, AöR 78 (1952/53) 1 (30).

827 *v. Mangoldt / Klein*, Art. 85 Anm. IV 2 b aa.

828 *Ossenbühl*, Verwaltungsvorschriften, S. 372.

829 *v. Mangoldt / Klein*, Art. 85 Anm. IV 2 b aa; *Wolst*, S. 108; *Ossenbühl*, Verwaltungsvorschriften, S. 372.

830 *Ossenbühl*, Verwaltungsvorschriften, S. 372.

831 Maunz / Dürig - *Lerche*, Art. 84 Rn. 88; *Ossenbühl* - Erichsen, Allg. VerwR, § 6 Rn. 31.

832 Maunz / Dürig - *Lerche*, Art. 84 Rn. 96; *Kersten*, BayVBl. 1968, 189 (191).

833 *Wolff / Bachof / Stober*, VerwR I, § 24 Rn. 22; Jarass / Pieroth - *Pieroth*, Art. 84 Rn. 8; Maunz / Dürig - *Lerche*, Art. 84 Rn. 96; *Ossenbühl* - Erichsen Allg. VerwR, § 6 Rn. 30.

834 Bonner Kommentar - *Bartlsperger*, Art. 90 Rn. 86; Jarass / Pieroth - *Pieroth*, Art. 84 Rn. 9; Alternativkommentar- *Bull*, Art. 84 Rn. 32.

835 BVerfGE 81, 310 (335 f.); v. Münch - *Broß*, Art. 85 Rn. 18; Jarass / Pieroth - *Pieroth*, Art. 85 Rn. 6; Sachs -*Dittmann*, Art. 85 Rn. 20.

(aa) Die Unterscheidung nach formellen und materiellen Regelungsgegenständen

Allgemeine Verwaltungsvorschriften sollen nach einer Auffassung nur Verfahrensregelungen treffen können, während Weisungen „andere aktionslenkende Maßnahmen", also materielle Entscheidungen und Ermessensfragen zum Gegenstand haben könnten.[836] Gerade die Formulierung „allgemeine Verwaltungsvorschriften" deutet jedoch darauf hin, dass die Regelung aller Aspekte der Verwaltung von Gesetzen ermöglicht werden soll. Weder dem Attribut „allgemein" noch der „Verwaltungsvorschrift" ist eine Differenzierung zwischen materiellen und formellen Fragen zu entnehmen.[837] Auch darüber hinaus gibt es keinen Hinweis auf eine solche Beschränkung.[838] Dieser Ansatz ist daher bereits wegen mangelnder Absicherung in der „Verfassungssystematik" zu kritisieren.[839] Zudem wird auf diese Weise nur eine Verlagerung des Abgrenzungsproblems erreicht. Gerade im Bereich komplexer Genehmigungen, wie z. B. im Atomrecht, handelt nie eine Behörde alleine, so dass sich „aktionslenkende" Anordnungen im gestuften Verwaltungsverfahren immer auch auf das behördeninterne Verhältnis auswirken müssen. Damit bleibt auch die praktische Umsetzbarkeit der Differenzierung fraglich.[840]

(bb) Die Negativabgrenzung

Ein anderer Abgrenzungsansatz aus dem Bereich der Auftragsverwaltung im Steuerwesen sieht die Bereiche, die nicht von der Kompetenz zum Erlass allgemeiner Verwaltungsvorschriften umfasst sind, als den allgemeinen Weisungen vorbehalten an. Dieser Vorbehalt soll dort bestehen, wo nicht die Behördeneinrichtung, das Verwaltungsverfahren, die Norminterpretation (Tatbestand) oder Ermessensausübung (Rechtsfolge) geregelt werden.[841] Dies soll beispielsweise die Nichtanwendung einer Rechtsnorm, das Abweichen von Steuerrichtlinien und Unregelmäßigkeiten in der Finanzverwaltung betreffen.[842] Hier stellt sich jedoch die Frage, inwieweit es sich bei diesen Regelungen überhaupt um allgemeine, d. h. über den konkret feststehenden Sachverhalt und damit über Einzelweisungen hinausgehende Maßnahmen handelt. Gerade die hier aufgezeigten Regelungsanlässe zeichnen sich durch einen gemeinsamen Charakter als „Einzelverfehlungen" und damit als mögliche Gegenstände einer Einzelweisung aus.

---

[836] *Marschall / Schroeter / Kastner*, FStrG, § 22 Anm. 3.1 m.w. N.; ganz ähnlich und damit für eine größere Reichweite der Weisungskompetenz auch *Fischerhof*, AtG, Vorbem. § 22 Rn. 5.
[837] Jarass / Pieroth - *Pieroth*, Art. 84 Rn. 8: daher wird auch im allgemeinen die Erstreckung auf beide Bereich angenommen.
[838] So auch *Ossenbühl*, Verwaltungsvorschriften, S. 282 ff.; Bonner Kommentar - *Bartlsperger*, Art. 90 Rn. 88.
[839] *Wolst*, S. 110.
[840] Bonner Kommentar - *Bartlsperger*, Art. 90 Rn. 88.
[841] *Orlopp*, FS Klein, S. 599.
[842] *Orlopp*, FS Klein, S. 599.

Zusätzlich ist der Vorbehalt so eng, dass praktisch kein Anwendungsbereich für die Weisungskompetenz erhalten bliebe. Nur noch Landesverhalten, das einen Rechtsbruch darstellt, könnte Gegenstand einer Weisung sein. Dies folgt aus der unterstellten Erstreckung der Verwaltungsvorschriften auf die Tatbestands- und auf die Rechtsfolgenseite.

(cc) Die Eigenständigkeit der Landesverwaltung

Nach anderer Auffassung soll entscheidend sein, ob durch die Einwirkung des Bundes ein Aufgabenbereich der Länder so weitgehend mit Bindungen versehen werde, dass eigenständige Gestaltungsmöglichkeiten des Landes weitgehend beseitigt seien.[843] Solch weitgehenden Bindungen müssten zur Vermeidung einer Aushöhlung der Verwaltungskompetenzen der Länder der Zustimmung des Bundesrats unterliegen, wären also allgemeine Verwaltungsvorschriften.[844] Dieser Ansatz führt jedoch selbst zu einer „kaum lösbaren Fragestellung".[845] Es wäre bereits problematisch, ob allein die vom Bund intendierte oder aber die später tatsächlich durchgesetzte Bindungswirkung maßgeblich für die Zuordnung und Zustimmungsbedürftigkeit ist. Vor allem aber bliebe die Frage der Grenzziehung offen.

Allgemeine Weisungen sollen, ebenfalls zum Schutze der Länder, nach einer weiteren Ansicht nur aus einem „besonderen Anlass" ergehen können.[846] Auf die Vielfältigkeit möglicher Anlässe und dem daraus resultierenden Mangel zwingender Abgrenzungskriterien wird hingegen zu Recht verwiesen.[847] In praktischer Hinsicht drängt sich die Überlegung auf, ob nicht grundsätzlich ein Anlass gerade in der Regelung eines konkreten Einzelfalls liegen wird und es sich damit nur um Einzelweisungen handelt. Soweit darüber hinaus aber die Weisungskompetenz in der Auftragsverwaltung in die Nähe eines auf Ausnahmefälle begrenzten und rechtfertigungsbedürftigen Instituts gerückt wird, wird die Eigenschaft als „reguläres Mittel" der Verwaltungslenkung verkannt.[848]

(dd) Die Regelung von Teil- und Grundsatzfragen

Allgemeine Verwaltungsvorschriften seien, so wird ebenfalls vertreten, „vielfach dazu bestimmt, die Ausführung der Bundesgesetze im Ganzen zu regeln, während Weisungen in der Regel eine grundsätzliche Frage oder einige weniger solcher Fragen

---

[843] Kodal / Krämer- *Kodal*, Kap. 2, Rn. 30.42.3.
[844] Kodal / Krämer- *Kodal*, Kap. 2, Rn. 30.42.3.
[845] *Zech*, DVBl. 1987, 1091 (1093).
[846] *v. Mangoldt / Klein*, Art. 85 Anm. IV 2 b aa.
[847] Maunz / Dürig - *Lerche*, Art. 85 Rn. 50.
[848] BVerfGE 81, 310 (332); Jarass / Pieroth - *Pieroth*, Art. 85 Rn. 6.

hinsichtlich des Gesetzesvollzugs zum Inhalt haben."[849] Eine nur „vielfach" verwendbare Abgrenzung ohne Anspruch auf allgemeine Geltung ist jedoch nicht brauchbar.[850] Davon abgesehen, also auch bei Erhebung eines Anspruchs auf allgemeine Geltung,[851] ist die Differenzierung unzulänglich, weil „umfassende Regelungen" und „Teilfragen" nicht hinreichend unterscheidbar sind.[852] Allgemeine Verwaltungsvorschriften müssen außerdem keineswegs die Ausführung eines Gesetzes als Ganzes betreffen.

Ähnliche Bedenken bestehen daher auch gegen den Ansatz, solche Regelungen als allgemeine Verwaltungsvorschriften anzusehen, die ein größeres Rechtsgebiet, eine zusammenhängende Rechtsmaterie von erheblichem Gewicht erfassen und für einen längeren Zeitraum gelten sollen.[853] Dies gilt ebenfalls für die These, dass allgemeine Verwaltungsvorschriften für grundsätzliche Probleme reserviert seien, in denen das komplizierte Verfahren sinnvoll ist.[854]

(ee) Die Erfordernisse der Verwaltungspraxis

Es gibt außerdem Stimmen, die für maßgeblich halten, ob „die Auftragsverwaltung" funktionsfähig bliebe, wenn dem Bund keine allgemeines Weisungskompetenz zustehen sollte.[855] Die Verwaltungspraxis könnte dies in Frage stellen, da z.B. im Steuerwesen sowohl vom Bund als auch von den Ländern die Notwendigkeit einer „weiten" Weisungskompetenz angenommen wird.[856] Dies wird für die Verwaltung der Bundesfernstraßen ebenfalls vertreten.[857]

Tatsächlich bringt das formalisierte Verfahren zum Erlass allgemeiner Verwaltungsvorschriften für die Praxis durch die Notwendigkeit einer Entscheidung als Kollegium und den Zustimmungsvorbehalt gewisse Nachteile. Doch können „weder die Verwaltungserfahrung noch gar Empfindlichkeiten der Länder [...] einleuchtende Gründe für [...] die Vernachlässigung des direkten Weges des Art. 85 Abs. 2 S. 1 GG" sein.[858] Diese Voraussetzungen sind in der Verfassung ausdrücklich

---

849 *Wolst*, S. 109; *v. Mangoldt / Klein*, Art. 85 Anm. IV 2 b aa, *Schäfer*, DÖV 1960, 641 (648) unter Anlehnung an *Gebhard*, WRV Art. 15 Anm. 6a der dies tatsäch lich allerdings lediglich auf Art. 77 WRV bezog.

850 So auch *Wolst*, S. 110.

851 *Jarass,* Reformüberlegungen, S. 395; Seifert / Hömig - *Hömig*, Art. 85 Rn. 5; *Haederich*, AtG, Vorbem. § 22 Rn. 4 b.

852 So auch *Jarass*, Reformüberlegungen, S. 395; Maunz / Dürig - *Lerche*, Art. 85 Rn. 50, der sich hierzu auch auf *v. Mangoldt / Klein*, Art. 85 IV 2 b aa beruft.

853 *Müller / Zeitler*, DStZ-A 1975, 467 (472).

854 *Oeter*, ThürVBl. 1997, 28 (30).

855 *Ossenbühl*, Reformüberlegungen, S. 54.

856 So *Orlopp*, FS Klein, S. 604; *Müller / Zeitler*, DStZ-A 1975, 467 (472).

857 Kodal / Krämer- *Kodal*, Kap. 2, Rn. 30.42; *Marschall / Schroeter / Kastner*, FStrG, § 22 Anm. 3.1.

858 *Blümel*, AöR 93 (1968) 200 (241), dieser bezieht dies zwar auf die Praxis von Verwaltungsabspr achen mit den Ländern, die teilweise allgemeine Verwaltungsvorschriften verdrängt haben, doch muss dies auch für das Verhäl tnis von Weisungen und allgemeinen Verwaltungsvorschriften gelten.

zum Schutze der Länderhoheit in der Auftragsverwaltung normiert. Dieses Schutzniveau darf nicht gemindert werden.[859] Die Bedürfnisse und Wünsche der Verwaltungspraxis können nicht Auslegungsmaßstab der Verfassung sein. Zudem kann die Funktionsfähigkeit der Auftragsverwaltung wegen der umfangreichen übrigen Einwirkungsbefugnisse nicht wirklich in Frage stehen. Dies zeigen auch die Erfahrungen im Steuerrecht. Die in diesem äußerst schwierigen politischen Gebiet getroffene Bund-Länder-Vereinbarung[860] hat sich in über 25 Jahren bewährt. Sie wird dabei den Vorstellungen des Bundesfinanzministers in einer Weise gerecht „wie es durch allgemeine Weisungen kaum effektiver möglich wäre."[861]

Die jeweils favorisierten Unterscheidungsansätze mit Bezug auf inhaltliche Kriterien erweisen sich also bereits im Konkreten als problematisch.

(ff) Das Grundsatzproblem materieller Abgrenzungsansätze

Neben Schwierigkeiten im Detail bestehen aber auch grundsätzliche Bedenken gegen eine inhaltliche Abgrenzung. Diese verursacht die umfassende Reichweite beider Einwirkungsbefugnisse.[862] Die Heranziehung materieller Kriterien sorgt dafür, dass die eindeutige Zuordnung einer Sachregelung zur einen die andere Kompetenz ausschließt und damit einengt.[863] Dies steht im Widerspruch zur umfassenden sachlichen Weite beider Regelungskompetenzen. Materielle Kriterien führen zu prinzipiellen Problemen im System der Einwirkungsbefugnisse. Insofern verwundert nicht, dass sich die Versuche einer Abgrenzung nach materiellen Kriterien nicht durchsetzen konnten, sondern auf breiter Grundlage kritisiert wurden.[864]

Hiervon ausgehend kommt also auch eine Abgrenzung nach technischem und nicht-technischem Verwaltungsbereich nicht in Betracht.[865] Beide Einwirkungsbefugnisse können sich inhaltlich sowohl auf den einen wie auf den anderen Bereich erstrecken.

---

[859] BVerfGE 100, 249 (261).

[860] Diese stellt auch tatsächlich keine Weisung dar, Bonner Kommentar – *Seer*, Art. 108 Rn. 5; *Orlopp*, FS Klein, S. 606.

[861] *Orlopp*, FS Klein, S. 608.

[862] Vgl. Kap. 2 A II und B II sowie C II 2 b bb.

[863] *Hantke*, DVBl. 1990, 823 (827) mit der Kritik an einer derartigen Einschränkung der Weisungskompetenz.

[864] *Hantke*, DVBl. 1990, 823 (827).

[865] So sogar Kodal / Krämer - *Kodal*, Kap. 2, Rn. 30.42.2.

(gg) Zusammenfassung

Die inhaltliche Abgrenzung zwischen allgemeinen Weisungen und allgemeinen Verwaltungsvorschriften bleibt daher nicht nur schwierig,[866] sie erweist sich als undurchführbar.[867]

(c) Folgen der mangelnden inhaltlichen Unterscheidbarkeit

Aus der mangelnde Abgrenzbarkeit von allgemeinen Weisungen und allgemeinen Verwaltungsvorschriften ergibt sich eine Umgehungsgefahr hinsichtlich der engeren Voraussetzungen des Art. 85 Abs. 2 S. 1 GG, nicht nur hinsichtlich der Bindung der Entscheidung an das Kollegium, sondern vor allem für den Zustimmungsvorbehalt:[868] Der Bund könnte allgemeine Regelungen ohne Einhaltung der Verfahrensvorschriften erlassen. Da Art. 85 Abs. 2 GG aber durch seine Voraussetzungen Vorkehrungen zum Schutz der Eigenständigkeit der Verwaltung der Länder trifft,[869] folgte daraus eine Minderung dieses Schutzniveaus.[870]

(aa) Eine Absicherung der Länder durch Rechtsschutzmöglichkeiten?

Eine exakte Abgrenzbarkeit soll, so wird teilweise vertreten, aber deswegen nicht erforderlich sein, weil zum Schutz der Länder eine Überprüfung der getroffenen Maßnahme vor dem Bundesverfassungsgericht möglich sei.[871] Doch setzt auch die Beurteilung der Verfassungsmäßigkeit durch das Bundesverfassungsgericht eine eindeutige Zuordnung der Regelung unter einen Kompetenztitel voraus. Also muss auch hier eine Unterscheidung erfolgen.[872] Eine Sichtweise, die allein auf die gerichtlichen Rechtsschutzmöglichkeiten verweist, verkennt zudem die Bedeutung des Rechtschutzes im Allgemeinen, wie des verfassungsgerichtlichen Rechtsschutzes im Besonderen. Das Prozessrecht dient der Durchsetzung des materiellen Rechts. Daher kann die Exaktheit des Prozessrechts unklare Strukturen des materiellen Rechts nicht ausgleichen. Außerdem hat das Bundesverfassungsgericht mit der Kalkar-Entscheidung die Rechtsschutzmöglichkeiten der Länder im Weisungsfall dadurch eingeschränkt, dass die inhaltliche Rechts- oder Verfassungswidrigkeit nicht mehr gerügt werden kann.[873]

---

[866] Kodal / Krämer- *Kodal*, Kap. 2, Rn. 30.42; *Marschall / Schroeter / Kastner*, FStrG, § 22 Anm. 3.1.
[867] So früher schon *Wolst*, S. 110; Bonner Kommentar - *Bartlsperger*, Art. 90 Rn. 88; *Ossenbühl*, Verwaltungsvorschriften, S. 373, aber auch *Borgmann*, S. 200.
[868] *Winters*, AtG, Einführung, Anm. 4.7.5.; *Borgmann*, S. 200; Maunz / Dürig - *Lerche*, Art. 85 Rn. 43, 50.
[869] BVerfGE 26, 338 (397).
[870] Dazu, dass die Absenkung verfassungswidrig ist, BVerfGE 100, 249 (261).
[871] *Ossenbühl*, Reformüberlegungen, S. 56.
[872] *Borgmann*, S. 201.
[873] BVerfGE 81, 310 (332 ff.); in diesem Sinne auch BVerfGE 102, 167 (172).

(bb) Die Auslegung von Kompetenzvorschriften

Die Auslegungsmaxime der „Einheit der Verfassung"[874] erfordert eine Auslegung, die die optimale Wahrnehmung kollidierender Kompetenzen ermöglicht.[875] Auch Kompetenzen dienen daher einer einheitlichen Aufgabenbewältigung des Staates und müssen im Interesse dieser Einheit ausgelegt und ausgeübt werden.[876] Die Auslegung einer Kompetenzvorschrift, die zu einer mangelnden Abgrenzbarkeit führt, wird der Einheit der Verfassung nicht gerecht.[877] Einer Regelung, die durch eine andere praktisch ersetzt werden kann - und dies ist die Folge für Art. 85 Abs. 2 S. 1 GG - kommt keine eigenständige Bedeutung mehr zu. Eine einheitliche Ordnung vermeidet aber die Entwertung einzelner Regelungen.

(cc) Die Systematik der Verwaltungskompetenzen

Dieser allgemeine Auslegungsgrundsatz wurde im Bereich der Verwaltungskompetenzen konkretisiert. Bei der Frage nach dem Bestehen ungeschriebener Verwaltungskompetenzen des Bundes hat das Bundesverfassungsgericht ausdrücklich festgestellt, die Regelungen der Art. 30, 83 ff. GG zielten auf eine reibungslose und vollständige Ausführung der Bundesgesetze ab.[878] Das Grundgesetz will eine abschließende Regelung hinsichtlich der Verwaltungskompetenzen von Bund und Ländern schaffen, so dass sich bei der Auslegung dieser Kompetenzregelungen keine Überschneidungen ergeben sollten.[879] Wegen Art. 30, Art. 70 Abs. 1 und Art. 83 GG sind vor allem die Einwirkungsmöglichkeiten des Bundes strikt auszulegen.[880] Die Auslegungen der „Weisungskompetenz" muss also deren Abgrenzbarkeit gewährleisten und darf nicht zu einer Überschneidung führen, da dies der angestrebten „Reibungslosigkeit" der Ausführung widerspräche.

Weitere Ungereimtheiten würde eine allgemeine Weisungskompetenz im Rahmen des Art. 108 GG verursachen. Im Steuerrecht, das teils als Bundesverwaltung, teils als landeseigene Verwaltung und auch in Form der Auftragsverwaltung ausgeführt wird, besteht eine „unauflösliche Verschränktheit" der Normkomplexe.[881] Bei Zuerkennung einer allgemeinen Weisungskompetenz im Bereich der Auftragsverwaltung würden

---

874 Dazu BVerfGE 19, 206 (220); *Hesse*, Grundzüge, Rn. 71; *Brohm*, DÖV 1983, 525 (528).
875 *Tschentscher*, S. 85.
876 *Hesse*, Grundzüge, Rn. 71; *Brohm*, DÖV 1983, 525 (528).
877 Vgl. dazu schon Kap. 1 B II 2 f aa.
878 BVerfGE 11, 6 (17 f.); *Klein*, FS BVerfG II, S. 283.
879 *Pietzcker*, S. 59.
880 BVerfGE 26, 338 (398); BVerfGE 100, 249 (26[illegible]).
881 *Oeter*, ThürVBl. 1997, 28 (30) Fn. 83 unter Bezugnahme auf Bonsels.

sachlich zusammenhängende Normkomplexe unterschiedlichen Weisungsbefugnissen unterworfen.[882]

(dd) Die Systematik der Einwirkungsbefugnisse in der Auftragsverwaltung

Der Vorrang allgemeiner Verwaltungsvorschriften des Bundes gegenüber Weisungen[883] soll die Umgehungsgefahr reduzieren. Weisungen können nämlich nicht bereits durch allgemeine Verwaltungsvorschriften getroffenen Regelungen überwinden.[884] Die Kompetenz zum Erlass allgemeiner Weisungen bliebe jedoch überall dort erhalten, wo nicht bereits Verwaltungsvorschriften bestehen. Außerdem wäre wahrscheinlich, dass der Bund zukünftig auf das kompliziertere Verfahren zum Erlass allgemeiner Verwaltungsvorschriften (mit einer selbstbindenden Wirkung) verzichten würde.[885] Er könnte ja im Ergebnis mit allgemeinen Weisungen dieselben Ziele verwirklichen.[886] Denn beide Einwirkungsbefugnisse sind - auf unterschiedliche Weise - für die Landesbehörden rechtsverbindlich.[887] Es bliebe trotz Vorrangigkeit der Verwaltungsvorschriften bei einer Umgehungsgefahr und damit bei einer Aushöhlung der Schutzfunktion des Art. 85 Abs. 2 S. 1 GG.[888] Diese Umgehungsgefahr muss vollständig ausgeschlossen werden, da die Auftragsverwaltung nicht zufällig detaillierte Kompetenzregelungen trifft. Art. 85 GG regelt abschließend, in welchem Umfang und auf welche Weise der Bund in diesem Verwaltungstyp Einfluss nehmen kann.[889] Es kann dem Bund daher nicht freistehen auszuwählen, in welcher Handlungsform er eine Angelegenheit regeln will.[890] Vielmehr muss der Bund die Form einer allgemeinen Verwaltungsvorschrift immer dort wählen, wo das durch die Zustimmungsbedürftigkeit eingeräumte Mitspracherecht der Länder dies verlangt. Dies ist der Fall, wenn eine Regelung das gegenseitige Verhältnis schlechthin berührt. Dies kann mit guten Gründen immer dann angenommen werden, wenn eine Entscheidung über die Behandlung eines feststehenden Einzelfalls hinausgeht.[891]

Eine stimmige Systematik der Einwirkungsbefugnisse in der Auftragsverwaltung erreicht man also dadurch, dass man Art. 85 Abs. 3 S. 1 GG auf Einzelweisungen beschränkt. Bei einer entsprechend engen Auslegung der Weisungskompetenz liegt die Bedeutung des Art. 85 Abs. 2 S. 1 GG darin, dass die Kompetenz zum Erlass

---

[882] *Oeter*, ThürVBl. 1997, 28 (30) Fn. 83 unter Bezugnahme auf Bonsels.

[883] *Schäfer*, DÖV 1960, 641 (648); Bonner Kommentar - *Zieger / Bischof*, Art. 87 c Rn. 128; *v. Mangoldt / Klein*, Art. 85 Anm. IV 2 b aa; *Blümel* - HBStR IV, § 101 Rn. 57; Maunz / Dü rig - *Lerche*, Art. 85 Rn. 44.

[884] Maunz / Dürig - *Lerche*, Art. 85 Rn. 43, 50.

[885] So im Ergebnis auch Maunz / Dürig - *Lerche*, Art. 85 Rn. 50.

[886] Für dieselbe Bindungswirkung jedenfalls *Wolst*, S. 110; *v. Mangoldt / Klein*, Art. 85 Anm. IV 2 b bb; anders wohl aber Kodal, Straßenrecht, S. 68.

[887] Für Weisungen Maunz / Dürig - *Lerche*, Art. 85 Rn. 83; für allgemeine Verwaltungsvorschriften Sachs - *Dittmann*, Art. 84 Rn. 20.

[888] Maunz / Dürig - *Lerche*, Art. 85 Rn. 50.

[889] *Kersten*, BayVBl. 1968, 189 (191).

[890] *Blümel*, AöR 93 (1968) 200 (214) über Sieder.

[891] *Blümel*, AöR 93 (1968) 200 (214) über Sieder.

„allgemeiner" Regelungen eingeräumt wird.[892] Art. 85 Abs. 2 S. 1 GG würde dann die ansonsten lediglich einzelfallbezogenen Einwirkungsbefugnisse des Bundes aus Art. 85 Abs. 3 GG systemgerecht ergänzen.[893] Diese Auslegung ist damit vorzugswürdig.

(d) Zusammenfassung

Art. 85 Abs. 2 und Abs. 3 GG setzen also selbst die Unterscheidbarkeit von Weisungen und allgemeinen Verwaltungsvorschriften voraus.[894] Es leuchtet nicht ein, dass zwei Institute „allgemeiner" Regelungen mit unterschiedlichen Voraussetzungen in Art. 85 GG nebeneinander stehen sollen, obwohl keine Abgrenzung möglich ist.[895] Das Verhältnis von Art. 85 Abs. 2 und Abs. 3 GG spricht also bereits dafür, von einer Beschränkung des Art. 85 Abs. 3 S. 1 GG auf Einzelweisungen auszugehen.[895] Doch bleibt noch der weitere systematische Zusammenhang zu überprüfen.

(2) Das systematische Verhältnis zur Einzelweisungskompetenz des Art. 84 Abs. 5 S. 1 GG

Die Einzelweisungskompetenz des Art. 84 Abs. 5 S. 1 ist im Vergleich zu Art. 85 Abs. 3 S. 1 GG deutlich engeren Voraussetzungen unterworfen.[897] Doch ist denkbar, dass beide Weisungskompetenzen gemeinsam durch die Bezugnahme auf konkrete Sachverhalte gekennzeichnet sind. Dies wäre wiederum zweifelhaft, wenn die Kompetenzen sich dann nicht mehr unterscheiden würden. Die Einzelweisungskompetenz in der landeseigenen Verwaltung ist nur für besondere Fälle vorgesehen und bedarf einer Einrichtung durch Gesetz. Dies bedeutet einen substantiellen Unterschied zur Auftragsverwaltung, in der die Weisungskompetenz als „reguläres Mittel" und prägender Bestandteil[898] bereits de constitutionem besteht. Auch bei Beschränkung der Weisungskompetenz des Art. 85 Abs. 3 GG auf Einzelweisungen bleiben somit wesentliche Unterschiede zwischen beiden Weisungskompetenzen erhalten, die eine Differenzierung ermöglichen, welche dem Unterschied zwischen landeseigener und Auftragsverwaltung gerecht wird. Ginge man aber von einer allgemeinen Weisungskompetenz aus, blieben zwischen den beiden Formen der

---

[892] So auch Maunz / Dürig - *Lerche*, Art. 85 Rn. 37.
[893] Maunz / Dürig - *Lerche*, Art. 85 Rn. 40.
[894] *Lange*, Weisungsrecht, S. 76.
[895] *Oeter*, ThürVBl. 1997, 28 (30);
[896] Dies ist für viele entscheidendes Kriterium dafür, die Weisungskompetenz aus Art. 85 Abs. 3 S. 1 GG auf Einzelweisungen zu beschränken: *Oeter*, ThürVBl. 1997, 28 (30); Maunz / Dürig - *Lerche*, Art. 85 Rn. 50; Jarass / Pieroth - *Pieroth*, Art. 85 Rn. 4; *Zech*, DVBl. 1987, 1091 (1093); *Pera*, NVwZ 1989, 1120 (1121); *Jarass*, Reformüberlegungen, S. 395, i.E. so auch *Dux*, S. 88. Doch wird die mangelnde Abgrenzbarkeit zu Art. 85 Abs. 2 GG auch von Befürwortern einer allgemeinen Weisungskompetenz als wesentliches Problem anerkannt, *Blümel* - HBStR IV, § 101 Rn. 60; Bonner Kommentar - *Zieger / Bischof*, Art. 87 c Rn. 122; *Blümel*, AöR 93 (1968) 200 (241).
[897] *Zech*, DVBl. 1987, 1091 (1093).
[898] BVerfGE 81, 310 (332); Jarass / Pieroth - *Pieroth*, Art. 85 Rn. 6.

Landesverwaltung keine strukturellen Gemeinsamkeiten mehr erhalten. Dies erschiene, obwohl Art. 85 GG primär durch die Abweichung von Art. 83, 84 GG bestimmt ist,[899] als problematisch. Dann wären nämlich beide Weisungskompetenzen, die jeweils Typen der Landesverwaltung betreffen, ohne jede Gemeinsamkeit. Es erscheint fraglich, ob dies dem Wesen der Auftragsverwaltung als Landesverwaltung, die lediglich durch stärkere Sachentscheidungsbefugnisse des Bundes gekennzeichnet ist, noch entspräche.

(a) Das Prinzips der Verbandskontrolle als Unterscheidungskriterium?

Möglicherweise unterscheiden sich die landeseigene Verwaltung und die Auftragsverwaltung in ihrer „Kontrollstruktur" so erheblich, dass dies auch vollkommen unterschiedliche Weisungskompetenzen erklären kann.

Die Weisungskompetenz des Art. 84 Abs. 5 S. 1 GG wird teilweise als „systemwidrig" eingestuft und deswegen eng ausgelegt.[900] Ein Ausnahmecharakter besteht insofern, als dass die Einwirkungsbefugnisse in der landeseigenen Verwaltung die Länder grundsätzlich als Ganzes, also als geschlossene Einheiten ansprechen.[901] Die Weisungskompetenz durchbricht diesen Grundsatz der Geschlossenheit der Länder(-verwaltung), da sie auch gegenüber nachgeordneten Behörden besteht (Art. 84 Abs. 5 S. 2 GG) und birgt so im Keim die Gefahr, die landeseigene Verwaltung auszuhöhlen.[902] Die Geschlossenheit der Länder als Verwaltungskörper und auch als Gliedstaaten wird jedoch dadurch anerkannt, dass zumindest im Grundsatz allein die obersten Landesbehörden mögliche Weisungsadressaten sind.[903] Dies gilt auch für Art. 85 Abs. 3 GG, so dass fraglich erscheint, ob in der Auftragsverwaltung tatsächlich „der Grundsatz der unmittelbaren und durchgreifenden Aufsicht vorherrscht," wie in Anlehnung an die Terminologie der WRV vertreten wird.[904] Zwar ermöglicht Art. 85 Abs. 4 S. 2 GG die Entsendung von Beauftragten in alle Behörden der Länder. Die Entsendung von Beauftragten ist erstens in der Praxis nicht relevant und zweitens insgesamt als schwache Einwirkungsbefugnis zu bewerten, denn sie dient lediglich der Information des Bundes. Diese Befugnis kann somit für das Bund-Länder-Verhältnis in der Auftragsverwaltung nicht prägend sein. Deutlich wichtiger ist die Weisungskompetenz und deren grundsätzliche Beschränkung bzgl. des Adressatenkreises. Von dieser Beschränkung darf nach Maßgabe des Art. 85 Abs. 3 S. 2 GG nur unter engen Voraussetzungen abgewichen werden, so dass tatsächlich, „wenn auch abgeschwächt, der Grundsatz der Oberaufsicht oder strengen Verbandsaufsicht zum Ausdruck" kommt.[905] Eben diese Beschränkung verdeutlicht

---

899 *Tschentscher*, S. 101.
900 *Nawiasky*, Grundgedanken, S. 43 f.; Bonner Kommentar - *Herrfahrdt*, Art. 84 Anm. 6.
901 Maunz / Dürig - *Lerche*, Art. 84 Rn. 128 Fn. 10; *Schäfer*, AöR 78 (1952/53) 1 (15).
902 *Schäfer*, AöR 78 (1952/53) 1 (16).
903 Art. 84 Abs. 5 S. 2 GG, Art. 85 Abs. 3 S. 2 GG.
904 *Schäfer*, AöR 78 (1952/53) 1 (17); zu den Ansätzen unter der WRV Jeserich - *Mußgnug*, Bd. 4, Kap. VII, I 4.
905 *Schäfer*, AöR 78 (1952/53) 1 (29); ähnlich Alternativkommentar - *Bull*, Art. 84 Rn. 52.

die Geschlossenheit des Verwaltungskörpers der Länder[906] und einen „Rest von Respekt vor der Organisationsgewalt" der Länder.[907]

Trotz der Unterschiede zwischen Auftragsverwaltung und landeseigener Verwaltung wahren sowohl Art. 85 Abs. 3 S. 1 GG als auch Art. 84 Abs. 5 S. 1 GG das „Prinzip der Verbandskontrolle".[908] Danach bedient sich der Bund also des Verwaltungsorganismus der Länder als solchem und nicht der einzelnen Landesbehörden.[909] Die Möglichkeit des Art. 85 Abs. 3 S. 2 GG, der Weisung im Dringlichkeitsfall an nachgeordnete Behörden, stellt nur eine Ausnahme dar, unterstreicht daher dieses Ergebnis.[910] Insgesamt sind die Weisungskompetenzen hinsichtlich der Geschlossenheit der Verwaltungskörper also gleich strukturiert, so dass hiernach keine unterschiedliche Reichweite indiziert ist.

(b) Der Funktionsunterschied der allgemeinen Verwaltungsvorschriften als Differenzierungskriterium ?

Die Funktion allgemeiner Verwaltungsvorschriften in der landeseigenen Verwaltung soll sich von der in der Auftragsverwaltung unterscheiden: In der landeseigenen Verwaltung komme der Kompetenz durch allgemeine Verwaltungsvorschriften auf die Länder einzuwirken, eine besondere Bedeutung zu, weil es an einer umfassenden Weisungskompetenz fehle und die Bundesaufsicht auf die Rechtmäßigkeitskontrolle beschränkt sei.[911] Allgemeine Verwaltungsvorschriften könnten dort daher die verpflichtenden Regelungen schaffen, die dann als „Recht" im Wege der Bundesaufsicht durchsetzbar seien. Aufgrund der abweichend hiervon auch Zweckmäßigkeitsfragen erfassenden Aufsicht in der Auftragsverwaltung komme den allgemeinen Verwaltungsvorschriften dort keine entsprechende Bedeutung zu.[912] In der Praxis allerdings haben allgemeine Verwaltungsvorschriften weder in der landeseigenen Verwaltung[913] noch in der Auftragsverwaltung (im

---

[906] Maunz / Dürig - *Lerche*, Art. 84 Rn. 128 Fn. 10, Rn. 89, die „Verbandsaufsicht" auf diese Weise interpretierend; Alternativkommentar - *Bull*, Art. 84 Rn. 52; Bonner Kommentar - *Herrfahrdt*, Art. 85 Anm. 4; *v. Mangoldt / Klein*, Art. 85 Anm. IV 2 e.
[907] Sachs - *Dittmann*, Art. 84 Rn. 24.
[908] Bonner Kommentar - *Herrfahrdt*, Art. 85 Anm. 4.
[909] Bonner Kommentar - *Herrfahrdt*, Art. 85 Anm. 4; i.E. ebenfalls Alternativkommentar - *Bull*, Art. 84 Rn. 53.
[910] Zudem wird sie als „wenig zweckmäßige verfassungsrechtliche Konstruktion" beurteilt, da die Bindung an einen Kabinettsbeschluss sie zur Reaktion auf dringende Probleme gerade ungeeignet macht, so *Wolst*, S. 119 f.
[911] Maunz / Dürig - *Lerche*, Art. 85 Rn. 37.
[912] Maunz / Dürig - *Lerche*, Art. 85 Rn. 37.
[913] Sachs - *Dittmann*, Art. 84 Rn. 33.

Kernenergiewesen[914] oder in anderen Bereichen[915]) große Bedeutung erlangt. Dieser Unterschied ist daher eher theoretischer Natur.

In der landeseigenen Verwaltung wird hinsichtlich der Einwirkungsbefugnisse ein Ergänzungsverhältnis durch deren Trennung und Nebeneinanderstellen erreicht.[916] Zu dieser ergänzenden Funktion kommt es auch in der Auftragsverwaltung, wenn man ausschließlich eine Einzelweisungskompetenz annimmt. Es zeigen sich also auch insoweit zwischen der landeseigenen Verwaltung und der Auftragsverwaltung Parallelen, die dafür sprechen, dass es sich sowohl bei Art. 84 Abs. 5 S. 1 GG als auch bei Art. 85 Abs. 3 S. 1 GG um eine Einzelweisungskompetenz handelt.

(3) Das systematische Verhältnis zu Art. 85 Abs. 1 GG

Art. 85 Abs. 1 GG sieht wie Art. 85 Abs. 2 GG die Zustimmung des Bundesrats als Voraussetzung für die Ausübung der Kompetenz vor. Folglich unterliegen auch gesetzliche „Ausführungsregelungen" in der Auftragsverwaltung einem Zustimmungsvorbehalt. Verwaltungsmäßige und gesetzliche Ausführungsregelungen weisen die Gemeinsamkeit auf, dass sie beide die Organisationsgewalt der Länder einschränken, indem sie über den Einzelfall hinausgehende, „allgemeine" Vorschriften über Zuständigkeit und Verfahren der Landesbehörden treffen.[917] Da allerdings die allgemeinen Verwaltungsvorschriften auch materielle Regelungen treffen können und ein Unterschied hinsichtlich der Bindungswirkung (als Verwaltungsinternum bzw. als Gesetz mit Außenwirkung) besteht, wäre eine Differenzierung möglich. Die Verfassung stellt jedoch den föderativen Aspekt in den Vordergrund, indem für beide Kompetenzen die Zustimmung des Bundesrats angeordnet wird. Insofern wäre es systemwidrig, wenn der Bund daneben allgemeine Regelungen über Zuständigkeit und Verfahren durch Weisungen treffen könnte, die dieser Zustimmungspflicht nicht unterlägen.

(4) Das systematische Verhältnis zur Bundesaufsicht gemäß Art. 85 Abs. 4 GG

Allgemeine Verwaltungsvorschriften gehören nicht zur Aufsicht im engeren, sondern nur im weiteren Sinne.[918] Merkmal der Aufsicht im engeren Sinne ist nämlich

---

[914] *Borgmann*, S. 188; *Kloepfer*, § 15 Rn. 10; *Fischerhof*, AtG, vor § 22 Rn. 5; *Haederich*, AtG, vor § 3 Rn. 6; Bonner Kommentar – *Zieger / Bischof*, Art. 87 c Rn. 84; *Winter*, AtG, Einf. 4.7.5 zum Stand bis 1978; dagegen aber Bonner Kommentar - *Zieger / Bischof*, Art. 87 c Rn. 105 ff.

[915] Vgl. dazu Giemulla - *Giemulla*, LuftVG § 31 Rn. 30; *Hofmann / Grabherr*, LuftVG, Einl. A II 1 f.; Bonner Kommentar - *Bartlsperger*, Art. 90 Rn. 89.

[916] Sachs - *Dittmann*, Art. 84 Rn. 19.

[917] Jarass / Pieroth – *Pieroth,* Art 84 Rn. 8; Sachs - *Dittmann*, Art 84 Rn. 18: die Verwaltungsvorschriften können allerdings auch materielle Regelungen treffen.

[918] Maunz / Dürig - *Lerche*, Art. 84 Rn. 86, 89; *Zech*, DVBl. 1987, 1091 (1094).

deren repressive Natur,[919] die für die allgemeinen Verwaltungsvorschriften wegen der Loslösung vom Einzelfall zweifelhaft ist.[920] Allgemeine Verwaltungsvorschriften sind jedoch Maßstab der Bundesaufsicht gemäß Art. 85 Abs. 4 S. 1 GG. Obwohl sich die Überprüfung in der Auftragsverwaltung auch auf Zweckmäßigkeitserwägungen erstreckt, also weiter geht als in der landeseigenen Verwaltung,[921] gehören allgemeine Verwaltungsvorschriften bei beiden Verwaltungstypen zu dem Recht, an dem das Länderhandeln zu messen ist.[922] Das Grundgesetz kennt nur einen einheitlichen Grundtypus der Aufsicht.[923] Die Verwaltungsvorschriften sind daher in beiden Verwaltungstypen Maßstab der Bundesaufsicht und nicht etwa eine ihrer Formen.[924]

Weisungen gemäß Art. 84 Abs. 5 S. 1 GG[925] und gemäß Art. 85 Abs. 3 S. 1 GG[926] sind dagegen Mittel der Bundesaufsicht, denn sie haben eine repressive Zielrichtung.[927] Bei einer Ausweitung der Weisungskompetenz auf allgemeine Weisungen bestünde dagegen keine Bindung an einen existierenden Konfliktfall und damit keine repressive Zielrichtung mehr. Also würde auch diese Grenzziehung verwischt.

cc) Zusammenfassung

Die fehlende inhaltliche Abgrenzbarkeit von allgemeinen Weisungen und allgemeinen Verwaltungsvorschriften spricht dagegen, dass erstere von Art. 85 Abs. 3 GG umfasst sind.[928] Die in Art. 85 Abs. 2 GG durch die besonderen Voraussetzungen verankerte Schutzfunktion zu Gunsten der Verwaltungshoheit der Länder[929] würde „ausgehebelt" werden. Diese Widersprüche im Verhältnis zu Art. 85 Abs. 2 S. 1 GG wiegen wegen der „Normnähe", d. h. dem engen systematischen Zusammenhang[930]

---

[919] *v. Mangoldt / Klein*, Art. 85 Anm. VI 6 im Sinne von Kontrolle und Korrektur; ebenfalls Maunz / Dürig - *Lerche*, Art. 85 Rn. 70; *Zech*, DVBl. 1987, 1091 (1094).

[920] Jarass / Pieroth - *Pieroth*, Art. 84 Rn. 8, *Borgmann*, S. 200, S. 187.

[921] Jarass / Pieroth - *Pieroth*, Art. 85 Rn. 7; Maunz / Dürig - *Maunz*, Erstbearb., Art. 85 Rn. 39; *Schäfer*, AöR 78 (1952/53) 1 (10); *v. Mangoldt / Klein*, Art. 85 Anm. 85 VI 5.

[922] Maunz / Dürig - *Lerche*, Art. 85 Rn. 43; *Schäfer*, AöR 78 (1952/53) 1 (25); selbst Weisungen müssen sich an ihnen ausrichten.

[923] Maunz / Dürig - *Lerche*, Art. 85 Rn. 70; a. A.: *Blümel* - HBStR IV, § 101 Rn. 69.

[924] Jarass / Pieroth - *Pieroth*, Art. 84 Rn. 12; *Blümel* - HBStR IV, § 101 Rn. 44; *Schäfer*, AöR 78 (1952/53) 1 (25).

[925] v. Münch - *Broß*, Art. 84 Rn. 33; *Depenbrock*, DÖV 1970, 235 (235); a.A. Sachs - *Dittmann*, Art. 85 Rn. 31 sieht auch Weisungen als Maßstab der Bundesaufsicht an, so ebenfalls Jarass / Pieroth - *Pieroth*, Art. 84 Rn. 12; Alternativkommentar - *Bull*, Art. 84 Rn. 56; Maunz / Dürig - *Lerche*, Art. 84 Rn. 157.

[926] *Depenbrock*, DÖV 1970, 235 (236); anders aber *v. Mangoldt / Klein* Art. 85 Anm. VI 6 a cc

[927] *Borgmann*, S. 200, S. 187.

[928] Es sei daher „eindeutig", dass Art. 85 Abs. 3 S. 1 GG ausschließlich als Grundlage zum Erlass von Einzelweisungen anzusehen ist, *Ossenbühl*, Verwaltungsvorschriften, S. 372. Vgl. auch Jarass / Pieroth - *Pieroth*, Art. 85 Rn. 6; *Zech*, DVBl. 1987, 1091 (1093); *Pera*, NVwZ 1989, 1120 (1121); Alternativkommentar – *Bull*, Art. 85 Rn. 15; *Zech*, DVBl. 1987, 1091 (1093); Maunz / Dürig - *Lerche*, Art. 85 Rn. 50.

[929] BVerfGE 100, 249 (261); *Klein*, FS BVerfG II, S. 293.

[930] *Lerche*, BayVBl. 1987, 321 (322).

besonders schwer, weil sie das unmittelbare Verfassungsgefüge in Frage stellen. Doch gehen die systematischen Bedenken darüber hinaus und betreffen auch das Verhältnis zu Art. 85 Abs. 1 GG und Art. 84 Abs. 5 G.

dd) Die Zulässigkeit konkret-genereller Weisungen

Damit sind allerdings auch in systematischer Hinsicht noch nicht alle Aspekte der Einzelweisungskompetenz aus Art. 85 Abs. 3 GG erfasst.

Es ist fraglich, ob der Einzelweisungskompetenz auch konkret-generelle Weisungen unterfallen. Teilweise werden diese bereits als „allgemeine Weisungen" eingestuft,[931] womit sie nach den bisherigen systematischen Erkenntnissen unzulässig wären. Damit wären Einzelweisungen „auf konkrete Punkte in einem bestimmten Verwaltungsverfahren bei einer konkreten Anlage" begrenzt.[932] Nach einer anderen Auffassung können sie aber auch umfassende und insofern generelle Regelungen treffen, die an einen Einzelfall anknüpfen, über diesen jedoch hinausgehen, indem sie „allgemeinere, einzelfallübergreifende Vorstellungen zur Sprache bringen".[933] Auch der Ansatz, der eine Parallele zur Abgrenzung zwischen Rechtsnorm und Allgemeinverfügung befürwortet, stuft konkret-generelle Maßnahmen als Weisungen im Sinne des Art. 85 Abs. 3 S. 1 GG ein.[934] Nach Auffassung des Bundesverfassungsgerichts soll der Bund ebenfalls Weisungen erlassen können, die lediglich eine Grundsatzentscheidung enthalten, also „richtunggebend" sind und die Detailarbeit, insbesondere die Konkretisierung durch Werturteil, der sachnäheren Behörde überlassen. Dies gilt z.B. für verfahrensgestaltende Weisungen.[935] Es bleibt daher aufzuzeigen, ob die gerade dargestellten systematischen Bedenken auch gegen eine konkret-generelle Weisungskompetenz bestehen.

---

[931] *Haederich*, AtG, Vorbem. § 22 Rn. 4 b.

[932] *Lukes*, BB 1986, 1305 (1308) nur eine Entscheidung über eine einzelne Genehmigungsvoraussetzung, nicht aber eine Genehmigungsentscheidung aufgrund einer Weisung sei daher möglich. Vgl. auch *Borgmann*, S. 201;

[933] So nämlich Maunz / Dürig - *Lerche*, Art. 85 Rn. 50; *Ibler*, DVBl. 1989, 76 (80); *Stern* II, § 41 VI 5 a; *Degenhart*, Kernenergierecht, S. 203; *Jarass*, Reformüberlegungen, S. 397; *Steinberg*, Bundesaufsicht, S. 30; auch v. Münch - *Broß*, Art. 85 Rn. 17 muss wegen seiner Bezugnahme auf *Lerche* a.a.O. dahingehend verstanden werden, dass er in Ausnahmefällen auf einen konkreten Einzelfall bezogene umfassende Regelungen für möglich hält, im Ergebnis so auch Bonner Kommentar - *Bartlsperger*, Art. 90 Rn. 87, 92, der ausschließlich auf die Einzelfallanknüpfung abstellt. Bereits historisch war streitig, was die „Allgemeinheit" einer Regelung ausmachte, vgl. *Forsthoff*, AöR 58 (1930) 61 (79).

[934] *Depenbrock*, DÖV 1970, 235 (236); dem zustimmend *Stern* II, § 41 VI 5 a; *Jarass*, Reformüberlegungen, S. 396; *Ossenbühl*, Reformüberlegungen, S. 54; hier soll allerdings, wie oben ausgeführt, vgl. Kap. 3 C III 2 a bb (2) (a) nicht auf den Adressatenkreis der Regelung abgestellt werden.

[935] BVerfGE 81, 310 (336) unter dem Gesichtspunkt der Weisungsklarheit. Das BVerfG hat hier jedoch keine Aussage über die Zulässigkeit allgemeiner Weisungen getroffen, da dies nicht entscheidungserheblich war. BVerfGE 81, 310 (317 f.); BVerfGE 84, 25 (27) bezogen sich auf konkrete Vorhaben mit speziellen Einzelproblemen. Diese Einschätzung teilt *Borgmann*, S. 197.

(1) Entgegenstehen des Bund-Länder-Verhältnisses in der Auftragsverwaltung ?

(a) Die bundesstaatliche Absicherung durch Art. 85 Abs. 2 S. 1 GG

Allgemeine Verwaltungsvorschriften tragen dem Bedürfnis der Exekutive nach Präzisierung des noch „unvollständigen Bundeswillens“ Rechnung.[936] Da dieser Akt als erster Schritt des Vollzugs eines Gesetzes eigentlich den Ländern zugewiesen ist, ist seine Gestaltung durch den Bund von der Zustimmung des Bundesrats abhängig.[937] Wenn also Regelungen des Gesetzgebers auf abstrakt-genereller Ebene weiter ausgeformt werden, bedeutet die Zustimmungsbedürftigkeit nicht nur eine verfahrensmäßige Beteiligung des Bundesrats. Vielmehr soll eine Prägung der Regelung durch die „über den Bundesrat durchgesetzten Gegenvorstellungen der Länder“ erreicht werden.[938]

Soweit der Bund seine Vorstellungen nur auf einen Einzelfall angewendet wissen will und damit das abstrakte Moment entfällt, steht nicht mehr die Konkretisierung des verwaltungsmäßigen Vollzugs im Vordergrund, der prinzipiell den Ländern zugewiesen ist. Selbst bei umfassenderen Regelungen kommt bei Wahrung des Einzelfallbezugs ein mehr gubernativ lenkendes Moment zum Tragen. Dort erscheint eine Bundesratsbeteiligung nicht erforderlich. Hinsichtlich der Funktion des Zustimmungsvorbehalts ist damit eine Differenzierung gerechtfertigt, die zu einer Nicht-Erfassung konkret-genereller Weisungen führt. Aus bundesstaatlicher Sicht kommt man daher auch bei Annahme einer konkret-generellen Weisungskompetenz zu ausgewogenen Ergebnissen.

(b) Konkret-generelle Weisungen im Normzusammenhang der Auftragsverwaltung

Für eine möglichst umfassende Weisungskompetenz soll zudem sprechen, dass in der Auftragsverwaltung ein allgemeines hierarchisches Verhältnis in Form eines Instanzenzugs zwischen Bundesbehörden und Landesbehörden bestehe.[939] Die Länder handeln bei der Auftragsverwaltung tatsächlich aber in ihrer körperschaftlichen Rechtsstellung als Staaten auch gegenüber dem Bund.[940] Im Gegensatz zu den „Auftragsangelegenheiten der Gemeinden“ besteht in der Auftragsverwaltung ein

---

[936] *Ossenbühl*, Reformüberlegungen, S. 51.
[937] *Ossenbühl*, Reformüberlegungen, S. 51.
[938] *Hartkopf*, DÖV 1979, 349 (354).
[939] Maunz / Dürig - *Maunz*, Erstbearb. Art. 85 Rn. 5; *Wagner*, DVBl. 1987, 917 (918); *Steinberg*, AöR 110 (1985) 419 (422); vor allem unter Bezugnahme auf die umfangreichen Einwirkungsbefugnisse der Art. 85 Abs. 2-4 GG. Gegen ein echtes hierarchisches Verhältnis spricht zudem, dass kein Devolutiveffekt besteht, sondern die außenrechtswirksamen Verwaltungsentscheidungen weiter allein bei den Landesbehörden verbleiben, *Steinberg*, AöR 110 (1985) 419 (422).
[940] *Wolst*, S. 97.

ursprünglich eigener Wirkungskreis.[941] Dieser ist Ausdruck der originären Staatsgewalt der Länder, die nicht vom Bund abgeleitet ist.[942] Die Länder nehmen die Aufgaben in der Auftragsverwaltung also als eigene wahr.[943] Eine Überordnung des Bundes besteht daher allein nach Maßgabe der verfassungsrechtlichen Einwirkungsbefugnisse, also des Art. 85 GG.[944] Nur insofern „unterstehen" die Landesbehörden den Anweisungen des Bundes.[945] Von einer prinzipiellen hierarchischen Subordination kann daher keine Rede sein.

Allerdings soll den Ländern nach Auffassung des Bundesverfassungsgerichts in der Auftragsverwaltung nur die Wahrnehmungskompetenz, also das Recht nach außen zu handeln, unentziehbar zustehen, während der Bund die Sachkompetenz und damit die eigentliche Sachbeurteilungs- und Entscheidungskompetenz inne habe.[946] Dies soll eine möglichst weitreichende Weisungskompetenz begründen.[947]

Für die sog. Sachkompetenz des Bundes sprechen die umfassenden Einwirkungsbefugnisse in der Auftragsverwaltung und die prägende Weisungskompetenz. Doch zeigen Art. 84 Abs. 2 und Abs. 5 GG, dass „der Erlass von allgemeinen Verwaltungsvorschriften und die Erteilung von Weisungen kein Spezifikum der Auftragsverwaltung" ist.[948] Auch in der landeseigenen Verwaltung sind beide Instrumente für notwendig erachtet worden, um dem Bund Einflussmöglichkeiten auf den Vollzug seiner Gesetze zu eröffnen.[949] Insofern ergibt sich hier kein Unterschied, der gerade in der Auftragsverwaltung eine konkret-generelle Weisungskompetenz begründen könnte.

Allerdings finden sich weder im Text, der die Ländern „den Weisungen" unterstellt, noch in der Systematik der Auftragsverwaltung Hinweise darauf, dass die Weisungskompetenz des Bundes Lücken aufweist und nicht als umfassend konzipiert ist.[950] So weit die Verfassung keine Grenzen bestimmt, kann daher die Weisungskompetenz reichen. Sie ist nur insoweit beschränkt, wie sie mit anderen Verfassungsregelungen kollidiert. Damit ist zu überprüfen, ob eine konkret-generelle Weisungskompetenz mit anderen Verfassungsregelungen und insbesondere mit den übrigen Einwirkungsbefugnissen in Einklang steht.

---

941 *Lerche*, BayVBl. 1987, 321 (321).

942 *Beermann*, S. 84.

943 *Steinberg*, AöR 110 (1985), 419 (424); *Depenbrock*, DÖV 1970, 235 (235).

944 Daher geht auch ein Vergleich zu einem „privatrechtlichen oder öffentlich-rechtlichen Auftragsverhältnis" fehl, so aber *v. Mangoldt / Klein*, Art. 85 Anm. IV 2 a. Ebenfalls ist keine Parallele zu innerdienstlichen Weisungen möglich, so aber *Wagner*, DVBl. 1987, 917 (918 f.).

945 Bonner Kommentar - *Bartlsperger*, Art. 90 Rn. 95; *Ossenbühl*, Der Staat 28 (1989) 31 (34).

946 BVerfGE 81, 310 (332).

947 Maunz / Dürig - *Lerche*, Art. 85 Rn. 49; allerdings ist dieser Ansatz des Bundesverfassungsgerichts nicht unumstritten: *Dieners*, DÖV 1991, 923 (923, 925); *Lange*, NVwZ 1990, 928 (928) meinen die Länderrechte seien zu weitgehend reduziert worden, Maunz / Dürig - *Lerche*, Art. 85 Rn. 49 geht von einer weitgehenden Unterstützung in der Literatur aus.

948 *Ossenbühl*, Reformüberlegungen, S. 51.

949 *Ossenbühl*, Reformüberlegungen, S. 51 .

950 *Lerche*, BayVBl. 1987, 321 (321). Grundsätzlich ist die Kompetenzverteilung lückenlos, Sachs – Erbguth, Art. 30 Rn. 7.

(aa) Das Verhältnis zu Art. 85 Abs. 2 S. 1 GG

Grundlegende systematische Bedenken wären ausgeräumt, wenn weiterhin eine eindeutige Abgrenzung zu den allgemeinen Verwaltungsvorschriften des Art. 85 Abs. 2 S. 1 GG möglich bliebe. Durch die Annahme der Zulässigkeit konkret-genereller Regelungen kommt es zu einer substantiellen Annäherung an die allgemeinen Verwaltungsvorschriften.[951] Daher wird deren Abgrenzbarkeit zu einer Regelung, „die über den Einzelfall hinausgeht, aber nicht notwendig Gegenstand einer allgemeinen Verwaltungsvorschrift sein muss", für problematisch gehalten.[952] Jedenfalls kann sie nicht danach erfolgen, ob grundsätzliche Einzelfragen oder Ausführungsvorschriften über ein Bundesgesetz im Ganzen regelt werden.[953] Allgemeine Verwaltungsvorschriften müssen nämlich keineswegs immer die Ausführung eines gesamten Gesetzes regeln, sondern können auch nur Teile zum Gegenstand haben.[954]

Allgemeine Verwaltungsvorschriften bleiben jedoch immer vom Einzelfall gelöst, zielen also auf die Regelung einer „abstrakte Vielheit" von Sachverhalten.[955] Demgegenüber bleiben konkret-generelle Weisungen auf die Regelung eines konkret feststehenden Sachverhalts beschränkt. Abgrenzungskriterium ist also die Bezugnahme auf den Einzelfall, der für Weisungen im Entscheidungszeitpunkt feststehen muss.[956] Diese Voraussetzung gewährleistet die Praktikabilität[957] und verhindert eine Verlagerung des Abgrenzungsproblems.[958] Also ist auch für konkret-generelle Weisungen die Abgrenzbarkeit von den allgemeinen Verwaltungsvorschriften sichergestellt.[959]

Die Weisungskompetenz wird auf diese Weise anders als bei der Heranziehung materieller Abgrenzungskriterien auch nicht „unangemessen" eingeschränkt,[960] sondern im Rahmen der zu gewährleistenden Abgrenzbarkeit von Art. 85 Abs. 2 S. 1 GG ausgedehnt. Dies gilt genauso für allgemeine Verwaltungsvorschriften, deren umfassende gegenständliche Reichweite ebenfalls nicht tangiert wird. Aus dem Verhältnis zu Art. 85 Abs. 2 S. 1 GG ergeben sich daher keine systematischen Bedenken gegen eine konkret-generelle Weisungskompetenz.

---

951 Maunz / Dürig - *Lerche*, Art. 85 Rn. 51.

952 *Ossenbühl*, Reformüberlegungen, S. 54; Allerdings bleibt unklar, wann seiner Ansicht nach eine Regelung über den Einzelfall hinausgeht. Es bleibt offen, ob er eine an einen konkreten Sachverhalt anknüpfende Regelung mit noch nicht feststehenden Adressatenkreis, lediglich eine umfassende Regelung in eines Falls meint oder von einer Anknüpfung an einen konkreten Sachverhalt absieht.

953 So aber *Haederich*, AtG, Vorbem. Rn. 4.

954 Vgl. Kap. 2 C II 2 b bb (1) (b) (dd).

955 Sachs - *Dittmann*, Art. 84 Rn. 20; Maunz / Dürig - *Lerche*, Art. 84 Rn. 106; Bonner Kommentar - *Bartlsperger*, Art. 90 Rn. 87; Jarass / Pieroth - *Pieroth*, Art. 84 Rn. 8.

956 Dies ist Voraussetzung der Konkretheit, so auch *Borgmann*, S. 200; für eine räumliche Fixierung, *Jarass*, Reformüberlegungen, S. 397.

957 *Ossenbühl*, Reformüberlegungen, S. 54.

958 Zu den Einwänden gegen die Abgrenzbarkeit allgemeiner Weisungen, vgl. Kap. 2 C II 2 b bb (b).

959 *Ossenbühl*, Reformüberlegungen, S. 53 weist demgegenüber auf Probleme hin.

960 Maunz / Dürig - *Lerche*, Art. 85 Rn. 51.

(bb) Das Verhältnis zur Einzelweisungskompetenz des Art. 84 Abs. 5 S. 1 GG

Bereits die Formulierung „Einzel"weisung macht deutlich, dass der Bund in der landeseigenen Verwaltung durch Art. 84 Abs. 5 S. 1 GG nur zum Erlass singulärer, konkreter Regelungen befugt werden soll.[961] Diese Befugnis bezieht sich außerdem nur auf besonderer Fälle.[962] Diese Einzelweisungen sind damit nicht nur den allgemeinen Verwaltungsvorschriften, sondern allen generell-abstrakten Regelungen als idealtypisches Konterpart gegenübergestellt. Die Kompetenz will nur ein Mittel zur Lösung bereits existierender Konfliktfälle schaffen.[963] Doch selbst diesen engen Kompetenzvoraussetzungen ist keine Beschränkung auf einen einzigen Regelungsaspekt zu entnehmen. Lediglich die Ausweitung auf ganze Verwaltungsbereiche scheidet aus.[964] Eine umfassendere Regelung des Einzelfalls erscheint möglich. - Ist diese aber selbst im Rahmen des Art. 84 Abs. 5 GG zulässig, muss dasselbe für den insgesamt umfassenderen Art. 85 Abs. 3 S. 1 GG gelten. -

(2) Zusammenfassung

Für die Reduzierung der Weisungskompetenz des Art. 85 Abs. 3 S. 1 GG auf die Regelung von Einzelfragen, also auf einzelne Voraussetzungen und Genehmigungen, fehlt es an einer einleuchtenden Begründung.[965] Da sich keine Beschränkung aus anderen Einwirkungsbefugnissen ergibt, erscheinen konkret-generelle Weisungen im Rahmen einer „wirkungsoptimierenden" Auslegung der Kompetenz möglich. Dadurch kann dem praktischen Bedürfnis, nicht alle umfassenderen Regelungen in der Form des Art. 85 Abs. 2 S. 1 GG erlassen zu müssen, Rechnung getragen werden.[966] Dies belegt die Praxis. Obwohl gerade im Steuerwesen Bundesregierung und Länder eine allgemeine Weisungskompetenz für notwendig halten,[967] geht es in den dort diskutierten Fällen (weitestgehend) um konkret-generelle Weisungen.[968] Gegen deren Erlass auf Grundlage von Art. 85 Abs. 3 GG bestehen jedenfalls in systematische Hinsicht keine Bedenken.

---

[961] *Depenbrock*, DÖV 1970, 235 (235).

[962] v. Münch - *Broß*, Art. 84 Rn. 41; Jarass / Pieroth - *Pieroth*, Art. 84 Rn. 10.

[963] *Ossenbühl*, Reformüberlegungen, S. 51; ähnlich auch Jarass / Pieroth - *Pieroth*, Art. 84 Rn. 8.

[964] v. Münch - *Broß*, Art. 84 Rn. 41.

[965] *Lukes*, BB 1986, 1305 (1307) selbst gibt nämlich keine; mit genau konträrem Ergebnis *Winters*, AtG, Einführung, 4.7.1.

[966] *Ossenbühl*, Reformüberlegungen, S. 54 zieht diese aber bereits bei Bestehen einer lediglich konkret-generellen Regelungskompetenz in Frage, allgemeine Regelungen sollen erforderlich sein.

[967] Bonner Kommentar – *Seer*, Art. 108 Rn. 106; *Orlopp*, FS Klein, S. 604.

[968] *Müller / Zeitler*, DStZ-A 1975, 447 (472) mit Beispielen; Dies gilt z.B. für die Steuerung einzelner Betriebsprüfungen und Bearbeitungsregelungen für einzelne Steuerfälle, anders aber sind generelle Zuständigkeitsabgrenzungen zu bewerten.

Im Gegensatz dazu verursacht eine allgemeine Weisungskompetenz unüberwindbare systematische Probleme vor allem im Verhältnis zu Art. 85 Abs. 2 GG.

c) Historische Interpretation

Für eine allgemeine Weisungskompetenz werden neben dem Wortlautargument vor allem historische Argumente angeführt.[969] Daher sind Parallelen und Unterschiede der Reichsverfassung von 1871 und der Weimarer Reichsverfassung zur heutigen Verfassungslage aufzuzeigen.

aa) Die Reichsverfassung von 1871

(1) Die Reichsauftragsverwaltung

Unter der Reichsverfassung von 1871 wurde zwischen der Landesverwaltung von Landesgesetzen, der Landesverwaltung von Reichsgesetzen und der Reichsverwaltung unterschieden.[970] Im Verfassungsdokument selbst war der Verwaltungstyp der Reichsauftragsverwaltung nicht vorgesehen. So betraf Art. 4 RV nur die landeseigene Verwaltung unter Aufsicht des Reichs.[971] Faktisch bestanden aber bereits Verflechtungen zwischen Reichs- und Landesverwaltung, die den Einwirkungsbefugnissen der Auftragsverwaltung unter dem Grundgesetz ähnlich sind.[972] Die Länder wurden teilweise im Auftrage und auf Rechnung des Reichs tätig und unterstanden dabei dessen umfassenden Einwirkungsbefugnissen.[973] Dabei handelte es sich jedoch um eine Entwicklung praeter constitutionem.[974] Insofern lassen sich für die Auftragsverwaltung selbst keine Erkenntnisse gewinnen. Lediglich die Einwirkungsbefugnisse des Reichs auf die Landesverwaltung können herangezogen werden.

---

[969] Vgl. *Schäfer*, AöR 78 (1952/53) 1 (29); *Blümel* - HBStR IV, § 101 Rn. 60; *ders.*, AöR 93 (1968) 200 (215); *Marschall / Schroeter / Kastner*, FStrG, § 22 Anm. 3; *v. Mangoldt / Klein*, Art. 85 Anm. IV 2 b aa; *Ossenbühl*, Verwaltungsvorschriften, S. 372.

[970] *Laband*, Staatsrecht II, § 66.

[971] So auch *Pauly*, Anfechtbarkeit, S. 41; zu den unzureichenden Einwirkungsmöglichkeiten des Reichs und zur Landesverwaltung *Haenel*, Staatsrecht I, § 20; *Laband*, Staatsrecht I, § 11 III 2.

[972] *Triepel*, Reichsaufsicht, S. 296 ff, 315; dazu, dass Art. 4 eigentlich nur die „eigentliche" Landesverwaltung vorsah, S. 174 f.; *Steinberg*, AöR 110 (1985) 419 (422); *Pauly*, Anfechtbarkeit, S. 37 ff.

[973] *Pauly*, Anfechtbarkeit, S. 37 ff. mit Nachweisen

[974] So muss man *Haenel*, Staatsrecht I, § 20 I verstehen, der ausdrücklich für jede Reichskompetenz eine Ermächtigung durch die RV verlangte; ebenso *Laband*, Staatsrecht I, § 11 III 2 über die Beschränktheit der Reichskompetenzen in der Verwaltung; *Pauly*, Anfechtbarkeit, S. 41; *Steinberg*, AöR 110 (1985) 419 (422).

(2) Die Einwirkungsbefugnisse des Reichs auf die Landesverwaltung

Bei der Verwaltung der Reichsgesetze unterstanden die Länder einem Ausführungsbefehl[975] und waren gemäß Art. 4 RV der Reichsaufsicht unterstellt.[976] Dies sollte die korrekte Vollziehung der Reichsgesetze durch die Länder gewährleisten. Sie war als Korrektiv zur Ausführung durch die Länder als eigene Angelegenheit vorgesehen.[977] Sie erstreckte sich, wie heute Art. 84 Abs. 5 S. 1 GG, grundsätzlich nur auf eine Gesetzmäßigkeitskontrolle.[978] Auch der Adressatenkreis war wie heute beschränkt. Die Anordnungen durften nur gegenüber „dem Landesherren" bzw. der „Zentralregierung des Einzelstaates" ergehen. Eine unmittelbare Anweisung der einzelnen Landesverwaltungsbehörden war nicht möglich.[979]

Art. 7 Nr. 2 RV dagegen berechtigte den Bundesrat dazu, Beschlüsse über „die zur Ausführung der Reichsgesetze erforderlichen allgemeinen Verwaltungsvorschriften und Einrichtungen" zu fassen, „sofern nicht durch Reichsgesetz etwas anderes bestimmt" war. Diese Norm ist somit als Ermächtigungsgrundlage für Ausführungsbestimmungen anzusehen.[980] Diese waren keine Rechtsnormen, sondern reines Innenrecht.[981] Es spricht daher vieles dafür, dass es sich dabei um, den allgemeinen Verwaltungsvorschriften im Sinne des Art. 84 Abs. 2 GG vergleichbare, Regelungen gehandelt hat. Allerdings zeigt die alleinige Befugnis des Bundesrats, eine beabsichtigte und im Vergleich zum Grundgesetz stärkere föderative Prägung.[982]/[983] Es stand bereits damals fest, dass die Kompetenz, Ausführungsverordnungen zu erlassen, allein durch Art. 7 RV geschaffen und dem Bundesrat zugewiesen war, nicht dagegen aus Art. 4 RV abgeleitet werden konnte.[984] Dabei erstreckte sich auch die Kompetenz des Art. 4 RV auf die gesamte Verwaltungstätigkeit in den dort aufgeführten Angelegenheiten.[985] Es wurde also eine klare Unterscheidung zwischen den verschiedenen Einwirkungsbefugnissen des Reichs vorgenommen, obwohl bereits damals wegen deren umfassenden Weite eine Abgrenzung nach materiellen Kriterien nicht möglich war. Dies spricht dafür, dass die Abgrenzbarkeit unter dem wesentlich differenzierteren Regelungswerk des Grundgesetzes erst recht sicher zu stellen ist und damit gegen eine allgemeine Weisungskompetenz.

---

[975] *Laband*, Staatsrecht II, § 66 II 1.

[976] *Laband*, Staatsrecht I, § 11 III 2, Staatsrecht II, § 59 I 4 b; *Meyer / Anschütz*, Staatsrecht, § 212 a; *Huber*, Bd. 3, § 55 III 3, S. 796; Jeserich - *Mußgnug*, Bd. 3, S. 199; *Pauly*, Anfechtbarkeit, S. 41.

[977] *Triepel*, Reichsaufsicht, S. 161, 173; Jeserich - *Mußgnug*, Bd. 3, S. 206.

[978] Jeserich - *Mußgnug*, Bd.3, S. 201.

[979] *Laband*, Staatsrecht II, § 59 I 4 b; *Arndt*, RV, Art. 4, Anm. 1; *Schäfer*, AöR 78 (1952/53) 1 (2).

[980] *Arndt*, RV, Art. 7, Anm. 6.

[981] *Laband*, Staatsrecht II, § 66 II 1.

[982] *Arndt*, RV, Art. 7, Anm. 6.

[983] Zur weiteren Ausgestaltung der Einwirkungsbefugnisse des Reichs auf die Landesverwaltung, vgl. Kap. 1 B II 2 d aa (1).

[984] So ausdrücklich *Arndt*, RV, Art. 4 Anm. 1.

[985] Dazu genügte bereits, dass dem Reich die Gese tzgebungskompetenz zustand. Es war nicht erforderlich, dass die Gesetzgebungskompetenz ausgeübt worden war, so *Meyer / Anschütz*, Staatsrecht, § 212 a; *Arndt*, RV, Art. 4, Anm. 1, S. 61; Jeserich - *Mußgnug*, Bd. 3, S. 204; *Schäfer*, AöR 78 (1952/53) 1 (2);

bb) Die Weimarer Reichsverfassung

Vielfach wird zur Begründung einer allgemeinen Weisungskompetenz auf Art. 15 Abs. 2 WRV verwiesen, der das Reich zum Erlass „allgemeiner Anweisungen“ berechtigte.[986] Daneben wird auch Art. 77 S. 1 WRV herangezogen, wonach das Reich „allgemeine Verwaltungsvorschriften“ erlassen konnte.[987] Fraglich ist, ob dies für die Interpretation des Art. 85 Abs. 3 GG tatsächlich weiterführt.

(1) Die Ausprägung der Auftragsverwaltung

Wie bereits die RV, sah die WRV selbst keine Auftragsverwaltung vor,[988] doch war sie Staatspraxis und Rechtslehre nicht unbekannt.[989] Erste Anwendungsfälle waren die Wasserstraßenverwaltung[990] und die Vermögensverwaltung.[991] Als Folge der fehlenden Verankerung in der Verfassung war und ist allerdings unklar, ob die Auftragsverwaltung an die Struktur der Auftragsangelegenheiten der Gemeinden angelehnt war[992] und ob Art. 14 WRV die Reichsauftragsverwaltung überhaupt als Ausnahme zuließ.[993]

(a) Die Reichswasserstraßenverwaltung

Soweit Ähnlichkeiten des Art. 85 GG mit der WRV herangezogen werden, wird vor allem auf die Verwaltung der Reichswasserstraßen Bezug genommen.[994] Diese war zunächst vom Gegensatz der verfassungsrechtlichen Vorgabe der Einrichtung einer reichseigenen Exekutive gemäß Art. 97 Abs. 1 WRV und der tatsächlichen Verwaltungslage, nämlich der Fortführung der Landesverwaltung wie sie unter der RV bestanden hatte, bestimmt.[995] Erst der Staatsvertrag vom 25.7.1921 zwischen Reich

---

986 *Blümel* - HBStR IV, § 101 Rn. 60; *ders.*, AöR 93 (1968) 200 (215); *Schäfer*, AöR 78 (1952/53) 1 (29); *Marschall / Schroeter / Kastner*, FStrG, § 22 Anm. 3.

987 *v. Mangoldt / Klein*, Art. 85 Anm. IV 2 b aa; *Ossenbühl*, Verwaltungsvorschriften, S. 372.

988 *Schäfer*, DÖV 1960, 641 (641).

989 *Schäfer*, DÖV 1960, 641 (641).

990 Gesetz vom 29.7.1921, RGBl. I, S. 961 als Staatsvertrag aufgrund des Art. 97 WRV, *Wolst*, S. 18; *Apelt*, S. 158.

991 § 20 RAO i. d. F. v. 13.12.1919, RGBl. S. 1993 siehe auch § 22 RAO für die Steuerverwaltung;

992 So *Apelt*, S. 159; *Wolst*, S. 32; *Schäfer*, AöR 78 (1952/53) 1 (10); *ders.*, DÖV 1960, 641 (642); *Beermann*, S. 79; wohl auch Anschütz / Thoma - *Lassar*, HBdStR I, § 28 I; *Pauly*, Anfechtbarkeit, S. 52.

993 Dafür *Anschütz*, WRV, Art. 14 Anm. 4; *Pauly*, Anfechtbarkeit, S. 51; wohl auch Anschütz / Thoma -*Lassar*, HBdStR I, § 28 I: aus der Staatspraxis; *Poetzsch-Heffter*, WRV, Art. 14, Anm. 3 d ablehnend mit Hinweis auf den Wortlaut, im Übrigen aber zustimmend, dagegen auch *Forsthoff*, AöR 58(1930) S. 81 f.; Anschütz / Thoma - *Anschütz*, HBdStR I, § 32 I, § 32 V 1; *Gebhard*, WRV, Art. 14 Anm. 5 c.

994 *Wolst*, S. 18.

995 *Apelt*, S. 158; *Wolst*, S. 18; *Schäfer*, DÖV 1960, 641 (641).

und Ländern[996] sorgte für eine Veränderungen der Verhältnisse. § 11 Abs. 1 des Staatsvertrags wies die einstweilige Verwaltung der Reichswasserstraßen den mittleren und unteren Behörden der Länder auf Kosten des Reichs und unter Leitung des zuständigen Reichsministers zu.[997]

(b) Die Weisungskompetenz in der Reichsauftragsverwaltung

Der Staatsvertrag unterstellte die mittleren und unteren Landesbehörden „unbeschadet ihrer Eigenschaft als Landesorgane" der unbeschränkten Weisungskompetenz des Reichsverkehrsministers.[998] Die Leitungsgewalt des Reichs gegenüber den Landesbehörden war so ausgeprägt, dass diese dienstlich den reichseigenen Behörden gleichstanden, also wie nachgeordnete Behörden der Reichsregierung behandelt wurden.[999] Bei dieser Ausgestaltung der „Reichsauftragsverwaltung" handelte es sich daher tatsächlich um materielle Reichsverwaltung.[1000] Die Auftragsverwaltung, in der durch das Grundgesetz geprägten Form als Landesverwaltung, ist also in der deutschen Verfassungsgeschichte ohne unmittelbares Vorbild.[1001] Das Konzept der Auftragsverwaltung aus der Weimarer Zeit wurde nicht übernommen,[1002] so dass aus ihrer damaligen Ausgestaltung keine Argumente gewonnen werden können.[1003]

Dennoch beachtenswert ist die bereits damals vorgebrachte Kritik an Verwaltungsformen, wie eben auch der Reichsauftragsverwaltung, die Einwirkungsbefugnisse des Reichs gegenüber den Gliedstaaten, über die in der Verfassung vorgesehenen hinaus, zuließen. Diese wurden für verfassungswidrig gehalten, da die in der Verfassung normierten Regelungs- und Aufsichtsbefugnisse,[1004] als „fest umgrenzt" vorgesehen gewesen seien.[1005] Danach stand die Einführung der Reichsauftragsverwaltung im Widerspruch zu den Aufsichtsbefugnissen und zur

---

[996] Gesetz vom 29.7.1921, RGBl. I, S. 961.

[997] *Apelt*, S. 158; Bonner Kommentar - *Herrfahrdt*, Art. 85 Anm. I.; *Schäfer*, DÖV 1960, 641 (641); *Pauly*, Anfechtbarkeit, S. 53.

[998] *Triepel*, Reichsaufsicht, S. 316 ff., 348 ff., *Anschütz*, WRV, Art. 14 Anm. 4; *Gebhard*, WRV, Art. 14 Anm. 5 c; *Wolst*, S. 18; *Pauly*, Anfechtbarkeit, S. 52; Die Auftragsverwaltung der WRV unterscheidet sich also bereits hinsichtlich der unmittelbarer Weisungskompetenz gegenüber den Landesbehörden, so auch *Wolst*, S. 20; *Schäfer*, DÖV 1960, 641 (641); auch allgemein sollte dies nach Anschütz / Thoma – *Anschütz*, HBdStR I, § 32 V 1 gelten.

[999] *Anschütz*, WRV, Art. 14 Anm.4; *Gebhard*, WRV, Art. 14 Anm. 5 c; Anschütz / Thoma – *Anschütz*, HBdStR I, § 32 V 1; Maunz / Dürig - *Lerche*, Art. 85 Rn. 21; *Pauly*, Anfechtbarkeit, S. 52 mit Hinweis auf die kommunalrechtliche Begründung; *Lange*, Weisungsrecht, S. 19.

[1000] Anschütz / Thoma, HBdStR I, § 28 I.

[1001] So auch *Ossenbühl*, Der Staat 28 (1989) 31 (31); Bonner Kommentar - *Herrfahrdt*, Art. 85 Anm. I.; *Wolst*, S. 31.

[1002] *Lange*, Weisungsrecht, S. 19; Maunz / Dürig - *Lerche*, Art. 85 Rn. 21.

[1003] *Depenbrock*, DÖV 1970, 235 (235).

[1004] Vor allem Art. 14 und 15 WRV.

[1005] *Gebhard*, WRV, Art. 15 Anm. 5 c; *Forsthoff*, AöR 58 (1930) 61 (75 ff., 80); *Schäfer*, DÖV 1960, 641 (642).

föderalen Grundordnung der WRV.[1006] Auslegungshinweise können daher auch hier nur die Verfassungsregelungen über die landeseigene Verwaltung bringen.

(2) Die verfassungspositiven Einwirkungsbefugnisse des Reichs auf die Landesverwaltung

Gemäß Art. 15 Abs. 2 S. 1 WRV konnte das Reich „allgemeine Anweisungen" über die Ausführung der Gesetze erlassen. Diese konnten sich an alle nachgeordneten Landesbehörden richten.[1007] Allerdings bestand diese Kompetenz nur in der verfassungsunmittelbar gestalteten landeseigenen Verwaltung und nicht für die gerade dargestellte Auftragsverwaltung.[1008]

Art. 77 S. 1 WRV beinhaltete die Kompetenz des Reichs mit Zustimmung des Bundesrats „allgemeiner Verwaltungsvorschriften" zu erlassen. Nach der unterschiedlichen Normierung waren allgemeine Anweisungen und allgemeine Verwaltungsvorschriften also nicht dasselbe.[1009] Da aber nicht nur über den Inhalt der allgemeinen Anweisungen,[1010] sondern bereits über Bedeutung und Reichweite des Begriffs „allgemein" Unklarheit herrschte,[1011] war die inhaltliche Unterscheidung zwischen diesen beiden Einwirkungsbefugnissen problematisch.[1012] Teilweise behalf man sich einfach mit einem Hinweis auf den Vorrang der allgemeinen Verwaltungsvorschriften[1013] oder ordnete allgemeine Weisungen ungeachtet der verfassungsrechtlichen Nomenklatur den allgemeinen Verwaltungsvorschriften - und deren strengeren Voraussetzungen - zu.[1014]

Teilweise unternahm man Abgrenzungsversuche: Nach einer Auffassung waren die Verwaltungsvorschriften Maßstab der Reichsaufsicht, während Weisungen Mittel derselben sein sollten.[1015] Nach dieser Abgrenzung bestand allerdings immer noch eine

---

1006 *Forsthoff*, AöR 58 (1930) 61 (82), ähnlich auch *Gebhard*, WRV, Art. 14 Anm. 5 c; *Pauly*, Anfechtbarkeit, S. 53.
1007 *Hatschek*, S. 30; *Anschütz*, WRV, Art. 15 Anm 3; *Triepel*, Streitigkeiten, S. 85.
1008 Ausdrücklich Anschütz / Thoma – *Anschütz*, HBdStR I § 32 III; *Schäfer*, AöR 78 (1952/53) 1 (7); i.E. auch ; *Forsthoff*, AöR 58 (1930) 61 (81).
1009 *Triepel*, Streitigkeiten S. 82 ff. insbes. S. 84; *Poetzsch-Heffter*, WRV, Art. 15 Anm. III 8; *Haun*, S. 94.
1010 *Triepel*, Streitigkeiten S. 82 ff.; *Haun*, S. 94.
1011 So Maunz / Dürig - *Lerche*, Art. 85 Rn. 50 Fn. 73; nach Ansicht von *Anschütz*, WRV, Art. 15 Anm. 4 schloss diese konkrete Einzelfallregelungen aus, doch konnte ein Adressat gewählt werden, so *Triepel*, Streitigkeiten, S. 85, ebenso *Forsthoff*, AöR 58 (1930) 61 (79).
1012 *Ossenbühl*, Verwaltungsvorschriften, S. 372; *Nawiasky*, Reichsverfassung, S. 58; *Wolst*, S. 109; *v. Mangoldt / Klein*, Art. 85 Anm. IV 2 b aa; Bonner Kommentar - *Bartlsperger*, Art. 90 Rn. 88.
1013 Dazu *Schäfer*, DÖV 1960, 641 (648).
1014 Mit dieser Einschätzung *Wolst*, S. 109; *Schäfer*, AöR 78 (1952/53) 1 (24) geht allerdings davon aus, dass immer eine „scharfe" Trennung zwischen den beiden Einwirkungsbefugnissen vorgenommen wurde; zu den Unklarheiten schon in der Entstehungsgeschichte der WRV, *Forsthoff*, AöR 58 (1930) 61 (76 ff.).
1015 *Triepel*, Streitigkeiten S. 84; *Gebhard*, WRV, Art. 14 Anm. 5 c; Anschütz / Thoma – *Anschütz*, HBdStR I, § 32 V 3; *Forsthoff*, AöR 58 (1930) 61 (78 ff.); *Poetzsch-Heffter*, WRV, Art. 15 Anm. III

inhaltliche Kongruenz,[1016] nur eine funktionale Abgrenzung wurde so erreicht.[1017] Allgemeine Verwaltungsvorschriften nach Art. 77 WRV sollten nach anderer Ansicht dazu bestimmt sein, den Vollzug eines Reichsgesetzes im Ganzen zu regeln, während allgemeine Anweisungen nach Art 15 Abs. 2 S. 1 WRV zwar ebenfalls nicht konkrete Fälle betrafen, jedoch in der Regel „nur eine grundsätzliche Frage oder einige wenige solcher Fragen“ zum Inhalt haben sollten.[1018]/[1019] Es zeigt sich also, dass schon damals entgegen den Vorgaben der Verfassung eine inhaltliche Abgrenzung der Vorschriften nicht gelang.[1020] Die Heranziehung der WRV zur Begründung einer allgemeinen Weisungskompetenz scheidet daher aus.[1021]

(3) Zusammenfassung

Es bestätigt sich nochmals, dass sich die Strukturen der Vorläuferverfassungen und des Grundgesetzes in der Verwaltung und besonders in der Auftragsverwaltung wesentlich unterscheiden.[1022] Dass aber bereits damals „allgemeine“ Anweisungen und Verordnungen nicht unterscheidbar waren, spricht zusätzlich gegen historische Argumente für eine allgemeine Weisungskompetenz.

d) Genetische Interpretation

Die Auftragsverwaltung war nach Ansicht des Verfassungsgebers „eine erhebliche Herabminderung der staatlichen Selbständigkeit der Länder“ und sollte daher auf wenige Fälle besonderen Bedürfnisses beschränkt sein.[1023] Dies entsprach den Vorstellungen der Siegermächte über eine betont föderalistische Ausprägung des zu erstellenden Grundgesetzes.[1024] Dennoch wird vertreten, eine allgemeine

---

8; *Hatschek*, S. 55 für Anweisungen, insgesamt so auch *Haun*, S. 94; Die Allgemeinheit sollte nach *Forsthoff*, S. 79und *Triepel*, S. 85 durch den Adressatenkreis bestimmt werden, d.h . mehr als eine Landesregierung.

[1016] *Ossenbühl*, Verwaltungsvorschriften, S. 372; *Wolst*, S. 109; *Anschütz*, WRV, Art. 14 Anm. 4: allgemeine Anweisungen und Verwaltungsanordnungen „teilen die rechtliche Natur“.

[1017] *Wolst*, S. 109.

[1018] *Gebhard*, WRV, Art. 15, Anm. 6a; *Schäfer*, AöR 78 (1952/53) 1 (24).

[1019] Wie dargestellt, wird eine Abgrenzung nach diesen Kriterien auch heute noch befürwortet, obwohl sie damals wie heute keine ei ndeutige Grenzziehung erlaubt; Kap. 2 C II 2 b bb (1) (b) (dd) auch zur Kritik an diesem Ansat z.

[1020] Bonner Kommentar - *Bartlsperger*, Art. 90 Rn. 88; *Ossenbühl*, Verwaltungsvorschriften, S. 372.

[1021] Also kommt es nicht mehr darauf an, dass die Anweisungen nach Art. 15 WRV und nach Art. 77 WRV ausdrücklich „allgemein“ sein konnten, während dieses Attr ibut dem Art. 85 Abs. 3 S. 1 GG fehlt, so auch *Ossenbühl*, Verwaltungsvorschriften, S. 372; demgegenüber *Wolst*, S. 109, der in der begrifflichen Unterscheidung keine bewusste Abkehr des Verfassungsgebers sieht. Es besteht jedenfalls ein Formulierungsunterschie d, Maunz / Dürig - *Lerche*, Art. 85 Rn. 50.

[1022] Auch *Dux*, S. 88 hält die Heranziehung der WRV zur Auslegung der heutigen Weisungskomp etenz für „wenig glücklich“.

[1023] *v. Doemming / Füsslein / Matz*, JöR 1 (1951) 1 (636).

[1024] *Pauly*, Anfechtbarkeit, S. 57.

Weisungskompetenz in der Auftragsverwaltung ergebe sich aus der vom Verfassungsgeber gewollten Stärkung des Bundes.[1025] Aufschluss können daher nur die Verhandlungen selbst geben.

aa) Die Entwicklung auf Herrenchiemsee

Der Name „Ausführung der Bundesgesetze durch die Länder nach Weisung" war für die Auftragsverwaltung (Art. 113 HCHE) anfänglich programmatisch.[1026] Die Landesbehörden sollten allgemein „den Anweisungen der zuständigen obersten Bundesbehörden" unterstehen.[1027] Dies betraf auch nachgeordnete Landesbehörden.[1028] Dieser strukturelle Unterschied zum Grundgesetz könnte damit zu erklären sein, dass man anfänglich tatsächlich vom Vorbild der Auftragsverwaltung der WRV[1029] ausging. In der bundeseigenen Verwaltung (Art. 112 HCHE) war zunächst nur die Kompetenz zum Erlass von „Einzelanweisungen" vorgesehen.[1030] Diese stand im Gegensatz zum Erlass „genereller Verordnungen" für die Ausführung der Gesetze.[1031] Bezüglich der landeseigenen Verwaltung (Art. 114 HCHE) war dagegen zu diesem Zeitpunkt keine Weisungskompetenz vorgesehen.[1032]

bb) Die Entwicklung im Parlamentarischen Rat

(1) Die Weisungskompetenzen der unterschiedlichen Verwaltungstypen – gemeinsame Unklarheiten

Im Ausschuss für Zuständigkeitsabgrenzungen wurde für die bundeseigene Verwaltung über die Erforderlichkeit der Kompetenz und die Bedeutung des Begriffs der „allgemeinen Verwaltungsvorschriften" diskutiert. Von einer Streichung des Attributs „allgemein" wurde abgesehen, weil man so gerade die Unterscheidung zur

---

[1025] *Blümel* - HBStR IV, § 101 Rn. 60.

[1026] Der Parlamentarische Rat, Bd. 2, Bericht über den Verfassungskonvent, S. 605; Der Parlamentarische Rat, Bd. 3 vom 29.9.1948, S. 243; dieser wurde als länderfreundlich angesehen, *Pauly*, Anfechtbarkeit, S. 57.

[1027] Der Parlamentarische Rat, Bd. 2, Bericht über den Verfassungskonvent, S. 605.

[1028] Die Weisungsunterstellung nachgeordneter Behörden wurde erst später in Frage gestellt, vgl. Der Parlamentarische Rat, Bd. 3, 20. Sitzung des Ausschusses für Zuständigkeitsabgrenzungen, S. 729 f., vor allem Laforet, der den Unterschied zwischen der kommunalen Auftragsverwaltung und der Verwaltung nach Weisung betont.

[1029] Vgl. dazu Der Parlamentarische Rat, Bd. 3, 5. Sitzung des Ausschusses für Zuständigkeitsabgrenzungen, S. 242, Laforet.

[1030] Der Parlamentarische Rat, Bd. 2, Bericht über den Verfassungskonvent, S. 605 und für Art. 42 HCHE vgl. S. 587; Der Parlamentarische Rat, Bd. 3, 9. Sitzung des Ausschusses für Zuständigkeitsabgrenzungen, S. 258 f.

[1031] Der Parlamentarische Rat, Bd. 3, 9. Sitzung des Aus schusses für Zuständigkeitsabgrenzungen, S. 259.

[1032] Der Parlamentarische Rat, Bd. 2, Bericht über den Verfassungskonvent, S. 605.

Einzelanweisung deutlich machen wollte.[1033] Dagegen einigte man sich für den im unmittelbaren Anschluss behandelten Art. 113 HCHE[1034], also die Auftragsverwaltung, auf den Begriff der „Ausführungsvorschriften". Man war sich dabei bewusst, dass „die Terminologie heute sehr schwankend und unklar" sei.[1035]

Klarheit herrschte nur insofern, als dass die Weisungskompetenz umfassend sein und sich auch auf die unteren Landesbehörden erstrecken sollte.[1036] Obwohl Art. 112 und Art. 113 HCHE gemeinsam behandelt wurden, erfolgte keine Angleichung der Terminologie. Es blieb bei „Einzelweisung" und „Anweisungen". Auch bei der Ausgestaltung der landeseigenen Verwaltung (Art. 114 HCHE) waren beide Begriffe im Gespräch,[1037] wobei im Ergebnis „Anweisungen" gewählt wurde.[1038]

Für die Weisungskompetenz in der landeseigenen Verwaltung war zunächst sogar eine Regelung durch Verweis auf die spätere Auftragsverwaltung erwogen worden.[1039] Sie wurde dann aber doch selbständig geregelt.[1040] Vor allem da die Weisungskompetenz als „wesentliche Einschränkung der landeseigenen Verwaltung" erkannt wurde,[1041] sollte sie „in erster Linie in wirtschaftlichen Krisenzeiten in Betracht" kommen.[1042] Insofern ging man hinsichtlich der „Anweisungskompetenz" von einem Unterschied zur Auftragsverwaltung aus.[1043] Die spätere Änderung in „Weisung" änderte sachlich nichts.[1044] Eine „Einzelfallbezogenheit" war also zunächst

---

[1033] Der Parlamentarische Rat, Bd. 3, 9. Sitzung des Ausschusses für Zuständigkeitsabgrenzungen, S. 261, Hoch: „Herr Geheimrat, wenn man aber nicht 'allgemeinen' sagt, braucht man hinterher auch nicht 'Einzelanweisungen', sondern also nur 'Verwaltungsvorschriften'".

[1034] Der Parlamentarische Rat , Bd. 3, 9. Sitzung des Ausschusses für Zuständigkeitsabgrenzungen, S. 262, ausdrücklich Vors. Wagner: „Das muss also dann entsprechend geändert werden und an Art. 112 angeglichen werden.".

[1035] Der Parlamentarische Rat, Bd. 3, 9. Sitzung des Ausschusses für Zuständigkeitsabgrenzungen, S. 262.

[1036] Der Parlamentarische Rat, Bd. 3, 9. Sitzung des Ausschusses für Zuständigkeitsabgrenzungen, S. 264; diese Einschätzung teilend, *Pauly*, Anfechtbarkeit, S. 59.

[1037] Der Parlamentarische Rat, Bd. 3, 20. Sitzung des Ausschusses für Zuständigkeitsabgrenzungen, S. 736.

[1038] Der Parlamentarische Rat, Bd. 3, 20. Sitzung des Ausschusses für Zuständigkeitsabgrenzung, S. 752.

[1039] Der Parlamentarische Rat, Bd. 3, 20. Sitzung des Ausschusses für Zuständigkeitsabgrenzungen, S. 722.

[1040] Der Parlamentarische Rat, Bd. 3, 20. Sitzung des Ausschusses für Zuständigkeitsabgrenzungen, S. 722; *v. Doemming / Füsslein / Matz*, JöR 1 (1951), 1 (639) meinen, dass man sich im Hauptausschuss in der Sitzung vom 2.12.1948 darüber einig war, dass unter „Weisungen" sowohl „Einzelweisungen" als auch allgemeine Weisungen zu verstehen waren, anderseits gibt *Pauly*, Anfechtbarkeit, S. 62 die Bewertung von Hoch am 15. 10. 1948 wieder, wonach „eine der wenigen Dinge, über die sich die Juristen einig [seien, wäre], dass in Auftragsangelegenheiten im einzelnen Fall Anweisungen gegeben werden" könnten; nicht eindeutig war aber, dass der Begriff der Weisung nur „das Konkret-Individuelle" umfasste, so aber *Pauly*, Anfechtbarkeit, S. 63.

[1041] Der Parlamentarische Rat, Bd. 3, 20. Sitzung des Ausschusses für Zuständigkeitsabgrenzungen, S. 737.

[1042] Der Parlamentarische Rat, Bd. 3, 20. Sitzung des Ausschusses für Zuständigkeitsabgrenzungen, S. 736, Strauß.

[1043] Zu den variierenden Voraussetzungen, Stenographische Protokolle, Hauptausschuss, S. 193.

[1044] Stenographische Protokolle, Hauptausschuss, S. 194.

selbst in der Landesverwaltung nicht vorgesehen.[1045] Auch hier sollte „in ganz bestimmten Fällen [...] eine Weisung im Sinne des Art. 113 erteilt werden [können],“ wenn auch unter erschwerten Voraussetzungen.[1046] Eine Unterscheidung zur Weisungskompetenz in der Auftragsverwaltung wurde also nicht konsequent durchgehalten, vielmehr zeigen sich immer wieder parallele Erwägungen.

Insgesamt zeigt sich, dass es an einem durchgehenden Konzept für die Verwaltungskompetenzen und insbesondere für die Einwirkungsbefugnisse des Bundes fehlte. Dies hatte unter anderem mit der Behandlung in verschiedenen Gremien zu tun: Der Hauptausschuss stellte über die verschiedenen Ansätze für die Regelung der Verwaltungskompetenzen fest, dass der Ausschuss für Zuständigkeitsabgrenzungen diese von den Ländern her aufbauen wollte, während der Redaktionsausschuss „die Dinge vom Standpunkt des Bundes aus“ sah.[1047] Obwohl auf diese Unterschiede hingewiesen wurde, zog man in derselben Sitzung die beiden unterschiedlichen Entwürfe heran und dies sogar, obwohl der des Redaktionsausschusses gerade erst vorgelegt worden war. Man behandelte die Entwürfe trotz dieser Ausgangslage ohne auf die Unterschiede einzugehen und stimmte dann ab.[1048] Diese Unsicherheiten verstärkend, kamen noch unterschiedliche Vorstellungen über die Anknüpfung an kommunale oder historische Konstrukte hinzu.[1049]

(2) Weisungen und Ausführungsvorschriften

Der Redaktionsausschuss ging davon aus, dass in der Auftragsverwaltung (Art. 113 HCHE) „Einzelanweisungen“ neben den verschiedenen Formen von „Ausführungsvorschriften“ stehen sollten.[1050] Die Ausführungsvorschriften, also die allgemeinen Verwaltungsvorschriften, sollten sowohl in der Landesverwaltung als auch in der Auftragsverwaltung zustimmungsbedürftig sein.[1051] Dies regelten Art. 112 a bzw. Art. 112-2 HCHE einheitlich[1052] und gleiches war auch für die Einflussnahme

[1045] Allerdings sah man gerade hinsichtlich der Weisungskompetenz in der Landesverwaltung die Gefahr, „die Länder ihrer Eigenschaft als Staat“ zu entkleiden, wie es das Dritte Reich gezeigt habe, Stenographische Protokolle, 35. Sitzung des Hauptausschusses, S. 436 f., Laforet.

[1046] Stenographische Protokolle, 35. Sitzung des Hauptausschusses, S. 437 Laforet, nach dem Vorschlag Laforet/Hoch Art. 112-2 Abs. 4 GG über die Weisungskompetenz in der Landesverwaltung.

[1047] Stenographisches Protokoll, Hauptausschuss, S. 190; dies ergibt sich auch aus der Darstellung des „kommunalisierenden Denkens“, welches die Auftragsverwaltung als materielle Bundesverwaltung bewertet bei *Pauly*, Anfechtbarkeit, S. 65.

[1048] Stenographische Protokolle, Hauptausschuss, S. 190, Schmid.

[1049] Mit der Darlegung der Widersprüche und dem Hinweis auf die primär als Landesverwaltung verstandene Auftragsverwaltung im Herrenchiemsee auch *Pauly*, Anfechtbarkeit, S. 65 ff. .

[1050] Stenographische Protokolle, Hauptausschuss, S. 191, Hoch.

[1051] Stenographische Protokolle, Hauptausschuss, S. 431, Höpker-Aschoff bei der Erläuterung eines Änderungsvorschlags.

[1052] Stenographische Protokolle, Hauptausschuss, S. 191; diese wurden danach erst in die jeweiligen Artikel über die Landeseigenverwaltung bzw. Auftragsverwaltung integriert, Stenographische Protokolle, Hauptausschuss, S. 431.

durch Rechtsverordnung gemäß Art. 108 a HCHE vorgesehen.[1053] Man wollte die Zustimmungsbedürftigkeit von auf die Ausführung der Gesetze bezogenen Regelungen erreichen,[1054] wovon die zustimmungsfreie Weisungskompetenz unterschieden wurde.

Diese Unterscheidung wurde allerdings durch immer noch bestehende Unklarheiten relativiert. Die Ausgestaltung der Weisungskompetenz auf Basis der Entwürfe Laforet/Hoch und des allgemeinen Redaktionsausschusses wurde im Hauptausschuss insbesondere hinsichtlich des Adressatenkreises in der landeseigenen Verwaltung sehr kontrovers diskutiert.[1055] Obwohl zur Problematik sehr dezidierte Meinungen ausgetauscht wurden, bestanden wesentliche Unklarheiten über die Weisungskompetenzen selbst.[1056] Unter anderem war einigen Mitgliedern unklar, ob für besondere Gebiete innerhalb der landeseigenen Verwaltung eine Weisungskompetenz geschaffen werden sollte oder ob diese Materien einer „Weisungsverwaltung",[1057] also einem anderen Verwaltungstyp, nämlich der Auftragsverwaltung, zugewiesen werden sollten. Außerdem bestanden unterschiedliche Ansichten darüber, ob die Weisungskompetenz in der landeseigenen Verwaltung dem Bund nur in Notzeiten[1058] oder generell zustehen sollte.[1059]

Nach einem weiteren Vorschlag von Laforet/Hoch sollte die Weisungskompetenz in der Landesverwaltung schließlich folgende Fassung erhalten: „Der Bundesregierung kann durch Bundesgesetz für besondere Fälle die Befugnis verliehen werden, Einzelweisungen zu erteilen."[1060] An dieser Stelle wird zum ersten Mal der Begriff der „Einzelweisung" verwendet. Im gleichen Kontext wurde auch für die Bezeichnung des Verwaltungstyps das „mißdeutige Wort" Verwaltung „nach Weisung" durch die Ausführung „im Auftrage des Bundes" ersetzt.[1061] Bei der Diskussion über die Weisungskompetenz in der Auftragsverwaltung, („Die Landesbehörden unterstehen den Weisungen der zuständigen obersten Bundesbehörden"), setzten sich die oben dargestellten Unklarheiten fort. Man ging teilweise unter gedanklicher Bezugnahme auf Art. 15 WRV davon aus, der Begriff der „Weisung" würde keine Einzelweisungen des Bundes erlauben![1062] Die Auftragsverwaltung wurde zudem von verschiedenen

---

[1053] Stenographische Protokolle, Hauptausschuss, S. 192.

[1054] Stenographische Protokolle, Hauptausschuss, S. 191, so muss auch die Äußerung von Hoch verstanden werden; dies kommt auch in den ursprünglichen Art. 112 -2 Abs. 1 des Zuständigkeitsausschusses und des Redaktionsausschusses (siehe S. 190) zum Ausdruck.

[1055] Siehe Stenographische Protokolle, 35. Sitzung des Hauptausschusses, S. 437 ff. Laforet, Menzel, Zinn.

[1056] So auch ausdrücklich Höpker-Aschoff und Kleindienst in Stenographische Protokolle, 35. Sitzung des Hauptausschusses, S. 439; inhaltlich wird dies vor allem auf den Seiten 438, 439 deutlich.

[1057] Stenographische Protokolle, 35. Sitzung des Hauptausschusses, S. 438 f., Zinn.

[1058] Stenographische Protokolle, 35. Sitzung des Hauptausschusses, S. 440, Laforet und auch Mücke.

[1059] Stenographische Protokolle, 35. Sitzung des Hauptausschusses, vor allem S. 441, Brockmann, Schmid.

[1060] Stenographische Protokolle, 45. Sitzung des Hauptausschusses, S. 593.

[1061] Stenographische Protokolle, 45. Sitzung des Hauptausschusses, S. 593.

[1062] Stenographische Protokolle, 45. Sitzung des Hauptausschusses, S. 595, Zinn.

Abgeordneten als Bundesverwaltung und nicht als Landesverwaltung eingestuft.[1063] Dies ist, wie sich aus dem Zusammenhang ergibt, durch die Bezugnahme auf die WRV begründet, unter der die als Auftragsangelegenheit eingerichtete Verwaltung der Reichswasserstraßen, wie oben dargestellt,[1064] tatsächlich materielle Reichsverwaltung war.

Nur selten wurde klar zwischen den Verwaltungstypen differenziert. „Hier [in der Auftragsverwaltung] entscheidet allein der Wille der zuständigen obersten Bundesbehörden. Die Landesbehörden unterstehen schlechthin den Weisungen der zuständigen obersten Bundesbehörden, [...] um die bei der Auftragsverwaltung gegebene allgemeine Unterordnung im Gegensatz zur Befugnis der Einzelweisung in besonderen Fällen bei der Ausführung der Bundesgesetze als eigene Angelegenheit klarzustellen,...“.[1065] Doch bleibt selbst hier offen, ob der Gegensatz in der „Einzel“-Weisungskompetenz oder in den besonderen Fällen liegt.

(3) Die Festlegung der Weisungskompetenzen – weitere Unklarheiten

In diesen Wust von Unklarheiten eingebettet, fand die für die Festlegung der Weisungskompetenzen maßgebliche 45. Sitzung des Hauptausschusses[1066] statt, in der die vielzitierten Äußerungen fielen: „Was die allgemeine Anweisungen betrifft, so sind es grundsätzliche Anweisungen darüber, wie eine Gesetz auszuführen ist. Solche allgemeinen Anweisungen richten sich natürlich, unabhängig vom Instanzenzug an sämtliche Behörden, die ein solches Gesetz auszuführen haben. Aber sie beinhalten gerade nicht die Befugnis, Einzelanweisung zu geben.“[1067] Dies dürfte auf die Kompetenz zum Erlass allgemeiner Anweisungen im Sinne der WRV bezogen gewesen sein, denn die Äußerung wurde fortgesetzt mit: „Das hat nichts zu tun mit den Einzelweisungsrechten der Bundesverwaltung in den Fällen, in denen eine landeseigene Verwaltung besteht.“[1068] Auf diese Begriffsverwirrung reagiert *Hoch*, als Miturheber der in Frage stehenden Fassung, klarstellend: „Ich möchte nur gegenüber den Zweifeln, die vielleicht aus ihren Worten, Herr Kollege Dr. Strauß entnommen werden könnten, klarstellen: `Weisungen´ sind <u>dasselbe</u> wie `Einzelweisungen´. Es kann <u>auch</u> der Einzelfall Schultze vom Bundesminister aufgegriffen und durch seine Anordnungen entschieden werden. Es ist nicht so, daß `Weisung´ gleich `allgemeine Weisung´ ist. In diesem Zusammenhang, bei der Auftragsverwaltung, heißt Weisung <u>auch</u> Einzelweisung.“[1069]

[1063] Stenographische Protokolle, 45. Sitzung des Hauptausschusses, S. 595 Zinn, der ein tatsächliches Beauftragungsverhältnis annimmt und Strauß, so ausdrücklich; zu früheren Ausführungen in diese Richtung siehe *Pauly*, Anfechtbarkeit, S. 63 ff.
[1064] Kap. 2 C II 2 c bb (1) (a).
[1065] Laforet, Bericht für das Plenum, S. 40.
[1066] Am 19. Januar 1949.
[1067] Stenographische Protokolle, 45. Sitzung des Hauptausschusses; S. 595, Strauß.
[1068] Stenographische Protokolle, 45. Sitzung des Hauptausschusses, S. 595, Strauß.
[1069] Hoch, a.a.O.

Diese Äußerung und auch die darauffolgende des Abgeordneten *Laforet* „Wir hätten einsetzen können: Die Landesbehörden unterstehen auch den Einzelweisungen der zuständigen obersten Bundesbehörden. Wir meinen aber das,“[1070] haben unterschiedliche Interpretationen erfahren. Teilweise soll sich daraus die Beschränkung auf eine Einzelweisungskompetenz ergeben,[1071] teilweise wird sie als Hinweis auf ein allgemeine Weisungskompetenz verstanden.[1072] Die Hinweise aus diesem Wortwechsel erscheinen widersprüchlich, obwohl *Hoch* und *Laforet* hier ihren eigenen Entwurf kommentieren. Entscheidend ist der Bezugspunkt des „auch“ in der Äußerung von *Hoch*. Einerseits soll eine „Weisung“ einer „Einzelweisung“ in der landeseigenen Verwaltung entsprechen, dann ließe sich der Bezugspunkt des ersten „auch“ nicht eindeutig festlegen - es kann sich auf allgemeine und Einzelweisungen beziehen - den Sinn „wie in der Landesverwaltung“ haben -. Andererseits legt die abschließende Äußerung von *Laforet* einen Unterschied zwischen Weisungen und Einzelweisungen nahe. Viel spricht allerdings dafür, dass hier lediglich die Annahme widerlegt werden sollte, dem Bund stehe überhaupt keine Einzelweisungskompetenz zu, sondern lediglich ein allgemeines Anweisungsrecht.

Insgesamt wurde keine durchgängige Unterscheidung zwischen (allgemeinen) „Anweisungen“ (i. S. d. WRV), Weisungen und Einzelweisungen durchgehalten. Insofern lässt sich nicht abschließend sagen, ob dem Bund im Rahmen der Weisungskompetenz des heutigen Art. 85 Abs. 3 S. 1 GG neben Einzelweisungen auch allgemeine Weisungen zustehen sollten. Die Unsicherheiten und Ungenauigkeiten in Bezug auf die Weisungskompetenzen, die teils aus den Vorgängernormen und begrifflichen Unstimmigkeiten, teils aus unterschiedlichen Ansätzen, fehlender Kenntnis und Erfahrung im Bereich der Struktur der Verwaltungskompetenzen und Einwirkungsbefugnisse resultierten, haben sich im Parlamentarischen Rat ausgewirkt. Für die Unklarheiten ist bezeichnend, dass eine Änderung des Textes des heutigen Art. 85 Abs. 3 S. 1 GG wegen der vermeintlich erzielten Klarstellung nicht vorgenommen wurde.[1073]

(4) Die Entstehung von Weisungskompetenzen außerhalb des VIII. Abschnitts

Etwas klarer sind die Hinweise darauf, wie die Weisungskompetenz der Übergangsvorschrift des Art. 128 GG gemeint war. Den Beratungen des Hauptausschusses lagen Weisungskompetenzen des bizonalen Rechts in der landeseigenen Verwaltung zu Grunde. Diese Weisungen waren ausschließlich an die obersten Landesbehörden zu richten und waren „nur im Einzelfall“ zulässig.[1074] Auch

[1070] Stenographische Protokolle, 45. Sitzung des Hauptausschusses, S. 595.

[1071] *Haun*, S. 95, der auch auf die folgenden Zustimmungsbekundungen der anderen Ab geordneten eingeht.

[1072] So *Wolst*, S. 109; dagegen *Schäfer*, Bundesaufsicht, S. 29; *Ossenbühl*, Reformüberlegungen, S. 53; *Tschentscher*, S. 219; *Orlopp*, FS Klein, S. 598; *v. Mangoldt / Klein*, Art. 85 Anm. IV 2 b bb.

[1073] Stenographische Protokolle, 45. Sitzung des Hauptausschusses, S. 595, Schmid.

[1074] Stenographische Protokolle, 35. Sitzung des Hauptausschusses, S. 437.

soweit Art. 128 GG nur das „Weisungsrecht“ nennt, ist dies daher nicht als Oberbegriff, sondern als Synonym für „Einzelweisung“ zu verstehen. Nur in dieser Form existierte die Weisungskompetenz, auf die hier Bezug genommen wird, überhaupt.[1075]

(5) Zusammenfassung

Die in der Entstehungsgeschichte begründeten terminologischen Ungenauigkeiten, die angesichts der dargestellten Problematik der Vorläufernormen nicht verwundern, entkräften die Bedeutung des Wortlautunterschieds von Art. 84 Abs. 5 S. 1 und Art. 85 Abs. 3 S. 1 GG.[1076] Wie schon das Bundesverfassungsgericht feststellte,[1077] und wie sich an den Ungereimtheiten des Art. 85 Abs. 1 GG zeigt,[1078] fehlt es dem VIII. Abschnitt an einer sprachlichen und begrifflichen Schlussredaktion.[1079] Die Entstehungsgeschichte gibt damit keine eindeutige Antwort.[1080] Es ist also gerade nicht zu belegen, dass der Verfassungsgeber das Ziel gehabt habe, über die positiven Regelungen hinaus die Stellung des Bundes in der Auftragsverwaltung zu stärken.[1081] Allenfalls zeigt sich, dass der Parlamentarische Rat im Vergleich zur ursprünglichen Fassung des Art. 113 HCHE einzelne Einwirkungsmöglichkeiten des Bundes erweitert hat.[1082] Insgesamt aber bleibt die Entwicklung der Auftragsverwaltung von Herrenchiemsee bis zur endgültigen Fassung des Art. 85 GG trotz der Rückkehr zum Begriff der „Auftragsverwaltung“ durch eine Beibehaltung der föderalistischen Grundauffassung gekennzeichnet.[1083]

e) Teleologische Interpretation

Wie sich bisher zeigte, besteht eine enger Zusammenhang zwischen der Weisungskompetenz des Art. 85 Abs. 3 S. 1 GG und Art. 85 Abs. 2 S. 1 GG. Folglich sind auch die Zielsetzungen des letzteren zu berücksichtigen.

[1075] So im Ergebnis auch Maunz / Dürig - *Maunz*, Erstbearb. Art. 85 Rn. 28; anders aber *Wolst*, S. 109.
[1076] *Zech*, DVBl. 1987, 1091 (1093).
[1077] BVerfGE 26, 338 (396).
[1078] Kap. 1 B II e und Kap. 1 B III d cc (2).
[1079] Siehe auch *Zech*, DVBl. 1987, 1091 (1093); es ist allerdings fraglich, ob man so weit gehen kann, die Folgerung zu ziehen, es könne hinsichtlich der Formulierungsunterschiede keine redaktionelle Absicht unterstellt werden, so aber *Zech* a.a.O.
[1080] *Depenbrock*, DÖV 1970, 235 (235).
[1081] So aber *Blümel* - HBStR IV, § 101 Rn. 60.
[1082] Bonner Kommentar - *Herrfahrdt*, Art. 85 Anm. I.
[1083] So Bonner Kommentar - *Herrfahrdt*, Art. 85 Anm. I.

aa) Die Sicherstellung des einheitlichen Vollzugs durch allgemeinen Verwaltungsvorschriften

Der Einsatz der Auftragsverwaltung ermöglicht einen Verzicht auf einen bundeseigenen Behördenapparat, also eine Ausrichtung am „föderativen Aufbau der Bundesrepublik“[1084] bei gleichzeitiger Gewährleistung eines einheitlichen Verwaltungsvollzugs durch umfassende Einwirkungsbefugnisse.[1085] Der einheitliche Verwaltungsvollzug wird vor allem durch das Instrument der allgemeinen Verwaltungsvorschriften durchgesetzt.[1086] Teilweise wird sogar vertreten, diese Kategorie von Regelung sei allein allgemeinen Verwaltungsvorschriften vorbehalten.[1087] Diese stellen dem Bund jedenfalls weitreichende Möglichkeiten zur untergesetzlichen Lenkung des Verwaltungsvollzugs zur Verfügung[1088] und erfüllen damit ein vom Grundgesetz anerkanntes Bedürfnis der Exekutive nach Normpräzisierung.[1089] Eine allgemeine Weisungskompetenz ist dazu nicht erforderlich.

bb) Die Schutzfunktion allgemeiner Verwaltungsvorschriften

Daneben verfolgt Art. 85 Abs. 2 S. 1 GG auch das Ziel, den landeshoheitlichen Vollzug,[1090] bzw. die eigenverantwortliche Aufgabenwahrnehmung der Länder zu schützen.[1091] Diesen Zielen dient nicht nur das Zustimmungserfordernis, das den Eingriff in die Vollzugshoheit kompensieren soll,[1092] sondern auch die Bindung der Entscheidung an die Bundesregierung als Kollegium.[1093] Sogar der Vorläufernorm (in der Landesverwaltung) in der WRV wurde eine Schutzfunktion zu Gunsten der Länder zugeschrieben.[1094] Diese ist durch die stärkere Ausdifferenzierung der Verwaltungskompetenzen durch das Grundgesetz noch verstärkt worden. Die

[1084] So ausdrücklich in der Begründung de s Entwurfs zum AtG zit. nach *Steinberg*, Bundesaufsicht, S. 8; *Fischerhof*, AtG, Vorbem. § 22, Rn. 1.
[1085] *Steinberg*, Bundesaufsicht, S. 9; *Fischerhof*, AtG, Vorbem. § 22 Rn. 1.
[1086] *Ossenbühl*, Reformüberlegungen, S. 51; *Winters*, AtG, Einführung, Anm. 4.7.5.
[1087] *Winters*, AtG, Einführung, Anm. 4.7.5.
[1088] Jarass / Pieroth - *Pieroth*, Art. 84 Rn. 8.
[1089] *Ossenbühl*, Reformüberlegungen, S. 51.
[1090] BVerfGE 26, 337 (397); Maunz / Dürig - *Lerche*, Art. 84 Rn. 88; *Orlopp*, FS Klein, S. 598; *Zech*, DVBl. 1987, 1091 (1093); *Ossenbühl*, Reformüberlegungen, S. 51.
[1091] *Zech*, DVBl. 1987, 1091 (1093).
[1092] So auch *Ossenbühl*, Reformüberlegungen, S. 51; in diesem Sinne auch *Zech*, DVBl. 1987, 1091 (1093).
[1093] Maunz / Dürig - *Lerche*, Art. 84 Rn. 88.
[1094] *Forsthoff*, AöR 58 (1930) 61 (80); *Pauly*, Anfechtbarkeit, S. 53 zu Art. 15 Abs. 2 und Abs. 3 WRV.

Annahme einer Kompetenz zum Erlass allgemeiner Weisungen aus Art. 85 Abs. 3 S. 1 GG, widerspräche dieser ratio,[1095] da gerade diese Sicherung umgangen würde.

cc) Die Weisungskompetenz zwischen Einwirkungsstärkung und Länderschutz

Wesentliches Element der verstärkten Einwirkungsmöglichkeiten in der Auftragsverwaltung ist die Weisungskompetenz des Art. 85 Abs. 3 GG. Sie soll dem Bund die „Letztentscheidungskompetenz“ zur Lösung sachlicher Meinungsverschiedenheiten eröffnen,[1096] also ein besonders wirkungsvolles, zentrales Steuerungsmittel zur Verfügung stellen,[1097] das der verwaltungsinternen Kontrolle dient.[1098] Sie ermöglicht die Steuerung des Gesetzesvollzugs der Länder in allen seinen Phasen.[1099] Ferner wird die Ressortleitungskompetenz bzw. Verantwortlichkeit des zuständigen Ministers gesichert und unterstrichen,[1100] sowie die Kontrollfunktion der Bundesregierung betont.[1101] Dieser Zielsetzung käme eine möglichst umfassende Weisungskompetenz entgegen. Dem steht jedoch relativierend gegenüber, dass mit der Einrichtung der Auftragsverwaltung die gesamte Verantwortung für den betreffenden Verwaltungsbereich auf die Länder übergeht.[1102] Insofern kann die Verantwortlichkeit des Bundesministers nicht entscheidend sein. Vielmehr erschiene es widersprüchlich, wenn der zuständige Bundesminister allgemeine Verwaltungsanweisungen „aus eigener Machtvollkommenheit“ erlassen könnte, während die Bundesregierung an die Zustimmung des Bundesrats gebunden ist.[1103]

Außerdem steht das Ziel der Schaffung von Steuerungsmöglichkeiten auch hier neben dem der Wahrung der Eigenständigkeit der Länder in der Verwaltung.[1104] Denn es besteht insgesamt eine „föderative Rechtstechnik des Abschnitts VIII des Grundgesetzes“.[1105] Art. 84 GG und Art. 85 GG respektieren die Länder als geschlossene Entscheidungseinheiten.[1106] Auch in der Auftragsverwaltung wird nämlich, durch eine abschließende Regelung der Einwirkungsbefugnisse des Bundes, der Schutz der Länder verwirklicht.[1107] Einwirkungen des Bundes sind daher nur an

---

1095 Obwohl *Orlopp*, FS Klein, S. 598 von einem allgemeinen Weisungsrecht ausgeht, meint er, dass Regelungen, die als allgemeine Verwaltungsvorschriften ergehen können, entsprechend dieses Schutzzwecks nicht als allgemeine Weisungen ergehen dürften und bringt damit letztlich zum Ausdruck, dass es nach dem Schutzzweck überhaupt keinen Raum für allgemeine Weisungen gibt.
1096 *Ossenbühl*, Der Staat 28 (1989) 31 (44).
1097 *Blümel* - HBStR IV, § 101 Rn. 59.
1098 *Steinberg*, AöR 110 (1985) 419 (426); *Wolff / Bachof / Stober*, VerwR I, § 20 Rn. 11.
1099 BVerfGE 81, 310 (335).
1100 *Steinberg*, AöR 110 (1985) 419 (426).
1101 *Wolff / Bachof / Stober*, VerwR I, § 20 Rn. 11.
1102 *Steinberg*, Bundesaufsicht, S. 9.
1103 *Oeter*, ThürVBl. 1997, 28 (30).
1104 BVerfGE 26, 338 (397); Alternativkommentar - *Bull* Art. 85 Rn. 14.
1105 *Köttgen*, Gemeinde, S. 75.
1106 *Niermann*, S. 65.
1107 BVerfGE 26, 338 (397 f.); *Kersten*, BayVBl. 1968, 189 (191); diese wurde bereits aus ähnlichen Erwägungen für die Einwirkungsbefugnisse der WRV vertreten, *Schäfer*, DÖV 1960, 641 (641) mit

den vorgeschriebenen Kontaktstellen zulässig.[1108] Dies spricht für eine Auslegung des Art. 85 Abs. 3 S. 1 GG, die eine klare Abgrenzung zu den allgemeinen Verwaltungsvorschriften zulässt.

dd) Zusammenfassung

Art. 85 Abs. 3 GG verfolgt das Ziel, durch eine innerexekutive Kompetenzaufteilung die Machtverhältnisse auszubalancieren und gleichzeitig „die goldene Mitte zwischen ortsnaher, eigenverantwortlicher Gesetzesvollziehung und notwendiger zentraler Steuerung zu treffen".[1109] Insofern besteht also eine Parallele zu Art. 85 Abs. 2 S. 1 GG. Um das Ziel zu erreichen, muss das Regelungsgefüge ein differenziertes sein.[1110] Damit eine solches Gefüge funktioniert, ist es erforderlich, dass die Grenzziehung zwischen den Kompetenzen beachtet wird. Im Ergebnis ist daher, auch vom Sinn und Zweck der Vorschriften her, die Möglichkeit allgemeiner Weisungen zu verneinen.[1111]

f) Verfassungspolitische Überlegungen

Vor allem aus verwaltungspraktischen Überlegungen wird eine allgemeine Weisungskompetenz gefordert:[1112] Die Steuerungskraft von Gesetzen sei unzureichend, so dass alternative Steuerungsformen notwendig seien.[1113] Dazu könnten allgemeine Weisungen dienen. Doch zeigte sich bereits vor über 10 Jahren anlässlich des sog. „ausstiegsorientierten Gesetzesvollzugs" einiger Bundesländer, die dadurch von den energiepolitischen Zielvorgaben des Bundes abwichen, dass die Weisungskompetenz zur generellen Durchsetzung von Bundesvorstellungen gegenüber diametralen Landesvorstellungen, weder geschaffen noch geeignet ist.[1114] Soweit der fehlende energiepolitische Konsens zu einer „Fundamentalopposition" der Länder führt, kann auch eine allgemeine Weisungskompetenz keine Abhilfe schaffen;

Bezug auch *Gebhard* WRV, Art. 15, Anm. 5 c, vgl. auch *Forsthoff*, AöR 58 (1930) 61 (80). Die klare Umgrenzung der Einwirkungskompetenzen bzw. Kontaktstellen stellt den Schutz der Verwaltungshoheit der Länder sicher, für Art. 84 Abs. 2 und Art. 85 Abs. 2 GG ausdrücklich BVerfGE 26, 338 (397).

[1108] *Niermann*, S. 65; *Rump*, Errichtung, S. 102.

[1109] *Ossenbühl*, Verwaltungsvorschriften, S. 363.

[1110] Also kann auch die Kritik nicht durchgreifen, dass die Verschränkung von Zuständigkeiten und di e Statuierung verschiedener Einwirkungsrechte mit unterschiedlichen Voraussetzungen in den Art. 83 ff. GG zu komplizierten Entscheidungsmechanismen führe, ohne die Aufgabenerfüllung dadurch effektiver und sachgerechter zu m achen, so aber Schnoor, DÖV 1979, 355 (357).

[1111] So auch *Kersten*, BayVBl. 1968, 189 (193).

[1112] M. w. N. *Zech*, DVBl. 1987, 1091 (1092).

[1113] *Brohm*, NVwZ 1988, 794 (794).

[1114] *Schmidt-Preuß*, NJW 1995, 985 (986).

die Weisungskompetenz „verträgt“ dies nicht.[1115] Sie kann die Konsensbildung auf politischer Ebene nicht ersetzen.

Die mit der Verteilung der Verwaltungskompetenzen korrespondierende Verteilung der Verwaltungsverantwortung[1116] legt eine Beschränkung des Art. 85 Abs. 3 S. 1 GG auf Einzelweisungen nahe. Die Ausübung der Weisungskompetenz enthebt den Landesminister im Innenverhältnis seiner Verantwortung gegenüber dem Landesparlament und ändert damit die grundsätzliche Verantwortungsstruktur in der Auftragsverwaltung.[1117] Durch eine Ausdehnung der Weisungskompetenz würden den Landesparlamenten also wesentliche Kontrollfunktionen entzogen, was im Extremfall sogar die Eigenstaatlichkeit der Länder in Frage stellen würde. Also führt die Annahme einer allgemeinen Weisungskompetenz auch aus verfassungspolitischer Sicht zu wenig plausiblen Ergebnissen.[1118]

3. Ergebnis

Die Stellung der Länder in der Auftragsverwaltung würde sichtbar abgewertet, sollte Art. 85 Abs. 3 S. 1 GG eine allgemeine Weisungskompetenz umfassen. Dass dies nicht mit der Verfassung in Einklang steht, zeigen vor allem die systematischen Widersprüche, die im Verhältnis zu Art. 85 Abs. 2 S. 1 GG entstünden. Unklar sind lediglich die Hinweise aus der genetischen Auslegung. Im Übrigen zeigt das gesamte Gefüge des Art. 85 GG, dass die Verfassung besonderen Wert auf die Vorrangstellung und Eigenständigkeit der Länder in der Verwaltung legt und definiert dementsprechend die Einwirkungsbefugnisse des Bundes genau. Daher ist nur eine Auslegung möglich, die eine klare Abgrenzung zulässt, also im Interesse der Wirkungsoptimierung: eine konkret-generelle Weisungskompetenz.

[1115] So über die Weisungskompetenz allgemein *Schmidt-Preuß*, NJW 1995, 985 (986).
[1116] *Ossenbühl*, Der Staat 28 (1989) 31 (43).
[1117] *Bushart*, ZRP 1988, 210 (211).
[1118] So auch *Oeter*, ThürVBl. 1997, 28 (30); *ders.*, Bundesstaatsrecht, S. 450.

III. Die Schranken der Weisungskompetenz

Die Weisungskompetenz des Bundes in der Auftragsverwaltung (Art. 85 Abs. 3 GG) ist umfassend, aber nicht schrankenlos. Diesen Schranken kommt große Bedeutung zu, denn sie grenzen die Verwaltungshoheit der Länder vom Einflussbereich der Bundes ab. Weisungen, die diese Schranken überschreiten, verletzen die kompetenziellen Rechte des angewiesenen Landes aus Art. 20 Abs. 1, Art. 30 und Art. 85 GG.[1119] Es ist damit zu untersuchen, welche Schranken die Verfassung im Verhältnis von Bund und Ländern dem Einsatz der Weisungskompetenz vorgibt.

Als Schranken der Weisungskompetenz aus Art. 85 Abs. 3 GG sind die Bundestreue und das Gebot der Weisungsklarheit anerkannt.[1120] Doch gibt das eng verwobene Kompetenzgefüge von Bund und Ländern in der Auftragsverwaltung - und besonders im Weisungsfall - Anlass zur Überprüfung, ob noch weitere Schranken existieren. Dies gilt vor allem für den Verhältnismäßigkeitsgrundsatz, dessen Einschlägigkeit umstritten ist.[1121]

In einem ersten Teil werden nun die unumstrittenen Weisungsschranken sowie in Bezug auf den Verhältnismäßigkeitsgrundsatz der Diskussionstand dargestellt und zu den verschiedenen Ansätzen Stellung genommen. Dieser Teil umfasst auch die Darstellung der Kompetenzschranken aus dem Normzweck und dem allgemeinen Willkürverbot. In einem zweiten Teil soll aufgezeigt werden, welche weitergehenden Konsequenzen sich aus der anerkannten Kompetenzschranke der Bundestreue ergeben, wenn man deren kompetenzbegrenzende Funktion konsequent im Bereich der Auftragsverwaltung anwendet.

1. Darstellender Teil und Stellungnahme

a) Das Gebot der Weisungsklarheit

Die Weisungskompetenz des Bundes ist durch das Gebot der Weisungsklarheit begrenzt.[1122] Das angewiesene Land muss erkennen können, dass ihm gegenüber eine Weisung erteilt worden ist. Außerdem muss sich aus der Weisung selbst ergeben, welche Vorgaben für welches Verwaltungshandeln gemacht werden.[1123]

[1119] BVerfGE 81, 310 (330); *Borgmann*, S. 189.

[1120] BVerfGE 102, 167 (173); BVerfGE 81, 310 (336 f.); BVerfGE 84, 25 (30 ff.); v. Münch - *Broß*, Art. 85 Rn. 18; Jarass / Pieroth - *Pieroth*, Art. 85 Rn. 7; Schmidt-Bleibtreu / Klein - *Schmidt-Bleibtreu*, Art. 85 Rn. 8.

[1121] Z.B. dafür *Blümel* - HBStR IV, § 101 Rn. 65; dagegen BVerfGE 81, 310 (338); Sachs - *Dittmann*, Art. 85 Rn. 22.

[1122] BVerfGE 81, 310 (336 f.); Jarass / Pieroth - *Pieroth*, Art. 85 Rn. 6a; *Steinberg*, Bundesaufsicht, S. 33.

[1123] BVerfGE 81, 310 (336 f.); *Lange*, Weisungsrecht, S. 28; Sachs - *Dittmann*, Art. 85 Rn. 20.

b) Der Verhältnismäßigkeitsgrundsatz

Als Schranke der Weisungskompetenz des Bundes wurde und wird der Verhältnismäßigkeitsgrundsatz diskutiert. Dieser Grundsatz ist als eines der Grundprinzipien des Rechtsstaats anerkannt, dem für die Beschränkung staatlicher Eingriffe in die individuelle Rechts- und Freiheitssphäre „eine kaum zu überschätzende Bedeutung" zugewachsen ist.[1124] Die Weisungskompetenz als Teil des Bund-Länder-Verhältnisses im Rahmen der Auftragsverwaltung ist dagegen ein rein „staatsinterne" Angelegenheit, betrifft den Aspekt der „individuellen Rechts- und Freiheitssphäre" also gerade nicht. Es ist daher fraglich, ob der Verhältnismäßigkeitsgrundsatz hier zur Anwendung gelangen kann.

aa) Diskussionsstand

Zentral in der Diskussion ist die Linie des Bundesverfassungsgerichts. Es wandte den Verhältnismäßigkeitsgrundsatz zunächst nicht nur zur Begrenzung von Eingriffen in subjektive (Freiheits-)Rechte des Bürgers, sondern auch im Verhältnis der Träger von Staatsgewalt zueinander an, soweit diesen nicht nur eine Kompetenz, sondern ein subjektives Recht zustand.[1125] Dies traf vor allem auf die Gemeinden, mit ihrer durch Art. 28 Abs. 2 GG geprägten Rechtsstellung,[1126] aber auch für das Bund-Länder-Verhältnis zu.[1127] Seit der Rastede-Entscheidung für die Gemeinden implizit,[1128] und ausdrücklich seit der Kalkar-Entscheidung[1129] für das Bund-Länder-Verhältnis nimmt nun aber das Bundesverfassungsgericht die Geltung des Verhältnismäßigkeitsgrundsatzes nur noch im Staat-Bürger-Verhältnis an.[1130] Der Verhältnismäßigkeitsgrundsatz komme im staatsinternen Bereich als Schranke nicht in Betracht, da das Denken in Kategorien von Freiraum und Eingriff dort nicht angebracht sei. Dies gelte

---

[1124] Jarass / Pieroth - *Pieroth*, Art. 20 Rn. 56; so auch Dreier - *Schultze-Fielitz*, Art. 20 Rn. 167; *Lange*, Weisungsrecht, S. 84; Sachs - *Sachs*, Art. 20 Rn. 146; *Stern*, FS Lerche, S. 165; *Wittig*, DÖV 19968, 817 ff.; zur Rechtsprechung vgl. bspw. BVerfGE 65, 1 (54); BVerfGE 67, 157 (173 ff.); BVerfGE 43, 242 (288); BVerfGE 62, 1 (15 f.)

[1125] BVerfGE 67, 1(15 f.); BVerfGE 76, 107 (119 f); BVerfGE 26, 228 (241); BVerfGE 56, 298 (313) unter Bezugnahme auf das „Willkürverbot im Verhältnis von Hoheitsträgern"; unklar BVerfGE 43, 242 (288); vgl. dazu auch Jarass / Pieroth - *Pieroth*, Art. 20 Rn. 57; *Lange*, Weisungsrecht, S. 84; *Hartung*, JA 1991, 137 (139).

[1126] BVerfGE 76, 107 (119); BVerfGE 26, 228 (241); BVerfGE 56, 298 (313); die Anwendung im Bund-Länderverhältnis in der Literatur vertreten z. B. Jarass / Pieroth – *Jarass*, Art. 20 Rn. 57; Maunz / Dürig – *Herzog*, Art. 20 Rn. 72.

[1127] BVerfGE 56, 298 (313).

[1128] BVerfGE 79, 127 (143 ff.), welche sich gegen die bis dato die herrschende Meinung stellte Dazu umfassend *Schoch*, VerwArchiv 81 (1990) 18 ff., insbesondere, S. 32 ff. mit umfangreichen Nachweisen, Fn. 92; *Schmidt-Aßmann*, FS Sendler, S. 121 ff.; diese Einschränkung begrüßt *Ossenbühl*, FS Lerche, S. 160.

[1129] BVerfGE 81, 310 (338); Diese schloss sich an die Entscheidung über die fehlende Relevanz des Übermaßverbotes für die Gesetzgebungskompetenzen an BVerfGE 67, 256 (289); *Rengeling* - HBStR IV, § 100 Rn. 22; wohl mit dieser Tendenz auch BVerfGE 61, 256 (289).

[1130] Diese Einschätzung teilend Dreier - *Bauer*, Art. 20 Rn. 33; Jarass / Pieroth - *Pieroth*, Art. 20 Rn. 57 mit Verweis auf BVerfGE 79, 311 (341); BVerfGE 81, 310 (338).

besonders für das Bund-Länder-Verhältnis, das ein rein kompetenzielles Verhältnis sei.[1131] Demgegenüber aber hatte das Bundesverfassungsgericht zuvor noch ein Tätigwerden des Bundes im Bereich der Verwaltung ohne Kompetenztitel, als „Eingriff in die grundgesetzlich garantierte Landzuständigkeit im Bereich der Verwaltung" und als „Eingreifen in die Landeshoheit" bewertet.[1132]

Mit dem Bundesverfassungsgericht lehnen auch Teile der Literatur die Anwendbarkeit des Verhältnismäßigkeitsgrundsatzes auf das Bund-Länder-Verhältnis bzw. auf kompetenzielle Verhältnisse allgemein[1133] und speziell im Rahmen der Weisungskompetenz aus Art. 85 Abs. 3 S. 1 GG ab.[1134] Andere Teile der Literatur messen jedoch das Bund-Länder-Verhältnis[1135] und speziell die Weisungskompetenz am Verhältnismäßigkeitsgrundsatz.[1136] Weisungen des Bundes träfen die Länder auch und gerade in ihrer Tätigkeit als eigenständige juristische Person, so dass es sachgerecht sei, den Verhältnismäßigkeitsgrundsatz anzuwenden.[1137] Auch die Enquete-Kommission für eine Verfassungsreform scheint die Anwendung zu befürworten.[1138]

bb) Bedeutung der Problematik

Im Atomrecht lag die praktische Bedeutung der Weisungskompetenz in der Vergangenheit darin, sicherheitstechnische Auflagen durchzusetzen,[1139] und darin, dass § 7 Abs. 4 S. 2 AtG zur Weisungseinholung verpflichtet.[1140] Heute, nach dem Ende des atompolitischen Konsenses, ist der Bund zur Durchsetzung seiner

---

[1131] BVerfGE 81, 310 (338).

[1132] BVerfGE 21, 312 (326,328): verletzt das Land in „seinem Recht"; dazu *Hartung*, JA 1991, 137 (139); zuletzt BVerfGE 102, 167 (172) wonach „die Länder"... „in ihrem Recht verletzt" sein können, allerdings „greife" Bund unter Umständen nur in „eine eigene Sachkompetenz der Länder ein".

[1133] Sachs - *Degenhart*, Art. 72 Rn. 10; *Kirchhof*, FS Lerche, S. 144 mit Verweis auf die Entspr echung bei Lerche, wonach eine Lösung von der Eingriffsvorstellung, den Si nn des Prinzips entleere und ihm seine klaren, rech tlich handhabbaren Konturen nehme.

[1134] BVerfGE 81, 310 (338); *Bethge / Rozek*, Jura 1995, 213 (217); *Degenhart*, Staatsrecht, Rn. 336; *Steinberg*, Bundesaufsicht, S. 36; *Kloepfer*, § 15 Rn. 83; Dreier - *Bauer*, Art. 20 Rn. 33; *Ossenbühl*, FS Lerche, S. 162.

[1135] *Stettner*, Grundfragen, S. 397 ff.

[1136] Dreier - *Hermes*, Art. 85 Rn. *Gornig*, JZ 1992, 307 (310); *Blümel* - HBStR IV, § 101 Rn. 65; *Hartung*, JA 1991, 137 (138); wohl auch *Lange*, NVwZ 1990, 928 (930); *ders.*, Weisungsrecht, S. 83; Maunz / Dürig - *Lerche*, Art. 20 Rn. 11; *Schmidt-Aßmann* - HBStR I, § 24 Rn. 87; *Pera*, NVwZ 1989, 1120 (1122); *Wagner*, DVBl. 1987, 917 (920); jedenfalls für die Anwendung des Verhältnismäßi gkeitsgrundsatzes im Staatsorganisationsrecht Sachs - *Sachs*, Art. 20 Rn. 95; *Isensee* - HBStR IV, § 98 Rn. 118, nimmt die Möglichkeit einer bereichsbegrenzten Anwendung des Verhältnismäßigkeit sgrundsatzes an, soweit die Bundesaufsicht (in Art. 84 GG) betroffen ist; dazu, dass der Verhältni smäßigkeitsgrundsatz i m Bund-Länder-Verhältnis - einschließlich des Erlasses von Vollzugsregelun gen - als Regulativ zum Schutz „der Länder vor übermäßigen Kompetenzeinbußen" notwendig ist, *Stettner*, Grundfragen, S. 402.

[1137] *Lange*, Weisungsrecht, S. 84; *Wagner*, DVBl. 1987, 917 (920).

[1138] Dazu *Stettner*, Grundfragen, S. 402; *Ossenbühl*, FS Lerche, S. 156.

[1139] *Fischerhof*, atw 1978, 566 (568).

[1140] *Borgmann*, S. 188; Bonner Kommentar - *Zieger / Bischof*, Art. 87 c Rn. 116.

energiepolitischen Ziele verstärkt auf zwingende Einwirkungsbefugnisse angewiesen, daher ist die Bedeutung der Weisungskompetenz und ihrer Schranken gewachsen,[1141] zumal das Bundesverfassungsgericht durch die Entscheidungen zum Schnellen Brüter[1142] und zum Schacht Konrad[1143] die Abwehrmöglichkeiten der Länder gegenüber Weisungen eingeschränkt hat.[1144] Die Länder können danach nur noch die Inanspruchnahme der Weisungskompetenz als solche oder die Modalitäten der Weisung, nicht aber eine inhaltliche Verfassungswidrigkeit rügen.[1145] Daher kommt es umso mehr darauf an, ob der Verhältnismäßigkeitsgrundsatz als Schranke für die Inanspruchnahme der Weisungskompetenz heranzuziehen ist.[1146]

cc) Stellungnahme: „Subjektive Rechte" der Länder in der Auftragsverwaltung

Grundvoraussetzung für die Anwendbarkeit des Verhältnismäßigkeitsgrundsatzes wäre eine Rechtsstellung der Länder in der Auftragsverwaltung, die über eine rein kompetenzielle Befugnis hinausgeht. Kleinster gemeinsamer Nenner ist nämlich, dass die Anwendung des Verhältnismäßigkeitsgrundsatzes eine subjektive Rechtsposition, im Gegensatz zu einer reinen Kompetenz erfordert.[1147] Das Vorliegen eines echten Eingriffsverhältnisses wird dagegen nicht mehr vorausgesetzt.[1148]

[1141] Zu den Folgen des Auseinanderbrechens des energiepolitischen Konsenses, *Nobbe*, atw 1990, 339 (342).

[1142] BVerfGE 81, 310 ff.

[1143] BVerfGE 84, 25 ff.

[1144] So auch *Ossenbühl*, Reformüberlegungen, S. 49; diese Entscheidungen werden jetzt als Maßstab zur Überprüfung zugrunde gelegt, vgl. BVerfGE 102, 167 ff.

[1145] BVerfGE 81, 310 (333); BVerfGE 102, 167 (172); als Schranken der Inanspruchnahme erkennt es neben dem Grundsatz der Bundestreue, aus dem lediglich Konsequenzen für das Procedere gezogen werden, eben nur noch der Grundsatz der Weisungsklarheit an, BVerfGE 81, 310 (336); ebenfalls BVerfGE 102, 167 (173).

[1146] Diese Frage wirkt sich natürlich auch auf die Länderposition in der Auftragsverwaltung im Bereich der Fernstraßen aus. Dort wird die Weisungskompetenz nicht nur für besonderes bedeutsam gehalten *Blümel* - HBStR IV, § 101 Rn. 60; bei *Zech*, DVBl. 1987, 1091 (1093), sondern führte auch schon früh zu Rechtsstreitigkeiten, Nachweise bei *Kersten*, BayVBl. 1968, 189 f. Zuletzt war sie Gegenstand der Entscheidung BVerfGE 102, 167 ff. Auch in die Weisungskompetenz in der Steuerverwaltung ist betroffen, vgl. zu den Auswirkungen dort, Kap. 2 C II 1 a cc.

[1147] Dreier - *Schultze-Fielitz*, Art. 20 Rn. 176; *Lange*, Weisungsrecht, S. 84; Jarass / Pieroth - *Jarass*, Art. 20 Rn. 57; Jarass / Pieroth - *Pieroth*, Art. 20 Rn. 11; *Isensee* - HBStR IV, § 98 Rn. 118 konkretisiert die Anwendungsvoraussetzung auf die reguläre Grundlage der Grundrechte, erkennt im Bund-Länder-Verhältnis aber eine bereichsbegrenzende Anwendung an; nach Sachs - *Sachs*, Art. 20 Rn. 147 sind „geschützte Rechtspositionen" erforderlich; Sachs - *Sachs*, Art. 20 Rn. 94 f.: geht dagegen davon aus, dass „Eingriffe in gesicherter Rechtspositionen überhaupt [ausreichen], solange diese nur als berechenbare Ausnahme erscheinen"; im Staatsorganisationsrecht gelte dasselbe, soweit das Regel-Ausnahme-Prinzip vorliege. Eine „geschützte Rechtsposition" fordern, BVerfGE 43, 242 (288); BVerfGE 67, 1 (15 f.).

[1148] Allgemein *Schmidt-Aßmann*, HBStR I, § 24 Rn. 87; weitere Nachweise bei *Hirschberg*, S. 30 f. und bei *Jakobs*, S. 155 Fn. 102; konkret für das Weisungsverhältnis *Blümel* - HBStR IV, § 101 Rn. 65.

Das Bundesverfassungsgericht geht davon aus, dass den Ländern im Bereich der Auftragsverwaltung ausschließlich kompetenzielle Rechte zustehen und diese sich im Wesentlichen auf die Wahrnehmungskompetenz beschränken.[1149] Eine für subjektive Rechte typische Abwehrposition[1150] und die Möglichkeit zur selbstverantwortlichen Gestaltung eines Freiheitsraums[1151] sollen die Ländern dagegen nicht haben.

Aus einer möglichen subjektivrechtlichen Stellung der Gemeinden können jedenfalls keine Rückschlüsse auf die Rechtsstellung der Länder erfolgen.[1152] Die Stellung der Gemeinden ist dadurch gekennzeichnet, dass sie einerseits Träger öffentlicher Gewalt und damit Staatsorgane sind,[1153] andererseits durch die kommunale Selbstverwaltungsgarantie des Art. 28 Abs. 2 GG mit einem subjektiven (Abwehr-)Recht versehen sind, das strukturell den Grundrechten vergleichbar ist.[1154] Dies zeigt sich auch an Art. 93 Abs. 1 Nr. 4 b GG, der den Rechtsschutz der Gemeinden parallel zum Grundrechtsschutz ausgestaltet. Für die Verwaltungstätigkeit der Länder fehlen diese besonderen verfassungsrechtlichen Vorgaben.[1155] Die Parallele zu kommunalrechtlichen Rechtsverhältnissen ist daher als „vorschnell und gewagt“ abzulehnen.[1156]

Die Stellung der Länder, als Untergliederungen des Staates, muss sich unzweifelhaft von den Gewährleistungen der klassischen subjektiven Rechte unterscheiden.[1157] Nicht auszuschließen ist aber, dass die Stellung der Länder in der Auftragsverwaltung und speziell im Weisungsverhältnis durch subjektiv-rechtliche Merkmale gekennzeichnet ist bzw. einen solchen „Einschlag“ hat. Es ist damit zu zeigen, ob den Ländern durch an sich objektive, die Staatsorgane verpflichtende Rechtsnormen gleichzeitig eine subjektivrechtliche Position eingeräumt wird.[1158] Diese Rechtsnormen könnten hier die kompetenzbegründenden Normen sein.[1159] Sie sind daher auf die Einräumung einer Abwehrstellung und auf die Möglichkeit zur selbstverantwortlichen Gestaltung eines Entscheidungs- bzw. Hoheitsraumes zu überprüfen, in die ein Eingriff zumindest denkbar erscheint.

[1149] BVerfGE 81, 310 (332 f.); ganz ähnlich BVerfGE 102, 167 (172) u.a. mit der Formulierung „Sachkompetenz“ der Länder.
[1150] Vgl. *Hesse*, Grundzüge, Rn. 287 für Grundrechte.
[1151] Vgl. *Hesse*, Grundzüge, Rn. 288 für Grundrechte.
[1152] So aber Dreier - *Schultze-Fielitz*, Art. 20 Rn. 176.
[1153] Jarass / Pieroth - *Pieroth*, Art. 28 Rn. 5.
[1154] Jarass / Pieroth - *Pieroth*, Art. 28 Rn. 5.
[1155] *Pera*, NVwZ 1989, 1120 (1124).
[1156] *Lerche*, BayVBl. 1987, 321 (322).
[1157] Kompetenzen fehlt das Element subjektiver Willkü r. Die Prägung durch rechtsstaatliche Pflichten und Gemeinwohlziele lässt keinen Raum für Freiheit, so *Isensee* - HBStR IV, § 98 Rn. 118; in diesem Sinne auch *Borgmann*, S. 195; *Schnapp*, JuS 1983, 850 (853).
[1158] Vgl. Sachs – *Sachs*, vor Art. 1 Rn. 39.
[1159] *Pauly*, DÖV 1989, 884 (885).

(1) Die Vorgaben des Art. 85 GG

(a) Die Weisungsunterworfenheit der Landesbehörden

Der Wortlaut des Art. 85 Abs. 3 S. 1 GG beinhaltet keine inhaltlichen Schranken für die Weisungskompetenz, sie wird ganz allgemein gegenüber den „Landesbehörden" eingeräumt. Die Landesbehörden „unterstehen" den Weisungen. Mit dieser Formulierung wird eine Unterordnung gegenüber den zuständigen Weisungsbehörden zum Ausdruck gebracht. Dies ist für Art. 7 Abs. 1 GG anerkannt, der die Formulierung „steht...unter" verwendet.[1160] Die Weisungsunterstellung bezieht sich nach der Formulierung jedoch nur auf die Landes"behörden". Nach dem Wortlaut sind gerade nicht „die Länder" einer Leitungsgewalt des Bundes unterstellt.[1161] Dies ergibt sich auch aus der Festlegung des Adressatenkreis.[1162] Weitergehende Schlüsse lässt der Normtext nicht zu.[1163]

Also müssen sich Reichweite und Grenzen der Weisungskompetenz aus der Sachkompetenz des Anweisenden ergeben.[1164] Sie ergibt sich auch im Kernenergiewesen aus dem vor allem in Art. 85 GG verfassungsrechtlich fixierten Leitbild der Auftragsverwaltung.[1165] Art. 87 c GG ermächtigt nämlich nicht zu einer Veränderung des Profils der Auftragsverwaltung. Allerdings ist fraglich, ob eine Charakterisierung der Länderstellung in der Auftragsverwaltung allein auf der Basis von Art. 85 GG erfolgen[1166] und daher allein durch die Ausprägung der Befugnisse des Bundes in Art. 85 GG eine Einschränkung der Eigenständigkeit in der Auftragsverwaltung hergeleitet werden kann. Danach sollen die Länderbehörden „von vornherein" den Weisungen der zuständigen obersten Bundesbehörden unterstehen.[1167] Für diese verstärkende Akzentuierung finden sich ebenfalls keine Anhaltspunkte im Normtext.[1168] Die Weisungskompetenz ist lediglich schlicht angeordnet.

[1160] Sachs - *Schmitt-Kammler*, Art. 7 Rn. 16.

[1161] Mit demselben Ergebnis *Steinberg*, Bundesaufsicht, S. 7, anders noch in AöR 110 (1985) 419 (425); *Ossenbühl*, der Staat 28 (1989) 36.

[1162] Dagegen aber *Blümel* - HBStR IV, § 101 Rn. 64, der meint diese sei unerheblich.

[1163] Ebenso *Steinberg*, Bundesaufsicht, S. 7; In diesem Zusammenhang räumen allerdings sogar Kritiker ein, dass in semantischer Hinsicht die vom BVerfG häufig verwendeten Formulierungen von „Kompetenzübergriffen" und „Kompetenzeingriffen" die Anwendung des Verhältnismäßigkeitsgrundsatzes nahe legen, so z.B. *Ossenbühl*, FS Lerche, S. 162.

[1164] So bereits *Dieners*, DÖV 1991, 923 (925), in diesem Sinne jetzt auch BVerfGE 102, 167 (172 f.).

[1165] *Wolst*, S. 115.

[1166] So BVerfGE 81, 310 (332), dies lehnt *Dieners*, DÖV 1991, 923 (923) ausdrücklich ab.

[1167] BVerfGE 102, 167 (172); BVerfGE 81, 310 (332).

[1168] *Dieners*, DÖV 1991, 923 (925).

(b) Die umfassende Verwaltungskompetenz der Länder in der Auftragsverwaltung

Aus der „von vornherein" bestehenden Weisungskompetenz bzw. der nur begrenzten Eigenständigkeit leitet das Bundesverfassungsgericht eine weitere „richtungsweisende"[1169] Grundentscheidung ab: „Die Verwaltungskompetenz des Landes [sei] schon nach der ursprünglichen Zuweisung eine eingeschränkte", was sich in der Aufspaltung der administrativen Kompetenzen in Sach- und Wahrnehmungskompetenz zeige.[1170] Die Sachkompetenz - also die Befugnis, darüber zu befinden, was in der Sache entschieden werden soll -[1171] stehe dem Land nur unter dem Vorbehalt der Inanspruchnahme durch den Bund zu. Allein die Wahrnehmungskompetenz sei den Ländern unentziehbar zugewiesen.[1172]

Diese Einteilung in Wahrnehmungs- und Sachkompetenz liegt nahe und wird von vielen Stimmen in der Literatur befürwortet.[1173] Dennoch erscheinen die Folgerungen des Bundesverfassungsgerichts für die Verwaltungskompetenzen nicht zwingend. Grundlegender als die Einteilung in Wahrnehmungs- und Sachkompetenz ist für die Stellung der Länder die Ausgestaltung der Auftragsverwaltung als Landesverwaltung, die Wahrnehmung der Zuständigkeiten durch eigene Verwaltungseinrichtungen als eigene Angelegenheit[1174] und die Eigenverantwortlichkeit der Aufgabenwahrnehmung.[1175] Im Verwaltungshandeln dokumentieren sich auch hier die originären Exekutivbefugnisse der Länder,[1176] die Ausdruck ihrer Eigenstaatlichkeit und Verwaltungshoheit sind. Dies gilt auch dann, wenn man die Weisungskompetenz als wesentlichen Bestandteil der Auftragsverwaltung anerkennt.[1177] Sie ist zwar eine Konkretisierung der Sachentscheidungsbefugnis des Bundes in der Auftragsverwaltung.[1178] Doch räumt sie dem Bund weder den Landesbehörden noch den Ländern gegenüber eine prinzipielle Leitungsgewalt ein.[1179] Durch die Ausübung seiner Weisungskompetenz kann er, trotz der Einräumung als „reguläres Mittel", eben nur im Einzelfall „eine Überordnung [...] über die Landesverwaltung"[1180] erreichen.[1181]

Gegen die Annahme, dass die Verwaltungskompetenz der Länder in der Auftragsverwaltung nur eine eingeschränkte ist,[1182] spricht daher dass „dem

---

[1169] *Dieners*, DÖV 1991, 923 (923).
[1170] BVerfGE 81, 310 (332).
[1171] *Maunz / Zippelius*, § 38 VI.
[1172] BVerfGE 81, 310 (332).
[1173] Z.B. *Hantke*, DVBl. 1990, 823 (824); *Steinberg*, Bundesaufsicht, S. 5 ff.; Sachs - *Dittmann*, Art. 85 Rn. 19; v. Münch - *Broß*, Art. 85 Rn. 18.
[1174] BVerfGE 63, 1 (38 ff.).
[1175] BVerfGE 61, 1 (39 ff.); *Steinberg*, Bundesaufsicht, S. 5.
[1176] BVerfGE 63, 1 (41).
[1177] *Hartung*, JA 1991, 137 (139).
[1178] *Ossenbühl*, Der Staat 28 (1989) 31 (35).
[1179] *Steinberg*, Bundesaufsicht, S. 7, anders noch in AöR 110 (1985) 419 (425); *Ossenbühl*, Der Staat 28 (1989) 36.
[1180] BVerfGE 63, 1 (42).
[1181] *Steinberg*, Bundesaufsicht, S. 7.
[1182] Stellvertretend BVerfGE 81, 310 (332) .

Weisungsrecht und damit der dort verankerten Sachentscheidungsbefugnis [...] eine Art Reservefunktion" zukommt. „Sie aktualisiert sich erst, wenn der Bund von seinem Weisungsrecht Gebrauch gemacht hat."[1183] Soweit und solange der Bund von diesem „Recht" keinen Gebrauch macht, die Kompetenz also ruht, besteht neben der Wahrnehmungskompetenz auch die uneingeschränkte Sachentscheidungskompetenz der Länder. Diese ist Ausdruck der ursprünglichen Verwaltungshoheit der Länder. Neben der unentziehbaren Wahrnehmungskompetenz liegt also auch die Sachkompetenz zunächst und prinzipiell bei den Ländern,[1184] da diese und ihre Behörden grundsätzlich für die Recht- und Zweckmäßigkeit ihrer Entscheidungen selbst verantwortlich sind.[1185] Diese Verantwortlichkeit ergibt sich unmittelbar aus der Zuweisung der Kompetenz, die sowohl eine Berechtigung wie eine Verpflichtung zur Aufgabenwahrnehmung (inkl. Sachentscheidungsbefugnis und -verantwortung) mit sich bringt.[1186]

Es bleibt damit trotz der Konstituierung der Weisungskompetenz als Ausdruck der potentiellen, aber eben nicht zwingenden und sich nur selten realisierenden, Sachentscheidungskompetenz des Bundes bei der Verwaltungshoheit der Länder.[1187] Nur soweit, wie die tatsächliche Weisung reicht, wird die Eigenständigkeit der Länder aufgehoben.[1188] Insofern verbietet sich auch die Folgerung, aus Art. 85 Abs. 3 S. 1 und Abs. 4 S. 1 GG ergebe sich, dass den Ländern „nicht die volle Verwaltungszuständigkeit" zustehe.[1189] Die Weisungskompetenz muss von einer dem Bund zugewiesenen eigenen Verwaltungskompetenz streng unterschieden werden.[1190] Die Sachkompetenz der Länder steht lediglich unter dem Vorbehalt der Bundesentscheidung, ist den Länder aber nicht von vornherein entzogen.[1191]

(c) Der Schutz der Länder durch die verfassungspositiven Weisungsmodalitäten

Im Falle der Dringlichkeit der Weisung, also der direkten Weisungserteilung gegenüber der ausführenden Behörde, wird die Geschlossenheit der Landesverwaltung, die im Regelfall durch die Bestimmung der obersten Landesbehörde als Weisungsadressat gewahrt und gestärkt wird, durch die Verfassung selbst durchbrochen.[1192] Im Übrigen gewährleistet allein die oberste Landesbehörde die Ausführung.[1193] Dass diese Ausnahme nur für den besonderen Fall der Dringlichkeit und nur nach Ergehen eines Kabinettsbeschlusses möglich ist und diese

---

[1183] *Ossenbühl*, Der Staat 28 (1989) 31 (35).
[1184] *Maunz / Zippelius*, § 38 VI; *Wolst*, S. 98.
[1185] *Wolst*, S. 98; *Steinberg*, AöR 110 (1985) 419 (430).
[1186] *Steinberg*, AöR 110 (1985) 419 (430).
[1187] *Hantke*, DVBl. 1990, 823 (825).
[1188] *Ibler*, DVBl. 1989, 76 (80).
[1189] So aber *Wolst*, S. 47.
[1190] *Hantke*, DVBl. 1990, 823 (824).
[1191] *Hantke*, DVBl. 1990, 823 (825).
[1192] *Haun*, S. 128.
[1193] *Haun*, S. 127.

Voraussetzungen explizit in der Verfassung geregelt sind, entzieht die Landesbehörden gerade anderen Durchgriffsregelungen. Auch auf diese Weise wird damit die prinzipielle Geschlossenheit der Verwaltungskörper der Länder bestätigt. Art. 85 Abs. 3 S. 2 und S. 3 GG bringen ebenfalls zum Ausdruck, dass die „Modalitäten administrativer Aufgabenwahrnehmung im einzelnen“ prinzipiell Sache der Länder bleiben soll.[1194]

(d) Die Möglichkeit von Eingriffen in die Verwaltungskompetenz der Länder

Da eine Eigenständigkeit der Länder in der Verwaltung besteht und die Auftragsverwaltung Landesverwaltung ist, soll die Ausübung der Weisungskompetenz in diese „nachhaltig eingreifen“.[1195] Der Rechtsstatuts der Länder komme einem subjektiven Recht gleich, was Eingriffe in diese Rechtsposition denkbar mache.[1196]

Demgegenüber wird die Möglichkeit eines Eingriffs von anderen verneint.[1197] Zwar zeigt sich die Annahme, die Weisungskompetenz sorge dafür, dass die Verwaltungshoheit und vor allem die Sachkompetenz der Länder eine ursprünglich eingeschränkte und unter Vorbehalt stehende sei, woraus wiederum der fehlende Eingriffscharakter von Weisungen folge, als zirkulär.[1198] Doch ergibt sich aus dem gerade Dargestellten, dass die Sachkompetenz der Länder nach Maßgabe der Verfassung unter dem Vorbehalt der Weisungskompetenz steht, so dass deren Ausübung nur in Ausnahmefällen ein Eingriff sein kann.[1199] Sehr wohl kann ein Eingriff aber dann vorliegen, wenn die Weisung sich nicht im verfassungsrechtlich vorgegebenen Rahmen hält.[1200] Dies ist der Fall, wenn der Bund seine zugewiesene „Sachkompetenz“ überschreitet,[1201] denn dann wird die von vornherein bestehende Verwaltungshoheit der Länder, die die prinzipielle Sachentscheidungskompetenz beinhaltet, über das zulässige Maß hinaus beschränkt.

(e) Zusammenfassung

Bereits aus Art. 85 GG folgt also, dass die Weisungskompetenz eine subjektivrechtliche Stellung der Länder nicht prinzipiell ausschließt, sondern vielmehr diese Kompetenz gerade umgekehrt durch und angesichts der eindeutig nachweisbaren

---

1194 So auch *Lange*, Weisungsrecht, S. 87.
1195 *Hantke*, DVBl. 1990, 823 (825) allerdings unter Bezugnahme auf Art. 83, 30 GG.
1196 *Lange*, NVwZ 1990, 928 (930); *Hartung*, JA 1991, 137 (139).
1197 *Ossenbühl*, Der Staat 28 (1989) 31 (37); *Hartung*, JA 1991, 137 (139); *Blümel* - HBStR IV, § 101 Rn. 64; allgemein für Kompetenzüberschreitungen *Forsthoff*, § 23 2 c.
1198 *Hartung*, JA 1991, 137 (139).
1199 Dazu Kap. 2 C III 3 h aa.
1200 Vgl. BVerfGE 102, 167 (172).
1201 So bereits *Ossenbühl*, Der Staat 28 (1989) 31 (37), in diesem Sinne jetzt auch BVerfGE 102, 167 (173 f.).

Verwaltungshoheit der Länder diszipliniert wird.[1202] Auch in der Auftragsverwaltung gibt es eine klare Begrenzung der Einwirkungsunterworfenheit der Länder.

(2) Die Kritik an einer ausschließlichen Bezugnahme auf Art. 85 GG

Das Bundesverfassungsgericht hat, wie erwähnt, zur Begründung der Ablehnung einer subjektivrechtlichen Position der Länder allein auf Art. 85 GG Bezug genommen.[1203] Umfang und Grenzen der Verbindlichkeit von Weisungen bzw. die Sachkompetenz des Bundes resultieren zwar unmittelbar aus den kompetenziellen Rechten, die das Grundgesetz Bund und Ländern zuweist.[1204] Das Rechtsverhältnis von Bund und Ländern bei Ausübung der Weisungskompetenz basiert jedoch insgesamt auf dem verfassungsrechtlichen Institut der Auftragsverwaltung,[1205] so dass neben Art. 85 Abs. 3 S. 1 GG alle Verfassungsregelungen maßgeblich sind, die das Rechtsinstitut der Auftragsverwaltung ausformen und mitgestalten. Also kann ein Land vom Bund die Achtung all solcher Verfassungsnormen verlangen, die die rechtlichen Beziehungen zwischen Bundes- und Landesgewalt bestimmen.[1206] Die Weisungskompetenz ist „mitnichten eine isolierte Kompetenz", deren Grenzen allein aus der sie begründenden Verfassungsnorm herzuleiten wären, sondern vielmehr in ein „diffiziles System austarierter Machtverteilung im Bundesstaat eingebettet."[1207] Sie steht im föderalem Zusammenhang,[1208] so dass alle Verfassungsnormen zu berücksichtigen sind,[1209] die diesen Zusammenhang ausformen.

(3) Die Einwirkung anderer Verfassungsnormen auf das Bund-Länder-Verhältnis in der Auftragsverwaltung

(a) Art. 83 GG

Gemäß Art. 83 GG darf der Bund in der Verwaltung nur aufgrund ausdrücklicher Zuweisung oder Zulassung tätig werden, während als Regelzuständigkeit die der Länder in Form der Landeseigenverwaltung angeordnet ist.[1210] Es wird also der in Art.

1202 *Dieners*, DÖV 1991, 923 (925) bewertet dies sogar als subjektive Rechte; zur Einstufung als unangemessene Weisung bei Einschränkungen *Lange*, Weisungsrecht, S. 87 f.

1203 Vgl. Kap. 2 C III 1 b aa.

1204 BVerfGE 81, 310 (331 f.); BVerfGE 84, 25 (30).

1205 *Wagner*, NJW 1987, 411 (417).

1206 So selbst BVerfGE 81, 310 (333), nicht dagegen die Beachtung von Grundrechten der Bürger.

1207 *Tschentscher*, S. 85, i.E. so auch Dreier - *Hermes*, Art. 85 Rn. 52.

1208 *Ossenbühl*, Der Staat 28 (1989) 31 (44).

1209 *Dieners*, DÖV 1991, 923 (925); *Zimmermann*, DVBl. 1992, 93 (95); *Hartung*, JA 1991, 137 (138); *Borgmann*, S. 192; *Pauly*, Anfechtbarkeit, S. 80 ff., 169 ff., 222 ff.; *Schulte*, VerwArch 81 (1990) 415 (426 ff.).

1210 Sachs - *Dittmann*, Art. 83 Rn. 1; Jarass / Pieroth - *Pieroth*, Art. 83 Rn. 1.

30 und 70 GG enthaltenen Grundsatz fortgesetzt,[1211] bzw. Art. 30 GG für die Verwaltung konkretisiert.[1212]

Art. 85 GG schafft in zweierlei Hinsicht Ausnahmen zu Art. 83 GG. Erstens ist die Auftragsverwaltung ein anderer Verwaltungstyp als die landeseigene Verwaltung. Zweitens werden Kompetenzen (die Weisungskompetenz selbst und die Ausdehnung der Einwirkungsbefugnisse auf die Zweckmäßigkeitserwägungen[1213]) des Bundes begründet, die über die Befugnisse in der landeseigenen Verwaltung hinausgehen.[1214] Art. 85 GG schafft also eine andere Regelung im Sinne des Art. 83 GG. Allerdings bleibt Art. 83 GG zumindest hinsichtlich der Grundaussage des Vorrangs der Länderverwaltung erhalten.

Dies bedeutet für die Auftragsverwaltung, dass auch in diesem Typus der Landesverwaltung der Bund nur soweit „verwalten" darf, wie ihm eine Kompetenz zur Seite steht. Soweit den Ländern eine Verwaltungskompetenz zusteht, beinhaltet dies immer nicht nur die Pflicht zur eigenverantwortlichen Aufgabenwahrnehmung,[1215] sondern eben auch das Recht, diese als eigene Angelegenheit verantwortlich wahrzunehmen.[1216] Es bleibt also in der Auftragsverwaltung bei der prinzipiellen Geschlossenheit der Verfassungs- und Verwaltungskörper der Länder im Rahmen einer eigenständigen Aufgabenwahrnehmung,[1217] selbst wenn die Einwirkungsbefugnisse[1218] und die bundesstaatliche Einbindung[1219] verstärkt sind. Die Bundeskompetenzen wirken daher auch in der Auftragsverwaltung „als Instrumente einer anderen rechtlichen Einheit".[1220] Kompetenzüberschreitungen verletzen damit nicht nur organisatorisch-administrative Handlungsschranken, sondern bewirken einen Einbruch in eine fremde, geschlossene Verbandseinheit.[1221] Dies gibt bereits Art. 83 GG vor. Dennoch wird Art. 83 GG für die Auftragsverwaltung keine wesentliche Bedeutung zugemessen. Vielmehr wird auf Art. 30 GG Bezug genommen.

[1211] *Vogel* - HBVR, § 22 Rn. 79.

[1212] Jarass / Pieroth - *Pieroth*, Art. 83 Rn. 1; *Klein*, FS BVerfG II, S. 278.

[1213] *Jaxt*, NJW 1986, 2228 (2229).

[1214] Jarass / Pieroth - *Pieroth*, Art. 85 Rn. 1.

[1215] BVerfGE 61,1 (41) hinsichtlich der Frage der Zulässigkeit einer Mischverwaltung.

[1216] *Wolst*, S. 47 f.; *Tschentscher*, S. 101; *Isensee* - HBStR IV, § 98 Rn. 116.

[1217] *Oldiges*, DÖV 1989, 873 (877).

[1218] Maunz / Dürig - *Lerche*, Art. 85 Rn. 5.

[1219] *Isensee* - HBStR IV, § 98 Rn. 117 jedenfalls für die Eigenständigkeit.

[1220] Maunz / Dürig - *Lerche*, Art. 85 Rn. 5; Dies war selbst unter der WRV anerkannt. Die Aufsicht traf die Länder als „strenge Verbandsaufsicht" „als solch e", also als in ihrer Funktion als Gliedstaaten von außen und oben her als Ganzes. *Schäfer*, AöR 78 (1952/53) 1 (14); *Triepel*, Reichsaufsicht, S. 164.

[1221] *Oldiges*, DÖV 1989, 873 (874); ähnlich *Forsthoff*, S. 230; dagegen aber *Blümel* - HBStR IV, § 101 Rn. 64, der die Möglichkeit eines Eingriffs und der Verletzung von (subjektiven) Rechten für unmöglich hält.

(b) Art. 30 GG

Art. 30 GG erfasst jede staatliche Tätigkeit, die der Erfüllung öffentlicher Aufgaben dient.[1222] Daher soll diese Regelung auch für die Bestimmung der Grenzen der Weisungskompetenz herangezogen und beachtet werden.[1223] Die Bezugnahme auf Art. 30 GG als den allgemeinen Grundsatz der bundesstaatlichen Kompetenzverteilung verwundert - trotz der Konkretisierung durch Art. 83 GG [1224] - angesichts der Tradition des Bundesverfassungsgerichts, Art. 30 GG auch bei der Anwendung von Art. 83 GG oder Art. 70 GG mit zu zitieren, nicht.[1225] Zudem hat sich gezeigt, dass in der Diskussion um eine subjektivrechtliche Stellung der Länder in erster Linie auf die Länderstaatlichkeit, also nicht auf unmittelbar die Verwaltungskonkretisierung betreffende Aspekte Bezug genommen wird, so dass wohl trotz des Konkretisierungsverhältnisses[1226] auch der allgemeine Grundsatz[1227] einschlägig ist.[1228] Auf Grundlage von Art. 30, 83, 85 Abs. 1 GG soll ein „Denken von den Ländern her" erforderlich sein, da diese und ganz besonders Art. 30 GG[1229] die Ländereigenstaatlichkeit voraussetzten und auch forderten.[1230] Jedenfalls sind als „andere Regelungen" nur die ausdrücklich zugewiesenen oder zugelassenen Kompetenzen des Bundes bzw. Einschränkungen der Landeskompetenz zulässig.[1231] Art. 30 GG verdeutlicht also den Grundsatz der Eigenstaatlichkeit und grundsätzlichen Sachentscheidungsbefugnis der Länder.[1232]

[1222] BVerfGE 12, 244, und zwar ohne Rücksicht darauf, ob Mittel des öffentlichen oder privaten Rechts verwendet werden; *Klein*, FS BVerfG II, S. 279.

[1223] *Dieners*, DÖV 1991, 923 (925); *Zimmermann*, DVBl. 1992, 93 (95); *Hartung*, JA 1991, 137 (138); *Borgmann*, S. 192; *Pauly*, Anfechtbarkeit, S. 80 ff, 169ff., 222ff; *Schulte*, VerwArch 81 (1990) 415 (426 ff.).

[1224] Zum komplexen Verhältnis von Art. 30 zu Art. 83 GG; *Pauly*, Anfechtbarkeit, S. 80 ff.

[1225] BVerfGE 55, 274 (318); BVerfGE 67, 299 (315); diese Tradition gibt das BVerfG in der Kalkar - Entscheidung allerdings auf.

[1226] Maunz / Dürig – *Maunz*, Erstbearb., Art. 30 Rn. 2.

[1227] *Pietzcker* - HBStR IV, § 99 Rn. 23 hält sie für eine Au ffangklausel; *Isensee*- HBStR IV, § 98 Rn. 119 für eine „subsidiäre Generalklausel"; „Grundregel", *Pauly*, DÖV 1989, 884 (886); „Fundamentalnorm", *Pauly*, Anfechtbarkeit, S. 97;

[1228] Im Ergebnis so auch Jarass / Pieroth - *Pieroth*, Art. 30 Rn. 2; Maunz / Dürig – *Maunz*, Erstbearb., Art. 30 Rn. 2; *Schulte*, VerwArchiv 81 (1990) 415 (427); *Dieners*, DÖV 1991, 923 (925); *Pauly*, DÖV 1989, 884 (886).

[1229] *Pauly*, Anfechtbarkeit, S. 80; Dreier - *Bauer*, Art. 20 Rn. 23; *Schulte*, VerwArchiv 81 (1990) 415 (427).

[1230] *Pauly*, DÖV 1989, 884 (884); *Winter*, DVBl. 1985, 997(997), *Tschentscher*, S. 373, 382; *Dieners*, DÖV 1991, 923 (925); *Zimmermann*, DVBl. 1992, 93 (95); *Hartung*, JA 1991, 137 (138).

[1231] Schon als die Einstufung der Auftragsverwaltung als Landesverwaltung noch fraglich war, Bonner Kommentar - *Herrfahrdt*, Art. 85 Anm. II 1; *Wolst*, S. 98; Art. 85 Abs. 3 S. 1 GG schränke so die Sachentscheidungsbefugnis der Länder vornherein ein, so *Borgmann*, S. 193 f.

[1232] Durch Art. 30 GG soll ferner „eine Kompetenz zu unrechtmäßigem Handeln" ausgeschlossen sein, so *Dieners*, DÖV 1991, 923 (925); ein solches Handeln verstoße zu dem gegen das Rechtsstaatsprinzip, *Pauly*, Anfechtbarkeit, S. 80 ff., 169 ff., 222 ff.; dagegen wiederum *Zimmermann*, DVBl. 1992, 93 (96). Geregelt ist jedoch lediglich die Beschränkbarkeit der Landeshoheit durch verfassungsmäßige Kompetenzeinräumung oder -zulassung. Unrechtmäßige Handlungen im Sinne einfachrechtlicher Verstöße sind überhaupt nicht Gegenstand, so dass aus Art. 30 GG kein Anspruch der Länder auf Unterlassung (einfachrechtlich) rechtswidriger Weisungen abgeleitet werden kann,

(aa) Art. 30 GG als Grundlage einer subjektiv-rechtlichen Ausgestaltung der Länderstellung

Die Bedeutung des Art. 30 GG geht jedoch darüber hinaus. Obwohl das Bundesverfassungsgericht Art. 30 GG genauso wie Art. 85 Abs. 3 S. 1 GG als reine „Kompetenznorm" bewertet,[1233] wird teilweise ein Recht der Länder „auf Kompetenz" angenommen,[1234] bzw. aus Art. 30 GG eine subjektivrechtliche Stellung der Länder abgeleitet.[1235] Jedenfalls wird ein subjektives Recht auf eigenverantwortliche Wahrnehmung zugewiesener Aufgaben bejaht bzw. anerkannt, dass mit der objektivrechtlichen Zuweisung von Kompetenzen an die Länder subjektive Rechte einher gehen.[1236] Nach anderer Ansicht haben die Zuweisung einer Kompetenz und die Verleihung eines subjektiven Rechts nichts gemein. Behörden oder öffentlich-rechtlichen Aufgabenträgern stehe kein Recht auf Kompetenz zu.[1237]

Kein Zweifel besteht an grundlegenden Unterschieden zwischen Kompetenzen und Grundrechten, als Beispiel par excellence für subjektive Rechte.[1238] Grundrechte sind Selbstzweck. Wegen der notwendigen demokratischen Ableitung, sind (Verwaltungs-)Kompetenzen nicht nur legitimationsbedürftig,[1239] sondern Mittel zum Zweck.[1240] Kompetenzen haben allseitige Verpflichtungskraft, binden also den Kompetenzinhaber genauso wie den konkurrierenden Hoheitsträger,[1241] sind nicht abdingbar, sondern zwingend.[1242] Bundesstaatliche Kompetenzen haben darüber hinaus den Sinn, die Handlungsbereiche gegeneinander abzugrenzen.[1243] Auf diesem Wege wollen sie eine föderative Machtbalance, also eine „Wohlverteilung der Staatsgewalt, ihre Strukturierung und Balancierung",[1244] erreichen, in die alle Bundesglieder einbezogen

---

Borgmann, S. 194 ff. Weder Art. 85 Abs. 3 GG noch Art. 30 GG normieren ein subjektivöffentliches Recht der Länder auf fehlerfreien Gesetzesvol lzug, *Ossenbühl*, Der Staat 28 (1989) 31 (44).

[1233] BVerfGE 12, 204 (244); *Klein*, FS BVerfG II, S. 279.

[1234] Jarass / Pieroth - *Jarass*, Art. 20 Rn. 11; *Isensee* - HbStR IV, § 98 Rn. 123 f.

[1235] *Isensee* - HbStR IV, § 98, Rn. 120; *Zimmermann*, DVBl. 1992, 93 (95); *Dieners*, DÖV 1991, 923 (925).

[1236] Lange, Weisungsrecht, S. 34; *Pauly*, DÖV 1989, 884 (886); *Tschentscher*, S. 26, 101; *Schulte*, VerwArchiv 81 (1990) 415 (427); dass diese Möglichkeit besteht, nimmt auch *Bethge*, AöR 104 (1979) 54 (107 f.) an; vgl. dazu grundlegend bereits *Jellinek*, System, S. 295 ff.

[1237] *Forsthoff*, § 23 c; *Pera*, NVwZ 1989, 1120 (1124).

[1238] Auch als Befürworter eines Rechts auf Kompetenz, *Isensee*- HBStR IV, § 98 Rn. 113. Gerade im Zusammenhang mit der Anwendung des Verhältnismäßigkeitsgrundsatzes im Kompetenzgefüge wird dies aber teilweise als „Zuflucht zu einer angeblichen Aufweichung der kategorialen Scheidung zwischen Grundrecht und Kompetenz" bewertet, *Stettner*, Grundfragen, S. 401; vgl. auch *Bethge*, AöR 104 (1979) 54 (104 ff.).

[1239] *Schmidt-Aßmann*, Ordnungsidee, Rn. 26.

[1240] *Schmidt-Aßmann*, Ordnungsidee, Rn. 21 ff.

[1241] *Oldiges*, DÖV 1989, 873 (874 ff.).

[1242] *Pietzcker* - HBStR IV, § 99 Rn. 18; *Isensee* - HBStR IV, § 98 Rn. 182; *Oldiges*, DÖV 1989, 873 (874, 877);

[1243] BVerfGE 69, 1 (60) - Sondervotum; *Dieners*, DÖV 1991, 923 (925).

[1244] *Isensee* - HBStR IV, § 98 Rn. 196.

sind.[1245] Die Zerlegung der Staatsgewalt im Bundesstaat in Kompetenzen und ihre Aufteilung zwischen Bund und Ländern ist daher weder Selbstzweck oder Willkür noch soll die Staatsgewalt geschwächt werden.[1246] Vor diesem Hintergrund werden teilweise inhaltliche Analogien zwischen der rechtsstaatlich geordneten Bürger-Staat-Beziehung und der bundesstaatlich geordneten Land-Bund-Beziehung ausgeschlossen.[1247] Doch lässt sich tatsächlich „manche Übereinstimmung" in der „rechtstechnischen" Gewährleistung von Grundrechtsfreiheiten und Landeskompetenzen aufzeigen.[1248] Diese Kompetenzen vermitteln den Ländern jedenfalls eigene Rechtspositionen, die sie gegenüber dem Bund geltend machen können.[1249]

Darüber hinausgehend soll bereits die von *Jellinek* entwickelte Statuslehre,[1250] d. h. insbesondere der status negativus der Länder, der sie in ihrem Eigenbereich vor verfassungswidrigen Eingriffen des Bundes schützt, ein „Recht auf Kompetenz" zum Ausdruck bringen.[1251] Diese Rechtsstellung räumt den Ländern jedenfalls einen Anspruch auf Unterlassung und Aufhebung von „bundesstaatlichen Anordnungen" ein, die das „Subjektionsverhältnis", also das Ein- bzw. Unterordnungsverhältnis, rechtswidrig ausdehnen.[1252] Dieser bundesstaatliche Anspruch auf Einhaltung der „rechtlichen Grenzen der gliedstaatlichen Unterwerfung" besteht auch unter dem Grundgesetz.[1253]

(bb) Die Bestätigung durch das Verfahrensrecht

Dieser Anspruch auf Einhaltung der gesetzlichen bzw. verfassungsrechtlichen[1254] Grenzen sollte nach *Jellinek* auch gerichtlich analog dem Individualschutz durchsetzbar sein.[1255] Heute lässt sich dem Wortlaut des Art. 93 Abs. 1 Nr. 3 GG entnehmen, dass es überhaupt „Rechte [...] der Länder" bei der „Ausführung von Bundesrecht durch die Länder und bei der Ausübung der Bundesaufsicht" gibt.[1256] Die Anordnung der Überwachung dieser Rechtsstellung durch das

[1245] *Isensee* - HBStR IV, § 98 Rn. 182.
[1246] *Isensee* - HBStR IV, § 98 Rn. 196.
[1247] *Isensee*- HBStR IV, § 98 Rn. 118, wonach eben mangels Grundrechtsfähigkeit der Länder auch die Anwendung des Verhältnismäßigkeitsgrundsatzes ausscheide.
[1248] *Isensee*- HBStR IV, § 98 Rn. 118; Art. 93 Abs. 1 Nr.1 GG ist das prozessualen Spiegelbild der Überwindung der "fruchtlosen Antithetik" von subjektivem Recht und öffentlicher Funktion, so *Bethge*, AöR 104 (1979) 54 (108); zu den Parallelen zwischen der Rechtsstellung des Einzelnen und der Bundesländer, bereits *Jellinek*, System, S. 295 ff., zu den Grenzen, S. 299.
[1249] *Pauly*, Anfechtbarkeit, S. 136; „Rechte und Pflichten" nach *v. Mangoldt / Klein*, Art. 20 Anm. III 3.
[1250] *Jellinek*, System, S. 81 ff.
[1251] Mit dieser Einschätzung von *Jellinek*, System, S. 295 ff.; *Isensee* - HBStR IV, § 98, Rn. 123; *Pauly*, Anfechtbarkeit, S. 68.
[1252] *Jellinek*, System, S. 298.
[1253] *Pauly*, Anfechtbarkeit, S. 43.
[1254] Zur Unklarheit über diese Grenzziehung bei Jellinek, siehe *Pauly*, Anfechtbarkeit, S. 43.
[1255] *Jellinek*, System, S. 298.
[1256] *Pauly*, Anfechtbarkeit, S. 137; in diesem Sinne auch bereits *v. Mangoldt / Klein*, Art. 20 Anm. III 3 c.

Bundesverfassungsgericht deutet auf deren Bewehrung - in für subjektive Rechtspositionen üblicher Weise - hin.[1257] Zudem ist die Zuständigkeit des Bundesverfassungsgerichts im Bund-Länder-Streit nur bei konkreten Auseinandersetzungen über „subjektive Berechtigungen und Verpflichtungen" eröffnet.[1258] Da das Prozessrecht die materielle Rechtslage widerspiegeln und ihrer Verwirklichung dienen soll, kann dies ebenfalls als Hinweis auf die Anerkennung einer subjektivrechtlichen Stellung der Länder gewertet werden.

(4) Zusammenfassung

Eine Kompetenz bezeichnet also nicht nur den Gegenstand einer Zuständigkeit und legt nicht nur die Aufgabenträgerschaft im eigenen Wirkungskreis und die Wahrnehmungsberechtigung und -verpflichtung fest, sondern kann gegebenenfalls auch Rechte und Pflichten beinhalten.[1259] Mit der Kompetenzzuweisung an die Länder korrespondieren im Bundesstaat auch heute „subjektive Rechte" auf unbeeinträchtigte Kompetenzinhaberschaft und -wahrnehmung, in die der Bund nur unter den grundgesetzlich vorgesehenen Bedingungen eingreifen darf.[1260] Das Bundesverfassungsgericht verkürzt die Problematik also,[1261] indem es für den Bereich der Verwaltungskompetenzen die Möglichkeit eines subjektivrechtlichen Einschlags mit der Konsequenz der Nichtanwendung des Verhältnismäßigkeitsgrundsatzes verneint.

dd) Strukturelle Bedenken gegen die Anwendung des Verhältnismäßigkeitsgrundsatzes

(1) Zwischen der Erforderlichkeit einer mäßigenden Begrenzung und der Ausweitung des Anwendungsbereichs des Verhältnismäßigkeitsgrundsatzes

Mit der Anerkennung einer subjektivrechtlichen Komponente der Stellung der Länder in der Auftragsverwaltung ist zwar eine notwendige Voraussetzung für die Anwendung des Verhältnismäßigkeitsgrundsatzes gegeben,[1262] diese ist jedoch keineswegs hinreichend. Primär wurde und wird der Verhältnismäßigkeitsgrundsatz im Bereich der individuellen Rechts- und Freiheitssphäre angewendet.[1263] Ob seine

---

[1257] Vgl. Bonner Kommentar – *Stern*, Art. 93 Rn. 328.

[1258] Sachs - Sturm, Art. 93 Rn. 52, 54; *Pauly*, Anfechtbarkeit, S. 137; Bonner Kommentar - *Stern*, Art. 93 Rn. 337 geht von „subjektiven Berechtigungen" aus; anders Jarass / Pieroth - *Pieroth*, Art. 93 Rn. 25, der klarstellt, dass es sich um Befugnisse und Kompetenzen handeln muss.

[1259] *Oldiges*, DÖV 1989, 873 (874).

[1260] *Isensee* - HBStR IV, § 98 Rn. 124; *Bayer*, S. 61; *v. Mangoldt / Klein*, Art. 20 Anm. III 3.

[1261] BVerfGE 81, 310 (337).

[1262] BVerfGE 43, 242 (288) und BVerfGE 67, 1 (15 f.) setzten „geschützte Rechtspositionen" voraus; Jarass / Pieroth - *Pieroth*, Art. 20 Rn. 57; *Lange*, Weisungsrecht, S. 84.

[1263] Jarass / Pieroth - *Pieroth*, Art. 20 Rn. 56; so auch Dreier - *Schultze-Fielitz*, Art. 20 Rn. 167; *Stern*, FS Lerche, S. 165.

Anwendung im staatsinternen Bereich und damit ein vergleichbares „Denken in Kategorien von Freiraum und Eingriff“[1264] angebracht ist, bleibt daher aufzuzeigen.

Es wird vertreten, im Bund-Länder-Verhältnis komme eine bereichsbegrenzende Anwendung des Verhältnismäßigkeitsgrundsatzes dort in Betracht, wo das Grundgesetz sie anordne, um die Eigenständigkeit und den Wirkungskreis der Länder tunlichst zu schonen: „Das gilt für das Erforderlichkeitskriterium bei der Inanspruchnahme einer konkurrierenden Gesetzgebungskompetenz durch den Bund (Art. 72 Abs. 2 GG). Die Bundesaufsicht darf unter den Mitteln, die ihr das Grundgesetz in Art. 84 GG zur Verfügung stellt, jeweils nur das wählen, das die Eigenverantwortlichkeit der Länder beim Vollzug der Bundesgesetze am wenigsten beeinträchtigt.“[1265]

Das Ergebnis dieser Argumentation überzeugt. Es erscheint zwingend, dass der Bund bei der Ausübung der Aufsicht in der landeseigenen Verwaltung, ebenso wie bei der der Weisungskompetenz, zum Schutze der Eigenverantwortlichkeit der Länder das „verhältnismäßige Maß“ wählen muss. Dies gilt genauso für die Auftragsverwaltung, die den Ländern, wie eben dargestellt,[1266] eine subjektivrechtliche Stellung einräumt. Ersichtlich bestehen bei der Entscheidung über Einsatz, Wahl und Inhalt der Mittel Spielräume. Der Standpunkt des Bundesverfassungsgerichts, wonach es in der Kompetenzordnung und -verteilung zwischen Bund und Ländern nur um feste und eindeutige Grenzziehungen, nicht aber um die Frage des milderen Mittels gehen könne,[1267] ist also kritisch zu sehen. Teilweise wurde als Reaktion auf diese Rechtsprechung[1268] sogar geäußert, das Bundesverfassungsgericht erwecke den Eindruck, es wolle bewusst der Zentralmacht, also dem Bundesgesetzgeber, der Bundesverwaltung und -regierung größere und nur eingeschränkter gerichtlicher Kontrolle unterliegende[1269] Entscheidungsfreiräume in kompetenziellen Verhältnissen einräumen.[1270] Dass dieser Eindruck im Hinblick auf den Föderalismus im Allgemeinen und hinsichtlich der Absicherung der Stellung der Länder in der (Auftrags-)Verwaltung im Besonderen bedenklich ist, bedarf keiner weiteren Erläuterung. Problematisch bleibt im Bund-Länder-Verhältnis jedoch die Herleitung der erforderlichen Begrenzung aus dem Verhältnismäßigkeitsgrundsatz.

[1264] BVerfGE 81, 310 (338).
[1265] *Isensee*- HBStR IV, § 98 Rn. 118; ganz ähnlich in Bezug auf Art. 72 Abs. 2 GG a. F., Dreier - *Stettner*, Art. 70 Rn. 38, überhaupt sei die Abstufung der Gesetzgebungskompetenzen Ausdruck des Verhältnismäßigkeitsgrundsatzes; vgl. dazu auch *Stettner*, Grundfragen, S. 398.
[1266] Vgl. Kap. 2 C III 1 b cc.
[1267] BVerfGE 67, 256 (289); *Rengeling* - HBStR IV, § 100 Rn. 22.
[1268] BVerfGE 67, 256 (289); BVerfGE 79, 127 (143); BVerfGE 81, 310 (338).
[1269] Dazu *Schoch*, VerwArchiv 81 (1990) 18 (38) vor allem zu den Auswirkungen der bloßen „Vertretbarkeitskontrolle“.
[1270] So *Schoch*, VerwArchiv 81 (1990) 18 (50).

(2) Die umstrittene Ableitung des Verhältnismäßigkeitsgrundsatzes

Der restriktiven Haltung des Bundesverfassungsgerichts liegt die Annahme zu Grunde, dass der Verhältnismäßigkeitsgrundsatz aus dem Rechtsstaatsprinzip abzuleiten sei und nur die Stellung des Bürgers betreffe.[1271] Die Antwort auf die Frage, ob dieser Grundsatz im Bund-Länder-Verhältnis und konkret im Bereich der Weisungskompetenz des Art. 85 Abs. 3 GG zur Anwendung gelangen kann, hängt also maßgeblich von seiner Ableitung ab. Je genereller die verfassungsrechtliche Verankerung des Grundsatzes ist, desto weiter ist sein Anwendungsbereich.[1272]

Aufgrund des Fehlens einer textlichen Verankerung werden verschiedene Ansätze vertreten: Von einigen Stimmen in der Literatur wurde eine Ableitung aus Art. 3 Abs. 1 GG[1273] und der Menschenwürde[1274] vorgenommen. In der Gegenwart wird von vielen eine Ableitung aus dem Rechtsstaatsprinzip befürwortet.[1275] Teilweise wird auch die Herleitung aus „dem Wesen der Grundrechte"[1276] bzw. den positiven Vorschriften des Art. 19 Abs. 2 GG[1277] oder Art. 1 Abs. 3 GG favorisiert.[1278] Von wieder anderen wird der Verhältnismäßigkeitsgrundsatz als allgemeiner Rechtsgrundsatz eingestuft.[1279] Das Bundesverfassungsgericht wählte in verschiedenen Entscheidungen unterschiedliche Ansätze,[1280] teilweise nahm es eine Verknüpfung mehrerer Ansätze vor,[1281] teilweise traf es überhaupt keine Festlegung.[1282]

1271 BVerfGE 81, 310 (338); ebenso *Bethge / Rozek*, Jura 1995, 213 (217); *Rengeling* - HBStR IV, § 100 Rn. 22; Die überwiegende Verortung „im" Rechtsstaatsprinzip vertritt auch *Kunig*, S. 350 und weist auf die Heranziehung von grundrechtlichen Maßstäben im Konkreten hin; *Schmidt-Aßmann*, FS Sendler, S. 135.

1272 *Remmert*, S. 5.

1273 *Wittig*, DÖV 1968, 817(822) als Willkürverbot; OVG Münster, Verw Rspr. 4 , 600 (601).

1274 *Dürig*, AöR 81 (1956) 117 (146) aus Art. 1 Abs. 1 i. V. m. Art. 19 Abs. 2 GG.

1275 Maunz / Dürig - *Herzog*, Erstbearb. Art. 20 Rn. 18; Jarass / Pieroth - *Jarass*, Art. 20 Rn. 56; Sachs - *Sachs* Art. 20 Rn. 146; *Maunz / Zippelius*, § 13 III 6; ausdrücklich dagegen *Kunig*, S. 354, 360; v. Münch/ *Kunig*-v. Münch, Vorbem. Rn. 55; *Maurer*, § 10 Rn. 17; *Leibholz / Rinck*, Art. 20 Anm. 27; Schmidt-Bleinbtreu / Klein - *Brockmeyer*, Art. 20 Rn. 13; Maunz / Dürig - *Herzog*, Art. 20 Rn. 27; *Ossenbühl*, Jura 1997, 617 (617).

1276 v. Münch - *Schnapp*, Art. 20 Rn. 27; aus dem jeweiligen Grundrecht *Kunig*, S. 354 ff.

1277 v. Münch - *Krebs*, Art. 19 Rn. 24; *Schnapp*, JuS 1983, 850 (853); *Erichsen* - HBStR VI, §152 Rn. 29.

1278 v. Mangoldt / Klein / Starck - *Starck*, Art. 1 Abs. 3, Rn. 249.

1279 *Lerche*, Übermaß, S. 61 ff.; *Wolff-Bachof*, VerwR I, § 25 I a 1.

1280 Aus dem Rechtsstaatsprinzip: BVerfGE 6, 389 (439); BVerfGE 17, 306 (313 f.); BVerfGE 23, 127 (133); BVerfGE 69, 1 (35), BVerfGE 76, 256 (359); BVerfGE 78, 249 (285); zuletzt BVerfGE 92, 277 (279, 326 f.); Aus dem Wesen der Grundrechte: BVerfGE 65, 1 (44); die hier vertretene Einschätzung teilend, *Dechsling*, S. 84.

1281 Aus dem Rechtsstaatsprinzip und dem Wesen der Grundrechte BVerfGE 19, 342 (348 f.); BVerfGE 61, 126 (134); BVerfGE 76, 1 (50 f.); aus Art. 2 Abs. 1 GG i.V.m. Art. 20 Abs. 3GG: BVerfGE 80, 103 (106 f.).

1282 Z.B. BVerfGE 43, 1010 (108); BVerfGE 67, 329 (340 f.), BVerfGE 82, 18 (28); BVerfGE 83, 1 30 (143) mit vielen weiteren Nachweisen, *Remmert*, S. 4.

(a) Die historische Entwicklung des Verhältnismäßigkeitsgrundsatzes

Der Verhältnismäßigkeitsgrundsatz spiegelt alte Gerechtigkeitsvorstellungen wider,[1283] Ursprünge finden sich im Bereich der Philosophie als Frucht der Aufklärung.[1284] Soweit man in der Entstehungsgeschichte auf rechtliche Ansätze Bezug nimmt, zeigt sich für seine verschiedenen Aspekte kein einheitliches Bild.[1285]

(aa) Die Entwicklung bis Mitte des 19. Jhds.

Die damals vorherrschenden Vertragstheorien[1286] beschränkten den Staat auf das, was Gegenstand des Staatsvertrags geworden war: die verschiedenen Staatszwecke.[1287] Obschon der genaue Inhalt der Staatszwecke diskutiert wurde,[1288] stand fest, dass staatliches Handeln kein Selbstzweck sein konnte, sondern nur wegen, auf Grundlage von und begrenzt durch diese erfolgen durfte.[1289] Die Ausrichtung auf die Staatszwecke konkretisierte sich anerkanntermaßen[1290] in der Forderung nach der Geeignetheit und der Erforderlichkeit des staatlichen Handelns.[1291] Ganz überwiegend wurden diese konkreten Forderungen aber nicht auf das gesamte Staatshandeln bezogen, sondern nur soweit es die Individualsphäre der Bürger berührte.[1292] Denn „die sich ergebende Rechtspflicht des Staates wurde besonders dann als problematisch empfunden und thematisiert, wenn staatliches Handeln Freiheit und Eigentum von Bürgern betraf."[1293] Es handelt sich also um eine Nicht-Thematisierung und nicht um

[1283] *Ossenbühl*, Jura 1997, 617 (617).

[1284] *Schneider*, FS BVerfGE II, S. 394, wie auch *Stern*, FS Lerche, S. 168 ebenfalls unter Bezugnahme auf Svarez und dessen Vorträge über Recht und Staat in der zweiten Hälfte des 18. Jhds.

[1285] Nur die Aspekte „Geeignetheit" und „Erforderlichkeit" lassen sich nachweisen, *Kunig*, S. 198; *Remmert*, S. 54 ff.

[1286] Nachweise zu grundsätzlich anderen Staatstheorien, insbesondere der Sphärentheorie und dazu, dass diese eine Begrenzung aus dem Staatszweck ablehnten, *Remmert* S. 62 ff.; allerdings lässt sich auch für diese die Annahme einer rechtlichen Bindung der Staatsgewalt nachweisen, *Remmert*, S. 66 ff.; zu den Ursprüngen und Folgerungen der Staatsvertragslehren insgesamt, *Heinsohn*, S. 7 f.

[1287] *Heinsohn*, S. 6; *Remmert*, S. 54; S. 59 vor allem Fn. 58.

[1288] *Remmert*, S. 58: teilweise sollte dies nur der Schutz von Freiheit und Eigentum der Bürger sein, teilweise allgemein die Sicherheit oder die Geltung von Recht und Gesetz.

[1289] *Heinsohn*, S. 8; *Remmert*, S. 59: wobei um 1850 nicht klar wurde, dass der Staatszweck sowohl kompetenzbegründend als auch -begrenzend war. *Von Mohl* machte die Bindung aller Staatsgewalt an die Staatszwecke deutlich: Die Polizei könne rechtliche sein, „was immer sie will, so bildet sie doch jedenfalls einen Teil der Staatseinrichtungen und darf damit nicht nur dem Zwecke des Staates nicht entgegenwirken, sondern muss vielmehr denselben befördern", in *Remmert*, S. 82;

[1290] Mit umfangreichen Nachweisen, *Remmert*, S. 54 ff., ebenfalls S. 97.

[1291] Zu deren umfassenden Geltung siehe *von Mohl*, in *Remmert*, S. 82; Eine Verhältnismäßigkeitsprüfung im engeren Sinne wurde nicht vorgenommen bzw. war eine Ausnahme, da es für diese keine Begründung gab, *Remmert*, S. 89; *von Mohl* forderte diese aber, Encyklopädie, S. 145; 91.

[1292] *von Mohl*, Encyklopädie, S. 145; *Schneider*, FS BVerfG II, S. 395 über Svarez; *Remmert*, S. 89,.

[1293] *Remmert*, S. 89; Allerdings war problematisch, dass sich diese Forderungen als Ausdruck eines Verhältnismäßigkeitsgrundsatzes nicht mit dem Freiheitsverständnis, das aus den Staatsvertragslehren folgte, nicht vereinbaren ließ. Bereits damals bestanden also Ungereimtheiten in Bezug auf die konstruktive Herleitung, so *Remmert* S. 90; Diesem Problem entzog sich von Mohl durch nur

einen Ausschluss der Geltung.[1294] Teilweise wurde nämlich ausdrücklich verlangt, dass „alles unterlassen werden soll, was zur Erreichung der Zwecke nicht nothwendig ist, bestehe dieses nun in überflüssigen Einrichtungen oder Personen, oder in einer luxuriösen Ausstattung der Verwaltung".[1295] Die Staatszweckbindung beschränkte prinzipiell also auch das (Staats- bzw. Verwaltungs-)Organisationsrecht.[1296]

(bb) Die Entwicklung bis zum Ende des Ersten Weltkriegs

Das Staatsverständnis in der zweiten Hälfte des 19 Jhds. war zunächst noch von den Staatsvertragstheorien geprägt, diese wurden dann durch die Anerkennung des Staats als juristische Person zurückgedrängt.[1297] Die Staatsvertragstheorien wurden jedoch nicht vollständig aufgegeben, sondern ausschnittsweise weiterentwickelt.[1298] Die abgeleiteten Beschränkungen der Staatsgewalt betrafen auch weiterhin „jedes staatliche Tätigwerden",[1299] wurden aber hauptsächlich im Kontext von Individualrechten diskutiert.[1300] Letztere standen zu diesem Zeitpunkt noch stärker im Vordergrund, weil die Grundrechte nun positiv festgelegt und daher Ausgangspunkt der Überlegungen über die Einschränkung der Staatsgewalt waren.[1301]

Später begann sich in der Staatsrechtslehre der Positivismus auszuwirken,[1302] der die Abwendung von den Staatsvertragstheorien weiter förderte.[1303] Der

---

allgemein gehaltene Hinweise. Ein aus dem Staatsvertrag abgeleitetes Erklärungsmodell von von Rotteck bezog sich darauf, dass diesem Vertrag nur das zu Grunde liegen könne, was vernünftig sei, wozu eine vernünftige Relation von Zweck und Mittel gehöre, so *Remmert* S. 90. Letztlich half dieses Modell aber nicht über das dogmatische Problem des Fehlens eines positiv definierten Freiheitsbegriffs hinweg, der Folge der Staatsvertragslehren war, so *Remmert*, S. 91.

1294 Daher für die Erstreckung auf sämtliches staatliches Handeln, *Remmert* S. 96.

1295 *von Mohl*, Encyklopädie, S. 248.

1296 *Remmert*, S. 60 f.; *von Mohl*, Encyklopädie, S. 209, S. 248; zur problematischen Lage bei der Gesetzgebung, die die herrschende Meinung ebenfalls als gebunden ansah, *Remmert*, S. 75; anders die Anhänger der Sphärentheorie, für die keine Beschränkung des Gesetzgebers begründbar war, *Remmert*, S. 80.

1297 *Remmert*, S. 103.

1298 Zur Staatszweckgerichtetheit noch in der zweiten Hälfte des 19. Jhds. *Hirschberg*, S. 3; *Remmert* S. 104;

1299 *Remmert*, S. 105.

1300 *Remmert*, S. 106.

1301 *Remmert*, S. 103; *Jellinek*, System, S. 13; *Meyer / Anschütz*, Staatsrecht, § 213; a.A. aber *O. Mayer*, Dt. Verwaltungsrecht I, S. 87; Allerdings war die Konstruktion der Verhältnismäßigkeit im engeren Sinne wegen des Fehlens einer klaren Umgrenzung der Individualrechte kaum möglich, so dass vor allem Erforderlichkeit und Geeignetheit als Maßstäbe angelegt wurden. Zu den Gewährleistungen in Bayern (1818), Baden (1818), Württemberg (1819) und in Preußen (1850), wo Art. 3 ausdrücklich die Beschränkbarkeit der Grundrechte vorsah, *Pieroth*, Jura 1984, 568 (574 f.), ebenfalls zur lediglich „dirigierenden richtungsweisenden" Funktion, *ders.*, Jura 1984, 568 (576).

1302 *Böckenförde*, Gesetz, S. 212, 219, 228 f.; *Remmert* S. 109, S. 114; auch *Pieroth*, Jura 1984, 568 (576); beispielhaft: *Laband*, Staatsrecht I, Vorwort, S. IX.

1303 *Remmert*, S. 115.

Positivismus[1304] führte dazu, dass der Vorrang des Verfassungsrechts[1305] und die Bindbarkeit des Gesetzgebers negiert wurden.[1306] Daher sind zur Zeit des Positivismus keine „die gesamte Staatstätigkeit umfassenden" Prinzipien als Grundlage einer Kompetenzbeschränkung denkbar, sondern allenfalls auf das Verwaltungsrecht bezogene.[1307]

In der Verwaltung fand eine immer stärkere Verrechtlichung statt,[1308] durch die ein Schutz des Einzelnen vor staatlicher Willkür und gleichzeitig eine größere Entscheidungsrationalität der Verwaltung erreicht werden sollte.[1309] Dabei legte man weiterhin den Maßstab der Geeignetheit[1310] und Erforderlichkeit[1311] an, was sich vor allem im Polizeirecht nachweisen lässt.[1312] Den Maßstab der Geeignetheit leitete man grundsätzlich aus der allgemeinen rechtsstaatlichen Gemeinwohlbindung ab,[1313] nur den unbestimmten Rechtsbegriffen entnahm man diesen selbst.[1314] Den Maßstab der Erforderlichkeit folgerte man aus dem Grundsatz der Gesetzmäßigkeit der Verwaltung.[1315] Allein der Maßstab der Verhältnismäßigkeit im engeren Sinne war wegen der Beeinflussbarkeit der Grundrechte weiterhin nicht begründbar.

Im Verwaltungsrecht existierte also weiterhin ein Vorläufer des Verhältnismäßigkeitsgrundsatzes; als Grundlage für eine Beschränkung des Staatsorganisationsrechts kann seine Begründung jedoch nicht herangezogen werden.

1304 *Böckenförde*, Gesetz S. 214 f. zeigt die Probleme des Positivismus auf. Dieser stieß dort an seine Grenzen, wo keine methodische Deduktion aus rechtswissenschaftlichen Begriffen und Erkenntnissen mehr möglich, sondern die Bezugnahme auf außer - oder vorrechtliche Grundlagen notwendig war. Vgl. auch *Remmert*, S. 121 ff.

1305 *Meyer / Anschütz*, Staatsrecht, § 155 3 III, § 173 3; *Remmert*, S. 118

1306 Weder durch die Grundrechte, m. w. N. *Remmert*, S. 119; *Pieroth*, Jura 1984, 586 (576) noch im Übrigen, *Laband*, Staatsrecht I, § 59 II 1; *Meyer / Anschütz*, Staatsrecht, Einl. § 8 Anm. 1; *Remmert*, S. 116; *O. Mayer*, Dt. Verwaltungsrecht I, S. 65 ff.

1307 *Remmert*, S. 119.

1308 *Hirschberg*, S. 3.

1309 *Remmert*, S. 124, diese Tendenz zeigte sich sowohl im dt. Reich, wie in den Einzelstaaten; *Remmert*, weist auf die unterschiedliche Terminologie hin. Der Individualschutz stand eindeutig im Vordergrund, vgl. z.B. *O. Mayer*, Dt. Verwaltungsrecht I, S. 62.

1310 Diese wurde im Hinblick auf das jeweilige zu wahrende öffentliche Interesse überprüft, *Jellinek*, System, S. 202; *O. Mayer*, Dt. Verwaltungsrecht I, S. 229, 315; *Remmert*, S. 141.

1311 *Remmert*, S. 145, *Hirschberg*, S. 3 f. unter Verweis auf O. Mayer; Dieser begrenzte das Ermessen rechtsstaatlich und füllte Rechtsbegriffe, *Remmert*, S. 146. Auch das pr. OVG überprüfte polizeiliches Handeln i. S. d. § 10 II 17 pr. ALR in st. Rspr. anhand dieses Maßstabs, *Remmert*, S. 148 Fn. 370 mit umfangreichen Nachweisen;

1312 *Hirschberg*, S. 3 f.; *Remmert*, S. 145; S. 147; *Ossenbühl*, Jura 1997, 617 (617); Dreier - *Schultze-Fielitz*, Art. 20 Rn. 167; *Stern*, FS Lerche, S. 168.

1313 *Remmert*, S. 142; *Stern*, FS Lerche, S. 168.

1314 *Remmert*, S. 143, so kam man zur Geltung eines Gesetzesvorbehalts.

1315 *O. Mayer*, Dt. Verwaltungsrecht I, S. 231 f.

(cc) Die Entwicklung in der Weimarer Zeit

In der Weimarer Zeit sollte nicht „rechtsstaatlich-rationales" Verwaltungshandeln durch verstärkte gerichtliche Rechtsschutzmöglichkeiten eingeschränkt werden.[1316] In der Diskussion über die Abwehrrechte des Einzelnen und die „Verhältnismäßigkeit" des Verwaltungshandelns wurde allerdings inhaltlich nur der Aspekt der Erforderlichkeit behandelt.[1317] Versteht man den Verhältnismäßigkeitsgrundsatz „als einen individualschützenden verfassungsrechtlichen Entscheidungsmaßstab, der auch die Gesetzgebung bindet und der sich aus den Anforderung der Geeignetheit, der Erforderlichkeit und der Verhältnismäßigkeit zusammensetzt," hat dieser sich also erst unter dem Grundgesetz entwickelt.[1318] Denn neben dieser Einschränkung des Prüfungsmaßstabs war auch weiterhin unklar, ob der Gesetzgeber überhaupt - also durch die Grundrechte[1319] oder andere Verfassungsgrundsätze, wie den der „Verhältnismäßigkeit"[1320] - bindbar war.[1321]

Dennoch war der Grundsatz der „Verhältnismäßigkeit" auch Gegenstand der staatsorganisationsrechtlichen Diskussion.[1322] Es wurde vertreten, dass die Notkompetenzen des Reichspräsidenten aus Art. 48 WRV auf das unbedingt erforderliche Maß beschränkt gewesen seien. Da dieser nur die „nötigen" Maßnahmen ergreifen dürfe, könne nur das schwächste Mittel, das zur Erfolgserreichung genüge, eingesetzt werden. Dies beruhe auf dem außerhalb des Verwaltungsrechts, auch „auf dem Gebiet der völkerrechtlichen Repressalie", anwendbaren Grundsatz der „Verhältnismäßigkeit" der Eingriffe.[1323] Dieser Ansatz wird heute allerdings lediglich als Übertragung des „ultima-ratio-Gedanken auf das Staatsorganisationsrecht", nicht aber als Anwendung des Grundsatzes der „Verhältnismäßigkeit" bewertet.[1324] Diese Einschätzung ist jedoch fraglich, weil ein Unterschied zur damaligen Anwendung im Rahmen der Abwehrrechte des Einzelnen, die ebenfalls auf die Erforderlichkeitsprüfung beschränkt war, nicht erkennbar ist.

[1316] *Remmert*, S. 168 unter Bezugnahme auf Art. 107 WRV; *Apelt*, S. 253.

[1317] *Remmert*, S. 183; ebenso *Hirschberg*, S. 4.

[1318] *Stern*, FS Lerche, S. 167; *Remmert*, S. 200; so auch *Hirschberg*, S. 6, dieser weist auf die selbst noch unter dem GG aufgetretenen begrifflichen Probleme in der Kennzeichnung der Erforderlichkeit und der Verhältnismäßigkeit i. e. S. hin, S. 14 ff.

[1319] *Remmert*, S. 171; Diese konnte sich nur ergeben, wenn man vom Vorrang der Verfassung au sging, *Remmert*, S. 195; Anschütz / Thoma-*Hensel*, HBdStR II, § 84 II dafür, Anschütz / Thoma - *v. Hippel*, HBdStR II, § 99 II 2, III.

[1320] *Remmert*, S. 191.

[1321] Problematisch war weiterhin der positivistische Ansatz, der auch den Vorrang der Verfassung verneinte, *Remmert*, S. 191; Es zeigten sich drei Grundströmungen, wovon die eine die alte positivistische Linie verfolgte, eine andere, die zwar darauf aufbaute, jedoch andere Intentionen verfolgte und von *Remmert* als noch weitreichender bewertet wird und einer dritten, die die Einbeziehung historischer, philosophischer und politisch-sozialer Hintergründe für die Auslegung des Rechts vertrat, mit Nachweisen *Remmert*, S. 191 f.

[1322] Vgl. Anschütz / Thoma - *Grau*, HBdStR II, § 80 II 6.

[1323] Anschütz / Thoma - *Grau*, HBdStR II, § 80 II 6.

[1324] *Remmert*, S. 184.

(dd) Zusammenfassung

Einerseits ist also der Verhältnismäßigkeitsgrundsatz in seiner heutigen Prägung erst unter dem Grundgesetz entwickelt worden. Andererseits findet sich die Erforderlichkeit und teilweise auch die Geeignetheit schon lange als Maßstab für das gesamte staatliche Handeln, also auch für das Staatorganisationsrecht. Selbst unter der WRV wurde der verwaltungsrechtliche Maßstab der „Verhältnismäßigkeit" auf staatsorganisationsrechtliche Kompetenzverhältnisse übertragen.

Damit bleibt zu klären, in welchem Maße die verschiedenen Ableitungsansätze des Verhältnismäßigkeitsgrundsatzes eine Verankerung im Grundgesetz finden und diese eine Anwendbarkeit auf das Bund-Länder-Verhältnis ermöglichen.

(b) Kritik an einzelnen Ableitungsmodellen unter dem Grundgesetz

Die Ableitung des Verhältnismäßigkeitsgrundsatzes aus Art. 3 Abs. 1 GG hat deutliche, unterschiedlich begründete Kritik erfahren[1325] und wird aktuell, soweit ersichtlich, nicht mehr vertreten.[1326] Entscheidend ist, dass ein unüberbrückbarer struktureller Unterschied zwischen dem Gleichheitssatz und dem Verhältnismäßigkeitsgrundsatz besteht. Denn das Gebot der Verhältnismäßigkeit gilt auch für den Einzelfall, während Art. 3 Abs. 1 GG zwingend die Existenz von Vergleichssachverhalten voraussetzt.[1327]

Auch eine Ableitung aus der Menschenwürde[1328] ist abzulehnen.[1329] Der Grundsatz der Menschenwürde beinhaltet ein absolutes Gebot, das ein Prinzip des relativen Ausgleichs, wie den Verhältnismäßigkeitsgrundsatz, nicht begründen kann.

Bei der Ableitung aus Art. 19 Abs. 2 GG und der Wesensgehaltsgarantie der Grundrechte[1330] geht die anzutreffende Bezugnahme auf die Rechtsprechung des Bundesverfassungsgerichts fehl.[1331] Zwar kann nicht entgegengehalten werden, Art. 19

[1325] Diese Einschätzung teilend, *Heinsohn*, S. 68; *Lerche*, Übermaß, S. 41 ff. stellte darauf ab, dass Art. 3 Abs. 1 „Generalisierung" gebiete, während der Verhältnismäßigkeitsgrundsatz eine „Individualisierung" verlange; *Kunig*, S. 353 stellt sich gegen diese Begründung, da es sich nur um einen Scheinwiderspruch handele und geht selbst davon aus, dass die Verhältnismäßigkeitskontrolle wesentlich enger sei als eine Willkürkontrolle. Es seien über „sachgerechte" Erwägungen hinaus, eben auch die dort nicht verlangte Erforderlichkeits- und Verhältnismäßigkeitsprüfung vorzunehmen.

[1326] So *Kunig*, S. 353 Fn. 222 über den Ansatz von *Wittig*, DÖV 1968, 817 (821 ff., 825); teilweise nahm aber auch *Lerche*, Übermaß, S. 29, 52 auf den Gleichheitssatz Bezug, kritisch dazu aber S. 41.

[1327] *Dechsling*, S. 104 ff.; *Heinsohn*, S. 68.

[1328] *Dürig*, AöR 81 (1956) 117 (146) aus Art. 1 Abs. 1 i.V.m. Art. 19 Abs. 2 GG.

[1329] Wie hier auch *Lerche*, Übermaß S. 40: zu dem könnte dann jeder Grundrechtsverstoß als Verstoß gegen Art. 1 Abs. 1 GG gewertet werden ; *Wittig*, DÖV 1968, 817 (820).

[1330] *Dürig*, AöR 81 (1956) 117 (146); wohl auch i.E. *Häberle*, Wesensgehalt, S. 68 f, 236; v. Münch - *Krebs*, Art. 19 Rn. 24; *Erichsen* - HBStR VI, §152 Rn. 29.

[1331] BVerfGE 19, 343 (349) blieb eine Ausnahmeentscheidung, wie hier auch *Heinsohn*, S. 70.

Abs. 2 GG habe lediglich deklaratorische Bedeutung,[1332] denn dies schließen Wortlaut und systematische Stellung aus.[1333] Art. 19 Abs. 2 GG beschränkt sich aber auf eine Zusammenfassung des Schutzes der Grundrechte und zeigt lediglich die Schranken der Begrenzbarkeit der Grundrechte auf.[1334] Die Regelungswirkung geht nicht soweit, einen verhältnismäßigen Ausgleich zu fordern,[1335] also kann auch hier der Verhältnismäßigkeitsgrundsatz nicht verankert sein.

Als allgemeiner Rechtsgrundsatz[1336] könnte der Verhältnismäßigkeitsgrundsatz dann angesehen werden, wenn andere Ableitungsmöglichkeiten nicht zum Erfolg führten. Daher bleibt vor allem die vielfach vorgenommene Ableitung aus dem Rechtsstaatsprinzip[1337] zu überprüfen.

Das Rechtsstaatsprinzip ist nur in Teilaspekten in Art. 20 Abs. 3 GG festgehalten,[1338] in Art. 28 Abs. 1 S. 1 GG ausdrücklich erwähnt und in Art. 20 Abs. 1 GG bereits mitgedacht.[1339] Die Ableitung hieraus wird teilweise dahingehend kritisiert, dass in das Rechtsstaatsprinzip das hineingelegt werde, was nachher herausgelesen werden solle.[1340] Insbesondere der bundesverfassungsgerichtlichen Rechtsprechung wird vorgeworfen, sie sei eine „formelhaft verfestigte Judikatur", der eine nähere Begründung fehle,[1341] zumindest aber sei sie unpräzise.[1342] Der Vorwurf der Formelhaftigkeit erstaunt insofern nicht, als dass der Verhältnismäßigkeitsgrundsatz „zu den elementaren Bestandteilen der Gerechtigkeit" gehört und damit älter ist als das Grundgesetz.[1343] Trotzdem kann der vielfach gewählte schlichte Hinweis auf das Rechtsstaatsprinzip nicht genügen,[1344] da eine Ableitung aus dem Rechtsstaatsprinzip jedenfalls dann ausscheidet, wenn dieses Prinzip durch speziellere Regelungen verdrängt wäre. Problemnäheren Verfassungsaussagen muss ein Vorrang gegenüber

---

[1332] So aber *Häberle*, Wesensgehalt, S. 235, er billigt höchstens eine latent konstitutive Bedeutung zu; für einen mitgestaltenden Inhalt aber ausdrücklich Sachs - *Krüger*, Art. 19 Rn. 27.

[1333] Sachs - *Krüger*, Art. 19 Rn. 27.

[1334] So *Kunig*, S. 354; *Wittig*, DÖV 1958, 817 (823); *Schnapp*, JuS 1983, 850 (851); Leche, Übermaß, S. 35: die Verbürgung des substantiellen Minimums.

[1335] *Wittig*, DÖV 1968, 817 (823).

[1336] Dies jedenfalls auch bejahend *Lerche*, Übermaß, S. 61 ff.; *Wolff / Bachoff*, VerwR I, (4. Aufl). § 25 I a 1; *Hirschberg*, S. 19.

[1337] BVerfGE 6, 389 (439); BVerfGE 17, 306 (313 f.); BVerfGE 23, 127 (133); BVerfGE 69, 1 (35), BVerfGE 76, 256 (359); BVerfGE 78, 249 (285); BVerfGE 92, 277 (279, 326 f.); Maunz / Dürig - *Herzog*, Art. 20 Rn. 18; Jarass / Pieroth - *Jarass*, Art. 20 Rn. 56; Sachs - *Sachs* Art. 20 Rn. 146; *Maunz / Zippelius*, § 13 III 6; S. 354, 360; v. Münch - *v. Münch*, Vorbem. Rn. 55; *Maurer*, § 10 Rn. 17; *Leibholz / Rinck*, Art. 20 Anm. 27; Schmidt-Bleibtreu / Klein - *Brockmeyer*, Art. 20 Rn. 13; Maunz / Dürig -*Herzog*, Art. 20 Rn. 27; *Ossenbühl*, Jura 1997, 617 (617); ausdrücklich dagegen *Kunig*.

[1338] Jarass / Pieroth - *Jarass*, Art. 20 Rn. 21.

[1339] *Schmidt-Aßmann* - HBStR I, § 24 Rn. 3; teilweise wird das Rechtsstaatsprinzip aber auch außerhalb dieser Konstruktion verankert bzw. diese für nicht abschließend gehalten, *Dechsling*, S. 115 f.;

[1340] *Lerche*, Übermaß, S. 32 ff.; *Schneider*, FS BVerfG II, S. 391 ff.; *Schnapp*, JuS 1983, 850 (852).

[1341] *Schneider*, FS BVErfG II, S. 391.

[1342] *Heinsohn*, S. 71; *Dechsling*, S. 121; *Schnapp*, Jus 1983, 850 (852).

[1343] *Schneider*, FS BVerfG II, S. 393.

[1344] *Heinsohn*, S. 71; *Dechsling*, S. 121; *Schnapp*, JuS 1983, 850 (852).

der Heranziehung des Rechtsstaatsprinzips eingeräumt werden.[1345] Dies könnte für die Grundrechte selbst der Fall sein. Es wird vertreten, die vom Verhältnismäßigkeitsgrundsatz intendierte Mäßigung staatlicher Eingriffe sei in der „systematischen Grundaussage der Grundrechte" angelegt.[1346] Dafür gibt es zwar keine Anhaltspunkte in deren Wortlaut.[1347] Grundrechte wollen aber durch ihre Schutzbereiche grundsätzlich individuelle Freiräume ausgrenzen und diese von staatlichen Eingriffen freistellen.[1348] Es besteht also die Funktion der Abwehr und der Mäßigung staatlicher Eingriffe.[1349] Wegen dieser ist die uneingeschränkte Gewährleistung des Freiheitsraums im Rahmen des Schutzbereichs die Regel, während der Eingriff (als Ausnahme) nur unter jeweils spezifischen Voraussetzungen zulässig ist.[1350]

Aus diesem, in den Grundrechten selbst vorgesehenen materiellen Regel-Ausnahme-Verhältnis folgt, dass der Verhältnismäßigkeitsgrundsatz dort bereits als Schranken-Schranke angelegt ist.[1351] In ihnen selbst ist bereits „der gesamte Gedankengang des Grundsatzes der Verhältnismäßigkeit mit seinen einzelnen Ausprägungen" verankert.[1352] Er dient dazu, das Verhältnis des grundrechtlichen Schutzbereichs zu den grundrechtlichen Schranken im Einzelfall zu erfassen.[1353] Dieser Einzelfall ist, wie die seit langem angewendeten Schrankenregelungen im Bereich von Art. 5 Abs. 1 GG und Art. 12 Abs. 1 GG zeigen, durch die Besonderheiten des jeweiligen Grundrechtes bestimmt.[1354] Bei diesen wurde im Sinne der Lösung „dogmatischer Schwierigkeiten" und der Vermeidung „unangemessener Ergebnisse" eine Modifizierung des Verhältnismäßigkeitsgrundsatzes nach Maßgabe der besonderen Anforderungen der beiden Grundrechte vorgenommen.[1355] Da eine einheitliche Anwendung des Verhältnismäßigkeitsgrundsatzes für alle Grundrechte zu einer Entdifferenzierung der einzelnen Freiheitsrechte führen und die differenzierte

---

[1345] *Schmidt-Aßmann* - HBStR I, § 24 Rn. 7; *Kunig*, S. 354 ff.; so dass eine Ableitung aus dem Wesen der Grundrechte <u>und</u> dem Rechtsstaatsprinzip nicht möglich ist, so aber Jarass / Pieroth - *Jarass*, Art. 20 Rn. 56 mit Nachweisen für die oben dargestellte Rechtsprechung des BVerfGs; ebenso v. Mangoldt / Klein - *Starck*, Art. 2 Rn. 19; *Heinsohn*, S. 72.

[1346] *Kunig*, S. 354 f., in diesem Sinne auch *Dechsling*, S. 120.

[1347] *Heinsohn*, S. 71.

[1348] *Kunig*, S. 355.

[1349] Jarass / Pieroth - *Jarass*, Vorbem. vor Art. 1 Rn. Rn. 5; Sachs - *Sachs*, Vor Art. 1 Rn. 42; *Hesse*, Grundzüge, Rn. 287; *Kunig*, S. 354.

[1350] *Kunig*, S. 354 f.; so auch *Häberle*, Wesensgehalt, S. 68.

[1351] *Kunig*, S. 354 f.; *Schmidt-Aßmann*, FS Sendler, S. 135; *Häberle*, Wesensgehalt, S. 234; generell anerkannt ist jedenfalls die Funktion des Verhältnismäßigkeitsgrundsatzes als Schranken -Schranke in der Grundrechtsprüfung, *Stern*, FS Lerche, S. 166.

[1352] *Kunig*, S. 354.

[1353] *Kunig*, S. 355, 357.

[1354] Außerdem ist der Verhältnismäßigkeitsgrundsatz, wie gerade für Art. 1 Abs. 1 S. 1 GG dargestellt, nicht überall anwendbar.

[1355] *Kunig*, S. 356 mit Verweis auf die Wechselwirkungslehre im Rahmen des Art. 5 GG und für Art. 12 GG auf die Stufenlehre als Modifikationen; vgl. z. B. zu Art. 12 GG: BVerfGE 7, 377 (405); BVerfGE 23, 50 (56); BVerfGE 30, 292 (316); *Häberle*, Wesensgehalt, S. 68 auch *Heinsohn*, S. 72 weist auf diese Entwicklung hin, will damit aber nur die unterschiedlichen Maßstäbe des BVerfGs bei der Bindung des Gesetzgebers belegen.

Grundrechtsdogmatik nivellieren würde,[1356] muss das jeweils einschlägige Grundrecht über Geltung und Ausmaß des Grundsatzes der Verhältnismäßigkeit entscheiden.[1357] Es ergibt sich daher nicht nur eine Verankerung im jeweiligen Grundrecht,[1358] sondern auch eine Prägung der Verhältnismäßigkeitsprüfung durch dieses.[1359] Soweit man die Schrankensystematik als den wesensbildenden Teil der Grundrechte betrachtet, kann man also auch von einer Ableitung aus „dem Wesen der Grundrechte"[1360] sprechen. Der Verhältnismäßigkeitsgrundsatz kann daher nur in grundrechtsgeprägten Rechtsverhältnissen, also zur Beschränkung des Handelns des Staates gegenüber dem Einzelnen herangezogen werden.[1361]

(3) Zwischenergebnis

Die „Grundrechtsbezogenheit" des Verhältnismäßigkeitsgrundsatzes, die sowohl über Geltung als auch über Ausmaß der Prüfung entscheidet, schließt die Anwendbarkeit auf das Bund-Länder-Verhältnis aus,[1362] da die Rechtsstellung von Untereinheiten des Staates und ihr Verhältnis zueinander ausschließlich durch das Staatsorganisationsrecht festgelegt ist.[1363] Folglich kann im Staatsorganisationsrecht der Verhältnismäßigkeitsgrundsatz auch dann nicht angewendet werden, wenn sich Eingriffe in gesicherte Rechtspositionen als „berechenbare Ausnahme" darstellen[1364] oder, wie in der Auftragsverwaltung,[1365] die „Garantie eines geschlossenen Kompetenzraumes" besteht.[1366] Der Verhältnismäßigkeitsgrundsatz ist daher auch keine Schranke der Weisungskompetenz des Bundes aus Art. 85 Abs. 3 S. 1 GG.

Dieses Ergebnis trägt den Befürchtungen Rechnung, der Verhältnismäßigkeitsgrundsatz könne zu einer allgemeinen Abwägungsermächtigung werden und ins

---

1356 *Ossenbühl*, FS Lerche, S. 157; die stärkere Differenzierung begrüßend *Schmidt-Aßmann*, FS Sendler, S. 135; zu dieser Gefahr bei Art. 2 Abs. 1 GG, *Erichsen* – HBStR VI, § 152 Rn. 29.

1357 *Kunig*, S. 358; i.E. auch *Schmidt-Aßmann*, FS Sendler, S. 135; ganz ähnlich auch *ders.* - HBStR I, § 24 Rn. 87: „der Geltungsgrund des Instituts ist in den Grundrechten und in den Garantien geschlossener Kompetenzräume zu sehen"; *Häberle*, Wesensgehalt, S. 68.

1358 *Dechsling*, S. 120, *Kunig*, S. 354 f.; dagegen *Stettner*, Grundfragen, S. 402, allerdings ohne normative Ableitung, sondern nur unter Nachweis des Gedankens auch im Bereich der Kompetenzen.

1359 *Kunig*, S. 355; auf diese Konsequenz weist auch *Heinsohn*, S. 72 hin; in dieser Richtung ist auch die Ableitung aus dem Wesen der Grundrechte zu verstehen, wie sie z. B. bei v. Münch - *Schnapp* Art. 20 Rn. 27; v. Mangoldt / Klein - *Starck*, Art. 2 Rn. 19 oder BVerfGE 71, 1 (50 f.) vorgenommen wird.

1360 Diese vertreten BVerfGE 19, 342 (348); v. Münch - *Schnapp*, Art. 20 Rn. 27; i. E. auch *Schmidt-Aßmann*, FS Sendler, S. 135.

1361 Im Ergebnis so auch BVerfGE 81, 310 (338); *Ossenbühl*, Jura 1997, 617 (617); *Kunig*, S. 360, meint, dass die Bedeutung der Ableitung des Verhältnismäßigkeitsgrundsatzes für die Rechtsanwendung nicht sehr hoch sei, da die Schranken der Grundrechtsschranken jedenfalls „unmittelbar grundrechtsgeprägt" seien, *Kunig*, S. 360.

1362 *Borgmann*, S. 194.

1363 *Kunig*, S. 313, zuletzt wieder BVerfGE 99, 1 ff.;

1364 So aber Sachs - *Sachs*, Art. 20 Rn. 94 f.

1365 Dieser ist Grundlage der subjektivrechtlichen Stellung der Länder, s. o. Kap. 2 C III 1 b cc (b) (a) und dd.

1366 *Schmidt-Aßmann* - HBStR I, § 24 Rn. 87, so ausdrücklich allerdings nur für Art. 28 Abs. 2 GG.

Grenzenlose tendieren,[1367] da sich aus der Ableitung eine deutliche Beschränkung des Anwendungsbereichs ergibt, die verschiedentlich als wünschenswert bewertet wird.[1368]

Eine Schranke der Weisungskompetenz kann sich daher nur aus allgemeinen staatsorganisationsrechtlichen Grundsätzen ergeben.

c) Die Beschränkung der Weisungskompetenz aus dem Zweck der Kompetenzvorschrift

Die Kompetenz des Art. 85 Abs. 3 S. 1 GG könnte durch den Zweck der Befugnisnorm gebunden und begrenzt sein.[1369]

Bereits vor 1848 wurde eine Beschränkung des Staatshandelns durch den Zweck der Ermächtigungsnorm angenommen.[1370] Dies trifft auf den Bereich des Verwaltungsrechts selbst in der zweiten Hälfte des 19. Jhds. trotz des vorherrschenden Positivismus zu.[1371] Auch unter der WRV bestand eine Bindung der Verwaltung durch den Zweck des (einfachgesetzlichen) Kompetenztitels, was die Existenz eines freien Ermessens ausschließt.[1372] Jedenfalls die Bindung der Verwaltung durch den Zweck der Kompetenznorm ist also historisch nachweisbar.

Heute verankert Art. 20 Abs. 3 GG die Bindung der Verwaltung an Gesetz und Recht. Dabei kann nicht nur der Verstoß gegen den Wortlaut einer Norm den Vorrang des Gesetzes verletzen. Vielmehr widerspricht auch ein Unterlaufen der Norm dem Gesetzesvorrang.[1373] Handlungsspielräume der Verwaltung finden daher ihre Grenzen im Sinn und Zweck der zugrunde liegenden Kompetenznorm.[1374]

Auch verfassungsrechtliche Kompetenzvorschriften im Bund-Länder-Verhältnis, sind weder Bund noch Ländern als Selbstzweck zugewiesen, sondern sollen neben den Belangen des Berechtigten auch Gemeinwohlziele verwirklichen.[1375] Gerade hierin drückt sich, wie oben bereits dargestellt,[1376] der Unterschied zum Bürger-Staat-Verhältnis aus, in dem die Grundrechte dem Bürger einen Bereich der Beliebigkeit

---

[1367] So *Kirchhof*, FS Lerche, S. 136 f.; *Ossenbühl*, FS Lerche, S. 156.
[1368] *Ossenbühl*, FS Lerche, S. 158; *Schmidt-Aßmann*, FS Sendler, S. 135.
[1369] *Rengeling* - HBStR IV, § 100 Rn. 11 leitet dieses aus dem Missbrauchsverbot, also wohl aus dem Willkürverbot ab; *Lange*, NVwZ 1990, 928 (930); *Winter*, DVBl. 1985, 993 (993).
[1370] *Remmert*, S. 83.
[1371] *Remmert*, S. 126, Soweit man von dessen Natur als „außerrechtlicher" Maßstab ausging, liegt dies in der Verkennung der rechtssatzmäßigen Konstituierung durch die Kompeten znorm, so *Remmert*, S. 126 Fn. 220.
[1372] *Remmert*, S. 173, dies meint aber ausdrücklich Anschütz / Thoma - *Thoma*, HBdStR II, § 76 IV. Allerdings unterstanden diese Ermessensfragen nicht der Nachprüfung durch die Verwaltungsgerichte, *Remmert*, S. 189.
[1373] Jarass / Pieroth - *Jarass*, Art. 20 Rn. 41; *Borgmann*, S. 181.
[1374] *Borgmann*, S. 181.
[1375] *Isensee* - HBStR IV, § 98 Rn. 118.
[1376] Vgl. Kap. 2 C III 1 b aa.

einräumen, der dem Staatsorganisationsrecht fremd ist. Kompetenznormen enthalten daher bereits in sich die Beschränkung, dass von ihnen nur zweckentsprechend Gebrauch gemacht werden darf.[1377] Dies ist als Grundgedanke der Norminterpretation anzusehen.[1378]

Die Einwirkungsbefugnisse des Bundes auf die durch die Länder auszuführende Verwaltung stehen ihm „ausschließlich im Interesse eines optimalen Vollzugs des materiellen Bundesrechts zur Verfügung".[1379] Daher enthalten diese Kompetenzen auch kein (kommunal-)politisches Mandat des Bundes.[1380]

Art. 85 Abs. 3 GG soll dem Bund insbesondere die Letztentscheidungskompetenz zur Lösung sachlicher Meinungsverschiedenheiten eröffnen,[1381] also ein besonders wirkungsvolles, zentrales Steuerungsmittel zur Verfügung stellen,[1382] das der verwaltungsinternen Kontrolle dient.[1383] Dieser Normzweck steht gleichgewichtig neben dem der Wahrung der Eigenständigkeit der Länder in der Verwaltung,[1384] denn Art. 84 GG und Art. 85 GG respektieren die Länder als geschlossene Entscheidungseinheiten.[1385] Weisungen müssen damit einerseits der effektiven Gestaltung der Auftragsverwaltung dienen und andererseits die Eigenständigkeit der Länder in der Verwaltung wahren. Weisungen, die zur Erfüllung dieser Normzwecke nicht geeignet sind, sind daher verfassungswidrig.[1386]

d) Die Beschränkung von Kompetenzen durch das allgemeine Willkürverbot

Das Willkürverbot gehört neben dem Verhältnismäßigkeitsgrundsatz „zu den elementaren Bestandteilen der Gerechtigkeit" und ist seit langem anerkannt.[1387] Auch

---

1377 So auch *Rengeling* - HBStR IV, § 100 Rn. 11.

1378 *Lange*, NVwZ 1990, 928 (930); Dieser Grundsatz ist allerdings keinesfalls aus § 40 VwVfG abzuleiten. Dieser betrifft nur das Staat -Bürger-Verhältnis im Rahmen von Verwaltungsakten.

1379 Für Art. 84 und Art. 85 Abs. 1 GG, *Köttgen*, Gemeinde, S. 77; in diesem Sinne auch BVerfGE 22, 180 (210); *v. Hausen / v. der Heide*, DÖV 1958, 753 (753); *Fuhrmann*, ZG 11 (1996) 352 (354); für Art. 85 Abs. 3 GG: Bonner Kommentar - *Zieger / Bischof*, Art. 87 c Rn. 113; *Steinberg*, AöR 110 (1985) 419 (430); *Schulte*, VerwArchiv 81 (1990) 415 (428).

1380 *Köttgen*, Gemeinde, S. 77.

1381 *Ossenbühl*, Der Staat 28 (1989) 31 (44); vgl. auch Dreier - *Hermes*, Art. 85 Rn. 37.

1382 *Blümel* - HBStR IV, § 101 Rn. 59; Als „reguläres" Mittel zur Beilegung von Meinungsverschiedenheiten zwischen Bund und Ländern schätzen sie Jarass / Pieroth - *Pieroth*, Art. 85 Rn. 6; Dreier - *Hermes*, Art. 85 Rn. 37; *Gornig*, JZ 1992, 307 (309) ein.

1383 *Steinberg*, AöR 110 (1985) 419 (426); *Wolff / Bachof / Stober*, VerwR I, § 20 Rn. 11.

1384 BVerfGE 26, 338 (397); Alternativkommentar – *Bull*, Art. 85 Rn. 14.

1385 *Niermann*, S. 65; Die besondere Schutzfunktion von Art. 85 Abs. 2 GG betonte zuletzt BVerfGE 100, 249 (259).

1386 Lange, Weisungsrecht, S. 75.

1387 *Schneider*, FS BVerfG II, S. 393; *Kirchhof*, FS Lerche, S. 134, den elementaren Charakter hat das BVerfG ebenfalls immer wieder betont.

Kompetenznormen, vor allem solche, die das Bund-Länder-Verhältnis betreffen,[1388] sollen diesem in einer objektiven Prägung unterliegen.[1389]

Das allgemeine staatliche Willkürverbot wurde vom Bundesverfassungsgericht in der Vergangenheit der objektivrechtlichen Seite des Art. 3 Abs. 1 GG entnommen.[1390] In der Literatur und neuerdings auch verstärkt in der Rechtsprechung wird eine Ableitung aus dem Rechtsstaatsprinzip favorisiert.[1391] Für eine Ableitung aus letzterem spricht, dass dort jedenfalls das Verbot unzulässiger Rechtsausübung[1392] und die Forderung nach „abgewogener Entscheidungsfindung"[1393] verankert ist. Zudem lässt sich die Forderung nach Entscheidungsrationalität bzw. nach der Abwesenheit von Willkür bereits seit der RV von 1871 nachweisen.[1394] Diese stand im Zusammenhang mit den Attributen „rechtsstaatlich-rational",[1395] die Bezugnahme auf das Rechtsstaatsprinzip kann also auf eine Tradition verweisen.

Allerdings lässt bereits die „Zweckgerichtetheit des staatlichen Gefüges in seiner Gesamtheit, die Einheitlichkeit des Staates als einer auf die Verwirklichung von Zwecken gerichteten Veranstaltung, [...] a priori keinen Raum für willkürliches Verhalten von staatlichen Untereinheiten."[1396] Diese Annahme hat im geschriebenen Verfassungsrecht soweit es das Bund-Länder-Verhältnis betrifft, insbesondere aber in Art. 20 Abs. 2 und Abs. 3 GG sowie Art. 131 und Art. 134 GG seinen Niederschlag gefunden. Gerade Art. 20 Abs. 3 GG setzt die „gleichgerichteten Aufgabenstellungen" der verschiedenen Staatsorgane voraus und erkennt diese an. Damit besteht soweit geschriebene Schranken für das jeweilige Kompetenzverhältnis fehlen, ein staatsinternes Willkürverbot.[1397] Im Verhältnis von Bund und Ländern hat dies - die Ableitung aus dem Rechtsstaatsprinzip überflüssig machend[1398] - zur Folge, dass zur Begründung des Willkürverbots das Bundesstaatsprinzip herangezogen werden kann.[1399]

1388 BVerfGE 56, 298 (313) für Länder und Gemeinden; BVerfGE 86, 148 (250 f) mit Bezug auf Art . 20 Abs. 3 GG im Steuerausgleich; Sachs - *Osterloh*, Art. 3 Rn. 74.

1389 *Rengeling* - HBStR IV, § 100 Rn. 11; zum Missbrauch von Kompetenzvorschriften auch BVer fGE 14, 76 (99).

1390 BVerfGE 35, 362 (371 f.); BVerfGE 76, 130 (139); mit dieser Einschätzung der Rspr . Jarass / Pieroth - *Jarass*, Art. 3 Rn. 4; *Schneider*, FS BVerfG II, S. 393; die Ableitung aus Art. 3 GG ausdrücklich ablehnend *Kunig*, S. 313; wie das BVerfG auch *Kirchhof*, FS Lerche, S. 134.

1391 BVerfGE 56, 298(313); BVerfGE 86, 148 (251) zum Grundsatz der R echtsstaatlichkeit zwischen Hoheitsträgern; BVerfGE 89, 132 (141); jedoch bereits auch BVerfGE 23, 353 (372 f.); BVerfGE 25, 198 (209 f.); Jarass / Pieroth - *Jarass*, Art. 3 Rn. 4; Sachs - *Osterloh*, Art. 3 Rn. 34; *Stern* I, § 20 IV 2 b.

1392 *Schmidt-Aßmann* - HBStR I, § 24 Rn. 22.

1393 *Schmidt-Aßmann* - HBStR I, § 24 Rn. 22, 25.

1394 *Remmert*, S. 124, 168, 200; *Apelt*, S. 253.

1395 *Apelt*, S. 253; *Remmert*, S. 168.

1396 *Kunig* S. 313; verweist auch auf BVerfGE 38, 225 (229), wo das BVerfG implizit diesen Grundsatz anerkenne.

1397 *Kunig*, S. 316.

1398 *Kunig*, S. 313.

1399 *Kunig*, S. 313; Maunz / Dürig - *Dürig*, Erstbearb. Art. 19 Abs. 3 Rn. 55.

Das Willkürverbot ist allerdings nur ein sehr grober Filter für staatliches Handeln und schränkt daher auch das Handeln im Bund-Länder-Verhältnis nur wenig ein. Das Willkürverbot ist erst dann verletzt, wenn „die Rechtsanwendung oder das Verfahren unter keinem denkbaren rechtlichen Aspekt mehr vertretbar sind und sich daher der Schluss aufdrängt, dass sie auf sachfremden und damit willkürlichen Erwägungen beruhen."[1400] Damit besteht auch für Weisungskompetenz nur ein sehr grober Filter. Eine Beschränkung auf ein „angemessenes" oder „verhältnismäßiges" Maß kann hieraus nicht abgeleitet werden.[1401]

Es zeigt sich aber - und dies ist von grundsätzlicher Bedeutung - dass für das Kompetenzverhältnis von Bund und Ländern die Aussagen des Rechtsstaatsprinzips durch das Bundesstaatsprinzip und damit möglicherweise auch durch das Prinzip der Bundestreue überlagert werden.[1402] Folgerungen aus dem Rechtsstaatsprinzip treten nämlich hinter problemnäheren Verfassungsaussagen zurück.[1403]

e) Ergebnis und abschließende Stellungnahme

Eine Anwendung des Verhältnismäßigkeitsprinzips auf die Weisungskompetenz des Bundes gemäß Art. 85 Abs. 3 S. 1 GG scheidet aus. Die Kompetenz ist lediglich durch den Normzweck und das Willkürverbot beschränkt. Die Wirkung dieser Kompetenzschranken ist nicht so stark,[1404] dass damit die Forderung derjenigen erfüllt wäre, die die Anwendung des Verhältnismäßigkeitsgrundsatzes für sachgerecht halten.[1405] Denn diese verlangen eine Beschränkung der Kompetenz auf ein „verhältnismäßiges" Maß, also eine „angemessene" Berücksichtigung der Länderinteressen. Diese Forderungen erscheinen vor dem Hintergrund der dargelegten subjektivrechtlichen Komponente der Länderstellung in der Auftragsverwaltung nicht abwegig. Ob sie tatsächlich begründet sind, ist wie ausgeführt,[1406] einerseits wegen der Relevanz der Weisungskompetenz im Kernenergiewesen, andererseits wegen der nach der Rechtsprechung eingeschränkten Rechtsschutzmöglichkeiten der Länder in der Auftragsverwaltung von Bedeutung. Daher ist zu überprüfen, ob sich aus anderen staatsorganisationsrechtlichen und speziell bundesstaatlichen Grundsätzen eine Beschränkung der Weisungskompetenz des Art. 85 Abs. 3 GG auf das verhältnismäßige Maß ergibt. Insbesondere kommt die Untersuchung des Grundsatzes

---

1400 BVerfGE 86, 59 (63); tatsächlich und eindeutig unangemessen, BVerfGE 83, 82 (84); Die Maßnahme ist missbräuchlich „wenn sich aus der Natur der Sache e rgebende oder sonst wie sachlich einleuchtende Gründe für eine gesetzliche Differenzierung oder Gleichbehandlung nicht finden lässt", so BVerfGE 89, 132 (141); BVerfGE 1, 14 (52); BVerfGE 83, 1 (23).

1401 Dazu, dass der Gedanke des verhältnismäßigen Maßes den Verwaltungskompetenzregelungen immanent ist, *Stettner*, Grundfragen, S. 398 f.

1402 *Steinberg*, Bundesaufsicht, S. 32; *Brohm*, Landeshoheit, S. 38; *Stettner*, Grundfragen, S. 400 geht dagegen von einem Nebeneinander von Rechtsstaa tlichkeit und föderalistischem P rinzip aus.

1403 *Schmidt-Aßmann* - HBStR I, § 24 Rn. 7.

1404 Dazu auch *Brohm*, Landeshoheit, S. 38.

1405 So stellvertretend für viele *Lange*, Weisungsrecht, S. 84; *Wagner*, DVBl. 1987, 917 (920); zum Diskussionsstand, Kap. 2 C III 1 b bb.

1406 Vgl. Kap. 2 C III 1.

der Bundestreue in Betracht, denn es wird vertreten, der Verhältnismäßigkeitsgrundsatz finde im bundesstaatlichen Bereich eine Entsprechung in der Bundestreue.[1407]

2. Die Beschränkung der Weisungskompetenz durch den Grundsatz der Bundestreue

Die Weisungskompetenz des Bundes findet anerkanntermaßen eine weitere Schranke im Grundsatz der Bundestreue.[1408] Aus diesem werden ganz überwiegend Pflichten zur Gestaltung von Stil und Procedere abgeleitet,[1409] was vor allem bedeutet, dass den Ländern vor Weisungserlass die Gelegenheit zur Stellungnahme gegeben werden muss.[1410] Andere betonen allerdings, dass sich für Kompetenzen auch materielle Schranken ergeben können.[1411] Es ist daher zu klären, welche Auswirkungen der Grundsatz der Bundestreue auf die Weisungskompetenz des Art. 85 Abs. 3 GG hat.

a) Die unklare dogmatische Ableitung

In Bezug auf die dogmatische Ableitung der Bundestreue bestehen sowohl im wissenschaftlichen als auch im richterlichem Umgang Defizite;[1412] sie ist immer noch unklar. Die Ableitung aus dem Wesen oder Begriff des Bundesstaats ist die am

---

1407 *Borgmann*, S. 195;.

1408 BVerfGE 4, 115 (140); BVerfGE 81, 310 (335, 337); BVerfGE 84, 25 (30 ff.); BVerfGE 102, 167 (173); Jarass / Pieroth - *Pieroth*, Art. 85 Rn. 6a; v. Münch - *Broß*, Art. 85 Rn. 18; Dreier - *Hermes*, Art. 85 Rn. 48; *v. Münch*, Rn. 879; Schmidt-Bleibtreu / Klein - *Schmidt-Bleibtreu*, Art. 85 Rn. 8; synonym werden die Begriffe der Pflicht zu bundesfreundlichem Verhalten der Länder und des länderfreundlichen Verhaltens des Bundes verwandt, vgl. Maunz / Dürig -*Herzog*, Art. 20 Rn. 61 ff.; v. Münch - *Schnapp*, Art. 20 Rn. 9; *Schulte*, VerwArchiv 81 (1990) 425 (430); *Winter*, DVBl. 1985, 993 (995); insgesamt zur Bundestreue, *Oeter*, Bundesstaatsrecht, S. 213 ff.

1409 BVerfGE 81, 310 (337); Maunz / Dürig - *Lerche*, Art. 85 Rn. 57; *Stern* I, § 19 III 4 e; als Maßstab „in formeller Hinsicht" wird dieser in BVerfGE 102, 167 (173) eingesetzt; soweit das BVerfG die Geltendmachung der inhaltlichen Verfassungswidrigkeit von Weisungen durch die Länder ausschließt, also allein die Rüge eines Eingriffs in die Wahrnehmungskompetenz bzw. hinsichtlich der Ausübungsweise der Weisung zulässt, so BVerfGE 81, 310 (336 f.), wird die Anerkennung dieser Weisungsschranke als inkonsequent kritisiert, *Dieners*, DÖV 1991, 923 (924). Es werde die prinzipielle Trennung von Sach- und Wahrnehmungskompetenz in Frage gestellt, so *Dieners*, DÖV 1991, 923 (924). Wenn man aber wie das Bundesverfassungsgericht den Grundsatz der Bundestreue nur auf „Stil und Procedere" bezieht, kann dieser Kritik nicht zugestimmt werden.

1410 BVerfGE 81, 310 (337); Dreier – *Hermes*, Art. 85 Rn. 48, *v. Münch*, Rn. 879.

1411 *Lange*, Weisungsrecht, S. 88; *Schulte*, VerwArchiv 81 (1990) 415 (431); *Bayer*, S. 64, 67.

1412 Mit einem Überblick über Begründungsansätze, *Bauer*, S. 5 ff.; vor allem mit Kritik an fehlender dogmatische Ableitung in der Rspr. des Bundesverfassungsgerichts, z. B. in BVerfGE 3, 52 (57); BVerfGE 26, 116 (137); BVerfGE 41, 291 (308); BVerfGE 61, 149 (205); BVerfGE 76, 1 (77) (allerdings wird hier ohnehin meist eine Verstoß verneint); ebenso *Oeter*, Bundesstaatsrecht, S. 226, 240; vgl. auch *Hesse*, Unitarischer Bundesstaat, S. 7 ff.; *Fuß*, DÖV 1964, 37 (41)

weitesten verbreitete.[1413] Es wird aber auch vertreten, dass der Grundsatz der Bundestreue im allgemeinen Rechtsgrundsatz von Treu und Glauben wurzelt.[1414]

Gegen die Herleitung aus dem Grundsatz von Treu und Glauben spricht, dass die Anerkennung des Grundsatzes als allgemeiner Rechtsgrundsatz,[1415] seine Anwendbarkeit auf das öffentliche Recht[1416] und auf das Bundesstaatsrecht[1417] nicht hinreichend erklären, warum das Prinzip der Bundestreue gerade aus diesem Grundsatz abzuleiten sein soll. Ein letzter Begründungszusammenhang fehlt.

Die nachgewiesene Funktionsparallelität kann zur Begründung ebenfalls nicht ausreichen.[1418] Es kann auch nur als Ergebnis und nicht als Begründung angesehen werden, dass allgemeine rechtsstaatliche Maximen, wie das Gebot von Treu und Glauben, gerade durch die Bundestreue auf die bundesstaatlichen Beziehungen übertragen werden.[1419] Insgesamt erscheint daher überlegenswert, ob der Rechtsgedanke von Treu und Glauben nicht vielmehr allein den Bereich der Rechte des Einzelnen und damit das Staat-Bürger-Verhältnis betrifft.[1420]

An der Ableitung aus dem Wesen des Bundesstaats wird kritisiert, dass sie lediglich ein „allgemeiner staatstheoretischer“ Ansatz und allenfalls von geringem Erkenntniswerts sei, weil jeder Bundesstaat ein Unikat und die Bundestreue gerade nicht als gemeinsames Merkmal aller Bundesstaaten nachzuweisen sei.[1421] Diese Kritik greift jedoch nicht für Ansätze, die die Ausformung des Bundesstaats durch das Grundgesetz zur Grundlage haben. Gegen diese Ansätze soll jedoch ebenfalls sprechen, dass sie in verfassungsrechtlicher Hinsicht nicht ertragreich seien, sondern nur die Staatstheorie und die Staatslehre betreffen würden. Sie seien im

---

[1413] BVerfGE 8, 122 (138); BVerfGE 6, 309 361); BVerfGE 1, 299 (315); Maunz / Dürig - *Maunz*, Erstbearb. Art. 20 Rn. 22; *Bayer*, S. 41, 45; *Sarcevic*, S. 162; *Stern* I, § 19 III 4 d.

[1414] *Bauer*, S. 247, unter Einbeziehung der Überlegungen von *Bayer*, S. 64 ff.; Dreier - *Bauer*, Art. 20 Rn. 27; bereits auch *Fuß*, DÖV 1964, 37 (38); ebenso Sachs - *Sachs*, Art. 20 Rn. 68; *Degenhart*, Staatsrecht, Rn. 182; zur Kritik an anderen Ableitungsmodel len, siehe *Bauer*, S. 237. Auch mit Hinweis auf die Methodik ist er gegen die Zusammenschau verschiedener Einzelaspekte. Rechtsstaatliche Ansätze, insbesondere die Able itung aus dem Verhältnismäßigkeitsgrundsatz sollen an deren mangelnder Anwendbarkeit im B und-Länder-Verhältnis scheitern, S. 242. Dazu sei jedoch angemerkt, dass diesem im Hinblick auf den Verhältnismäßigkeit sgrundsatz zwar zuzustimmen ist, jedoch kein allgemeingültige Ablehnung für alle Ansätze gefolgert werden kann.

[1415] *Degenhart,* Staatsrecht, Rn. 182; *Bauer*, S. 245.

[1416] BVerfGE 59, 128 (167).

[1417] *Bauer*, S. 247.

[1418] *Bauer*, S. 243, 247; darauf, dass diese Parallelität schon seit langem – ohne weitere Konsequenzen- anerkannt ist, weist er selbst hin, S. 248.

[1419] *Bauer*, S. 244; ähnlich auch *Fuß*, DÖV 1964, 37 (38).

[1420] Auf seine Ausformung als Regulativ des „Verkehr des einem mit dem anderen“ hinweisend, allerdings unter Bezugnahme auf privatrechtliche Rechtsbeziehungen, *Bayer*, S. 47 f.; *Schenke*, Verfassungsorgantreue, S. 47 f.

[1421] *Bauer*, S. 18 f.

verfassungsrechtlichen Bereich daher nur als Erklärungshilfen und Anregungen nutzbar.[1422]

Dem kann nicht zugestimmt werden, da gerade auf die konkrete verfassungsrechtliche Ausgestaltung des Bundesstaats durch das Grundgesetz Bezug genommen wird. Das Wesen des Bundesstaats oder besser das Bundesstaatsprinzip ist Teil des Verfassungsrechts, da es im Grundgesetz durch ausdifferenzierte Regelungen rechtlich fixiert ist.[1423] Es handelt sich um eine „voll ausgebaute bundesstaatliche Ordnung",[1424] die durch eine umfassende Kodifikation der Kompetenzen von Bund und Ländern erreicht wird und nur im Hinblick auf das Zusammenwirken im Allgemeininteresse nicht abschließend ist.[1425]

Die Kritik hat also keinen Bestand. Es spricht also einiges dafür, dass die Bundestreue eine „der bundesstaatlichen Ordnung des Grundgesetzes `immanente Verfassungsnorm´ [ist], die sich daraus ergibt, dass diese Ordnung auf gegenseitige Ergänzung und Zusammenwirken von Bund und Ländern angelegt ist."[1426] Auf eine endgültige Entscheidung über die Ableitung[1427] kann hier aber verzichtet werden: Sowohl die Ableitung aus dem Wesen des Bundesstaats bzw. aus dem Bundesstaatsprinzip als auch die aus dem Grundsatz von Treu und Glauben kommen nämlich inhaltlich für den hier relevanten Bereich der Bedeutung als Kompetenzschranke zu den gleichen Ergebnissen.[1428]

b) Die Voraussetzungen der Anwendung des Grundsatzes der Bundestreue

Die Anwendung des Grundsatzes der Bundestreue setzt ein konkretes Rechtsverhältnis zwischen Bund und Ländern oder zwischen Ländern voraus, ist also akzessorisch.[1429] Erforderlich ist ein Kompetenztitel, der dieses Verhältnis begründet.[1430] Bei der Ausübung dieser Kompetenz muss die Bundestreue „beachtet" werden, sie wird dagegen nicht selbständig ausgeführt.[1431] Der Pflicht zur Beachtung der Bundestreue unterliegen Bund und Ländern bei jeder ihrer Maßnahmen, sei es

[1422] *Bauer*, S. 228; zur allgemeinen Kritik aus der Ableitung aus dem „Wesen" des Bundesstaates, *Hesse*, Unitarischer Bundesstaat, S. 8, vgl. auch *Stern* I, § 19 III 4 d zur Verrechtlichung und damit zur Konturierung des Grundsatzes.

[1423] Vgl. dazu *Oeter*, Bundesstaatsrecht, S. 242; anders aber *Bauer*, S. 228.

[1424] So Sachs - *Sachs*, Art. 20 Rn. 68; zur Bedeutung des föderativen Elements im Grundgesetz auch *Hesse*, Unitarischer Bundesstaat, S. 27 ff.

[1425] *Oeter*, Bundesstaatsrecht, S. 242.

[1426] So nämlich trotz insgesamt sehr kritischer Haltung, *Hesse*, Grundzüge, Rn. 270.

[1427] Diese ist nämlich äußerst problematisch, Vgl. dazu *Oeter*, Bundesstaatsrecht, S. 242 f.

[1428] Siehe dazu unmittelbar im Anschluss Kap. 2 C III 3 d und e.

[1429] BVerfGE 13, 54 (75); BVerfGE 21, 312 (326); BVerfGE 42, 103 (117); Sachs - *Sachs*, Art 20 Rn. 69; *Vogel* – HBVR, § 22 Rn. 48; *Steinberg*, Bundesaufsicht, S. 38; differenzierend *Bauer*, S. 335 f.

[1430] Denn die Bundestreue schafft selbst keine Kompetenz, BVerfGE 13, 54 (75); BVerfGE 42, 103(117), BVerfGE 21, 312 (326); *Vogel* - HBVR, § 22 Rn. 48; *Tschentscher*, S. 87; *Bayer*, S. 63; *Lange*, Weisungsrecht, S. 113;

[1431] BVerfG 21, 312 (326); BVerfGE 8, 122 (131); *Tschentscher*, S. 87; *Bayer*, S. 63.

beim Erlass von Gesetzen, sei es beim Erlass von Regierungs- oder Verwaltungsakten.[1432] Ein Verstoß setzt kein Verschulden voraus[1433] und beinhaltet auch keinen Vorwurf.[1434] Lediglich eine objektive Treuwidrigkeit,[1435] von der teilweise angenommen wird, sie müsse eine Erheblichkeitsschwelle überschreiten, ist erforderlich.[1436] Die Seite, die eine solche Treuwidrigkeit geltend macht, soll zwar selbst bundestreu handeln, der Einwand „tu quoque“ ist jedoch unzulässig.[1437]

c) Die Bedeutung der Bundestreue

Über die Bedeutung des Grundsatzes der Bundestreue für das bundesstaatliche Kompetenzgefüge existieren unterschiedliche Meinungen.[1438]

aa) Die Bundestreue als Verfahrensaspekt oder als Grundprinzip des Bundesstaats

Das Grundgesetz zielt auf eine möglichst abschließende Kodifikation des Bund-Länder-Verhältnisses, so dass der Gedanke einer ergänzenden und teilweise überformenden „ungeschriebenen Verfassung“ alles andere als selbstverständlich ist.[1439] Doch selbst bei Beachtung aller im Grundgesetz enthaltenen Normen über das Verhältnis von Bund und Ländern funktioniert das bundesstaatliche Gefüge in der Praxis nur, wenn alle Beteiligten ein gewisses Maß an gegenseitiger Rücksicht üben[1440] oder mit anderen Worten: „wenn die Glieder des Bundesstaats einander wie auch dem größeren Ganzen und der Bund den Gliedern die Treue halten“.[1441] Die anerkannteste Bedeutung der Bundestreue liegt daher in einem

---

[1432] BVerfGE 8, 122 (131); dazu *Bayer*, S. 92.

[1433] Jarass / Pieroth - *Pieroth*, Art. 20 Rn. 13; *Bauer*, S. 337.

[1434] BVerfGE 8, 122 (140); Sachs - *Sachs*, Art. 20 Rn. 69; *Stern* I, § 19 III 4 d.

[1435] BVerfGE 8, 122 (140); *Isensee*- HBStR IV, § 98 Rn. 157; Sachs - *Sachs*, Art. 20 Rn. 69.

[1436] Dazu *Bauer*, S. 339; zur Kritik an dieser Voraussetzung, s. unten Kap. 2 C III 3 d aa.

[1437] *Bauer*, S. 338; Sachs - *Sachs*, Art. 20 Art. 69; *Stern* I, § 19 III 4 d; *Maunz* / Zippelius, § 14 II 2; S. 105.

[1438] Für „grundlegend“ hält diesen stellvertretend für viele Maunz / Dürig - *Maunz*, Erstbearb., Art. 20 Rn. 20; für dennoch subsidiär und ergänz end *Bayer*, S.; Sachs - *Sachs*, Art. 20 Rn. 46, kritisch insgesamt *Hesse*, Unitarischer Bundesstaat, S. 6 ff. und Grundzüge, Rn. 268 f.; *Karpen / v. Rönn*, JZ 1990, 579 (584).

[1439] *Oeter*, Bundesstaatsrecht, S. 242; der geschriebenen Verfassung werde der Grundsatz „ohne Notwendigkeit“ hinzugefügt *Hesse*, Unitarischer Bundesstaat, S. 7; doch hält *Hesse*, Grundzüge, Rn. 270 diese selbst für eine „immanente Verfassungsnorm“; zur „ungeschriebenen Verfa ssung“, vgl. *Smend*, Ungeschriebenes Verfassungsrecht, S. 53 f.; denn d ie staatenbündische bzw. vertragliche Grundlage der RV liegt nicht mehr vor, dazu *Smend*, a.a.O., S. 49 f., 51.

[1440] BVerfGE 81, 310 (337); BVerfGE 32, 199 (218); BVerfGE 12, 205 (255); *Borgmann*, S. 195; *Vogel* - HBVR; § 22, Rn. 46; in diesem Sinne auch Sachs - *Sachs*, Art. 20 Rn. 45; *Brohm*, Landeshoheit, S. 37.

[1441] BVerfGE 1, 299 (316 f.); *Maunz / Zippelius*, § 14 II 2; Dreier - *Bauer*, Art. 20 Rn. 27.

Rücksichtnahmegebot.[1442] Außerdem soll sie auch die Funktion einer Auslegungsregel für Verfassungsnormen des Bund-Länder-Verhältnisses haben.[1443]

In der Kalkar-Entscheidung hat das Bundesverfassungsgericht die Bundestreue allerdings nur noch zur Begründung dafür herangezogen, dass dem Land vor Weisungserlass eine Gelegenheit zur Stellungnahme (von genügendem zeitlichem Umfang) auf den vorher sinngemäß zu nennenden potentiellen Weisungsinhalt eingeräumt und der Standpunkt des Landes erwogen wird.[1444] Trotz eines ausführlichen Hinweises auf das Rücksichtnahmegebot,[1445] wurde weder für erforderlich gehalten, dass der Bund ein Einvernehmen anstrebt,[1446] noch dass er das Landesinteresse, die Sachentscheidung selbst zu treffen, berücksichtigt.[1447] Aus dem Grundsatz der Bundestreue oder spezieller, aus dem Rücksichtnahmegebot, wurden also keine Anforderungen an die materielle Verfassungsmäßigkeit der Weisungen abgeleitet.[1448]

Diese Rechtsprechung steht im direkten Gegensatz zu der Einschätzung, dass die Bundestreue einen „fundamentalen Grundsatz unseres Verfassungslebens [darstellt], der das gesamte Verhältnis von Bund und Ländern beherrscht" und dem Föderalismus immanent ist.[1449] Früher nahm selbst das Bundesverfassungsgericht an, dass „der Bundesstaat [...] nur bestehen [kann], wenn Bund und Länder im Verhältnis zueinander beachten, dass das Maß, in dem sie von formal bestehenden Kompetenzen Gebrauch machen können, durch gegenseitige Rücksichtnahme bestimmt ist."[1450] Da die Bundestreue aber sogar „den Bestand eines Bundesstaats auf die Dauer gewährleisten" soll, weil dieser voraussetze, dass ein Prinzip „dem Gesamtstaat ebenso wie den Gliedern gebiete, nicht eigensüchtig das Ziel eines allmählichen `Überwiegens´ über den anderen Teil zu verfolgen, sondern bei aller Wahrung eigener Interessen den Ausgleich mit dem anderen Teil zu suchen,"[1451] ist zu überprüfen, ob aus der Bundestreue nicht über Verfahrensaspekte hinausgehende Konsequenzen für die Weisungskompetenz abzuleiten sind.

1442 BVerfGE 73, 118 (197); BVerfGE 4, 115 (141 f.); BVerfGE 32, 199 (218); BVerfGE 34, 216 (234); *Borgmann*, S. 195; trotz Einschränkung der Bedeutung im Übrigen, *Hesse*, Unitarischer Bundesstaat, S. 10; weiterhin auch BVerfGE 81, 310 (337).

1443 Historisch: *Smend*, Ungeschriebenes Verfassungsrecht, S. 51 f.; heute: *Oeter*, Bundesstaatsrecht, S. 226; *Bayer* S. 63.

1444 BVerfGE 81, 310 (337 f., 345 f.); dementsprechend wird die Bundestreue in BVerfGE 102, 167 (173) nur noch als Maßstab in formeller Hinsicht überprüft.

1445 Dieser sollte sich allein auf die Ausübungsmodalitäten der Weisungen auswirken, vgl. BVerfGE 81, 310 (337).

1446 BVerfGE 81, 310 (337).

1447 BVerfGE 81, 310 (338).

1448 Diese Reduzierung auf Verfahrensaspekte ist im Zusammenhang mit einer früheren Entscheidung zu sehen, die verlangte, dass „Procedere und Stil der Verhandlungen" dem Gebot der Bundestreue entsprechen müssten, BVerfGE 12, 205 (255); Diese Einschätzung teilt *Lange*, Weisungsrecht, S. 36

1449 Maunz / Dürig - *Maunz*, Erstbearb. Art. 20 Rn. 22.

1450 BVerfGE 4, 115 (141);

1451 *Bayer*, S. 43; ähnlich auch Sachs - *Sachs*, Art. 20 Rn. 70; Mit einer völlig gegenteiligen Einschätzung, *Fuß*, DÖV 1964, 37 (41), der allerdings von der Geltung des Verhältnismäßigkeitsgrundsatzes ausgeht; *Hesse*, Unitarischer Bundesstaat, S. 6 ff., dem folgend Jarass / Pieroth - *Pieroth*, Art. 20 Rn. 12.

bb) Die historische Funktion der Bundestreue und Konsequenzen für die heutige Verfassungslage

Der Gedanke der Bundestreue war, wie *Smend* herausgearbeitet hat,[1452] bereits im monarchischen Bundesstaat als Satz des ungeschriebenen Verfassungsrechts anerkannt,[1453] wurde aber unter RV und WRV überwiegend als nicht zwingend eingestuft.[1454] Erst unter Geltung des Grundgesetzes konnte zusätzlich zur politischen Komponente, die Anerkennung als bindender Verfassungsgrundsatz festgestellt werden.[1455]

Unter der WRV herrschte eine eher unitarische Bundestreuelehre vor.[1456] Trotzdem wurde die Einschränkung der Notkompetenz des Reichspräsidenten aus Art. 48 Abs. 2 WRV, die „unter dem Vorbehalt der Durchsetzung staatlicher Notwendigkeiten" stand,[1457] als Konkretisierung der Pflicht zu „bundesfreundlichem Verhalten" bewertet.[1458] Ebenso wurde vertreten, dass diese Kompetenz „in keinem höheren Grade benutzt [werden durfte], als es durch die konkreten Zwecke [...] geboten" war.[1459] Aus der Bundestreue wurde also zum einen eine materielle Beschränkung des Einsatzes der Kompetenz gefolgert, wie sie - was zu zeigen ist - auch heute im Rahmen der herrschenden Typologie angenommen wird.[1460] Zum anderen wurden aus ihr für die Ausübung der Kompetenz die Anforderungen der Erforderlichkeit und - wenn man die „Gebotenheit" als Ausdruck eines angemessenen Verhältnisses zwischen verfolgtem Zweck und resultierenden bundesstaatlichen Nachteilen versteht - der Verhältnismäßigkeit im engeren Sinne, abgeleitet.[1461] Zu Recht wird daher diese Begrenzung der Kompetenz des Art. 48 Abs. 2 WRV durch die Bundestreue für

---

[1452] *Smend*, Ungeschriebenes Verfassungsrecht, S. 49 ff., S. 51 f.

[1453] Die Einschätzung von *Smend* teilen: *Dittmann*, S. 103; *Stern* I, § 19 III 4; *Tschentscher*, S. 86; Dreier - *Bauer*, Art. 20 Rn. 26; Vgl. auch *Bayer* S. 44 f.; Sachs - *Sachs*, Art. 20 Rn. 68; *Huber*, Bd. 1, § 37 I 1 sieht historisch die Bundestreue als notwen diges Prinzip von Bundesstaat und Staatenbund. Allerdings besteht die bündische Grundlage, die damals existierte, unter dem Grundgesetz nicht mehr, dazu *Hesse*, Unitarischer Bundesstaat, S. 8; *Brohm*, Landeshoheit, S. 37. Der Grundsatz soll sich bis ins Mittelalter nachweisen lassen, *Bayer*, S. 51.

[1454] *Bayer*, S. 27 f. mit Nachweisen; *Hesse*, Unitarischer Bundesstaat, S. 8 und Grundzüge, Rn. 269.

[1455] *Bayer*, S. 29; Dieser stufte diesen Grundsatz als Verfassungsgewohnheitsrecht ein, vgl. S. 33; zur Kritik daran in den 1960ern und heute, vgl. *Bauer*, S. 237 f.; BVerfGE 6, 309 (328) stellte ausdrücklich die verfassungsgerichtliche Übe rprüfbarkeit klar.

[1456] *Oeter*, Bundesstaatsrecht, S. 240.

[1457] *Grau*, AöR 23 (1933) 99 (108), da es sich um eine „Kompetenzverschiebung" zwischen R eich und Ländern handele.

[1458] *Grau*, AöR 23 (1933) 99 (108); *Bayer* S. 88; dazu auch Anschütz / Thoma - *Grau*, HdBdStR II, § 80 II 6; anders *Remmert*, die dies als Ausdruck eines ultima -ratio-Gedankens wertet, vgl. Kap. 2 C III 1 b ee (3) (a) (cc).

[1459] *Grau*, AöR 23 (1933) 99 (108); *Bayer* S. 88.

[1460] Vgl. Kap. 2 C III 3 d.

[1461] Der Gedanke der Verhältnismäßigkeit gelte auch auf dem „Gebiet der völkerrechtlichen Repressalie", so Anschütz / Thoma - *Grau*, HBdStR II, § 80 II 6;

„bemerkenswert" gehalten.[1462] Diese historische Bedeutung des Grundsatzes spricht gegen dessen Reduzierung auf Verfahrensaspekte.

Hinzu kommt, dass der Verfassungsgeber 1949 eine bundesstaatliche Ordnung geschaffen hat, die den Ländern erheblich größeres Gewicht zumisst als die der WRV.[1463] Die föderale Gliederung ist zu einem tragenden Strukturprinzip geworden. Sie wird nicht nur in Art. 20 Abs. 1 genannt, sondern durch Art. 79 Abs. 3 GG als unverrückbar festgelegt[1464] und durch eine möglichst umfassende Kodifikation der Kompetenzen von Bund und Ländern abgesichert.[1465] Diese umfassende Kodifikation weist der Bundestreue eine erhebliche Bedeutung zu. Gerade wegen ihrer Komplexität kommt die „voll ausgebaute bundesstaatliche Ordnung" des Grundgesetzes nicht mit der Normeinhaltung alleine aus, sondern erfordert die Bundestreue aller Glieder.[1466] Denn das Zusammenwirken aller Beteiligten im Bundesstaat ist im Sinne des Allgemeininteresses nie abschließend regelbar.[1467] Die Bundestreue darf allerdings nicht zu Verschiebungen zwischen richterlicher und politischer Entscheidungsgewalt oder von Kompetenzen zwischen Bund und Ländern führen,[1468] sondern nur zur Ausfüllung und Konkretisierung der Kompetenzen und ihrer Schranken eingesetzt werden.[1469]

cc) Das Prinzip der Bundestreue konkretisiert in Verfassungsnormen

Teilweise werden verschiedene „bundesstaatliche" Regelungen des Grundgesetzes als Ausdruck des Prinzips der Bundestreue verstanden. Dies gilt für die Amtshilfe in Art. 35 Abs. 1 GG, für die Pflicht zur Berücksichtigung des gesamtwirtschaftlichen Gleichgewichts in Art. 109 Abs. 2 GG sowie für Verteilungsgrundsätze bei der Umsatzsteuer in Art. 106 Abs. 3 S. 4 Nr. 1 und 2 GG und Art. 106 Abs. 4 GG.[1470] Daneben wird auch Art. 53 S. 3 GG angeführt.[1471] Nur zusammenfassend sei festgehalten, dass diese Normen weit über reine Verfahrensaspekte hinaus gehen.

1462 *Bayer*, S. 88.
1463 Vgl. Kap. 1 B II 2 b aa, B III 2 d aa und B IV 2 d;
1464 Schnoor, DÖV 1979, 355 (355).
1465 *Oeter*, Bundesstaatsrecht, S. 242.
1466 So Sachs - *Sachs*, Art. 20 Rn. 68; a.A. *Hesse*, Unitarischer Bundesstaat, S. 8.
1467 Sachs - *Sachs*, Art. 20 Rn. 68.
1468 Diese Gefahr legt *Hesse* dar in Unitarischer Bundesstaat, S. 9; dazu ausführlich *Oeter*, Bundesstaatsrecht, S. 246 ff.; vgl. auch Sachs - *Sachs*, Art. 20 Rn. 69.
1469 Auch nach der einschneidenden Kritik von *Hesse* wurde vor allem an der Funktion als bundesstaatliche Auslegungsregel, sowie an der als Grundlage „unselbständiger Nebenpflichten" festgehalten, vgl. dazu *Oeter*, Bundesstaatsrecht, S. 249; ebenfalls die Funktion als Auslegungsregel betonend, *Sarcevic*, S. 162 f.; *Bauer*, S. 166 ff.; zur Funktion als Kompetenzausübungsschranke stellvertretende für viele Sachs - *Sachs*, Art. 20 Rn. 70; insgesamt zu den weiterhin anerkannten Konkretisierungen vgl. unten Kap. 2 C III 3 d.
1470 *Vogel* - HBVR § 22 Rn. 45.
1471 *Bayer*, S. 39, der anschließend einräumt, es lasse sich eine solche Einschätzung nicht mit Sicherheit begründen.

dd) Die allgemeine inhaltliche Bedeutung der Bundestreue

Die Bundestreue hat den Sinn, die „Gegensätze und Spannungen, die dem Bundesstaat von Natur aus innewohnen, um des Bestandes Willen auszugleichen und zu entschärfen“ und Tendenzen entgegenzuwirken, die das „in der Verfassung fein ausgewogene System von Gesamt- und Gliedstaatlichkeit zu durchbrechen“ drohen.[1472] Sie soll also das Zusammenwirken der Beteiligten im Sinne des Allgemeininteresses sicherstellen.[1473] Daher verpflichtet sie dazu, „dem Wesen dieses Bündnisses entsprechend zusammenzuwirken und zu seiner Festigung und zur Wahrung seiner und der wohlverstandenen Belange seiner Glieder beizutragen“[1474] und bei der Wahrnehmung von Kompetenzen die gebotene und zumutbare Rücksicht auf das Gesamtinteresse des Bundesstaats bzw. die Belange der Länder zu nehmen.[1475] Diese Pflicht soll verhindern, dass der eine Teil dadurch Schaden nimmt, dass der andere Teil seine Maßnahmen ausschließlich nach eigenen Interessen trifft.[1476] Sie ist also nicht anderes als die Pflicht widerstreitende Belange zu berücksichtigen und soweit wie möglich auszugleichen.[1477]

Vor dem Hintergrund der Zielsetzung wäre die Pflicht sich zu verständigen, abzustimmen oder zu informieren[1478] und vor Weisungserlass eine Gelegenheit zur Stellungnahme zu geben[1479] „unvollständig“.[1480] Die Folgerungen sind also keineswegs auf „Stil und das Procedere“ im bundesstaatlichen Miteinander beschränkt.[1481] Dem Grundsatz der Bundestreue ist folglich auch in materieller Hinsicht eine Bedeutung zuzumessen. Fraglich ist, wieweit die Bedeutung reicht und welche konkreten Schranken für die Weisungskompetenz sich aus ihr ergeben.

d) Konkretisierungen der Bundestreue, insbesondere: die Kompetenzbeschränkung

Für den praktischen Einsatz sind verschiedene Konkretisierungen aus dem Grundsatz der Bundestreue entwickelt worden. Hier wird die Typologie herangezogen, wonach sich aus der Bundestreue drei verschiedene Funktionskategorien ergeben:

[1472] *Bayer* S. 52.

[1473] Sachs - *Sachs*, Art. 20 Rn. 68; in diesem Sinne auch *Hesse*, Grundzüge, Rn. 270.

[1474] BVerfGE 3, 52 (57); BVerfGE 6, 309 (361); BVerfGE 8, 122 (138); *Karpen / v. Rönn*, JZ 1990, 579 (584); Das Zusammenwirken und die gegenseitige Ergänzung betont *Hesse*, Grundzüge, Rn. 270; auch *Bayer*, S. 5, stellt auch den verfassungsgeschichtlichen Wandel hinsichtlich der Erstr eckung der Pflicht auch auf den Bund bzw. das Reich dar; Sachs - *Sachs*, Art. 20 Rn. 68, 70; *Stern* I, § 19 III 4 e γ.

[1475] BVerfGE 81, 310 (337); BVerfGE 61, 149 (205); BVerfGE 32, 199 (218).

[1476] BVerfGE 76, 1 (77); BVerfGE 43, 291 (348).

[1477] *Bayer*, S. 43; *Lange*, Weisungsrecht, S. 88; *Steinberg*, Bundesaufsicht, S. 38 f.

[1478] BVerfGE 73, 118 (197); *Hesse*, Unitarischer Bundesstaat, S. 10; Dreier - *Bauer*, Art. 20 Rn. 227 über die Verfahrensgestaltung.

[1479] BVerfGE 81, 310 (337 f., 345 f.).

[1480] *Bayer*, S. 54.

[1481] *Bauer*, S. 343; *Maunz / Zippelius*, § 14 II 2, diese seien „nicht zuletzt“ vom Gebot der Bunde streue erfasst.

erstens die Pflichtenbegründung, zweitens die Rechtsbeschränkung (oder genauer die Kompetenzbeschränkung) und drittens die Bereitstellung ergänzender Regelungen für das föderative Vertragsrecht.[1482] Für die Beantwortung der Frage nach der Funktion des Grundsatzes der Bundestreue als Schranke der Weisungskompetenz des Art. 85 Abs. 3 S. 1 GG und einer „Entsprechung" in Bezug auf den Verhältnismäßigkeitsgrundsatz, ist also die zweite Kategorie einschlägig.

Die föderale Kompetenzbeschränkung wird teilweise für die wichtigste Ausprägung der Bundestreue gehalten.[1483] Sie ist jedenfalls in der Literatur allgemein anerkannt[1484] und wird auch von den unterschiedlichen Ableitungsansätzen nicht in Frage gestellt.[1485] In der Vergangenheit leitete auch das Bundesverfassungsgericht vielfach die „Beschränkung von Rechten und Kompetenzen" aus ihr ab.[1486]

Diese Beschränkung fordert, dass bei der Inanspruchnahme einer Kompetenz die gebotene Rücksichtnahme auf „die Belange der anderen Mitglieder der bundesstaatlichen Rechtsverhältnisse" und des Gesamtstaates genommen wird, also keine „egoistische" Durchsetzung eigener Rechtspositionen erfolgt.[1487] Dabei bildet das Verbot missbräuchlicher Rechtsausübung die Untergrenze.[1488] Fraglich ist aber, wie weit die kompetenzbeschränkende Funktion darüber hinausgeht. Eine Beschränkung, die nur noch verhältnismäßige Maßnahmen zuließe, also aus der Bundestreue eine Verhältnismäßigkeitsprüfung ableitet,[1489] ginge ganz erheblich darüber hinaus.

[1482] Zu dieser Typologie, *Bauer*, S. 333, 342.; Allerdings ist nicht eindeutig, ob das Rücksichtnahmegebot als Pflicht im Sinne der Kategorie 1 anzusehen ist, oder kompetenzbeschränkend wirkt. Diese Unklarheit ist in der Terminologie des Bundesverfassungsgerichts angelegt, vgl. z.B. BVerfG 21, 312 (326). Je doch ergibt sich bei der Ausübung einer Kompetenz inhaltlich kein Unterschied daraus, ob eine „Pflicht zur Rücksichtnahme" oder eine „Beschränkung durch das Rücksichtnahmegebot" besteht. Hier wird das Rücksichtnahmegebot als Kompetenzbeschränkung behandelt .

[1483] *Karpen / v. Rönn*, JZ 1990, 579 (584); Sie ist als Kompetenzschranke jedenfalls unentbehrlich, *Brohm*, Landeshoheit, S. 38.

[1484] *Hantke*, RdE 1992, 139 (145); Jarass / Pieroth - *Pieroth*, Art. 20 Rn. 13; Sachs - *Sachs*, Art. 20 Rn. 70; v. Münch - *Schnapp*, Art. 20 Rn. 9; *Stern* I, § 19 III 4 e γ; *Sarcevic*, S. 162; *Degenhart*, Staatsrecht, Rn. 191; wobei unterschiedlich beurteilt wird, ob es sich hier nur um eine Kompeten zschranke oder um eine Kompetenzausübungsschranke handelt; dazu *Bauer*, S. 7; als Kompetenzschranke bewerten ihn *Degenhart*, Staatsrecht, Rn. 191; Jarass / Pieroth - *Pieroth*, Art. 20 Rn. 13; *Brohm*, Landeshoheit, S. 38; als Kompetenzausübungsschranke *Stern* I, § 19 III 4 e γ; *Steinberg*, Bundesaufsicht. S. 37; Sachs - *Sachs*, Art. 20 Rn. 70.

[1485] Stellvertretend für die verschiedenen Ansätze *Bayer*, S. 64 f., insbes. S. 67 und *Bauer*, S. 244, 355 f.; dazu ausführlich Kap. 2 C III 3 a.

[1486] BVerfGE 12, 205 (254 f), BVerfGE 41, 291 (308 ff.); BVerfGE 4, 115 (140); BVerfGE 8, 122 (138); BVerfGE 43, 291 (348), und au ch das BVerwGE 50, 137 (148); dies gilt auch für das Verbot missbräuchlicher Kompetenzausübung, dazu BVerfGE 12, 205 (239); BVerfGE 21, 312 (326), BVerfGE 42, 103 (117); BVerfGE 14, 197 (215), BVerfGE 61, 149 (205); BVerfGE, 81, 310 (337).

[1487] BVerfGE 34, 21 6 (232); BVerfGE 43, 291 (348); BVerwGE 50, 137 (148).

[1488] BVerfGE 4, 115 (140); BVerfGE 14, 197 (215); BVerfGE 61, 149 (215); BVerfGE, 81, 310 (337); auch Jarass / Pieroth - *Pieroth*, Art. 20 Rn. 13; *Bauer*, S. 334.

[1489] Der Sache nach soll „auch der Grundsatz d er Verhältnismäßigkeit zur Geltung" kommen, so ausdrücklich Sachs - *Sachs*, Art. 20 Rn. 47; ähnlich auch *Bauer*, S. 358.

aa) Die Frage nach der Existenz einer Erheblichkeitsschwelle

Eine umfassende Verhältnismäßigkeitsprüfung wäre ausgeschlossen, wenn ein Verstoß gegen die Bundestreue oder genauer, gegen die Kompetenzbeschränkung, das Überschreiten einer Erheblichkeitsschwelle erfordern würde. Die Existenz einer solchen „besonderen Erheblichkeitsschwelle"[1490] wird aber teilweise angenommen.[1491] Diese hohen Anforderungen würden dazu führen, dass der Verstoß die Ausnahme wäre.[1492]

(1) Argumente aus der Bundestreue

Die Tendenz, den Prüfungsmaßstab bei Verstößen gegen die Bundestreue insgesamt auf „empfindliche" oder „schwerwiegende" heraufzusetzen, ist kritisiert worden.[1493] Es zeigt sich zunächst, dass eine Erheblichkeitsschwelle nicht für alle Ausprägungen des Grundsatzes gelten kann. Dies trifft auf die Ausprägung im Bereich föderativer Verträge, wie z. B. auf den Grundsatz „pacta sunt servanda" zu, denn dieser gilt unbedingt und ohne eine Erheblichkeitsschwelle.[1494] Wegen dieser unterschiedlichen Geltung erscheint auch eine einheitliche Begründung für eine Erheblichkeitsschwelle für sämtliche Ausprägungen unmöglich.[1495] Doch auch eine spezielle „Erheblichkeitsschwelle" als Maßstab der Kompetenzbeschränkung ist problematisch. Das Erheblichkeitskriterium leidet nämlich insgesamt an Unschärfen: Unklar ist bereits, in welcher Höhe diese Schwelle liegen soll.[1496] Des weiteren bleibt seine dogmatische Begründung offen:[1497] Teilweise wird es als Ausdruck der geforderten „äußersten Zurückhaltung"[1498] bei der Anwendung des Grundsatzes der Bundestreue verstanden und befürwortet.[1499] Diese Forderung wird teils auf die „Allgemeinheit" des Grundsatzes der Bundestreue, teils auf eine unzulässige Verrechtlichung politischer Auseinandersetzungen zwischen Bund und Ländern

---

[1490] BVerfGE 76, 1 (77) „unvertretbar geschädigt"; BVerfGE 61, 149 (205) „offenbar"; BVerfGE 34, 9 (44) „unvertretbar schädigt oder beeinträchtigt", BVerfGE 34, 216 (232) „schwerwiegend"; BVerfGE 6, 309 (361) „offenbar"; BVerfGE 4, 115 (140) „offenbar missbraucht", dazu *Bauer*, S. 357.

[1491] Das gleiche Resultat hat auch die Auffassung, wonach die Au sübung einer Kompetenz nur dann unzulässig sein soll, wenn „der Rechtsinhaber keine berechtigten Interessen verfolgt oder überwiegende Belange des bzw. der and eren Beteiligten entgegenstehen <u>und</u> die Rechtsausübung zu einer <u>gravierenden Störung</u> der bundesstaatlichen Ordnung führen würde", *Bauer*, S. 357; in diesem Sinne auch in Dreier - *Bauer*, Art. 20 Rn. 31.

[1492] Mit dieser Einschätzung für die Vergangenheit, *Bauer*, S. 357.

[1493] So auch *Bauer*, S. 339 f.

[1494] *Bauer*, S. 340.

[1495] *Bauer*, S. 340.

[1496] *Bauer*, S. 339.

[1497] *Bauer*, S. 340 zeigt vor allem auf, dass die sehr untersch iedlichen Ursprünge der Forderung nicht zu einer „allgemeinverbindlichen Erheblichkeitsschwelle" verdichtet werden können.

[1498] BVerfGE 4, 115 (140 f.) „äußerste Grenze"; diese befürwortet auch Jarass / Pieroth - *Pieroth*, Art. 20 Rn. 12; *Degenhart*, Staatsrecht, Rn. 191; *Hesse*, Unitarischer Bundesstaat, S. 9.

[1499] *Vogel* - HBVR, § 22 Rn. 48.

gestützt.[1500] Gegen das Argument der „Allgemeinheit" des Grundsatzes ist zu entgegnen, dass das Rechtsstaats- oder das Demokratieprinzip trotz ihrer anerkannten Bedeutung kaum konkreter sind, jedoch nicht nur bei erheblichen Verletzungen greifen. Darüber hinaus hat die Bundestreue durch ihre Anwendung und die Bildung einer Typologie eine wesentliche Konkretisierung erfahren. Von einer unzulässigen Verrechtlichung kann ebenfalls keine Rede. Es ist eine ureigene Aufgabe der Verfassung, den politischen Prozess rechtlich zu zügeln.[1501] Die politischen Kräfte im Bundesstaat haben sich dem Recht unterzuordnen.[1502]

(2) Argumente aus dem Vergleich zum allgemeinen Willkürverbot

Zur Begründung der Erheblichkeitsschwelle wäre allenfalls an eine Parallele zum allgemeinen rechtsstaatlichen Willkürverbot zu denken, denn dies greift nur, wenn die Verstöße gravierend sind.[1503] Eine solche Parallele erscheint jedoch fragwürdig, da der Grundsatz der Bundestreue und das Willkürverbot verschiedene Zielrichtungen verfolgen.

Die Bundestreue will ein quantitatives und qualitatives Mehr an Kompetenzschranke gegenüber einem Willkürverbot erreichen.[1504] Das Willkürverbot setzt nur einen groben Filter. Wird gegen diesen verstoßen, bedeutet dies, dass die jeweilige Maßnahme nicht mehr von der Kompetenznorm gedeckt ist. Denn in dem Fall, dass für eine Maßnahme „keine sachlich einleuchtenden Gründe"[1505] vorliegen, handelt es sich um einen Kompetenzmissbrauch, so dass nur noch der Anschein einer verfassungsrechtlichen Rechtfertigung durch den Kompetenztitel vorliegt. Die Anwendung der Bundestreue setzt aber gerade eine „an sich" bestehende Kompetenz voraus, die das bundesstaatliche Rechtsverhältnis begründet. Sie will auch nicht nur die Unterlassung eines Missbrauchs erreichen, sondern ein von Rücksichtnahme geprägtes und auf gliedstaatliche und gesamtstaatliche Belange eingehendes Handeln der Berechtigten. Dies verdeutlicht besonders die Formel, wonach „alle an dem verfassungsrechtlichen `Bündnis´ Beteiligten [...] gehalten [sind], dem Wesen des Bundesstaats entsprechend zusammenzuwirken und zu seiner Festigung und Wahrung seiner und der wohlverstandenen Belange seiner Glieder beizutragen."[1506]

Die Bundestreue führt zu einer Intensivierung des dem Begriff der „Kompetenz" von vornherein schon zu Grunde liegenden Gedankens, dass die Zuweisung einer Kompetenz, insbesondere im Bund-Länder-Verhältnis, nicht gleichbedeutend ist mit

[1500] *Vogel* - HBVR, § 22 Rn. 48; zu letzterem auch *Hesse*, Unitarischer Bundesstaat, S. 9 f.
[1501] *Isensee* - HBStR IV, § 98 Rn. 156.
[1502] *Bauer*, S. 251; *Isensee* - HBStR IV, § 98 Rn. 156.
[1503] BVerfGE 86, 59 (63); zu den erheblichen Anforderungen an einen Verstoß vgl. auch BVerfGE 83, 82 (84); BVerfGE 89, 132 (141); BVerfGE 83, 1 (23).
[1504] Dazu auch *Brohm*, Landeshoheit, S. 38.
[1505] BVerfGE 89, 132 (141); vgl. Kap. 2 C III 1 d.
[1506] BVerfGE 1, 299 (315); BVerfGE 6, 309 (361); Maunz / Dürig - *Maunz*, Erstbearb. Art. 20 Rn. 22; *Brohm*, Landeshoheit, S. 38.

der Einräumung eines beliebigen Umgangs.[1507] Die Kompetenz soll, anders als das subjektive Recht, dem Gemeinwohl, also dem Gesamtstaat und den anderen bundesstaatlichen Gliedern neben den Interessen des unmittelbaren Kompetenzberechtigten zu Gute kommen.[1508] Die Bundestreue verstärkt damit die Divergenz des Modus der Gemeinwohlkonkretisierung zwischen Kompetenz und subjektiven Recht, in dem es die Unterlassung von „Rücksichtslosigkeit" und „Eigensucht" fordert.

Der Grundsatz der Bundestreue hat also die Zielsetzung, das Funktionieren und die Weiterentwicklung des Bundesstaats zu sichern und zu fördern. Diese positive Förderungsfunktion kann nicht erfüllt werden, wenn sie erst bei gravierenden Störungen eingreift. Das Verbot der „Eigensucht" und der Gedanke der Rücksichtnahme gebieten im Gegenteil schon eine Kompetenzbeschränkung anzunehmen, wenn die Ausübung der Kompetenz auf die geplante Weise im bundesstaatlichen Gefüge zu „bloßen Problemen" führen würde.[1509]

(3) Argumente aus dem Gedanken von Treu und Glauben

Wenn man zur Ausfüllung des Gedanken der „Treuwidrigkeit" die Grundsätze von Treu und Glauben heranzieht,[1510] zeigt sich, dass auch aus der zu § 242 BGB entwickelten Dogmatik keine Erheblichkeitsschwelle hergeleitet werden kann. Nach den dortigen Maßstäben ist zur Beurteilung, ob eine Rechtsausübung „treuwidrig" ist, eine umfassende Interessenabwägung vorzunehmen,[1511] die die Umstände des Einzelfalls berücksichtigt.[1512] Diese ist außerdem durch das jeweils betroffene Rechtsinstitut, also das konkret zugrunde liegende Rechtsverhältnis, beeinflusst.[1513] Wendet man diese Maßstäbe auf das Bund-Länder-Verhältnis an, ist ein Verhalten bundestreuwidrig, wenn „die Rechtsausübung sich nicht mehr als Rechtsinhaltsverwirklichung" darstellt.[1514] Dies ist immer der Fall, wenn das gemeinsame Interesse von Bund und Ländern entgegensteht.[1515]

[1507] *Isensee* - HBStR IV, § 98 Rn. 118; *Rengeling* - HBStR IV, § 100 Rn. 11; *Püttner*, BB 1971, 881 (881).
[1508] *Isensee* - HBStR IV, § 98 Rn. 118.
[1509] Soweit angenommen wird, der Grundsatz der Bundestreue sei erst dann verletzt, wenn ein Partner im föderale Gefüge durch den Kompetenzgebrauch Schaden nimmt, so BVerfGE 43, 291 (348); *Jaxt*, NJW 1986, 2228 (2233), bestehen dieselben Bedenken, wie gegen eine Erheblichkeitss chwelle. Die Bundestreue will nicht nur Schaden abwenden, so ndern die Förderung und Festigung des bundesstaatlichen Gefüges erreichen.
[1510] Vgl. *Bauer*, S. 247, *Bayer*, S. 65; Dreier - *Bauer*, Art. 20 Rn. 27; Sachs - *Sachs*, Art. 20 Rn. 45; bereits auch *Fuß*, DÖV 1964, 37 (38).
[1511] Palandt - *Heinrichs*, BGB, § 242 Rn. 39.
[1512] Palandt - *Heinrichs*, BGB, § 242 Rn. 38.
[1513] Palandt - *Heinrichs*, BGB, § 242 Rn. 40.
[1514] *Bayer*, S. 65.
[1515] *Bayer*, S. 65.

bb) Zusammenfassung

Die in der Bundestreue angelegte Kompetenz(-ausübungs-)schranke verbietet nicht nur die Interessen des Bundesstaats oder seiner Glieder „erheblich" verletzende Kompetenzhandhabungen. Der „einfache" Verstoß genügt. Wenn mit der Einräumung einer Kompetenz ein Ermessensspielraum einhergeht,[1516] bedeutet dies, dass sowohl das „Ob" als auch das „Wie" der Kompetenzausübung an der Bundestreue zu messen ist.[1517]

e) Die Kompetenzbeschränkung im konkreten Verfassungsverhältnis

Schon früh wurde erkannt, dass der gesamte Einfluss der Bundestreue abgestuft ist,[1518] also vom jeweiligen Kompetenzgefüge abhängt.[1519] Trotz einer verstärkt die Bindung der Länder gegenüber dem Bund betonenden Sicht wurde aufgezeigt, dass „im ausschließlichen Landesbereich der Bund zurückhaltender sein müsse, sich auf die Treuepflicht zu berufen," als bei der konkurrierenden Gesetzgebung und erst recht im Bereich der auswärtigen Beziehungen.[1520]

Die Bundestreue kann "nur aus der Zusammenschau mit allen anderen Verfassungsnormen, die [das Verhältnis von Bund und Ländern] regeln, richtig verstanden werden".[1521] Sie wird durch die Sachstrukturen des jeweiligen Regelungsbereichs, den konkreten Normbestand und seine Regelungsdichte beeinflusst.[1522] Dies gilt auch für die Ausprägung der Bundestreue als Kompetenzbeschränkung. Sie hängt von den konkreten Umständen des Einzelfalls, nämlich von der jeweiligen Norm und deren Zusammenhang ab, die das Kompetenzverhältnis begründen.[1523]

Also ist die konkrete Rolle der Kompetenzbeschränkung im Rahmen der Auftragsverwaltung und speziell für den Weisungsfall gemäß Art. 85 Abs. 3 GG herauszuarbeiten.

aa) Die Kompetenzbeschränkung im Rahmen der Auftragsverwaltung

Die Auftragsverwaltung ist im Vergleich zur landeseigenen und zur Bundesverwaltung durch eine stärke Verflechtung von Bundes- und

---

1516 *Bayer*, S. 70.
1517 *Bauer*, S. 357.
1518 Sie ist im Hinblick auf die jeweilige Kompetenzn orm zu sehen *Bayer*, S. 63.
1519 Maunz / Dürig - *Maunz*, Erstbearb., Art. 20 Rn. 22.
1520 Maunz / Dürig - *Maunz*, Erstbearb. Art. 20 Rn. 22.
1521 BVerfGE 6, 309 (361).
1522 *Bauer*, S. 23.
1523 So auch *Bauer*, S. 357.

Landeskompetenzen gekennzeichnet. Obwohl die Auftragsverwaltung Landesverwaltung ist, kann der Bund durch umfangreiche Einwirkungsbefugnisse erheblichen Einfluss nehmen.

(1) Die besondere Verwirklichung der Bundesstaatlichkeit

Diese Kompetenzverteilung in der Auftragsverwaltung setzt das Prinzip der Gewaltenteilung durch bundesstaatliche Gliederung fort.[1524] Die Gewaltenverteilung beschränkt sich hier nicht auf die unterschiedliche Zuweisung der Gesetzgebungs- und Verwaltungskompetenzen; sie erstreckt sich auf die Verwaltungskompetenzen selbst.[1525] Der allgemeinen Wahrnehmungs- und Sachentscheidungskompetenz der Länder steht die konkrete Einzelentscheidungskompetenz des Bundes gemäß Art. 85 Abs. 3 S. 1 GG gegenüber.[1526] Daher stellt sich die Harmonisierungs- und Ergänzungsaufgabe[1527] im komplexen Kompetenzverhältnis der Auftragsverwaltung in besonderer Weise.[1528]

Weiterhin kommen hier im besonderen Maße die gegensätzlichen Elemente des Bundesstaats, nämlich das Gleichgewicht von Koordination und Subordination,[1529] zum Ausdruck. Es wird durch sich gegenseitig bedingende und miteinander verschränkte Kompetenzen ein Gleichgewichtsverhältnis erzeugt, da einerseits die Verwaltungshoheit der Länder besteht, andererseits der Bund ausgeprägte Einwirkungsbefugnisse hat, durch die er im Einzelfall eine Unterordnung erreichen

---

[1524] Zu diesem Prinzip *Hesse*, Unitarischer Bundesstaat, S. 26 ff.

[1525] Es wird innerhalb des Zweigs der Verwaltung das Prinzip fortgesetzt, wonach das Grundgesetz zwischen Bund und Ländern nicht ganze Sachgebiete verteilt, sondern die Staatsgewalt zwischen diesen innerhalb der Sachmaterie nach eigenen Gesichtspunkten aufteilt, *Herzog*, BayVBl. 1991, 513 (515); zu den besonderen Erwägungen bei Einführung der Auftragsverwaltung in der Kernenergieverwaltung siehe stellvertretend: Bonner Kommentar - *Zieger / Bischof*, Art. 87 c Rn. 3 ff.

[1526] Vgl. dazu Kap. 2 III 1 b cc; Fraglich erscheint aber die Annahme *Steinbergs*, die Bundestreue sei in der atomrechtlichen Auftragverwaltung besonders gewichtig, da die Länder „in einem Kern staatlicher Existenz, nämlich der elementaren staatlichen Aufgabe des Schutzes von Leben und Gesundheit ihrer Bürger, [...] tätig werden;" Bundesaufsicht, S. 39. Diese Aufgabe hat – soweit sie überhaupt als solche besteht - praktisch keine Auswirkungen auf das Verhältnis von Bund und Ländern und legt auch keinen besondere Schwerpunkt auf bundesstaatliche Aspekte, so dass sie der Bundestreue keine vorrangige Bedeutung einräumen kann.

[1527] *Hesse*, Grundzüge, Rn. 270; Jarass / Pieroth - *Pieroth*, Art. 20 Rn. 12; Sachs - *Sachs*, Art. 20 Rn. 68; zur Ergänzungsfunktion des Bundesstaatsprinzips allgemein, *Sarcevic*, S. 108 ff.; dazu dass die Bundestreue das Bund-Länder-Verhältnis lückenlos machen soll: BVerfGE 34, 216 (232); *Isensee* - HBStR IV, § 98 Rn. 157; kritisch dazu *Bauer*, S. 252 Fn. 132; Sachs - *Sachs*, Art. 20 Rn. 69.

[1528] Allgemein ergebe sich aus der Verteilung der Kompetenzen in der Landesverwaltung die Notwendigkeit eines mäßigenden Elements, *Stettner*, Grundfragen, S. 399 für den Verhältnismäßigkeitsgrundsatz.

[1529] *Isensee* - HBStR IV, § 98 Rn. 2; *Bayer*, S. 41, 42; *Bauer* zeigt allerdings den beschränkten normative Verankerung und Erkenntniswert von formellen Bundesstaatslehren und der koordinationsrechtlichen Zuordnung auf, S. 222 f.; ähnlich auch *Stern* I, § 19 II 3.

kann.[1530] Dieses Gleichgewicht ist fragil, erfordert daher ein ausgleichendes Instrument.

Deswegen wird auch vertreten, dass die Auftragsverwaltung als Verwaltungstyp nur dann funktioniere, wenn Bund und Länder „loyal" zusammenarbeiten.[1531] Die Bundestreue sei eine der „Auftragsverwaltung innewohnende Norm".[1532] Die Kompetenzbeschränkung durch das Gebot umfassend „die gebotene und zumutbare Rücksicht auf das Gesamtinteresse des Bundesstaats und die Belange der Länder"[1533] muss in diesem komplexen Gefüge besonders stark wirken. Denn sie verlangt sowohl vom Bund die Berücksichtigung der Interessen der Länder, als auch von den Ländern umgekehrt die Berücksichtigung der Interessen des Bundes.

(2) Das Verantwortungsgefüge im Weisungsfall

Die Verantwortungsstruktur im Weisungsfall ist problematisch. Dies verdeutlichte wiederum die Kalkar-Entscheidung. Das Bundesverfassungsgericht führte innerhalb dieser einen Entscheidung aus, dass im Weisungsfall in der Auftragsverwaltung einerseits „keine eigene Verantwortung des Landes für die nach Weisung getroffene Sachentscheidung" bestehe,[1534] andererseits bleibe „das Handeln und die Verantwortlichkeit nach außen [...] stets Landesangelegenheit".[1535] Es besteht also eine Diskrepanz zwischen der „Entscheidungsverantwortung" und der Verantwortung nach außen. Dies erscheint gerade im Hinblick auf die politische Brisanz der Materie Kernenergie[1536] problematisch.[1537]

Bereits im Parlamentarischen Rat wurde diese Verantwortungsstruktur mit guten Gründen kritisiert.[1538] Dort war gefordert worden, im Falle von Bundesweisungen die oberste Landesbehörde nicht mehr einer Beaufsichtigung durch das Landesparlament, sondern nur noch der durch den Bundesminister zu unterstellen.[1539]

[1530] Zum Sinn und Zweck der Weisungskompetenz, vgl. Kap. 2 C II 2 e cc.
[1531] *Ossenbühl*, Der Staat 28 (1989) 31 (32); *Oeter*, Bundesstaatsrecht, S. 446.
[1532] *Steinberg*, Bundesaufsicht, S. 39.
[1533] BVerfGE 81, 310 (337); BVerfGE 43, 291 (348); BVerfGE 32, 199 (218).
[1534] BVerfGE 81, 310 (333).
[1535] BVerfGE 81, 310 (332); zur Verantwortung nach außen auch *Lange*, NVwZ 1990, 928 (929); Kodal / Krämer - *Kodal*, Kap. 2 Rn. 30.47.
[1536] Vgl. *Hantke*, DVBl. 1990, 823 (824).
[1537] *Lange*, NVwZ 1990, 928 (929).
[1538] *Haun*, S. 127.
[1539] *Haun*, S. 127; Bonner Kommentar - *Herrfahrdt*, Art. 85 II Anm. 1,4; *v. Mangoldt / Klein*, Art. 85 Anm. 4.

Auch zum Schutz der eigenständigen (politischen und föderalen) Bedeutung der Länder ist daher die Berücksichtigung aller betroffenen gegenläufigen Interessen erforderlich, wenn der Bund die Weisungskompetenz[1540] einsetzt.

bb) Exkurs: Besonderheiten bei der Verwaltung des AtGs

Außerdem wurde die Auftragsverwaltung im AtG gerade deswegen eingesetzt, um gegenläufige Ziele zu erreichen, die im Hinblick auf die Bundesstaatlichkeit relevant sind:[1541] Einerseits wurde so die zentrale Steuerbarkeit der als überwachungsbedürftig angesehenen neuartigen Technik gewährleistet,[1542] konnte der überregionalen Bedeutung der Kernenergie Rechnung getragen und die Einhaltung internationaler Verpflichtungen der Bundesrepublik sichergestellt werden.[1543] Gerade dazu wurde für bestimmte Fälle eine gesetzliche Weisungseinholungspflicht[1544] geschaffen. Andererseits wurde die Auftragsverwaltung aber auch gewählt, um eine ortsnahe Verwaltung[1545] zu erreichen und dem föderativen Aufbau der Bundesrepublik gerecht zu werden.[1546]

Hinzu kommt, dass die Auftragsverwaltung nicht für alle Bereiche angeordnet ist, sondern innerhalb des AtG eine feinziselierte Verteilung der Verwaltungskompetenzen besteht.[1547] Dies hat zur Folge, dass es hier ein vielfach verzahntes „Nebeneinander" von Bund und Ländern gibt.[1548] Damit erstens die stark aufgegliederte Kompetenzverteilung funktioniert und zweitens die gegenläufigen Ziele verwirklicht werden können, ist daher bei der Ausführung des AtG besonders erforderlich, dass sich Bund und Länder trotz der Einräumung eigener Kompetenzen dem „höheren Ganzen" verpflichtet fühlen.

[1540] Diese soll auch zur Gewährleistung des eigenen Verantwortungszusammenhangs für den Bundesminister wichtig sein, *Steinberg*, AöR 110 (1985) 419 (427, 431); *Wagner / Nobbe*, NJW 1978, 1028 (1030).

[1541] Dazu vgl. BR-Drs. 322/56 a; BT-Drs. II / 3416; BT-Drs. III / 30.

[1542] *Lange*, Weisungsrecht, S. 74.

[1543] Bonner Kommentar - *Zieger / Bischof*, Art. 87 c Rn. 3 ff.; Es sollte auch die Vernetzung mit anderen Verwaltungsbereichen der Länder z.B. im Wasserrecht erreicht werden, so *Becherer / Schmidt-Eriksen*, Reform, S. 201 Fn. 96.

[1544] § 7 Abs. 4 S. 2 AtG, auch § 18 Abs. 5 FStrG.

[1545] *Wieland*, Reform, S. 37.

[1546] Dazu insgesamt Bonner Kommentar - *Zieger / Bischof*, Art. 87 c Rn. 3 ff.

[1547] Vgl. vor Kap. 1 II.

[1548] Vgl. vor Kap. 1 II.

cc) Die besondere Bedeutung der Bundestreue im Rahmen von Bundesaufsicht und Weisungskompetenz

Die Bundestreue ist entwicklungsoffen. Dies belegt nicht nur die verfassungshistorische Entwicklung,[1549] sondern ist notwendige Folge ihrer Beeinflussung durch das jeweilige Kompetenzverhältnis. Dies gilt insbesondere für die Kompetenzbeschränkung, da die „Ergänzungs- und Harmonisierungsfunktion"[1550] hinsichtlich der verfassungspositiven Kompetenzverhältnisse von Bund und Ländern voraussetzt, dass sie allen[1551] Entwicklungen offen ist, die das jeweilige Kompetenzverhältnis betreffen. Die Auftragsverwaltung im Kernenergiewesen wird sowohl durch das Auseinanderbrechen des atompolitischen Konsenses zwischen Bund und Ländern[1552] als auch durch die allgemeine Tendenz zur Unitarisierung des Bundesstaats und zur Mediatisierung der Länder beeinflusst.[1553] Beide Entwicklungen führen dazu, dass die Frage nach der Beschränkung der Einwirkungsbefugnisse des Bundes auf die Verwaltungstätigkeit der Länder in den Mittelpunkt rückt. Allerdings spielte die kompetenzbeschränkende Funktion der Bundestreue für die Einwirkungsbefugnisse des Bundes auf die Verwaltungstätigkeit der Länder, insbesondere für die Bundesaufsicht, schon immer eine besondere Rolle.[1554] Schon *Smend* sah die Bundesaufsicht unter dem „beherrschenden Gesetz der Bundesfreundlichkeit".[1555]

(1) Parallelität von Bundesaufsicht und Weisungskompetenz im Hinblick auf die Kompetenzbeschränkung

Die Weisungskompetenz des Art. 85 Abs. 3 S. 1 GG gehört lediglich zur Bundesaufsicht im weiteren Sinne.[1556] Bei ihr steht nämlich das konkret entscheidende und lenkende Moment im Vordergrund.[1557] Trotzdem ist der Bundesaufsicht und der Weisungskompetenz gemein, dass ihnen der Gedanke der „Bewahrung der

---

[1549] *Bauer*, S. 313 ff.

[1550] Dazu selbst *Hesse*, Grundzüge, Rn. 270.

[1551] Zum zeitlichen Moment, *Bauer*, S. 315.

[1552] Dazu oben Kap. 2 C II 1 a bb.

[1553] Vgl. Kap. 1 B II 1 a bb; Dies ist vor allem Folge der Ausdehnung des Übergewichts des Bundes in der Gesetzgebung und der korrespondierenden Beeinflussung der Verwaltung. Diese führten zu einer Reduzierung der Eigenständigkeit der Länder, *Hesse*, Unitarischer Bundesstaat, S. 14 ff.; *Oeter*, Bundesstaatlichkeit, S. 246 ff.; Sachs - *Dittmann*, Art. 85 Rn. 37 ff.; zur Kritik an dieser Entwicklung, *Herzog*, BayVBl. 1991, 513 ff., *Hesse*, a.a.O.

[1554] *Bayer*, S. 89.

[1555] *Smend*, Ungeschriebenes Verfassungsrecht, S. 45 zu den Pflichten der Einzelstaaten unter der RV; ähnlich auch später *Bayer* S. 89.

[1556] Maunz / Dürig - *Lerche*, Art. 84 Rn. 86, 89; *Zech*, DVBl. 1987, 1091 (1094).

[1557] Bei der Aufsicht im eigentlichen Sinne steht ihre repressive Natur eher im Vordergrund; *v. Mangoldt / Klein*, Art. 85 Anm. VI 6 im Sinne von Kontrolle und Korrektur; ebenfalls Maunz / Dürig - *Lerche*, Art. 85 Rn. 70; *Zech*, DVBl. 1987, 1091 (1094).

bundesstaatlichen Ordnung vor Störung und Verletzungen seitens der Länder"[1558] und der Erhaltung der „Leistungsfähigkeit des Gesamtorganismus" durch den „Bund als dem Repräsentanten des Gemeininteresses"[1559] zugrunde liegt. Sie weisen also im Hinblick auf die kompetenzbeschränkende Funktion der Bundestreue die entscheidende Parallele auf, dass sie zur Wahrung der Gesamtbelange des Bundesstaats ausschließlich dem Bund verliehen sind.[1560] Diese Besonderheit der nur einseitigen Befugnis des Bundes, während gleichzeitig die Bundestreue Bund und Länder zur gegenseitigen Berücksichtigung der Belange verpflichtet,[1561] führt dazu, dass diese Kompetenz besonders stark an die Berücksichtigung des Allgemeininteresses, also auch der Interessen der Bundesländer, gebunden ist. Gerade bei ausschließlichen Befugnissen des Bundes ist dies besonders wichtig,[1562] denn „dem Bund [sind] seine Befugnisse nur zum Wohl des Ganzen zugemessen."[1563] Dies gilt sowohl für die Bundesaufsicht als auch für die Weisungskompetenz.

(2) Die Kompetenzbeschränkung als Verhältnismäßigkeitsprüfung

Die starke Bindung an das Allgemeininteresse verlangt vom Bund bei der Bundesaufsicht „Eigenständigkeit und Wirkungskreis der Länder tunlichst" zu schonen[1564] und deshalb von den zur Verfügung stehenden Mitteln nur das zu wählen, „das die Eigenverantwortung beim Vollzug der Bundesgesetze am wenigsten beeinträchtigt."[1565]

Gleiches muss für die Weisungskompetenz gelten. Diese darf nur zur Erfüllung von Verwaltungserfordernissen eingesetzt werden, keinesfalls aber dazu, um einseitig die Rechtsposition einer beteiligten Behörde zu verbessern. Ihr Einsatz muss also dem Ausgleich von Verwaltungsinteressen dienen.[1566] Daher hat „der Bund von seiner Weisungsbefugnis um so zurückhaltender Gebrauch zu machen, je mehr Landesinteressen und je weniger die Belange der jeweiligen Auftragsangelegenheit betroffen sind".[1567] Damit ist der „auch für die Ausübung der Weisungsbefugnis

---

[1558] *Bayer*, S. 88.

[1559] *Bayer*, S. 88 f.

[1560] Dazu mit Blick auf die Bundesaufsicht, *Bayer*, S. 89; zur Weisungskompetenz Kap. 2 C II 2 e cc.

[1561] *Bayer*, S. 89 sah bereits die Notwendigkeit einer „Verbindung der Grundgedanken" beider Institute, mit Verweis auf Smend; *Heckel*, AöR 23 (1933) 183 (208) die „bundesfreundliche Art" der Handhabung des Aufsicht.

[1562] Vor allem zur Wahrung der Integrität der Länder, *Heckel*, AöR 23 (1933) 183 (208); *Bayer*, S. 89;

[1563] BVerfGE 4, 115 (141).

[1564] *Isensee*- HBStR IV, § 98 Rn. 118, allerdings mit der Ableitung aus dem Verhältnismäßigkeitsgrun dsatz.

[1565] *Isensee*- HBStR IV, § 98 Rn. 118; auch *Hesse*, Unitarischer Bundesstaat, S. 7, geht davon aus, dass die Ausübung der Bundesaufsicht unter dem Prinzip der Verhältnismäßigkeit steht; Hier kann für die in vergleichbarer Weise die Eigenverantwortung der Länder t angierende Weisungskompetenz nur dasselbe gelten. I. E. so schon *Heckel*, AöR 23 (1933) 183 (208).

[1566] *Kersten*, BayVBl. 1968, 189 (190); zur Notwendigkeit eines „ausgleichenden Regulativs" im Bereich von Bund- und Länderkompetenzen, auch *Stettner*, Grundfragen, S. 402.

[1567] *Lange*, Weisungsrecht, S. 89, dieser schätzt allerdings die Bedeutung der Bundestreue für die Weisungskompetenz aufgrund der seiner Meinung nach vorrangigen Anwendung des

zutreffende Gedanken des schonendsten Ausgleichs kollidierender Belange [...] durch den spezifischen, das Bund-Länder-Verhältnis strukturierenden Gedanken des bundesfreundlichen Verhaltens“ geprägt.[1568] Der Ausgleich der kollidierender Belange soll nach den Grundsätzen der praktischen Konkordanz erreicht werden,[1569] was der Sache nach jedoch nichts anderes ist, als die Abwägung im Rahmen einer Verhältnismäßigkeitsprüfung.

Diese Erkenntnis deckt sich mit Stellungnahmen in Bezug auf die Ausübung der Bundesaufsicht: Wenn „nach Lage der Dinge begründeter Anlass zu der Vermutung [besteht], dass das Aufsichtsverfahren die Eigenstaatlichkeit des in Anspruch genommen Landes unverhältnismäßig stark berühren würde,“ wird gegen den Grundsatz der Bundestreue und seine kompetenzbeschränkende Funktion verstoßen. Das Prinzip der Bundestreue hat daher dieselben Auswirkungen wie der Verhältnismäßigkeitsgrundsatz.[1570] Die Bundestreue schränkt „die Entschließungs--freiheit“ in der Bundesaufsicht also sowohl hinsichtlich des „Ob“ als auch des „Wie“ ein.[1571] Auch nach einer anderen Stellungnahme sind „Überreaktionen im Rahmen von Bundeszwang und Bundesaufsicht“ als (bundes)treuwidrig zu bewerten.[1572] Der Fall, dass „die Befugnisse im Rahmen der Bundesaufsicht zum Anlass genommen werden, um bei geringfügigen Mängeln weitreichende Rechtsfolgen geltend zu machen“, sei ein Verstoß gegen die Bundestreue. In ihrer Konkretisierung als Rechtsmissbrauchsverbot (= Kompetenzschranke) überschneide sie sich teilweise mit den Maximen der Verhältnismäßigkeit.[1573]

Für die Weisungskompetenz kann nichts anderes gelten. Dafür spricht nicht nur, dass sie in Bezug auf die kompetenzbeschränkende Wirkung dieselbe Struktur wie die Bundesaufsicht aufweist, sondern auch, dass die Weisungskompetenz innerhalb der Auftragsverwaltung bereits selbst besonders stark nach einem ausgleichenden Moment verlangt. Im Übrigen wird, wie sich bei genauerer Durchsicht zeigt, von weiteren Stimmen die Beschränkung von Kompetenzen die das Bund-Länder-Verhältnis

Verhältnismäßigkeitgrundsatzes als geringer ein, a.a.O. S. 80 ff. Diese Re lation ist wiederum aber der Sache nach nichts anderes als die Anwendung der von ihm ohnehin befürworteten Verhältnismäßigkeitsprüfung.

1568 *Steinberg*, Bundsaufsicht, S. 36; Dies kommt auch in seiner aus der Bundestreue abgeleiteten Forderung nur die „Schonendste Beeinträchtigung der staatlichen Eigenverantwortlichkeit des Landes“ zu wählen zu Ausdruck, S. 41.

1569 So *Steinberg* selbst, Bundesaufsicht, S. 39.

1570 *Bayer*. S. 90 Fn. 53, „Die Bundestreue deckt sich hier mit dem Grundsatz der Verhältnismäßigkeit“; *Lerche*, Übermaß, S. 19; ebenso *Müller / Zeitler*, DStZ-A 1975, 467 (473); Selbst *Smend*, Ungeschriebenes Verfassungsrecht, spricht bereits von der Verhältnismäßigkeit, S. 55 f.

1571 *Bayer*, S. 90 f.; S. 99 für die Aufsicht.

1572 *Bauer*, S. 358, obwohl er nicht nur von anderen dogmatischen Grundlagen ausgeht, sondern auch die Bedeutung der Bundesaufsicht völlig anders einschätzt.

1573 *Bauer*, S. 358 Fn. 218; auch *Stettner*, Grundfragen, S. 402 hält gerade eine Verhältnismäßigkeitsprüfung – allerdings unmittelbar aus dem Verhältnismäßigkeitsgrundsatz abgeleitet- für das geeignete Mittel zur „Abklärung von Zweifelsfällen bei Überschneidungen zugewiesener Kompetenzbereiche“.

betreffen, durch eine Verhältnismäßigkeitsprüfung angenommen.[1574] Sie lässt sich sogar historisch nachweisen.[1575]

Eine Übereinstimmung besteht dabei zur Anwendung des Verhältnismäßigkeitsgrundsatzes, denn auch bei diesem variieren je nach Anwendungsbereich die Maßstäbe und die Intensität der Prüfung.[1576] Diese Variation folgt bei der Bundestreue unmittelbar aus dem zugrunde liegenden Kompetenzverhältnis. Die hier hergeleitete Verhältnismäßigkeitsprüfung, die eine umfassende Berücksichtigung aller Belange durch den Bund und die Forderung nach dem schonendsten Ausgleich umfasst, bezieht sich nur auf die Weisungskompetenz in der Auftragsverwaltung.

f) Zusammenfassung

Der Grundsatz der Bundestreue beschränkt die Kompetenzen von Bund und Ländern in der Weise, dass diese nur unter Berücksichtigung der Belange des jeweils anderen und des Gesamtstaates ausgeübt werden dürfen. Was dies im Einzelfall bedeutet, hängt von der Kompetenznorm ab, die das Bund-Länder-Verhältnis begründet.

In der Auftragsverwaltung besteht gerade wegen der Weisungskompetenz ein diffiziles Verhältnis der Verschränkung von Bundes- und Länderkompetenzen. Die Weisungskompetenz steht dem Bund genauso wie die Aufsichtsbefugnisse nur einseitig zu, allerdings zur Wahrung des Gesamtinteresses. Daher muss hier ganz besonders eine Verknüpfung mit den „Grundgedanken" der Bundestreue erfolgen.[1577] Dies hat zur Folge, dass der Einsatz von Aufsichts- und Weisungskompetenzen in der Auftragsverwaltung einer in der Bundestreue verankerten Verhältnismäßigkeitsprüfung zu unterziehen ist.[1578] Dies kann im Extremfall dazu führen, dass der Bund mit Rücksicht auf die Bundestreue von der durch die

---

[1574] Ganz allgemein mit dem Ergebnis einer Verhältnismäßigkeitsprüfung hinsichtlich aller Bundeskompetenzen aus der Bundestreue Sachs - *Sachs*, Art. 20 Rn. 47; mit demselben Ergebnis aus dem Verhältnismäßigkeitsgrundsatz, *Isensee*- HBStR IV, § 98 Rn. 118 ebenso *Hesse*, Unitarischer Bundesstaat, S. 7. Zum parallelen Ergebnis für andere Fragestellungen des bundesstaatlic hen Miteinanders innerhalb der Verwaltungskompetenzen: „Es (die Auswirkung der Bundestreue) läuft also im Ergebnis auf eine Abw ägung der „im konkreten Fall wirksamen Interessen" hinaus, *Kölble*, DVBl. 1962, 658 (661); im Ergebnis, wie gerade dargestellt, eb en auch *Lange*, Weisungsrecht, S. 89; *Steinberg*, Bundesaufsicht, S. 36; zu den Konsequenzen in anderen Bereichen, siehe Kap. 3 C IV.

[1575] Vgl. Kap. 2 C IV 3 b.

[1576] Dazu für den Verhältnismäßigkeitsgrundsatz *Kirchhof*, FS Lerche, S. 146 ff.; Dreier -*Schultze-Fielitz*, Art. 20 Rn. 177; *Jakobs*, S. 133 ff., 138.

[1577] So *Bayer*, S. 89.

[1578] Dazu, dass eine Verhältnismäßigkeitsprüfung (aus dem Verhältnismäßigkeitsprinzip) auch im föderalen Bereich nicht nur wünschenswert, sondern auch vom BVerfG praktisch durchführbar wäre, *Stettner*, Grundfragen, S. 403.

Verfassung eingeräumten Kompetenzen „einen bestimmten Gebrauch nicht machen darf oder aufgrund dessen der Bund in bestimmter Weise vorgehen muss“.[1579]

Daher kann der Einschätzung nicht gefolgt werden, dass „die der Auftragsverwaltung innewohnende Kompetenzverteilung mitsamt der zwischen Bund und Ländern bestehenden Rechten und Pflichten [...] in der grundgesetzlichen Ermächtigung generell in Bezug genommen wird; [so dass sich keine] zusätzliche kompetenzielle Beschränkung für die Weisungsbefugnis herleiten“ lasse.[1580]

g) Exkurs: Weitere Stellungnahme zur Anwendung des Verhältnismäßigkeitsgrundsatzes

Die Ableitung einer Verhältnismäßigkeitsprüfung für die Aufsichts- und Weisungskompetenzen des Bundes innerhalb der Auftragsverwaltung ist also ohne Rückgriff auf den Verhältnismäßigkeitsgrundsatz möglich,[1581] bzw. wegen vorrangiger Spezialität der Bundestreue zwingend geboten. Dies gilt auch, wenn man die ausdrückliche Anordnung des Grundgesetzes in Art. 72 Abs. 2 GG heranzieht.[1582] Art. 72 Abs. 2 GG ist Teil der zentralen Kompetenznormen im Bundesstaatsgefüge. Die Regelung dient der Abgrenzung der Kompetenzen von Bund und Ländern[1583] und bringt zum Ausdruck, dass dem Bund auch in der Gesetzgebung, trotz des in der Verfassung angelegten und in der Praxis realisierten Vorrangs, Grenzen gezogen sind. Sie ist also mehr Ausdruck der Bundesstaatlichkeit als der vorrangig das Staat-Bürger-Verhältnis betreffenden Rechtsstaatlichkeit. Ähnliches gilt für eine Bezugnahme auf Art. 84 GG.[1584] Art. 84 GG ist eine Kompetenznorm, die das bundesstaatliche Gefüge in der Verwaltung konkretisiert. Die Bundestreue ist damit nicht nur wegen allgemeiner Subsidiaritätserwägungen vorrangig,[1585] sondern stellt sich im Kompetenzgefüge von Bund und Ländern als passgenauer dar, da sie durch die jeweiligen Kompetenznormen entscheidend mitgeprägt ist.[1586] Die Bundestreue erfüllt also bereichsspezifisch das Erfordernis eines Ausgleichs zwischen widerstreitenden Interessen und Rechtsgütern, welches aufgrund eines vorhanden „Abstimmungsdefizits“ im Grundgesetz besteht.[1587]

1579 BVerfGE 21, 312 (326); BVerfGE 55, 274 (346) – Sondervotum, ohne jedoch eine Verhältnismäßigkeitsprüfung aus der Bundestreue zu verlangen.
1580 BVerfGE 81, 310 (336).
1581 Diese vertritt aber gerade *Isensee* - HBStR IV, § 98 Rn. 118.
1582 So *Isensee* - HBStR IV, § 98 Rn. 118, der meint die Norm spreche für die Anwendung des Verhältnismäßigkeitsprinzips.
1583 Sachs - *Degenhart*, Art. 72 Rn. 10.
1584 *Isensee* - HBStR IV, § 98 Rn. 118.
1585 Vgl. Kap. 2 C IV 1 c.
1586 Vgl. *Ossenbühl*, FS Lerche, S. 161.
1587 Zu diesem Bedürfnis *Kirchhof*, FS Lerche, S. 136; zu diesem Bedürfnis im Rahmen des Art. 87 Abs. 3 S. 1 GG, *Kölble*, DVBl. 1962, 658 (661).

h) Die Auswirkungen der Kompetenzbeschränkung auf die Weisungskompetenz

Die Erteilung einer Weisung gemäß Art. 85 Abs. 3 S. 1 GG setzt die Ermessensausübung des zuständigen Bundesminister voraus.[1588]

aa) Die Bindung des Entschließungsermessens

Die Bundestreue soll nach überwiegender Meinung das Auswahlermessen hinsichtlich dieser Entscheidung, also die Frage nach dem „Wie" der Kompetenzausübung,[1589] beschränken.[1590] Selten sind Stellungnahmen zu der Bindung des Entschließungsermessens, also des „Ob" der Kompetenzausübung.[1591] Teilweise allerdings wird aus der Bundestreue die Pflicht abgeleitet, die Weisungskompetenz des Art. 85 Abs. 3 GG als ultima ratio zu betrachten.[1592] Diese Ansicht ist nicht damit zu vereinbaren, dass die Auftragsverwaltung durch die Weisungskompetenz geprägt und die Weisungserteilung dort reguläres Mittel der Streitbeilegung ist.[1593] Dies ist jedenfalls die Regel. Etwas anderes ergibt sich aus der kompetenzbeschränkenden Funktion der Bundestreue nur dann, wenn bereits der Weisungserlass selbst „die Eigenstaatlichkeit des in Anspruch genommenen Landes unverhältnismäßig stark berühren würde,"[1594] was nur in Ausnahmefällen zutrifft. Trotzdem besteht grundsätzlich auch eine Bindung des „Ob" der Kompetenzausübung,[1595] so dass auch „die bloße Ausübung" einer Kompetenz einen Verstoß gegen die Bundestreue darstellen kann.[1596]

Es kann aber auch eine Bindung in umgekehrter Richtung eintreten. Soweit durch die „Nichtausübung der Aufsichtsgewalt schutzwürdige Belange der Gesamtheit über Gebühr in Mitleidenschaft gezogen werden, steht einem Eingreifen des Bundes

---

[1588] Bonner Kommentar - *Zieger / Bischof*, Art. 87 c Rn. 116; *Lange*, NVwZ 1990, 928 (930); *Steinberg*, AöR 110 (1985) 419 (426); *Ost / Pelzer*, atw 1979, 22 (25); *Winter*, DVBl. 1985, 993 (993); und bei Art. 85 Abs. 3 S. 2 GG eine Dringlichkeitsentscheidung des Kollegiums.

[1589] BVerfGE 21, 312 (326); *Stern* I, § 19 III 4 e γ; *Schulte*, VerwArchiv 81 (1990) 415 (431); *Tschentscher*, S. 245 f.; *Winter*, DVBl. 1985, 993 (995); *Steinberg*, Bundesaufsicht, S. 37; Sachs - *Sachs*, Art. 20 Rn. 70; zur Problematik insgesamt *Bauer*, S. 7.

[1590] Wobei daran zu erinnern ist, dass diese Auffassung nach der Kalkar -Entscheidung wohl nicht mehr den aktuellen Standpunkt des BVerfGs in Bezug auf die Weisungskompetenz wiedergibt, BVerfGE 81, 310 (337 ff., 345 f.).

[1591] *Müller / Zeitler*, DStZ- A 1975, 467 (473) fordern einen konkreten Anlass als Voraussetzung für die Ausübung überhaupt; unklar BVerfGE 61, 149 (200); *Hantke*, RdE 1992, 139 (145); v. Münch - *Schnapp*, Art. 20 Rn. 9; jedenfalls die Bundestreue als Kompetenzschranke und nicht als Ausübungsschranke einschätzend *Degenhart*, Rn. 191; Jarass / Pieroth - *Pieroth*, Art. 20 Rn. 13; wohl gegen eine Bindung BVerfGE 14, 197 (215), BVerfGE 81, 310 (337); *Bauer*, S. 356.

[1592] *Borgmann*, S. 195; *Steinberg*, Bundesaufsicht, S. 36, 40.

[1593] BVerfGE 81, 310 (332); Jarass / Pieroth - *Pieroth*, Art. 85 Rn. 6.

[1594] So ausdrücklich für die Bundesaufsicht, *Bayer*, S. 90, ohne Hervorhebung im Original.

[1595] *Bayer*, S. 90 f.; S. 99 für die Aufsicht.

[1596] Ausdrücklich dagegen aber BVerfGE 14, 197 (215); BVerfGE 81, 310 (337); *Bauer*, S. 356.

keinesfalls das Prinzip der Bundestreue entgegen."[1597] Auch unter Berücksichtigung der Bundestreue hat „bei allem gebotenen Ausgleich [...] das Einzelrecht sich dem gesamtstaatlichen Rechtsgedanken unterzuordnen".[1598] Im Extremfall kann dies sogar zu einer Ermessensreduktion durch die Bundestreue hin auf die Ausübung der Weisungskompetenz führen.[1599] Teilweise drücken sich die materiellen Forderungen gerade durch Stellungnahmen im Bereich des Energierechts bzw. der Weisungskompetenz aus: Im Energierecht wird die Natürlich dürfen durch die Bundestreue nicht die Kompetenzregelungen des Grundgesetzes ausgehöhlt werden.[1600] Diese Befürchtung scheint für die Entscheidung über das „Ob" einer Weisung besondere Berechtigung zu haben. Doch dient die Bundestreue tatsächlich gerade der optimalen Verwirklichung der Kompetenzen im Bund-Länder-Gefüge. Sie hat nur die Funktion, die Kompetenzausübung an die immanenten Schranken der Kompetenzordnung selbst zu binden, und kann daher die Kompetenzregelungen nicht aushöhlen. Aus diesem Grunde wird auch nicht die Funktionsfähigkeit der Auftragsverwaltung beeinträchtigt; die Weisungskompetenz wird eben nicht zu einem „stumpfen Schwert" gemacht.[1601]

bb) Die Bindung des Auswahlermessens

Bei der Ausübung der Weisungskompetenz ist die Bindung des Auswahlermessens, also des „Wie", von wesentlich größerer praktischer Bedeutung. Dies belegen nicht nur die zahlreichen Stellungnahmen hierzu.[1602] Eine unverhältnismäßige Tangierung der Länderstaatlichkeit[1603] kann sich durch die Art und Weise des Weisungserlasses und den Inhalt der Weisung nämlich sehr wohl ergeben, auch wenn der Weisungserlass selbst reguläres Mittel der Auftragsverwaltung ist.[1604] Auch hier kann eine Ermessensreduzierung auf Null, d. h. die Verpflichtung eintreten die Kompetenz nur auf eine bestimmte Weise einzusetzen.[1605]

Zur verfassungsgemäßen Ausübung der Weisungskompetenz aus Art. 87 c GG i. V. m. Art. 85 Abs. 3 S. 1 GG ist damit zunächst der Sinn und Zweck der Ermächtigungsnorm unter Berücksichtigung der Funktion für den Gesamtstaat zu

---

[1597] *Bayer*, S. 90.

[1598] *Bayer*, S. 90 mit Verweis auf Smend, der dies bereits für die RV annahm.

[1599] Allerdings kann die Bundestreue nicht als Begründung dafür dienen, dass die Länder nicht von den bundespolitischen Zielvorgaben abweichen dürften, so aber *Hantke*, RdE 1992, 139 (145).

[1600] Maunz / Dürig - *Maunz*, Erstbearb. Art. 20 Rn. 22.

[1601] Mit dieser Befürchtung wegen einer umfassenden gerichtlichen Überprüfbarkeit, *Ossenbühl*, Der Staat 28 (1989) 31 (44).

[1602] BVerfGE 21, 312 (326); *Stern* I, § 19 III 4 c γ; *Schulte*, VerwArchiv 81 (1990) 415 (431); *Tschentscher*, S. 245 f.; *Winter*, DVBl. 1985, 993 (995); *Steinberg*, Bundesaufsicht, S. 37; Sachs - *Sachs*, Art. 20 Rn. 70; zur Problematik insgesamt *Bauer*, S. 7. Gerade in Bezug auf die Bindung des Auswahlermessens soll sich die Bundestreue „mit dem Grundsatz der Verhältnismäßigkeit" decken, *Bayer*, S. 91 mit Fn. 53. Sie liege „unproblematisch" vor, *Bayer*, S. 72.

[1603] Vgl. *Bayer*, S. 90.

[1604] Und daher nur Ausnahmsweise ausscheidet.

[1605] BVerfGE 21, 312 (326).

ermitteln und zu berücksichtigen.[1606] Es muss daher die Einräumung einer Letztentscheidungsmöglichkeit des Bundes im Einzelfall zur Gewährleistung eines effektiven und einheitlichen Verwaltungsvollzugs im Kernenergierecht mit dem Ziel der Wahrung der Verwaltungshoheit der Länder in Einklang gebracht werden. Eine Ausübung der Kompetenz außerhalb dieser Zielsetzung ist daher jedenfalls auch ein Verstoß gegen das Prinzip der Bundestreue.

Die Forderung nach der Geeignetheit der Weisung zur Erreichung dieses Zwecks bedeutet, dass sie die Gesetz- oder Zweckmäßigkeit des Verwaltungshandelns der Länder im Rahmen einer vom Bund zu vertretenen einheitlichen und effektiven Verwaltungsorganisation fördern muss.[1607] Die Bundestreue verlangt darüber hinaus jedoch die Interessen des Gesamtstaats und die der Länder mit ein zu beziehen. Ist eine Weisung zur Erreichung dieser Zwecke „unnötig", im Sinne von „nicht erforderlich", ist sie ebenfalls bundestreuwidrig.[1608] Damit sorgt das Erforderlichkeitskriterium dafür, dass „er [der Bund] den Ländern den Handlungsspielraum belässt, der mit dem Ziel der Weisungserteilung noch vereinbar ist".[1609]

Das Erfordernis der Verhältnismäßigkeit im engeren Sinne ist die eigentliche Besonderheit der Kompetenzbeschränkung durch die Bundestreue. Dieser Maßstab dient dem Ausgleich der Interessen und kann aus keiner anderen bundesstaatlichen Kompetenzschranke abgeleitet werden.[1610] Der Bund hat im Rahmen dieser Abwägung bei Art. 85 Abs. 3 GG neben dem eigenen alle im konkreten Fall betroffenen Interessen[1611] des Landes und das Gesamtinteresse zu berücksichtigen.[1612] Wenn auch eine genaue Definition des Gesamtinteresses nicht möglich erscheint, sind im Bundesstaat die Einzelinteressen von Bund, der Gesamtheit der Länder sowie „einzelner von ihnen oder auch nur eines einzigen" maßgebliche Bestandteile des bundesstaatlichen Gesamtgefüges[1613] und daher des Gesamtinteresses. Keinesfalls besteht aber das Gebot, die Einzelinteressen stets und unter allen Umständen dem Gemeininteresse unterzuordnen.[1614]

[1606] Zum Sinn und Zweck der Weisungskompetenz aus Art. 85 Abs. 3 GG, vgl. Kap. 3 C III 2 e cc.

[1607] *Lange*, Weisungsrecht, S. 83, der diese Forderung allerd ings aus der Bindung an den Normzweck des Art. 85 Abs. 3 S. 1 GG ableitet.

[1608] Wiederum mit einer Ableitung aus dem Normzweck *Lange*, Weisungsrecht, S. 83; so auch *Tschentscher*, S. 240 ff.

[1609] *Lange*, Weisungsrecht, S. 85 f. stellt dort dar, dass er die Kalkar -Weisung für nicht erforderlich hält; dies bedeutet nach *Müller / Zeitler*, DStZ-A 1975, 467 (473), dass in Fällen von „unbedeute ndem Gewicht" oder in reinen Routinesachen keine Weisungen ergehen sollen. Die Forderung, dass die Kompetenz nur auf eine Weise ei ngesetzt werden darf, die die „Entschlußkraft und Verantwortungsfreudigkeit" der Lande sbehörden fördert, dürfte dagegen zu weit gehen, so aber *Steinberg*, AöR 110 (1985), 419 (435). Dies sei erforderlich, da Demokratie und Bundesstaat von der Chance eines fruchtbaren Dialogs zwischen Bundes - und Landesbehörden lebten.

[1610] Weder aus dem Normzweck noch aus dem allgemeinen Willkürverbot.

[1611] I. E. auch BVerfGE 4, 115 (140).

[1612] Die Länder dementsprechend die des Bundes und das Gesamtinteresse des Bundesstaates.

[1613] *Bayer*, S. 75.

[1614] *Bayer*, S. 73; Auch muss bei der Abwägung der betroffenen Interessen für den Bund nicht ein eindeutiges und erhebliches Übergewicht gegenüber den Partikularinteressen bestehen, so aber *Bayer*,

3. Ergebnis

Die Überprüfung der Handlungsmöglichkeiten nach einem milderen Mittel ist in der „Kompetenzordnung und -verteilung zwischen Bund und Ländern, wo es um feste und eindeutige Grenzziehung geht," keineswegs deplaziert.[1615] Vielmehr erfordert gerade die Differenziertheit des bundesstaatlichen Kompetenzgefüges ein ausgleichendes und abrundendes Instrument, das die Kompetenzschranken im Hinblick auf das von allen bundesstaatlichen Gliedern zu wahrende Gesamtinteresse verdeutlicht. Diese Aufgabe erfüllt die kompetenzbeschränkende Funktion der Bundestreue. Für die Entscheidung über den Einsatz der Weisungskompetenz des Bundes aus Art. 85 Abs. 3 GG bedeutet diese sowohl die Beschränkung des Entschließungs- als auch des Auswahlermessens durch eine Verhältnismäßigkeitsprüfung. Hier lässt sich die „Mildheit" der Maßnahme konkret an ihren Auswirkungen auf die Eigenstaatlichkeit des betroffenen Landes messen. Die Einzelkriterien lassen sich also auch außerhalb klassischer Eingriffsrelationen[1616] als Beurteilungs- und Gerechtigkeitskriterien sinnvoll verwenden und können daher als Anwendungsdirektive dienen.[1617] Mit der Verhältnismäßigkeitsprüfung wird den Gerichten ein Kontrollmaßstab zur Verfügung gestellt, der verhindert, dass mit „Kanonen auf Spatzen geschossen" wird.[1618] Mit diesem Kontrollmaßstab kann auch der konkreten Gefahr von Verschiebungen innerhalb des Systems der föderativen Gewaltenteilung beim Vollzug des AtG begegnet werden.[1619]

Für den Einsatz der Weisungskompetenz des Bundes aus Art. 85 Abs. 3 GG können die Auswirkungen der Bundestreue bzw. ihrer kompetenzbeschränkenden Funktion auf die einfache Formel gebracht werden, dass „die Schwere des Eingriffs nicht außer Verhältnis zu dem Gewicht der ihn rechtfertigenden Gründe stehen darf."[1620]

S. 73. Eine Erheblichkeitsschwelle widerspricht auch hier der harmonisierenden und ausgleichenden Funktion der Bundestreue, vgl. Kap. 2 C IV 3 d aa.

[1615] So aber das BVerfG z.B. in BVerfGE 67, 258 (289); BVerfGE 81, 310 (337).

[1616] Im Sinne von Eingriffen in den Freiheitsraum des Bürgers.

[1617] *Ossenbühl*, Jura 1997, 617 (620).

[1618] *Ossenbühl*, Jura 1997, 617 (617).

[1619] Diese Gefahr wird z.B. wegen der Ausweitung der von der Weisungskompetenz betroffenen Materien gesehen, *Becherer / Schmidt-Eriksen*, Reform, S. 201; *Steinberg*, 9. Atomrechts-Symposium, S. 67, 85 f.

[1620] *Lange*, Weisungsrecht, S. 84, S. 87; allerdings unter Ableitung aus dem Verhältnismäßigkeitsgrundsatz. Es ist also weder so, dass die Weisung immer nur ultima ratio ist, wie *Borgmann*, S. 195, *Steinberg*, Bundesaufsicht, S. 36, 40 vertreten, noch, dass ihr Einsatz keinerlei Rechtfertigung bedarf, BVerfGE 81, 310 (332).

D. Die Bundesaufsicht gemäß Art. 85 Abs. 4 GG

Zusätzlich zu den Bundeskompetenzen zum Erlass von Einzelweisungen und allgemeinen Verwaltungsvorschriften unterstehen die Länder in der Auftragsverwaltung auch der Bundesaufsicht gemäß Art. 85 Abs. 4 GG.[1621] Davon ist die in § 19 AtG niedergelegte staatliche Aufsicht[1622] zu unterscheiden. Über die Bundesaufsicht wird wegen ihrer sowohl praktisch als auch verfassungsrechtlich untergeordneten Bedeutung nur ein Überblick gegeben.

I. Träger der Kompetenz

Nach dem Wortlaut ist für die Ausübung der Aufsichtsmittel die Bundesregierung zuständig. Für Art. 85 Abs. 4 S. 1 GG ist allerdings streitig, ob dies das Kollegium[1623] oder der zuständige Fachminister[1624] sein soll. Für Art. 85 Abs. 4 S. 2 GG wird dagegen einhellig der Beschluss des Kollegiums gefordert.[1625]

II. Inhalt der Kompetenz

Die Bundesaufsicht umfasst alle Bereiche der Auftragsverwaltung[1626] und kann sich im Unterschied zur landeseigenen Verwaltung auch auf Zweckmäßigkeitsfragen erstrecken.[1627] Dabei reichen die Aufsichtsmittel des Art. 85 Abs. 4 S. 1 GG weniger weit als die des Art. 85 Abs. 4 S. 2 GG.[1628] Zusammengefasst stellen sich die Aufsichtsbefugnisse als intensive Informationsbefugnisse dar,[1629] die über die in der landeseigenen Verwaltung hinaus gehen,[1630] denn der Bund kann Bericht und Aktenvorlage verlangen. Er kann ebenfalls Beauftragte zu allen - auch zu nachgeordneten - Behörden entsenden.[1631] Diese werden dann als Hilfsorgane der Bundesregierung tätig,[1632] so dass die Entsendung von Beauftragten ein gravierender

---

[1621] *Bender / Sparwasser / Engel*, Abschn. 1, Rn. 84; Abschn. 7, Rn. 246.
[1622] *Winters*, Einführung, Anm. 4.7.3.; dazu *Kloepfer*, § 15 Rn. 73, 75.
[1623] Maunz / Dürig - *Lerche*, Art. 85 Rn. 80.
[1624] *Blümel* - HBStR IV, § 101 Rn. 69; v. Münch - *Broß*, Art. 85 Rn. 21; Jarass / Pieroth - *Pieroth*, Art. 85 Rn. 7.
[1625] Sachs - *Dittmann*, Art. 85 Rn. 32; Jarass / Pieroth - *Pieroth*, Art. 85 Rn. 7; *Blümel* - HBStR IV, § 101 Rn. 69; v. Münch – *Broß*.
[1626] Jarass / Pieroth - *Pieroth*, Art. 85 Rn. 7.
[1627] Sachs - *Dittmann*, Art. 85 Rn. 31; v. Münch - *Broß*, Art. 85 Rn. 20; Jarass / Pieroth - *Pieroth*, Art. 85 Rn. 7.
[1628] Sachs - *Dittmann*, Art. 85 Rn. 31.
[1629] *Ipsen*, Rn. 603; Sachs - *Dittmann*, Art. 85 Rn. 32.
[1630] Nämlich in Bezug auf die Aktenvorlage, Jarass / Pieroth - *Pieroth*, Art. 85 Rn. 7.
[1631] Jarass / Pieroth - *Pieroth*, Art. 85 Rn. 7; Sachs - *Dittmann*, Art. 85 Rn. 32.
[1632] Jarass / Pieroth - *Pieroth*, Art. 84 Rn. 13.

Eingriff in die Eigenständigkeit der Länder ist.[1633] Sie hat allerdings kaum praktische Bedeutung.

Insgesamt also gibt die Bundesaufsicht dem Bund die Möglichkeit, sich durch Auskunft und Information einen Überblick zu verschaffen.[1634]

III. Mängelrügeverfahren analog Art. 84 Abs. 5 GG

Fraglich ist, ob dem Bund auch innerhalb der Auftragsverwaltung die Durchführung des Mängelrügeverfahrens gestattet ist. Ein solches Aufsichtsmittel ist in Art. 85 GG nicht vorgesehen, so dass nur eine analoge Heranziehung des Art. 84 Abs. 5 GG in Betracht kommt. Diese wird unterschiedlich beurteilt. Nach einer Ansicht muss dem Bund diese Möglichkeit im Rahmen der Auftragsverwaltung erst recht zustehen, wenn sie ihm schon bei der landeseigenen Verwaltung eingeräumt ist.[1635] Dagegen sind andere der Auffassung, die Aufsichtsbefugnisse seien abschließend aufgeführt, so dass kein Mängelrügeverfahren möglich sei.[1636]

Zwar sind die Einwirkungsbefugnisse des Bundes in Art. 85 GG grundsätzlich abschließend geregelt,[1637] doch kann die Einbeziehung der Mängelrüge in das durch umfangreiche Einwirkungsbefugnisse geprägte Bund-Länder-Verhältnis kaum als systemwidrig bezeichnet werden.[1638] Allerdings wäre fraglich, warum die Einwirkungsmöglichkeiten des Bundes durch die Einbeziehung des Bundesrats nachträglich wieder beschränkt werden sollten.[1639] Dies ist jedoch im Rahmen des Bundeszwangs nach Art. 37 Abs. 1 GG ebenfalls der Fall.

Letztlich kann die Mängelrüge wegen der umfassenden Weisungskompetenz und der sich auf Zweckmäßigkeitsfragen erstreckenden übrigen Bundesaufsichts- und Einwirkungsbefugnisse, weder allgemein noch im AtG, größere praktische Bedeutung zukommen.[1640] Auch zur Durchsetzung der Weisungen stehen dem Bund andere Mittel zur Verfügung.[1641] Daher ist eine weitergehende Betrachtung dieses Problems nicht erforderlich.

[1633] v. Münch - *Broß*, Art. 85 Rn. 22.

[1634] v. Münch - *Broß*, Art. 85 Rn. 21; Sachs - *Dittmann*, Art. 85 Rn. 31.

[1635] Bonner Kommentar - *Zieger / Bischof*, Art. 87 c Rn. 63; Jarass / Pieroth - *Pieroth*, Art. 85 Rn. 7; *Schäfer*, DÖV 1960, 641 (648); Alternativkommentar - *Bull*, Art. 85 Rn. 23; *Borgmann*, S. 207; *Lerche*, BayVBl. 1987, 321 (323); *Pauly*, Auftragsverwaltung, S. 233 f, Fn. 3, *Steinberg* Bundesaufsicht, S. 25.

[1636] *Stern* II, § 41 VI 5 a dd; *Ossenbühl*, Der Staat 28 (1989), 38; Sachs - *Dittmann*, Art. 85 Rn. 34; Dreier - *Hermes*, Art. 85 Rn. 61; *Blümel* - HBStR IV, § 101 Rn. 70; *Schäfer*, Bundesaufsicht, S. 31.

[1637] Dreier - *Hermes*, Art. 85 Rn. 61; *Kersten*, BayVBl. 1968, 189 (191).

[1638] So aber Sachs - *Dittmann*, Art. 85 Rn. 34; *Blümel* - HBStR IV, § 101 Rn. 70.

[1639] Sachs - *Dittmann*, Art. 85 Rn. 34.

[1640] Maunz / Dürig - *Lerche*, Art. 85 Rn. 81; *Blümel* - HBStR IV, § 101 Rn. 70; *Schäfer*, Bundesaufsicht, S. 31.

[1641] *Borgmann*, S. 208, mit Verweis auf Art. 37 GG und Art. 93 Abs. 1 Nr. 3 GG.

3. KAPITEL: DIE BUNDESEIGENE VERWALTUNG

Für die Verwaltung des AtG ist neben der Auftragsverwaltung auch die bundeseigene Verwaltung durch Bundesoberbehörden kennzeichnend.[1642] Anders als bei der bereichsweiten Grundsatzregel des § 24 Abs. 1 S. 1 AtG für die Auftragsverwaltung, handelt es sich bei der bundeseigenen Verwaltung jedoch um Einzelzuweisungen.[1643]

Bei Erlass des AtG im Jahr 1959 wurden durch §§ 22, 23 AtG ausgewählte Kompetenzen[1644] auf bereits bestehende Bundesoberbehörden übertragen. Zur Ausführung der Gegenstände des § 22 AtG wurde das frühere Bundesamt für gewerbliche Wirtschaft[1645] und für die des § 23 AtG die Physikalisch-Technische Bundesanstalt eingesetzt. Beide unterstanden dabei den Weisungen des Bundesministers für Atomkernenergie und Wasserwirtschaft.[1646]

Heute weisen die §§ 22, 23 AtG deutlich erweiterte Kompetenzen dem Bundesamt für Strahlenschutz,[1647] das im Bereich der früheren Physikalisch-Technischen Bundesanstalt tätig wird, und dem Bundesausfuhramt[1648] als Nachfolger des Bundesamtes für gewerbliche Wirtschaft zu. Daneben entscheidet das 1993 errichtete Eisenbahn-Bundesamt[1649] gemäß § 24 Abs. 1 S. 2 AtG über den Transport radioaktiver Stoffe. Hinzugekommen sind außerdem § 23 a[1650] und § 23 b[1651] AtG, die weitere Kompetenzen auf das Bundesverwaltungsamt und das Luftfahrbundesamt übertragen haben.

Die Bundesoberbehörden agieren neben, aber grundsätzlich unabhängig von den Landesbehörden, die in Form der Auftragsverwaltung tätig werden.[1652] Diese Struktur des AtG ergibt sich aus den spezifischen Aufgaben der Kernenergieverwaltung und deren Anforderungen.[1653] Ursprünglich war der Einsatz der Bundesoberbehörden nämlich nur für solche Gegenstände vorgesehen, die überregionale Bedeutung hatten oder bei denen der Bund internationale Verpflichtungen einzuhalten hatte,[1654] während für die übrigen die Auftragsverwaltung eingesetzt werden sollte. Der Einsatz der

---

[1642] Bonner Kommentar - *Zieger / Bischof*, Art. 87 c Rn. 35.

[1643] *Kloepfer*, § 15 Rn. 82.

[1644] Gleichzeitig auch Kompetenzen.

[1645] Bonner Kommentar - *Zieger / Bischof*, Art. c 87 Rn. 36; *Fischerhof*, AtG, Vorbem. § 22 Rn. 2; *Haederich*, AtG, vor §§ 22, 23 Rn. 2; Schmidt-Bleibtreu / Klein- *Schmidt-Bleibtreu*, Art. 87 c Rn. 2.

[1646] Bonner Kommentar - *Zieger / Bischof*, Art. c 87 Rn. 18 und dies obwohl das Bundesamt für gewerbliche Wirtschaft eigentlich zum Geschäftsbereich des Bundesministers für Wirtschaft gehörte, siehe § 2 Abs. 1 des Gesetzes über das Bundesamt für gewerbliche Wirtschaft, BGBl. I, S. 281.

[1647] Durch Gesetz vom 9.10.1989, BGBl. I S. 1830.

[1648] Durch Gesetz vom 28.2.1992; BGBl. I S. 376.

[1649] Vgl. § 2 Abs. 1 des Gesetzes über die Eisenbahnverkehrsverwaltung vom 27.12. 1993, BGBl. I, S. 2378, 2494.

[1650] Gesetz vom 6.4.1998, BGBl. I S. 694.

[1651] Gesetz vom 3.5.2000, BGBl. I S. 636.

[1652] Vgl. vor Kap. 1 II; insbesondere sind sie nicht zum Weisungserlass befugt, Kap. 2 C I.

[1653] Vgl. zur Entstehung des AtG Bonner Kommentar – *Zieger / Bischof*, Art. 87 c Rn. 3 ff.; dazu Kap. 3 A II 4 c und c sowie C II d.

[1654] *Haederich*, AtG, § 23 Rn. 1.

Bundesoberbehörden war also nur die Ausnahme. Heute trifft diese Begründung nur noch für wenige Gegenstände, wie z.B. für die Beförderung und Aufbewahrung von Kernbrennstoffen, die Genehmigung ihrer Ein - und Ausfuhr sowie die Errichtung und den Betrieb von Anlagen zur Sicherstellung und Endlagerung radioaktiver Abfälle zu.[1655]

Wegen Art. 83 GG muss dem Bund für den Einsatz von Bundesoberbehörden ein besonderer Kompetenztitel zur Verfügung stehen. Als Kompetenzgrundlage für deren Einsatz im Rahmen des AtG wurde Art. 87 Abs. 3 S. 1 GG angesehen.[1656] Immerhin hat dieser ausdrücklich die „Errichtung von Bundesoberbehörden" zum Gegenstand. In Bezug auf dieses Regelung bestehen allerdings eine ganze Reihe von Unklarheiten, die die Heranziehung problematisch erscheinen lassen.

A. Die Anwendbarkeit des Art. 87 Abs. 3 S. 1 GG im Regelungsbereich des Art. 87 c GG

Für Heranziehung des Art. 87 Abs. 3 S. 1 GG als Kompetenztitel für den Einsatz von Bundesoberbehörden im AtG wäre zunächst Voraussetzung, dass dieser im Regelungsbereich des Art. 87 c GG überhaupt zur Anwendung gelangen kann.

I. Problemstellung

Soweit es um die Ausführung von Gesetzen geht, die „auf Grund des Art. 74 Abs. 1 Nr. 11 a GG ergehen", lässt Art. 87 c GG fakultativ den Einsatz der Auftragsverwaltung zu. Hier kommt es daher auf Inhalt und Reichweite dieses Kompetenztitels für die materielle Bundesgesetzgebung an, die im ersten Kapitel dargestellt wurden.[1657] Erfasst sind von diesem jedenfalls die materiellen Regelungen des geltenden AtG, denn die Befugnis ist nahezu umfassend.[1658] Dies bedeutet, dass Art. 87 c GG für die Ausführung des gesamten AtG die Möglichkeit eröffnet, die Auftragsverwaltung einzusetzen.[1659] Fraglich ist, welche Auswirkungen diese Möglichkeit für den Einsatz anderer Verwaltungszuständigkeiten und -typen, insbesondere für die Bundesverwaltung durch Bundesoberbehörden und die Heranziehung des Art. 87 Abs. 3 S. 1 GG hat, der ebenfalls nur eine fakultative - und möglicherweise subsidiäre - Regelung trifft.[1660] Es ist also gerade das

[1655] *Kloepfer*, § 15 Rn. 83; vgl. § 22 Abs. 2, § 23 Abs. 1 Nr. 2 und Nr. 3 AtG.

[1656] Dazu Bonner Kommentar – *Zieger / Bischof*, Art. 87 c Rn. 41; andere Kompetenztitel zur Errichtung bundeseigener Verwaltung sind außerdem nicht ersichtlich.

[1657] Dazu Kap. 1 A.

[1658] *Borgmann*, § 13 A I, S. 247; Alternativkommentar - *Bothe*, Art. 74 Rn. 26;.

[1659] Tatsächlich ist dies aber gemäß § 24 Abs. 1 S. 1 AtG nur für die Aufgaben des zweiten Abschnitts und der hierzu ergangenen Rechtsverordnungen der Fall.

[1660] Zu dem hier nicht behandelten Problem, ob es sich um mittelbare oder unmittelbare Bundesverwaltung handelt, siehe z.B. *v. Mangoldt / Klein*, Art. 87 Anm. II a b cc.

„Zusammenspiel“ zweier Kompetenznormen als Grundlage für den Einsatz verschiedener Verwaltungstypen und -zuständigkeiten innerhalb einer Verwaltungsmaterie zu untersuchen.

1. Diskussionsstand

Nach einer Ansicht handelt es sich bei Art. 87 c GG für den Bereich der Kernenergieverwaltung um eine abschließende Spezialregelung, die Art. 87 Abs. 3 S. 1 und S. 2 GG vollständig verdrängt.[1661] Art. 87 Abs. 3 GG stünde damit insgesamt für die Ausführung des AtG als Kompetenztitel nicht zur Verfügung. Von anderen wird vertreten, Art. 87 c GG habe überhaupt keine Auswirkungen auf die Anwendbarkeit des Art. 87 Abs. 3 GG. Letzterer soll auch im Kernenergiewesen in vollem Umfang anwendbar sein.[1662] Eine vermittelnde Meinung geht davon aus, Art. 87 c GG führe lediglich zum Ausschluss von Art. 87 Abs. 3 S. 2 GG.[1663] Hiernach wäre also Art. 87 Abs. 3 S. 1 GG weiter anwendbar und lediglich der im AtG nicht vorkommende Fall des Einsatzes von Bundesunter- und Mittelbehörden betroffen.

2. Bedeutung der Problematik

Die Auswirkungen einer möglichen Nicht-Anwendbarkeit des Art. 87 Abs. 3 S. 1 GG liegen auf der Hand. Von diesem Kompetenztitel[1664] ist nicht nur „in der Aufbauphase“,[1665] sondern auch noch später Gebrauch gemacht worden,[1666] denn der Einsatz von Bundesoberbehörden ist das effektivste Mittel des Bundes zur Lenkung der Verwaltung. Käme man aber zu dem Ergebnis, dass Art. 87 c GG den Art. 87 Abs. 3 S. 1 GG verdrängt, wäre es dem Bundesgesetzgeber seit Einfügung der erstgenannten Norm im Jahre 1959[1667] verwehrt gewesen, Bundesoberbehörden auf der Basis des Art. 87 Abs. 3 S. 1 GG zu schaffen oder bestehenden neue Kompetenzen zuzuweisen.[1668] Demnach wären die gegenwärtige Verwaltungspraxis und die

---

[1661] Maunz / Dürig - *Lerche*, Art. 87 c Rn. 6; Dreier - *Hermes*, Art. 87 c Rn. 20; Hamann / Lenz - *Hamann*, Art. 87 c Anm; *Dittmann*, Bundesverwaltung, S. 252; Maunz / Dürig - *Maunz*, Erstbearb. Art. 87 c Rn. 6.

[1662] Bonner Kommentar - *Zieger / Bischof*, Art. 87 c Rn. 25 f; *v. Mangoldt / Klein*, Art. 87 Anm. c II 6; *Köttgen*, JöR 11 (1962) 173 (237); Seifert / Hömig - *Hömig*, Art. 87 c Rn. 1; *Haederich*, AtG, vor § 22, Rn. 2; *Britz*, DVBl. 1998, 1167 (1168).

[1663] Jarass / Pieroth - *Pieroth*, Art. 87 c Rn. 1; v. Münch - *Uerpmann*, Art. 87 c Rn. 9; Sachs - *Windthorst*, Art. 87 c Rn. 32 ff; Alternativkommentar - *Bull*, Art. 87 c Rn. 16; *Steinberg*, Bundesaufsicht, 9. Atomrechts-Symposium, S. 70; *Püttner*, BB 1971, 881 (884).

[1664] Jedenfalls wurde die Norm als solcher betrachtet, zum Streit über diese Funktion, vgl. Kap. 3 C I.

[1665] *Blümel* - HBStR IV, § 101 Rn. 109.

[1666] Es bestehen mehr als 26; zur tatsächlichen Bedeutung des Art. 87 Abs. 3 S. 1 GG vgl. *Dittmann*, Bundesverwaltung, S. 255 ff.; auch Maunz / Dürig - *Lerche*, Art. 87 Rn. 13.

[1667] Art. 1 Nr. 2 des Gesetzes zur Ergänzung des Grundgesetzes vom 23.12.1959, BGBl. I Nr. 56.

[1668] Letzteres war in den letzten zwanzig Jahren ohnehin die wichtigere Einsatzweise der Kompetenz , *Blümel* - HBStR IV, § 101 Rn. 109; so auch *Vogel* - HBVR, § 22 Rn. 97; *Hartkopf*, DÖV 1979, 349 (352).

Regelungen des AtG, die beide Wege gegangen sind, verfassungsrechtlich „höchst bedenklich".[1669] Es ist daher nicht verwunderlich, dass aktuell über das Problem wieder diskutiert wird.[1670] Außerdem hat die Antwort auf die Frage natürlich auch Auswirkungen auf die Gestaltungsspielräume für die zukünftige „Ausstiegsverwaltung" und die weitere Verwaltung der Atommüll"entsorgung", beispielsweise wurde bereits die Übertragung der Endlagerplanfeststellung auf eine Bundesoberbehörde erwogen.[1671]

II. Interpretation der Norm

1. Grammatische Interpretation

Art. 87 c GG sieht vor, dass Bundesgesetze, die die Materien des Art. 74 Abs. 1 Nr. 11 a GG behandeln, „bestimmen können", dass sie, „von den Ländern im Auftrage des Bundes ausgeführt werden". Dem Bundesgesetzgeber wird also die Möglichkeit zur Einführung der Auftragsverwaltung eingeräumt.[1672] Dies beinhaltet die Möglichkeit zur Abweichung vom Grundsatz des Art. 83 GG, der landeseigenen Verwaltung.[1673] Es wird also ein anderer Verwaltungstyp „zugelassen".[1674] Eine andere Verwaltungszuständigkeit, die des Bundes, ist dagegen nicht Gegenstand. Ein Ausschluss der Bundesverwaltung findet daher unmittelbar keine Verankerung im Wortlaut des Art. 87 c GG.[1675] Dieser könnte lediglich durch die Nicht-Erwähnung begründet sein. Da es dem Bundesgesetzgeber aber ohne die Einführung des Art. 87 c GG nicht verwehrt gewesen wäre, zumindest Teilbereiche der Kernenergieverwaltung in die bundeseigene Verwaltung gemäß Art. 87 Abs. 3 S. 1 GG zu übertragen,[1676] erscheint dies fraglich. Es wird vertreten, dass sich ein solcher Wille jedenfalls deutlicher hätte dokumentieren müssen.[1677]

Gegen einen generellen Ausschluss der Bundesverwaltung spricht, dass die Wahlmöglichkeit des Art. 87 c GG nur bei Gesetzen besteht, die „aufgrund des Art. 74

[1669] So auch Sachs - *Windthorst*, Art. 87 c Rn. 31; Dreier - *Hermes*, Art. 87 c Rn. 17; Maunz / Dürig – *Maunz*, Erstbearb. Art. 87 c Rn. 8.

[1670] Z.B. bei einer der letzten Änderungen des AtG, vgl. BGBl. I 1998, S. 694 und dagegen BR -Drs. 610 /97, dazu insgesamt auch *Britz*, DVBl. 1998, 1167 (1168).

[1671] Dazu vgl. *Britz*, DVBl. 1998, 1167 (1169).

[1672] Maunz / Dürig - *Lerche*, Art. 87 c Rn. 8; Bonner Kommentar - *Zieger / Bischof*, Art. 87 c Rn. 12; Jarass / Pieroth - *Pieroth*, Art. 87 c Rn. 1; Schmidt-Bleibtreu / Klein - *Schmidt-Bleibtreu*, Art. 87 c Rn. 2; Maunz / Dürig – *Maunz*, Erstbearb. Art. 87 c Rn. 8.

[1673] Sachs - *Windthorst*, Art. 87 c Rn. 26, 27; v. Münch - *Uerpmann*, Art. 87 c Rn. 1; Maunz / Dürig - *Lerche*, Art. 87 c Rn. 2: nur die Wahl eine weiteren Verwaltungstyps ermöglicht.

[1674] v. Münch - *Uerpmann*, Art. 87 c Rn. 1; Bonner Kommentar - *Zieger / Bischof*, Art. c 87 Rn. 19.

[1675] Gegen eine Spezialität des Art. 87 c GG wird neben der Entstehungsgeschichte und den Bedürfnissen der Praxis vor allem auch der Wortlaut herangezogen, Sachs - *Windthorst*, Art. 87 c Rn. 31; Bonner Kommentar - *Zieger / Bischof*, Art. 87 c Rn. 25.

[1676] *v. Mangoldt / Klein*, Art. 87 Anm. c II 6.

[1677] *v. Mangoldt / Klein*, Art. 87 Anm. c II 6; in diesem Sinne auch Bonner Kommentar - *Zieger / Bischof*, Art. 87 c Rn. 25.

Nr. 11 a GG" ergehen.[1678] Sie besteht also nur für die gesetzesakzessorische Verwaltung.[1679] Alternativen, die die gesetzesfreie Verwaltung betreffen, können daher gar nicht tangiert sein. Danach ergibt der Wortlaut einen nur begrenzten Regelungsbereich für Art. 87 c GG.[1680]

Zur Begründung, dass jedenfalls aber die Anwendung des Art. 87 Abs. 3 S. 1 GG ausgeschlossen sei, wird angeführt, dass dessen einleitende Formulierung „außerdem" seine Subsidiarität zeige.[1681] Tatsächlich aber bringt das „außerdem" im konkreten Zusammenhang nur zum Ausdruck, dass die fakultative Kompetenz des Art. 87 Abs. 3 S. 1 GG neben die obligatorische Bundesverwaltung der Art. 87 Abs. 1 S. 1 und Abs. 2 GG und die fakultative Bundesverwaltung des Art. 87 Abs. 1 S. 2 GG tritt.[1682] Es ist also eine Bezugnahme auf die ersten beiden Absätze der Norm bezweckt.[1683] Damit bringt das „außerdem" eine ergänzende Funktion des Art. 87 Abs. 3 S. 1 GG innerhalb des Art. 87 GG zum Ausdruck. Dies erscheint im Hinblick auf die jeweils thematisch eng umgrenzten Regelungsbereiche der ersten Absätze naheliegend. Das „außerdem" spricht daher nur für eine Subsidiarität des Art. 87 Abs. 3 S. 1 GG in Bezug auf die ersten beiden Absätze des Art. 87 GG.

2. Systematische Interpretation

a) Allgemeine bundesstaatliche Systematik

Die Anwendung des Art. 87 Abs. 3 S. 1 GG könnte im Kernenergiewesen aus bundesstaatlichen Gründen ausgeschlossen sein.

aa) Der Ländervorrang in der Verwaltung

Unzweifelhaft will das verfassungsrechtliche Bund-Länder-Gefüge den Ländern einen Vorrang in der Verwaltung einräumen.[1684] Auch Art. 87 c GG nennt nur die Möglichkeit, einen besonderen Typ der Landesverwaltung, nämlich die

---

[1678] Sie ist also akzessorisch zum Regelungsbereich der mat eriellen Norm, Bonner Kommentar - *Zieger / Bischof*, Art. c 87 Rn. 19; Es wird damit der Grundsatz verdeu tlicht, dass die Gesetzgebungskompetenz des Bundes äußerste Grenze seiner Verwaltungskompetenz ist, *Brohm*, Landeshoheit, S. 47, dazu zuletzt BVerfGE 102, 167 (174).

[1679] v. Münch - *Uerpmann*, Art. 87 c Rn. 5; *v. Mangoldt / Klein*, Art. 87 c Anm. II 4; Maunz / D ürig - *Lerche*, Art. 87 c Rn. 3.

[1680] Für eine Ausnahmeregelung halten sie: Bonner Kommentar - *Zieger / Bischof*, Art. c 87 Rn. 18; Maunz / Dürig- *Lerche*, Art. 87 c Rn. 2; *Badura*, Anm. G 11; *Steinberg*, AöR 110 (1985) 410 (421); sie soll daher eng auszulegen sei n: Bonner Kommentar - *Zieger / Bischof*, Art. c 87 Rn. 18; Hamann / Lenz – *Hamann*, Art. 85 Anm. B 1.

[1681] *v. Mangoldt / Klein*, Art. 87 Anm. VII 2; Maunz / Dürig - *Maunz*, Erstbearb. Art. 87 Rn. 46.

[1682] v. Münch - *Broß*, Art. 87 Rn. 4, 7; Maunz / Dürig - *Lerche*, Art. 87 c Rn. 6 und Art. 87 Rn. 166, 170.

[1683] So auch *v. Mangoldt / Klein*, Art. 87 Anm. VI 2.

[1684] *Hesse*, Unitarischer Bundesstaat, S. 16; *Maurer*, Staatsrecht, § 18 Rn. 16.

Auftragsverwaltung, für die Verwaltung des Kernenergiewesens einzusetzen. Davon weicht Art. 87 Abs. 3 S. 1 GG mit der gegenständlich unbeschränkten Möglichkeit, Bundesoberbehörden einzusetzen, ab. Der bezweckte Vorrang könnte daher durch die Anwendung der Kompetenz im Regelungsbereich des Art. 87 c GG gefährdet werden.[1685] Dagegen spricht jedoch, dass Art. 87 Abs. 3 S. 1 GG keineswegs vorgibt, dass sämtliche Kompetenzen nunmehr durch Bundesoberbehörden wahrgenommen werden sollten.[1686] Die Norm selbst schafft nur eine Ausweichmöglichkeit für bestimmte, vom Gesetzgeber zu benennende Gegenstände.[1687] Außerdem kann Art. 87 Abs. 3 S. 1 GG jedenfalls dort nicht zum Einsatz gelangen, wo eine zwingende Zuweisung eines anderen Verwaltungstyps besteht.[1688] Auf eine zwingende Festlegung wurde für den Bereich des Kernenergiewesens aber verzichtet.

bb) Die einschränkende Wirkung der Kompetenzvoraussetzungen

Art. 87 Abs. 3 S. 1 GG erzeugt selbst ein bundesstaatliches Spannungsfeld: Die Möglichkeit Bundesoberbehörden einzusetzen, ist „nicht gering bemessen", da es an einer gegenständlichen Beschränkung fehlt. Gleichzeitig ziehen die Voraussetzungen der Vorschrift, nämlich insbesondere die der Eignung des Gegenstandes zur zentralen Erledigung und das Verbot des Unterbaus, dem Bund deutliche Schranken.[1689] Diese Systematik ist „wohlüberlegt", da eben „die Mehrzahl aller Verwaltungsagenden nicht in der Form einer auf sich selbst gestellten Zentralverwaltung bearbeitet werden" können.[1690] Art. 87 Abs. 3 S. 1 GG befugt somit keinesfalls dazu, die „Landesverwaltung weitgehend zu eliminieren."[1691] Die bundesstaatliche Kompetenzordnung fordert daher nicht den Ausschluss des Art. 87 Abs. 3 S. 1 GG im Kernenergiewesen.

b) Die konkrete Ausgestaltung beider Kompetenztitel als fakultative Regelungen

Mit Art. 87 c GG und Art. 87 Abs. 3 S. 1 GG treffen zwei Regelungen aufeinander, die jeweils dem Berechtigten eine Wahlmöglichkeit einräumen. Keine der Vorschriften trifft eine obligatorische Anordnung hinsichtlich des dort vorgesehenen Verwaltungstyps. Treffen verschiedene fakultative Regelungen aufeinander, müssten sich konkrete Hinweise für die Vorrangigkeit einer Regelung ergeben, um eine

---

[1685] So z.B. *Britz*, DVBl. 1998, 1167 (1168 ff.).
[1686] Zur Parallelproblematik BVerwGE 102, 119 (127).
[1687] Dazu BVerwGE 102, 119 (127); sie könnte es nicht einmal, *Pathe*, DVBl. 1951, 681 (683).
[1688] *Dittmann*, Bundesverwaltung, S. 252.
[1689] *Scheuner*, FS Peters, S. 809 f.; Maunz / Dürig – *Lerche*, Art. 87 Rn. 170; *Dittmann*, Bundesverwaltung, S. 253, der auch den Vorrang spezieller Verwaltungskompetenzregelungen betont; vgl. dazu Kap. 3 C III 1.
[1690] *Köttgen*, JöR 3 (1954) 67 (74); dagegen aber *Britz*, DVBl. 1998, 1167 (1172).
[1691] *Pathe*, DVBl. 1951, 681 (683).

verdrängende Wirkung anzunehmen.[1692] Denn der Inhalt fakultativer Regelungen ist eine Vergrößerung des Entscheidungsspielraums des Adressaten durch die Einräumung einer (weiteren) Handlungsalternative, nicht dagegen eine Einschränkung. Eine Verdrängungswirkung des Art. 87 c GG besteht daher nur, wenn sich eine größere Spezialität ergibt.

aa) Spezialität des Art. 87 c GG als Folge der subsidiären Stellung des Art. 87 Abs. 3 S. 1 GG innerhalb des Art. 87 GG ?

Teilweise wird vertreten, das Verhältnis zu Art. 87 Abs. 1 und Abs. 2 GG zeige,[1693] dass Art. 87 Abs. 3 S. 1 GG „im System der bereichsspezifischen Aussagen zur Bundesverwaltung" insgesamt nur eine subsidiäre Stellung einnehme.[1694]

Art. 87 Abs. 1 S. 1 GG zählt die Materien auf, für die die Bundesverwaltung mit eigenem Unterbau zwingend vorgeschrieben ist. Die Regelung ist abschließend, lässt also keinen Raum für andere (fakultative) Regelungen.[1695] Art. 87 Abs. 1 S. 1 GG ist daher vorrangig und verdrängt Art. 87 Abs. 3 GG.[1696] Das gleiche gilt für Art. 87 Abs. 1 S. 2 GG, der eine ausdrückliche Beschränkung der Bundesgrenzschutzbehörden auf Zentralstellen vorsieht.[1697] Auch die Schaffung und Gestaltung von Sozialversicherungsträgern ist durch Art. 87 Abs. 2 GG abschließend geregelt.[1698] Die verdrängende Wirkung dieser Normen ist jedoch auf deren jeweiligen, engen Regelungsbereich beschränkt. Eine generelle subsidiäre Stellung des Art. 87 Abs. 3 S. 1 GG ergibt sich hieraus nicht,[1699] so dass keine Aussage über das Verhältnis zu Art. 87 c GG getroffen ist.

bb) Vorrangige Spezialität anderer Regelungen ?

Art. 87 Abs. 3 S. 1 GG ist dort verdrängt, wo die Errichtung von Bundesoberbehörden oder neuen bundesunmittelbaren Körperschaften und Anstalten

---

[1692] Und diese bestehen nach Ansicht von Bonner Kommentar - *Zieger / Bischof*, Art. 87 c Rn. 25 eben nicht.

[1693] v. Münch - *Broß*, Art. 87 Rn. 21; *v. Mangoldt / Klein*, Art. 87 Anm. II 4 a, auf den *Dittmann*, Bundesverwaltung, S. 252 Bezug nimmt.

[1694] *Dittmann*, Bundesverwaltung, S. 252; v. Münch - *Broß*, Art. 87 Rn. 21; *v. Mangoldt / Klein*, Art. 87 Anm. VI 2; zu dieser Argumentation, vgl. / Dürig - *Lerche*, Art. 87 Rn. 170 Fn. 18.

[1695] Folglich ist im Bereich des Art. 87 Abs. 1 S. 1 GG auch nicht die Erric htung durch Gesetz erforderlich, Sachs - *Sachs*, Art. 87 Rn. 78; Jarass / Pieroth – *Pieroth,* Art. 87 Rn. 12; v. Münch - *Broß*, Art. 87 Rn. 21; Maunz / Dürig - *Lerche*, Art. 87 Rn. 170.

[1696] *v. Mangoldt / Klein*, Art. 87 Anm. II 4 a.

[1697] Sachs - *Sachs*, Art. 87 Rn. 78; v. Münch - *Broß*, Art. 87 Rn. 21; Maunz / Dürig - *Lerche*, Art. 87 Rn. 170.

[1698] v. Münch - *Broß*, Art. 87 Rn. 21; Maunz / Dürig - *Lerche*, Art. 87 Rn. 170; a.A. Sachs - *Sachs*, Art. 87 Rn. 78.

[1699] Diese ergibt sich auch nicht aus dem „außerdem", vgl. Kap. 3 A II 1.

abschließend durch andere Verfassungsnormen geregelt ist.[1700] Allerdings überlagert und verdrängt die Regelung ihrerseits Art. 86 S. 2 GG für die Behördeneinrichtung durch die Bundesregierung.[1701] Darüber hinaus bindet Art. 87 Abs. 3 S. 1 GG auch die Errichtung von Bundesoberbehörden auf Basis anderer Verwaltungskompetenztitel an seine Voraussetzungen.[1702] Von einer allgemeinen Subsidiarität oder davon, dass Art. 87 Abs. 3 S. 1 GG bereits überall dort verdrängt ist, wo eine Norm die Bundes(auftrags)verwaltung auch nur fakultativ vorsieht,[1703] kann daher keine Rede sein.

cc) Spezialität aus dem unmittelbaren Verhältnis von Art. 87 Abs. 3 S. 1 GG und Art. 87 c GG ?

Sowohl bei Art. 87 c GG als auch bei Art. 87 Abs. 3 S. 1 GG handelt es sich um vom Grundsatz des Art. 83 GG abweichende Regelungen.[1704] Der Regelungsumfang des Art. 87 c GG ist jedoch darauf beschränkt, einen anderen Verwaltungstyp zu ermöglichen, während die Landeszuständigkeit nicht berührt wird.[1705] Art. 87 Abs. 3 S. 1 GG bestimmt demgegenüber nicht nur einen anderen Verwaltungstyp, sondern begründet auch eine andere Verwaltungszuständigkeit, nämlich die des Bundes.[1706] Eine Spezialität des Art. 87 c GG kann demnach nur insoweit angenommen werden, als dass dieser einen engeren sachlichen Regelungsbereich hat.[1707] Es handelt sich aber nicht um eine verdrängende Spezialität im rechtstechnischen Sinne.[1708]

dd) Zusammenfassung

Damit ergibt sich insoweit weder eine verdrängende Spezialität des Art. 87 c GG noch eine allgemeine Subsidiarität des Art. 87 Abs. 3 S. 1 GG im Verwaltungsgefüge. Insgesamt spricht gegen die Verdrängung dieser Regelung durch eine andere fakultative Regelung, dass beide den Entscheidungsspielraum vergrößern wollen.

[1700] So z.B. müssen Art. 87 b II S. 2 GG und Art. 120 a GG als vorrangig betrach tet werden, vgl. Maunz / Dürig – *Lerche*, Art. 87 Rn. 171.

[1701] Maunz / Dürig - *Lerche*, Art. 87 Rn. 171; insgesamt der Auffassung Art. 87 GG sei gegenüber Art. 86 GG lex specialis ist v. Münch - *Broß*, Art. 87 Rn. 1.

[1702] Maunz / Dürig - *Lerche*, Art. 87 Rn. 171; Jarass / Pieroth- *Pieroth*, Art. 87 Rn. 12; Alternativkommentar - *Bull*, Art. 87 Rn. 28; Sogar für die Bindung der Errichtung neuer länderübergreifender Sozialversicherungsträger nach Art. 87 Abs. 2 S. 1 GG, Sachs - *Sachs*, Art. 87 Rn. 78.

[1703] Dies nimmt aber *Dittmann*, Bundesverwaltung, S. 252 an; im Ergebnis wie hier Jarass / Pieroth - *Pieroth*, Art. 87 Rn. 12.

[1704] Maunz / Dürig - *Maunz*, Erstbearb., Art. 87 c Rn. 2.

[1705] Maunz / Dürig - *Lerche*, Art. 87 c Rn. 2, dazu auch Kap. 2 A II 1.

[1706] Maunz / Dürig - *Lerche*, Art. 87 c Rn. 2; *v. Mangoldt / Klein*, Art. 87 Anm. c Fn. 14 zu II 6.

[1707] *v. Mangoldt / Klein*, Art. 87 c Anm. Fn. 14 zu II 6.

[1708] *v. Mangoldt / Klein*, Art. 87 c Anm. Fn. 14 zu II 6.

c) Ergänzungs- und Ventilfunktion des Art. 87 Abs. 3 S. 1 GG

Das Grundgesetz sieht den Einsatz der Bundesverwaltung und der Auftragsverwaltung grundsätzlich nur für spezielle und genau umrissene Sachgebiete vor.[1709] Art. 87 Abs. 3 S. 1 GG weicht hiervon ab.

Wie sich schon innerhalb des Art. 87 GG an dem „außerdem" zeigte,[1710] kommt dem Art. 87 Abs. 3 S. 1 GG die Funktion zu, die durch Art. 87 Abs. 1 und Art. 87 Abs. 2 GG auf wenige Materien umgrenzten Spezialregelungen zu ergänzen.[1711] Doch auch über den Art. 87 GG hinaus eröffnet die Pauschalität der Möglichkeit zur Errichtung von Bundesoberbehörden, die ohne gegenständliche Beschränkung an die Gesetzgebungskompetenz anknüpft, dem Bund ein „kräftiges Ventil" zu Gunsten der Schaffung von Bundesverwaltung.[1712] Eine solche Ergänzung der Detailregelungen[1713] macht die Verwaltungskompetenzregelungen zu einem funktionsfähigen Ganzen, denn die Landesverwaltung wird aufgrund der immanenten Voraussetzungen „nicht aufgezehrt".[1714] Vielmehr wird einerseits ein Ausgleich zum Grundsatz des Art. 83 GG[1715] und andererseits zu der in den übrigen Regelungen der Bundesverwaltung anzutreffenden materienbezogenen, detaillierten und auch starren Verteilung der Verwaltungskompetenzen[1716] erreicht.

Eine Subsidiarität des Art. 87 Abs. 3 S. 1 GG kann daher auch nicht auf die fehlende Sachbezogenheit gestützt werden. Diese ist vielmehr notwendige Voraussetzung der Ventilfunktion.

d) Ausnahmecharakter des Art. 87 Abs. 3 S. 1 GG ?

Teilweise wird vertreten, es handele sich bei Art. 87 Abs. 3 S. 1 GG um eine systemwidrige Ausnahmevorschrift, die eine enge Auslegung zu erfahren habe.[1717] Eine Ausnahme liegt insofern vor, als dass hier von dem das Grundgesetz generell prägenden Prinzip der dezentralen Erledigung von Verwaltungsaufgaben durch die

---

[1709] *Stern* II, § 41 VI 7 a; *Köttgen*, JöR 3 (1954) 67 (74); *Kalkbrenner*, JZ 1963, 210 (211); *Loeser*, Bundesverwaltung, S. 10 spricht von „subtiler Akribie".

[1710] So auch Maunz / Dürig - *Lerche*, Art. 87 Rn. 170; vgl. Kap. 3 A II 1.

[1711] Maunz / Dürig - *Lerche*, Art. 87 Rn. 165, 170.

[1712] *Köttgen*, JöR 3 (1954) 66 (71, 74); Maunz / Dürig - *Lerche*, Art. 87 Rn. 21; *Britz*, DVBl. 1998, 1167 (1170); Auch *Dittmann*, Bundesverwaltung, S. 252 geht davon aus, dass mit dieser Norm ein „effektives Instrumentarium gesamt-staatlich gebundener Verwaltung" geschaffen werden soll und sieht dies durch die Praxis belegt, S. 256; tatsächlich hat der Bund, anders als von der Kompetenz des Art. 87 Abs. 3 S. 2 GG, von dieser intensiven Gebrauch gemacht, Maunz / Dürig - *Lerche*, Art. 87 Rn. 25.

[1713] Dazu auch Maunz / Dürig - *Lerche*, Art. 87 Rn. 3.

[1714] So auch Maunz / Dürig - *Lerche*, Art. 87 Rn. 21.

[1715] Seifert / Hömig - *Hömig*, Art. 87 Rn. 14; *Britz*, DVBl. 1998, 1176 (1171).

[1716] *Köttgen*, JöR 3 (1954) 67 (74).

[1717] *Niermann*, S. 14; *Kalkbrenner*, JZ 1963, 210 (211); *Kölble*, DVBl. 1962, 658 (658) dagegen tritt ausdrücklich einer solchen Einschätzung gegenüber.

Länder (Art. 83 GG) abgewichen wird.[1718] Art. 87 Abs. 3 S.1 GG durchbricht ebenfalls den Grundsatz, nach dem aus den Gesetzgebungskompetenzen des Bundes keine parallele Verwaltungskompetenzen resultieren.[1719] Beide Ausnahmen sind jedoch nicht systemwidrig, sondern Folge der systemabrundenden Ergänzungsfunktion des Art. 87 Abs. 3 S. 1 GG. Daher ist Art. 87 Abs. 3 S. 1 GG selbst eine Generalklausel.[1720]

e) Zusammenfassung

Die Systematik zeigt eine Ergänzungs- und Ventilfunktion des Art. 87 Abs. 3 S. 1 GG für die Kompetenzen des Bundes in der Verwaltung. Art. 87 c GG und Art. 87 Abs. 3 S. 1 GG stehen dabei als fakultative Abweichungen von Art. 83 GG auf einer Ebene. Es findet keine Verdrängung statt. Allerdings muss sowohl im Hinblick auf Art. 83 GG[1721] als auch im Hinblick auf Art. 87 c GG[1722] gewährleistet sein, dass die Voraussetzungen des Art. 87 Abs. 3 S. 1 GG tatsächlich vorliegen, wenn Verwaltungsbereiche auf Bundesoberbehörden übertragen werden.

Art. 87 c GG und Art. 83 GG beinhalten einen Grundsatz der Ausführung des AtG in Form der landeseigenen Verwaltung und/oder Auftragsverwaltung.[1723] Fraglich erscheint daher, ob auch die Einrichtung einer umfassenden Bundesverwaltung möglich ist, die die mittlere und untere Ebene, also Behörden im Sinne Art. 87 Abs. 3 S. 2 GG umfasst. Diese Frage stellt sich unter der geltenden Fassung zwar für das AtG nicht, bedarf aber wegen ihrer grundsätzlichen Bedeutung für das Verhältnis von Art. 87 c zu Art. 87 Abs. 3 GG einer Behandlung.

f) Exkurs: Das Verhältnis zu Art. 87 Abs. 3 S. 2 GG - Neue Aufgaben

aa) Problemstellung und Diskussionsstand

Im Streit um das Verhältnis von Art. 87 c zu Art. 87 Abs. 3 GG[1724] vertritt die vermittelnde Ansicht, dass die Anwendung des Art. 87 Abs. 3 S. 2 GG ausgeschlossen sei, der Bund hier also keine eigenen Mittel- und Unterbehörden schaffen könne.[1725] Der Verfassungsgeber habe sich mit der Materie befasst und mit Art. 87 c GG eine

---

1718 *Wieland*, Reform, S. 37.

1719 Maunz / Dürig - *Lerche*, Art. 87 Rn. 21; Dreier - *Hermes*, Art. 87 Rn. 66; *Kalkbrenner*, JZ 1963, 210 (211).

1720 *Hesse*, Unitarischer Bundesstaat, S. 17; Dreier - *Hermes*, Art. 87 Rn. 66.

1721 Zu der Tendenz die Voraussetzungen zu umgehen, *Hesse*, Unitarischer Bundesstaat, S. 17; vgl. zur Berechtigung dieser Kritik unten, Kap. 3 C III 1 b bb.

1722 *Steinberg*, 9. Atomrechts-Symposium. S. 72.

1723 Dieser dürfe nicht durch die Übertragung von Verwaltungskompetenzen an Bundesoberbehörden in sein Gegenteil gekehrt werden, *Steinberg*, 9. Atomrechts-Symposium, S. 70.

1724 Vgl. zum vollständigen Diskussionsstand Kap. 3 A I 1.

1725 v. Münch - *Uerpmann*, Art. 87 c Rn. 9; Jarass / Pieroth - *Pieroth*, Art. 87 c Rn. 1; Sachs - *Windthorst*, Art. 87 c Rn. 32 ff. ; Alternativkommentar - *Bull*, Art. 87 c Rn. 16; *Steinberg*, 9. Atomrechts-Symposium, S. 70; aber auch Maunz / Dürig - *Lerche*, Art. 87 c Rn 6.

Entscheidung für die Auftragsverwaltung getroffen.[1726] Diese Entscheidung habe zur Konsequenz, dass keine neuen, dringlichen Aufgaben mehr erwachsen könnten.[1727]

Andere sind der Ansicht, die Befassung des Verfassungsgebers schließe nicht aus, dass später neue Aufgaben entstehen könnten.[1728] Zum Beispiel gelte dies für die bundeseinheitliche Überwachung der Umweltradioaktivität nach Unfällen oder die Schaffung eines Zentralregisters zur Erfassung der radioaktiven Belastung von strahlenexponierten Arbeitskräften.[1729] Es kommt also für die Frage nach einer Verdrängung des Art. 87 Abs. 3 S. 2 GG wesentlich auf den Begriff der „neuen Aufgabe" an.[1730]

Teilweise wird auf die tatsächliche Entstehung neuer Aufgaben im Sinne verwaltungstechnischer Bedürfnisse abgestellt.[1731] Einschränkend wird von anderen verlangt, dass die Verwaltungsaufgabe „von außen" an den Bund herangetragen wird.[1732] Es soll nicht genügen, wenn die Aufgabe bisher nicht vom Bund, sondern von anderen Verwaltungsträgern wahrgenommen wurde. Vielmehr müsse sie erstmals aufgetreten sein oder sich neuerdings erst in ihrer „Qualität als Staatsaufgabe" zeigen.[1733] „Neu" seien daher alle Aufgaben, die bei Beratung und Verabschiedung des Grundgesetzes noch keine Aufgaben der Bundesrepublik oder ihrer Länder waren und insofern „neu angefallen" seien.[1734]

bb) Interpretation des Art. 87 Abs. 3 S. 2 GG

(1) Grammatische Interpretation

Aus der Formulierung „erwachsen dem Bunde" in Art. 87 Abs. 3 S. 2 GG ergibt sich jedenfalls, dass die Aufgabe für den Bund tatsächlich neu entstehen muss, der Bund darf diese also nicht schon vorher wahrgenommen haben.[1735] Nicht eindeutig ist dies für die Wahrnehmung durch die Länder.

[1726] v. Münch - *Uerpmann*, Art. 87 c Rn. 9.

[1727] Sachs - *Windthorst*, Art. 87 c Rn. 32, sie stellt aber keine Grundsatzent scheidung für die ausschließliche Zulässigkeit der Auftragsverwaltung dar. Es kann durch das Fehlen „neuer Aufgaben" nur eine Verdrängung in Bezug auf Art. 87 Abs. 3 S. 2 GG begründet werden, so *v. Mangoldt / Klein*, Art. 87 c Anm. II 6 in Bezug auf Maunz / Dürig - *Lerche*, Art. 87 c Rn. 6; Hamann / Lenz - *Hamann*, Art. 87 c Anm.

[1728] Bonner Kommentar - *Zieger / Bischof*, Art. c 87 Rn. 26.

[1729] Bonner Kommentar - *Zieger / Bischof*, Art. c 87 Rn. 26.

[1730] Umfassend zur Problematik *Rump*, Errichtung, S. 133 ff.; Sachs - *Windthorst*, Art. 87 c Rn. 31.

[1731] Bonner Kommentar - *Zieger / Bischof*, Art. 87 c Rn. 26.

[1732] Sachs - *Windthorst*, Art. 87 c Rn. 32, 75; *Stern* II, § 41 VII 6 c; dagegen *Rump*, Errichtung, S. 133 ff.

[1733] *Stern* II, § 41 VII 6.

[1734] *Kratzer*, AöR 77 (1951/52) 266 (271), *Hübener*, DÖV 1951, 201 (202); in diesem Sinne auch Sachs - *Sachs*, Art. 87 Rn. 75.

[1735] *Rump*, Errichtung, S. 133.

(2) Systematische Interpretation

Art. 87 GG und Art. 87 Abs. 3 S. 2 GG betreffen ausschließlich die Bundesverwaltung und die Bedeutung von Aufgaben für den Bund, folglich ist systematisch schwer begründbar, warum die vorherige Wahrnehmung von Aufgaben durch die Länder deren „Neuheit“ ausschließen sollte.[1736] Dies wäre nur dann der Fall, wenn „neu“ tatsächlich ganz neu oder von „außen an den Bund herangetragen“ bedeutet.

(a) Die Möglichkeit der Entstehung vollständig neuer Aufgaben

Zunächst erscheint ungewöhnlich, dass an den Bund eine Aufgabe von außen herangetragen wird, denn die Entstehung von Aufgaben ist typischerweise Folge der inneren Entwicklung des staatlichen Systems.[1737] Sie kommen daher eher von innen. Darüber hinaus soll die in Art. 146 GG festgelegte vorübergehende Geltungsdauer des Grundgesetzes eine besondere Regelung neuartiger Aufgaben überflüssig machen.[1738] Daher sei eine Auslegung, die nur vom Verfassungsgeber nicht vorausgesehene oder behandelte Aufgaben als „neu“ bewertet, zu eng.[1739] Dagegen spricht jedoch die Existenz des Besatzungsstatuts, die es dem Verfassungsgeber unmöglich machte, bestimmte Materien zu regeln.[1740] Insofern konnten durchaus noch - im Sinne einer noch nicht erfolgten Befassung – gänzlich „neue“ Aufgaben entstehen.[1741]

(b) Der systematische Vergleich mit Art. 120 a Abs. 2 GG

Für die Antwort auf die Frage, ob eine Aufgabe auch noch nach der Befassung des Verfassungsgebers „neu“ ist, kann Art. 120 a Abs. 2 GG Hinweise erbringen. Art. 120 a Abs. 1 GG regelt die Verwaltungskompetenzen für den Lastenausgleich. Trotzdem soll nach Art. 120 a Abs. 2 GG der Art. 87 Abs. 3 S. 2 GG „unberührt“ bleiben. Es ist also fraglich, welche Schlüsse aus dem Fehlen einer solche Regelung im Bereich des

---

[1736] *Rump*, Errichtung, S. 140 f.

[1737] *Rump*, Errichtung, S. 143, höchstens die mit der Wiedererlangung der Souveränität verknüpften Bereiche der Bundeswehr- und Luftverkehrsverwaltung wären seiner Meinung nach hier zu nennen.

[1738] *Hübener*, DÖV 1951, 201 (202).

[1739] *Hübener*, DÖV 1951, 201 (202), dieser bezieht sich dort auf den Gesetzgeber, doch dürfte - wie sich aus dem Zusammenhang ergibt - der Verfassungsgeber gemeint sein.

[1740] *Hübener*, DÖV 1951, 201 (202); ebenfalls mit Bezug auf die Luftverkehrsverwaltung als Beispiel eines besatzungsrechtlichen Ausschlusses *Kratzer*, AöR 77 (1951/52) 266 (271); Für diese nimmt Hofmann/Grabherr, LuftVG, Einl. II 1 b eine bewusste Lücke an, allerdings ohne Folgerungen in Bezug auf „neue Aufgaben“ im Sinne des Art. 87 Abs. 3 S. 2 GG.

[1741] Angesichts der weite der Formulierungen von Art. 30, 70, 83 GG und ihrer Funktion als Grundsatz- und Auffangregelungen kann aber nicht davon ausgegangen werden, der Verfassungsgeber habe für die nicht geregelten Bereiche eine Regelungslücke erhalten wollen, auf die sich selbst diese Normen nicht erstreckten, so aber *Hübener*, DÖV 1951, 201 (202).

Kernenergiewesens, also in Art. 87 c GG, gezogen werden müssen. Dies hängt von der Bedeutung des Absatzes 2 im Rahmen des Art. 120 a Abs. 2 GG ab.

Teilweise wird von einer „klarstellenden“ Funktion des Art. 120 a Abs. 2 GG ausgegangen.[1742] Dann würde Art. 87 Abs. 3 S. 2 GG also ohnehin „unberührt“ bleiben. Andere sehen hier dagegen die Möglichkeit verankert, die Durchführung ausschließlich durch Bundesbehörden vorzusehen.[1743] Nach dieser Auffassung würde also neben der Regelung des Art. 120 a Abs. 1 GG, der vorsieht, dass die Verwaltung teilweise durch die Länder in Form der Auftragsverwaltung und teilweise als Bundesverwaltung durch Bundesoberbehörden erfolgen soll, durch Absatz 2 die Errichtung von Bundesverwaltung mit Unterbau ermöglicht. Die prinzipielle Geltung des Art. 87 Abs. 3 S. 2 GG würde aber auch hier vorausgesetzt.

Nach wieder anderer Auffassung kommt Art. 120 a Abs. 2 GG konstitutive Bedeutung zu und zwar auch in der Hinsicht, dass es nicht mehr auf die Neuheit der Aufgaben ankomme.[1744] Die Errichtung von Mittel- und Unterbehörden wäre danach erleichtert. Gegen die letztgenannte Auffassung spricht aber, dass Art. 120 a Abs. 2 GG den Art. 87 Abs. 3 S. 2 GG lediglich „unberührt“ lässt. Er verweist also entweder deklaratorisch auf dessen Geltung oder ordnet diese konstitutiv an. Wenn die Regelung im Übrigen aber „unberührt“ bleibt, werden ihre Voraussetzungen nicht geändert. Die letztgenannte Meinung findet damit keine Anknüpfungspunkte in der Verfassung, ist also abzulehnen.

Der erste Absatz des Art. 120 a GG trifft eine von Art. 83 und von Art. 87 GG abweichende Verwaltungsregelung.[1745] Es wird der Einsatz der Bundesverwaltung, der landeseigenen Verwaltung und der Auftragsverwaltung ermöglicht. Die Bundesverwaltung beschränkt sich nach dieser Darstellung allerdings allein auf die Tätigkeit des Bundesausgleichsamtes. Dessen Kompetenzen können im Vergleich zu Art. 87 Abs. 3 S. 1 GG deutlich modifiziert werden. Ein Verweis auf die Geltung Art. 87 Abs. 3 S. 2 GG erfolgt hier daher aus zwei Gründen. Er ist erstens erforderlich, weil die ausschließliche Nennung des Bundesausgleichsamtes und dessen Modifikationen die Möglichkeit des Einsatzes von Bundesmittel- und -unterbehörden ausschließen könnte. Zweitens wird eben gerade deutlich gemacht, dass es sich weiterhin (trotz erfolgter Befassung) um mögliche „neue“ Aufgaben handelt.[1746] Folglich kommt Art. 120 a Abs. 2 GG eine konstitutive Wirkung zu.

Das Fehlen eines solchen konstitutiven Hinweises auf Art. 87 Abs. 3 S. 2 GG im Rahmen des Art. 87 c GG spricht daher dafür, dass dort von einer Befassung des

---

1742 Schmidt-Bleibtreu / Klein- *Schmidt-Bleibtreu*, Art. 120 a Rn. 2; ebenso Sachs - *Siekmann*, Art. 120 a GG, Rn. 11.
1743 Jarass / Pieroth - *Jarass*, Art. 120 a GG Rn. 2.
1744 v. Münch- *Schaefer*, Art. 120 a GG Rn. 3, 27; Hamann / Lenz – *Hamann*, Art. 120 a Anm.; so auch Maunz / Dürig - *Maunz*, Art. 120 a Rn. 5, 24.
1745 Jarass / Pieroth - *Jarass*, Art. 120 a Rn. 1; Sachs - *Siekmann*, Art. 120 a Rn. 1.
1746 So für letzteres Schmidt-Bleibtreu / Klein - *Schmidt-Bleibtreu*, Art. 120 a Rn. 2; i. E. auch Maunz / Dürig - *Maunz*, Art. 120 a Rn. 5, 24.

Verfassungsgebers mit Ausschlusswirkung auszugehen ist. Dann wären die Aufgaben im Geltungsbereich des Art. 87 c GG also nicht mehr neu.

(c) Der unmittelbare systematische Zusammenhang mit Art. 87 c GG

Auch aus dem Verhältnis von Art. 87 c GG zu Art. 87 Abs. 3 S. 2 GG selbst wird eine Verdrängungswirkung gefolgert. Mit dem Wesen der durch Art. 87 c GG ermöglichten Auftragsverwaltung sei die Schaffung von Bundesbehörden der Mittel- und Unterebene nicht vereinbar.[1747] Dem wird entgegengehalten, es werde verkannt, dass es sich bei Art. 87 Abs. 3 S. 2 GG gerade nicht um eine Regelung der Auftragsverwaltung handele, sondern um die Möglichkeit der Schaffung von Bundeseigenverwaltung.[1748]

Die Überlegung, ob sich aus Art. 87 c GG selbst eine Beschränkung des Art. 87 Abs. 3 S. 2 GG ergibt, ist jedoch insofern berechtigt, als dass bei dessen Einsatz von der prinzipiellen Entscheidung des Verfassungsgebers für die Auftragsverwaltung[1749] nichts mehr erhalten bleibt. Die Einrichtung einer Bundesverwaltung nicht nur auf zentraler Ebene, sondern unter Einbeziehung von Bundesbehörden auch auf der mittleren und unteren Ebene, verdrängt die Auftragsverwaltung weitestgehend. Es bleibt kein Raum für die Verwaltung durch die Länder, die andernfalls zumindest überall dort erhalten bliebe, wo Aufgaben nicht zur zentralen Erledigung geeignet sind. Die Verdrängung der Auftragsverwaltung erreicht durch die Einschaltung von Bundesbehörden auf mittlerer und unterer Ebene ein wesentlich intensiveres und daher mit Art. 87 c GG kollidierendes Ausmaß als bei der im Rahmen des Art. 87 Abs. 3 S. 1 GG.

Die Systematik spricht daher für eine Verdrängung des Art. 87 Abs. 3 S. 2 GG durch Art. 87 c GG.

(3) Historische und genetische Interpretation

Art. 87 Abs. 3 S. 2 GG schafft eine im Vergleich zur WRV striktere Regelung, da damals die Errichtung und Organisation von Bundesverwaltung gemäß Art. 14 WRV durch einfaches Gesetz möglich war.[1750] Zu den „neuen Aufgaben“ lassen sich jedoch keine Hinweise finden.

Auch die Materialien zum Grundgesetz geben kaum Anhaltspunkte auf deren Bedeutung: Es lässt sich lediglich feststellen, dass Satz 2 und damit die Möglichkeit zur Errichtung von Bundesmittel- und Unterbehörden erst spät, nämlich auf Vorschlag

---

[1747] Sachs - *Windthorst*, Art. 87 c Rn. 32.
[1748] Bonner Kommentar - *Zieger / Bischof*, Art. c 87 Rn. 26 Fn. 22.
[1749] *Steinberg*, 9. Atomrechts-Symposium, S. 72.
[1750] *v. Mangoldt / Klein*, Art. 87 Anm. II 1; *Kölble*, DVBl. 1962, 658 (658).

des Fünferausschusses vor der 3. Lesung im Hauptausschuss eingefügt wurde.[1751] Die Beweggründe des Fünferausschusses hierfür lassen sich mangels Dokumentation nicht nachvollziehen.[1752] Dass diese Kompetenz aber vom „Erwachsen neuer Aufgaben" abhängig sein sollte, war von Anfang an vorgesehen.[1753] Anders als für den Einsatz der Bundesoberbehörden aus den Beratungen bei der Einfügung des Art. 87 c GG gefolgert wird,[1754] lässt sich bezüglich der Bundesmittel- und Unterbehörden auch nicht feststellen, dass die Aufrechterhaltung dieser Verwaltungsalternative bezweckt wurde.

(4) Zusammenfassung

Die Befassung des Verfassungsgebers mit der Materie Kernenergieverwaltung in Art. 87 c GG schließt also das Vorliegen einer neuen Aufgabe im Sinne des Art. 87 Abs. 3 S. 2 GG aus. Die engen sachlichen und formellen Voraussetzungen der Kompetenz machen letztere zu einem „Notbehelf für nicht absehbare Entwicklungen".[1755] Insoweit ist der vermittelnden Meinung zuzustimmen, da durch das Einfügen des Art. 87 c GG die Kompetenz des Art. 87 Abs. 3 S. 2 GG verdrängt ist. Es haben sich jedoch keine weiteren Hinweise in Bezug auf Art. 87 Abs. 3 S. 1 GG ergeben, so dass dessen Interpretation fortzusetzen ist.

3. Historische Interpretation

Unter der RV konnten neue Reichsbehörden nur durch verfassungsänderndes Gesetz errichtet werden.[1756] Die Voraussetzungen waren also enger als bei Art. 87 Abs. 3 S. 1 GG. Für verfassungsändernde Gesetze waren übereinstimmende Beschlüsse von Bundesrat und Reichsrat Voraussetzung. Dies räumte den Gliedstaaten besonderes Gewicht ein, da in der Regel 14 ablehnende Stimmen im Bundesrat eine Gesamtablehnung zur Folge hatten.[1757] Daher wird auch vertreten, die Entscheidung über die Errichtung neuer Reichsbehörden habe faktisch bei den Gliedstaaten gelegen.[1758] Tatsächlich aber konnte sich damals die Reichsverwaltung aufgrund großzügiger Verfassungsinterpretation und dennoch ergehender verfassungsändernder Gesetzgebung ausdehnen.[1759] So existierten unter der RV neben den Reichsämtern, die funktionsmäßig als Vorläufer der späteren Reichsministerien anzusehen sind, jedoch

[1751] *v. Doemming / Füsslein / Matz*, JöR 1 (1951) 1 (650); Sachs - *Sachs*, Art. 87 Rn. 6; Dieser war nur vorübergehend an das Erfordernis einer 2/3 Mehrheit des Bundesrats gebunden.
[1752] *Hübener*, DÖV 1951, 201 (201).
[1753] Vgl. die Nachweise bei *v. Doemming / Füsslein / Matz*, JöR 1 (1951) 1 (650 f.).
[1754] Bonner Kommentar - *Zieger / Bischof*, Art. c 87 Rn. 25 über BR-Drs. 322/56 a. = BT-Drs. II / 3056.
[1755] Sachs - *Sachs*, Art. 87 Rn. 75.
[1756] *Anschütz*, WRV, Art. 14 Anm. 1; *Kölble*, DVBl. 1962, 658 (658); Sachs - *Sachs*, Art. 87 Rn. 3 f.
[1757] *Kölble*, DVBl. 1962, 658 (658).
[1758] *Kölble*, DVBl. 1962, 658 (658).
[1759] Sachs - *Sachs*, Art. 87 Rn. 3.

ohne Ressortverantwortung dem Reichskanzler unmittelbar untergeordnet waren, bereits sog. Reichszentralämter.[1760] Diese waren mit den heutigen Bundesoberbehörden vergleichbar und unterstanden dem Reichsamt des Inneren.[1761]

Die WRV traf nur vereinzelte Regelungen über die Reichsverwaltung oder über reichseigene Verwaltungsbehörden, da Art. 14 WRV dem Reich die generelle Möglichkeit gab, vom Regelfall der Ausführung der Reichsgesetze durch die Länder abzuweichen und durch einfaches Gesetz Reichsverwaltung zu errichten.[1762] Neben der Bindung an das Gesetzgebungsverfahren waren keine besonderen Voraussetzungen zu erfüllen.[1763] Die Einführung von reichseigener Verwaltung geschah daher in nicht unerheblichem Umfang[1764] und hatte eine deutliche Einschränkung der Landesverwaltungskompetenzen zur Folge.[1765]

Die Lösung des Grundgesetzes wird wegen der Differenzierung zwischen der Bundesverwaltung durch Bundesoberbehörden und der unter Einbeziehung von Mittel- und Unterbehörden als Mittelweg zwischen der RV und der WRV eingestuft.[1766]

Da Art. 87 c GG sich mangels verfassungsrechtlicher Fixierung der Auftragsverwaltung vor Schaffung des Grundgesetzes als Verfassungsnorm ohne erkennbaren Vorläufer darstellt, sind weitere Rückschlüsse über das Verhältnis von Art. 87 c GG zu Art. 87 Abs. 3 S. 1 GG aus historischer Sicht nicht möglich.

4. Genetische Interpretation

a) Die Entstehung des Art. 87 Abs. 3 S. 1 GG

Bereits der Herrenchiemseer Entwurf sah die Möglichkeit zur Errichtung von Bundesoberbehörden vor.[1767] Diese stand zunächst unter Vorbehalt der Zustimmung des Bundesrats.[1768] Doch sollte durch diese Norm dem Gesetzgeber „nichts verbaut“,

---

[1760] Alternativkommentar - *Bull*, Art. 87 Rn. 2 f.; *Schubart*, S. 94 ff.; dazu gehörten das Bundesamt für Heimatwesen, das Statistische Amt des Dt. Reichs, das Reichsgesundheitsamt, das Patentamt, das Reichsversicherungsamt und das Kaiserliche Aufsichtsamt für Privatversicherung.

[1761] Alternativkommentar - *Bull*, Art. 87 Rn. 3; *Schubart*, S. 94 ff.

[1762] *v. Mangoldt / Klein*, Art. 87 Anm. II 1; *Kölble*, DVBl. 1962, 658 (658).

[1763] *Kölble*, DVBl. 1962, 658 (658).

[1764] Jeserich - *Frotscher*, Bd. 4, S. 111ff.; Sachs - *Sachs*, Art. 87 Rn. 4.

[1765] Alternativkommentar - *Bull*, Art. 87 Rn. 6.

[1766] Die Voraussetzungen des Art. 87 Abs. 3 S. 2 GG sind wesentlich strikter. Vgl. Maunz / Dürig – *Lerche*, Art. 87 Rn. 169; *Kölble*, DVBl. 1962, 658 (658); anders aber *Köttgen*, der meint, dort wo die Verwaltung durch zentrale Einrichtungen möglich ist, sei die gleiche Situation, wie unter Art. 14 WRV erreicht, JöR 3 (1954) 67 (74).

[1767] Art. 116 HCHE Fassung a und b: einmal nur im Rahmen einer ausdrücklichen Aufzählung der Behörden, einmal ohne gegenständliche Beschränkung im Falle des Bedarfs, dazu Der Parlamentarische Rat, Bd. 2, Bericht über den Verfassungskonvent, S. 561; vgl. dazu ebenfalls Maunz / Dürig - *Lerche*, Art. 87 Rn. 31.

[1768] Art. 105 HCHE, vgl. Der Parlamentarische Rat, Bd. 2, Bericht über den Verfassungskonvent, S. 558, mit wechselnden Quoren, siehe auch *Kratzer*, DÖV 1950, 529 (530).

sondern eine weitere Alternative eingeräumt werden.[1769] Dies gibt ebenfalls Hinweis auf die ergänzende Ventilfunktion der Kompetenz.[1770] Für diese Funktion spricht auch die spätere Streichung des zunächst vorgesehenen Zustimmungsvorbehalts.[1771]

b) Die Entstehung des Art. 87 c GG

Die Ergänzung des Grundgesetzes vom 23.12.1959[1772] durch Art. 87 c GG trug der wachsenden Bedeutung der Kernenergie Rechnung. Sie war erst durch den Wegfall des besatzungsrechtlichen Verbots der Kernenergieerzeugung möglich geworden.[1773] Ein Entwurf dafür war bereits in der zweiten Legislaturperiode von der Regierung eingebracht worden, aber am Widerstand von Teilen der CDU gescheitert.[1774] In der dritten Legislaturperiode wurde dann der - von der SPD eingebrachte - Entwurf einstimmig in Bundestag und -rat angenommen.[1775]

In der Debatte über die Verwaltungsstruktur der friedlichen Nutzung der Kernenergie wurde die Heranziehung bestehender Behörden bei gleichzeitiger Belassung des Hauptteils der Kompetenzen bei den Ländern vorgeschlagen, teilweise aber die Errichtung einer Bundesanstalt für Kernenergie befürwortet, die allerdings zunächst nicht erfolgte.[1776] Die Auftragsverwaltung wurde wegen der umfangreichen Kontroll- und Steuerungskompetenzen des Bundes für die Tätigkeit der Länder favorisiert.[1777] Doch sollte das Einfügen des Art. 87 c GG, wie die Bundesregierung in ihrer Gesetzesbegründung ausführte, keine Auswirkungen auf die Kompetenz zur Schaffung von Bundesoberbehörden sowie von Körperschaften und Anstalten gemäß Art. 87 Abs. 3 S. 1 GG haben.[1778] Diese stand dem Bund vor der Schaffung des Art. 87

[1769] Laforet, Stenographischer Bericht des Hauptausschusses, S. 195; Es lässt sich dagegen nicht nachweisen, dass Art. 87 Abs. 3 S. 1 GG als Notkomp etenz konzipiert war, so aber *Britz*, DVBl. 1998, 1167 (1167).

[1770] Mit diesem Ergebnis selbst *Britz*, DVBl. 1998, 1167 (1170); zu dieser Funktion vor allem *Köttgen*, JöR 3 (1954) 67 (74); auch *Niermann*, S. 15.

[1771] Vgl. Der Parlamentarische Rat, Bd. 9., 9. Sitzun g des Plenums, S. 473 mit dieser Einschätzung auch *Britz*, DVBl. 1998, 1167 (1170); Seifert / Hömig – - *Hömig*, Art. 87 Rn. 14.

[1772] BGBl. I, S. 813.

[1773] Maunz / Dürig - *Lerche*, Art. 87 c Rn. 1; vgl. dazu auch Bonner Kommentar - *Zieger / Bischof*, Art. c 87 Rn. 1 ff.

[1774] Es wurde eine Beschränkung auf die friedliche Nutzung abgelehnt, BT -Drs. II /3026; vgl. dazu auch Sachs - *Windthorst*, Art. 87 c Rn. 1; Bonner Kommentar – *Zieger / Bischof*, Art. 87 c Rn. 2 ff.

[1775] BT-Prot. III /5036; auch Sachs - *Windthorst*, Art. 87 c Rn. 2; Bonner Kommentar – *Zieger / Bischof*, Art. 87 c Rn. 8.

[1776] BT-Drs. II / 2142; zum Antrag der SPD siehe BT -Drs. III /30; zum Antrag der FDP für Art. 74 I Nr. 11 a GG vgl. BT-Drs. II / 266; vgl. auch *Mattern / Raisch*, AtG, Vorbem. § 22 Rn. 1; Bonner Kommentar – *Zieger / Bischof*, Art. 87 c Rn. 6 f.

[1777] Vgl. dazu Bonner Kommentar – *Zieger / Bischof*, Art. 87 c Rn. 3 ff.; Sachs - *Windthorst*, Art. 87 c Rn. 7.

[1778] BT –Drs. III / 5036.

c GG zu und sollte nicht beschränkt werden.[1779] Damit sprechen die Materialien gegen eine Verdrängung des Art. 87 Abs. 3 S. 1 GG.[1780]

c) Die Entstehung des AtG

Die Erwägungen, die der Schaffung des AtG zu Grunde lagen, können für die Interpretation der Verfassung zwar nicht zwingend sein, da das Gesetz aber zeitgleich mit der Grundgesetzänderung beraten wurde und letztere gerade zur Schaffung einer Verfassungsgrundlage für das AtG erfolgte, lassen sich Rückschlüsse ziehen.

Ein umfassender Einsatz von Bundesoberbehörden wurde mit der Begründung abgelehnt, dass die Verwaltung eine ortsnahe sein müsse, da die Verwendung radioaktiver Stoffe im gesamten Bundesgebiet erfolge, der Einsatz bundeseigener Verwaltung zu kostspielig sei und zudem dem föderativen Aufbau der Bundesrepublik widerspreche. Ferner sollte eine Zweigleisigkeit der Verwaltung, die sich im Hinblick auf die übrigen landesrechtlichen Genehmigungen ergeben würde, vermieden werden.[1781] Diese Argumente tragen jedoch nur die grundsätzliche Entscheidung für die Auftragsverwaltung, die sich in § 24 Abs. 1 S. 1 AtG manifestiert hat. Für einzelne Verwaltungsbereiche, zumindest für die, die §§ 22, 23 AtG ursprünglich den Bundesoberbehörden zuwiesen, standen ganz andere Überlegungen im Vordergrund. Dort ging es um die überregionale Bedeutung der Gegenstände, die bundesweite Sicherheit, die Gewährleistung der internationalen Verpflichtungen und die besondere Eignung zur zentralen Erledigung, die dazu führten, dass Bundesoberbehörden eingesetzt wurden.[1782] Die Gründe, die für die Wahl der Auftragsverwaltung im Grundsatz sprachen und sprechen, schließen also die Bundesverwaltung durch Bundesoberbehörden für einzelne Bereiche des AtG nicht aus. Sie befürworten ein Nebeneinander von Art. 87 c GG und Art. 87 Abs. 3 S. 1 GG.

5. Teleologische Interpretation

a) Sinn und Zweck des Art. 87 c GG

Sinn und Zweck des Art. 87 c GG war es, dem Bund die Einrichtung der Auftragsverwaltung für die Materie des Kernenergiewesens zu ermöglichen.[1783] Denn,

---

[1779] So auch *v. Mangoldt / Klein*, Art. 87 Anm. c II 6.

[1780] So auch Bonner Kommentar - *Zieger / Bischof*, Art. 87 c Rn. 25.

[1781] Amtl. Begründung zu § 24 AtG in BT-Drs. III / 759 S. 34 f.; vgl. auch *Mattern / Raisch*, AtG, Vorbem. vor § 24 Rn. 1; Sachs - *Windthorst*, Art. 87 c Rn. 7; Bonner Kommentar - *Zieger / Bischof*, Art. c 87 Rn. 33.

[1782] *Haederich*, AtG, § 22 Rn. 2, § 23 Rn. 1; zu deren Grenzen, unten Kap. 3 C III 1 b.

[1783] *v. Mangoldt / Klein* Art. 87 c Anm. II 6. Denn dies wäre ihm ohne die Einfügung der Norm nicht möglich gewesen, Bonner Kommentar – *Zieger / Bischof*, Art. 87 c Rn. 10; Sachs - *Windthorst*, Art. 87 c Rn. 3; Hamann / Lenz – *Hamann*, Art. 87 c Anm.

wie eben dargestellt,[1784] wegen der notwendigen umfangreicheren Kontroll- und Steuerungskompetenzen des Bundes, war die Landeseigenverwaltung nicht geeignet und die als Grundsatzverwaltungsform für nicht wünschenswert gehaltene Bundesverwaltung konnte ebenfalls vermieden werden.[1785] Durch die Schaffung der Wahlmöglichkeit für die Auftragsverwaltung konnten beide „Gegenpole" ausgeglichen und dem Gesetzgeber ein diesen Bedürfnissen entsprechendes Instrumentarium an die Hand gegeben werden.[1786] Für die so geschaffene Wahlmöglichkeit zwischen zwei Formen der Landesverwaltung existierten also „wohlerwogene Gründe".[1787]

Ein Ausschluss der Bundesverwaltung - und insbesondere der Verwaltung durch Bundesoberbehörden - war, wie eben gezeigt,[1788] aber nicht bezweckt. Offensichtlich ist dies für die Ministerialstufe, die durch Art. 87 c GG nicht berührt wird.[1789] Statt einer Einschränkung wurde also vielmehr die Erweiterung der Möglichkeiten des Bundes für die Ausgestaltung der Verwaltung im Kernenergiewesen bezweckt. Dies spricht gegen eine verdrängende Wirkung des Art. 87 c GG.

b) Sinn und Zweck des Art. 87 Abs. 3 S. 1 GG

Art. 87 Abs. 3 GG will keinen grenzenlosen Ausbau der bundeseigenen Verwaltung ermöglichen. Mit Hilfe einer typologischen Differenzierung wird dem Ausbau eine Grenze gezogen,[1790] denn die Regelung bringt zum Ausdruck, dass der Bund „nach Möglichkeit" nur durch zentrale Verwaltungseinrichtungen in Form der Bundesoberbehörden tätig werden soll.[1791]

Diese Beschränkung schließt nicht aus, dass dem Bund durch Art. 87 Abs. 3 S. 1 GG ein „effektives Instrumentarium" zur Gestaltung der Verwaltung zur Verfügung gestellt werden soll.[1792] Dies soll eine Kompensation für die im Übrigen eng umgrenzten Verwaltungskompetenzen des Bundes ermöglichen,[1793] also einer Ergänzung zu einem sinnvollen Ganzen dienen.

Beiden Kompetenznormen ist also die bezweckte Erweiterung der Gestaltungsmöglichkeiten gemein, die gegen eine ausschließende Wirkung spricht.

[1784] Kap. 3 A II 4.
[1785] Sachs - *Windthorst*, Art. 87 c Rn. 7.
[1786] So auch Sachs - *Windthorst*, Art. 87 c Rn. 7, die Länderinteressen werden dabei nicht nur durch die Bindung an die Ausübung durch den Gesetzgeber, sondern auch durch die Zustimmungsbedürftigkeit gewahrt.
[1787] *v. Mangoldt / Klein*, Art. 87 c Anm. II 3 b.
[1788] Kap. 3 A II 4 a und b.
[1789] Vgl. *v. Mangoldt / Klein*, Art. 87 c Anm. II 5.
[1790] *Köttgen*, JöR 3 (1954) 67 (74).
[1791] *Köttgen*, JöR 3 (1954) 67 (74).
[1792] *Dittmann*, Bundesverwaltung, S. 252; *Köttgen*, JöR 3 (1954) 67 (74).
[1793] Alternativkommentar - *Bull*, Art. 87 Rn. 24; *Dittmann*, Bundesverwaltung, S. 252.

6. Verfassungspolitische Erwägungen

a) Art. 87 Abs. 3 GG als Gefahr für Verfassungsgrundsätze?

Teilweise wird Zurückhaltung im Umgang mit Art. 87 Abs. 3 GG gefordert, um eine Aushöhlung und Umgehung der Grundsätze des Art. 83 GG, des Föderalismus und der Gewaltenteilung, zu verhindern.[1794] Vor allem im Hinblick auf den föderalen Grundsatz der Vollzugskompetenz der Bundesländer sei von Art. 87 Abs. 3 GG nur beschränkt Gebrauch zu machen.[1795] Im Regelungsbereich des Art. 87 c GG lässt sich eine Umgehungsgefahr jedoch nur insoweit an Normen anknüpfen, als dass diese Regelung als Grundsatzentscheidung gegen eine überwiegende Ausführung in Form der Bundesverwaltung einzustufen ist.[1796] Darüber hinaus ist in der Verwaltung des Kernenergiewesens die Auftragsverwaltung als Form der Landesverwaltung nur zur Disposition des Gesetzgebers gestellt und keineswegs als zwingend vorgeschrieben.[1797] Insofern bestehen hier abweichende Konkretisierungen der allgemeinen Grundsätze, so dass von einer Gefahr der Aushöhlung bei einem Nebeneinander von Art. 87 c GG und Art. 87 Abs. 3 S. 1 GG nicht die Rede sein kann.

b) Die Ventilfunktion in der bundesstaatlichen Praxis

Art. 87 Abs. 3 GG wird teilweise insgesamt als „Fehlkonstruktion" bewertet.[1798] „Bemerkenswert" ist Art. 87 Abs. 3 S. 1 GG im ansonsten stark föderativ geprägten System der Verwaltungskompetenzen auf jeden Fall.[1799] Jedoch führt eben die Notwendigkeit, „die Folgen des im Grundgesetz ansonsten reichlich weit durchgeführten Grundsatzes vom Vollzug der Bundesgesetze durch die Länder in gewissem Umfang korrigieren zu können, falls sich dies als erforderlich erweisen sollte,"[1800] zu dieser Regelungstechnik. Dass diese Technik für die - teilweise als notwendig eingestufte - Stärkung der gesamtstaatlichen Verwaltung besonders tauglich ist, belegt der nicht unerhebliche Einsatz der Kompetenz.[1801] Daher sprechen jedenfalls die Bedürfnisse der Verwaltungspraxis für ein Nebeneinander der beiden Vorschriften.[1802] Diesen Bedürfnissen ist jedoch durch Art. 87 Abs. 3 S. 1 GG auch

---

[1794] v. Münch - *Broß*, Art. 87 Rn. 29; *Kalkbrenner*, JZ 1963, 210 (211).

[1795] Eine solche Gefahr annehmend Maunz / Dürig - *Maunz*, Erstbearb.; Art. 87 c Rn. 6; dagegen Bonner Kommentar - *Zieger / Bischof*, Art. c 87 Rn. 26; für eine zurückhaltende Anwendung auch *v. Mangoldt / Klein*, Art. 87 Anm. II 3 b cc.

[1796] *Steinberg*, 9. Atomrechts-Symposium, S. 70; vgl. dazu Kap. 3 A II 2 c.

[1797] Dies hat der Gesetzgeber auf einfachgesetzlicher Ebene in § 24 Abs. 1 AtG auf die Weise umgesetzt, dass die Auftragsverwaltung sich auf umgrenzte Verwaltungsaufgaben, nämlich auf die des Zweiten Abschnitts bezieht, Bonner Kommentar - *Zieger / Bischof*, Art. c 87 Rn. 34.

[1798] In den Anfangsjahren der Bundesrepublik *Kratzer*, DÖV 1950, 529 (530); heute *Britz*, DVBl. 1998, 1167 (1168 ff.); gegen diese Einschätzung ausdrücklich *Kölble*, DVBl. 1962, 658 (658).

[1799] *Kölble*, DVBl. 1962, 658 (658).

[1800] Dreier - *Hermes*, Art. 87 Rn. 67; *Dittmann*, Bundesverwaltung, S. 252.

[1801] *Dittmann*, Bundesverwaltung, S. 256.

[1802] Sachs - *Windthorst*, Art. 87 c Rn. 31.

kein übermäßiges Gewicht eingeräumt worden, da die Voraussetzungen und Schranken der Kompetenz klare Grenzen ziehen.[1803]

III. Ergebnis

Es findet keine vollständige Verdrängung des Art. 87 Abs. 3 S. 1 GG statt. Im Regelungsbereich des Art. 87 c GG kommt allerdings nur die Heranziehung des Art. 87 Abs. 3 S. 1 GG in Betracht, während ein Rückgriff auf Art. 87 Abs. 3 S. 2 GG mangels „Neuheit“ der Aufgabe ausgeschlossen ist.

[1803] Vgl. dazu unten Kap. 3 C III 1.

B. Art. 87 Abs. 3 S.1 GG als originärer Kompetenztitel für die Bundesgesetzgebung

Nachdem geklärt ist, dass Art. 87 Abs. 3 S. 1 GG auch im Bereich des Kernenergiewesens zur Anwendung gelangen kann, ist seine Funktion als Kompetenztitel für die Gesetzgebung des Bundes im Bereich der fakultativen Bundesverwaltung[1804] zu untersuchen.

I. Problemstellung und Diskussionsstand

Einer ersten Meinung nach handelt es sich bei Art. 87 Abs. 3 S. 1 GG um einen sogenannten institutionellen Gesetzesvorbehalt im Rahmen einer föderalen Verteilungsregel, der nicht die Gesetzgebungskompetenzen, sondern lediglich die Organkompetenzen im Bereich der Bundesverwaltung festlegt.[1805] Damit würde hier lediglich geregelt, dass in dem Fall, in dem die Voraussetzungen des Art. 87 Abs. 3 S. 1 GG vorliegen, die Errichtung der dort vorgesehenen Behörden und Einrichtungen durch den Bundesgesetzgeber zu erfolgen hat, während eine untergesetzliche Regelung dafür nicht ausreicht. Dagegen vertritt eine zweite Ansicht, dass Art. 87 Abs. 3 S. 1 GG eine ausschließliche Gesetzgebungskompetenz des Bundes schafft.[1806] Hier soll die Gesetzgebungsbefugnis für die Materien der bundeseigenen Verwaltung geregelt sein, deren Rechtsfolgen sich aus Art. 86 GG ergeben.[1807]

Sollte Art. 87 Abs. 3 S. 1 GG einen Kompetenztitel für die Bundesgesetzgebung beinhalten, ginge dieser als Spezialregelung vor, wie bereits zu Art. 84 Abs. 1 und Art. 85 Abs. 1 GG dargestellt.[1808] Die in den Art. 70 ff. GG angesiedelten materiellen Kompetenztitel umfassen die Regelungskompetenz für Organisations- und Verfahrensfragen gerade nicht. Diese könnte allenfalls als Annex bestehen, würde dann aber hinsichtlich Inhalt und Umfang abweichen. Zudem hat, wie im obigen Zusammenhang dargestellt, die Ableitung organisationsrechtlicher Gesetzgebungskompetenzen eine prinzipielle Bedeutung.

[1804] So Sachs - *Sachs*, Art. 87 Rn. 12.

[1805] *Rupp*, FS Dürig, S. 390; Dreier – *Hermes*, Art. 87 Rn. 68; wohl auch *v. Mangoldt / Klein*, Art. 87 Anm. VI 4.

[1806] BVerfGE 14, 196 (214); BVerfGE 31, 113 (117); *Stern* II, § 41 VII 6; *Ipsen*, Rn. 620; Jarass / Pieroth - *Pieroth*, Art. 87 c Rn. 1; Schmidt-Bleibtreu / Klein – Schmidt-Bleibtreu, Art. 87 Rn. 7; Sachs - *Sachs*, Art. 87 Rn. 12; *Leibholz / Rinck*, Art. 87 Rn. 3; *Hohrmann*, S. 102; *Erichsen / Knoke*, DÖV 1985, 53 (54 ff.); *Kölble*, DVBl. 1962, 658 (660).

[1807] Jarass / Pieroth - *Pieroth*, Art. 87 c Rn. 1.

[1808] Kap. 1 A und eben auch B II 2 c.

II. Interpretation der Norm

1. Grammatische Interpretation

Die Verwendung der Formulierung „durch Bundesgesetz" in Art. 87 Abs. 3 S. 1 GG enthält einen Hinweis auf die Verankerung einer ausschließlichen Gesetzgebungskompetenz des Bundes,[1809] da dies an vielen Stellen des Grundgesetzes der Fall ist.[1810]

2. Systematische Interpretation

a) Das Verhältnis von Gesetzgebungs- und Verwaltungskompetenzen

Für die Funktion als Kompetenztitel könnte sprechen,[1811] dass für „gesetzgeberischen Organisationsregelungen zu den Gegenständen der Bundesverwaltung" (also bei dem Regelungsgegenstand des Art. 87 Abs. 3 S. 1 GG) jedenfalls eine Gesetzgebungskompetenz des Bundes besteht.[1812] Diese stellt eine Ausnahme zu der Regel dar, dass die Gesetzgebungskompetenz des Bundes grundsätzlich äußerste Grenze für seine Verwaltungskompetenz ist.[1813] Allerdings legt Art. 87 Abs. 3 S. 1 GG fest,[1814] dass hier die Verwaltungskompetenz[1815] der Gesetzgebungskompetenz des Bundes folgt.[1816] Beide Aussagen betreffen jedoch nur den Umfang und nicht den Ursprung der Kompetenzen.[1817] Es kann daher nur festgestellt werden, dass „die entsprechende Gesetzgebungskompetenz notwendig und ausschließlich beim Bund" liegt,[1818] unklar bleibt, ob sie sich aus Art. 87 Abs. 3 S. 1 GG ergibt.

1809 *Hohrmann*, S. 102; *Ipsen*, Rn. 517; *Kölble*, DVBl. 1962, 658 (660).

1810 So selbst *Rupp*, FS Dürig, S. 389; dazu auch *Ipsen*, Rn. 517; *Kölble*, DVBl. 1962, 658 (660).

1811 *Erichsen / Knoke*, DÖV 1985, 54 (59); Maunz / Dürig - *Lerche*, Art. 83 Rn. 32; *Kölble*, DÖV 1962, 658 (664) unter Bezugnahme a uf BVerfGE 12, 205 (229); anders aber ausdrücklich, BVerfGE 15, 1 (16).

1812 Maunz / Dürig - *Lerche*, Art. 83 Rn. 34; Jarass / Pieroth - *Pieroth*, Art. 83 Rn. 2.

1813 BVerfGE 102, 167 (174); BVerfGE 12, 205 (229), BVerfGE 15, 1 (16); BVerfGE 78, 374 (386); *Ehlers*, Jura 2000, 323 (324).

1814 „...für Angelegenheiten, für die dem Bund die Gesetzgebung zusteht...".

1815 Zu der Funktion als eigenständiger Kompetenztitel für die Bundesverwaltung siehe unten, Kap. 3 C I 2 und 3.

1816 Folglich können für die materiellen Gesetzgebun gskompetenzen keine Rückschlüsse gezogen werden, BVerfGE 12, 205 (229); BVerfGE 15, 1 (16).

1817 BVerfGE 78, 374 (386) ausdrücklich über den Umfang der Gesetzgebungskompetenz; dazu auch *Erichsen / Knoke*, DÖV 1985, 54 (59); auch in BVerfGE 102, 167 (174) wird dieser Grundsatz zur Bestimmung der Reichweite der Bundeskompetenz herangezogen.

1818 *Erichsen / Knoke*, DÖV 1985, 54 (59) ebenfalls unter Bezugnahme auf den Grundsatz, wonach die Gesetzgebungskompetenzen des Bundes äußerste Grenze der Verwaltungskompetenzen s ind; vgl. auch *Kölble* DÖV 1960, 658 (664).

b) Das System der Verwaltungsorganisationsregelungen

Um die Frage zu klären, ob Art. 87 Abs. 3 S. 1 GG einen Kompetenztitel für die Bundesgesetzgebung enthält, wird teilweise ein besonderes System zur Einordnung von Regelungen über die Struktur der Verwaltung herangezogen. Bei den Regelungen über die Schaffung und Organisation von Verwaltung seien zwei Aspekte zu unterscheiden:[1819] Der „bundes-staatliche“ Aspekt lege fest, ob die Organisationsgewalt dem Bund oder den Ländern an sich zustehe, fixiere also die Verbandskompetenz.[1820] Der „gewaltenteilend-rechtsstaatliche“ Aspekt dagegen entscheide lediglich darüber, ob die Errichtung durch den Gesetzgeber oder durch die Verwaltung zu erfolgen habe.[1821] Art. 87 Abs. 3 S. 1 GG sei in dieser Systematik nicht als föderale Verteilungsregel anzusehen, sondern ausschließlich gewaltenteilend-rechtsstaatlicher Natur. Daher sei die Vorschrift in ihrem Regelungsgehalt darauf beschränkt, die Zuständigkeit des Bundesgesetzgebers im Gegensatz zur Verwaltung zu fixieren.[1822]

Es ist jedoch fraglich, ob diese Systematik tatsächlich bei der Analyse der Funktion hilft. Die Überzeugungskraft dieses Erklärungsansatzes erscheint mangels Anknüpfungspunkten in der Verfassung bereits fraglich. Doch bleibt selbst die Einordnung des Art. 87 Abs. 3 S. 1 GG in dieses System unklar: Die dargestellte Meinung geht also davon aus, dass es sich bei Art. 87 Abs. 3 S.1 GG um eine ausschließlich gewaltenteilend-rechtsstaatliche Regelung handelt.[1823] Die Organkompetenz im bundesinternen Bereich liegt hiernach bei der Gesetzgebung.[1824] Demgegenüber wird aber von einer weiteren Auffassung vertreten, Art. 87 Abs. 3 S.1 GG sei „mehr bundesstaatlich als gewaltenteilend-rechtsstaatlich motiviert".[1825] Danach handelt es sich also um eine Zuweisung an den Bund als Verband. Wieder andere kommen anhand des Beispiels des Gesetzes über den Bundesgrenzschutz[1826] zu der Praxiseinschätzung, dass Art. 87 GG im Sinne eines lediglich institutionellen Gesetzesvorbehalts zu interpretieren sei, so dass „rechtsstaatliche Aspekte“ jedenfalls zu vernachlässigen seien.[1827]

Die Einordnung des Art. 87 Abs. 3 S.1 GG in dieses System, welches als Argument gegen die Verankerung einer Gesetzgebungskompetenz des Bundes in der Norm herangezogen wird,[1828] ist also widersprüchlich. Da dieses System selbst keine Lösung bietet, geht dieses Argument ins Leere.

1819 *Rupp*, FS Dürig, S. 390; wobei die Konstruktion auch bei *Maurer*, § 21 Rn. 60 ff. zu finden ist.
1820 *Maurer*, § 21 Rn. 60.
1821 *Maurer*, § 21 Rn. 62.
1822 *Rupp*, FS Dürig, S. 390.
1823 *Rupp*, FS Dürig, S. 389.
1824 *Rupp*, FS Dürig, S. 390.
1825 *Maurer*, § 21 Rn. 63.
1826 BGBl. 1951, S. 201.
1827 *Köttgen*, VVDStRL 16 (1957) 155 (177).
1828 *Rupp*, FS Dürig, 389 f.

c) Art. 87 Abs. 3 S. 1 GG als Gesetzesvorbehalt

aa) Institutioneller Gesetzesvorbehalt

Art. 87 Abs. 3 S. 1 GG verlangt für die Errichtung von Bundesoberbehörden die Gesetzesform. Es sich handelt sich um einen sog. „institutionellen Gesetzesvorbehalt."[1829] Die Gesetzesform sichert hier die - wenn auch nur beschränkte - Mitwirkung des Bundesrats und bindet die Bundesverwaltung an ein Bundesgesetz.[1830] Daher gehen hier „institutioneller Charakter" und föderale Bedeutung parallel.[1831]

Eine Unterscheidung[1832] zwischen verschiedenen Typen von Gesetzesvorbehalten ist jedoch nicht unbedingt erforderlich, denn sie lassen sich heute wegen der vorherrschenden „Wesentlichkeitslehre" weitgehend auf einen Nenner bringen.[1833] Insofern können Einwände, die den institutionellen Charakter betreffen,[1834] selbst bei unterstellter Berechtigung nicht mehr greifen.

bb) Gesetzesvorbehalt und Kompetenztitel für die Bundesgesetzgebung

Da Art. 87 Abs. 3 S. 1 GG einen Gesetzesvorbehalt verankert, wird teilweise die Funktion als Kompetenztitel für die Gesetzgebung abgelehnt.[1835] Daran, dass dieser Gesetzesvorbehalt sich auch auf die gesetzesfreie Verwaltung erstreckt,[1836] zeigt sich jedoch, dass die Vorschrift keinesfalls nur eindimensional ist. Die Konstituierung eines institutionellen Gesetzesvorbehalts schließt daher keinesfalls a priori die Funktion als Kompetenztitel für die Gesetzgebung aus.[1837] Vielmehr muss im Bereich der gesetzesfreien Verwaltung, also dort, wo die Verwaltung überhaupt kein Gesetz ausführen kann, die Einräumung der Möglichkeit gesetzliche Regelungen über die Bundesverwaltung zu erlassen, konstitutive Wirkung haben. Denn dort kann gar nicht das Bestehen einer anderen Gesetzgebungskompetenz vorausgesetzt werden. Die

---

[1829] So auch Maunz / Dürig - *Lerche*, Art. 87 Rn. 3, 172; *Böckenförde*, Organisationsgewalt, S. 100; *Rupp*, FS Dürig, S. 390; *Erichsen / Knoke*, DÖV 1985, 53 (54); *Stern* II, § 41 VII 6 setzt hier sogar den institutionellen Vorbehalt mit dem organisatorischen gleich. Teilweise wird Art. 87 Abs. 3 S. 1 GG aber als eher rechtsstaatlich motiviert gesehen, *Rupp*, FS Dürig, S. 389; ebenfalls *Köttgen*, VVDStRL 16 (1957) 155 (177) mit der Ablehnung eines institutionellen Charakters.

[1830] Maunz / Dürig - *Lerche*, Art. 87 Rn. 3 auch dazu, dass dieser hier eine andere Funktion hat, als bei Art. 84 Abs. 1 und Art. 85 Abs. 1 GG, die eben die bundesgesetzliche Regelung der Landesverwaltung betreffen; Dreier - *Hermes*, Art. 87 Rn. 71.

[1831] Maunz / Dürig - *Lerche*, Art. 87 Rn. 3 a. E.; ähnlich Dreier - *Hermes*, Art. 87 Rn. 71.

[1832] Diese wird grundsätzlich noch vorgenommen, *Erichsen / Knoke*, DÖV 1985, 53 (55); *Köttgen*, VVDStRL 16 (1957) 155 (161).

[1833] *Erichsen / Knoke*, DÖV 1985, 53 (55).

[1834] *Rupp*, FS Dürig, S. 389.

[1835] *Rupp*, FS Dürig, S. 390.

[1836] BVerfGE 14, 197 (214); Maunz / Dürig - *Lerche*, Art. 87 Rn. 3.

[1837] *Klein*, FS BVerfG, S. 296.

Tatsache, dass auch die gesetzesfreie Verwaltung mitumfasst ist, spricht daher für ein Verankerung einer Gesetzgebungskompetenz an dieser Stelle.

d) Die Lokalisierung des Art. 87 Abs. 3 S. 1 GG im VIII. Abschnitt

Gegen die Funktion des Art. 87 Abs. 3 S. 1 GG als Kompetenztitel für die Bundesgesetzgebung, spricht jedoch die systematische Stellung im VIII. Abschnitt des Grundgesetzes, der mit „Ausführung der Bundesgesetze und die Bundesverwaltung" betitelt ist. Dort erfahren grundsätzlich nur Verwaltungskompetenzen, nicht aber Gesetzgebungskompetenzen eine Normierung.[1838] Dies ist jedoch nur der Grundsatz,[1839] ausnahmsweise können und dürfen auch aus dem VIII. Abschnitt Gesetzgebungskompetenzen (des Bundes) hergeleitet werden.[1840] So beinhalten z.B. Art. 87 Abs. 1 GG[1841] und, wie im ersten Kapitel dargestellt, Art. 84 Abs. 1 und Art. 85 Abs. 1 GG Kompetenztitel für die Bundesgesetzgebung.[1842] Auch für Art. 86 GG ergibt sich die Funktion als Kompetenztitel für den Bereich der Organisationsgesetzgebung.[1843] Folglich schließt die systematische Stellung im VIII. Abschnitt die Funktion als Kompetenztitel für die Bundesgesetzgebung nicht aus.

e) Die Stellung des Art. 87 Abs. 3 S. 1 GG innerhalb des Art. 87 GG

Aus dem unmittelbaren systematischen Zusammenhang mit Art. 87 Abs. 1 S. 1 GG ergeben sich Argumente für die Funktion als Kompetenztitel für die Gesetzgebung. Art. 87 Abs. 1 S. 1 GG beinhaltet einen Kompetenztitel des Bundes für die Gesetzgebung.[1844] Mit dem „außerdem" nimmt Art. 87 Abs. 3 S. 1 GG auf den gesamten Inhalt der ersten beiden Absätze Bezug, also auch auf den Kompetenztitel im ersten Absatz. Daher erstreckt sich der „ergänzende Charakter" des Art. 87 Abs. 3 S. 1 GG auch auf diese Funktion.

[1838] *Rupp*, FS Dürig, S. 389.

[1839] In der Entscheidung über das Eisenbahnkreuzungsgesetz ließ das BVerfG offen, ob die dort in Frage stehende Gesetzgebungskompetenz aus Art. 86, 87 Abs. 1, 85 Abs. 1 GG oder aus den Sachgesetzgebungsregelungen abzuleiten war und hat die Möglichkeit aus dem VIII. Abschnitt des Grundgesetzes Gesetzgebungskompetenzen abzuleiten, nicht verworfen, vgl. BVerfGE 26, 338 (369, 385).

[1840] BVerfGE 14, 197 (213); BVerfGE 26, 281 (301); Maunz / Dürig - *Lerche*, Art. 83 Rn. 29; *v. Mangoldt / Klein*, Art. 85 Anm. III 3 b; dies soll insbesondere Art. 87 -90 GG gelten, Maunz / Dürig - *Lerche*, Art. 83 Rn. 11; *Klein*, AöR 88 (1963) 377 (401); vgl. auch Sachs - *Sachs*, Art. 87 Rn 12 Fn. 19.

[1841] BVerfGE 26, 281 (301); Jarass / Pieroth - *Pieroth*, Art. 87 Rn. 1.

[1842] Vgl. Kap. 1 B II 3.

[1843] Dies folge daraus, dass diese Norm die materiellen Zuständigkeiten der Kataloge der Art. 73, 74 GG reflektiere, so *Erichsen / Knoke*, DÖV 1985, 54 (58); i.E. so auch *Stern*, § 41 VII 4 c; differenzierend Maunz / Dürig – *Lerche*, Art. 86 Rn. 79.

[1844] BVerfGE 26, 281 (301); Jarass / Pieroth - *Pieroth*, Art. 87 Rn. 1.

f) Zusammenfassung

Die konkrete Systematik spricht für die Funktion des Art. 87 Abs. 3 S. 1 GG als Kompetenztitel für die Gesetzgebung. Dies bestätigt jedoch nur die grundsätzliche Systematik des Grundgesetzes, das nicht nur zwischen den Funktionen der Gesetzgebung und der Verwaltung strickt trennt, sondern für die Verwaltung einen neben dem der Gesetzgebung stehenden Kompetenzbereich schafft, aus dem sich selbständigen Gesetzgebungskompetenzen ergeben können.[1845]

3. Historische Interpretation

a) Die Reichsverfassung von 1871

Die RV regelte vor allem das Verhältnis der Gliedstaaten untereinander und deren Verhältnis zum Reich.[1846] Sie nahm daher einige Kompetenzabgrenzungen, vor allem hinsichtlich der Gesetzgebungskompetenzen selbst vor, obwohl dem Reich im Übrigen die Kompetenz-Kompetenz zustand.[1847] Zu den ausschließlichen Gesetzgebungskompetenzen des Reichs gehörten die zum Erlass von Zuständigkeitsregelungen über die Reichsbehörden. Diese wurden jedoch aus der Natur der Sache abgeleitet,[1848] waren also nicht ausdrücklich verankert. Grundsätzlich stand allerdings die Kompetenz zur Einrichtung und Errichtung von Behörden, also die Organisationsgewalt, der Exekutive[1849] und damit dem Monarchen zu.[1850] Dies war Folge daraus, dass organisatorische Regelungen an sich nicht dem Rechtssatzbegriff zugeordnet und deswegen nicht der Gesetzgebung zugewiesen wurden.[1851] Faktisch wurden jedoch bereits unter der RV einige Bereiche der Behördenorganisation durch Gesetz geregelt und damit der monarchischen Organisationsgewalt entzogen.[1852]

Dabei kam den fakultativen Gesetzesvorbehalten in Organisationsfragen die politische Funktion zu, die Machtbefugnisse der Exekutive und damit des Monarchen einzuschränken.[1853] Sie banden diese an die Mitwirkung der demokratischen Gesetzgebung und bewirkten außerdem eine dauerhafte Organisation der Behörden.[1854] Zwar hat der Gesetzesvorbehalt auch heute die Funktion, der Legislative wichtige

[1845] Vgl. Kap. 1 B II 2 b cc und dd.

[1846] *Menger*, Rn. 289.

[1847] *Laband*, Staatsrecht II, § 59 I; *Huber*, Bd. 3, § 63 I 1, S. 909.

[1848] *Laband*, Staatsrecht II, § 59 I 3 a.

[1849] Jeserich - *Frotscher*, 3. Bd., VII. Kap., § 1 I 2; mit der damals herrschen de Lehre; *Böckenförde*, Organisationsgewalt, S. 86; *Rasch*, VerwArchiv 50 (1959), 1 (38); *Richter*, Organisationsgewalt, S. 14; Mangels einer eindeutigen Verfassungsregelung wurde aber auch die Ansicht vertreten, organisationsrechtliche Regelungen dürften nur „im Wege der Gesetzgebung beschritten" werden *Rasch*, VerwArchiv 50 (1959), 1 (39) über von Roenne.

[1850] Jeserich - *Frotscher*, 3. Bd., VII. Kap., § 1 I 2, mit der damals herrschende Lehre.

[1851] *Huber*, Bd. 3, § 66 I 2, S. 963; ausführlicher dazu Kap.1 B II 2 d aa (4) (c).

[1852] Jeserich - *Frotscher*, 3. Bd., VII. Kap., § 1 I 2.

[1853] *Böckenförde*, Organisationsgewalt, S. 99; *Köttgen*, VVDStRL 16 (1957) 155 (161).

[1854] *Böckenförde*, Organisationsgewalt, S. 99; *Köttgen*, VVDStRL 16 (1957) 155 (162) vor allem für das Beispiel Preußen.

Entscheidungen zuzuweisen,[1855] doch ist im Übrigen von der „demokratisierenden" Wirkung nichts erhalten, da auch die Exekutive unmittelbar demokratisch legitimiert ist. Die gesetzliche Regelung der Verwaltungsorganisation hat daher heute eine völlig veränderte Bedeutung. Davon abgesehen, trifft das Grundgesetz eine viel umfassendere Kompetenzabgrenzung als die RV, was insgesamt weniger Raum für ungeschriebene Kompetenzen lässt.

b) Die Weimarer Reichsverfassung

Die WRV wies durch Art. 6-11 der Reichsgesetzgebung umfangreichere Materien zu als noch die RV.[1856] Doch bestanden auch hier neben den ausdrücklich vorgesehenen weitere ungeschriebene Gesetzgebungskompetenzen des Reichs.[1857] Dies betraf vor allem die Kompetenzen des Reichs zur Regelung der (Reichs-)Behördenorganisation und der reichseigenen Körperschaften und Anstalten. Lediglich die Kompetenz bezüglich der Gerichtsorganisation war positiv festgelegt.[1858] Generell blieben in der WRV Gesetzgebungskompetenzen für die verfahrensmäßige oder organisatorische Ausgestaltung unerwähnt. Dies beruhte darauf, dass, wie dargestellt,[1859] bei der Zuweisung von Kompetenztiteln für die Gesetzgebung nicht zwischen materiellen und formellen Regelungsgegenständen unterschieden wurde. Die Zuweisung einer Sachmaterie eröffnete dem Reich die Möglichkeit, umfassend zu regeln. Damit war unter der WRV die Kompetenz zur Schaffung entsprechender gesetzlicher Verwaltungsorganisationsregelungen in der materiellen Gesetzgebungskompetenz beinhaltet.[1860] Lediglich die Kompetenzen für die Rahmengesetzgebung sollten diese nicht erfassen, da die Regelungen über den Vollzug als Detailregelungen betrachten wurden, auf die sich diese nicht erstreckten.[1861]

Damit zeigen sich, wie auch schon zu Art. 85 Abs. 1 GG dargelegt,[1862] erhebliche Unterschiede zwischen WRV und Grundgesetz. Das Grundgesetz nimmt nicht nur eine Trennung von Gesetzgebungs- und Verwaltungskompetenzen, sondern auch eine von gesetzlichen Regelungskompetenzen über materielle und organisatorische Verwaltungsfragen vor. Letztere müssen grundsätzlich im Abschnitt über die Verwaltung selbständig geschaffen werden. Dies spricht gegen die Annahme einer Annexkompetenz und für eine selbständige Kompetenzfunktion des Art. 87 Abs. 3 S. 1 GG.

1855 Vgl. Kap. 3 B II 2 c aa.
1856 Jeserich - *Mußgnug*, Bd. 3, V. Kap., I 1.; *Apelt*, S. 146.
1857 *Anschütz*, WRV, Art. 6 Anm. 1; *Giese*, Kap. 2 I 1 c, S. 28; *Poetzsch-Heffter*, WRV, Vorbem. Art. 6-12 Anm. 2.
1858 *Anschütz*, WRV, Art. 6 Anm. 1.
1859 Vgl. Kap. 1 B II 2 d bb (3) (c).
1860 Maunz / Dürig - *Lerche*, Art. 85 Rn. 26.
1861 Anschütz / Thoma - *Lassar*, HBdStR I, § II 27 V.
1862 Vgl. Kap. 1 B II 2 d bb insbesondere (4).

c) Keine Fortführung einer älteren Verfassungstradition

Gegen die Konstituierung einer eigenständigen Gesetzgebungskompetenz durch Art. 87 Abs. 3 S. 1 GG wird angeführt, es handele sich nur um einen Gesetzesvorbehalt, der eine lang unterbrochene Verfassungsüberlieferung fortsetze, die auf die Deutsche Bundesakte zurückgehe.[1863] Dies ergebe sich aus der Tradition der „öffentlichen Körperschaft“. Dieses Institut, zu dem im weiteren Sinne auch die Bundesoberbehörden zu zählen sind, hat nachweisbar alte Wurzeln.[1864] In der Gesetzessprache erschien es jedoch erst Ende des 19. Jahrhunderts,[1865] wurde also erst damals Gegenstand gesetzlicher und verfassungsrechtlicher Bestimmungen. Insofern sind keine eindeutigen Rückschlüsse aus der Zeit davor auf die Funktion des Gesetzesvorbehalts möglich.

Bezüglich der Zeit danach lässt sich keine Fortführung einer Tradition belegen. Art. 87 Abs. 3 S.1 GG räumt dem Bund zwar die Möglichkeit ein, Bundesoberbehörden, also öffentliche Körperschaften im weiteren Sinne, an seine Organisation anzufügen. Die Norm begrenzt jedoch gleichzeitig die unter Vorläuferverfassungen umfassende und im Wesentlichen ungebundene Organisationsgewalt, unterstellt sie einem Gesetzesvorbehalt und bindet sie vollständig an die Verfassung.[1866] Darin unterscheidet sie sich wesentlich von den monarchischen Verfassungen. Es handelt sich also um ein völlig neues Konzept,[1867] so dass sich keine Argumente gegen die Funktion des Art. 87 Abs. 3 S. 1 GG als Kompetenztitel gewinnen lassen.

d) Zusammenfassung

Die Gesetzgebungskompetenz des Reichs für die Behördenorganisation folgte historisch aus der materiellen Gesetzgebungskompetenz (oder einem Annex hierzu). Davon weicht die ausdifferenzierte Kompetenzverteilung des Grundgesetzes erstmals deutlich ab und kann daher nicht als Fortsetzung einer Verfassungstradition begriffen werden.

[1863] *v. Mangoldt / Klein*, Art. 87 Anm. VI 4 a; *Rupp*, FS Dürig, S. 391; ähnlich auch *Köttgen*, VVDStRL 16 (1957) 155 (162).
[1864] *Scheuner*, FS Peters, S. 799.
[1865] *Scheuner*, FS Peters, S. 800.
[1866] *Scheuner*, FS Peters, S. 806 vgl. dazu gerade vorher Kap. 3 II 3 a..
[1867] *Scheuner*, FS Peters, S. 805.

4. Genetische Interpretation

Der Herrenchiemseer Entwurf sah trotz einer insgesamt sehr zurückhaltenden Haltung gegenüber Verwaltungskompetenzen des Bundes bereits die Möglichkeit zur Errichtung von Bundesoberbehörden vor.[1868] Diese stand zunächst unter dem Vorbehalt der Zustimmung der Mehrheit bzw. von 2/3 der Mitgliedern des Bundesrats und wurde erst wesentlich später davon befreit.[1869] In der Diskussion stand die Funktion des Art. 87 Abs. 3 S. 1 GG als Kompetenztitel für die Bundesverwaltung und dessen Zustimmungsbedürftigkeit deutlich im Vordergrund.[1870] Die Funktion als Kompetenztitel für die Bundesgesetzgebung wurde dagegen überhaupt nicht thematisiert.[1871] Dies war auch hier, wie schon zu Art. 85 Abs. 1 GG dargelegt,[1872] dadurch verursacht, dass sowohl auf Herrenchiemsee als auch im Parlamentarischen Rat erhebliche Unklarheiten über bundesgesetzliche Regelungskompetenzen für die Verwaltungsorganisation bestanden. Dies wird an Äußerungen deutlich wie: „Es war Wille des Zuständigkeitsausschußes, dass hier nichts verbaut, sondern dem Gesetzgeber die Möglichkeit eingeräumt wird, in solchen Fällen weitere bundesunmittelbare Selbstverwaltungseinrichtungen zu errichten."[1873] Oder an der Äußerung in Bezug auf Art. 116 Abs. 3 S. 2 HCHE, der die Errichtung von Selbstverwaltungskörperschaften zum Gegenstand hatte: „wenn ein solcher wirtschaftlicher Zweck durch eine bundesunmittelbare Selbstverwaltungskörperschaft erfüllt werden sollte, wäre durch die Bestimmungen des Art. 116 Abs. 3 S. 2 einem Bundesgesetz die Rechtsgrundlage gegeben".[1874] Es bleibt jeweils offen, ob dem „Gesetzgeber" oder dem „Bundesgesetz" eine „Rechtsgrundlage", also eine Befugnis, im Bereich der Gesetzgebung oder der Verwaltung eingeräumt wird.

Im Ergebnis wurde allerdings die Organisationsgewalt des Bundes auch für seine eigene Verwaltung in den entscheidenden Bereichen an eine gesetzliche Regelung gebunden, also einer verstärkten verfassungsrechtlichen Kontrolle unterworfen.[1875] Dies lässt darauf schließen, dass das Bestehen einer Gesetzgebungskompetenz des Bundes für diesen Bereich vorausgesetzt wurde. Ihr Ursprung bleibt allerdings unklar. Aus der Entstehungsgeschichte lassen sich daher keine Hinweise gewinnen.

[1868] Der Parlamentarische Rat, Bd. 2, Bericht über den Verfassungskonvent, S. 561; eben falls Maunz / Dürig - *Lerche*, Art. 87 Rn. 31.

[1869] Der Parlamentarische Rat, Bd. 2, Bericht über den Verfassungskonvent, S. 558, dieser war in Art. 105 HCHE in der Aufzählung der zustimmungspflichtigen Regelungen enthalten; vgl. auch *Kratzer*, DÖV 1950, 529 (530).

[1870] Z.B. dazu *Burgsmüller*, S. 68; Stenographischer Bericht des Hauptausschusses, S. 195; Stenographischer Bericht des Hauptausschusses, S. 447 ff. zum Zustimmungsvorbehalt.

[1871] Es finden sich weder Hinweise dafür im Schriftlichen Bericht der Berichterstat ter zum Entwurf noch im Stenographischen Bericht des Hauptausschusses.

[1872] Kap. 1 B II 2 e bb und cc.

[1873] Laforet, Stenographischer Bericht des Hauptausschusses, S. 195.

[1874] Laforet, Stenographischer Bericht des Hauptausschusses, S. 196.

[1875] *Köttgen*, VVDStRL 16 (1957) 155 (164).

5. Teleologische Interpretation

Der Gesetzesvorbehalt des Art. 87 Abs. 3 S. 1 GG hindert die Exekutive daran allein Bundesoberbehörden einzurichten.[1876] Diese wichtigen (organisatorischen) Entscheidungen sollen dem Gesetzgeber vorbehalten bleiben.[1877] Dies ist bei dieser Norm unter anderem wegen der föderalen Bedeutung geboten.[1878] Der Ausbau der Bundesverwaltung soll nicht nur „politisch sichtbar" gemacht,[1879] sondern auch unter verfassungsrechtlicher Kontrolle gehalten werden.[1880] Dieser Zweck wird unabhängig davon erreicht, ob man Art. 87 Abs. 3 S. 1 GG selbst als Kompetenzgrundlage ansieht.

Geht man allerdings von einer Verankerung der organisationsrechtlichen Gesetzgebungskompetenz in Art. 87 Abs. 3 S. 1 GG selbst aus, bedeutet dies sowohl die Absicherung als auch die Begrenzung dieser Gesetzgebungskompetenz durch eine verfassungspositive Regelung und damit die Ausschaltung der Unsicherheiten eines Rückgriffs auf ungeschriebene Kompetenzen. Insofern würde die Verankerung in der Norm gerade dem Kontrollzweck dienen. Auf grundsätzlicher Ebene würde dadurch ebenfalls der Sinn und Zweck der Kompetenzregelungen des Grundgesetzes verwirklicht. Denn es würde eine klare Abgrenzung der Kompetenzen für die gesetzliche Verwaltungsorganisation zu den materiellen Gesetzgebungskompetenzen erreicht.[1881] Dies spricht für die Kompetenzfunktion des Art. 87 Abs. 3 S. 1 GG.

III. Ergebnis

Es sprechen also sowohl prinzipielle Erwägungen, die sich bereits bei Art. 85 Abs. 1 GG zeigten,[1882] als auch konkrete Argumente, insbesondere aus der Interpretation von Wortlaut und Systematik, dafür, Art. 87 Abs. 3 S. 1 GG als Kompetenztitel für die ausschließliche Bundesgesetzgebung anzusehen.

[1876] *Stern* II, § 41 VII 6; i. E. auch Sachs - *Sachs*, Art. 87 Rn. 63.
[1877] Zur Funktion als institutioneller Gesetzesvorbehalt, vgl. Maunz / Dürig - *Lerche*, Art. 87 Rn. 3, 172; *Böckenförde*, Organisationsgewalt, S. 100; *Rupp*, FS Dürig, S. 390; *Erichsen / Knoke*, DÖV 1985, 53 (54); *Stern* II, § 41 VII 6.
[1878] Maunz / Dürig - *Lerche*, Art. 87 Rn. 3 a. E.; Dreier - *Hermes*, Art. 87 Rn. 71; *Maurer*, § 21 Rn. 63; *Stern* II, § 41 VII 6.
[1879] *Stern* II, § 41 VII 6.
[1880] *Köttgen*, VVDStRL 16 (1957) 155 (164).
[1881] *Brohm*, DÖV 1983, 525 (525); Dazu umfassend Kap. 1 B II 2 b aa.
[1882] Vgl. Kap. 1 B II 3.

C. Art. 87 Abs. 3 S. 1 GG als Kompetenztitel für die Bundesverwaltung

Mit der Anerkennung des Art. 87 Abs. 3 S. 1 GG als Ermächtigungsgrundlage für die Bundesgesetzgebung ist seine Funktion als Kompetenztitel noch nicht abschließend geklärt.

I. Die Funktion des Art. 87 Abs. 3 S. 1 GG als originärer Kompetenztitel für die Bundesverwaltung

Als weitere Funktion kommt die als Kompetenztitel für die Bundesverwaltung in Betracht, denn die Errichtung von Behörden hört auch unter dem Einfluss eines Gesetzesvorbehalts nicht auf, ein Akt der Organisationsgewalt zu sein.[1883] Daraus folgt, dass dem Bund auch die Verwaltungskompetenz für den zu regelnden Bereich zustehen muss.[1884] Dies gilt insbesondere dort, wo mit der Errichtung einer Bundesoberbehörde überhaupt erst die Materie in die Bundesverwaltung übernommen wird. Dem Bund muss daher ein spezieller Kompetenztitel für die Verwaltung zur Seite stehen, um Bundesoberbehörden errichten und mit bestimmten Kompetenzen betrauen zu können. Für den Einsatz der Bundesoberbehörden im AtG[1885] wurde Art. 87 Abs. 3 S. 1 GG als Kompetenztitel angesehen.[1886] Das Erfordernis eines solchen Kompetenztitels für die Bundesverwaltung wird gerade dort offensichtlich, wenn man sich vergegenwärtigt, dass den Ländern ihre durch Art. 83 bzw. Art. 87 c, Art. 85 GG zugewiesen Kompetenzen durch den Einsatz einer Bundesoberbehörde entzogen werden. Daher muss entsprechend Art. 83 GG eine Abweichung vom Regelfall der Länderexekutive durch das Grundgesetz selbst angeordnet oder zugelassen sein.

1. Problemstellung und Diskussionsstand

Fraglich ist, ob dem Bund bereits an anderer Stelle im Grundgesetz eine Verwaltungskompetenz für die bundeseigene Verwaltung zugewiesen sein muss[1887] oder ob Art. 87 Abs. 3 S. 1 GG diese selbst begründet. Art. 87 c GG jedenfalls ermöglicht abweichend von Art. 83 GG nur den Einsatz der Auftragsverwaltung zur Ausführung des Kernenergiewesen.[1888] Andere Kompetenztitel zur Einrichtung einer Bundesverwaltung sind für diesen Verwaltungsgegenstand nicht ersichtlich. Die

---

[1883] *Böckenförde*, Organisationsgewalt, S. 101; *Scheuner*, FS Peters, S. 806.

[1884] *Scheuner*, FS Peters, S. 806.

[1885] Nämlich das Bundesausfuhramt, das Bundesamt für Strahlenschutz, das Bundesverwaltungsamt, das Luftfahrt-Bundesamt und das Eisenbahn-Bundesamt Vgl. §§ 22, 23, 23 a, 23 b und § 24 Abs. 1 S. 2 AtG, wobei nur das Bundesamt für Strahlenschutz für die Aufgaben im Kernenergiewesen errichtet wurde. Den anderen (schon bestehenden) Bundesoberbehörden wurden die Aufgaben erst später zugewiesen.

[1886] Dazu Bonner Kommentar – *Zieger / Bischof*, Art. 87 c Rn. 41; vgl. zur Diskussion darüber zuletzt, BGBl. I 1998, S. 694 und dagegen BR-Drs. 610 /97; auch *Britz*, DVBl. 1998, 1167 (1168)

[1887] Zu dieser Frage BVerfGE 14, 197 (210).

[1888] Maunz / Dürig - *Lerche*, Art. 87 c Rn. 2; *Sigloch*, GewArch 8 (1962) 265 (265).

Bundesverwaltungskompetenz müsste sich im Bereich des AtG daher allein auf Art. 87 Abs. 3 S. 1 GG stützen lassen.

Für einige steht fest, dass Art. 87 Abs. 3 S. 1 GG die Zuweisung materieller Zuständigkeiten beinhaltet und daher im föderalen Gefüge als selbständiger Kompetenztitel für die Bundesverwaltung anzusehen ist.[1889] Andere hingegen sehen Art. 87 Abs. 3 S. 1 GG lediglich als eine Organisationsvorschrift ohne materiellen Gehalt.[1890] Es soll hier allenfalls geregelt sein, welchen Inhalt die Vorschriften haben dürfen, die dem Bund die Verwaltungskompetenz einräumen. Die Norm soll also nur Kompetenzvorschriften „betreffen".[1891]

2. Interpretation der Norm

a) Grammatische Interpretation

Die Formulierung „außerdem" in Art. 87 Abs. 3 S. 1 GG soll ein Hinweis darauf sein, dass hier eine zusätzliche Kompetenz für die Bundesverwaltung geschaffen wird.[1892] Andere sind der Auffassung, diese Auslegung des Begriffs „außerdem" sei nicht zwingend. Das Wortlautargument sei nur schwach.[1893] – Welche Bedeutung das „außerdem" tatsächlich hat, hängt von seinem Bezugpunkt ab.

Eindeutig ist die Bezugnahme auf die vorangehenden beiden Absätze des Art. 87 GG.[1894] Unbestritten begründen Art. 87 Abs. 1 S. 1 und S. 2 GG für die genannten Gegenstände Verwaltungskompetenzen des Bundes.[1895] Über die Rechtsnatur des Art.

1889 Maunz / Dürig - *Lerche*, Art. 87 Rn. 167; ebenso BVerfGE 37, 1 (24); BVerfGE 14, 197 (211); BVerwGE 102, 119 (126); Bonner Kommentar - *Zieger / Bischof*, Art. 87c Rn. 26; v. Münch - *Broß*, Art. 87 Rn. 21; Maunz / Dürig - *Maunz*, Art. 30 Rn. 11; *ders.*, Erstbearb. Art. 87 Rn. 9; *Köttgen*, AöR 90 (1965) 205 (220); Sachs - *Sachs*, Art. 87 Rn. 11; Sachs - *Windthorst*, Art. 87 c Rn. 33 f.; Alternativkommentar - *Bull*, Art. 87 Rn. 24; *Kölble*, DVBl. 1962, 658 (660); *Burgsmüller*, S. 44; *Scheuner*, FS Peters, S. 806; *Blümel* - HBStR IV, § 101 Rn. 105; *Badura*, Anm. G 73; *Britz*, DVBl. 1998, 1167 (1172); *Maunz / Zippelius*, § 38 IV 1; *Vogel* - HBVR, § 22 Rn. 79; *Hartkopf*, DÖV 1979, 349 (349); *Hesse*, Grundzüge, Rn. 247; Dreier - *Hermes*, Art. 87 Rn. 65; Hamann / Lenz - *Hamann*, Art. 87 Anm. B 7; *Pathe*, DVBl. 1951, 681 (682); Seifert / Hömig - *Hömig*, Art. 87 Rn. 10.

1890 *Kalkbrenner*, JZ 62, 210 (211); *Rupp*, FS Dürig, S. 392; *v. Mangoldt / Klein*, Art. 87 Anm. II 3 a bb; *Becker*, VerwArchiv 69 (1978) 149 (153).

1891 *v. Mangoldt / Klein*, Art. 87 Anm. II 3 a bb. Allerdings nimmt dieser sogar an, dem Bund stehe ohnehin die Kompetenz zur Errichtung von Bundesoberbehörden zu.

1892 BVerfGE 14, 197 (210); *Sigloch*, GewArch 8 (1962) 265 (265); *Kölble*, DVBl. 1962, 658 (660); *Burgsmüller*, S. 40.

1893 *Kalkbrenner*, JZ 1963, 210 (211).

1894 BVerfGE 14, 197 (210); *v. Mangoldt / Klein*, Art. 87 Anm. VI 2; v. Münch - *Broß*, Art. 87 Rn. 4, 7; Maunz / Dürig - *Lerche*, Art. 87 c Rn. 6 und Art. 87 Rn. 166, 170; *Rump*, Errichtung, S. 42; *Kalkbrenner*, JZ 1963, 210 (211).

1895 Sachs - *Sachs*, Art. 87 Rn. 17, 33; Jarass / Pieroth - *Pieroth*, Art. 87 Rn. 2, 4 f. ; *Rump*, Errichtung, S. 42;

87 Abs. 2 GG gehen die Ansichten auseinander.[1896] Dagegen, dass Art. 87 Abs. 2 GG nur als Organisationsvorschrift aufzufassen ist, die eine bestehende Bundeskompetenz im Bereich der Sozialversicherungen voraussetzt,[1897] spricht, dass ein anderer Kompetenztitel für die als verfassungsgemäß anerkannten Sozialversicherungsträger fehlt. Diese Interpretation kann somit nicht überzeugen.[1898] Art. 87 Abs. 2 GG beinhaltet daher ebenso wie Abs. 1 einen Kompetenztitel für die bundeseigene Verwaltung.[1899]

Das „außerdem" - im Sinne von „zusätzlich" - nimmt daher auf zwei Regelungen Bezug, die selbst Kompetenztitel beinhalten. Der Wortlaut spricht daher dafür, auch Art. 87 Abs. 3 S. 1 GG als Kompetenztitel für die Bundesverwaltung anzusehen,[1900] denn das „außerdem" macht eine ergänzende Funktion der Regelung deutlich.[1901]

b) Systematische Interpretation

aa) Existenz eines Gegensatzes zwischen Kompetenz- und Zuständigkeits- bzw. Organisationsnormen?

Die Funktion als Kompetenztitel wird teilweise mit der Begründung verneint, dass es sich bei „Organisations- und Zuständigkeitsnormen" um eine einheitliche Kategorie und nicht um ein Gegensatzpaar handele. Daher könnten „Zuständigkeitsnormen", genauso wie „Organisationsnormen" keinen materiellen Gehalt haben.[1902] Unzweifelhaft ist, dass Art. 87 Abs. 3 S. 1 GG spezifische organisationsrechtliche Aussagen über die Ausformung der fakultativen Bundesverwaltung trifft.[1903] Doch besteht keinesfalls Einigkeit darüber, dass Zuständigkeitsnormen keine materiellen Gehalte haben können.[1904] Wie dargelegt, ist eine kategoriale Trennung innerhalb eines restriktiven Ansatzes gerade nicht überzeugend.[1905] Auch Zuständigkeits- und Organisationsnormen können daher Kompetenzen verankern. Folglich kann durch die

---

[1896] Für die Funktion als Kompetenztitel für die Bundesverwaltung BVerfGE 21, 362 (371); Schmidt - Bleibtreu / Klein – Schmidt-Bleibtreu, Art. 87 Rn. 5; Alternativkommentar - *Bull*, Art. 87 Rn. 45; *Rump*, Errichtung, S. 42; *Burgsmüller*, S. 40; dagegen *Kalkbrenner*, JZ 1963, 210 (211).
[1897] So *Kalkbrenner*, JZ 1963, 210 (211).
[1898] *Rump*, Errichtung, S. 42; *Burgsmüller*, S. 40.
[1899] BVerfGE 14, 197 (210); *Rump*, Errichtung, S. 42.
[1900] Mit diesem Ergebnis auch v. Münch - *Broß*, Art. 87 Rn. 4, 7; Maunz / Dürig - *Lerche*, Art. 87 c Rn. 6 und Art. 87 Rn. 166, 170.
[1901] Vgl. dazu schon Kap. 3 A II 1.
[1902] *v. Mangoldt / Klein*, Art. 87 Anm. II 3 a bb.
[1903] Maunz / Dürig - *Lerche*, Art. 87 Rn. 15; Jarass / Pieroth - *Pieroth*, Art. 87 Rn. 1; Sachs - *Windthorst*, Art. 87 c Rn. 34: „institutionell-organisatorischer Vorbehalt".
[1904] BVerfGE 69, 1 (59) - Sondervotum; *Wagner*, NJW 1987, 411 (416).
[1905] Kap. 1 B II 2 c ee.

Einstufung als Zuständigkeits- bzw. Organisationsnorm allein die Funktion als Kompetenztitel nicht ausgeschlossen sein.[1906]

bb) Das Verhältnis von positivierten und ungeschriebenen Verwaltungskompetenztiteln

Besonders problematisch wäre es Art. 87 Abs. 3 S. 1 GG als reine Organisationsnorm zu betrachten, wenn dies dazu führte, dass die erforderlichen Verwaltungskompetenzen des Bundes dann nur ungeschriebene sein können. Ungeschriebene Verwaltungskompetenzen des Bundes können aufgrund von Art. 83, 30 GG nur in geringem Umfang angenommen werden, oder wie *Lerche* formuliert, als „ultima ratio".[1907] Da die Ausgewogenheit der bundesstaatlichen Ordnung dadurch bewahrt wird, dass die Kompetenzaufteilung in einem ausdifferenzierten System verfassungspositiv festgelegt ist,[1908] ist ein weitergehender Rückgriff auf ungeschriebene Kompetenzen ausgeschlossen.

Die Gegenstände der Bundesverwaltung finden sich aber in Einzelaufzählungen für abgegrenzte Sachbereiche wie z.B. in Art. 87 Abs. 1, Art. 87 b, Art. 88, Art. 89 Abs. 2, Art. 90 Abs. 3, Art. 108 Abs. 1 GG. Insgesamt sind diese durch eine Beschränkung auf sehr spezielle Gegenstände gekennzeichnet. Dies würde also dazu führen - will man die Funktionsfähigkeit der Verwaltung überhaupt sicherstellen -, dass man dem Bund in erheblichen Umfang ungeschriebenen Verwaltungskompetenzen zuerkennen müsste. Denn die Existenz einer Vielzahl von Bundesoberbehörden, die zur Erledigung zentraler Verwaltungsgegenstände eingesetzt sind,[1909] belegt die Notwendigkeit von zentralen Bundeskompetenzen, obwohl nicht überall andere Kompetenztitel zu Gunsten der Bundesverwaltung bestehen.[1910] Es wäre also, soweit man aus der Verwaltungspraxis die Notwendigkeit bestimmter Bundesverwaltungskompetenzen ableitet, in weitem Umfang ein Rückgriff auf ungeschriebene Kompetenzen erforderlich.

Zudem spricht auch der Grundsatz der Normativität der Verfassung dafür, dass Art. 87 Abs. 3 S. 1 GG eine Kompetenznorm für die Bundesverwaltung darstellt: Geeignete Normen, die dem Bund die Verwaltungskompetenz zuweisen, fehlen weitgehend. Ein Leerlaufen des Art. 87 Abs. 3 S. 1 GG kann jedoch nicht beabsichtigt gewesen sein.[1911] Wie schon für Art. 85 Abs. 1 GG dargelegt, liegt es daher nahe,[1912]

[1906] So auch Maunz / Dürig - *Lerche*, Art. 87 Rn. 167; Sachs - *Windthorst*, Art. 87 c Rn. 34; *Maunz / Zippelius*, § 38 IV 1; selbst *v. Mangoldt / Klein*, Art. 87 Anm. II 3 a bb, mit der Feststellung, dass zwischen Organisations- und Kompetenznormen kein begrifflicher Gegensatz bestehe.
[1907] Maunz / Dürig - *Lerche*, Art. 87 Rn. 205; so auch *Ehlers*, Jura 2000, 323 (324).
[1908] In diesem Sinne BVerfGE 55, 274 (318 f).
[1909] Es bestehen mehr als 26; dazu *Dittmann*, Bundesverwaltung, S. 255 ff.; auch Maunz / Dürig - *Lerche*, Art. 87 Rn. 13.
[1910] Dazu Kap. 3 A I 2. Dies gilt ganz besonders für die Bundesoberbehörden im AtG.
[1911] BVerfGE 14, 197 (210); *Püttner*, BB 1971, 881 (884).
[1912] Kap. 1 B II 2 b dd (2).

dass auch hier, wo das Grundgesetz eigenständige und grundsätzlich abschließende Regelungen über Voraussetzungen und Grenzen einer Kompetenz schafft,[1913] diese selbst auch konstituiert wird.[1914]

cc) Die föderale Systematik

Es wird vertreten, gerade die übrige thematische Aufzählung der Gegenstände der Bundesverwaltung schließe aus, dass Art. 87 Abs. 3 S. 1 GG „in derart generellem Umfang" Verwaltungskompetenzen des Bundes schafft.[1915] Es komme sonst zur Einführung des Grundsatzes, dass aus der Gesetzgebungskompetenz die Verwaltungskompetenz folge.[1916] Zudem würde die Grundsatzregelung des Art. 83 GG ausgehebelt und dem Bund die Möglichkeit eingeräumt, „auf breiter Linie" in die Verwaltungshoheit der Länder einzubrechen.[1917]

Mit der Grundregel des Art. 83 GG und der übrigen thematischen Aufzählung der Gegenstände der Bundesverwaltung, lässt sich auf den ersten Blick tatsächlich schwer in Einklang bringen, dass Art. 87 Abs. 3 S. 1 GG nur „die Gesetzgebungskompetenz" des Bundes voraussetzt,[1918] aber einen umfassenden Kompetenztitel beinhalten soll.

Allerdings zeigt sich auf den zweiten Blick, dass Art. 87 Abs. 3 S. 1 GG nicht so „grenzenlos" ist, wie es zunächst scheint. Voraussetzung für die Ausübung der Kompetenz ist nicht nur die „Gesetzgebungskompetenz" des Bundes, sondern auch die Erfüllung der inhaltlichen Vorgaben an die betreffenden Verwaltungsgegenstände. Insbesondere die notwendig Eignung des Gegenstandes zur bundesweiten Erledigung bewirkt eine Restriktion, die den uferlosen Einsatz der Kompetenz verhindern.[1919] Weitere Argumente können sich nur aus dem unmittelbaren Normzusammenhang ergeben.

dd) Kein Zustimmungsvorbehalt zur Sicherung der gesamt-staatlichen Gestaltungsfähigkeit

Im Hinblick auf Art. 83 GG erscheint wenig einsichtig, dass die Errichtung von Bundesverwaltung gemäß Art. 87 Abs. 3 S. 1 GG nicht an die Zustimmung des

---

[1913] Maunz / Dürig -*Lerche*, Art. 83 Rn. 36.
[1914] Maunz / Dürig -*Lerche*, Art. 83 Rn. 36, i. E. ebenfalls Art. 87 Rn. 205 aber mit Bezug auf das Gesetzeserfordernis.
[1915] *Kalkbrenner*, JZ 1963, 210 (211).
[1916] *v. Mangoldt / Klein*, Art. 87 Anm. II 3 a bb.
[1917] *v. Mangoldt / Klein*, Art. 87 Anm. II 3 a bb.
[1918] Maunz / Dürig - *Lerche*, Art. 87 Rn. 14.
[1919] Unten Kap. 3 C III 1 b. Die Kompetenz sei „wohl überlegt genau u mgrenzt", *Niermann*, S. 30.

Bundesrats gebunden sein soll, also keine föderative Rückbindung erfährt.[1920] Doch unterstellt Art. 83 GG die Verwaltung nicht ausnahmslos den Ländern, sondern sieht neben der „Bestimmung" der Bundesverwaltung eben auch deren „Zulassung" vor.[1921] Eine solche „Zulassung" enthält Art. 87 Abs. 3 S. 1 GG zu Gunsten der Bundesverwaltung durch Bundesoberbehörden.[1922] Diese ist so weit, dass man hier ebenfalls von Generalklausel und von einer Grundsatzentscheidung der Verfassung sprechen kann.[1923] Das Fehlen eines Zustimmungsvorbehalts macht die „Zulassung", also die Möglichkeit des Einsatzes von Bundesoberbehörden, zu einem effektiven gesamt-staatlichen Instrumentarium und unterstreicht dadurch die Gesamt-Staatlichkeit des Art. 87 Abs. 3 S. 1 GG insgesamt.[1924]

ee) Der systematische Zusammenhang mit Art. 86 GG

Art. 87 GG steht im Zusammenhang mit Art. 86 GG, der wesentliche Rechtsfolgen für die Verwaltungsgegenstände vorsieht, für die die Bundesverwaltung besteht.[1925] Dabei weist Art. 87 GG dem Bund bestimmte Materien zu, nimmt insofern also eine „qualifizierte Zuordnung" vor. Zusätzlich ergänzt er die fragmentarischen Regelungen des Art. 86 GG über die Behördenorganisation.[1926] Er erstreckt sich außerdem auf die gesetzesfreie Verwaltung, die vom engen Wortlaut des Art. 86 GG nicht erfasst ist.[1927]

Teil dieses Gefüges ist Art. 87 Abs. 3 S. 1 GG. Er sieht die Einrichtung bundesunmittelbarer Verwaltung in einstufiger Form, also ohne bundeseigenen Unterbau, vor und schafft damit Unterformen der in Art. 86 GG vorgesehenen Ausprägungen der Bundesverwaltung.[1928] Seine spezifische Funktion ist es also die Regelungen des Art. 86 GG insofern zu ergänzen bzw. abzuwandeln.[1929] Abgewandelt wird Art. 86 GG insofern, als dass Art. 87 Abs. 3 S. 1 GG die Organisationsgewalt an einen Gesetzesvorbehalt bindet[1930] und dadurch bundesstaatliche Belange schützt.[1931] Trotzdem wiederholt sich die ergänzende Funktion des „außerdem" in Hinblick auf die Organisationsregelungen des Art. 86 GG zumindest zum Teil.

[1920] So nämlich in Art. 87 Abs. 3 S. 2, Art. 87 b Abs. 1 S. 3; Art. 87 b Abs. 2 S. 1, Art. 90 Abs. 3 GG; *Dittmann*, Bundesverwaltung, S. 252; *Britz*, DVBl. 1998, 1167 (1169). Auch der Gesetzesvo rbehalt biete mangels Zustimmungspflichtigkeit nur begrenzten Schutz, Sachs - *Sachs*, Art. 87 Rn. 71.
[1921] Dies betont auch *Sigloch*, GewArch 8 (1962) 265 (265).
[1922] *Sigloch*, GewArch 8 (1962) 265 (265).
[1923] *Hesse*, Unitarischer Bundesstaat, S. 17.
[1924] *Dittmann*, Bundesverwaltung, S. 252, ähnlich *Kalkbrenner*, JZ 1963, 210 (211).
[1925] Jarass / Pieroth - *Pieroth*, Art. 87 Rn. 1; Sachs - *Sachs*, Art. 87 Rn. 12.
[1926] Maunz / Dürig - *Lerche*, Art. 87 Rn. 1 f.
[1927] Sachs - *Sachs*, Art. 87 Rn. 11; Maunz / Dürig - *Lerche*, Art. 87 Rn. 3; *Dittmann*, Bundesverwaltung, S. 10.
[1928] Maunz / Dürig - *Lerche*, Art. 87 Rn. 8.
[1929] Maunz / Dürig - *Lerche*, Art. 87 Rn. 171.
[1930] Maunz / Dürig - *Lerche*, Art. 87 Rn. 167; *Scheuner*, FS Peters, S. 805; vgl. Kap. 3 B II 2 c aa.
[1931] Vgl. Kap. 3 B II 2 c aa.

ff) Der unmittelbare systematische Zusammenhang innerhalb des Art. 87 GG

Die Stellung des dritten Absatzes wird teilweise als Hinweis darauf verstanden, dass diese Vorschrift selbst keinen Kompetenztitel beinhaltet. Es fehle ein unmittelbarer Anschluss an den eindeutigen Kompetenztitel für die Bundesverwaltung des Art. 87 Abs. 1 S. 1 GG.[1932] Die Stellung im Anschluss an Art. 87 Abs. 1 S. 1 GG würde der Funktion als Kompetenztitel eher gerecht, so dass einer solchen Folgerung aus systematischer Sicht zuzustimmen ist.

Die Vorgängerregelung fand allerdings sowohl im Herrenchiemseer Entwurf als auch in den Entwürfen des Zuständigkeitsausschusses zunächst ihren Platz im unmittelbaren Anschluss an den heutigen Art. 87 Abs. 1 S. 1 GG.[1933] Erst der Redaktionsausschuss schlug später einen Wechsel der Reihenfolge der Absätze 2 und 3 vor, der kommentarlos akzeptiert wurde und offensichtlich keine Änderung der Funktion verursachen sollte.[1934] Daher lässt sich die Anordnung als dritter Absatz durch die Entstehungsgeschichte erklären.[1935] Zudem wird dieses Argument vollständig entkräftet, wenn man wie viele,[1936] Art. 87 Abs. 2 GG ebenfalls als selbständigen Kompetenztitel einstuft. Dann bleibt auch durch die Stellung als dritter Absatz ein Anschluss an einen vorangehenden Kompetenztitel gewahrt.

Art. 87 Abs. 2 GG zeigt darüber hinaus die mögliche Doppelfunktion einer Norm.[1937] Hier wird nicht nur die Abgrenzung und Zuweisung von Verwaltungskompetenzen vorgenommen, sondern auch ein Organisationstyp vorgeschrieben.[1938] Art. 87 Abs. 3 S. 1 GG steht daher im unmittelbaren systematischen Zusammenhang mit einer Norm, die sowohl eine Verwaltungskompetenz einräumt, wie auch Organisationsfragen regelt, also doppeldeutig ist. Dies spricht dafür, dass Art. 87 Abs. 3 S. 1 GG ebenfalls nicht nur organisatorische Vorgaben macht, sondern einen Kompetenztitel für die Bundesverwaltung schafft.

gg) Die Ergänzungs- und Ventilfunktion des Art. 87 Abs. 3 S. 1 GG

Wie ausgeführt,[1939] nimmt Art. 87 Abs. 3 S. 1 GG mit der Formulierung „außerdem" auf die beiden vorangehenden beiden Absätze Bezug. Die dort

---

[1932] *Kalkbrenner* JZ 62, 210 (211).
[1933] *v. Doemming / Füsslein / Matz*, JöR 1 (1951) 644 ff.; *Rump*, Errichtung, S. 42.
[1934] *v. Doemming / Füsslein / Matz*, JöR 1 (1951) 644 (649); *Rump*, Errichtung, S. 43.
[1935] *Rump*, Errichtung, S. 42 , 43.
[1936] BVerfGE 21, (362) 371 ; Schmidt-Bleibtreu / Klein- *Schmidt-Bleibtreu*, Art. 87 Rn. 5; Alternativkommentar - *Bull*, Art. 87 Rn. 45; *Rump*, Errichtung, S. 42; *Burgsmüller*, S. 40.
[1937] Allerdings wird nicht die Existenz der Sozialversicherungsträger verfassungsrechtlich garantiert, BVerfGE 36, 383 (393): die Gliederung der gesetzlichen Unfallversicherung jedenfalls hat keinen Verfassungsrang; BVerfGE 39, 302 (315).
[1938] *Stern* II, § 41 VII 6.
[1939] Kap. 3 C I 2 a.

verankerten, sachlich eng umrissenen Kompetenztitel für die Bundesverwaltung können bzw. sollen, wie das „außerdem“ zum Ausdruck bringt, durch den dritten Absatz ergänzt werden.[1940] Diese Systematik ergibt nur dann Sinn, wenn dieser selbst eine Kompetenz für die Bundesverwaltung verankert.

Dies gilt ebenfalls für die übrige Systematik der Kompetenzen des Bundes in der Verwaltung, die lediglich eng umgrenzte Sachgebiete beinhalten[1941] und insofern fragmentarisch bleiben. Erst eine Ergänzung der Detailregelungen[1942] durch ein „Ventil“ für die Verwaltungstätigkeit des Bundes[1943] macht die Kompetenzregelungen für die Verwaltung zu einem funktionsfähigen Ganzen. Denn durch die Verteilung der Verwaltungskompetenzen muss zu Gunsten der Wahrung der Gesamt-Staatlichkeit der Verwaltung[1944] nicht nur ein Ausgleich zum Grundsatz des Art. 83 GG geschaffen werden,[1945] sondern eben auch die materienbezogenen, fragmentarische Zuweisung von Verwaltungskompetenzen an den Bund[1946] ergänzt werden.[1947]

Folglich spricht für die Annahme, dass Art. 87 Abs. 3 S. 1 GG eine eigenständige Verwaltungskompetenz des Bundes konstituiert, die dann resultierende systematisch gelungene Ergänzung sowohl der kompetenzschaffenden Detailregelung der ersten beiden Absätze,[1948] als auch des Systems der Einzelaufzählungen der Kompetenztitel für die Bundesverwaltung insgesamt.[1949]

hh) Zusammenfassung

Die Systematik spricht dafür, dass Art. 87 Abs. 3 S. 1 GG einen selbständigen Kompetenztitel für die Bundesverwaltung enthält. Bei dieser Vorschrift handelt es sich nach der Systematik der Verwaltungskompetenzen selbst um eine Generalklausel[1950] und damit eine Grundsatzentscheidung der Verfassung, die ein Ventil zu Gunsten des

---

[1940] Maunz / Dürig - *Lerche*, Art. 87 Rn. 165, 170.

[1941] *Stern* II, § 41 VI 7 a; *Köttgen*, JöR 3 (1954) 67 (74); *Kalkbrenner*, JZ 1963, 210 (211).

[1942] Dazu auch Maunz/ Dürig - *Lerche*, Art. 87 Rn. 3.

[1943] *Köttgen*, JöR 3 (1954) 66 (71, 74); Maunz / Dürig - *Lerche*, Art. 87 Rn. 21; *Britz*, DVBl. 1998, 1167 (1170);

[1944] *Dittmann*, Bundesverwaltung, S. 252, meint, es solle ein „effektives Instrumentarium gesamt - staatlich gebundener Verwaltung“ geschaffen werden und sieht dies durch die Praxis belegt, S. 256; ebenso Maunz / Dürig - *Lerche*, Art. 87 Rn. 25.

[1945] Seifert / Hömig – *Hömig*, Art. 87 Rn. 13; *Britz*, DVBl. 1998, 1176 (1171).

[1946] *Köttgen*, JöR 3 (1954) 67 (74).

[1947] Diese Kompetenz ist aber eben Voraussetzungen unterworfen, die einer uferlosen Ausdehnung der Bundesverwaltung entgegenstehen, ihrerseits also der Ausgewo genheit des Gefüges der Verwaltungskompetenzen dienen, vgl. dazu Kap. 3 III insbesondere 6.

[1948] Maunz / Dürig - *Lerche*, Art. 87 Rn. 167.

[1949] Mit diesem Ergebnis z. B. bereits *Köttgen*, JöR 3 (1954) 67 (74).

[1950] *Hesse*, Unitarischer Bundesstaat, S. 17; *Niermann*, S. 30 dagegen bewertet Art. 87 Abs. 3 S. 1 GG als Ausnahme. Dem kann allenfalls unter zwei Gesichtspunkten zugestimmt werden: Zum einen wird ein anderer Verwaltungstyp als der des Art. 83 GG geregelt und zugelassen, so dass eine Ausnahme zum Grundsatz der Landesverwaltung vorliegt. Zum anderen liegt eine Systemdurchbrechungen darin, dass die Einzelaufzählungsstruktur der Bundesverwaltungskompetenzen abgelöst und ergänzt wird.

Bundes schafft. Diese hat aber aufgrund ihrer deutlich einschränkenden Voraussetzungen eine wesentlich geringere Reichweite als Art. 83 GG.

c) Historische Interpretation

Wie oben bereits erwähnt, handelt es sich bei Art. 87 Abs. 3 S. 1 GG um eine Mittellösung zwischen der Reichsverfassung von 1871 und der Weimarer Reichsverfassung.[1951]

aa) Die Reichsverfassung von 1871

Unter der RV gingen mit der Zuweisung von Gesetzgebungskompetenzen an das Reich mit Ausnahme der Art. 53 und Art. 56 RV keine Verwaltungs- oder Rechtsprechungskompetenzen einher.[1952] Die Ausführung der Gesetze war nach dem Konzept der RV den Ländern vorbehalten,[1953] daher war die Reichsverwaltung im Gegensatz zur Gesetzgebung eng umgrenzt.[1954] Nach der Verfassung beschränkten sich die Kompetenzen des Reichs also im Wesentlichen auf die Gesetzgebung[1955] und die Beaufsichtigung der Länder in der Verwaltung.[1956] Art. 4 RV war jedenfalls insofern abschließend, als dass abweichende Reglungen, also weitere Verwaltungskompetenzen für das Reich[1957] und neue Reichsbehörden,[1958] einer Verfassungsänderung bedurften, für die übereinstimmende Beschlüsse von Bundesrat und Reichsrat Voraussetzung waren.[1959] Dies nutzte das Reich für bestimmte Bereiche[1960] und schuf zusätzlich unter Heranziehung der Organisationsgewalt der

---

1951 *Dittmann*, Bundesverwaltung, S. 252; Maunz / Dürig - *Lerche*, Art. 85 Rn. 169; *Kölble*, DVBl. 1962, 658 (658); anders aber *Köttgen*, der meint, dort wo die Verwaltung durch zentrale Einrichtu ngen möglich ist, sei die gleiche Situation, wie unter Art. 14 WRV erreicht, JöR 3 (1954) 67 (74); dazu oben bereits Kap. 3 A II 3.

1952 Jeserich - *Mußgnug*, Bd. 3, S. 187.

1953 Jeserich - *Mußgnug*, Bd. 3, S. 187; *Stern* V, § 128 III 7; *Huber*, Bd. 3 § 66 I 1, S. 961.

1954 Jeserich - *Frotscher*, Bd. 3, S. 408; Das Reich soll in der Verwaltung von jeglicher nicht ausdrücklich vorgesehener Mitwirkung ausgeschlossen gewe sen sein, so *Haenel*, Staatsrecht I, § 54 II.

1955 Jeserich - *Mußgnug*, Bd. 3, S. 187.

1956 *Laband*, Staatsrecht II, § 66; *Huber*, Bd. 3, § 66 I 1, S. 961; Im krassen Gegensatz dazu steht die Einschätzung, dass sich das Reich auf allen Gebieten, auf denen ihm die Ge setzgebungskompetenz zustand, „Verwaltungsbefugnisse oder die Funktionen der Justiz bei [...] legen" könne, Anschütz / Thoma - *Anschütz*, HBdStR II, § 80 I a.E.; *Stern* V, § 128 III 7.

1957 *Haenel*, Staatsrecht I, S. 233 ff., 328.

1958 *Anschütz*, WRV, Art. 14 Anm. 1; *Kölble*, DVBl. 1962, 658 (658); Sachs - *Sachs*, Art. 87 Rn. 3 f.

1959 *Kölble*, DVBl. 1962, 658 (658); Wie dargestellt, vgl. Kap. 3 A II 3, gab dies den Gliedstaaten besonderes Gewicht, da in der Regel 14 ablehnende Stimmen im Bundesrat eine Gesamtablehnung bedeuteten.

1960 *Frotscher / Pieroth*, Rn. 390; *Huber*, § 66 I 1. S. 961; Jeserich - *Mußgnug*, Bd. 3, S. 187; Sachs - *Sachs*, Art. 87 Rn. 3; dazu auch *Stern* V, § 128 III 7.

Exekutive reichseigene Verwaltung.[1961] Trotzdem blieb die Reichsverwaltung die Ausnahme im Gegensatz zur Ausführung durch die Länder.[1962] Die Verwaltung blieb trotz Unitarisierungstendenzen ein Kernbereich der Länderstaatlichkeit.[1963]

Die Reichsverwaltung bestand, wie bereits erwähnt,[1964] nicht nur aus den Vorläufern der späteren Reichsministerien,[1965] sondern auch aus sog. Reichszentralämtern.[1966] Diese sind als Vorläufer der heutigen Bundesoberbehörden anzusehen und unterstanden dem Reichsamt des Inneren.[1967] Die Verwaltungskompetenzgrundlagen für diese sind allerdings unklar.

bb) Die Weimarer Reichsverfassung

Unter der WRV verstärkten sich die Zentralisierungstendenzen in der Verwaltung gegenüber denen der RV.[1968] Dies beruhte unter anderem darauf, dass Art. 14 WRV dem Reich die Möglichkeit einräumte, durch einfaches Gesetz Verwaltungskompetenzen an sich zu ziehen.[1969] Über die Bindung an das Gesetzgebungsverfahren waren dabei keine weiteren Voraussetzungen zu erfüllen,[1970] nur der Reichrat hatte noch gemäß Art. 74 WRV ein Einspruchsrecht.[1971] Der Gesetzgeber nutzte daher die Möglichkeit, die Verwaltungstypen auszudifferenzieren[1972] und in erheblichem Umfang die reichseigene Verwaltung einzuführen.[1973] Denn den wenigen[1974] ausdrücklich in der WRV verankerten Reichsverwaltungskompetenzen fehlte es an einer Linienführung und durchdachter

---

[1961] Jeserich - *Frotscher*, 3. Bd, S. 409; mit der damals herrschende Lehre; *Böckenförde*, Organisationsgewalt, S. 86; *Huber*, Bd. 3, § 63 II 2, S. 918, § 66, I 1 S. 962; *Rasch*, VerwArchiv 50 (1959) 1 (38); *Richter*, Organisationsgewalt, S. 14; Mangels einer eindeutigen Verfassungsregelung wurde aber auch die Ansicht vertreten, organisationsrechtliche Re gelungen dürften nur „im Wege der Gesetzgebung beschri tten“ werden *Rasch*, VerwArchiv 50 (1959) 1 (39) über von Roenne.

[1962] Jeserich - *Mußgnug*, Bd. 3, S. 188.

[1963] *Frotscher / Pieroth*, Rn. 390; Jeserich - *Mußgnug*, Bd. 3, S. 188; *Huber*, Bd. 3, § 55 III 3, S. 796, Bd. 3, § 66 I 2, S. 964; Jeserich - *Frotscher*, Bd. 3, S. 408 in Anlehnung an *Huber*, a.a.O.

[1964] Vgl. Kap. 3 A II 3.

[1965] Diese Reichsämter waren jedoch ohne Ressortverantwortung dem Reichskanzler unmittelbar untergeordnet, dazu *Stern* V, § 128 III 5 a.

[1966] Alternativkommentar - *Bull*, Art. 87 Rn. 2 f.; *Schubart*, S. 94 ff.; dazu gehörten das Bundesamt für Heimatwesen, das Statistische Amt des Dt. Reichs, das Reichsgesundheitsamt, das Patentamt, das Reichsversicherungsamt und das Kaiserliche Aufsichtsamt für Privatver sicherung.

[1967] Alternativkommentar - *Bull*, Art. 87 Rn. 3; *Schubart*, S. 94 ff.

[1968] Maunz / Dürig - *Lerche*, Art. 87 Rn. 26.

[1969] *v. Mangoldt / Klein*, Art. 87 Anm. II 1; *Kölble*, DVBl. 1962, 658 (658).

[1970] *Kölble*, DVBl. 1962, 658 (658).

[1971] Jeserich - *Frotscher*, Bd. 4, S. 114.

[1972] Maunz / Dürig - *Lerche*, Art. 85 Rn. 20.

[1973] Sachs - *Sachs*, Art. 87 Rn. 4; *Dittmann*, Bundesverwaltung, S. 39 ff., 50 ff.

[1974] Jeserich - *Frotscher*, Bd. 4, S. 113; *Anschütz*, WRV, Art. 6 Anm. 6.

Systematik.[1975] Sie regelten nur Einzelheiten, jedoch keine grundlegenden Strukturen.[1976]

Die Ausweitung der eigenen Verwaltung stellte auf der einen Seite für das Reich „eines der wirksamsten Mittel, seinen staatspolitischen Einfluss zu erweitern" dar,[1977] beschnitt auf der anderen Seite aber die Kompetenzen und damit auch die Staatlichkeitssphäre der Länder. Bereits damals ergab sich also ein aus dem Föderalismus resultierendes Spannungsverhältnis,[1978] das wesentlich auf der sehr weiten Regelung des Art. 14 WRV beruhte.[1979] Die Voraussetzungen des Art. 87 Abs. 3 S. 1 GG sind im Vergleich dazu im Länderinteresse deutlich enger gefasst[1980] und auf die Errichtung einer einstufigen Verwaltung auf zentraler Ebene beschränkt. Trotzdem existierte bereits eine dem Art. 87 Abs. 3 S. 1 GG vergleichbare Regelung, da Art. 14 WRV einen gegenständlich nicht begrenzten Kompetenztitel für die Reichsverwaltung enthielt.[1981]

d) Genetische Interpretation

Der Verfassungsgeber hatte von den drei Militärgouverneuren den Auftrag erhalten, eine föderalistische Verfassung zu entwickeln, „die die Rechte der Länder schützt, [und] eine angemessene Zentralinstanz schafft".[1982] Gerade die Verwaltungskompetenzen sind daher im Lichte der Suche nach einem angemessenen Ausgleich zwischen Länderinteressen und notwendigen Zentralkompetenzen zu sehen.

aa) Die Entwicklung auf Herrenchiemsee

Die Bundesverwaltung sollte nach den im Herrenchiemseer Entwurf in Art. 116 Abs. 1-3, Abs. 5, 117 Abs. 1, 2 HCHE dokumentierten Vorstellungen „nur aus zwingenden Gründen" zugelassen werden und war zunächst auch gegenständlich eng umgrenzt.[1983] Erweiterungen der Bundesverwaltung sollten nur unter strengen

---

[1975] *Nawiasky*, Reichsverfassung, S. 104.
[1976] *Nawiasky*, Reichsverfassung, S. 104.
[1977] *Sembritzki*, S. 2.
[1978] *Sembritzki*, S. 2.
[1979] Zur heute auch noch an Art. 87 Abs. 3 S. 1 GG vorgebrachten Kritik, vgl. unten Kap. 3 C I 2 f.
[1980] *Hartkopf*, DÖV 1979, 349 (350).
[1981] Zu den im Übrigen bestehenden grundlegenden Unterschieden im Vergleich zur WRV, siehe Kap. 3 B II 3 b und c;
[1982] *Huber*, Bd. 2, S. 197; von diesen wurde Art. 87 Abs. 3 S. 1 GG jedenfalls auch als Kompetenztitel verstanden, S. 217.
[1983] Sachs - *Sachs*, Art. 87 Rn. 6.

Anforderungen und in begrenztem Umfang möglich sein,[1984] was als Reaktion auf das Dritte Reich insgesamt eine sehr restriktive Herangehensweise zeigt.[1985]

Die Errichtung von Bundesoberbehörden war aber von Anfang an vorgesehen. Zunächst standen zwei verschiedene Konzepte zur Debatte:[1986] Art. 116 Abs. 2 a sah die Möglichkeit zur Schaffung selbständiger Bundesoberbehörden vor, soweit dem Bund die Gesetzgebung zustand und dringender Bedarf gegeben war. Art. 116 Abs. 2 b gab alternativ eine Beschränkung selbständiger Bundesoberbehörden auf bestimmte Gegenstände vor, die in einer Anlage zum Grundgesetz festgelegt werden sollten.[1987] Die Errichtung von Bundesoberbehörden sollte zusätzlich von der Zustimmung von 2/3 oder wenigstens der Mehrheit der gesetzlichen Mitglieder des Bundesrates abhängig sein.[1988] Diese ausgeprägte Mitwirkung der Länder ergibt nur Sinn, wenn man von einer Funktion der Norm als Kompetenztitel für die Bundesverwaltung ausging.

bb) Die Entwicklung im Parlamentarischen Rat

Im Parlamentarischen Rat wurde früh die Fassung mit der gegenständlichen Beschränkung der Bundesoberbehörden fallen gelassen.[1989] Auch der dringende Bedarf wurde später nicht mehr vorausgesetzt, während an dem Zustimmungserfordernis lange festgehalten wurde. Erst der Redaktionsausschuß sorgte dafür, dass der Zustimmungsvorbehalt, der sich für den geregelten Gegenstand ebenfalls aus Art. 105 HCHE ergab, also zunächst doppelt vorhanden war, gestrichen wurde.[1990] Nach der späteren Streichung des Art. 105 HCHE konnten sich die Abgeordneten, die eine Wiedereinführung des Zustimmungsvorbehalts beantragten, trotz intensiver Bemühungen nicht durchsetzen, so dass es bei der jetzigen Fassung ohne Zustimmungsvorbehalt blieb.[1991]

[1984] Sachs - *Sachs*, Art. 87 Rn. 6; *Dittmann*, Bundesverwaltung, S. 70 ff.

[1985] Maunz / Dürig - *Lerche*, Art. 87 Rn. 27; Der Katalog, der im Grundgesetz von vornherein vorgesehenen Bundesverwaltungskompetenzen ist also bewusst knapp ausgefallen, so *Hartkopf*, DÖV 1979, 349 (349).

[1986] Art. 116 HCHE Fassungen a und b; vgl. Der Parlamentarische Rat, Bd. 2, Bericht über den Verfassungskonvent, S. 561; ebenfalls dazu Maunz / Dürig - *Lerche*, Art. 87 Rn. 31; *Kratzer*, DÖV 1950, 529 (529); *v. Mangoldt / Klein*, Art. 87 Anm. II 1.

[1987] Die Urfassung des Herrenchiemseer Entwurfs platzierte den späteren Art. 87 Abs. 3 S. 1 GG also im unmittelbaren Anschluss an Abs. 1, der selbst eine Kompetenz konstituiert. Die erst spät erfolgte Änderung sollte ersichtlich keine inhaltliche Auswirkungen haben, *Rump*, Errichtung, S. 43. Also spricht die zunächst verwendete Systematik, wie dargestellt, für Verankerung einer Kompetenz auch an dieser Stelle, siehe oben Kap. 3 C II 2 e.

[1988] Art. 105 HCHE, vgl. zu den wechselnden Quoren: Der Parlamentarische Rat, Bd. 2, Bericht über den Verfassungskonvent, S. 558, siehe auch *Kratzer*, DÖV 1950, 529 (530).

[1989] Der Parlamentarische Rat, Bd. 3, 6. Sitzung des Ausschusses für Zuständigkeitsabgrenzungen, S. 270.

[1990] Maunz / Dürig - *Lerche*, Art. 87 Rn. 33.

[1991] Der Parlamentarische Rat, Bd. 9, 9. Sitzung des Plenums, S. 473, auf Vorschlag des Allgemeinen Redaktionsausschusses; vgl. auch *Kratzer*, DÖV 1950, 529 (530); Maunz / Dürig - *Lerche*, Art. 87 Rn.

Diese eingehende Auseinandersetzung mit der Norm spricht dafür, dass die Mitgliedern der Ausschüsse, vor allem in der Diskussion um die Wiedereinführung der Zustimmungsbedürftigkeit des heutigen Art. 87 Abs. 3 S. 1 GG davon ausgingen, durch die Norm einen eigenständigen Kompetenztitel für die Bundesverwaltung zu schaffen.[1992] Sollte es sich hier um eine reine Organisationsvorschrift handeln, die eine anderweitige Zuweisung von Verwaltungskompetenzen an den Bund voraussetzte, wäre die heftige Diskussion kaum erklärbar.[1993]

Danach würde es sich bei Art. 87 Abs. 3 S. 1 GG um eine „bewusste Regelung“ des Verfassungsgebers handeln,[1994] mit der dem Bund die Möglichkeit eingeräumt werden sollte, weitere Gegenstände in den eigenen Vollzug zu übernehmen,[1995] also um einen Kompetenztitel mit Ventilfunktion für die Bundesverwaltung.[1996] Dafür spricht eben auch der bewusste Verzicht auf das Zustimmungserfordernis.[1997] Auch die Reaktion der Besatzungsmächte, die Bedenken hinsichtlich der föderalen Ausgewogenheit dieser Regelung hatten,[1998] deutet stark in diese Richtung.

e) Teleologische Interpretation

aa) Die Ventilfunktion des Art. 87 Abs. 3 S. 1 GG bei gleichzeitiger Bindung an das Parlament

Es zeigt sich, dass die vom Grundgesetz verfolgte Zielsetzung, die Kompetenzen von Bund und Ländern möglichst weitgehend abzugrenzen und aufzuteilen,[1999] nicht abschließend möglich ist. Die Verwaltung muss sich den verändernden Realitäten noch viel konkreter als die Gesetzgebung stellen.[2000] Diese Problematik verdeutlichten die großen Veränderungen der staatlichen Aufgaben in den letzten 100 Jahren vor Grundgesetzverabschiedung, die vor allem durch die Industrialisierung und die

---

33; *Britz*, DVBl. 1998, 1167 (1170); In der 36. Sitzung des Hauptausschusses hatte Süsterhenn diesen engagiert verteidigt. Er betonte den Grundsatz der Landesverwaltung vor allem auf den unteren Ebenen und sah die Gefahr einer Aushöhlung nur durch das Zustimmungserfordernis kompensiert, dazu *Kratzer*, DÖV 1950, 529 (530).

[1992] Mit dieser Einschätzung auch *Burgsmüller*, S. 43.

[1993] Auch der Einsatz von Süsterhenn zum Schutze der Landesverwaltungskompetenzen ist nur vor diesem Hintergrund erklärbar.

[1994] *Kölble*, DVBl. 1962, 658 (658); *Britz*, DVBl. 1998, 1167 (1170); *Hartkopf*, DÖV 1979, 349 (349);

[1995] So ausdrücklich *Britz*, DVBl. 1998, 1167 (1170); in diesem Sinne aber auch Sachs - *Sachs*, Art. 87 Rn. 11;

[1996] Durch Art. 87 Abs. 3 S. 1 GG solle dem Gesetzgebern „nichts verbaut“, sondern eine weitere Alternative eingeräumt werden, Laforet, Stenographischer Bericht des Hauptausschusses, S. 195; zu dieser Funktion vor allem *Köttgen*, JöR 3 (1954) 67 (74); vgl. auch *Niermann*, S. 15; aber selbst *Britz*, DVBl. 1998, 1167 (1170).

[1997] Vgl. Der Parlamentarische Rat, Bd. 9., 9. Sitzung des Plenums, S. 473; *Kratzer*, DÖV 1950, 529 (529 f.); mit dieser Einschätzung auch *Britz*, DVBl. 1998, 1167 (1170); Seifert / Hömig – - *Hömig*, Art. 87 Rn. 13.

[1998] Nr. 6 des Genehmigungsschreibens der Militärgouverneure zum GG vom 12.5. 1949.

[1999] *Katzenstein*, DÖV 1958, 593 (593).

[2000] *Burgsmüller*, S. 41.

Umwälzungen unter der WRV verursacht wurden.[2001] Die sich verändernden Gegebenheiten sorgen damals wie heute für die Notwendigkeit, neben einer möglichst umfassenden Kompetenzabgrenzung, auch für angemessene verwaltungsmäßige Reaktionsmöglichkeiten auf gesellschaftliche Entwicklungen zu sorgen.[2002] Dies legt nahe, dass Art. 87 Abs. 3 S. 1 GG den Zweck verfolgt, die starre und einzelmaterienbezogene Kompetenzstruktur des übrigen VIII. Abschnitts im Hinblick auf ihre Funktions- und Anpassungsfähigkeit zu ergänzen und mit einem notwendigen Ventil zu versehen.[2003] Der Gesetzesvorbehalt bindet dabei die mögliche Ausweitung der Bundesverwaltung - und eben nicht nur Organisationsakte - an eine Parlamentsentscheidung.[2004]

bb) Die Beschränkung des Bundes auf die Zentralinstanz

Dadurch aber, dass eine Vielzahl von Verwaltungsaufgaben nicht ohne den zugehörigen Unterbau bewältigt werden können, sind auf der anderen Seite die Möglichkeiten der Bundesverwaltung erheblich eingeschränkt.[2005] Daher kann der Bund auch nicht für alle Bereiche, in denen ihm die Gesetzgebungskompetenz zusteht, die Ausführung durch Bundesverwaltung einrichten.[2006] Neben dem Vergleich mit den wesentlich strikteren Voraussetzungen des Art. 87 Abs. 3 S. 2 GG deutet dies darauf hin, dass es ebenfalls Ziel des Art. 87 Abs. 3 S. 1 GG ist, den Bund auf zentrale Verwaltungseinrichtungen zu beschränken[2007] und auf diese Weise den Grundsatz des Art. 83 GG zu wahren.

cc) Die Trennung von Regierungs- und Verwaltungsfunktionen

Art. 87 Abs. 3 S. 1 GG soll ebenfalls den Zweck verfolgen, die „eigentlichen Regierungsfunktionen“ von den „Verwaltungsangelegenheiten“ zu trennen.[2008] Dies könnte jedenfalls zutreffen, wenn er als Kompetenztitel dienen würde, denn dann könnten Bundesoberbehörden als Behörden mit zentraler Kompetenz geschaffen

---

[2001] *Burgsmüller*, S. 41.
[2002] *Rump*, Errichtung, S. 44; *Burgsmüller*, S. 41.
[2003] Maunz / Dürig - *Lerche*, Art. 87 Rn. 173; *Köttgen*, JöR 3 (1954) 67 (74); *Dittmann*, Bundesverwaltung, S. 252; *Katzenstein*, DÖV 1958, 593 (593). Dagegen *Kalkbrenner* JZ 1963, 210 (212), der annimmt Sinn und Zweck der Norm seien darauf beschrä nkt, die Gesetzesform für diese Organisationsakte festzul egen und damit überhaupt eine Beteiligung des Bundesrats sicherzustellen
[2004] *Rump*, Errichtung, S. 44; Maunz / Dürig – *Lerche*, Art. 87 Rn. 173. Allerdings ist die föderale Komponente bei Art. 87 Abs. 3 S. 1 GG eben nur schwach ausgeprägt, *Dittmann*, Bundesverwaltung, S. 252.
[2005] *Dittmann*, Bundesverwaltung, S. 253; *Köttgen*, JöR 3 (1954) 67 (74).
[2006] So aber *v. Mangoldt / Klein*, Art. 87 Anm. II 3 a bb.
[2007] Maunz / Dürig - *Lerche*, Art. 87 Rn. 173; *Köttgen* JöR 3 (1954) 67 (74); Insofern kann auch nicht von einer „allgemeinen Einladung“ für den Bund zentral und spezifisch verwaltend tätig zu werden die Rede sein, so aber Maunz / Dürig - *Lerche*, Art. 87 Rn. 167.
[2008] *Nawiasky*, Grundgedanken, S. 123.

werden, wie sie im Übrigen nur bei den Bundesministerien anzutreffen ist. Die Funktion als technische Spezialbehörde, die sich um die „Verwaltungsangelegenheiten" kümmert, folgt daraus, dass sie zur Nutzung konzentrierten naturwissenschaftlichen Sachverstands geschaffen und aus der allgemeinen Verwaltungsorganisation ausgegliedert wurden.[2009] Besondere Aufgaben sollen so durch Spezialisten erfüllt werden können.[2010] Dies setzt allerdings die Verwaltungskompetenz des Bundes voraus, die zweckentsprechend in Art. 87 Abs. 3 S. 1 GG verankert sein muss.

dd) Zusammenfassung

Der Sinn und Zweck sprechen daher für die Verankerung eines Kompetenztitels für die Bundesverwaltung in Art. 87 Abs. 3 S. 1 GG.

f) Verfassungspolitische Erwägungen

Art. 87 Abs. 3 S. 1 GG hat grundlegende Kritik erfahren. Art. 87 Abs. 3 S. 1 GG habe einen wesentlichen Beitrag dazu geleistet, dass der Grundsatz, wonach dem Bund durch die Verfassung zwar das Schwergewicht in der Gesetzgebung habe, den Ländern dagegen eine Domäne in der Verwaltung zugebilligt werde, ins Wanken geraten sei. In Zukunft sei sogar noch mit einer weiteren Verschiebung zu rechnen.[2011] Mit dem Mittel des Art. 87 Abs. 3 S. 1 GG lasse sich „die Landeseigenverwaltung zu Gunsten der Bundesverwaltung beliebig aus den Angeln heben".[2012] Bei Art. 87 Abs. 3 S. 1 GG handele es sich also um eine Fehlkonstruktion,[2013] da eine „breite Einbruchstelle" in den Bereich der Verwaltungshoheit der Länder geschaffen werde.[2014]

Demgegenüber hat die Enquête-Kommission „Verfassungsreform" trotz gewisser Bedenken an der Möglichkeit zur Errichtung von Bundesverwaltung nach Art. 87 Abs. 3 S. 1 GG festgehalten.[2015] Die Entwicklung in der Vergangenheit hat nämlich gezeigt, dass es trotz des Einsatzes dieser Kompetenz in nicht unerheblichem Umfang[2016] nicht zu einer Umgehung der übrigen Kompetenzregelungen des Grundgesetzes über die Verwaltung komme. Die bundeseigene Verwaltung hat sich trotz Art. 87 Abs. 3 S. 1 GG jedenfalls in den ersten 30 Jahren der Bundesrepublik „weit weniger stürmisch"

[2009] *Müller*, DVP 1981, 1 (2); Alternativkommentar - *Bull*, Art. 87 Rn. 27.
[2010] *Müller*, DVP 1981, 1 (2).
[2011] *Rupp*, FS Dürig, S. 387.
[2012] *Rupp*, FS Dürig, S. 387 f.; ähnlich bereits *Katzenstein*, DÖV 1958, 593 (601); heute *Britz*, DVBl. 1988, 1167 (1169).
[2013] *Kratzer*, DÖV 1950, 529 (530).
[2014] *Blümel* - HBStR IV, § 101, Rn. 105; *v. Mangoldt / Klein*, Art. 87 Anm. II 3 a bb; *Badura*, Anm. G 73; Alternativkommentar - *Bull*, Art. 87 Rn. 24 f.; *Nawiasky*, Grundgedanken, S. 42; *Britz*, DVBl. 1988, 1167 (1168); *Katzenstein*, DÖV 1958, 593 (601).
[2015] *Stern* II, § 41 VII 6; dazu auch *Britz*, DVBl. 1988, 1167 (1168).
[2016] *Stern* II, § 41 VII 6; *Dittmann*, Bundesverwaltung, S. 255 ff.

ausgedehnt als die Bundesgesetzgebung. Das Schwergewicht der Verwaltung liegt weiter bei den Ländern und ist nicht in eine Ausnahme verkehrt worden.[2017]

Somit ist die Kritik an der „Grenzenlosigkeit" des Art. 87 Abs. 3 S. 1 GG weder in tatsächlicher noch in verfassungsrechtlicher Hinsicht gerechtfertigt.[2018] Auch wenn der Einsatz der Kompetenz „nicht unerheblich" war, haben die in der Vorschrift selbst angelegten Beschränkungen,[2019] insbesondere die Eignung der Aufgaben zur zentralen Wahrnehmung durch selbständige Behörden und das Verbot des Unterbaus, das fehlende Zustimmungskorrektiv „mehr als aufgewogen".[2020] Außerdem muss der Bund für die Bundesoberbehörden die Kosten tragen, was umso mehr verhindert, dass das Parlament Bundesoberbehörden in beliebiger Zahl genehmigen wird.[2021] Die Ventilfunktion des Art. 87 Abs. 3 S. 1 GG hat sich also insgesamt bewährt[2022] und ist auch zukünftig zur Bewältigung bestimmter Verwaltungsaufgaben notwendig oder doch zumindest wünschenswert.[2023]

3. Ergebnis

Art. 87 Abs. 3 S. 1 GG ist damit als Kompetenznorm für die Bundesverwaltung zu qualifizieren. Sie nimmt eine Ventilfunktion wahr und ergänzt die Systematik der Einzelaufzählung von Materien, indem sie abweichend zu Art. 83 GG die Verwaltungskompetenz des Bundes als etwas „anderes zulässt".[2024] Folglich kann bereits aus Art. 87 Abs. 3 S. 1 GG die Verwaltungskompetenz des Bundes abgeleitet werden, die Voraussetzung der Errichtung von Bundesoberbehörden ist.

[2017] *Britz*, DVBl. 1988, 1167 (1169); *Hartkopf*, DÖV 1979, 349 (352); *Dittmann*, Bundesverwaltung, S. 252; so aber *v. Mangoldt / Klein*, Art. 87 Anm. II 3 a bb.

[2018] *Hartkopf*, DÖV 1979, 349 (353); weiterhin mit deutlicher Kritik aber *Britz*, DVBl. 1988, 1167 (1169).

[2019] In diesem Sinne *Sigloch*, GewArch 8 (1962) 265 (265); Maunz / Dürig – *Lerche*, Art. 87 Rn. 166 dagegen: die Errichtungsvoraussetzungen bilden für den Bund nicht sonderlich hohe Barrieren.

[2020] *Hartkopf*, DÖV 1979, 349 (353).

[2021] *Kratzer* DÖV 1950, 529 (532).

[2022] So ebenfalls selbst *v. Mangoldt / Klein*, Art. 87 Anm. II 3 b cc, *Britz*, DVBl. 1988, 1167 (1169); obwohl sie die Einbruchmöglichkeit des Bundes in die Verwaltungshoheit der Länder überaus kritisch beurteilen.

[2023] Zu den Grenzen der Kompetenz, s.u. Kap. 3 C III 1, 2 und 4.

[2024] BVerfGE 14, 197 (210); Maunz / Dürig - *Lerche*, Art. 87 Rn. 167; *Dittmann*, Bundesverwaltung, S. 251.

II. Die Reichweite der Errichtungskompetenz des Art. 87 Abs. 3 S. 1 GG

Zu klären bleibt, wie weit die Kompetenz zur „Errichtung“ von Bundesoberbehörden reicht.

1. Die Errichtung von Bundesoberbehörden im eigentlichen Sinne

Gemäß Art. 87 Abs. 3 S. 1 GG kann der Bund selbständige Bundesoberbehörden und neue bundesunmittelbare Körperschaften und Anstalten des öffentlichen Rechts „errichten“. Gegenstand der Errichtung ist jedenfalls die rechtliche Konstituierung überhaupt.[2025] Von zunehmender Bedeutung in der Praxis ist aber nicht mehr die Schaffung neuer Bundesoberbehörden, sondern die Übertragung weiterer Kompetenzen, die bisher den Ländern zustanden, auf bestehende. Dieser Vorgang ist nicht mehr von der „Errichtung“ einer Behörde im Wortsinne erfasst. Als problematisch erweist sich daher die Reichweite der Kompetenz aus Art. 87 Abs. 3 S. 1 GG.

2. Die Kompetenzübertragung an bestehende Bundesoberbehörden

a) Problemstellung und Diskussionsstand

Bisher ist nicht abschließend geklärt, ob Art. 87 Abs. 3 S. 1 GG sich auf auch die Übertragung von Kompetenzen an bestehende Bundesoberbehörden erstreckt.[2026] Dies wurde vom Bayerischen Verwaltungsgerichtshof verneint, der nur eine Errichtungskompetenz im engen Sinne von Art. 87 Abs. 3 S. 1 umfasst sah.[2027] Der Begriff der „Errichtung“ in Art. 87 Abs. 3 S. 1 GG erstrecke sich als der Begriff der „Einrichtung“ in Art. 84 Abs. 1, Art. 85 Abs. 1 und Art. 86 S. 2 GG[2028] nicht auf die Zuweisung neuer Kompetenzen an bestehende Bundesoberbehörden.[2029] Nach anderer Ansicht soll Art. 87 Abs. 3 S. 1 diese Möglichkeit umfassen.[2030] Es ist daher die Frage zu klären, welche Bedeutung der Begriff der „Errichtung“ hat.

[2025] Sachs - *Sachs*, Art. 87 Rn. 72.
[2026] Zur Problematik *Fischerhof*, AtG, Vor. § 22. Rn. 3.
[2027] Bay VGHE 23, 136 (138).
[2028] BVerfGE 4, 7 (14); Alternativkommentar - *Bull*, Art. 84 Rn. 7; Bay VGHE 23, 136 (138).
[2029] Bay VGHE 23, 136 (138).
[2030] Jarass / Pieroth - *Pieroth*, Art. 87 Rn. 12; Maunz / Dürig - *Lerche*, Art. 87 Rn. 175, Dreier - *Hermes*, Art. 87 Rn. 77; Seifert / Hömig - *Hömig*, Art. 87 Rn. 10; *Blümel*- HBStR IV, § 101 Rn. 119; Bonner Kommentar - *Zieger / Bischof*, Art. c 87 Rn. 41; Schmidt-Bleibtreu / Klein - *Schmidt-Bleibtreu*, Art. 87 Rn. 7; *Haederich*, AtG, Vor. § 22, Rn. 2; *v. Mangoldt / Klein*, Art. 87 Anm. VI 3; *Rump*, Errichtung, S. 30, 37; *Burgsmüller*, S. 69; unproblematisch auch BVerwGE 102, 119 (126 f.); *Papier*, Reformüberlegungen, S. 123; wohl auch *Hartkopf*, DÖV 1979, 349 (352).

b) Praktische Bedeutung

Die Antwort auf die Frage, ob sich die „Errichtung“ auf die Zuweisung neuer Kompetenzen an bestehende Bundesoberbehörden erstreckt, entscheidet darüber, ob den fünf Bundesoberbehören die bereits zur Ausführung des AtG tätig werden, weitere Verwaltungsgegenstände übertragen werden können oder nicht. Denn ein anderer Kompetenztitel für die Bundesverwaltung ist nicht ersichtlich.[2031]

In der Praxis steht auch in anderen Bereichen schon lange die Zuweisung weiterer Kompetenzen an bereits bestehende Bundesoberbehörden im Vordergrund.[2032] Da von Art. 87 Abs. 3 S. 1 GG in der Aufbauphase umfangreich Gebrauch gemacht wurde,[2033] existieren in den entsprechenden politisch relevanten und sachlich geeigneten Bereichen bereits Bundesoberbehörden.[2034] Lediglich im Rahmen der Wiedervereinigung gewann Art. 87 Abs. 3 S. 1 GG für die Neuerrichtung von Bundesoberbehörden wieder an Bedeutung.[2035] Das Bundesamt für Strahlenschutz, das 1989 geschaffen wurde und das Bundesausfuhramt aus dem Jahre 1992[2036] stellen einige der letzten Neuerrichtungen auf Grundlage des Art. 87 Abs. 3 S. 1 GG dar. Es lässt sich also eine Entwicklung weg von der Neugründung hin zum Ausbau vorhandener Einrichtungen festhalten[2037] für die erheblich ist, ob Art. 87 Abs. 3 S. 1 GG als Kompetenzgrundlage zur Verfügung steht. Eine solche muss dem Bund zur Verfügung stehen, da die Übertragung von Kompetenzen an bestehende Bundesoberbehörden jedes Mal eine Kompetenzentziehung gegenüber den Ländern bedeutet. Dies gilt nicht nur für bisher tatsächlich durch die Länder wahrgenommene Verwaltungsgegenstände, sondern auch für neue, da auch diese durch Art. 83 GG (und im AtG durch Art. 87 c GG) grundsätzlich den Ländern vorbehalten sind.

[2031] Kap. 3 A I 2.

[2032] *Blümel* - HBStR IV, § 101 Rn. 109; so auch *Vogel* - HBVR, § 22 Rn. 97; *Hartkopf*, DÖV 1979, 349 (352).

[2033] *Blümel* - HBStR IV, § 101 Rn. 109.

[2034] Es gab 1989 deutlich mehr als 20 Bundesoberbehörden, Nachweise darüber bei *Dittmann*, Bundesverwaltung, S. 255 ff.

[2035] Dazu *Vogel* - HBVR, § 22 Rn. 97; z. B. das Bundesamt zur Regelung offener Vermögensfragen (§ 29 des Gesetzes zur Regelung offener Vermögensfragen, BGBl. 1991 I, S. 958); der Bundesbeauftragte für die Unterlagen des Staatssicherheitsdienstes der ehema ligen DDR (§ 2 des Gesetzes über die Unterl agen des Staatssicherheitsdienstes der ehemaligen DDR, BGBl. 1991 I S. 2272).

[2036] BGBl. I S. 376 vom 28.2.1992.

[2037] *Hartkopf*, DÖV 1979, 349 (352), dieser auch mit dem Hinweis auf die rückläufige Entwicklung in den Bereichen einiger Bundesoberbehörden bis hin zu deren Auflösung; vgl. auch *Vogel* - HBVR, § 22 Rn. 97;

c) Interpretation der Norm

aa) Grammatische Interpretation

Zunächst ist festzustellen, dass Art. 84 Abs. 1, 85 Abs. 1, 86 S. 2 GG und 87 Abs. 3 S. 1 GG tatsächlich unterschiedliche Wortlaute aufweisen. Teils ist von „Einrichtung“ bzw. „eingerichtet“ teils von „Errichtung“ bzw. „errichtet“ die Rede.[2038] Damit steht allerdings noch nicht fest, dass dem Wortlaut des Art. 87 Abs. 3 S. 1 GG tatsächlich eine abweichende Bedeutung zukommt. Es ist zu klären, ob die Begriffe „Errichtung“ und „Einrichtung“ tatsächlich mit unterschiedlichen Inhalten gefüllt sind und ob sich für die „Errichtung“ tatsächlich eine geringer Reichweite ergibt, die eine Zuweisung von Kompetenzen an bestehende Bundesoberbehörden ausschließt.

(1) Der Begriff der „Einrichtung“ und der „Errichtung“

(a) Die vorhandene sprachliche Differenzierung zwischen den Begriffen

Der allgemeine Sprachgebrauch unterscheidet zwischen der Errichtung und der Einrichtung, z.B. bei einem Haus.[2039] Insofern ergibt sich die Prämisse, dass auch nach der Verwendung der Begriffe im Grundgesetz die „Errichtung“, also die Existenzschaffung einer Behörde, der späterer „Einrichtung“, also ihrer Organisation und Herbeiführung der Funktionsfähigkeit, vorangeht und sich von dieser unterscheidet.[2040]

Im juristischen Sprachgebrauch sind die „Einrichtung“ und die „Errichtung“ grundsätzlich Teile der Organisationsgewalt,[2041] doch ist die Terminologie im Detail sehr uneinheitlich:[2042] Die „Errichtung“ wird teilweise mit der Schaffung oder Bildung einer Behörde definiert.[2043] Andere sind der Auffassung, sie umfasse sowohl die Zuweisung neuer Kompetenzen, als auch die Festlegung von räumlichen Wirkungsbereich, Sitz und Namen,[2044] also quasi den vollständigen Schaffensprozess.[2045] Wieder andere nehmen an, sie beinhalte die Regelung des Verfahrens, der Zuständigkeit, des Sitzes, der Gewinnung von Organwaltern und

---

[2038] Im Weiteren wird nur das Substantiv verwendet.

[2039] *Rasch*, VerwArch 50 (1959) 1 (35).

[2040] *Pathe*, DVBl. 1951, 681 (684); ähnlich auch *Rasch*, VerwArch 50 (1959) 1 (31).

[2041] *Pathe*, DVBl. 1951, 681 (684); *Wolff / Bachof*, VerwR II, (4. Aufl.), § 78 I; *Rudolf* - Erichsen, Allg. VerwR, § 52 Rn. 1; *Vogel* - HBVR, § 22 Rn. 77; dazu eben auch *Rasch*, VerwArch 50 (1959) 1 (31 ff.).

[2042] Mit dieser Einschätzung auch *Wolff / Bachof*, VerwR II, (4. Aufl.), § 78 I b; *Burgsmüller*, S. 32.

[2043] Jarass / Pieroth - *Pieroth*, Art. 84 Rn. 3; *Rasch*, VerwArch 50 (1959) 1 (31).

[2044] *Scheuner*, FS Peters, S. 806; in diesem Sinne *Vogel* - HBVR, § 22 Rn. 77.

[2045] *Wolff / Bachof*, VerwR II, (4. Aufl.), § 78 III 3 a sehen auch die Kompetenz zur Umbildung, also zur Eingliederung, Angliederung, Ausgliederung, Teilung oder Aufhebung von Organen als umfasst an.

ähnlichem.[2046] Dafür wird dann der Begriff der „Bildung“ mit den Funktionen der Gründung und Erzeugung belegt.[2047] Die „Einrichtung“ soll dann nur noch den Akt umfassen, durch den der konkrete Organwalter mit den entsprechenden Kompetenzen versehen wird.[2048] Nach einer anderen Auffassung ist die „Einrichtung“ der umfassendere Begriff, der sowohl die „Errichtung“ als auch die sachliche, personelle und aufgabenmäßige Ausrüstung beinhaltet.[2049] In diesem Sinne geht auch § 1 Abs. 2 bayBehVO, der den „Versuch einer Legaldefinition“ enthält,[2050] davon aus, dass „Einrichtung von Behörden“ die „Errichtung und Aufhebung, die Vergrößerung und Verkleinerung, die Zusammenlegung und Teilung von Behörden, die Bestimmung ihres Sitzes, die Abgrenzung ihres Amtsbezirkes und die Ordnung ihrer inneren Verhältnisse zu vorgesetzten, gleichrangigen und nachgeordneten Behörden“ umfasst. Nach dieser Definition würde die „Einrichtung“ die „Errichtung“ beinhalten, wäre also die „Errichtung“ der engere Begriff.[2051] Diese einfachgesetzliche Definition hat jedoch für die Auslegung des Begriffs in Art. 87 Abs. 3 S. 1 GG, also für einen Verfassungsterminus, nur begrenzte Aussagekraft. Zusätzlich ist zu berücksichtigen, dass auch diese Definition durch die begrifflichen Unklarheiten geprägt ist, also nicht maßstabsbildend sein kann.[2052] Die genaue Bedeutung der Begriffe bleibt also unklar, obwohl auch im juristischen Sprachgebrauch grundsätzlich zwischen ihnen unterschieden wird.[2053]

(b) Der Sprachgebrauch im Grundgesetz

Weiterhin ist also offen, ob die Begriffe in Art. 87 Abs. 3 S. 1 und Art. 84 Abs. 1, 85 Abs. 1, 86 S. 2 GG tatsächlich mit unterschiedlicher Bedeutung verwandt worden sind.

(aa) Die „Einrichtung“ in Art. 86 S. 2 GG

Es wird vertreten, dass sich aus Art. 86 S. 2 GG ergebe, dass die dort genannte „Einrichtung“ sich von der „Errichtung“ unterscheide.[2054] Erstere könne letztere nicht mit umfassen, da dem Bund sonst die Schaffung bundeseigener Verwaltung durch

---

[2046] *Schnapp*, Jura 1980, 293 (293).
[2047] Alternativkommentar - *Bull*, Art. 84 Rn. 9; *Schnapp*, Jura 1980, 293 (293).
[2048] *Schnapp*, Jura 1980, 293 (293).
[2049] *Stern* II, § 41 V 5 a.
[2050] *Wolff / Bachof*, VerwR II, (4. Aufl.), § 78 I b.
[2051] So wohl auch *Wolff / Bachof*, VerwR II, (4. Aufl.), § 78 I b.
[2052] Die Verwendung sei sowohl im wissenschaftlichen als auch im gesetzlichen Bereich uns charf und uneinheitlich, *Rudolf- Erichsen*, Allg.VerwR, § 52 Rn. 1; *Böckenförde*, Organisationsgewalt, S. 45 ff.; *Schnapp*, Jura 1980, 293 (294).
[2053] Bay VGHE 23, 136 (138); dazu auch *Kratzer*, AöR 77 (1951/52) 266 (268); *Pathe*, DVBl. 1951, 681 (683). Die Unterscheidung sei auch keineswegs gekünstelt, *Rasch*, VerwArch 50 (1959) 1 (35); *Schnapp*, Jura 1980, 293 (294), im Gegensatz dazu *v. Mangoldt / Klein*, Art. 84 Anm. 2.
[2054] *Burgsmüller*, S. 35; *Kratzer*, AöR 77 (1951/52) 266 (268).

bloßen Organisationsakt ermöglicht werde.[2055] Dies spricht tatsächlich dafür, dass die „Einrichtung" hier eng gefasst ist.

Umgekehrt kann aber nicht davon ausgegangen werden, dass der Zusatz in Art. 86 S. 2 GG, „soweit das Gesetz nichts anderes bestimmt," überflüssig wird, wenn Art. 87 Abs. 3 S. 1 nicht nur die „Errichtung", sondern auch die „Einrichtung" erfasse und unter einen Gesetzesvorbehalt stelle.[2056] Gegen eine solche Sichtweise spricht aber, dass Art. 87 Abs. 3 S. 1 GG nur eine Regelung über Bundesoberbehörden trifft, im Übrigen bleibt es auch in der Bundesverwaltung beim allgemeinen Vorbehalt des Gesetzes.[2057] Dieser bindet den Errichtungsakt im Sinne der Neuschaffung grundsätzlich an die Gesetzesform.[2058] Daher kann die in Art. 86 S. 2 GG geregelte „Einrichtung" durchaus durch reinen Organisationsakt vollzogen werden, während die „Errichtung" durch Gesetz erfolgen muss.[2059] Folglich wird der in Art. 86 S. 2 GG vorgesehene Vorbehalt auch nicht bei einer weiten Auslegung der „Errichtung" durch Art. 87 Abs. 3 S. 1 GG ersetzt.

(bb) Die „Einrichtung" in Art. 84 Abs. 1 und Art. 85 Abs. 1 GG

Art. 84 Abs. 1 und Art. 85 Abs. 1 GG räumen dem Bund die Kompetenz ein, durch Bundesgesetze die „Einrichtung" der im Rahmen der Landes- oder Auftragsverwaltung tätigen Landesbehörden vorzunehmen. In diesem Zusammenhang wäre es wenig sinnvoll, wenn der Bund nur die interne Gestaltung und die Detailausstattung regeln dürfte, was der in Art. 86 S. 2 GG anzutreffenden engeren Bedeutung und auch dem allgemeinen Sprachgebrauch entsprechen würde.[2060] Dies kann nicht gemeint sein, da der Bund hier auf die Organisation der Länder einwirkt. Eine Einwirkung auf die innere Gestaltung, ohne die Behörden neu schaffen zu können, erscheint abwegig. Daher nimmt die herrschende Meinung an, dass dem Bund durch diese Formulierung die Kompetenz eingeräumt wird, Behörden neu zu schaffen.[2061] Die „Einrichtung" wird also so weit verstanden, dass auch der externe Bereich umfasst ist.[2062]

[2055] *Kratzer*, AöR 77 (1951/52) 266 (268).

[2056] So aber *Burgsmüller*, S. 35, der daraus folgert, dass die „Errichtung" eng gefasst und nicht als Oberbegriff zur „Einrichtung" zu verstehen sei.

[2057] Jarass / Pieroth - *Pieroth*, Art. 86 Rn. 2; differenzierend Sachs – *Sachs*, Art. 86 Rn. 24 ff.

[2058] *Böckenförde*, Organisationsgewalt, S. 94; Maunz / Dürig – *Lerche*, Art. 86 Rn. 75 ff.; *Maurer*, § 21 Rn. 66.

[2059] Jarass / Pieroth - *Pieroth*, Art. 86 Rn. 2.

[2060] *Rasch*, VerwArch 50 (1959) 1 (36).

[2061] Jarass / Pieroth - *Pieroth*, Art. 84 Rn. 3; Maunz / Dürig - *Lerche*, Art. 84 Rn. 25 f.; Sachs-*Dittmann*, Art. 84 Rn. 7; Alternativkommentar - *Bull*, Art. 84 Rn. 7; früher a. A. *Kratzer*, AöR 77 (1951/52) 266 (268); *Pathe*, DVBl. 1951, 681 (684).

[2062] *Erichsen / Knoke*, DÖV 1985, 54 (56); *Dittmann* nimmt daher im Bereich des Art. 84 Abs. 1 GG ein pars-pro-toto-Verständnis der „Einrichtung" an, Sachs - *Dittmann*, Art. 84 Rn. 7.

(cc) Die „Einrichtung" in Art. 87 Abs. 1 S. 2 GG

Auch Art. 87 Abs. 1 S. 2 GG sieht vor, dass die dort genannten Behörden und Zentralstellen durch Bundesgesetz „eingerichtet" werden können. Gemeint ist damit, dass diese neu geschaffen werden können. Denn die Aufzählung der Bundesgrenzschutzbehörden und der Materien für mögliche Zentralstellen bezieht sich offensichtlich nicht nur auf deren innere Gestaltung, sondern auch auf die Existenzmöglichkeit dieser Verwaltungseinheiten an sich. Danach umfasst hier die „Einrichtung" die Neuschaffung und damit auch die „Errichtung" nach dem allgemeinen Sprachgebrauch.[2063] Auch Art. 87 Abs. 3 S. 1 GG ermächtigt zur Neuschaffung von Bundes(ober)behörden. Dazu wird hier aber der Begriff der „Errichtung" verwendet. Selbst innerhalb des Art. 87 GG wird also die Neuschaffung mit beiden Begriffen umschrieben.[2064] Aufgrund dieser unklaren Abgrenzung gehen daher viele davon aus, dass das „Errichten" in Art. 87 Abs. 3 S. 1 GG mit dem „Einrichten" in Art. 87 Abs. 1 S. 2 GG korrespondiert[2065] bzw. gleichzusetzen ist.[2066] Dagegen, dass „in einer Verfassung verschiedene Begriffe verschiedenes bedeuten müssen",[2067] spricht außerdem, dass der Sprachgebrauch im Grundgesetz auch an anderer Stelle uneinheitlich und unsystematisch ist,[2068] wie z.B. die Verwendung des Wortes „Gesetz" zeigt.[2069]/[2070]

(b) Zusammenfassung

Insgesamt erweist sich also auch der Sprachgebrauch im Grundgesetz als uneinheitlich. Es wird nicht scharf zwischen der „Einrichtung" und der „Errichtung"

[2063] *Rasch*, VerwArch 50 (1959) 1 (35); *Schnapp*, Jura 1980, 293 (293).

[2064] Alternativkommentar - *Bull*, Art. 84 Rn. 7.

[2065] Maunz / Dürig - *Lerche*, Art. 87 Rn. 172.

[2066] Sachs - *Sachs*, Art. 87 Rn. 72; Art. 86 Rn. 31; *v. Mangoldt / Klein*, Art. 87 Anm. VI 3; Maunz / Dürig - *Lerche*, Art. 87 Rn. 172; Maunz / Dürig - *Maunz*, Erstbearb. Art. 87 Rn. 46; *Köttgen*, JöR 3 (1954) 67 (90), i. E. auch Dreier - *Hermes*, Art. 87Rn 77; auch *Vogel* - HBVR, § 22 Rn. 77, kommt zu dem Ergebnis, das Grundgesetz folge der in Organisations - und Verwaltungslehre üblichen Unterscheidung der beiden Begriffe nicht, sondern meine mit beiden Begriffen „die gesamten aus der Organisationsgewalt fließenden Befugnisse".

[2067] In diesem Sinne auch *Pathe*, DVBl. 1951, 681 (683); *Kratzer*, AöR 77 (1951/52) 266 (268); *Rasch*, VerwArch 50 (1959) 1 (35).

[2068] So auch *Rasch*, VerwArch 50 (1959) 1 (35).

[2069] Dazu bereits BVerfGE 1, 184 (189).

[2070] Es ließe sich allenfalls eine Abgrenzung der Begriffe durch eine sachliche Unterscheidung erwägen. Danach könnte die Errichtung i. S. d. Art. 87 Abs. 3 S. 1 GG alle diejenigen Akte meinen, die für die äußere Schaffung notwendig sind, so auch *Böckenförde*, Organisationsgewalt, S. 49; *Rump*, Errichtung, S. 32. Dies würde alle Handlungen umfassen, die erforderlich sind, damit die Behörde nach außen hin als organisatorische Einheit entsteht und wirksam werden kann, *Rump*, Errichtung, S. 32. Neben der Anordnung der Errichtung soll dazu jedenfalls auch die Aufgabenzuweisung gehören, *Rump*, Errichtung, S. 31. Wäre dies gemeint, würde Art. 87 Abs. 3 S. 1 GG auch die Aufgabenzuweisung an bestehende Behörden umfassen.

getrennt.[2071] Folglich können aus der Verwendung der Begriffe keine Schlüsse über deren konkrete Bedeutung gezogen werden,[2072] da diese sich eben nur zufällig unterscheiden.[2073] Damit bleibt unklar, ob von der „Errichtung" auch die Zuweisung von Kompetenzen an bestehende Bundesoberbehörden erfasst ist. Dies kann sich daher nur aus den übrigen Auslegungsschritten ergeben.

bb) Systematische Interpretation

(1) Die Organisationsgewalt und der Gesetzesvorbehalt bei der Übertragung von Kompetenzen

Für eine Erstreckung des Art. 87 Abs. 3 S. 1 GG auf die Kompetenzzuweisung an bestehende Behörden könnte sprechen, dass sich der Gesetzesvorbehalt auch auf diese beziehen muss.

Die „Errichtung" von Behörden ist als Teil der Organisationsgewalt grundsätzlich der Exekutive zugeordnet.[2074] Aus dieser Tatsache wird teilweise gefolgert, dass „Bestimmungen, durch die die Errichtung von Behörden der Legislative übertragen wird, [...] grundsätzlich nicht ausdehnend ausgelegt werden" können.[2075] Demnach würde nur die „Errichtung" im eigentlichen Sinne dem Vorbehalt unterliegen. Die Gesetzesform ändert jedoch nichts daran, dass die Organisationsgewalt materiell Teil der Exekutive bleibt.[2076] Die Bindung an das Gesetzgebungsverfahren ist lediglich Ausdruck eines institutionellen Gesetzesvorbehalts, dieser zwingt den exekutivischen Inhalt[2077] in die äußere Form eines Parlamentsgesetzes, macht ihn aber nicht zum Teil der Legislative.[2078] Über die gebotene Reichweite der Auslegung können daher keine Rückschlüsse gezogen werden, da die „Errichtung" auch durch den Gesetzesvorbehalt nicht der Exekutive entzogen ist.

Art. 87 Abs. 3 GG dokumentiert mit der Bindung der Organisationsgewalt durch einen Gesetzesvorbehalt[2079] die Ausweitung der Rechtsstaatsvorstellungen und die

---

[2071] *Stern* II, § 42 V 5 a; Alternativkommentar - *Bull*, Art. 84 Rn. 7; v. Münch - *Broß*, Art. 84 Rn. 11; *Rasch*, VerwArch 50 (1959) 1 (35); *Schnapp*, Jura 1980, 293 (294).

[2072] *Böckenförde*, Organisationsgewalt, S. 52; *Rasch*, VerwArch 50 (1959) 1 (36); Dreier - *Hermes*, Art. 85 Rn. 77; so aber Bay VGHE 23, 136 (138).

[2073] *v. Mangoldt / Klein*, Art. 87 Anm. VI 3; jedenfalls wird der Sprachgebrauch im Art. 87 auch bei Art. 87 Abs. 1 S. 2 GG als „unsystematisch" bewertet, *Pathe*, DVBl. 1951, 681 (684); *Kratzer*, AöR 77 (1951/52) 266 (268).

[2074] Bay VGHE 23, 136 (138); *Rasch*, VerwArchiv 50 (1959) 1 (38); *Böckenförde*, Organisationsgewalt, S. 86; *Rohwer-Kahlmann*, AöR 79 (1953/54) 208 (221); vgl. dazu oben Kap. 1 B II 2 b cc (2);

[2075] So aber Bay VGHE 23, 136 (138); Insbesondere eine enge Auslegung des Gesetzesvo rbehalts des Art. 87 Abs. 3 S. 1 GG verlangen *Wolff / Bachof*, VerwR II, (4. Aufl.), § 78 II 4, dies betrifft sowohl die gesetzesakzessorische als auch die gesetzesfreie Verwaltung.

[2076] *Scheuner*, FS Peter, S. 806.

[2077] Und dieser Inhalt ist maßgeblich für die Zuordnung, *Wolff / Bachof / Stober*, VerwR I, § 20 Rn. 16.

[2078] *Böckenförde*, Organisationsgewalt, S. 101.

[2079] *Scheuner*, FS Peters, S. 805.

Erweiterung des Rechtssatzbegriffs.[2080] Diese sorgen nicht nur dafür, dass die „Errichtung“ selbständiger Rechtsträger einer gesetzlichen Bindung unterliegt, sondern und „vor allem aber auch die Zuweisung hoheitlicher Befugnisse“ (wie bereits unter der RV und WRV).[2081] Die „Zuweisung hoheitlicher Befugnisse“, also die Übertragung von Kompetenzen, kann aber sowohl an neue als auch an bestehende Behörde erfolgen.

Die Gesetzesform ist auch überall dort einzuhalten, wo innerhalb einer bestehenden Kompetenzordnung wesentliche Veränderungen vorgenommen werden. Dies ist nicht nur der Fall, wenn sich Kompetenzbereiche verändern und dies zu einem Wechsel in der demokratischen-parlamentarischen Kontrollzuständigkeit führt, sondern auch, wenn es zu einer Verringerung der Kontrolldichte kommt.[2082] Die Übertragung von Kompetenzen an bestehende Bundesoberbehörden hat zur Konsequenz, dass bisherige Länderkompetenzen unter Kontrolle der Länderparlamente in eine Bundeskompetenz unter der Kontrolle des Bundestags überführt werden.[2083] Zusätzlich indiziert die „Selbständigkeit“ der Bundesoberbehörden, also ihre organisatorische Ausgliederung,[2084] eine Verringerung der Kontrolldichte. Also muss sich der Gesetzesvorbehalt auch auf diesen Fall erstrecken. Das heißt, die Organisationsgewalt des Bundes unterfällt auch bei der Zuweisung von Kompetenzen an bestehende Bundes(ober)Behörden dem institutionellen Gesetzesvorbehalt. Will man die Verteilungsregelungen des Grundgesetzes über die Verwaltungskompetenzen nicht aushöhlen, kann man die Zuweisung von Kompetenzen an bestehende Behörden nicht anders behandeln als die „Errichtung“ neuer Behörden für dieselben.[2085]

(2) Die weniger weitgehende Inanspruchnahme der Kompetenz

Teilweise wird vertreten, bei der Zuweisung von Kompetenzen an bereits bestehende Bundesoberbehörden handele es sich um eine weniger weitgehende Inanspruchnahme der Kompetenz zur „Errichtung“ von Bundesoberbehörden.[2086] Daher wird argumentum a maiore ad minus gefolgert, dass der Bund für Verwaltungsgegenstände, die er durch Bundesoberbehörden ausgeführt wissen will, nicht jeweils neue Bundesoberbehörden errichten muss.[2087] Für diese Sichtweise

---

[2080] *Böckenförde*, Organisationsgewalt, S. 69, umfassend dazu Kap. 1 B II 2 b cc (1).
[2081] *Scheuner*, FS Peters, S. 805; *Böckenförde*, Organisationsgewalt, S. 94 für die Zuständigkeit; für Zuständigkeitsabgrenzungen auch Jarass / Pieroth - *Pieroth*, Art. 86 Rn. 2 m.w. N.
[2082] *Erichsen / Knoke*, DÖV 1985, 54 (55).
[2083] Damit liegt hier auch der Fall vor, dass eine organisatorische Vorschrift des Bundes die Verwaltungshoheit der Länder betrifft, dies verlangen *Wolff / Bachof*, VerwR II, (4. Aufl.), § 78 II 2 b, als Voraussetzung für einen Gesetzesvorbehalt.
[2084] Vgl. unten Kap. 3 D I 1.
[2085] Maunz / Dürig - *Maunz*, Erstbearb. Art. 87 c Rn. 6.
[2086] *Burgsmüller*, S. 69; *Rump*, Errichtung, S. 37; für Art. 84 Abs. 1 GG auch *Kratzer*, AöR 77 (1951/52) 266 (268).
[2087] *Burgsmüller*, S. 69.

spricht der Umfang der in der Praxis übertragenen Kompetenzen.[2088] In der Regel macht es einen quantitativen Unterschied, ob eine neue Bundesoberbehörde geschaffen und mit einem kompletten Tätigkeitsbereich versehen wird, oder ob einige ausgesuchte Kompetenzen an eine bestehende Bundesoberbehörde übertragen werden. Allerdings kann dieser Unterschied ohne weiteres durch sukzessive Übertragungen, wie z.B. im AtG geschehen,[2089] nivelliert werden. Im Hinblick auf die Konsequenz, dass beide Akte für die Länder eine Kompetenzentziehung bedeuten, ergibt sich durch die organisatorische Ausprägung allenfalls ein gradueller Unterschied.

(3) Der konkrete systematische Zusammenhang

Nicht nur Art. 87 Abs. 3 S. 1 GG, sondern auch Art. 87 Abs. 3 S. 2 GG regelt die „Errichtung" von Behörden. Aus Satz 2 ergibt sich, dass die bundeseigenen Mittel- und Unterbehörden gerade zur Wahrnehmung neuer Aufgaben errichtet werden sollen. Es besteht also ein enger Zusammenhang zwischen „Errichtung" und Aufgabenerledigung. Dies impliziert die Zuweisung der entsprechenden Kompetenzen an die Behörden.[2090] Es kommt also zum Ausdruck, dass die organisatorische Gliederung unter Heranziehung von Mittel- und Unterbehörden mit einer Kompetenzzuweisung verbunden ist. Es handelt sich auch um eine Kompetenzzuweisungsnorm, was dazu führt, dass sowohl die Zuweisung im Rahmen der Neuerrichtung erfasst ist, als auch die Übertragung von Kompetenzen auf bestehende Behörden.[2091]

Genauso sieht Art. 87 Abs. 3 S. 1 GG die Schaffung von Behörden gerade <u>zur</u> Wahrnehmung der erwähnten Angelegenheiten vor; die Oberbehörden werden „<u>für</u>" diese geschaffen.[2092] Folglich stellt auch Art. 87 Abs. 3 S. 1 GG einen engen Zusammenhang zwischen der Schaffung der Behörde und der Kompetenzzuweisung her. Die Kompetenzzuweisung stellt gerade das „Essentiale" dar, so dass sich insofern eine untrennbare Einheit ergibt.[2093] Dies spricht dafür, dass die Übertragung von Kompetenzen umfassend, dass heißt, auch die auf bestehende Behörden, von Art. 87 Abs. 3 S. 1 GG ermöglicht wird.[2094]

[2088] Dazu siehe *Rump*, Errichtung, S. 36.

[2089] Der Katalog des § 23 ist stark gewachsen und § 23 a und § 23 AtG sind angefügt worden, vgl. Einl. Kap. 3 Einl.

[2090] Es wird gerade keine Trennung zwischen Aufgabe und Zuständigkeit bzw. Kompetenz vorgenommen.

[2091] Jarass / Pieroth - *Pieroth*, Art. 87 Rn. 9; Maunz / Dürig – *Lerche*, Art. 87 Rn. 217.

[2092] Maunz / Dürig - *Lerche*, Art. 87 Rn. 175.

[2093] Maunz / Dürig - *Lerche*, Art. 87 Rn. 175; ebenso Sachs - *Sachs*, Art. 87 Rn. 72.

[2094] So auch Maunz / Dürig - *Lerche*, Art. 87 Rn. 173, 175. Auch deswegen muss die Aufgabenzuweisung an bestehende Behörden durch Gesetz erfolgen.

(4) Die Ventilfunktion des Art. 87 Abs. 3 S. 1 GG

Für eine Erstreckung des Art. 87 Abs. 3 S. 1 GG auf die Zuweisung von Kompetenzen an bestehende Bundesoberbehörden spricht seine Ventilfunktion.[2095] Die Ergänzung der thematisch eng umgrenzten Kompetenztitel für die Bundesverwaltung und die Einräumung einer Korrekturmöglichkeit für den umfassenden Ländervorrang in der Verwaltung wird erst dann vollständig erreicht, wenn der Bund bei der Ausübung dieser Kompetenz auch einzelne Gegenstände in die Bundesverwaltung übernehmen kann und dafür nicht erst eine separate Bundesoberbehörde schaffen muss. Die Ventilfunktion betont außerdem den Charakter des Art. 87 Abs. 3 S. 1 GG als Kompetenzzuweisungsnorm. In Bezug hierauf tritt die organisatorische Komponente, also das „Errichten" zurück, so dass es weniger auf die Ausgestaltung der Kompetenzübernahme durch den Bund ankommt, als auf die Veränderung der Kompetenzbereiche an sich.

(5) Zusammenfassung

Die systematische Auslegung zeigt, dass sich der Gesetzesvorbehalt des Art. 87 Abs. 3 S. 1 GG auf die Übertragung von Kompetenzen an bestehende Bundesoberbehörden erstreckt und dass die Kompetenzzuweisung durch diese Norm (im Rahmen der Ventilfunktion) ganz wesentlich ist. Dies spricht dafür, dass Art. 87 Abs. 3 S. 1 GG auch die Kompetenzübertragung an bestehende Bundesoberbehörden ermöglicht.

cc) Historische Interpretation

Unter der WRV lässt sich teilweise ein sehr differenzierter Sprachgebrauch nachweisen. So kam z.B. in der sog. Sprengstofflagerverordnung[2096] bereits in den Überschriften eine klare Trennung zwischen der Errichtung und der Einrichtung einer Behörde zum Ausdruck.[2097] Diese Differenzierung wurde jedoch, wie gezeigt, im VIII. Abschnitt des Grundgesetzes gerade nicht fortgesetzt.[2098] Unterschiede ergeben sich im Vergleich zu den Vorläuferverfassungen zusätzlich daraus, dass das Grundgesetz eine umfangreiche und grundsätzlich abschließende Regelung über die (Bundes-)Verwaltungskompetenzen trifft,[2099] was einer Ventilregelung eine andere Bedeutung zukommen lässt.

[2095] Vgl. Kap. 3 C I 2 b ff.
[2096] Vom 17.11. 1932, pr. GesS, S. 362.
[2097] *Rasch*, VerwArch 50 (1959) 1 (35).
[2098] Kap. 3 C II 2 b aa.
[2099] Dazu Kap. 3 A II 3 und C I 2 c aber auch schon Kap. 2 C II 2 c.

dd) Genetische Interpretation

Die Entstehungsgeschichte könnte weitere Hinweise für die Reichweite des Begriffs der „Errichtung" bringen.[2100]

(1) Die Verwendung der „Einrichtung"

Der Begriff „Einrichtung" wurde im Parlamentarischen Rat erstmals im Zusammenhang mit der bundeseigenen Verwaltung und zwar im Rahmen des Art. 112 Abs. 2 HCHE zur Regelung der Organisation der Bundesbehörden durch den Bundesrat verwendet.[2101] Er wurde hier, wie auch in Art. 112 Abs. 1 S. 1 und Art. 113 S. 2 HCHE, eingesetzt, um die Formulierung „Organisation" zu ersetzen.[2102] Diese hatte dem Bund eine Kompetenz, die von der Schaffung bis zur funktionsgerechten Ausstattung reicht, eröffnen sollen.[2103] Die „Einrichtung" sollte denselben Inhalt haben wie die „Organisation".[2104] Mit der Änderung des Wortlauts sollte der sachliche Gehalt nicht angetastet werden.[2105] Dies zeigte sich bereits bei der Behandlung des Art. 85 Abs. 1 GG.[2106] Der Begriff der „Einrichtung" sollte danach die gesamte Organisationstätigkeit umfassen.[2107]

(2) Die Verwendung der „Errichtung"

Die „Errichtung" war dagegen vom ersten Entwurf an Bestandteil des späteren Art. 87 Abs. 3 S. 1 GG.[2108] Es wurden keine Überlegungen über das Verhältnis dieser Formulierung zum Begriff der „Einrichtung" angestellt, was nicht verwundert, wenn man die bestehenden Unsicherheiten in Bezug auf die Verwaltungskompetenzen

2100 Sie wird teilweise als entscheidend für die Deutung angesehen, *Rump*, Errichtung, S. 29,

2101 Stenographischer Bericht, 16. Sitzung des Hauptausschusses, S. 189 f. und als Art. 112 Abs. 3 beim Redaktionsausschuss,

2102 *Haun*, S. 103 mit Blick auf die Auftragsverwaltung; *Böckenförde*, Organisationsgewalt, S. 53 legt die lediglich sprachlichen Erwägungen dar, wonach ein deutscher Begriff gewählt werden sollte.

2103 *Stern* II, § 41V 5 a; *Böckenförde*, Organisationsgewalt, S. 53; *Rump*, Errichtung, S. 29.

2104 Dies zeigt der Sprachgebrauch, vgl. Stenographischer Bericht, 16. Sitzung des Hauptausschusses, S. 189 ff.; mit dieser Einschätzung auch *Haun*, S. 103.

2105 *Böckenförde*, Organisationsgewalt, S. 53; *Antoni*, AöR 113 (1988) 329 (352); *Rump*, Errichtung, S. 29.

2106 Und gilt auch für Art. 86 S. 2 GG, *Rump*, Errichtung, S. 30; siehe zur Umformulierung: Der Parlamentarische Rat, Bd. 3, 20. Sitzung des Ausschusses für Zuständigkeitsabgrenzungen, S. 722; vgl. Kap. 1 B II 2 e cc (1).

2107 Stenographischer Bericht, 16. Sitzung des Ausschusses für Zuständigkeitsabgrenzungen S. 25, 13. Sitzung, S. 25; *Stern* II, § 41V 5 a; *Böckenförde*, Organisationsgewalt, S. 53; *Rump*, Errichtung, S. 30, dieser folgert allerdings der Oberbegriff betreffe nur die äußere Schaffung, während die „Errichtung" nur einen Teil dieses Regelungsbereichs umfasse und daher auf die innere Organisation beschränkt sei.

2108 *v. Doemming / Füsslein / Matz*, JöR 1 (1951) 1 (644).

berücksichtigt. Auch die fehlende Gesamtredaktion des VIII. Abschnitts[2109] spricht dafür, dass die Formulierungsunterschiede zufällig sind und keinen inhaltlichen Unterschied bezwecken.

ee) Teleologische Interpretation

Insgesamt spricht die Absicht, durch Art. 87 Abs. 3 GG den Spielraum für die Bundesverwaltung zu vergrößern, dem Gesetzgeber also nichts zu verbauen,[2110] und die Ventilfunktion der Regelung[2111] dafür, dass auch die „Errichtungskompetenz" umfassend gemeint ist und sich auf die Zuweisung neuer Kompetenzen an bestehende Behörden erstreckt. Doch kann auch die im Interesse der Sicherung der Eigenstaatlichkeit der Länder bezweckte Begrenzung der bundeseigenen Verwaltung[2112] nur dadurch erreicht werden, dass die Schaffung neuer Behörden und die Zuweisung weiterer Kompetenzen an bestehende Behörden auf dieselbe Weise behandelt werden.[2113] Daher erstreckt sich jedenfalls der begrenzende Gesetzesvorbehalt[2114] auch auf Zuweisungen an bestehenden Behörden.[2115]

3. Ergebnis

Art. 87 Abs. 3 S. 1 GG umfasst also auch die Kompetenz zur Übertragung von Kompetenzen auf bereits bestehende Bundesoberbehörden, selbst wenn dies bis dahin von Landesbehörden ausgeführte Verwaltungsgegenstände waren. Der sprachlichen Differenzierung zwischen Art. 84 Abs. 1, Art. 87 Abs. 1 S. 2 und Art. 87 Abs. 3 S. 1 GG kommt im Ergebnis keine Bedeutung zu.[2116] Daher ist es dem Bundesgesetzgeber möglich, weitere Kompetenzen auf bereits bestehende Bundesoberbehörden zu übertragen. Also können auch zur Ausführung des AtG weitere Kompetenzen an das

---

[2109] Vgl. vor allem Kap. 1 B II 2 zu den insgesamt im Bereich der Verwaltungskompetenzen bestehenden Unklarheiten und Kap. 3 A II 4 und C I 2 d zu Art. 87 Abs. 3 S. 1 GG.

[2110] Laforet, Stenographischer Bericht, Hauptausschuss, S. 195; Alternativkommentar - *Bull*, Art. 87 Rn. 11; *Stern* II, § 41 VII 1.

[2111] *Britz*, DVBl. 1998, 1167 (1170); *Köttgen*, JöR 3 (1954) 67 (74); *Niermann*, S. 15, Maunz / Dürig - *Lerche*, Art. 87 Rn. 173; *Köttgen*, JöR 3 (1954) 67 (74); *Dittmann*, Bundesverwaltung, S. 252.

[2112] *Erichsen / Knoke*, DÖV 1985, 54 (57) unter Verweis auf die Entstehungsgeschichte in *v. Doemming / Füsslein / Matz*, JöR 1 (1951) 1 (621 ff.). und auf *Köttgen*, JöR 3 (1954) 67 (74).

[2113] In diesem Sinne auch Maunz / Dürig, - *Lerche* Art. 87 c Rn. 6; Mangoldt / Klein, Art. 87 Anm. VI 3.

[2114] Maunz / Dürig – *Lerche,* Art. 87 Rn. 173, Jarass / Pieroth - *Pieroth*, Art. 87 Rn. 12.

[2115] *Maurer*, § 21 Rn. 66; *v. Mangoldt / Klein*, Art. 87 Anm. VI 4 c; vgl. auch BVerfGE 40, 237, 250 f. für das Verhältnis zum Bürger. Soweit nicht nur Fristen, Formen und Bezeichnung der zuständigen Behörde betroffen sind, sondern jede grundsätzliche Frage, ist die Gesetzesform notwendig. Daher bedarf auch die Übertragung von Aufgaben eines formellen Gesetzes, in dem diese ausdrücklich und im einzelnen bezeichnet sind.

[2116] Mit diesem Ergebnis auch Maunz / Dürig - *Lerche*, Art. 87 Rn. 172; Sachs - *Sachs*, Art. 87 Rn. 72, Art. 86 Rn. 31; *v. Mangoldt / Klein*, Art. 87 Anm. VI 3; Maunz / Dürig - *Maunz*, Erstbearb. Art. 87 Rn. 46; *Vogel* - HBVR, § 22 Rn. 77.

Bundesausfuhramt, das Bundesamt für Strahlenschutz, das Bundesverwaltungsamt, das Luftfahrt-Bundesamt und das Eisenbahn-Bundesamt übertragen werden,[2117] wenn die Voraussetzungen des Art. 87 Abs. 3 S. 1 GG hierzu erfüllt sind.

III. Die Voraussetzungen des Kompetenztitels für die Bundesverwaltung aus Art. 87 Abs. 3 S.1 GG

Den Voraussetzungen der Kompetenz zur Errichtung von Bundesoberbehörden kommt besondere Bedeutung zu. Denn Art. 87 Abs. 3 S. 1 GG erlaubt die Einführung der Bundesverwaltung ohne gegenständliche Beschränkung und ohne Zustimmungsvorbehalt.[2118] Die damit verknüpften Fragen, die vor allem die „Selbständigkeit" der Bundesoberbehörden und die Anforderungen an die zu Grunde liegende Gesetzgebungskompetenz des Bundes betreffen, werden daher nachfolgend dargestellt.

Teilweise wird vertreten, diese Voraussetzungen seien nicht sehr strikt oder jedenfalls keine „sonderlich hohen Barrieren".[2119] Doch beinhaltet Art. 87 Abs. 3 S. 1 GG, anders als der erste Blick verrät - wenn man die Anforderungen ernst nimmt und „ihrem Geist entsprechend" auslegt[2120] - deutliche Grenzen für den Einsatz selbständiger Bundesoberbehörden.

1. Selbständige Bundesoberbehörden

a) Die organisatorische Selbständigkeit

Eine Bundesbehörde muss, wie Art. 87 Abs. 3 S. 1 GG ausdrücklich formuliert, „selbständig" sein. Dieses Kriterium wurde vom ersten Verfassungsentwurf in Art. 116 Abs. 2 HCHE bis zur Endfassung beibehalten.[2121] Die Bundesoberbehörden müssen diese Selbständigkeit in Relation zum Bundesministerium - auch im Außenverhältnis - aufweisen,[2122] obwohl sie den Bundesministerien nachgeordnet sind.[2123] Das bedeutet, dass sie organisatorisch und funktionell aus der Einheit einer obersten Bundesbehörde ausgegliedert sein müssen,[2124] damit eigenverantwortliche

---

[2117] Vgl. §§ 22, 23, 23 a, 23 b und § 24 Abs. 1 S. 2 AtG.
[2118] So auch *Burgsmüller*, S. 81.
[2119] Maunz / Dürig - *Lerche*, Art. 87 Rn. 166, räumt aber selbst in Rn. 165 die Begrenztheit ein
[2120] Zu diesem Interpretationsgrundsatz bei der Verfassungsauslegung, vgl. BVerfGE 19, 206 (220).
[2121] Der Parlamentarische Rat, Bd. 2, Bericht über den Verfassungskonvent, S. 561; *Niermann*, S. 31.
[2122] *Blümel* - HBStR IV, § 101 Rn. 107; *Müller*, DVP 1981, 1 (2); *Dittmann*, Bundesverwaltung, S. 253.
[2123] *Müller*, DVP 1981, 1 (2); Jarass / Pieroth - *Pieroth*, Art. 87 Rn. 8; *Becker*, VerwArchiv 69 (1978) 149 (153).
[2124] Sachs - *Sachs*, Art. 87 Rn. 66; *Dittmann*, Bundesverwaltung, S. 253; *Becker*, VerwArchiv 69 (1978) 149 (153); *Blümel* - HBStR IV, § 101 Rn. 107.

Entscheidungsbefugnisse gewährleistet sind.[2125] Ein Tätigwerden im „Auftrage“ des Bundesministers beispielsweise würde gerade das Kriterium der Selbständigkeit verletzten.

Die bestehende Ressortbindung, und damit auch eine aufgrund der parlamentarischen Verantwortung angezeigte Weisungskompetenz des Ministers,[2126] steht der Selbständigkeit allerdings nicht entgegen.[2127]

b) Die Eignung der Aufgabe zur zentralen bundesweiten Wahrnehmung

aa) Die Eignung zur zentralen Wahrnehmung

Bundesoberbehörden müssen einen Zuständigkeitsbereich aufweisen, der sich auf das gesamte Bundesgebiet erstreckt.[2128] Demnach dürfen sie nur für solche Angelegenheiten eingerichtet werden, die einen bundesweiten Bezug haben und deren Erfüllung durch eine einzige Zentralbehörde möglich ist.[2129] Die Eignung zur zentralen Erledigung muss für die Aufgabe also prägend sein.[2130]

Gerade im Kernenergiewesen war und ist diese Eignung für bestimmte Aufgaben Gegenstand der Diskussion. So wird die Genehmigung kerntechnischer Anlagen teilweise als ungeeignet angesehen.[2131] Bedenken treffen auch § 23 Abs. 1 Nr. 4 AtG, der die Genehmigung zur Aufbewahrung von Kernbrennstoffen nach § 6 AtG regelt. Denn durch das Anfügen des Abs. 3[2132] sei die Zwischenlagerung zur Regelform der Entsorgung geworden. Die vielfachen Verschränkungen mit den landesrechtlichen Genehmigungen sorgten dafür, dass die Aufgabe möglicherweise nicht mehr zur zentralen Erledigung geeignet sei.[2133] Jedenfalls soll die Übertragung der Genehmigung atomarer Endlager auf das Bundesamt für Strahlenschutz aus diesem Grunde nicht möglich sein.[2134] Für letzteres gebe es zudem aus

---

[2125] *Rump*, Errichtung, S. 23 f.; *Kratzer*, DÖV 1950, 529 (531).

[2126] Maunz / Dürig - *Lerche*, Art. 87 Rn. 184; *Rump*, Errichtung, S. 19.

[2127] *Blümel*- HBStR IV, § 101 Rn. 107; *Dittmann*, Bundesverwaltung, S. 253; umfassend zur Problematik der Ministerialfreiheit *Niermann*, S. 31 ff.

[2128] *Dittmann*, Bundesverwaltung, S. 253; *Müller*, DVP 1981, 1 (2); Seifert / Hömig - *Hömig*, Art. 87 Rn. 11.

[2129] BVerfGE 14, 197 (211); Sachs - *Dittmann*, Art. 87 Rn. 64; *Klein*, FS BVerfG, S. 296; *Vogel* - HBVR, § 22 Rn. 97; Dreier - *Hermes*, Art. 87 Rn. 85; *Britz*, DVBl. 1998, 1167 (1169) geht davon aus, dass dies nur eine Frage der Organisation ist, alle Aufgaben seien von Bunde soberbehörden ausführbar.

[2130] Daher ist dies gerade nicht nur eine frei disponible Organisationsfrage, wie *Rupp*, FS Dürig, S. 399 und *Britz*, DVBl. 1998, 1167 (1168 f.) allerdings annehmen; zu den Anforderungen im Konkr eten *Wieland*, Reform, S. 37; die „Zentra lität“ betont Dreier - *Hermes*, Art. 87 Rn. 87.

[2131] *Steinberg*, 9. Atomrechts-Symposium, S. 70.

[2132] Durch das Gesetz über die Errichtung eines Bundesa mtes für Strahlenschutz i. V. m. § 86 StrlSchVO.

[2133] *Steinberg*, 9. Atomrechts-Symposium. S. 71.

[2134] *Wieland*, Reform, S. 37; *Steinberg*, 9. Atomrechts-Symposium. S. 72; Dreier - *Hermes*, Art. 87 c Rn. 15; dazu auch *Britz*, DVBl. 1998, 1167 (1169);

verwaltungswissenschaftlicher Sicht keinen Grund, der Einsatz des Bundesamtes widerspreche vielmehr dem Gebot der ortsnahen Verwaltung, das dem AtG zu Grunde liege.[2135]

bb) Die Eignung ohne Heranziehung von (Landes-)Behörden

Zu den notwendigen Anforderungen an die Aufgaben gehört auch, dass diese, außer im Falle echter Amtshilfe, ohne die Beanspruchung der Verwaltungsbehörden der Länder ausgeführt werden können.[2136] Dies ist nicht nur dem Begriff der „Selbständigkeit" immanent, sondern auch in sachlicher Hinsicht zur Konzentrierung der Ventilfunktion auf notwendige und geeignete Bereiche erforderlich, um eine in diesem Sinne „nicht gebotene" Verdrängung der Landesverwaltung zu verhindern.[2137]

Nach Ansicht des Bundesverfassungsgerichts soll allerdings nicht ausgeschlossen sein, dass „eine Bundesoberbehörde errichtet wird, die ihre Aufgaben nur in Zusammenarbeit mit einer bereits bestehenden anderen Bundesoberbehörde oder einer bundesunmittelbaren Körperschaft oder Anstalt des öffentlichen Rechts oder in Anlehnung an eine solche, auf der Ebene der Gleichordnung erfüllen kann."[2138] Diese Einschätzung erscheint jedoch im Hinblick auf die besondere Bedeutung der einschränkenden Voraussetzungen des Art. 87 Abs. 3 S. 1 GG bereits als problematisch.[2139] Bundesoberbehörden sollen nur für solche Aufgaben eingesetzt werden, die zur selbständigen, zentralen Erledigung geeignet sind. Die Bedeutung dieser Voraussetzung hat die Praxis belegt: Sie hat im Hinblick auf die Gefahr eines ausufernden Einsatzes der Kompetenz eine wichtige einschränkende und die bundesstaatliche Gewaltenbalance sichernde Funktion eingenommen.[2140] Diese einschränkende Funktion hat ein Zustimmungserfordernis zwar nicht überflüssig gemacht,[2141] aber weitgehend dessen Funktion übernommen. Denn es hat der Ventilfunktion im Bund-Länder-Verhältnis, wenn nicht im eigentlichen Sinne eine bundesstaatsrechtliche, so doch eine praktische Ausgewogenheit verliehen.

[2135] *Wieland*, Reform, S. 37; vor allem zum örtlichen Bezug vgl. Dreier - *Hermes*, Art. 87 c Rn. 15;

[2136] BVerfGE 14, 197 (211); *Sigloch*, GewArch 8 (1962) 265 (266); Dreier - *Hermes*, Art. 87 Rn. 87; *Vogel* - HBVR, § 22 Rn. 97; Hamann / Lenz - *Hamann*, Art. 87 Anm. B 7; Seifert / Hömig - *Hömig*, Art. 87 Rn. 11. Es ist also einer Einschätzung zu widersprechen, wonach Bundesoberbehörden nicht auf die Wahrnehmung solcher Verwaltungsaufgaben beschränkt seien, die durch diese zentral und alleine ausgeführt werden können, so nämlich *Kölble*, DVBl. 1962, 658 (660).

[2137] Insofern ist auch die Folgerung *Kölbles* DVBl. 1962, 658 (661) unrichtig, dass die Kompetenz des Art. 87 Abs. 3 S. 1 GG von keiner anderen Voraussetzung als der materiellen Gesetzgebungskompetenz des Bundes abhänge. Die Art der Aufgaben und die notwendige Struktur der Bundesoberbehörden schaffen weitere nicht zu unterschätzende Voraussetzungen.

[2138] BVerfGE 14, 197 (210 ff.); so auch Seifert / Hömig - *Hömig*, Art. 87 Rn. 11; Hamann / Lenz - *Hamann*, Art. 87 Anm. B 7.

[2139] Dazu auch *Britz*, DVBl. 1998, 1167 (1173): es werde ein faktische Hürde für die Anwendung zu Unrecht gemindert.

[2140] *Hartkopf*, DÖV 1979, 349 (353); Diese bezweifelt aber *Britz*, DVBl. 1998, 1167 (1168) und fordert die Aufgaben auf solche zentralen zu beschränken, die „typischer Weise ohne Verwaltungsunterbau durchgeführt werden", S. 1173.

[2141] In diesem Sinne aber *Hartkopf*, DÖV 1979, 349 (353).

Fehlt die Eignung zur zentralen Wahrnehmung, macht dies die Aufteilung der Aufgaben und damit die Zuweisung an unterschiedliche Kompetenzträger notwendig.[2142] Soweit die Aufgaben nicht zur zentralen Erledigung geeignet sind, können und müssen sie bei den Ländern verbleiben.[2143]

c) Ohne Verwaltungsunterbau

Als Ausdruck des Kriteriums der „Selbständigkeit“ wird ebenfalls bewertet, dass die Oberbehörden ohne Mittel- und Unterbehörden errichtet werden müssen.[2144] Ein verwaltungstechnischer Unterbau für Bundesoberbehörden ist also unzulässig.[2145] Dies ergibt sich zusätzlich aus dem Wortlautunterschied und den besonderen Anforderungen des Art. 87 Abs. 3 S. 2 GG.[2146] Auch die Formulierung „Ober“-Behörde weist hierauf hin.[2147] Folglich muss die Behörde selbst geeignet sein, die Aufgabe für das gesamte Bundesgebiet zu erledigen,[2148] bzw. die einzige Behörde im Bundesgebiet für den ihr zugewiesenen Aufgabenbereich sein.[2149] Insofern sind Tendenzen, durch Außenstellen und andere Einrichtungen die Tätigkeit der Bundesoberbehörden auszudehnen, höchst bedenklich.[2150]

2. Die Gesetzgebungskompetenz des Bundes auf diesem Gebiet

Dem Bund muss für die Bereiche, in denen auf Grundlage des Art. 87 Abs. 3 S. 1 GG eine Bundesoberbehörde tätig werden soll, die Gesetzgebungskompetenz zustehen. Dabei kommt es auf die Kompetenz zum Erlass von Sachregelungen an. Dies ist im Kernenergiewesen Art. 74 Abs. 1 Nr. 11 a GG.[2151] Es stellt sich jedoch die Frage, ob weitere einschränkende Bedingungen an die Formen der Gesetzgebungskompetenz des Bundes zu knüpfen sind.

2142 Dies wird auch im Rahmen des AtG prakt iziert und ist unproblematisch zulässig.
2143 *Püttner*, BB 1971, 881 (884).
2144 BVerfGE 14, 197 (211); *Rump*, Errichtung, S. 25; *Vogel* - HBVR, § 22 Rn. 97; Dreier - *Hermes*, Art. 87 Rn. 86; Hamann / Lenz - *Hamann*, Art. 87 Anm. B 7.
2145 *Blümel* - HBStR IV, § 101 Rn. 106; *Dittmann*, Bundesverwaltung, S. 253; *Püttner*, BB 1971, 881 (884); *Klein*, FS BVerfG, S. 296; *Becker*, VerwArchiv 69 (1978) 149 (153).
2146 *Blümel* - HBStR IV, § 101 Rn. 106.
2147 *Rump*, Errichtung, S. 28.
2148 BVerfGE 14, 197 (211); Jarass / Pieroth - *Pieroth*, Art. 87 Rn. 12.
2149 *Rump*, Errichtung, S. 17, 28.
2150 In diesem Sinne stellvertretend für viele *Hesse*, Unitarischer Bundesstaat, S. 17.
2151 Vgl. dazu Kap. 1 A.

a) Die Einbeziehung der Rahmengesetzgebungskompetenz

Nach einer Ansicht genügt das Vorliegen einer Rahmengesetzgebungskompetenz des Bundes für Art. 87 Abs. 3 S. 1 GG nicht.[2152] Andere sind der Auffassung, jede Form der sachlichen Gesetzgebungskompetenz des Bundes reiche aus.[2153] Weitere Voraussetzungen für die Inanspruchnahme der Kompetenz aus Art. 87 Abs. 3 S. 1 GG seien grundsätzlich abzulehnen, denn für diese sei weder Bedürfnis noch Raum, „weil der eng gefaßte Tatbestand des Merkmals `Bundesoberbehörde´ ausreichend begrenzende Wirkung" entfalte.[2154] Hierfür spricht jedenfalls, dass sich im Wortlaut keine Anhaltspunkte für eine solche Einschränkung finden.[2155]

aa) Der Ausschluss der Rahmengesetzgebung durch das „Wesen der Sache"?

Es soll jedoch „Begriff und Wesen der Sache widersprechen," wenn der Bund eine eigene Ausführungsbehörde für Materien schaffen könnte, in denen er lediglich Rahmenvorschriften erlassen dürfe. Diese müssten sowohl durch Landesgesetze als auch durch Landesvollzug ausgefüllt werden.[2156]

Aus der durch die Länder auszufüllenden Rahmengesetzgebungskompetenz lassen sich jedoch keineswegs besondere Hinweise auf die Verwaltungskompetenz der Länder folgern. Diese wird allein durch die Art. 83 ff. GG bestimmt. Gesetzgebungs- und Verwaltungskompetenzen sind prinzipiell von einander unabhängig.[2157] Nach Art. 83 GG ist die Landesverwaltung zwar der Regelfall, jedoch keineswegs zwingend, da es genügt, wenn die Bundesverwaltung „zugelassen" ist. Die Zulassung erfolgt durch Art. 87 Abs. 3 S. 1 GG nach eigenen Voraussetzungen. Der Schluss von der Ausfüllungsbedürftigkeit auf der Gesetzgebungsebene auf die Verwaltungskompetenzen geht fehl.[2158] So kann auch der Einwand nicht greifen, die

---

[2152] v. Münch - *Broß* Art. 87 Rn. 22; *v. Mangoldt / Klein*, Art. 87 Anm. VI 8 b dd; Hamann / Lenz - *Hamann*, Art. 87 Rn. B 7; *Rupp*, FS Dürig, S. 393 ff.; *Kuckuk*, DÖV 1978, S. 359 f.; Maunz / Dürig - *Maunz*, Erstbearb. Art. 87 Rn. 55; *Kratzer*, DÖV 1950, 529 (530); *Schlochauer*, S. 93; *Maunz / Zippelius*, § 38 IV 1, wohl auch Dreier - *Hermes*, Art. 87 Rn. 81 für die gesetzesakzessorische Verwaltung.

[2153] Maunz / Dürig - *Lerche*, Art. 87 Rn. 181; Sachs - *Sachs*, Art. 87 Rn. 60; Jarass / Pieroth - *Pieroth*, Art. 87 Rn. 12; *Stern* II, § 41 VII 6; Schmidt-Bleibtreu / Klein - *Schmidt-Bleibtreu*, Art. 87 Rn. 8; *Kölble*, DVBl. 1962, 658 (659); BVerfGE 31, 113 (116 f.) z. B. lässt diese Problematik offen, da Art. 74 Nr. 7 GG dort betroffen war.

[2154] Sachs - *Windthorst*, Art. 87 c Rn. 34.

[2155] *Kölble*, DVBl. 1962, 658 (659).

[2156] *Kratzer*, DÖV 1950, 529 (530); in diesem Sinne auch *Rupp*, FS Dürig, S. 396; Dreier - *Hermes*, Art. 87 Rn. 81.

[2157] Vgl. dazu Kap. 1 B II 2 b aa (1) und (2).

[2158] Eine Einschränkung der Verwaltungskompetenzen des Bundes besteht nur insofern, dass die Verwaltungskompetenz nicht weiter reicht als die Gesetzgebungskompetenz. Dies betrifft aber ausschließlich den materiellen Gegenstand. D. h. für Materien wie z. B. die Bereiche Schule oder

Rahmengesetzgebungskompetenz sei deswegen ausgeschlossen, weil der Bund sich nicht mit einer bloßen „Rahmenverwaltung“ befassen könne.[2159] Wiederum erfolgt nämlich eine unmittelbare Verknüpfung von Gesetzgebungskompetenz und resultierender Verwaltungskompetenz. Auch wenn „nur“ eine Rahmengesetzgebungskompetenz zu Grunde liegt, ist die Bundesverwaltungskompetenz eine vollständige.

Auch eine Beschränkung aus „dem Wesen Sache“ ist nicht gerechtfertigt: Die Notwendigkeit einer ins Detail gehenden „Arbeitsgrundlage“, also eines ausführungsfähigen Gesetzes, besteht schon wegen der Erfassung der gesetzesfreien Verwaltung[2160] nicht. Außerdem können eine solche Ausführungsgrundlage auch Gesetze bilden, die auf Basis einer Rahmengesetzgebungskompetenz geschaffen wurden, da diese zwar ausfüllungsfähig und -bedürftig sein, keineswegs aber von jeder konkreten Regelung absehen müssen.[2161] Aus diesem Grunde können auch Bedenken gegen die Zweckmäßigkeit der Heranziehung der Rahmengesetzgebungskompetenz nicht greifen.[2162]

bb) Die historische Begründung des Ausschlusses

Letztlich dürfte der Ausschluss der Rahmengesetzgebung lediglich historische Gründe haben. Unter der WRV ging man davon aus, dass die Rahmengesetzgebungskompetenz nicht den Erlass von Vollzugsregelungen, die nach der damaligen Kategorisierung als Detailregelung anzusehen waren, umfasste.[2163] Der Ausschluss der Rahmengesetzgebungskompetenz lässt sich heute, wegen der Trennung von materiellen und verwaltungsorganisatorischen Gesetzgebungskompetenzen[2164] hingegen nicht mehr begründen.

Im Bereich der friedlichen Nutzung und Erzeugung der Kernenergie sowie für den Strahlenschutz steht dem Bund ohnehin gemäß Art. 74 Abs. 1 Nr. 11 a GG umfassend, hinsichtlich aller gesellschaftlichen Auswirkungen des technisch-physikalischen Phänomens Strahlenenergie,[2165] ein Kompetenztitel für die konkurrierende Gesetzgebung zu.[2166]

Kultur, in denen der Bund keine gesetzlichen Regelungen schaffen darf, darf er auch nicht verwaltend tätig werden, vgl. Kap. 1 B II 2 b aa (2).

[2159] *Maunz / Zippelius*, § 38 IV 1.

[2160] Maunz / Dürig – *Lerche*, Art. 87 Rn. 3; *Maunz / Zippelius*, § 38 IV 1; wie hier auch Dreier - *Hermes*, Art. 87 Rn. 81.

[2161] *Kölble*, DVBl. 1962, 658 (659); *Rump*, Errichtung, S. 48.

[2162] So *Rump*, Errichtung, S. 48.

[2163] Anschütz / Thoma - *Lassar*, HBdStR I, § II 27 I , S. 306; *Anschütz*, WRV, Art. 10, 11 Anm 1.

[2164] Dazu Kap. 1 B II 2 d bb (3) (c).

[2165] v. Münch - *Kunig*, Art. 74 Rn. 57.

[2166] Vgl. Kap. 1 A.

b) Die Notwendigkeit der vorherigen Ausübung der Gesetzgebungskompetenz?

Es ist streitig, ob vor der Errichtung einer Bundesoberbehörde bereits von der materiellen Gesetzgebungskompetenz, die Art. 87 Abs. 3 S. 1 GG voraussetzt, Gebrauch gemacht worden sein muss.[2167] Es wird teilweise vertreten, der Bundesgesetzgeber müsse zunächst ein Sachgebiet regeln, bevor er eine Bundesoberbehörde errichten könne.[2168] Dies halten andere für nicht notwendig.[2169] Wieder andere differenzieren im Hinblick auf die gesetzesakzessorische und die gesetzesfreie Verwaltung. Nur bei der gesetzesakzessorischen Verwaltung müsse die Materie mindestens gleichzeitig mitgeregelt werden.[2170]

Der Wortlaut stellt auf das äußeren Moment, nämlich allein auf das „Zustehen“ der Gesetzgebungskompetenz, ab,[2171] setzt also die vorherige Ausübung nicht notwendig voraus. Allerdings hat das Rechtsstaatsgebot zur Konsequenz, dass für die gesetzesausführende Verwaltung spätestens gleichzeitig eine gesetzliche Regelung ergehen muss, da sonst eine Behörde ohne Aufgabenbereich entsteht.[2172] Dies betrifft jedoch nicht die gesetzesfreie Verwaltung.[2173]

Doch berührt allein die Festlegung der sachlichen Zuständigkeit einer Bundesoberbehörde die Kompetenzverteilung zwischen Bund und Ländern nicht,[2174] sondern ist nur eine Vorstufe. Da aber Verwaltungspraxis und Zweckmäßigkeit gegen die Errichtung von Bundesbehörden ohne vorherige Ausübung der Sachgesetzgebungskompetenz sprechen, erscheint es geboten, Behörden erst nach der Schaffung der Sachregelung zu errichten.[2175]

Der Bund hat im Übrigen im Bereich des Kernenergiewesens bereits 1959 durch die Schaffung des AtG von seiner Gesetzgebungskompetenz Gebrauch gemacht.[2176] Erst wesentlich später, im Jahre 1989, erfolgte die Errichtung des Bundesamtes für

---

[2167] Dazu insgesamt *Blümel* - HBStR IV, § 101 Rn. 108; *v. Mangoldt / Klein*, Art. 87 Anm. VI 8 c.

[2168] *Rupp*, FS Dürig, S. 393; *Kratzer*, DÖV 1950, 529 (531); Sachs - *Windthorst*, Art. 87 c Rn. 34; *Rasch*, Verwaltungsorganisation, S. 105 f.; *Schlochauer*, S. 93; Maunz / Dürig - *Maunz*, Erstbearb., Art. 87 Rn. 86; *Maunz / Zippelius*, § 38 IV 1; allgemein für die Verwaltungskompetenzen auch *Kuckuk*, DÖV 1978, 354 (355).

[2169] *Badura*, Anm. G 73; Hamann / Lenz – *Hamann*, Art. 87 Anm. B 7; *Nawiasky*, Grundgedanken, S. 42; Dreier - *Hermes*, Art. 87 Rn. 82; *v. Mangoldt / Klein*, Art. 87 Anm. VI 8 c; *Kölble*, DVBl. 1962, 658 (659); Sachs - *Sachs*, Art. 87 Rn. 62; *Ronellenfitsch*, Mischverwaltung, S. 211 f; *Pathe*, DVBl. 1951, 681 (682); *Stern* II, § 41 VII 6; *Vogel* - HBVR, § 22 Rn. 97; *Burgsmüller*, S.71.

[2170] Jarass / Pieroth - *Pieroth*, Art. 87 Rn. 12; v. Münch - *Broß*, Art. 87 Rn. 23; Mauz/Dürig - *Lerche*, Art. 87 Rn. 86 ff.; *Rump*, Errichtung, S. 62; *v. Mangoldt / Klein*, Art. 87 Anm. VI 5 c aa; Maunz / Dürig - *Maunz*, Erstbearb. Art. 87 Rn. 55.

[2171] *Kratzer*, DÖV 1950, 529 (531); *v. Mangoldt / Klein*, Art. 87 Anm. VI 8 c.

[2172] *Rump*, Errichtung, S. 63.

[2173] So aber *Rupp*, FS Dürig, S. 393.

[2174] *Burgsmüller*, S. 73.

[2175] *Kratzer*, DÖV 1950, 529 (531); Maunz / Dürig - *Maunz*, Erstbearb., Art. 87 Rn. 88.

[2176] BGBl. I 1959, S. 814.

Strahlenschutz[2177] und 1992 die des Bundesausfuhramtes.[2178] Insofern zeigt sich dieses Problem im Bereich des AtG nicht.

3. Das Bedürfnis zur Errichtung einer Bundesoberbehörde ?

Es ist fraglich, ob neben den ausdrücklich in Art. 87 Abs. 3 S. 1 GG aufgeführten Voraussetzungen ein Bedürfnis zur Errichtung einer Bundesbehörde vorliegen muss, damit der Bund die Verwaltungskompetenz an sich ziehen kann.[2179] Teilweise wird ein solches Bedürfnis im Sinne des Art. 72 Abs. 2 GG (a. F.) als notwendige Bedingung vorausgesetzt.[2180] Andere lehnen dies ab.[2181]

a) Das Fehlen grammatischer Anhaltspunkte

Zunächst greifen auch hier die oben genannten[2182] grundsätzlichen Bedenken, wonach wegen der ohnehin bestehenden engen Voraussetzungen kein Raum für weitere ungeschriebene Beschränkungen der Kompetenz bleibt.[2183] Dem Wortlaut des Art. 87 Abs. 3 S. 1 GG lässt sich jedenfalls kein Hinweis auf die Erforderlichkeit eines „Verwaltungsbedürfnisses" entnehmen.[2184] Vielmehr zeigt sich ein Wortlautunterschied zu Art. 87 Abs. 3 S. 2 GG, der ausdrücklich die Notwendig des „dringenden Bedarfs" vorsieht. Da dort gerade eine solche Bedürfnis- bzw. Bedarfsklausel verankert ist, spricht der Umkehrschluss dafür, dass ein solches für Art. 87 Abs. 3 S. 1 GG gerade nicht erforderlich ist.[2185]

2177 BGBl. I 1989, S. 1830.

2178 BGBl. I 1992, S. 376.

2179 Die Diskussion wurde vor allem während der Geltung des Art. 72 Abs. 2 GG (a.F.), der sog. Bedürfnisklausel geführt, daher wird trotz der Änderung in das Erforderlichkeitskriterium durch Art. 72 Abs. 2 GG (n.F.) hier weiterhin das „Bedürfnis" bzw. die „Bedürfni sklausel" verwendet. In Bezug auf die vorliegende Problematik ergeben sich durch die Änderung nämlich keine Konsequenzen.

2180 So *Kalkbrenner* JZ 1963, 210 (213); *Kratzer*, DÖV 1950, 529 (530; *Niermann*, S. 4; *Britz*, DVBl. 1998, 1167 (1173) hält dieses zumindest für wünschenswert.

2181 BVerfGE 14, 197 (213); *Rump*, Errichtung, S. 65; *Stern* II, § 41 VII 6; *v. Mangoldt / Klein*, Art. 87 Anm. II 3 b cc und Art. 87 VI 8 b bb; *Hohrmann*, S. 104; *Sigloch*, GewArch 8 (1962) 265 (266); *Kölble*, DVBl. 1962, 658 (659); *Klein*, FS BVerfG, S. 295; *Blümel* - HBStR IV, § 101 Rn. 108; *Maunz / Zippelius*, § 38 IV 1; *Vogel* - HBVR, § 22 Rn. 97; *Burgsmüller*, S. 83; Dreier - *Hermes*, Art. 87 Rn. 89; Maunz / Dürig - *Maunz*, Art. 30 Rn. 11; *ders.*, Erstbearb. Art. 87 Rn. 9; Seifert / Hömig - *Hömig*, Art. 87 Rn. 13.

2182 Vgl. Kap. 3 D II 1.

2183 Sachs - *Windthorst*, Art. 87 c Rn. 34.

2184 BVerfGE 37, 1 (24 f.) erwähnt diese Kriterium nicht; *Stern* II, § 41 VII 6; *Britz*, DVBl. 1998, 1167 (1173); Anders aber *Kratzer*, DÖV 1950, 529 (530), der daraus, dass dem Bund die „Gesetzgebung" zustehen muss, aus dem Zusammenhang mit Art. 72 Abs. 2 GG (a.F.) das Bedürfnis folgert.

2185 *v. Mangoldt / Klein*, Art. 87 Anm. VI 8 b bb; Maunz / Dürig - *Maunz*, Erstbearb., Art. 87 Rn. 86;.

b) Systematische Bedenken gegen eine „Bedürfnisklausel“

Aus dem Grundsatz der Verwaltungszuständigkeit der Länder gemäß Art. 83 GG könnte folgen, dass die Errichtung von Bundesoberbehörden nur zulässig ist, wenn dafür ein Bedürfnis vorliegt.[2186] Es soll ein innerer Zusammenhang zwischen den Gesetzgebungs- und Verwaltungskompetenzen des Bundes bestehen, der ein solches fordere.[2187] Da die Verwaltungskompetenz des Bundes nicht weiterreiche als die Gesetzgebungskompetenz, müsse die Verwaltungskompetenz des Bundes zumindest im Bereich der konkurrierenden Gesetzgebung an dieselben Voraussetzungen geknüpft werden wie die Gesetzgebungskompetenz. Daher müsse dem Bund für die Begründung einer Verwaltungskompetenz „erst Recht“ ein Bedürfnis zur Seite stehen.[2188]

Wie dargestellt, besteht jedoch nur insoweit eine Verknüpfung von Gesetzgebungs- und Verwaltungskompetenzen wie die Gesetzgebungsmaterien die äußerste sachliche Grenze für die Verwaltungstätigkeit des Bundes ziehen. Im Übrigen stellen die Art. 83 ff. GG Spezialregelungen für die Verwaltung im Verhältnis zu den Art. 70 ff. GG dar.[2189] Das Grundgesetz lässt eine klare Trennung von Verwaltungs- und Gesetzgebungskompetenzen erkennen,[2190] durch die der Grundsatz der Gewaltenteilung zum Ausdruck kommt.[2191] Im Bereich der Verwaltungskompetenzregelungen der Art. 83 ff. GG können somit die Voraussetzungen der in Art. 70 ff. GG geregelten Sachkompetenzen für die Gesetzgebung keine Anwendung finden.[2192] Die Befürwortung einer aus Art. 72 Abs. 2 GG abzuleitenden Bedürfnisklausel stellt daher eine unzulässige Vermengung von Regelungen über die materiellen Gesetzgebungskompetenzen mit Verwaltungsregelungen dar.[2193]

Ferner räumt Art. 87 Abs. 3 S. 1 GG dem Bund eine ausschließliche Kompetenz ein. Folglich kann diese nicht von den Voraussetzungen abhängen, die das Grundgesetz für den Fall der Sachregelung bei der konkurrierenden Gesetzgebung vorsieht.[2194] Damit sprechen grundsätzliche systematische Bedenken gegen die Heranziehung von Kriterien, die die materielle Bundesgesetzgebungskompetenz des Bundes betreffen.

[2186] In diesem Sinne etwa *Britz*, DVBl. 1998, 1167 (1 173).

[2187] *Burgsmüller*, S. 67 f., sieht dies vor allem bei der nicht -gesetzesakzessorischen Verwaltung im Rahmen der Art. 74 und 75 GG angezeigt.

[2188] *Kalkbrenner*, JZ 1963, 210 (213).

[2189] BVerfGE 14, 197 (213); Maunz / Dürig - *Lerche*, Art. 87 Rn. 179; *Ipsen*, Rn. 620; Jarass / Pieroth - *Pieroth*, Art. 87 Rn. 12; *Blümel*- HBStR IV, § 101 Rn. 108; *Sigloch*, GewArch 8 (1962) 265 (266).

[2190] BVerfGE 14, 197 (213); *Rump*, Errichtung, S. 65; *Hohrmann*, S. 102.

[2191] *Hohrmann*, S. 102.

[2192] BVerfGE 14, 197 (213); Maunz / Dürig -*Lerche*, Art. 87 Rn. 179; *Rump*, Errichtung, S. 65; i.E. so auch Dreier - *Hermes*, Art. 87 Rn. 89.

[2193] *Rump*, Errichtung, S. 65.

[2194] BVerfGE 14, 197 (214).

c) Entstehungsgeschichtliche Hinweise

Dieses Ergebnis belegt zudem die Entstehungsgeschichte, da gerade die Voraussetzung, dass Bundesoberbehörden nur bei „dringendem Bedarf“ eingerichtet werden können sollten, gestrichen wurde.[2195] Zusätzlich zeigt der Vergleich zu Art. 87 Abs. 3 S. 2 GG, dass die Auslassung dieser Voraussetzung in Art. 87 Abs. 3 S. 1 GG bewusst gewählt und gewollt war.[2196] Das Fehlen einer Bedürfnisklausel soll dem Bund ein effektives Instrumentarium zur Schaffung gesamt-staatlich gebundener Verwaltung einräumen.[2197]

d) Ergebnis

Zur Errichtung von Bundesoberbehörden muss also kein besonderes Bedürfnis bestehen. Lediglich im Sinne des allgemeinen Willkürverbots „natürlich“ sind Bundesoberbehörden grundsätzlich nur dort zu errichten, wo eine „gewisser Bedarf“ vorhanden ist. Dies ist jedoch durch den Gesetzgeber politisch zu beurteilen und keinesfalls mit einem Bedürfniskriterium im Sinne des Art. 72 Abs. 2 GG (a. F.) zu verwechseln.[2198] Die Kompetenz zur Errichtung von Bundesoberbehörden und die zum Erlass gesetzlicher Sachregelungen müssen getrennt werden und zwar selbst dann, wenn beides in einem Gesetz geschieht.[2199]

4. Die Erfüllung der Voraussetzungen des Art. 72 Abs. 2 GG bei Heranziehung von Kompetenzen für die konkurrierende Gesetzgebung

Von dieser Problematik ist jene zu unterscheiden, die in Bezug darauf besteht, ob die Gesetzgebungskompetenz des Bundes für eine Materie konkret mit allen Voraussetzung vorliegen oder ihm nur abstrakt zustehen muss. Hier geht es allein um die Voraussetzungen der notwendigen Bundesgesetzgebungskompetenz und nicht um die der Verwaltungskompetenz des Art. 87 Abs. 3 S. 1 GG selbst.

Diese Diskussion führt im Bereich der konkurrierenden Gesetzgebung zu der Frage, ob auch die Voraussetzungen des Art. 72 Abs. 2 GG erfüllt sein müssen[2200] oder

[2195] Art. 116 HCHE, vgl. Der Parlamentarische Rat, Bd. 2, Bericht über den Verfassungskonvent, S. 561; mit derselben Eins chätzung wie hier *Burgsmüller*, S. 83;

[2196] Mit genau gegenteiligen Ergebnissen *Kalkbrenner*, JZ 1963, 210 (213); so wie hier: *Hohrmann*, S. 102.

[2197] *Dittmann*, Bundesverwaltung, S. 252.

[2198] *Sigloch*, GewArch 8 (1962) 265 (265); Daher ist mit BerfGE 14, 197 (212 f.) e in Bedarfskriterium in dem Sinne, dass Bundesoberbehörden nur errichtet werden dürfen, wenn keine reibungslose und vollständige Ausführung durch die Länder gewährleistet ist, abzulehnen.

[2199] *v. Mangoldt / Klein*, Art. 87 Anm. VI 8 b bb; *Sigloch*, GewArch 8 (1962) 265 (265 f.).

[2200] So *Rump*, Errichtung, S. 46; *Pathe*, DVBl. 1951,681 (682); *Burgsmüller*, S. 69; *Hohrmann*, S. 104; wohl auch in diesem Sinne *Kratzer*, DÖV 1950, 529 (530); *Maunz / Zippelius*, § 38 IV 1; Maunz / Dürig - *Maunz*, Erstbearb. Art. 87 Rn. 55, 86.

ob die bloße Erfassung einer Materie von den Kompetenztiteln des Art. 74 GG ausreicht.[2201] Es ist also zu überprüfen, ob bei Heranziehung von Kompetenztiteln aus Art. 74 GG tatsächlich ein Gesetzgebungsbedürfnis im Sinne des Art. 72 Abs. 2 GG (a. F.) bzw. die Erforderlichkeit (n. F.) bestehen muss.[2202]

Der Wortlaut des Art. 87 Abs. 3 S. 1 GG, der vorausgesetzt, dass dem Bund die „Gesetzgebung zusteht," lässt keine eindeutigen Schlüsse zu.[2203] Allerdings kann der Wortlaut des Art. 125 S. 1 GG vergleichend herangezogen werden. Dort ist in einer Übergangsvorschrift geregelt, dass das vor Inkrafttreten des Grundgesetzes bestehende Recht (bei Erfüllung weiterer Voraussetzungen) zu Bundesrecht wird, soweit es die Gegenstände der konkurrierende Gesetzgebung des Bundes „betrifft". Hierzu ist anerkannter Weise das Vorliegen der Voraussetzungen des Art. 72 Abs. 2 GG nicht erforderlich.[2204] Daraus wird teilweise die entsprechende Konsequenz für Art. 87 Abs. 3 S. 1 GG abgeleitet.[2205] Dies vernachlässigt jedoch den Formulierungsunterschied zwischen Art. 125 S. 1 GG und Art. 87 Abs. 3 S. 1 GG. Eine Formulierung, die ausreichen lässt, dass das Recht die Gesetzgebungskompetenz des Bundes „betrifft", ist dem Wortsinn nach wesentlich umfassender als eine, die festlegt, dass diese Kompetenz „zusteht". Erstere lässt die bloße Tangierung ausreichen. Bei letzterer impliziert das „Zustehen" das aktuelle Vorliegen aller notwendigen Voraussetzungen, denn andernfalls steht die Kompetenz dem Bund (noch) nicht zu.[2206] Weiterhin verfolgte Art. 125 Abs. 2 GG in besonderer Weise den Zweck Rechtsklarheit zu schaffen, weshalb auf die Erfüllung des Art. 72 Abs. 2 GG verzichtet wurde.[2207] Dieses Argument trifft auf Art. 87 Abs. 3 S. 1 GG ebenfalls nicht zu.

Selbst die Unterscheidung zwischen den Voraussetzungen der materiellen Gesetzgebungskompetenz und der Kompetenz zur Errichtung von Bundesoberbehörden als Bundesverwaltungskompetenz[2208] unterstützt lediglich das oben dargestellte Ergebnis, wonach ein „Errichtungsbedürfnis" entbehrlich ist.[2209] Keineswegs kann daraus abgeleitet werden, dass allein die abstrakte Zuweisung der materiellen Bundesgesetzgebungskompetenz ohne konkrete Erfüllung ihrer Voraussetzungen ausreicht.[2210] Die sachliche Reichweite der Verwaltungskompetenz des Bundes ist durch die Gesetzgebungskompetenz beschränkt[2211] und diese besteht im

---

2201 BVerfGE 31, 113 (116 f.) prüft dessen Voraussetzungen nicht; *Kölble*, DVBl. 1962, 658 (659); *Nawiasky*, Grundgedanken, S. 42.

2202 Auch hier wird für Art. 72 Abs. 2 GG alte und neue Fassung, der Ausdruck Bedürfnisklausel verwendet.

2203 *Kölble*, DVBl. 1962, 658 (659); Da aber auch die gesetzesfreie Verwaltung erfasst ist, spricht dies eher für das Genügen der abstrakten Erfassung durch einen Kompetenztitel für die Bundesgesetzgebung, so auch *Kölble*, a.a.O.

2204 BVerfGE 1, 283 (294 f.); BVerfGE 23, 113 (122).

2205 *Kölble*, DVBl. 1962, 658 (660).

2206 In diesem Sinne auch ausdrücklich Maunz / Dürig – *Maunz*, Erstbearb. Art. 87 Rn. 86.

2207 BVerfGE 1, 283 (294).

2208 Auf diese stützt *Kölble*, DVBl. 1962, 658 (660) eine Argumentation.

2209 Kap. 3 C III 2 b und c.

2210 Vergleichbare Vorbehalte betreffen *Kölbles* Ausführungen im Hinblick auf die Natur des Art. 87 Abs. 3 S. 1 GG als ausschließliche Bundesgesetzgebungskompetenz, DVBl. 1962, 658 (660).

2211 Zu diesem allgemeinen Grundsatz vgl. Maunz / Dürig - *Lerche*, Art. 83 Rn. 34; Jarass / Pieroth - *Pieroth*, Art. 83 Rn. 2.

Bereich der konkurrierenden Kompetenzen nur soweit auch Art. 72 Abs. 2 GG erfüllt ist.[2212] Bei der Inanspruchnahme einer konkurrierenden Gesetzgebungskompetenz, wie z. B. bei Art. 74 Abs. 1 Nr. 11 a GG für das Kernenergiewesen, müssen daher auch die Voraussetzungen des Art. 72 Abs. 2 GG vorliegen.[2213]

Für bestimmte Aspekte des AtG liegt die Erforderlichkeit nahe. So besteht z.B. für den Transport radioaktiver Stoffe wegen der länderübergreifenden Distanzen oder für die Endlagerung aus sachlichen Erwägungen die Erforderlichkeit einer bundeseinheitlichen Regelung gemäß Art. 72 Abs. 2 GG. Dies betrifft jedoch nicht a priori alle Bereiche des Kernenergiewesens.

5. Die Errichtung durch Bundesgesetz

Die Errichtung einer Bundesoberbehörde und die Aufgabenübertragung müssen durch Bundesgesetz erfolgen.[2214] Die Pflicht, das Gesetzgebungsverfahren zu durchlaufen, hat zwar auch rechtsstaatlich-demokratische Gründe,[2215] doch stehen föderale Erwägungen bei diesem Anwendungsfall des institutionellen Gesetzesvorbehalts deutlich im Vordergrund.[2216] Denn die Bundesverwaltung wird an ein Bundesgesetz gebunden,[2217] um die Mitwirkung des Bundesrats zu gewährleisten. Dessen Einbindung hat neben der Überwachungsfunktion auch eine, wenn auch mangels Zustimmungserfordernis nur geringe,[2218] Kompensationsfunktion zu Gunsten der Länder. Die Gesetzesform schafft daher eine weitere Voraussetzung für die gegenständlich nicht umrissene Kompetenz des Bundes aus Art. 87 Abs. 3 S. 1 GG.[2219]

[2212] Es liege „auf der Hand", dass für Sachgebiete, die dem Bundesgesetzgeber mangels Bedürfnisses nach einer einheitlichen Regelung verschlossen sind, eine bundeseigene Verwaltungseinrichtung nicht in Betracht kommen kann, so ausdrücklich *Kratzer*, DÖV 1950, 529 (530).
[2213] *Stern* II, § 41 VII 6 c; *Leibholz / Rinck*, Art. 87 Rn. 2.
[2214] Sachs - *Sachs*, Art. 87 Rn. 71.
[2215] *Rupp*, FS Dürig, S. 389; ebenfalls *Köttgen*, VVDStRL 16 (1957) 155 (177) mit der Ablehnung eines institutionellen Charakters.
[2216] Maunz / Dürig - *Lerche*, Art. 87 Rn. 3, 172; *Böckenförde*, Organisationsgewalt, S. 100; *Rupp*, FS Dürig, S. 390; *Erichsen / Knoke*, DÖV 1985, 53 (54); *Stern* II, § 41 VII 6; vgl. dazu Kap. 3 B II 2 c aa.
[2217] Maunz / Dürig - *Lerche*, Art. 87 Rn. 3 auch dazu, dass dieser hier eine andere Funktion hat, als bei Art. 84 Abs. 1 und Art. 85 Abs. 1 GG.
[2218] Maunz / Dürig - *Lerche*, Art. 87 Rn. 173; dieses unterstreicht nämlich die Gesamt -Staatlichkeit der Kompetenz, *Dittmann*, Bundesverwaltung, S. 252.
[2219] Daher ist die von vielen, z.B. von Maunz / Dürig – *Lerche*, Art. 87 Rn. 177; Jarass / Pieroth - *Pieroth*, Art. 87 Rn. 12; Alternativkommentar – *Bull*, Art. 87 Rn. 28 für möglich erachtete Regelung von Einzelheiten durch Rechtsverordnung nicht unproblematisch. Das gilt auch für die von der Bundesregierung, BT-Drs. 11 / 4086 S. 16, vertretene Auffassung, dass die Gesetzesform des Art. 87 Abs. 3 S. 1 GG dann nicht notwendig sei, wenn dem Bund die betreffende Verwaltungskompetenz schon zusteht. Anderer Ansicht war der Bundesrat, BT -Drs. 11 / 4086, S. 13.

6. Ergebnis

Insgesamt zeigt sich, dass Bestrebungen, weitere nicht ungeschriebene Beschränkungen heranzuziehen, ausschließlich das Ziel verfolgen, die Kompetenz des Art. 87 Abs. 3 S. 1 GG einzuschränken. Dies soll der befürchteten Gefahr entgegenwirken, dass sich diese Kompetenz zu einer breiten Einbruchstelle in die Verwaltungshoheit der Länder entwickelt.[2220] Hierbei handelt es sich jedoch allein um eine politische Motivation, die keine Verankerung in der Verfassung findet. Allerdings kommt den tatsächlich in der Vorschrift festgelegten Voraussetzungen, insbesondere der Selbständigkeit der Behörden und der Eignung der Aufgaben zur zentralen Erledigung eine erhebliche Bedeutung zu, so dass diese ihrer Funktion entsprechend „strikt" auszulegen und einzuhalten sind.

IV. Die Bundestreue als Grenze der Bundeskompetenzen aus Art. 87 Abs. 3 S. 1 GG

Wie überall im Bund-Länder-Verhältnis werden auch den Kompetenzen des Bundes im Rahmen des Art. 87 Abs. 3 S. 1 GG durch den Grundsatz der Bundestreue Grenzen gezogen.[2221] So hat das Bundesverfassungsgericht in der Kreditwesenentscheidung diese Kompetenzgrenze für Art. 87 Abs. 3 S. 1 GG überprüft. Es ging allerdings davon aus, dass das bloße Gebrauchmachen von einer Kompetenz keinen Verstoß darstellen könne, so dass keine missbräuchliche Inanspruchnahme bzw. kein Verstoß gegeben sei.[2222] In Folge dieser Entscheidung wird der Bundestreue teilweise auch in der Literatur für den Art. 87 Abs. 3 S. 1 GG nur geringe Bedeutung zugemessen.[2223]

Sicherlich kann weder aus der Bundestreue noch aus der Tatsache, dass kein Mittel- und Unterbau zulässig ist, gefolgert werden, dass die Kompetenz nur zur Verfügung steht, wenn eine „reibungslose und vollständige Ausführung der Bundesgesetze durch die Landesverwaltung nicht erreicht werden kann".[2224] Die Bundestreue soll aber verlangen, dass der Bund von dieser Kompetenz nicht ohne sachlichen Grund Gebrauch macht. Vor allem dürften Bundesoberbehörden nicht alleine zu dem Zweck errichtet werden, den Verwaltungsbereich des Bundes auf Kosten der Länder zu erweitern. Es müsse eine Interessenabwägung vorgenommen werden.[2225]

[2220] *Katzenstein*, DÖV 1958, 593 (601).

[2221] Alternativkommentar - *Bull*, Art. 87 Rn. 29 ; *Kölble*, DVBl. 1962, 658 (661); *Burgsmüller*, S. 99; *Britz*, DVBl. 1998, 1167 (1172) Fn. 44.

[2222] BVerfGE 14, 197 (215); zur Kritik an diesem Ansatz, da auch d as Entschließungsermessen einzubeziehen ist, vgl. Kap. 2 C III 3 h aa.

[2223] Alternativkommentar - *Bull*, Art. 87 Rn. 29.

[2224] *v. Mangoldt / Klein*, Art. 87 Anm. VI 1 nur mit Blick auf die Beschränkung auf die Zentralinstanz.

[2225] *Kölble*, DVBl. 1962, 658 (661) aus Art. 30 und Art. 83 GG folge, dass dem Bund Gründe von ausreichendem Gewicht, die die Durchbrechung des grundsätzlichen Aufbauprinzips trügen, zur Seite

Trotz der oben dargestellten Auswirkungen der Bundestreue auf das bundesstaatliche Gefüge und speziell auf den Bereich der Verwaltungskompetenzen,[2226] muss hier jedoch die Bedeutung der Bundestreue als Kompetenzschranke und Abwägungsgebot relativiert werden. Es zeigt sich, dass die Heranziehung der Bundestreue zur Beschränkung der Kompetenz hier vor allem auf der Einschätzung beruht, dass die materielle Gesetzgebungskompetenz des Bundes die einzige Voraussetzung des Art. 87 Abs. 3 S. 1 GG ist.[2227] Also wird den weiteren Voraussetzungen des Kompetenztitels, die richtigerweise an die wahr-zunehmenden Aufgaben und die Bundesoberbehörden selbst zu stellen sind,[2228] keine Bedeutung zugemessen. Erst durch die Verkennung der bereits in Art. 87 Abs. 3 S. 1 GG selbst verankerten Schranken entsteht ein ausgeprägtes Bedürfnis nach der Eingrenzung der Kompetenz durch den Grundsatz der Bundestreue. Die Schranken der Kompetenzen ergeben sich aber tatsächlich vorrangig und damit maßgeblich aus Art. 87 Abs. 3 S. 1 GG selbst. Soweit die Schranken einer Kompetenz sich bereits aus der Verfassungsnorm ergeben, ist die Bundestreue subsidiär.

Im Bereich des Kernenergiewesens kommen dazu noch die Auswirkungen des Art. 87 c, 83 GG insofern hinzu, als dass der dort verankerte Grundsatz der Ausführung des AtG in Form der Landesverwaltung oder Auftragsverwaltung nicht durch die Übertragung von Verwaltungsaufgaben an Bundesoberbehörden in sein Gegenteil verkehrt werden darf.[2229]

Die Kompetenzgrenzen bei der Ausführung des AtG, sind damit keine Frage der Bundestreue, sondern durch das Regelungsgefüge der Verfassung selbst festgelegt. Die Ausführung von Aufgaben durch die Bundesoberbehörden muss danach eine mehr oder weniger gewichtige Ausnahme bleiben. Eines Rückgriffs auf den Grundsatz der Bundestreue bedarf es dagegen nicht.

D. Sonstige Vorgaben für die Bundesverwaltung gemäß Art. 86 GG

I. Die Weisungskompetenz gemäß Art. 86 S. 1 GG

Dem Bund steht für die Bereiche der bundeseigenen Verwaltung[2230] eine Weisungskompetenz zu. Diese ist in Art. 86 S. 1 GG stillschweigend mitgeregelt.[2231]

---

stehen müssten; *Britz*, DVBl. 1998, 1167 (1172) leitet zumindest eine Bedarfsprüfung aus der Bundestreue ab.

[2226] Kap. 2 C III 3 e.

[2227] Siehe dazu *Kölble*, DVBl. 1962, 658 (659 ff.) und eben auch *Britz*, DVBl. 1998, 1167 (1168 ff.).

[2228] Zur Bedeutung und den Anforderungen der Voraussetzungen, vgl. Kap. 3 C III mit dem Ergebnis unter 6.

[2229] *Steinberg*, 9. Atomrechts-Symposium, S. 70.

[2230] *Rump*, Errichtung, S. 102; *Kratzer* DÖV 1950, 329 (335).

[2231] *Blümel* - HBStR IV, § 101 Rn. 85.

Mit § 22 Abs. 3 AtG besteht im AtG eine ausdrückliche Regelung hinsichtlich der Weisungszuständigkeit des Fachministeriums, hier also des Bundesministeriums für Umwelt.[2232] Insofern wird eine Ausnahme von der Weisungszuständigkeit des Bundesministers für Wirtschaft angeordnet, dem das Bundesausfuhramt ansonsten untersteht.[2233] Folglich wird hier Art. 86 S. 1 GG konkretisiert, der i. V. m. Art. 65 S. 2 GG allgemein die Zuständigkeit der Ministerien für die Weisung regelt.[2234]

§ 23 AtG dagegen beinhaltet keine ausdrückliche Regelung über die Weisungskompetenz. Das Bundesamt für Strahlenschutz untersteht damit den Weisungen des zuständigen Fachministers, also des Bundesministers für Umwelt gemäß Art. 86 S. 1 GG.

II. Allgemeine Verwaltungsvorschriften gemäß Art. 86 S. 1 HS. 2 GG

Weiterhin ist der Erlass allgemeiner Verwaltungsvorschriften möglich. Hinsichtlich der inhaltlichen Reichweite ergeben sich keine Unterschiede zu Art. 85 Abs. 2 GG.[2235] Auch hier sind alle abstrakt-generellen Regelungen, die nicht auf Außenwirkung gerichtet sind, erfasst.[2236] Die Kompetenz erstreckt sich auf alle Bereiche der mittelbaren und unmittelbaren Bundesverwaltung.[2237] Folglich steht dem Bund auch die Kompetenz zu, Verwaltungsvorschriften beispielsweise für die Tätigkeit des Bundesamtes für Strahlenschutz zu erlassen.[2238] Zuständig ist dafür die Bundesregierung.[2239] Dabei ist umstritten, ob dies die Bundesregierung als Kollegium gemäß Art. 62 GG[2240] oder der Einzelminister ist.[2241]

III. Regelung der Behördeneinrichtung gemäß Art. 86 S. 2 GG

Der Bundesregierung wird durch Art. 86 S. 2 GG zusätzlich die Kompetenz zugewiesen, die Behördeneinrichtung zu regeln.[2242] Für Inhalt des Begriffs der Behördeneinrichtung kann nach oben verwiesen werden.[2243] Art. 86 S. 2 GG kann durch die dort vorgesehenen gesetzlichen Regelungen modifiziert und auch durch

---

[2232] *Haederich* AtG, § 22 Rn. 2.
[2233] *Haederich* AtG, § 22 Rn. 2.
[2234] Jarass / Pieroth - *Pieroth*, Art 86 Rn. .
[2235] Dazu oben Kap. 2 A I.
[2236] Sachs - *Sachs*, Art. 86 Rn. 18.
[2237] Jarass / Pieroth - *Pieroth*, Art. 86 Rn. 5.
[2238] Davon abweichend können auch Gesetze erlassen werden, die dann unter Beteiligung aller notwendigen Stellen als förmliche ergehen müssen, Sachs - *Sachs*, Art. 86 Rn. 26.
[2239] Sachs - *Sachs*, Art. 86 Rn. 21.
[2240] Sachs - *Sachs*, Art. 86 Rn. 21; Jarass / Pieroth - *Pieroth*, Art. 86 Rn. 5; Alternativkommentar – *Bull*, Art. 86 Rn. 18.
[2241] BVerwGE 36, 327 (333); Maunz / Dürig – *Lerche*, Art. 86 Rn. 94.
[2242] Jarass / Pieroth - *Pieroth*, Art. 86 Rn. 2.
[2243] Kap. 3 C II 2 b aa (1).

Sonderregelungen des Grundgesetzes verdrängt werden.[2244] Dies betrifft insbesondere die im Kernenergiewesen einschlägige Vorschrift des Art. 87 Abs. 3 S. 1 GG. Die Errichtung von Bundesoberbehörden muss, wie ausgeführt,[2245] trotz Art. 86 S. 2 GG durch Gesetz erfolgen.[2246]

[2244] v. Münch – *Broß*, Art. 86 Rn. 13.

[2245] Kap. 3 A II 2 b bb.

[2246] Maunz / Dürig - *Lerche*, Art. 87 Rn. 171; insgesamt der Auffassung Art. 87 GG sei gegenüber Art. 86 GG lex specialis ist v. Münch - *Broß*, Art. 87 Rn. 1.

Ergebnisse

1. Art. 85 Abs. 1 GG beinhaltet einen selbständigen Kompetenztitel für die Gesetzgebung des Bundes. Der Bund kann darauf gestützt organisationsrechtliche Regelungen für die Landesbehörden in der Auftragsverwaltung erlassen. Paralleles gilt für Art. 84 Abs. 1 GG und die Landesverwaltung. Das Grundgesetz hat ein völlig neues Konzept der Verwaltungskompetenzen und der Regelungskompetenzen für die Verwaltungsorganisation, mit einer Trennung von den materiellen Gesetzgebungskompetenzen geschaffen. Die vor allem historisch begründete Annextheorie ist daher nicht mehr haltbar.

2. Die Gesetzgebungskompetenz des Bundes aus Art. 85 Abs. 1 GG umfasst auch die Regelung des Verwaltungsverfahrens der Landesbehörden in der Auftragsverwaltung. Sie ist dort mitgeschrieben, wie sich vor allem aus Systematik und Entstehungsgeschichte ergibt.

3. Da Art. 85 Abs. 1 GG die Kompetenz des Bundesgesetzgebers zur Regelung des Verwaltungsverfahrens beinhaltet, erstreckt sich hierauf ebenfalls der Zustimmungsvorbehalt. Daher können in der Auftragsverwaltung bundesgesetzliche Verwaltungsverfahrensregelungen nur mit Zustimmung des Bundesrats ergehen.

4. Die Weisungskompetenz des Bundes aus Art. 85 Abs. 3 GG ist eine Einzelweisungskompetenz. Eine Weisung muss daher an einen konkret feststehenden Einzelfall anknüpfen. Sie umfasst auch konkret-generelle Regelungen. Dies folgt vor allem aus dem systematischen Zusammenhang mit Art. 85 Abs. 2 S. 1 GG.

5. Die Weisungskompetenz des Bundes wird nicht durch den Verhältnismäßigkeitsgrundsatz, sondern vor allem durch den Grundsatz der Bundestreue beschränkt. Das differenzierte Kompetenzgefüge innerhalb der Auftragsverwaltung weist der Bundestreue dort eine besondere Bedeutung zu. Dies gilt insbesondere, da die Weisungskompetenz dem Bund zu Wahrung der Belange des Bundesstaats und damit auch der Belange der Länder einseitig zugewiesen ist. Aus dem Grundsatz der Bundestreue resultiert daher die Beschränkung der Weisungskompetenz des Art. 85 Abs. 3 GG auf verhältnismäßige Weisungen. Die Verhältnismäßigkeitsprüfung erstreckt sich sowohl auf das Entschließungs- als auch auf das Auswahlermessen.

6. Für die Errichtung von Bundesoberbehörden steht Art. 87 Abs. 3 S. 1 GG auch im Regelungsbereich des Art. 87 c GG als Kompetenztitel zur Verfügung. Art. 87 Abs. 3 S. 2 GG wird dagegen verdrängt.

7. Durch Art. 87 Abs. 3 S. 1 GG wird eine selbständige Gesetzgebungskompetenz des Bundes für organisatorische Regelungen über die Bundesoberbehörden begründet.

8. Die Verwaltungskompetenz des Bundes zur Errichtung selbständiger Bundesoberbehörden wird auch in Bereichen, die vorher der Landesverwaltung unterstanden, durch Art. 87 Abs. 3 S. 1 GG konstituiert. Der Bund bedarf keiner

anderweitigen Kompetenzzuweisung. Die Regelung schafft ein wohl überlegtes und genau begrenztes Ventil für die Bundesverwaltung.

9. Art. 87 Abs. 3 S. 1 GG umfasst auch die Zuweisung neuer Verwaltungskompetenzen an bereits bestehende Bundesoberbehörden.

10. Den Voraussetzungen des Art. 87 Abs. 3 S. 1 GG, vor allem der Selbständigkeit der Bundesoberbehörden und den Anforderungen an die wahrzunehmenden Aufgaben, kommt erhebliche Bedeutung zu. Nur wenn diese ernst genommen und „ihrem Geist" entsprechend interpretiert werden, kann Art. 87 Abs. 3 S. 1 GG die erforderliche Ventilfunktion erfüllen, ohne dass es zu einer übermäßigen Verdrängung der Landesverwaltung kommt und ohne dass ein Rückgriff auf den Grundsatz der Bundestreue erforderlich wäre.

Verzeichnis der Literatur und der verwendeten Abkürzungen

Anschütz, Gerhard
Thoma, Richard
Handbuch des Deutschen Staatsrechts
Band 1: Tübingen 1930, Band 2: Tübingen 1932
(zit.: Anschütz/Thoma – *Bearbeiter*, HBStR I/II, § Anm.)

Anschütz, Gerhard
Die Verfassung des Deutschen Reichs
3. Bearbeitung, 13. Auflage Berlin 1930;
(zit.: *Anschütz*, WRV, Art. Anm.)

Antoni, Michael
Zustimmungsvorbehalt des Bundesrates zu Rechtsetzungsakten des Bundes.
Die Zustimmungsbedürftigkeit von Bundesgesetzen
AöR 113 (1988) S. 329 ff.; (zit.: *Antoni*, AöR 113 (1988) S.)

Apelt, Willibalt
Geschichte der Weimarer Verfassung
2. Auflage, München 1964, (zit.: *Apelt*, S.)

Arndt, Adolf
Verfassung des Deutschen Reichs mit Einleitung und Kommentar
5. Auflage, Berlin 1913; (zit.: *Arndt*, RV, Art., Anm.)

Badura, Peter
Staatsrecht
2. Auflage, München 1996; (zit.: *Badura*, Anm.)

Bauer, Hartmut
Die Bundestreue: zugleich ein Beitrag zur Dogmatik des Bundesstaatsrechts und zur Rechtsverhältnislehre
Tübingen 1992; (zit.: *Bauer*, S.)

Bayer, Hermann-Wilfried
Die Bundestreue
Tübingen 1961; (zit.: *Bayer*, S.)

Becherer, Klaus-Dieter
Schmidt-Eriksen, Christoph
Reform des Atomrechts
Baden-Baden 1994; Hrsg. Steinberg, Rudolf;
(zit.: *Becherer / Schmidt-Eriksen*, Reform, S.)

Becker, Bernd
Zentrale nichtministerielle Organisationseinheiten der unmittelbaren Bundesverwaltung
VerwArchiv 69 (1978) S. 149 ff.;
(zit.: *Becker*, VerwArchiv 69 (1978) S.)

Beermann, Albert
Die Begrenzung der Befugnisse des Bundesgesetzgebers auf den Gebieten der Bundesauftragsverwaltung der Länder dargestellt an dem Rechtsgebiet des zivilen Bevölkerungsschutzes
Münster 1967 (zit.: *Beermann*, S.)

Benda, Ernst
Maihofer, Werner
Vogel, Hans-Joachim
Handbuch des Verfassungsrechts der Bundesrepublik Deutschland
2. Auflage, Berlin 1994
(zit.: HBVR - *Bearbeiter*, § Rn.)

Bender, Bernd
Sparwasser, Reinhard
Engel, Rüdiger
Umweltrecht
3. Auflage, Heidelberg 1995
(zit.: *Bender / Sparwasser / Engel*, Kap. Rn.)

Bethge, Herbert
Grundrechtsträgerschaft juristischer Personen – Zur Rechtsprechung des Bundesverfassungsgerichts
AöR 104 (1979) S. 54 ff.; (zit.: *Bethge*, AöR 104 (1979) S.)

Bethge, Herbert
Rozek, Jochen
„Kernspaltereien" zwischen Bund und Land
Jura 1995, S. 213 ff.
(zit.: *Bethge / Rozek*, Jura 1995, S.)

Bettermann, Karl August
Das Verwaltungsverfahren
VVDStRL 17 (1959) S. 118 ff.
(zit.: *Bettermann*, VVDStRL 17 (1959) S.)

Blümel, Willi
Bundesstaatsrechtliche Aspekte der Verwaltungsvorschriften
AöR 93 (1968) S. 200 ff.; (zit.: *Blümel*, AöR 93 (1968) S.)

Böckenförde, Ernst-Wolfgang
Gesetz und gesetzgebende Gewalt
Berlin 1958
(zit.: *Böckenförde*, Gesetz, S.)

ders.
Die Organisationsgewalt im Bereich der Regierung
Berlin 1964;
(zit.: *Böckenförde*, Organisationsgewalt, S.)

ders.
Sozialer Bundesstaat und parlamentarische Demokratie
in Festschrift für Friedrich Schäfer; Hrsg. Jekewitz, Jürgen; Opladen 1980;
(zit.: *Böckenförde*, FS Schäfer, S.)

Bonsels, Johannes
Einwirkungs- und Mitwirkungsrechte des Bundes bei der Verwaltung der Steuern durch die Länder
Frankfurt 1995; (zit.: *Bonsels*, S.)

Borgmann, Klaus
Rechtliche Möglichkeiten und Grenzen des Ausstiegs aus der Kernenergie
Berlin 1994; (zit.: *Borgmann*, S.)

Britz, Gabriele Bundeseigenverwaltung durch selbständige Bundesoberbehörden nach Art. 87 III S.1 GG
DVBl. 1998, S. 1167 ff.; (zit.: *Britz*, DVBl. 1998, S.)

Brohm, Winfried Landeshoheit und die Bundesverwaltung
Baden-Baden 1968; (zit. *Brohm*, S.)

ders. Situative Gesetzesanpassung durch die Verwaltung
NVwZ 1988, S. 794 ff. (zit.: *Brohm*, NVwZ 1988, S.)

ders. Kompetenzüberschneidungen im Bundesstaat
DÖV 1983, S. 525 ff.; (zit.: *Brohm*, DÖV 1983, S.)

Burgsmüller, Klaus Die Errichtung selbständiger Bundesoberbehörden gemäß Art. 87 Abs. 3 S. 1 GG, ihre Stellung innerhalb der Bundesverwaltung und ihr Verhältnis zu den Behörden der Länder
Köln 1967; (zit.: *Burgsmüller*, S.)

Bushart, Christoph Die Kontrolle der Bundesauftragsverwaltung durch die Landesparlamente
ZRP 1988, S. 210 ff.; (zit.: *Bushart*, ZRP 1988, S.)

Dechsling, Rainer Das Verhältnismäßigkeitsgebot
München 1989; (zit.: *Dechsling*, S.)

Degenhart, Christoph Kernenergierecht
2. Auflage, Köln 1982; (zit.: *Degenhart*, S.)

ders. Staatsrecht I
15. Auflage, Heidelberg 1999; (*Degenhart*, Staatsrecht, Rn.)

Depenbrock, Johannes Zum Umfang des Weisungsrechts bei der Bundesauftragverwaltung
DÖV 1970, S. 235 ff.; (zit.: *Depenbrock*, DÖV 1970, S.)

Der Parlamentarische Rat (Hrsg.) Schriftlicher Bericht zum Entwurf des Grundgesetzes für die Bundesrepublik Deutschland
Bonn 1948/49; (zit.: Schriftlicher Bericht-*Berichterstatter*, S.)

Der Parlamentarische Rat (Hrsg.) Stenographischer Bericht
Die Beratungen des Haupausschusses
Bonn 1948; (zit.: Stenographischer Bericht, Sitzung, S.)

Deutscher Bundestag/ Bundesarchiv (Hrsg.) Der Parlamentarische Rat 1948-1949
Akten und Protokolle

Band 1: Vorgeschichte
Hrsgg. unter Leitung von Wernicke, Kurt und Booms, Hans
Boppard am Rhein 1975

Band 2: Der Verfassungskonvent auf Herrenchiemsee
Hrsgg. unter Leitung von Wernicke, Kurt und Booms, Hans
Boppard am Rhein 1981

Band 3: Ausschuss für Zuständigkeitsabgrenzung
Hrsgg. unter Leitung von Wernicke, Kurt und Booms, Hans
Boppard am Rhein 1986

Band 5 I, II: Ausschuss für Grundsatzfragen
Hrsgg. unter Leitung von Schick, Rupert und Kahlenberg, Friedrich P.
Boppard am Rhein 1993

Band 7: Entwürfe zum Grundgesetz
Hrsgg. unter Leitung von Schick, Rupert und Kahlenberg, Friedrich P.
Boppard am Rhein 1995

Band 9: Plenum
Hrsgg. unter Leitung von Schick, Rupert und Kahlenberg, Friedrich P.
München 1996

Deutscher Bundestag/ Bundesarchiv (Hrsg.) Band 11: Interfraktionelle Besprechungen
Hrsgg. unter Leitung von Stelzl, Hans-Joachim und Kahlenberg, Friedrich P;
München 1997; (zit.: Der Parlamentarische Rat, Bd., Sitzung, S.)

Dieners, Peter Länderrechte in der Bundesauftragsverwaltung
DÖV 1991, S. 923 ff.; (zit.: *Dieners*, DÖV 1991, S.)

Dittmann, Armin Die Bundesverwaltung
Tübingen 1983; (zit.: *Dittmann*, Bundesverwaltung, S.)

Doemming, von Klaus-Berto Füsslein, Rudolf Werner Matz, Werner Entstehungsgeschichte der Artikel des Grundgesetzes
JöR 1 (1951) S. 644 ff.
(zit.: *v. Doemming/Füsslein/Matz*, JöR 1 (1951) S.)

Dolzer, Rudolf *Vogel, Klaus*	Bonner Grundgesetz zum Grundgesetz Band III: Artikel 15 bis Artikel 19 GG Band VII: Artikel 75 bis Artikel 91b GG Band VIII: Artikel 92 bis Artikel 104 GG Stand: 94. Ergänzungslieferung, Nov. 2000; (zit.: Bonner Kommentar - *Bearbeiter*, Art. Rn.)
Dreier, Horst	Grundgesetz Band 1: Art. 1-19 GG, Tübingen 1998 Band 2: Art. 20-82 GG; Tübingen 1998 Band 3: Art. 83-146 GG; Tübingen 2000 (zit.: Dreier - *Bearbeiter*, Art., Rn.)
Dürig, Günter	Der Grundsatz von der Menschenwürde AöR 81 (1956) S. 117 ff.; (zit.: Dürig, AöR 81 (1956) S.)
Dux, Günter	Bundesrat und Bundesaufsicht Berlin 1963; (zit.: *Dux*, S.)
Ehlers, Dirk	Ungeschriebene Kompetenzen Jura 2000, S. 323 ff.; (zit.: *Ehlers*, Jura 2000, S.)
Erichsen, Hans-Uwe *Knoke, Ulrich*	Organisation bundesunmittelbarer Körperschaften durch die Länder ? DÖV 1985, S. 53 ff.; (zit.: *Erichsen / Knoke*, DÖV 1985, S.)
Erichsen, Hans-Uwe *Biermann, Christian*	Die Zustimmungsbedürftigkeit von Bundesgesetzen nach Art. 84 Abs. 1, Art. 85 Abs. 1 GG Jura 1998, S. 494 ff.; (zit.: *Erichsen / Biermann*, Jura 1998, S.)
Erichsen, Hans-Uwe *(Hrsg.)*	Allgemeines Verwaltungsrecht 11. Auflage, Berlin 1998; (zit.: *Bearbeite*r - Erichsen, Allg. VerwR, § Rn.)
Feine, Hans Erich	Das Werden des Deutschen Staates Stuttgart 1936; (zit.: *Feine*, Kap. Absatz)
Finkelnburg, Klaus *Lässig, Curt Lutz*	Kommentar zum Verwaltungsverfahrensgesetz Düsseldorf 1979; (zit.: *Finkelnburg / Lässig*, VwVfG, §)
Fischerhof, Hans	Deutsches Atomgesetz und Strahlenschutzrecht Band I, Baden-Baden 1978; (zit.: *Fischerhof*, ATG, § Rn.)
ders.	Kein Schneller Brüter für die Bundesrepublik Deutschland? atw 1978, S. 566 ff.; (zit.: *Fischerho*f, atw 1978, S.)
Forsthoff, Ernst	Die unmittelbare Reichsaufsicht AöR 58 (1930) S. 61 ff.; (zit.: *Forsthoff*, AöR 58 (1930) S.)

Forsthoff, Ernst — Lehrbuch des Verwaltungsrechts
Erster Band: Allgemeiner Teil
10. Auflage, München 1973; (zit.: *Forsthoff*, § Anm.)

Friesenhahn, Ernst — Die Rechtsentwicklung hinsichtlich der Zustimmungsbedürftigkeit von Gesetzen und Verordnungen des Bundes
Beiträge zum fünfundzwanzigjährigen Bestehen des Bundesrates der Bundesrepublik Deutschland; Bad Honnef 1974
(zit.: *Friesenhahn*, FS Bundesrat, S.)

Frotscher, Werner
Pieroth, Bodo — Verfassungsgeschichte
2. Auflage, München 1999; (zit.: *Frotscher / Pieroth*, Rn.)

Fuhrmann, Ursus — Gesetzentwurf zur Neuordnung des Zivilschutzes
ZG 11 (1996) S. 352 ff.; (zit.: *Fuhrmann*, ZG 11 (1996) S.)

Fuß, Ernst-Werner — Die Bundestreue – ein unentbehrlicher Rechtsbegriff?
DÖV 1964, S. 37 ff.; (zit.: *Fuß*, DÖV 1964, S.)

Gebhard, Ludwig — Handkommentar zur Verfassung des Deutschen Reichs
München 1932; (*Gebhard*, WRV, Art., Anm.)

Giemulla, Elmar — Luftverkehrsgesetz - Frankfurter Kommentar zum Luftverkehrsrecht
Band 1.1; Stand Oktober 1998
(zit.: Giemulla - *Bearbeiter*, § , Rn.)

Giese, Friedrich — Grundriß des Reichsstaatsrechts
2. Auflage Bonn 1922; (zit.: *Giese*, S.)

Gornig, Gilbert — Anmerkungen zum BVerfG, Urteil v. 10.4.1991 - 2 BvG 1/91
JZ 1992, S. 307 ff.; (zit.: *Gornig*, JZ 1992, S.)

Grau, Richard — Der Konflikt zwischen dem Reiche und Bayern über die Frage des Uniformverbots
AöR 62 (1933) S. 99; (zit.: *Grau*, AöR 1962 (1933) S.)

Greifeld, Andreas. — Anmerkungen zum Urteil BVerwG v. 7.5. 1982 - 4 C 55.78
JA 1982, S. 40 ff.; (zit.: *Greifeld*, JA 1982, S.)

Haas, Dieter — Bundesgesetze über Organisation und Verfahren der Landesbehörden (Artikel 84 Abs. I des Grundgesetzes)
AöR 80 (1955/1956), S. 6 ff.; (zit.: *Haas*, AöR 80 (1955/56) S.)

ders. — Landesrecht vor Bundesgerichten ?
DVBl. 1957, S. 368 ff.; (zit.: *Haas*, DVBl. 1957, S.)

Häberle, Peter — Die Wesensgehaltsgarantie des Art. 19 Abs. 2 Grundgesetz
Karlsruhe 1962; (zit.: *Häberle*, Wesensgehalt, S.)

Haederich, Heinz — Kommentar zum Atomgesetz
Baden-Baden 1986; (zit.: *Haederich*, AtG, § Rn.)

Haenel, Albert — Deutsches Staatsrecht
Band 1, Leipzig 1892; (zit.: *Haenel*, Staatsrecht, § Anm..)

Hamann, Andreas
Lenz, Helmut — Das Grundgesetz für die Bundesrepublik – Kommentar
3. Auflage, Neuwied 1970; (zit.: Hamann / Lenz - *Bearbeiter*, Art., Anm.)

Hantke, Heike — Anmerkung zu BVerfG, Urteil des Zweiten Senats vom 22.5.1990 – 2 BvG 1/88-
DVBl. 1990, S. 823 ff.; (zit.: Hantke, DVBl. 1990, S.)

ders. — Landesenergiegesetzgebung - Grenzen und Möglichkeiten
RdE 1992, S. 105 ff. und S. 139 ff.; (zit.: *Handtke*, RdE 1992, S.)

Hartkopf, Günter — Zur Lage der Bundesverwaltung nach 30 Jahren Grundgesetz
DÖV 1979, S. 349 ff.; (zit.: *Hartkopf*, DÖV 1979, S.)

Hartung, Fritz — Deutsche Verfassungsgeschichte: vom 15. Jhd. bis zur Gegenwart
6. Auflage, Stuttgart 1950; (zit.: *Hartung*, S.)

Hartung, Sven — Verfassungsrecht: Bundesauftragsverwaltung, Weisungsrecht des Bundes
JA 1991, S. 137 ff.; (zit.: *Hartung*, JA 1991, S.)

Hatschek, Julius — Das Reichsstaatsrecht
Berlin 1923; (zit.: *Hatschek*, S.)

Haun, Diether — Die Bundesaufsicht in Bundesauftragsangelegenheiten
Göttingen, Frankfurt 1972; (zit.: *Haun*, S.)

Hausen von, Heinz — Nochmals: Die Zuständigkeit des Bundesgesetzgebers aus Art. 84 und 85 GG
DÖV 1950, S. 1 ff.; (zit.: v. Hausen, DÖV 1950, S.)

Hausen, Heinz von
Heide, Hans-Jürgen von der — Die rechtliche und funktionelle Bedeutung der Art. 84 und 85 GG
DÖV 1958, S. 753 ff.;
(zit.: *v. Hausen / v. der Heide*, DÖV 1958, S.)

Heckel, Johannes — Das Urteil des Staatsgerichtshofs vom 25.10.1932 in dem Verfassungsstreit Reich – Preußen
AöR 23 (1933) S. 183 ff.; (zit.: *Heckel*, AöR 23 (1933) S.)

Heinsohn, Stephanie — Der öffentlichrechtliche Grundsatz der Verhältnismäßigkeit
Hamburg 1997; (zit.: *Heinsohn*, S.)

Held, Kurt — Der autonome Verwaltungsstil der Länder und das Bundesratsveto nach Art. 84 Abs. 1 des Grundgesetzes
AöR 80 (1955/56) S. 50 ff.; (zit.: *Held*, AöR 80 (1955/56) S.)

Herzog, Roman — Mängel des deutschen Föderalismus
BayVBl. 1991, S. 513 ff.; (zit.: *Herzog*, BayVBl. 1991, S.)

Hesse, Konrad — Der unitarische Bundesstaat
Karlruhe 1962; (zit.: *Hesse*, Unitarischer Bundesstaat, S.)

ders. — Grundzüge des Verfassungsrechts der Bundesrepublik Deutschland
Neudruck der 20. Auflage, Heidelberg 1999; (zit.: *Hesse*, Grundzüge, Rn.)

Hirschberg, Lothar — Der Grundsatz der Verhältnismäßigkeit
Göttingen 1981; (zit.: *Hirschberg*, S.)

Hofmann, Max
Grabherr, Edwinn — Luftverkehrsgesetz - Kommentar
2. Auflage, München 1997; (zit.: *Hofmann / Grabherr*, LuftVG, §, Rn.)

Hohrmann, Friedrich — Bundesgesetzliche Organisation landesunmittelbarer Selbstverwaltungskörperschaften
Berlin 1967; (zit.: *Hohrmann*, S.)

Hübener, Joachim — Welche rechtlichen Möglichkeiten gibt das Grundgesetz für den Aufbau einer zivilen Luftfahrtverwaltung?
DÖV 1951, S. 201 ff.; (zit.: *Hübener*, DÖV 1951, S.)

Huber, Ernst Rudolf — Deutsche Verfassungsgeschichte seit 1789
Band III: Bismarck und das Reich
3. Auflage, Stuttgart 1988
Band IV: Struktur und Krisen des Kaiserreichs
2. Auflage, Stuttgart 1994
Band V: Weltkrieg, Revolution und Reichserneuerung 1914 - 1919
Stuttgart 1978
Band VI: Die Weimarer Reichsverfassung
Stuttgart 1981, (zit.: *Huber*, Bd., § Anm.)

Ibler, Martin — Zur Bindungswirkung der Planungs- und Linienführungsbestimmung des Bundesministers für Verkehr bei der Fernstraßenplanung
DVBl. 1989, S. 76 ff.; (zit.: *Ibler*, DVBl. 1989, S.)

Ipsen, Jörn — Staatsrecht I (Staatsorganisationsrecht)
11. Auflage, Berlin 1999; (zit.: *Ipsen*, Rn.)

Isensee, Josef
Kirchhof, Paul — Handbuch des Staatsrechts der Bundesrepublik Deutschland
Band I: Grundlagen von Staat und Verfassung, Heidelberg 1987
Band IV: Finanzverfassung - Bundesstaatliche Ordnung, 2. Auflage, Heidelberg 1999
Band VI: Freiheitsrechte, Heidelberg 1989;
(zit.: *Bearbeiter* - HBStR Bd. § Rn.)

Jakobs, Michael Ch. — Der Grundsatz der Verhältnismäßigkeit
Köln 1985; (zit.: *Jakobs*, S.)

Jarass, Hans D. — Das Untergesetzliche Regelwerk im Bereich des Atom- und Strahlenschutzrechts
in Reformüberlegungen zum Atomrecht; Köln 1991; Hrsg. Lukes, Rudolf
(zit.: *Jarass*, Reformüberlegungen, S.)

Jarass, Hans D.
Pieroth, Bodo — Grundgesetz für die Bundesrepublik Deutschland - Kommentar
5. Auflage, München 2000
(zit.: Jarass / Pieroth - *Bearbeiter*, Art. Rn.)

Jaxt, Dagmar — Kompetenz der Länder für ein Tempolimit?
NJW 1986, S. 2228 ff.; (zit.: Jaxt, NJW 1986, S.)

Jellinek, Georg — System der subjektiven öffentlichen Rechte
Tübingen 1919 Neudruck 2. Auflage von 1905;
(zit. *Jellinek*, System, S.)

Jeserich, Kurt G.A. — Deutsche Verwaltungsgeschichte
Band III: Das Deutsche Reich bis zum Ende der Monarchie
Stuttgart 1984
Band IV: Das Reich als Republik und in der Zeit des Nationalsozialismus
Stuttgart 1985, (zit.: *Jeserich* - Bearbeiter, Bd., S.)

Kalkbrenner, Helmut — Zur Errichtung von Bundesoberbehörden nach Art. 87 III GG
JZ 1963, S. 210 ff., (zit.: *Kalkbrenner*, JZ 1963, S.)

Karpen, Ulrich
Rönn, von, Matthias — Bericht über die Rechtsprechung des Bundesverfassungsgerichts und der Landesverfassungsgerichte zum Bundesstaatsprinzip seit 1980
JZ 1990, S. 579 ff., (zit.: *Karpen / v. Rönn*, JZ 1990, S.)

Katzenstein, Dietrich Rechtliche Erscheinungsformen der Machtverschiebung zwischen Bund und Ländern seit 1949
DÖV 1958, S. 593 ff.; (zit.: *Katzenstein*, DÖV 1958, S.)

Kersten, Josef Bund-Länder-Verwaltung im Vollzug des Fernstraßengesetzes
BayVBl. 1968, S. 189 ff.; (zit.: *Kersten*, BayVBl. 1968, S.)

Kimminich, Otto Atomrecht
München 1974; (zit.: *Kimminich*, S.)

Kirchhof, Ferdinand Die Stadtstaatenklausel in Bundesgesetzen
DÖV 1983, S. 798 ff.; (zit.: Kirchhof, DÖV 1983, S.)

Kirchhof, Paul Gleichmaß und Übermaß
in Festschrift für Peter Lerche zum 65. Geburtstag
Hrsg. Badura, Peter; München 1993; (zit.: *Kirchhof*, FS Lerche, S.)

Kirschenmann, Dietrich Zuständigkeiten und Kompetenzen im Bereich der Verwaltung nach dem 8. Abschnitt des Grundgesetzes
JuS 1977, S. 565 ff.; (zit.: *Kirschenmann*, JuS 1977, S.)

Klein, Friedrich Das Verhältnis von Gesetzgebungszuständigkeit und Verwaltungszuständigkeit nach dem Grundgesetz
AöR 88 (1963) S. 377 ff.; (zit.: *Klein*, AöR 88 (1963), S.)

Klein, Hans Verwaltungskompetenzen von Bund und Ländern in der Rechtsprechung des Bundesverfassungsgerichts
in Festgabe aus Anlass des 25jährigen Bestehens des Bundesverfassungsgerichts, Band II
Hrsg: Stark, Christian; Tübingen 1976; (zit.: *Klein*, FS BVerfG, S.)

Kloepfer, Michael
Brandner, Thilo Umweltrecht
2. Auflage, München 1998
(zit.: *Kloepfer*, §, Rn.)

Kodal, Kurt
Krämer, Helmut Straßenrecht
5. Auflage, München 1995
(zit.: Kodal / Krämer - *Bearbeiter*, Kapitel, Rn.)

Koehler, Alexander Probleme einer bundesgesetzlichen Regelung des Verwaltungsverfahrens
DÖV 1960, S. 612 ff.; (zit.: *Koehler*, DÖV 1960, S.)

Kölble, Josef Die Errichtung von Bundesoberbehörden nach Art. 87 Abs. 3 Satz 1 GG
DVBl. 1962, S. 658 ff.; (zit.: *Kölble*, DVBl. 1962, S.)

Kölble, Josef Die hoheitliche Verwaltung des Bundes und die Staatsverwaltung der Länder
DÖV 1962, S. 661 ff.; (zit.: *Kölble,* DÖV 1962, S.)

Köttgen, Arnold Der Einfluß des Bundes auf die deutsche Verwaltung und die Organisation der bundeseigenen Verwaltung
JöR 11 (1962) S. 173 ff.; (zit.: *Köttgen*, JöR 11 (1962) S.)

ders. Das Bundesverfassungsgericht und die Organisation der öffentlichen Verwaltung
AöR 90 (1965) S. 205 ff.; (zit.: *Köttgen*, AöR 90 (1965) S.)

ders. Das Verwaltungsverfahren als Gegenstand der Bundesgesetzgebung
DÖV 1952, S. 422 ff.; (zit.: *Köttgen*, DÖV 1952, S.)

ders. Die Gemeinde und der Bundesgesetzgeber
Stuttgart 1957 (zit.: *Köttgen*, Gemeinde)

ders. Der Einfluß des Bundes auf die deutsche Verwaltung und die Organisation der bundeseigenen Verwaltung
JöR 3 (1954) S. 67 ff.; (zit.: *Köttgen*, JöR 3 (1954) S.)

ders. Die Organisationsgewalt
VVDStRL 16 (1958) S.154; (zit.: *Köttgen*, VVDStRL 16 (1958) S.)

Kratzer, Jakob Zustimmungsgesetze
AöR 77 (1951/52) S. 266 ff.; (zit.: *Kratzer*, AöR 77 (1951/52) S.)

ders. Die Bundesoberbehörde
DÖV 1950, S. 529 ff.; (zit.: *Kratzer,* DÖV 1950, S.)

Kuckuk, Günter Probleme des Vollzugs von Rahmengesetzen
DÖV 1978, S. 354 ff.; (zit.: *Kuckuk,* DÖV 1978, S.)

Kunig, Phillip Das Rechtsstaatsprinzip
Tübingen 1986; (zit.: *Kunig,* S.)

Laband, Paul Das Staatsrecht des Deutschen Reiches
Band I und Band II
Aalen 1964, Neudruck der 5. Auflage von 1911
(zit.: *Laband,* Staatsrecht, Bd., § Abs.)

Lange, Klaus Probleme des Bund-Länder -Verhältnisses im Atomrecht
NVwZ 1990, S. 928 ff.; (zit.: *Lange*, NVwZ 1990, S.)

Lange, Klaus.	Das Weisungsrecht des Bundes in der atomrechtlichen Auftragsverwaltung Baden-Baden 1990; (zit.: *Lange*, Weisungsrecht, S.)
Leibholz, Gerhard *Rinck, Hans-Justus* *Hesselberger, Dieter*	Grundgesetz für die Bundesrepublik Deutschland - Loseblattkommentar Band I - Art. 1 bis Art. 20 GG Band II - Art. 21 bis Art. 46 GG 7. Auflage, Köln 1993; Stand: 38. Ergänzungslieferung, Nov. 2000 (zit.: Leibholz / Rinck - *Bearbeite*r, Art. Rn.)
Lepa, Manfred	Probleme der Zustimmungsbedürftigkeit von Bundesgesetzen DVBl. 1974, 399 ff.; (zit.: *Lepa*, DVBl. 1974, S.)
Lerche, Peter	Übermaß und Verfassungsrecht Köln 1961 (zit.: *Lerche*, Übermaß, S.)
ders.	Zur Angreifbarkeit von Weisungen des Bundes im Rahmen der Bundesauftragsverwaltung BayVBl. 1987, S. 321 ff.; (zit.: *Lerche*, BayVBl. 1987, S.)
Lichtenstern, Elisabeth	Die Gesetzgebung im Spannungsverhältnis zwischen Bund und Ländern Frankfurt 1979; (zit.: *Lichtenstern*, S.)
Loeser, Roman	Die Bundesverwaltung in der Bundesrepublik Deutschland Band 1, Speyer 1986; (zit.: *Loeser*, Bundesverwaltung, S.)
Lorz, Ralph Alexander	Staatsorganisationsrecht, Atomrecht: Reichweite von Weisungen des Bundes im Bereich der Auftragsverwaltung JA 1992, S. 29 ff.; (zit.: *Lorz*, JA 1992, S.)
Lukes, Rudolf	Rechtsfragen eines Verzichts auf die friedliche Nutzung der Kernenergie BB 1986, S. 1305 ff.; (zit.: *Lukes*, BB 1986, S.)

Mangoldt von, Hermann
Klein, Friedrich
(Teilw.: Starck, Christian)
Das Bonner Grundgesetz – Kommentar
Band I: Präambel, Art. 1 – 19 GG
2. Auflage, München 1957; (zit.: *v. Mangoldt / Klein*, Art. Anm.)
4. Auflage, München 1999
(zit.: v. Mangoldt / Klein / Starck – *Bearbeiter*, Art. Rn.)
Band II: Art. 20 bis Art. 78 GG
4. Auflage, München 2000
(zit.: v. Mangoldt / Klein / Starck – *Bearbeiter*, Art. Rn.)
Band VIII: Art. 70 bis Art. 74 GG
3. Auflage, München 1996;
(zit.: v. Mangoldt / Klein – *Bearbeiter*, Art. Rn.)

Marschall, Ernst A.
Schroeter, Wolfgang
Kastner, Fritz
Bundesfernstraßengesetz
4. Auflage, Köln 1977
(zit.: *Marschall / Schroeter / Kastner*, FStrG, Anm.)

Mattern, K. H.
Raisch, Peter
Atomgesetz
Berlin 1961; (zit.: *Mattern / Raisch*, ATG, § Rn.)

Maunz, Theodor
Dürig, Günter
Badura, Peter
Herdegen, Matthias
Herzog, Roman
Klein, Hans H.
Lerche, Peter
Papier, Hans-Jürgen
Randelzhofer, Albrecht
Schmidt-Aßmann, Eberhard
Scholz, Rupert
Grundgesetz Kommentar
Band II: Art. 12 – Art. 21 GG
Band III: Art. 22 – 69 GG
Band IV: Art. 70 – Art. 91b GG
München 1991
Stand 37. Lieferung, Aug. 2000
(zit.: Maunz / Dürig - *Bearbeiter*, Art. Rn.)

Maunz, Theodor
Dürig, Günter
Herzog, Roman
Scholz, Rupert
Grundgesetz – Kommentar
Band II: Art. 20 – Art. 91 b GG;
Erstbearbeitung: München 1978, Lieferung 1 bis 16
(zit.: Maunz / Dürig – *Bearbeiter*, Erstbearb., Art. Rn.)

Maunz, Theodor
Rechtsfragen im Bereich von Zustimmungsgesetzen
BayVBl. 1982, S. 353 ff.; (zit.: *Maunz*, BayVBl. 1982, S.)

Maunz, Theodor
Anmerkungen zum Urteil des Bundesverfassungsgerichts vom 8.4. 1987 - 2 BvR 909/82;
BayVBl. 1987, S. 748 ff.; (zit.: *Maunz*, BayVBl. 1987, S.)

Maunz, Theodor
Zippelius, Reinhold
Deutsches Staatsrecht
30. Auflage, München 1998; (zit.: *Maunz / Zippelius*, § Anm.)

Maurer, Hartmut — Allgemeines Verwaltungsrecht
11. Auflage, München 1997; (zit.: *Maurer*, § Rn.)

ders. — Staatsrecht
München 1999; (zit.: *Maurer*, Staatsrecht, § Rn.)

Mayer, Otto — Deutsches Verwaltungsrecht
Band 1, 3. Auflage München 1924
(zit.: *O. Mayer*, Dt. Verwaltungsrecht I, S)

Menger, Christian-Friedrich — Deutsche Verfassungsgeschichte der Neuzeit
8. Auflage, Heidelberg 1993; (zit.: *Menger*, S.)

Meyer, Georg
Anschütz, Gerhard — Lehrbuch des Deutschen Staatsrechts
7. Auflage, München 1919
(zit.: *Meyer / Anschütz*, Staatsrecht, § Abschnitt)

Müller, Klaus — Die Organisationsformen der Ministerialverwaltung
DVP 1981, S. 1 ff.; (zit.: *Müller*, DVP 1981, S.)

Müller, Lothar
Zeitler, Franz-Christof — Zuständigkeit bei der Verwaltung der Finanzen durch den Bund und die Länder
DStR-A 1975, 467 ff.; (zit.: *Müller / Zeitler*, DStR-A 1975, S.)

Münch von, Ingo (Teilw. Kunig, Phillip) — Grundgesetz-Kommentar
Band 1: Präambel bis Art. 20 GG
5. Auflage, München 2000
Band 2: Art. 21 bis Art. 69 GG
3. Auflage, München 1995
Band 3: Art. 70 bis Art. 146 GG
3. Auflage, München 1996; (zit.: v. Münch - *Bearbeiter*, Art. Rn.)

Münch von, Ingo — Staatsrecht Band 1
6. Auflage, Stuttgart 2000, (zit.: v. Münch, Rn.)

Nawiasky, Hans — Die Grundgedanken des Grundgesetzes für die Bundesrepublik Deutschland
Stuttgart 1950; (zit.: *Nawiasky*, Grundgedanken, S.)

ders. — Die Grundgedanken der Reichsverfassung
München 1920; (zit.: *Nawiasky*, Reichsverfasssung, S.)

Neuser, Karl — Die Gesetzgebungskompetenzen für das Verwaltungsverfahren
Göttingen 1974; (zit.: *Neuser*, S.)

Niermann, Erwin — Die Errichtung selbständiger Bundesoberbehörden und ihr Verhältnis zu Landesbehörden nach Art. 87 Abs. III Satz 1 des Grundgesetzes
Münster 1961; (zit.: *Niermann*, S.)

Nobbe, Uwe F. SNR 300: Das Urteil des Bundesverfassungsgerichts
atw 1990, S. 339 ff.; (zit.: *Nobbe*, atw 1990, S.)

Obermayer, Klaus Kommentar zum Verwaltungsverfahrensgesetz
Neuwied 1983 (zit.: *Obermayer*, VwVfG, S.)

Oeter, Stefan Integration und Subsidiarität im deutschen Bundesstaatsrecht
Tübingen 1998; (zit.: *Oeter*, Bundesstaatsrecht, S.)

ders. Die Finanzverwaltung im System der bundesstaatlichen Kompetenzverteilung
ThürVBl. 1997, S. 28 ff.; (zit.: *Oeter*, ThürVBl. 1997, S.)

Oldiges, Martin Verbandskompetenz
DÖV 1989, S. 873 ff.; (zit.: *Oldiges*, DÖV 1989, S.)

Orlopp, Gerd L. Auftragsverwaltung im Steuerrecht
in Festschrift für Franz Klein
Hrsg. Kirchhof, Paul; Offerhaus, Klaus; Schöberle, Horst;
Köln 1994; (zit.: *Orlopp*, FS Klein, S.)

Ossenbühl, Fritz Novellierung des Atomgesetzes und der Bundesauftragsverwaltung
in Reformüberlegungen zum Atomrecht; Köln 1991; Hrsg. Lukes, Rolf;
(zit.: *Ossenbühl*, Reformüberlegungen, S.)

ders. Kernenergierecht im Spiegel des Verfassungsrechts
DÖV 1981, S. 1 ff.; (zit.: *Ossenbühl*, DÖV 1981, S.)

ders. Verfassungsrechtliche Fragen- Bundesauftragsverwaltung
in 9. Deutsches Atomrechts-Symposium,
Hrsg. Lukes, Rudolf; Köln 1991
(zit.: *Ossenbühl*, 9. Atomrechts-Symposium, S.)

ders. Maßhalten mit dem Übermaßverbot
Festschrift für Peter Lerche zum 65. Geburtstag
Hrsg. Badura, Peter; München 1993; (zit.: *Ossenbühl*, FS Lerche, S.)

ders. Zustimmung und Verantwortung des Bundesrates beim Erlass von Bundesgesetzen
Festschrift für Hermann Jahrreiß zum 80. Geburtstag
Hrsg. Institut für Völkerrecht und Ausländisches Öffentliches Recht der Universität Köln; Köln 1974; (zit.: *Ossenbühl*, FS Jahrreiß, S.)

ders. Die Zustimmung des Bundesrates beim Erlass von Bundesrecht
AöR 99 (1974) S. 387 ff.; (zit.: *Ossenbühl*, AöR 99 (1974) S.)

Ossenbühl, Fritz Verwaltungsvorschriften und Grundgesetz
Bad Homburg 1968; (zit.: *Ossenbühl,* Verwaltungsvorschriften, S.)

ders. Zum Umfang der Weisungsbefugnis des Bundes gemäß Art. 85 Abs. 3 GG im Planfeststellungsverfahren nach § 9 b AtG
DVBl. 1991, S. 833 ff.; (zit.: *Ossenbühl*, DVBl. 1991, S.)

ders. Der Grundsatz der Verhältnismäßigkeit (Übermaßverbot) in der Rechtsprechung der Verwaltungsgerichte
Jura 1997, S. 617 ff.; (zit.: *Ossenbühl*, Jura 1997, S.)

ders. Weisungen des Bundes in der Bundesauftragsverwaltung
Der Staat 28 (1989) S. 31 ff.; (zit.: *Ossenbühl*, Der Staat 28 (1989), S.)

Ost, W.
Pelzer, N. Kann der Bund im atomrechtlichen Verwaltungsverfahren Landesbehörden anweisen?
atw 1979, S. 22 ff.; (zit.: *Ost / Pelzer*, atw 1979, S.)

Palandt, Otto Bürgerliches Gesetzbuch
60. Auflage, München 2001; (zit.: Palandt – *Bearbeiter*, § Rn.)

Papier, Hans-Jürgen Untersuchungen im Bereich Genehmigung, Aufsicht, Nachrüstung in Reformüberlegungen zum Atomrecht; Köln 1991; Hrsg. Lukes, Rudolf
(zit.: *Papier*, Reformüberlegungen, S.)

Pathe, Karl Die Ausführung der Bundesgesetze
DVBl. 1951, S. 681 ff.; (zit.: *Pathe*, DVBl. 1951, S.)

Pauly, Walter Anfechtbarkeit und Verbindlichkeit von Weisungen in der Bundesauftragsverwaltung
Berlin 1989; (zit.: *Pauly*, Anfechtbarkeit, S.)

ders. Weisungsabwehr in der Bundesauftragsverwaltung
DÖV 1989, S. 884 ff.; (zit.: *Pauly*, DÖV 1989, S.)

Pera, Lars-Uwe Bundesweisungen bei der Bundesauftragsverwaltung am Beispiel der Atomverwaltung
NVwZ 1989, S. 1120 ff.; (zit.: *Pera*, NVwZ 1989, S.)

Pestalozza, Christian Thesen zur kompetenzrechtlichen Qualifikation von Gesetzen im Bundesstaat
DÖV 1972, S. 181 ff.; (zit.: *Pestalozza*, DÖV 1972, S.)

Pieroth, Bodo Geschichte der Grundrechte
Jura 1984, S. 568 ff.; (zit.: *Pieroth*, Jura 1984, S.)

Pietzcker, Jost	Zusammenarbeit der Gliedstaaten im Bundesstaat Studien und Materialien zur Verfassungsgerichtsbarkeit Hrsg.: Starck, Christian; Baden-Baden 1988; (zit.: *Pietzker*, S.)
Poetzsch-Heffter, Fritz	Handkommentar der Reichsverfassung 3. Auflage Berlin 1928; (zit.: *Poetzsch-Heffter*, WRV, Art., Anm.)
Püttner, Günter	Die Grenzen der Energierechtskompetenz des Bundesgesetzgebers BB 1971, S. 881 ff.; (zit.: *Püttner*, BB 1971, S.)
Rasch, Ernst	Der Aufbau der Ordnungsverwaltung DVBl. 1977, S. 144 ff.; (zit.: *Rasch,* DVBl. 1977, S.)
ders.	Die Behörde VerwArch 50 (1959), S. 1 ff.; (zit.: *Rasch,* VerwArch 50 (1959), S.)
Remmert, Barbara	Verfassungs- und verwaltungsrechtsgeschichtliche Grundlagen des Übermaßverbotes Heidelberg 1995; (zit.: *Remmert*, S.)
Rengeling, Hans-Werner	Staatliche Kontrolle bei dem Betrieb von Bundesendlagern für radioaktive Abfälle VerwArchiv 81 (1990) S. 370 ff.;(zit.: *Rengeling*, VerwArchiv 81 (1990) S.)
Richter, Lutz	Verwaltungsrecht der öffentlichen Anstalt VVDStRL 6 (1929) S. 69 ff.; (zit.: *Richter*, VVDStRL 6 (1929) S.)
ders.	Die Organisationsgewalt Leipzig 1926; (zit.: *Richter*, Organisationsgewalt, S.)
Rohwer-Kahlmann, Harry	Verfassungsrechtliche Schranken der Zustimmungsgesetze (Art. 84 Abs. 1 GG) AöR 79 (1953/54) S. 208 ff.; (zit.: *Rohwer-Kahlmann*, AöR 79 (1953/54) 208 ff.)
Ronellenfitsch, Michael	Die Luftsicherheitsgebühr VerwArchiv 86 (1995) S. 307 ff. (zit.: *Ronellenfitsch*, VerwArchiv 86 (1995), S.)
ders.	Die Mischverwaltung im Bundesstaat Erster Teil : Der Einwand der Mischverwaltung Berlin 1975; (zit.: *Ronellenfitsch,* Mischverwaltung, S.)
ders.	Das atomrechtliche Genehmigungsverfahren Berlin 1983; (zit. *Ronellenfitsch,* Genehmigungsverfahren, S.)

Rump, Jürgen Die Errichtung selbständiger Bundesoberbehörden und des ihnen unterstellten Verwaltungsunterbaus nach Art. 87 Abs. 3 GG Köln 1978; (zit.: *Rump*, Errichtung, S.)

Rupp, Hans-Heinrich Bemerkungen zur Bundeseigenverwaltung nach Art. 87 III S. 1 GG in Festschrift für Günter Dürig zum 70. Geburtstag Hrsg. Maurer, Harmut; München 1990; (zit.: *Rupp,* FS Dürig, S.)

Sachs, Michael. Grundgesetz – Kommentar 2. Auflage, München 1999; (zit.: Sachs - *Bearbeiter*, Art. Rn.)

Sarcevic, Edin Das Bundesstaatsprinzip Tübingen 2000; (zit. *Sarcevic*, S.)

Sauter, Alfred Zustimmungsbedürftigkeit von Bundesgesetzen unter besonderer Berücksichtigung des Art. 84 Abs. 1 GG in Festschrift für Franz Klein; Hrsg. Kirchhof, Paul; Offerhaus, Klaus; Schöberle, Horst; Köln 1994; (zit.: *Sauter*, FS Klein, S.)

Schäfer, Hans Bundesaufsicht und Bundeszwang AöR 78 (1952/53) S. 1 ff.; (zit.: *Schäfer*, AöR 78 (1952/53) S.)

ders. Die Bundesauftragsverwaltung DÖV 1960, S. 641 ff.; (zit.: *Schäfer*, DÖV 1960, S.)

Schenke, Wolf-Rüdiger Die Verfassungsorgantreue Berlin 1977; (zit.: *Schenke*, Verfassungsorgantreue, S.)

Scheuner, Ulrich Voraussetzungen und Form der Errichtung öffentlicher Körperschaften (außerhalb des Kommunalrechts) in Gedächnisschrift für Hans Peters Hrsg.: Conrad, Hermann; Berlin 1967; (zit.: *Scheuner,* FS Peters, S.)

Schlochauer, Hans-Jürgen Öffentliches Recht Karlsruhe 1957; (zit.: *Schlochauer*, S.)

Schmalz, Dieter Staatsrecht 4. Auflage, Baden-Baden 1999; (zit.: *Schmalz*, Rn.)

Schmidt-Aßmann, Eberhard Das allgemeine Verwaltungsrecht als Ordnungsidee Berlin 1999; (zit.: *Schmidt-Aßmann*, Ordnungsidee, Rn.)

ders. Kommunale Selbstverwaltung „nach Rastede"- Funktion und Dogmatik des Art. 28 Abs. 2 GG in der neueren Rechtsprechung in Festschrift für Horst Sendler; Hrsg. Franssen, Everhardt; München 1991; (zit.: *Schmidt-Aßmann,* FS Sendler, S.)

Schmidt-Bleibtreu, Bruno
Klein, Franz
Kommentar zum Grundgesetz
9. Auflage, Neuwied 1999
(zit.: Schmidt-Bleibtreu / Klein - *Bearbeiter*, Art. Rn.)

Schmidt-Preuß, Matthias
Das neue Atomrecht
NVwZ 1998, S. 553 ff.; (zit.: *Schmidt-Preuß*, NVwZ 1998 S.)

ders.
Konsens und Dissens in der Energiepolitik - rechtliche Aspekte
NJW 1995, S. 985 ff.; (zit.: *Schmidt-Preuß*, NJW 1995, S.)

Schmitt-Lermann, Hans
Der Musterentwurf eines Verwaltungsverfahrensgesetzes
JZ 1964, S. 402 ff.; (zit.: *Schmitt-Lermann*, JZ 1964, S.)

Schnapp, Friedrich
Die Verhältnismäßigkeit des Grundrechtseingriffs
JuS 1983, S. 850 ff.; (zit.: *Schnapp*, Jus 1983, S.)

Schnapp, Friedrich
Ausgewählte Probleme des öffentlichen Organisationsrechts
Jura 1980, S. 293 ff.; (zit.: *Schnapp,* Jura 1980, S.)

Schneider, Hans
Zur Verhältnismäßigkeits-Kontrolle insbesondere bei Gesetzen
in Festgabe aus Anlaß des 25jährigen Bestehens des Bundesverfassungsgerichts
Band 2, Hrsg.: Starck, Christian; Tübingen 1976;
(zit.: *Schneider*, FS BVerfG, S.)

Schneider, Horst
Atomrechts-Symposium
DVBl. 1991, S. 933 ff.; (zit.: *Schneider*, DVBl. 1991, S.)

Schoch, Friedrich
Zur Situation der kommunalen Selbstverwaltung nach der Rastede-Entscheidung des Bundesverfassungsgerichts
VerwArchiv 81 (1990) S. 18 ff.; (zit.: *Schoch*, VerwArchiv 81 (1990) S.)

Schubart, Paul
Die Verfassung und Verwaltung des Deutschen Reiches und des Preußischen Staates in gedrängter Darstellung
23. Auflage, Breslau 1910; (zit.: *Schubart*, S.)

Schulte, Martin
Zur Rechtsnatur der Bundesauftragsverwaltung
VerwArchiv 81 (1990) S. 415 ff.; (zit.: *Schulte*, VerwArchiv 81 (1990) S.)

Schultze, Werner
Bundesfernstraßenbau und Verpflichtung des Bundes zu Kompensationsmaßnahmen nach dem Naturschutz- und Forstrecht der Länder (Teil 1 und 2)
NuR 8 (1986) S. 106 ff. und S. 161 ff.;
(zit.: *Schultze*, NuR 8 (1986) S.)

Schultze-Fielitz, Helmuth — Das Bundesverfassungsgericht im Netz seiner Rechtsprechung
DVBl. 1982, S. 328 ff.; (zit.: *Schultze-Fielitz*, DVBl. 1982, S.)

Seifert, Karl-Heinz Hömig, Dieter — Grundgesetz für die Bundesrepublik Deutschland
6. Auflage, Baden-Baden 1999; (zit.: Seifert / Hömig – *Bearbeiter*, Art. Rn.)

Sembritzki, Arnold — Die Organisationsgewalt nach Reichsrecht
Berlin 1934; (zit.: *Sembritzki*, S.)

Seydel, von, Max — Kommentar zur Verfassungsurkunde für das Deutsche Reich
2. Auflage, Freiburg 1897; (zit.: *v. Seydel*, RV, Art. Anm.)

Sigloch, Heinrich — Zur Frage des Umfanges der Verwaltungskompetenz des Bundes bei Errichtung einer Bundesoberbehörde
GewArchiv 1962, S. 265 ff.; (zit.: *Sigloch,* GewArchiv 1962, S.)

Smend, Rudolf — Verfassung und Verfassungsrecht
München 1928; (zit.: *Smend,* Verfassung und Verfassungsrecht, S.)

ders. — Ungeschriebenes Verfassungsrecht im monarchischen Bundesstaat
Festschrift für Otto Mayer (1916) in Staatsrechtliche Abhandlungen
2. Auflage Berlin 1968; (zit.: *Smend,* Ungeschriebenes Verfassungsrecht, S.)

Steinberg, Rudolf — Verfassungsrechtliche Fragen einer Reform des Atomgesetzes, insbesondere der Verteilung der Verwaltungskompetenzen im Bundesstaat
in 9. Atomrechts-Symposium, Hrsg. Lukes, Rudolf; Köln 1991; (zit.: *Steinberg*, 9. Atomrechts-Symposium, S.)

ders. — Bundesaufsicht, Länderhoheit und Atomgesetz
Heidelberg 1990; (zit.: *Steinberg*, Bundesaufsicht, S.)

ders. — Handlungs- und Entscheidungsspielräume des Landes bei der Bundesauftragsverwaltung unter besonderer Berücksichtigung der Ausführung des Atomgesetzes
AöR 110 (1985) S. 419 ff.; (zit.: *Steinberg*, AöR 110 (1985) S.)

Stern, Klaus — Zur Entstehung und Ableitung des Übermaßverbots
in Festschrift für Peter Lerche zum 65. Geburtstag
Hrsg.: Badura, Peter; München 1993; (*Stern*, FS Lerche, S.)

Stern, Klaus	Das Staatsrecht der Bundesrepublik Deutschland Band I: Grundbegriffe und Grundlagen des Staatsrechts, Strukturprinzipien der Verfassung; 2. Auflage, München 1984 Band II: Staatsorgane, Staatsfunktionen, Finanz und Haushaltsverfassung, Notstandsverfassung; München 1980 Band V: Die geschichtlichen Grundlagen des deutschen Staatsrechts; München 2000; (zit.: *Stern* Bd., § Anm.)
Stettner, Rupert	Grundfragen der Kompetenzlehre Berlin 1983; (zit.: *Stettner*, Grundfragen, S.)
Triepel Heinrich	Streitigkeiten zwischen Reich und Ländern in Festschrift für Wilhelm Kahl, Tübingen 1923; (zit.: *Triepel*, Streitigkeiten, S.)
ders.	Die Kompetenzen des Bundesstaats und die geschriebene Verfassung Sonderdruck aus Staatsrechtliche Abhandlungen: Festgabe für Laband, Band II Tübingen 1908; (zit.: *Triepel*, Kompetenzen, S.)
ders.	Die Reichsaufsicht Berlin 1917; (zit.: *Triepel*, Reichsaufsicht, S.)
Tschentscher, Thomas	Bundesaufsicht in der Bundesauftragsverwaltung Baden-Baden 1992; (zit.: *Tschentscher*, S.)
Ule, Carl Hermann *Laubinger, Hans-Werner*	Verwaltungsverfahrensrecht 2.Auflage; Köln 1979 (zit.: *Ule / Laubinger,* Verwaltungsverfahrensrecht, S.)
Ule, Hermann	Das Verwaltungsverfahrensgesetz DVBl. 1976, S. 421 ff.; (zit.: *Ule*, DVBl. 1976, S.)
Von Mohl, Robert	Encyklopädie der Staatswissenschaften 2. Auflage Freiburg 1872; (zit.: *von Mohl*, Encyklopädie, S.)
Wagner, Hellmut *Nobbe, Uwe*	Verfassungsrechtliche Bemerkungen zum Atomgesetz NJW 1978, S. 1028 ff.;(zit.: *Wagner / Nobbe*, NJW 1978, S.)
Wagner, Hellmut	Zum Weisungsrecht des Bundes im atomrechtlichen Genehmigungsverfahren- Voraussetzungen und Rechtsschutz DVBl. 1987, S. 917 ff.; (zit.: *Wagner*, DVBl. 1987, S.)
ders.	Kein Ausstieg aus der Kernenergie durch Gesetzesauslegung NJW 1987, S. 411 ff.; (zit.: *Wagner*, NJW 1987, S.)

Wassermann, Rudolf (Hrsg.) Kommentar zum Grundgesetz für die Bundesrepublik Deutschland in 2 Bänden
Band I: Art. 1-37 GG
Band II: Art. 38-146 GG
2. Auflage, Neuwied 1989; (zit.: Alternativkommentar - *Bearbeiter*, § Rn.)

Wieland, Jochen Reform des Atomrechts
Hrsg. Steinberg, Rudolf; Baden-Baden 1994
(zit.: *Wieland*, Reform, S.)

Winter, Gerd Rechtsschutz gegen Weisungen in der atomrechtlichen Bundesauftragsverwaltung
DVBl. 1985, S. 993 ff. ; (zit.: *Winter*, DVBl. 1985, S.)

Winters, Karl-Peter Atom- und Strahlenschutzrecht
München 1978; (zit.: Winters, S.)

Wittig, Peter Zum Standort des Verhältnismäßigkeitsgrundsatzes im System des Grundgesetzes
DÖV 1968, S. 817 ff.; (zit.: *Wittig*, DÖV 1968, S.)

Wolff, Hans J.
Bachof, Otto
Stober, Rolf Verwaltungsrecht I
11. Auflage, München 1999; (zit.: *Wolff / Bachof / Stober*, VerwR I, Rn.)

Wolff, Hans J.
Bachof, Otto Verwaltungsrecht I
Verwaltungsrecht II
4. Auflage, München 1976; (zit.: *Wolff / Bachof*, VerwR Bd., (4. Aufl.) §)

Wolst, Dieter Die Bundesauftragsverwaltung als Verwaltungsform
Bonn 1974; (zit.: *Wolst*, S.)

Zech, Jochen Verwaltung der Bundesfernstraßen
DVBl. 1987, S. 1089 ff.; (zit.: *Zech*, DVBL 1987, S.)

Zillmer, Frank Rechtsschutz der Länder gegen bundesfernstraßenrechtliche Weisungen
DÖV 1995, S. 49 ff.; (zit.: *Zillmer*, DÖV 1995, S.)

Zimmermann, Bernd Die Kontrolldichte gerichtlichen Rechtschutzes gegen Weisungen in der Bundesauftragsverwaltung - eine Problem der Zuständigkeitsverteilung zwischen BVerfG und BVerwG?
DVBl. 1992, S. 93 ff.; (zit.: *Zimmermann*, DVBl. 1992, S.)

Weitere Abkürzungen

a. A.	anderer Auffassung
a. E.	am Ende
a.a.O.	am angegebenen Ort
a.F.	alte Fassung
Abschn.	Abschnitt
Allg. VerwR	Allgemeines Verwaltungsrecht
Anm.	Anmerkung
AtG	Atomgesetz
BAnz	Bundesanzeiger
Bd.	Band
BR-Drs.	Bundesratsdrucksache
bspw.	beispielsweise
BT-Drs.	Bundestagsdrucksache
ders.	der selbe
diesbzgl.	diesbezüglich
dt.	deutsches
Einf.	Einführung
Erstbearb.	Erstbearbeitung
FS	Festschrift
GG	Grundgesetz
h.M.	herrschende Meinung
Hrsg.	Herausgeber
Hrsgg.	Herausgegeben
i. d. F. v.	in der Fassung vom
i. e. S.	im engeren Sinne
i.E.	im Ergebnis
i.S.d.	im Sinne des
i.V.m.	in Verbindung mit
Jhd.	Jahrhundert
Kap.	Kapitel
m.w.N.	mit weiteren Nachweisen
n.F.	neue Fassung
pr. ALR	Preußisches Allgemeines Landrecht
pr. OVG	Preußisches Oberverwaltungsgericht
Rspr.	Rechtsprechung
RV	Reichsverfassung von 1871
VerwR	Verwaltungsrecht
vgl.	vergleiche

Voraufl.,	Vorauflage
Vorbem.	Vorbemerkung
Vorbem.	Vorbemerkungen
WRV	Weimarer Reichsverfassung
zit.	zitiert

Die übrigen Abkürzungen entsprechen Kirchner, Hildebert, Abkürzungsverzeichnis der Rechtssprache, 4. Auflage, Berlin 1993.

FSC
www.fsc.org
MIX
Papier | Fördert
gute Waldnutzung
FSC® C083411

Kolibri 360 GmbH
Ferdinand-Jühlke-Straße 7
99095 Erfurt, Deutschland
produktsicherheit@kolibri360.de